CTA 세법학개론

객관식 문제집

세무사 1차

시대에듀

2026 시대에듀 세무사 1차 객관식 세법학개론

Always **with you**

사람의 인연은 길에서 우연하게 만나거나 함께 살아가는 것만을 의미하지는 않습니다.
책을 펴내는 출판사와 그 책을 읽는 독자의 만남도 소중한 인연입니다.
시대에듀는 항상 독자의 마음을 헤아리기 위해 노력하고 있습니다. 늘 독자와 함께하겠습니다.

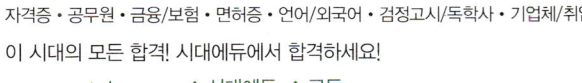

머리말 PREFACE

세무사 시험 1차 시험과목 중 세법학개론은 회계학개론과 더불어 지속적으로 높은 과락률을 보이고 있습니다. 또한 2024년을 기점으로 응시생이 급증함과 동시에 시험 난이도가 높아지고 있어 많은 수험생들이 어려움을 겪고 있습니다.

그 이유는 첫 번째, 시험범위가 매우 광범위하여 반복 학습하기가 쉽지 않다는 점입니다. 따라서 시험 직전에 공부하기 쉽도록 잘 정리하는 것이 매우 중요합니다. 두 번째, 1차에 우선 통과할 목적으로 상대적으로 공부하기 쉬운 기타세법에 치중하는 경향이 있습니다. 해마다 각 세목마다 난이도가 달라 모든 세목을 균형있게 공부해야할 필요가 있습니다. 세 번째, 법령과 이와 관련된 계산식에 대한 정확한 이해 및 충분한 연습이 필요합니다. 1차 시험에서 나오는 법령은 반복 출제되는 경우가 많기 때문에 법령 조문을 정확하게 알아두는 것이 좋습니다.

시대에듀는 이러한 변화에 맞춰 학습의 효율을 극대화할 수 있도록 객관식 문제집을 구성하였습니다. 본서의 전체적인 특징은 아래와 같습니다.

---

❶ 주요 세목(법인세법, 소득세법, 부가가치세법) 수록

❷ 핵심이론에 최근 10개년 기출문제 빈도 표시

❸ 세무사 및 공인회계사 기출문제 챕터별 수록

❹ 일관된 계산 풀이 및 서술형 지문의 틀린 부분 표시

※ 출간 이후에 확정되는 개정법령은 자사 사이트 [학습자료실] – [최신개정법령]에 업데이트 예정

끝으로 이 책이 세무사 시험을 준비하는 모든 수험생들에게 도움이 되는 책이 되길 바라며, 2026년 제63회 세무사 1차 시험에 합격하기를 진심으로 기원합니다.

시대세무회계연구회

이 책의 구성과 특징 STRUCTURES

1 주요 세목별 핵심이론 정리

CHAPTER 01 | 법인세법 총론

제1절 | 법인세의 납세의무자와 과세소득의 범위 CTA 22 · 19 · 16

1. 납세의무자 및 그 범위

법인 유형		각사업연도소득	토지 등 양도소득	청산소득	미환류소득
내국법인(주1)	영리법인	국내외 모든 소득	○	○	○
	비영리법인	국내외 수익사업 소득	○	×	×
외국법인(주2)	영리법인	국내원천소득	○	×	×
	비영리법인	국내원천 수익사업 소득	○	×	×

주1 내국법인 : 본점, 주사무소 또는 사업의 실질적 관리장소가 국내에 있는 법인
주2 외국법인 : 본점 또는 주사무소가 외국에 있는 단체(사업의 실질적 관리장소가 국내에 있지 아니하는 경우에 한정)로서 ① 설립된 국가의 법에 따라 법인격이 부여된 단체이거나 ② 구성원이 유한책임사원으로만 구성된 단체이거나 ③ 해당 외국단체와 동종 또는 유사한 국내의 단체가 「상법」 등 국내의 법률에 따른 법인인 경우의 그 외국단체로서 이 중 하나에 해당하는 법인

※ 내국법인 중 국가와 지방자치단체(지방자치단체조합 포함)은 그 소득에 대한 법인세를 납부할 의무가 없다.
※ 외국정부 · 외국지자체는 비영리외국법인으로 보아 법인세법을 적용한다.
※ 법인세법에 따라 법인세를 원천징수하는 자는 해당 법인세를 납부할 의무가 있다.

2. 신탁소득

(1) 원칙 : 수익자 과세

(2) 예외 : 일정요건 하에서 수탁자 또는 위탁자 과세

① 수탁자 과세(다음 모두에 해당하는 경우)
- 위탁자가 신탁재산을 실질적으로 지배 · 통제하지 않을 것
- 다음 3가지에 해당하는 경우

제2절 | 사업연도 및 납세지 CTA 24 · 18 · 16

1. 사업연도

(1) 사업연도

① 법령 · 정관에서 정하는 1회계기간(단, 1년을 초과하지 못함)
② 법령 · 정관 등에 규정이 없는 경우 : 신고한 사업연도
③ 무신고한 경우 : 매년 1월 1일~12월 31일
④ 법인과세 수탁자 : 법인과세 신탁재산에 대한 사업연도를 따로 정하여 법인 설립신고 또는 사업자등록과 함께 납세지 관할세무서장에게 사업연도 신고

(2) 신설법인의 최초사업연도

설립등기일~사업연도 종료일
※ 설립일 전 손익을 법인에게 귀속시킨 경우 : 손익이 최초로 발생한 날~사업연도 종료일(1년을 초과하지 못함)

(3) 사업연도의 변경

① 직전 사업연도 종료일부터 3개월 이내에 납세지 관할 세무서장에게 신고 : 신고를 기한까지 하지 않은 경우, 사업연도는 변경되지 아니한 것으로 봄(단, 법령에 따라 사업연도가 정하여지는 경우, 그 법령의 내용과 같이 사업연도가 변경된 것으로 봄)
② 사업연도가 변경된 경우 : 종전의 사업연도 개시일~변경된 사업연도 개시일 전날까지를 1사업연도로 함(단, 1개월 미만인 경우, 변경된 사업연도에 포함)

(4) 사업연도의 의제

구 분	내 용
해산한 경우 (합병 또는 분할에 따른 해산과 조직변경은 제외)	• 사업연도 개시일~해산등기일(파산으로 인해 해산한 경우 파산등기일, 법인으로 보는 단체의 경우 해산일) • 해산등기일 다음 날~사업연도 종료일
합병 또는 분할에 따라 해산한 경우	사업연도 개시일~합병등기일(또는 분할등기일)
사업연도 중에 조직변경을 한 경우	조직변경 전의 사업연도가 계속되는 것으로 봄
청산 중인 내국법인	• 잔여재산가액이 사업연도 중에 확정된 경우 : 사업연도 개시일~잔여재산가액 확정일 • 상법에 따라 사업을 계속하는 경우 : 사업연도 개시일~계속등기일(또는 사실상 사업계속일) / 계속등기일 다음 날~사업연도 종료일
사업연도 중에 연결납세방식을 적용받는 경우	사업연도 개시일~연결사업연도 개시일 전날
국내사업장이 있는 외국법인이 사업연도 중에 국내사업장을 가지지 아니하게 된 경우	사업연도 개시일~사업장을 가지지 아니하게 된 날(단, 국내에 다른 사업장을 계속 가지고 있는 경우에는 그러하지 아니하다)
국내사업장이 없는 외국법인이 사업연도 중에 국내원천 부동산소득 또는 국내원천 부동산등양도소득이 발생하지 아니하게 되어 납세지 관할 세무서장에게	사업연도 개시일~신고일

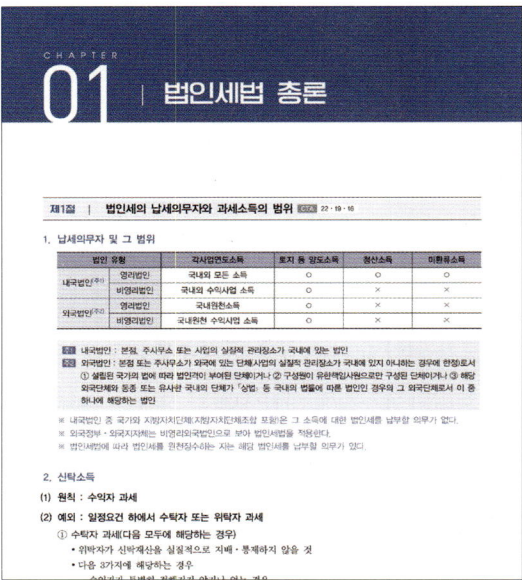

▸ 문제를 풀면서 잊었거나 헷갈리는 개념을 한번 더 빠르게 확인하고 정리할 수 있습니다.

2 핵심이론에 최신기출 빈도 표시

(8) 조각투자상품(비금전신탁 수익증권, 투자계약증권)으로부터의 이익
(9) (1)~(7)까지의 소득과 유사한 소득으로서 수익분배의 성격이 있는 것
(10) 배당소득을 발생시키는 거래 또는 행위와 파생상품이 대통령령으로 정하는 바에 따라 결합된 경우 해당 파생상품의 거래 또는 행위로부터의 이익

제2절 | 수입시기 CTA 24 · 23 · 18

1. 이자소득의 수입시기

① 예금의 이자 : 실제 지급일
※ 예금의 이자의 경우, 원본에 전입하는 뜻의 특약이 있는 경우 원본전입일, 해약하는 경우 해약일, 계약기간을 연장하는 경우 계약기간 연장일을 수입시기로 한다.
② 무기명채권의 이자와 할인액 : 실제 지급일
③ 저축성보험의 보험차익 : 실제 지급일(기일 전 해지시 그 해지일)
④ 기명채권의 이자와 할인액 : 약정에 따른 지급일
⑤ 직장공제회 초과반환금 : 약정에 따른 지급일
※ 반환금을 분할지급하는 경우 원본전입하는 뜻의 특약이 있는 납입금 초과이익 : 특약에 따른 원본전입일
⑥ 환매조건부 채권 · 증권의 매매차익 : 약정에 의한 환매수일(또는 환매도일)과 실제 환매수일(또는 환매도일) 중 빠른 날
⑦ 비영업대금의 이익 : 약정에 의한 지급일과 실제 지급일 중 빠른 날
※ 약정이 없거나 회수불능으로 총수입금액에서 제외되었던 이자를 받는 경우 : 이자지급일
⑧ 채권보유기간의 이자상당액 : 채권의 매도일 또는 이자지급일
⑨ 유사이자소득 · 파생금융상품의 이자 : 약정에 의한 상환일과 실제 상환일 중 빠른 날
⑩ 이자소득이 발생하는 재산의 상속 · 증여 : 상속개시일 · 증여일

2. 배당소득의 수입시기

① 일반배당
- 잉여금처분에 의한 배당 : 잉여금 처분결의일
- 무기명주식의 이익배당 : 실제 지급일

② 의제배당
- 잉여금의 자본전입 : 자본전입결의일
- 감자, 퇴사 · 탈퇴 : 주식소각결정일, 감자결의일, 퇴사일 · 탈퇴일

③ 인정배당 : 해당 법인의 해당 사업연도의 결산 확정일
④ 집합투자기구로부터의 이익 : 수령일(원본전입하는 경우 원본전입일)
⑤ 출자공동사업자의 배당 : 과세기간 종료일

제3절 | 종류별 과세방법(4가지) CTA 25 · 24 · 23 · 22 · 21 · 20 · 19

1. 비과세 금융소득

① 소득세법 : 공익신탁의 이익
② 조세특례제한법
- 농업회사법인의 배당소득(식량작물재배업소득 발생분)
- 청년우대형주택청약종합저축에서 발생하는 500만원까지의 이자소득
※ 모든 금융회사에 납입한 금액을 합하여 연 600만원을 한도로 함
- 농어가목돈마련저축의 이자소득과 저축장려금
- 비과세종합저축의 이자소득 또는 배당소득
- 소액주주인 우리사주조합원의 우리사주 배당소득
※ 1년 이상 증권금융회사 예탁 + 액면가액 합계액 1,800만원 이하
- 농협 · 수협 등의 조합에 대한 출자금 및 예탁금의 배당소득과 이자소득
- 개인종합자산관리계좌(ISA)의 이자소득과 배당소득
※ 200만원(일정한 근로자, 종합소득자, 농어민은 400만원)까지 비과세, 비과세 한도초과액은 9% 분리과세
- 청년도약계좌의 이자소득과 배당소득

2. 무조건 분리과세

① 비실명 이자 · 배당소득 : 45%(금융실명거래 및 비밀보장에 대한 법률이 적용되는 경우에는 90% 적용)
② 분리과세를 신청한 장기채권의 이자소득 : 30%(상환기간 10년 이상)

구 분	대 상
2012.12.31. 이전 발행 채권	보유기간에 상관없이 분리과세 신청 가능
2013.1.1. 이후 발행 채권	장기채권을 3년 이상 계속 보유 + 매입한 날부터 3년이 지난 후 발생하는 이자와 할인액에 대해서만 분리과세 신청 가능
2018.1.1. 이후 발행 채권	조건부 종합과세 대상(분리과세 신청불가)이며 14% 세율로 원천징수

※ 분리과세 신청하지 않는 경우 : 조건부종합과세 금융소득으로 분류하고 14% 세율로 원천징수
※ 분리과세 신청이 유리한 경우 : 종합과세시 누진세율이 35% 이상에 해당할 때
③ 법원에 납부한 보증금 및 경락대금에서 발생하는 이자소득 : 14%

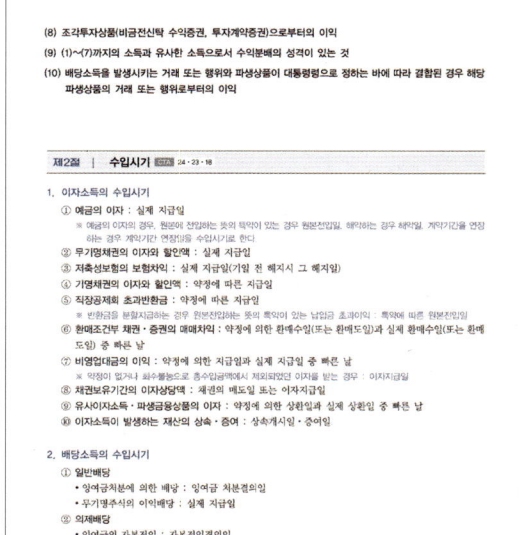

▸ 최근 10개년 기출표시를 통해 출제 빈도가 높은 내용을 우선적으로 대비할 수 있습니다.

3 CTA / CPA 최근 기출문제 수록

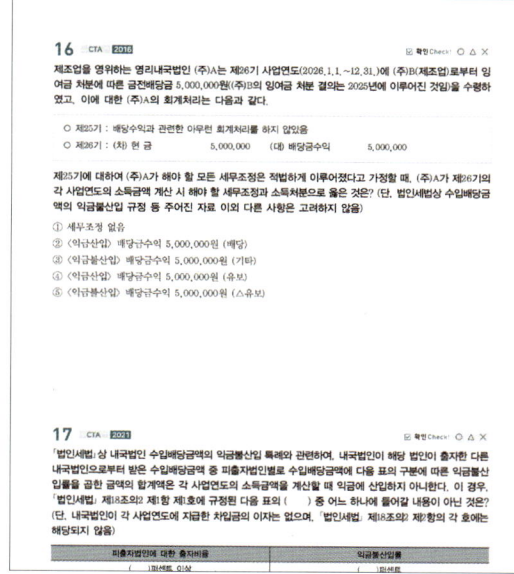

16 CTA 2016 ☑ 확인Check! ○ △ ×

제조업을 영위하는 영리내국법인 (주)A는 제26기 사업연도(2026.1.1.~12.31.)에 (주)B(제조업)로부터 잉여금 처분에 따른 금전배당금 5,000,000원((주)B의 잉여금 처분 결의는 2025년에 이루어진 것임)을 수령하였고, 이에 대한 (주)A의 회계처리는 다음과 같다.

○ 제25기 : 배당수익과 관련한 아무런 회계처리를 하지 않았음
○ 제26기 : (차) 현 금 5,000,000 (대) 배당금수익 5,000,000

제25기에 대하여 (주)A가 해야 할 모든 세무조정은 적법하게 이루어졌다고 가정할 때, (주)A가 제26기의 각 사업연도의 소득금액 계산 시 해야 할 세무조정과 소득처분으로 옳은 것은? (단, 법인세법상 수입배당금액의 익금불산입 규정 등 주어진 자료 이외 다른 사항은 고려하지 않음)

① 세무조정 없음
② 〈익금산입〉 배당금수익 5,000,000원 (배당)
③ 〈익금불산입〉 배당금수익 5,000,000원 (기타)
④ 〈익금산입〉 배당금수익 5,000,000원 (유보)
⑤ 〈익금불산입〉 배당금수익 5,000,000원 (△유보)

17 CTA 2021 ☑ 확인Check! ○ △ ×

「법인세법」상 내국법인 수입배당금액의 익금불산입 특례와 관련하여, 내국법인이 해당 법인이 출자한 다른 내국법인으로부터 받은 수입배당금액 중 피출자법인별로 수입배당금액에 다음 표의 구분에 따른 익금불산입률을 곱한 금액의 합계액은 각 사업연도의 소득금액을 계산할 때 익금에 산입하지 아니한다. 이 경우, 「법인세법」 제18조의2 제1항 제1호에 규정된 다음 표의 ( ) 중 어느 하나에 들어갈 내용이 아닌 것은? (단, 내국법인이 각 사업연도에 지급한 차입금의 이자는 없으며, 「법인세법」 제18조의2 제2항의 각 호에는 해당되지 않음)

피출자법인에 대한 출자비율	익금불산입률
( )퍼센트 이상	( )퍼센트

18 CTA 2023 ☑ 확인Check! ○ △ ×

법인세법령상 외국자회사 수입배당금액의 익금불산입에 관한 설명으로 옳은 것은?

① 내국법인(법령에 따른 간접투자회사등을 포함한다)이 해당 법인이 출자한 외국자회사로부터 받은 수입배당금액은 각 사업연도의 소득금액을 계산할 때 익금에 산입하지 아니한다.
② 내국법인이 수입배당금을 익금불산입할 수 있는 외국자회사란 내국법인이 의결권 있는 발행주식총수의 100분의 1을 초과하여 출자하고 있는 외국법인을 말한다.
③ 「국제조세조정에 관한 법률」에 따라 특정외국법인의 유보소득에 대하여 내국법인이 배당받은 것으로 보는 금액에 대해서는 각 사업연도의 소득금액을 계산할 때 익금에 산입하지 아니한다.
④ 내국법인이 적격합병에 따라 다른 내국법인이 보유하고 있던 외국자회사의 주식 등을 승계받은 때에는 그 승계 전 다른 내국법인이 외국자회사의 주식 등을 취득한 때부터 해당 주식 등을 보유한 것으로 본다.
⑤ 혼성금융상품의 거래에 따라 내국법인이 지급받는 수입배당금액은 각 사업연도의 소득금액을 계산할 때 익금에 산입하지 않는다.

19 CPA 2024 ☑ 확인Check! ○ △ ×

영리내국법인 (주)A의 제26기(2026.1.1.~12.31.) 수입배당금에 관한 자료이다. 수입배당금 익금불산입액으로 옳은 것은?

(1) (주)A는 2026년 4월 1일 영리내국법인 (주)B로부터 수입배당금 20,000,000원(배당기준일 : 2025년 12월 31일, 배당결의일 : 2026년 2월 20일)을 수령하여 수익으로 계상하였다.
(2) (주)B의 발행주식총수는 100,000주이며, (주)B의 주식에 대한 취득 및 처분내역은 다음과 같다.

거래일자	거래유형(주식수)*	거래금액
2025.1.1.	매입(35,000주)	7억원
2025.10.1.	매입(10,000주)	2억원
2025.12.1.	처분(5,000주)	1억원

*2025년 12월 31일 현재 보유주식 총수는 40,000주임

(3) (주)B는 지급배당에 대한 소득공제와 「조세특례제한법」상 감면 규정 및 동업기업과세특례를 적용받지 않는다.
(4) (주)A의 2026년 12월 31일 현재 재무상태표상 자산총액은 2,000,000,000원이다. (주)A의 제26기 손익계산서상 이자비용은 30,000,000원이며, 해당 이자비용에는 현재가치할인차금 상각액 10,000,000원이 포함되어 있다.

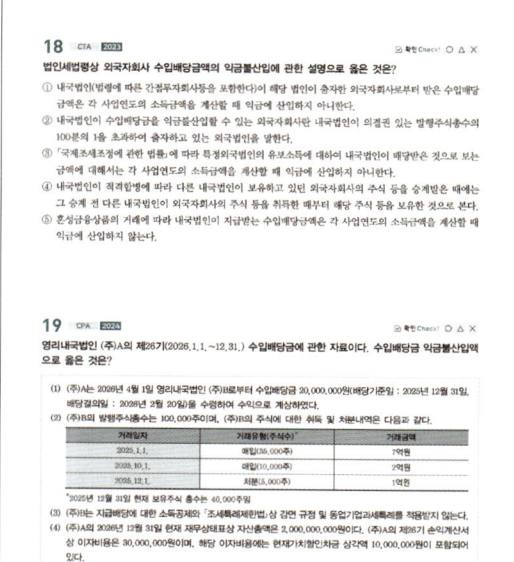

▸ 출제경향이 비슷한 회계사 기출문제도 수록하여 문제풀이 연습에 도움이 되도록 했습니다.

4 일관된 계산 풀이 및 지문의 틀린 부분 표시

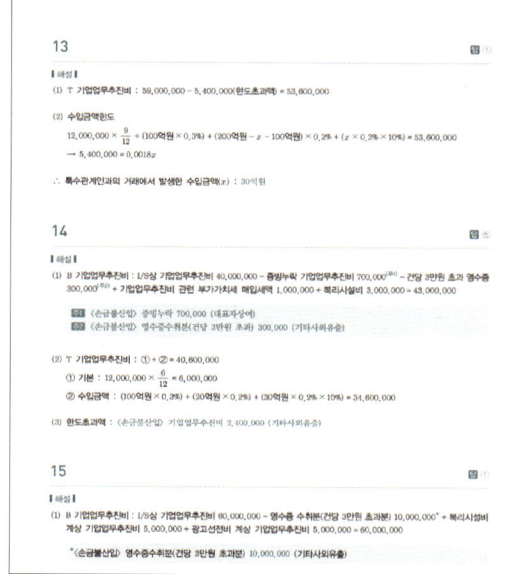

13 답 ①

| 해설 |

(1) T 기업업무추진비 : 59,000,000 − 5,400,000(한도초과액) = 53,600,000

(2) 수입금액한도

$12{,}000{,}000 \times \frac{9}{12} + (100\text{억원} \times 0.3\%) + (200\text{억원} - x - 100\text{억원}) \times 0.2\% + (x \times 0.2\% \times 10\%) = 53{,}600{,}000$

→ $5{,}400{,}000 = 0.0018x$

∴ 특수관계인과의 거래에서 발생한 수입금액(x) : 30억원

14 답 ⑤

| 해설 |

(1) B 기업업무추진비 : I/S상 기업업무추진비 40,000,000 − 증빙누락 기업업무추진비 700,000(주1) − 건당 3만원 초과 영수증 300,000(주2) + 기업업무추진비 관련 부가가치세 매입세액 1,000,000 + 복리시설비 3,000,000 = 43,000,000

주1 〈손금불산입〉 증빙누락 700,000 (대표자상여)
주2 〈손금불산입〉 영수증수취분(건당 3만원 초과) 300,000 (기타사외유출)

(2) T 기업업무추진비 : ① + ② = 40,600,000
① 기본 : $12{,}000{,}000 \times \frac{6}{12} = 6{,}000{,}000$
② 수입금액 : (100억원 × 0.3%) + (20억원 × 0.2%) + (30억원 × 0.2% × 10%) = 34,600,000

(3) 한도초과액 : 〈손금불산입〉 기업업무추진비 2,400,000 (기타사외유출)

15 답 ①

| 해설 |

(1) B 기업업무추진비 : I/S상 기업업무추진비 60,000,000 − 영수증 수취분(건당 3만원 초과분) 10,000,000* + 복리시설비 계상 기업업무추진비 5,000,000 + 광고선전비 계상 기업업무추진비 5,000,000 = 60,000,000

*〈손금불산입〉 영수증수취분(건당 3만원 초과분) 10,000,000 (기타사외유출)

16 답 ③

| 해설 |

(1) B 기업업무추진비 : I/S상 기업업무추진비 67,500,000 − 영수증 수취분(건당 3만원 초과분) 1,500,000* + 현물 기업업무추진비 1,000,000 + 기업업무추진비 관련 매입세액 4,000,000 = 71,000,000

*〈손금불산입〉 영수증 수취분(건당 3만원 초과) 1,500,000 (기타사외유출)

(2) T 기업업무추진비 : ① + ② = 48,000,000
① $36{,}000{,}000 \times \frac{6}{12} = 18{,}000{,}000$
② 100억원 × 0.3% = 30,000,000

(3) 한도초과액 : 〈손금불산입〉 기업업무추진비 23,000,000 (기타사외유출)

17 답 ④

| 해설 |

(1) B 기업업무추진비
I/S 기업업무추진비 70,000,000 − 영수증 수취분(건당 3만원 초과분) 500,000(주1) + 복리후생비 5,000,000 − 대표이사 업무무관 1,000,000(주2) = 73,500,000

주1 〈손금불산입〉 영수증 수취분(건당 3만원 초과) 500,000 (기타사외유출)
주2 〈손금불산입〉 대표이사 업무무관 1,000,000 (상여)

(2) T 기업업무추진비
$12{,}000{,}000 \times \frac{12}{12} + 10{,}000{,}000{,}000 \times 0.3\% + 5{,}000{,}000{,}000 \times 0.2\% = 52{,}000{,}000$

(3) 한도초과액 : 〈손금불산입〉 기업업무추진비 21,500,000 (기타사외유출)

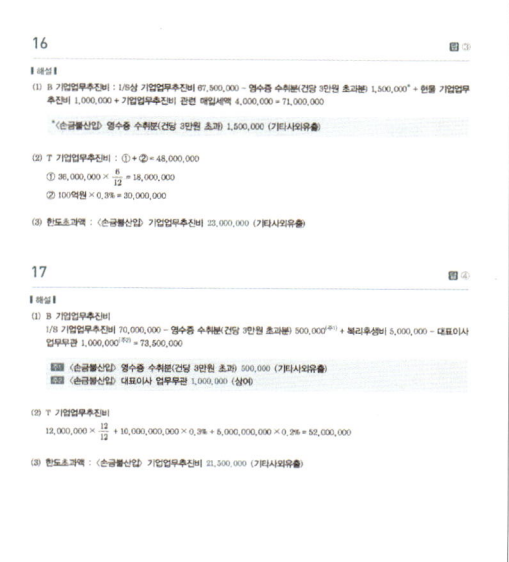

▸ 유형마다 일관된 계산 로직으로 해설하였으며, 지문에서 틀린 부분을 빠르게 확인할 수 있습니다.

세무사 자격시험 소개 INFORMATION

◇ 시험과목 및 배점

구 분	교 시	시험과목	문항수	시험시간	시험방법
1차 시험	1	1 재정학 2 세법학개론 (법인세법, 소득세법, 부가가치세법, 국세기본법, 국세징수법, 국제조세조정에관한법률, 조세범처벌법)	과목당 40문항 (총 80 문항)	80분 (09:30～10:50)	객관식 5지택일형
	2	3 회계학개론 4 상법(회사편), 민법(총칙), 행정소송법(민사소송법준용규정포함) 중 택 1 5 영어(공인어학성적제출로 대체)		80분 (11:20～12:40)	
2차 시험	1	1 회계학1부(재무회계, 원가관리회계)	각 4문항	90분 (09:30～11:00)	논술형
	2	2 회계학2부(세무회계)		90분 (11:30～13:00)	
	3	3 세법학1부 (국세기본법, 소득세법, 법인세법, 상속세 및 증여세법)		90분 (14:00～15:30)	
	4	4 세법학 2부 (부가가치세법, 개별소비세법, 지방세법, 지방세기본법, 지방세징수법 및 지방세특례제한법 중 취득세, 재산세 및 등록에 대한 등록면허세, 조세특례제한법)		90분 (16:00～17:30)	

※ 시험과 관련하여 법률,회계처리기준 등을 적용하여 정답을 구하여야 하는 문제는 해당 시험일 현재 시행중인 법률,기준 등을 적용하여 그 정답을 구하여야 함

※ 회계학 과목의 경우 한국채택국제회계기준(K-IFRS)만 적용하여 출제

◇ 공인어학성적

시험명	TOEFL		TOEIC	TEPS	G-TELP	FLEX
	PBT	IBT				
일반응시자	530	71	700	340	65(level-2)	625
청각장애인	352	–	350	204	43(level-2)	375

※ 공인어학성적의 인정범위는 2022년 1월 1일 이후 실시된 시험으로 제1차 시험 전날까지 성적발표 및 성적표가 교부된 시험 (단, 영어시험의 시행기관에서 정한 성적의 유효기간이 만료되기 전에 사전등록하여 진위가 확인이 된 성적에 한해 인정)

◇ 합격결정기준

구 분	합격결정기준
1차 시험	영어 과목을 제외한 나머지 과목에서 과목당 100점을 만점으로 하여 각 과목의 점수가 40점 이상이고, 전 과목 평균점수가 60점 이상인 사람을 합격자로 결정
2차 시험	과목당 100점을 만점으로 하여 각 과목의 점수가 40점 이상이고, 전 과목 평균점수가 60점 이상인 사람을 합격자로 결정(단, 최소 합격인원에 미달하는 경우에는 그 미달하는 범위에서 순차적으로 전 과목의 평균점수가 다른 사람보다 높은 사람을 합격자로 결정)

※ 더 자세한 사항은 큐넷 홈페이지에서 확인할 수 있습니다.

◇ 1차 시험 세법학개론 10개년 통계

연도 및 회차	응시자수	평균점수	과락자수	과락률
2025년 제62회	18,708명	35.96점	10,912명	58.33%
2024년 제61회	18,842명	36.53점	10,614명	56.30%
2023년 제60회	13,768명	31.85점	9,927명	72.10%
2022년 제59회	12,554명	43.99점	4,798명	38.22%
2021년 제58회	10,348명	39.52점	5,313명	51.34%
2020년 제57회	9,506명	42.27점	4,261명	44.82%
2019년 제56회	8,713명	44.96점	3,269명	37.52%
2018년 제55회	8,971명	47.43점	2,961명	33.00%
2017년 제54회	8,937명	42.07점	3,866명	43.26%
2016년 제53회	9,327명	40.63점	4,260명	45.67%

이 책의 차례 CONTENTS

제1편

핵심이론

I
법인세법

CHAPTER

01 | 법인세법 총론

제1절 | 법인세의 납세의무자와 과세소득의 범위 CTA 22·19·16

1. 납세의무자 및 그 범위

법인 유형		각사업연도소득	토지 등 양도소득	청산소득	미환류소득
내국법인(주1)	영리법인	국내외 모든 소득	○	○	○
	비영리법인	국내외 수익사업 소득	○	×	×
외국법인(주2)	영리법인	국내원천소득	○	×	×
	비영리법인	국내원천 수익사업 소득	○	×	×

주1 내국법인 : 본점, 주사무소 또는 사업의 실질적 관리장소가 국내에 있는 법인

주2 외국법인 : 본점 또는 주사무소가 외국에 있는 단체(사업의 실질적 관리장소가 국내에 있지 아니하는 경우에 한정)로서 ① 설립된 국가의 법에 따라 법인격이 부여된 단체이거나 ② 구성원이 유한책임사원으로만 구성된 단체이거나 ③ 해당 외국단체와 동종 또는 유사한 국내의 단체가 「상법」 등 국내의 법률에 따른 법인인 경우의 그 외국단체로서 이 중 하나에 해당하는 법인

※ 내국법인 중 국가와 지방자치단체(지방자치단체조합 포함)은 그 소득에 대한 법인세를 납부할 의무가 없다.

※ 외국정부·외국지자체는 비영리외국법인으로 보아 법인세법을 적용한다.

※ 법인세법에 따라 법인세를 원천징수하는 자는 해당 법인세를 납부할 의무가 있다.

2. 신탁소득

(1) 원칙 : 수익자 과세

(2) 예외 : 일정요건 하에서 수탁자 또는 위탁자 과세

① 수탁자 과세(다음 모두에 해당하는 경우)

- 위탁자가 신탁재산을 실질적으로 지배·통제하지 않을 것
- 다음 3가지에 해당하는 경우
  - 수익자가 특별히 정해지지 않거나 없는 경우
  - 「신탁법」에 따른 수익증권발행신탁
  - 유한책임신탁

② 위탁자 과세 : 위탁자가 신탁재산을 실질적으로 통제하는 경우

제2절 | 사업연도 및 납세지 CTA 24 · 18 · 16

1. 사업연도

(1) 사업연도

① 법령 · 정관에서 정하는 1회계기간(단, 1년을 초과하지 못함)

② 법령 · 정관 등에 규정이 없는 경우 : 신고한 사업연도

③ 무신고한 경우 : 매년 1월 1일~12월 31일

④ 법인과세 수탁자 : 법인과세 신탁재산에 대한 사업연도를 따로 정하여 법인 설립신고 또는 사업자등록과 함께 납세지 관할세무서장에게 사업연도 신고

(2) 신설법인의 최초사업연도

설립등기일~사업연도 종료일

※ 설립일 전 손익을 법인에게 귀속시킨 경우 : 손익이 최초로 발생한 날~사업연도 종료일(1년을 초과하지 못함)

(3) 사업연도의 변경

① 직전 사업연도 종료일부터 3개월 이내에 납세지 관할 세무서장에게 신고 : 신고를 기한까지 하지 않은 경우, 사업연도는 변경되지 아니한 것으로 봄(단, 법령에 따라 사업연도가 정하여지는 경우, 그 법령의 내용과 같이 사업연도가 변경된 것으로 봄)

② 사업연도가 변경된 경우 : 종전의 사업연도 개시일~변경된 사업연도 개시일 전날까지를 1사업연도로 함(단, 1개월 미만인 경우, 변경된 사업연도에 포함)

(4) 사업연도의 의제

구 분	내 용
해산한 경우 (합병 또는 분할에 따른 해산과 조직변경은 제외)	• 사업연도 개시일~해산등기일(파산으로 인해 해산한 경우 파산등기일, 법인으로 보는 단체의 경우 해산일) • 해산등기일 다음 날~사업연도 종료일
합병 또는 분할에 따라 해산한 경우	사업연도 개시일~합병등기일(또는 분할등기일)
사업연도 중에 조직변경을 한 경우	조직변경 전의 사업연도가 계속되는 것으로 봄
청산 중인 내국법인	• 잔여재산가액이 사업연도 중에 확정된 경우 : 사업연도 개시일~잔여재산가액 확정일 • 상법에 따라 사업을 계속하는 경우 : 사업연도 개시일~계속등기일(또는 사실상 사업계속일) / 계속등기일 다음 날~사업연도 종료일
사업연도 중에 연결납세방식을 적용받는 경우	사업연도 개시일~연결사업연도 개시일 전날
국내사업장이 있는 외국법인이 사업연도 중에 국내사업장을 가지지 아니하게 된 경우	사업연도 개시일~사업장을 가지지 아니하게 된 날(단, 국내에 다른 사업장을 계속 가지고 있는 경우에는 그러하지 아니하다)
국내사업장이 없는 외국법인이 사업연도 중에 국내원천 부동산소득 또는 국내원천 부동산등양도소득이 발생하지 아니하게 되어 납세지 관할 세무서장에게 그 사실을 신고한 경우*	사업연도 개시일~신고일

*국내사업장에 없는 외국법인으로서 국내원천 부동산소득 또는 국내원천 부동산등양도소득이 있는 법인 : 따로 사업연도를 정하여 그 소득이 최초로 발생하게 된 날부터 1개월 이내에 납세지 관할 세무서장에게 사업연도를 신고하여야 한다.

2. 납세지

(1) 납세지

① **내국법인** : 법인의 등기부에 따른 본점이나 주사무소의 소재지(국내에 본점 또는 주사무소가 있지 아니한 경우 : 사업을 실질적으로 관리하는 장소의 소재지)

② **법인으로 보는 단체**

- 사업장이 있는 경우 : 단체의 주된 사업장 소재지(주된 소득이 부동산임대소득인 경우 : 주된 부동산의 소재지)
- 사업장이 없는 경우 : 정관 등에 기재된 주사무소의 소재지(정관 등에 주사무소에 관한 규정이 없는 단체의 경우 : 그 대표자 또는 관리인의 주소)

③ **외국법인**

- 국내사업장이 있는 경우 : 국내사업장의 소재지
- 국내사업장이 없는 경우 : 국내원천 부동산소득 또는 부동산 등 양도소득이 있는 경우에는 그 자산의 소재지(둘 이상의 자산이 있는 경우 : 신고한 장소)

(2) 납세지의 지정

① 관할지방국세청장이나 국세청장은 납세지가 그 법인의 납세지로 적당하지 아니하다고 인정되는 경우로서 다음의 경우에는 그 납세지를 지정할 수 있다.

- 내국법인의 본점 등의 소재지가 등기된 주소와 동일하지 아니한 경우
- 내국법인의 본점 등의 소재지가 자산 또는 사업장과 분리되어 있어 조세포탈의 우려가 있다고 인정되는 경우
- 둘 이상의 국내사업장을 가지고 있는 외국법인의 경우로서 주된 사업장의 소재지를 판정할 수 없는 경우
- 둘 이상의 자산이 있는 외국법인의 경우로서 납세지 신고를 하지 않은 경우

② 관할지방국세청장이나 국세청장은 납세지를 지정한 경우에는 그 법인의 해당 사업연도종료일부터 45일 이내에 해당 법인에 통지하여야 한다. 이를 기한내에 하지 아니한 경우에는 종전의 납세지를 그 법인의 납세지로 한다.

(3) 납세지의 변경

① 변경된 날부터 15일 이내에 변경 후의 납세지 관할 세무서장에게 이를 신고하여야 한다(이 경우 납세지가 변경된 법인이 부가가치세법에 따라 그 변경된 사실을 신고한 경우에는 납세지 변경신고를 한 것으로 본다).

② **신고를 하지 아니한 경우** : 종전의 납세지를 그 법인의 납세지로 함

(4) 과세 관할

납세지를 관할하는 세무서장 또는 지방국세청장이 과세한다.

제3절 | 세무조정과 소득처분 CTA 24 · 23 · 20 · 18 · 17 · 16

1. 법인세의 계산구조

	결산서상 당기순이익	
(+)	익금산입 · 손금불산입	
(−)	손금산입 · 익금불산입	
	차가감소득금액	
(+)	기부금한도초과액	
(−)	기부금손금추인액	… 10년 이내 개시한 사업연도 발생 특례 · 일반기부금 한도초과액
	각사업연도소득금액	
(−)	이월결손금	… 15년 이내 개시한 사업연도 발생 세무상 이월결손금
(−)	비과세소득	… 공인신탁재산에서 생긴 소득
(−)	소득공제	… 유동화전문회사 등 소득공제
	과세표준	
(×)	세율	
	산출세액	
(−)	공제 · 감면세액	
(+)	가산세	
(+)	추가납부세액	
	총부담세액	
(−)	기납부세액	… 원천징수액, 기납부세액, 수시부과세액
	차감납부할세액	

2. 결산조정과 신고조정

(1) 세무조정

기업회계	T/A	세무회계
수 익	(+)익금산입 · (−)익금불산입	익 금
비 용	(+)손금산입 · (−)손금불산입	손 금
당기순손익	(+)익금산입 · (−)익금불산입 (+)손금산입 · (−)손금불산입	각사업연도소득

(2) 결산조정사항

① 정의 : 장부에 비용으로 계상시에만 손금인정

② 종류 : 자산의 감액손실, 감가상각비, 퇴직급여충당금, 대손충당금, 대손금 등

③ 손금산입의 신고조정이 허용되는 충당금

- 일시상각충당금, 감가상각비(국제회계기준 적용법인)
- 외부감사 비영리법인의 고유목적사업준비금 등

(3) 신고조정사항

① 정의 : Book과 Tax 손익의 차이에 대하여 항상 신고조정해야 하는 항목(익금산입 또는 손금산입)

② 종류 : 모든 익금, 결산조정사항와 임의조정사항을 제외한 모든 손금

3. 소득처분

구 분	유 형		내 용
익금산입 · 손금불산입	사외유출	배 당	출자자가 귀속자인 경우
		상 여	임 · 직원이 귀속자인 경우
		기타사외유출	법인 · 개인사업자의 국내사업장 소득을 구성하는 경우
		기타소득	위 외의 자가 귀속자인 경우
	유보		세무상 자산증가 · 부채감소
	기 타		자본잉여금, 이익잉여금 등을 구성하는 경우
손금산입 · 익금불산입	△유보		세무상 자산감소 · 부채증가
	기 타		△유보 외

※ 배당 · 상여가 중복되는 경우 : 상여로 소득처분

4. 특수한 경우의 소득처분

(1) 추계결정시

① 일반적인 경우 : 대표자 상여

② 천재지변 기타 불가항력 등의 경우 : 기타사외유출

(2) 귀속자가 불분명한 경우

① 사외유출된 것은 분명하나 그 귀속자가 불분명한 경우 : 대표자에 대한 상여

② 비용계상 또는 특수관계소멸시까지 미회수한 경우 : 기타사외유출

(3) 회수된 사외유출금액

유보처리(단, 세무조사의 통지를 받거나 세무조사에 착수한 것을 아는 등 경정이 있을 것을 미리 알고 사외유출된 금액을 익금산입하는 경우 : 상여 등으로 소득처분)

5. 무조건 기타사외유출

① 간주임대료(추계시 제외)

② 업무용승용차 임차료 중 감가상각비 상당액 한도초과액과 업무용승용차의 처분손실 한도초과액

③ 건당 1만원(경조금 20만원) 초과 접대비 중 적격증명서류 미수취분과 접대비 한도초과액

④ 특례·일반기부금의 한도초과액(비지정기부금의 손금불산입액 제외)

⑤ 채권자불분명 사채이자와 비실명 채권·증권 이자 중 원천징수세액, 업무무관자산 이자

⑥ 귀속자 불분명한 익금산입액(대표자 상여) 또는 추계시 소득처분특례(대표자 상여)의 소득세 등 대납액 → 손비로 계상한 금액 또는 특수관계가 소멸될 때까지 회수하지 아니함에 따라 익금에 산입한 금액

⑦ 부당행위계산 부인액의 익금산입액 중 귀속자에게 증여세가 과세되는 금액

⑧ 외국법인 국내사업장의 각사업연도소득에 대한 법인세의 과세표준을 신고·결정·경정함에 있어서 익금에 산입한 금액이 동 외국법인 본점 등에 귀속되는 소득

⑨ 외국법인에 대한 과세표준을 추계결정 또는 추계경정하는 경우에 결정된 과세표준과 당기순이익과의 차액

6. 소득처분 관련 서식

① **소득금액조정합계표** : 모든 세무조정사항을 집계하는 서식(단, 기부금한도초과액과 기부금손금추인액은 이 서식에 기재하지 않고 「법인세 과세표준 및 세액조정계산서」에 기재)

② 「**자본금과 적립금조정명세서(을)**」 : 유보(△유보)를 관리하는 서식

③ 「**자본금과 적립금조정명세서(갑)**」 : 세무상 자기자본*을 계산하는 서식

*세무상 자기자본 = 결산상 자기자본 + 유보잔액 − 손익미계상 법인세비용

CHAPTER

02 | 익 금

제1절 | 익금 및 익금불산입 CTA 18 · 17

1. 정의 및 예시

(1) 익금의 정의

순자산을 증가시키는 거래로 인하여 발생하는 수익의 금액(단, 자본의 납입, 익금불산입 항목 제외)

(2) 익금의 예시

① **사업수입금액** : 매출액(매출에누리 · 매출환입 · 매출할인 차감 후 금액), 임직원 할인금액(내국법인이 생산 · 공급하는 재화 또는 용역을 해당 내국법인의 임직원에게 시가보다 낮은 가액으로 판매 · 제공하는 경우 그 판매 · 제공가액과 시가와의 차액) 포함

② 자산(자기주식 포함)의 양도금액

③ 자산의 임대료

④ 법률에 의한 유형자산 및 무형자산 평가차익(임의평가증*은 익금불산입)

*이사회 결의에 의한 평가증, K-IFRS 평가증

⑤ 자산수증이익

⑥ 채무면제이익(채무출자전환시 채무면제이익 포함)

⑦ 환입된 금액

- 지출 당시 손금으로 인정 ○ : 익금(예 재산세 등)
- 지출 당시 손금으로 인정 × : 익금 아님(예 법인세 등)

⑧ 간주임대료

⑨ 의제배당소득

⑩ 특수 + 개인 + 유가증권을 저가매입하는 경우의 시가 미달액

⑪ 국고보조금 및 공사부담금

(3) 익금불산입의 예시

① 주식발행초과금(무액면주식은 발행가액 중 자본금 계상한 금액 초과액)

② 감자차익

③ 합병차익 및 분할차익(단, 합병차익 중 합병매수차익과 분할차익 중 분할대수차익은 예외)

④ 주식의 포괄적 교환차익 및 주식의 포괄적 이전차익

⑤ 상법에 따라 자본잉여금(Tax 의제배당 대상재원 아닌 잉여금)을 감액하여 받는 배당

⑥ 이월익금

⑦ 국세와 지방세 과오납금에 대한 환급가산금
⑧ 부가가치세 매출세액
⑨ 자산수증이익(국고보조금 제외)과 채무면제이익 중 이월결손금 보전에 충당한 금액
⑩ 법정 출자전환 채무면제이익 중 결손금 보전에 충당할 금액
⑪ 연결자법인으로부터 지급받았거나 받을 연결산출세액 자법인 부담분

제2절 | 임대보증금에 대한 간주임대료 CTA 25

1. 추계결정의 경우

$$\text{간주임대료} = \text{보증금 적수}^{(주1)} \times \text{정기예금이자율} \times \frac{1}{365}$$

주1 ① 주택 보증금 포함
② 초일 : 임대개시일

2. 추계하지 않는 경우(기장한 경우)

(1) 요건(모두 충족)

① 차입금 과다법인(차입금적수 > 자기자본적수 × 2)
② 부동산임대업이 주업인 법인(임대부동산 ≥ 총자산 50%)
③ 영리내국법인

(2) 계 산

$$(\text{보증금적수}^{(주1)} - \text{건설비적수}^{(주2)}) \times \text{이자율} \times \frac{1}{365} - \text{금융수익(발생주의)}^{(주3)}$$

주1 ① 주택 보증금 제외
② 초일 : 임대개시일
주2 ① 건물취득원가(자본적지출액 ○, 토지 ×, 누계액 ×, 재평가차액 ×)
② 총건설비를 면적비율로 배분
③ 일 수
• 취득원가 : 보증금 적수
• 자본적지출 : 개시일이전은 보증금 적수 / 개시일이후는 실제 지출일부터
주3 ① 이자수익
② 배당수익
③ 신주인수권처분이익
④ 유가증권처분이익(처분손실인 경우 처분이익을 한도로 차감)

(3) 소득처분 : 기타사외유출

1. 무상주 의제배당

(1) 의제배당범위

구 분	전입된 잉여금	무상주 수령주주
원 칙	Book 이익잉여금 → Tax 이익잉여금	의제배당 ○
	Book 자본잉여금 → Tax 이익잉여금(주1) → Tax 자본잉여금(주2)	의제배당 ○ 의제배당 ×
예 외	Book 자본잉여금 → Tax 자본잉여금	의제배당 ○

주1 ① 자기주식처분이익
② 출자전환채무면제이익
③ 1% 재평가적립금

주2 ① 자기주식소각이익으로서 다음 중 하나에 해당하는 경우
• 소각일로부터 2년 이내 자본전입시
• 소각시 시가 > 취득가액
② 피투자회사가 자기주식을 보유하여 자본전입 후 자기주식 이외 주주 지분비율 증가한 경우

(2) 의제배당금액의 계산

① 지분율 방식

자본전입된 잉여금 중 의제배당 대상 재원 × 지분율

② 주식수 방식

$$무상주\ 수령주식수 \times 액면가(주식배당은\ 발행가)^{*} \times \frac{의제배당대상\ 재원잉여금}{자본전입된\ 잉여금총액}$$

*무액면주식의 경우 : $\frac{자본전입된\ 잉여금총액}{신규\ 발행\ 주식수}$

2. 감자 등 의제배당

감자 · 해산 · 합병 · 분할 등의 대가(주1) − 소멸주식의 세무상 취득가(주2) = 의제배당

주1 ① 원칙 : 시가
② 예외 : 적격합병, 적격분할시
• 합병교부금을 수령하지 않은 경우 : 소멸주식의 취득원가
• 합병교부금을 수령한 경우 : Min(시가, 소멸주식의 취득원가)

주2 ① 원칙 : 평균법
② 예외 : 단기소각주식 선출법(단기소각주식 : 의제배당 아닌 무상주를 수령일로부터 2년 이내 소각한 경우의 해당 주식)

3. 의제배당 귀속시기

① 감자 : 자본감소결의일

② 해산 : 잔여재산가액확정일

③ 합병, 분할 : 합병, 분할 등기일

제4절 | 수입배당금에 대한 이중과세 조정 CTA 23·21

1. 내국법인

(1) 개 념

내국법인(고유목적사업준비금을 손금에 산입하는 비영리내국법인은 제외)이 해당 법인이 출자한 다른 내국법인(피출자법인)으로부터 받은 수입배당금액 중 익금불산입율의 금액에서 지급이자의 금액을 뺀 금액은 각 사업연도의 소득금액을 계산할 때 익금에 산입하지 아니한다(그 금액이 0보다 작은 경우에는 없는 것으로 본다).

(2) 익금불산입액

$$\left(\text{수입배당금} - \text{지급이자} \times \frac{\text{Tax상 주식적수}}{\text{B/S상 총자산적수}}\right) \times \text{익不} = \text{익금불산입액}$$

① **수입배당금** : 수입배당금 중 법인세 과세되지 않은 금액은 익금산입

- 배당기준일 전 3개월 이내 취득한 주식등의 수입배당금
- 지급배당 소득공제를 받은 유동화전문회사, 신탁재산 등으로부터 받은 배당금
- 법인세 비과세·면세·감면 법인으로부터 받은 배당금
- 유상감자 시 주식 취득가액 초과 금액 및 자기주식보유법인이 잉여금의 자본전입으로 인해 발생하는 이익
- 3% 재평가적립금(합병·분할차익 중 승계된 금액 포함)을 감액하여 받은 배당

② **지급이자** : 수입배당금에 대응하는 이자비용을 의미하며, 다음의 지급이자는 제외한다.

- 채권자가 불분명한 사채의 이자
- 지급받은 자가 불분명한 채권·증권의 이자·할인액 또는 차익
- 건설자금에 충당한 차입금의 이자
- 업무무관자산이자
- 현할차 상각, 연지급수입이자

③ 익不율

피출자법인에 대한 출자비율	익不율
50% 이상	100%
20% 이상 50% 미만	80%
20% 미만	30%

※ 이 경우 보유 주식등의 수를 계산할 때 같은 종목의 주식등의 일부를 양도한 경우에는 먼저 취득한 주식등을 먼저 양도한 것으로 본다.

(3) 기타사항

① 익금불산입의 계산은 배당금 지급법인별로 계산

② T/A : 〈익금불산입〉 수입배당금 ××× (기타)

2. 외국자회사

(1) 개 념

내국법인(간접투자회사등은 제외)이 해당 법인이 출자한 외국자회사[내국법인이 의결권 있는 발행주식총수 또는 출자총액의 100분의 10(「조세특례제한법」에 따른 해외자원개발사업을 하는 외국법인의 경우에는 100분의 5) 이상을 출자하고 있는 외국법인으로서 대통령령(주1)으로 정하는 요건을 갖춘 법인을 말한다]

주1 내국법인이 직접 외국법인의 의결권 있는 발행주식총수 또는 출자총액의 100분의 10(「조세특례제한법」 제22조에 따른 해외자원개발사업을 하는 외국법인의 경우에는 100분의 5) 이상을 그 외국법인의 배당기준일 현재 6개월 이상 계속하여 보유(내국법인이 적격합병, 적격분할, 적격물적분할, 적격현물출자에 따라 다른 내국법인이 보유하고 있던 외국자회사의 주식등을 승계받은 때에는 그 승계 전 다른 내국법인이 외국자회사의 주식등을 취득한 때부터 해당 주식등을 보유한 것으로 본다)하고 있는 법인을 말한다.

(2) 익금불산입액

① 수입배당금액 100분의 95에 해당하는 금액은 각 사업연도의 소득금액을 계산할 때 익금에 산입하지 아니한다.

② 「국제조세조정에 관한 법률」에 따라 특정외국법인의 유보소득에 대하여 내국법인이 배당받은 것으로 보는 금액 및 해당 유보소득이 실제 배당된 경우의 수입배당금액에 대해서는 외국자회사 등 수입배당금 익금불산입 규정을 적용하지 아니한다.

※ 단, 다음 어느 하나에 해당하는 금액은 각 사업연도의 소득금액을 계산할 때 익금에 산입한다.

- 「국제조세조정에 관한 법률」에 따라 특정외국법인으로부터 받은 수입배당금액으로서 대통령령으로 정하는 수입배당금액
- 혼성금융상품 거래에 따라 내국법인이 지급받는 수입배당금액

CHAPTER

03 | 손 금

제1절 | 손금 및 손금불산입 CTA 25 · 24 · 22 · 21 · 18 · 17 · 16

1. 손금의 정의 및 예시

(1) 손금의 정의

① 손비의 범위에 관한 일반적 기준으로서 그 법인의 사업과 관련하여 발생하거나 지출된 손실 또는 비용으로서 일반적으로 인정되는 통상적인 것이나 수익과 직접 관련된 것으로 규정하고 있다.

② 손금은 자본 또는 출자의 환급, 잉여금의 처분 및 이 법에서 규정하는 것은 제외하고 해당 법인의 순자산을 감소시키는 거래로 인하여 발생하는 손실 또는 비용의 금액으로 한다.

(2) 손금의 예시

① 판매한 상품 또는 제품에 대한 원료의 매입가액(기업회계기준에 따른 매입에누리금액 및 매입할인금액을 제외한다)과 그 부대비용

①-1 판매한 상품 또는 제품의 보관료, 포장비, 운반비, 판매장려금 및 판매수당 등 판매와 관련된 부대비용(판매장려금 및 판매수당의 경우 사전약정 없이 지급하는 경우를 포함한다)

② 양도한 자산의 양도당시의 장부가액

③ 인건비[내국법인이 발행주식총수 또는 출자지분의 100분의 100을 직접 또는 간접 출자한 해외현지법인에 파견된 임원 또는 직원의 인건비로서 「소득세법」에 따라 근로소득세가 원천징수된 인건비(해당 내국법인이 지급한 인건비가 해당 내국법인 및 해외출자법인이 지급한 인건비 합계의 100분의 50 미만인 경우로 한정한다)를 포함한다]

③-1 임원 또는 직원의 출산 또는 양육 지원을 위해 해당 임원 또는 직원에게 공통적으로 적용되는 지급기준에 따라 지급하는 금액

④ 유형자산의 수선비

⑤ 유형자산 및 무형자산에 대한 감가상각비

⑥ 자산의 임차료

⑦ 차입금이자

⑧ 회수할 수 없는 부가가치세 매출세액미수금(부가가치세법에 따라 대손세액공제를 받지 아니한 것에 한정)

⑨ 자산의 평가차손

⑩ 제세공과금(외국자회사 수입배당금액의 익금불산입과 외국납부세액공제를 모두 적용하지 않는 경우의 외국법인세액을 포함)

⑪ 영업자가 조직한 단체로서 법인이거나 주무관청에 등록된 조합 또는 협회에 지급한 회비

⑫ 광업의 탐광비(탐광을 위한 개발비를 포함)

⑬ 보건복지부장관이 정하는 무료진료권 또는 새마을진료권에 의하여 행한 무료진료의 가액

⑬-1 식품 및 생활용품의 제조업・도매업 또는 소매업을 영위하는 내국법인이 해당 사업에서 발생한 잉여식품등을 기부활성화에 관한 법률에 따른 제공자 또는 제공자가 지정하는 자에게 무상으로 기증하는 경우 그 장부가액(기부금에 포함하지 않음 → 전액 손금)

⑭ 업무와 관련있는 해외시찰・훈련비

⑮ 우리사주조합에 출연하는 자사주의 장부가액 또는 금품

⑯ 장식・환경미화 등의 목적으로 사무실・복도 등 여러 사람이 볼 수 있는 공간에 항상 전시하는 미술품의 취득가액을 그 취득한 날이 속하는 사업연도의 손비로 계상한 경우에는 그 취득가액(취득가액이 거래단위별로 1천만원 이하인 것으로 한정)

⑰ 광고선전 목적으로 기증한 물품의 구입비용[특정인에게 기증한 물품(개당 3만원 이하의 물품은 제외)의 경우에는 연간 5만원 이내의 금액으로 한정]

⑱ 상법, 벤처기업육성에 관한 특별조치법, 소재・부품전문기업 등의 육성에 관한 특별조치법에 따른 주식매수선택권 또는 금전을 부여받거나 지급받은 자에 대한 다음의 금액. 다만, 해당 법인 발행주식총수의 10% 범위에서 부여하거나 지급한 경우로 한정한다.

- 주식매수선택권을 부여받은 경우로서 약정된 주식매수시기에 약정된 주식의 매수가액과 시가의 차액을 금전 또는 해당 법인의 주식으로 지급하는 경우의 해당 금액(차액보상형)
- 주식매수선택권을 부여받은 경우로서 약정된 주식매수시기에 주식매수선택권 행사에 따라 주식을 시가보다 낮게 발행하는 경우 그 주식의 실제 매수가액과 시가의 차액(주식결제형)
- 주식기준보상으로 금전을 지급하는 경우 해당 금액

⑲ 중소기업 인력지원 특별법에 따라 중소기업 및 중견기업이 부담하는 기여금

⑳ 임원 또는 직원(지배주주등인 자는 제외)의 사망 이후 유족에게 학자금 등으로 일시적으로 지급하는 금액으로서 법소정 요건*을 충족하는 것

*임원 또는 직원의 사망 전에 정관이나, 주주총회・사원총회 또는 이사회의 결의에 의하여 결정되어 임원 또는 직원에게 공통적으로 적용되는 지급기준에 따라 지급되는 것

㉑ 임직원 할인금액 및 관련 지원방식에 따른 지원을 함으로써 해당 임원 또는 직원이 얻는 이익에 상당하는 금액

2. 손금불산입의 예시

(1) 자본거래 등

① 결산을 확정할 때 잉여금의 처분을 손비로 계상한 금액

② 주식할인발행차금 : 액면미달의 가액으로 신주를 발행하는 경우 그 미달하는 금액과 신주발행비의 합계

(2) 징벌적 목적의 손해배상금

① 내국법인이 지급한 손해배상금 중 실제 발생한 손해를 초과하여 지급하는 금액

② 실제 발생한 손해액이 분명하지 않은 경우에는 다음 계산식에 따라 계산

$$\text{손금불산입 대상 손해배상금} = A \times \frac{B-1}{B}$$

A : 지급한 손해배상액

B : 손해배상액의 상한이 되는 배수

(3) 자산의 평가손실

내국법인이 보유하는 자산의 평가손실은 각 사업연도의 소득금액을 계산할 때 손금에 산입하지 아니한다.

(4) 과다경비 등

다음의 손비 중 과다하거나 부당하다고 인정하는 금액은 내국법인의 각 사업연도의 소득금액을 계산할 때 손금에 산입하지 아니한다.

① 임직원이 아닌 지배주주 등에게 지급한 여비·교육훈련비

② 법 소정 외의 복리후생비

③ 공동경비 초과부담액*

*공동경비 부담기준

1. 출자에 의해 특정사업을 공동으로 영위하는 경우 : 출자 비율
2. 비출자 공동사업자의 경우
   a. 특수관계 : 전기 또는 당기 매출액(주1) 비율과 전기 또는 당기 총자산가액(주1) 비율 중 선택(주2), (주3)(매출액 및 총자산가액은 기업회계기준에 따른 매출액 및 총자산가액으로 함)

   주1 매출액 및 총자산가액은 기업회계기준에 의한다.

   주2 선택하지 않은 경우 직전 매출액 선택한 것으로 간주하며, 5년간 지속적으로 적용한다.

   주3 다음의 기준도 선택 가능하다.

   ① 공동행사비 : 참석인원비율

   ② 공동구매비 : 구매금액비율

   ③ 공동연구개발비 : 공동연구개발과 관련된 사업에서 발생한 매출액 비율

   ④ 유형자산의 공동사용료(토지 및 건축물은 제외) : (고정비)소유지분비율, (고정비 외 비용)사용비율

   ⑤ 무형자산의 공동사용료 : 해당 사업연도 개시일의 기업회계기준에 따른 자본합계 비율

   ⑥ 공동광고선전비
   - 국내 광고선전비 : 국내 매출액비율
   - 국외 광고선전비 : 수출액비율

   b. 비특수관계 : 약정비율(없는 경우 위 a의 비율)

④ 업무와 직접 관련이 적다고 인정되는 경비

(5) 업무무관 비용

① 타인(비출자임원, 소액주주 임·직원 제외)이 주로 사용하는 자산의 관리비·유지비
② 주주(소액주주* 제외) 또는 출자임원(소액주주임원 제외) 및 그 친족이 사용하는 사택의 유지관리비

*소액주주 : 지분율 1% 미만인 주주

③ 업무무관 자산의 유지비·관리비
④ 업무무관자산의 취득을 위한 차입비용
⑤ 해당 법인이 공여한 형법상 뇌물(외국공무원에 대한 뇌물 포함)에 해당하는 금전과 금전 이외의 자산 및 경제적 이익의 합계액(소득처분 : 기타소득)
⑥ 「노동조합 및 노동관계조정법」을 위반하여 지급하는 급여(소득처분 : 기타소득)

(6) 업무용승용차 관련 비용

① 업무사용금액의 손금불산입

업무용승용차 관련비용 × (1 − 업무사용비율) = 업무외 사용금액

※ 기획재정부령으로 정하는 자동차등록번호판을 부착하지 않은 경우와 업무전용자동차보험에 가입하지 아니한 경우에는 영(0)원으로 한다.

② 범위 : 운수업, 자동차판매업 등에서 사업에 직접 사용하는 승용자동차로서 대통령령(주1)으로 정하는 것과 연구개발을 목적으로 사용하는 승용자동차로서 대통령령(주1)으로 정하는 것

주1 a. 「부가가치세법」상 매입세액 공제대상인 운수업, 자동차 판매업, 자동차 임대업, 운전학원업, 기계경비업(출동차량에 한정함) 또는 「여신전문금융업법」에 따른 시설대여업에서 사업상 수익을 얻기 위하여 직접 사용하는 승용자동차
b. 장례식장 및 장의관련 서비스업을 영위하는 법인이 소유하거나 임차한 운구용 승용차
c. 「자동차관리법」에 따라 국토교통부장관의 임시운행허가를 받은 자율주행자동차

③ 업무용승용차 관련비용 : 업무용승용차에 대한 감가상각비, 임차료, 유류비, 보험료, 수선비, 자동차세, 통행료 및 금융리스부채에 대한 이자비용 등 업무용승용차의 취득·유지를 위하여 지출한 비용

③-1 업무용승용차 관련비용의 규제

• 업무용승용차별 감가상각비 한도초과 및 이월손금산입
  - 업무사용금액 중 업무용승용차별 감가상각비가 세법상 한도 800만원*을 초과하는 금액은 당기에 손금에 산입하지 않고 (〈손不〉 유보)
  - 다음 사업연도부터 업무용승용차의 업무사용금액 중 감가상각비가 800만원*에 미달하는 경우 그 미달하는 금액을 한도로 하여 손금으로 추인한다. (〈손入〉 △유보)

• 업무용승용차별 처분손실 한도초과 및 이월손금산입
– 업무용승용차별 처분손실이 세법상 한도 800만원을 초과하는 금액은 당기에 손금하지 않고 (〈손不〉 기타사외유출)
– 다음 사업연도부터 800만원*을 균등하게 손금에 산입하되 (〈손入〉 기타)
– 이월된 금액의 누적 잔액이 800만원* 미만인 사업연도에는 해당 잔액을 모두 손금에 산입한다. (〈손入〉 기타)

*보유기간 1년 미만인 경우 : $800만원 \times \frac{보유월수}{12}$

④ 업무사용비율

구 분		업무사용비율
운행기록 작성 ○		$\frac{업무용\ 주행거리^{(주1)}}{총\ 주행거리}$
운행기록 작성 ×	업무용승용차 관련비용 : 1,500만원(주2) 이하	100%
	업무용승용차 관련비용 : 1,500만원(주2) 초과	$\frac{1,500만원^{(주2)}}{업무용승용차\ 관련비용}$

주1 제조·판매시설 등 사업장 방문, 거래처 방문, 회의참석, 판촉활동, 출·퇴근 등 업무수행에 따라 주행한 거리

주2 보유기간이 1년 미만인 경우 : $1,500만원 \times \frac{보유월수}{12}$

⑤ 업무용승용차 감가상각비 부인
• 업무사용금액 중 업무승용차 감가상각비(a)

한도 시부인 대상 = 업무용승용차별 감가상각비 × 업무사용비율

• 업무용 승용차별 감가상각비 한도(b) : $800만원 \times \frac{보유월수}{12}$

• 한도초과액 : (a) – (b)

⑥ 업무용승용차의 감가상각의제 : 업무용승용차의 감가상각비는 정액법으로 상각하고, 내용연수 5년으로 하여 계산한 금액을 손금 산입한다.

(7) 기 타

세금과 공과금, 인건비, 복리후생비, 기업업무추진비, 기부금, 지급이자 등의 항목에 대하여 손금으로 인정되는 범위 외의 금액

3. 손금에 관한 일반 원칙

(1) 지출액에 대한 증명서류

세금계산서, 계산서, 신용카드매출전표, 직불카드영수증, 기명식선불카드영수증, 현금영수증 등

(2) 증빙보관기한

법인세 과세표준과 세액의 신고기한으로부터 5년간 보관(다만, 각 사업연도 개시일 전 5년이 되는 날 이전에 개시한 사업연도에서 발생한 결손금을 각 사업연도의 소득에서 공제하려는 법인은 해당 결손금이 발생한 사업연도의 신고기한부터 1년이 되는 날까지 보관)

(3) 적격증명서류 미수취한 경우

구 분		세무조정
기업업무추진비*	건당 3만원 초과	손금불산입
	건당 3만원 이하	손금산입(한도시부인 대상)
기타 업무관련지출	건당 3만원 초과	손금산입, 가산세부과(거래금액 × 25%)
	건당 3만원 이하	손금인정, 가산세 없음

*경조금의 경우 건당 20만원 기준

4. 세금과 공과금

(1) 조 세

① 손금불산입 항목

- 법인세(익금불산입의 적용 대상이 되는 수입배당금액에 대하여 외국에 납부한 세액과 세액공제를 적용하는 경우의 외국법인세액을 포함), 법인지방소득세
- 부가가치세의 매입세액*(부가가치세가 면제되는 경우 제외)

*부가가치세 매입세액불공제인 경우

정책적 목적 불공제 매입세액(손入)	의무불이행 불공제매입세액(손不)
① 면세사업관련 매입세액 ② 비영업용 소형승용차 구입, 임차, 유지 매입세액 ③ 기업업무추진비 관련 매입세액 ④ 토지조성관련 매입세액 ⑤ 영수증 관련 매입세액 ⑥ 간주임대료 관련 매입세액	① 사업자 등록 전 매입세액 ② 세금계산서 미수취·부실기재분 매입세액 ③ 매입처별 세금계산서 합계표 미제출·부실기재 관련 매입세액

- 판매하지 아니한 제품에 대한 반출필의 개별소비세, 주세 또는 교통·에너지·환경세의 미납액(다만, 제품가격에 그 세액상당액을 가산한 경우에는 예외)
- 증자관련 등록면허세(신주발행비임)
- 가산세, 강제징수비, 각 세법상 의무불이행으로 인한 세액

② 손금항목 : 손금불산입 항목 이외의 항목(예 주민세, 재산세, 종합부동산세, 자동차세, 취득세, 등록면허세 등)

(2) 공과금

① 손금불산입 항목

- 임의성 공과금 : 임의출연금
- 제재성 공과금 : 폐수배출부담금

② 손금항목 : 손금불산입 이외의 항목(예 교통유발부담금, 폐기물처리부담금)

③ 벌과금(벌금 · 과료 · 과태료)

손금불산입 항목(벌과금 O)	손금항목(벌과금 ×)
① 관세법 위반 벌과금 ② 업무와 관련된 교통사고 벌과금 ③ 산업재해보상보험료 가산금 ④ 최저예금지급준비금과 관련하여 금융회사 등이 한국은행에 납부하는 과태금 ⑤ 국민건강보험법에 따라 징수하는 연체금 ⑥ 국외에서 납부하는 벌금	① 사계약상 의무불이행에 의한 지체상금 ② 보세구역 내 수출용원자재의 장치기간 경과에 따른 국고귀속분 ③ 철도화차 사용료 미납액 연체이자 ④ 산업재해보상보험료 연체금 ⑤ 국유지 사용료 납부지연 연체료 ⑥ 전기요금 납부지연 연체가산금

5. 인건비

업무와 관련된 지출로서 임직원에 대한 인건비인 경우 손금에 산입하며, 다음의 열거된 인건비는 손금불산입에 해당한다.

(1) 급 여

① 지배주주 혹은 지배주주 관련자*의 직급초과 지급액

*지배주주 등 : 법인의 발행주식총수 또는 출자총액의 1% 이상의 주식 또는 출자지분을 소유한 주주등으로서 그와 특수관계에 있는 자와의 소유 주식 또는 출자지분의 합계가 해당 법인의 주주등 중 가장 많은 경우의 해당 주주 등

② 비상금 임원(사외이사, 고문 등) 부당지급액

(2) 상여금

① 임원상여금 한도초과액

- 주총, 이사회, 정관에 지급규정이 있는 경우 : 규정상의 금액
- 주총, 이사회, 정관에 지급규정이 없는 경우 : 0

※ 직원에 대한 상여금은 한도 없이 항상 손금이다.

② 임원 또는 직원에게 이익잉여금 처분에 의해 지급하는 상여금

※ 합명회사 또는 합자회사의 노무출자사원에게 지급하는 보수는 잉여금 처분 상여로 본다.

(3) 퇴직급여

다음의 금액을 한도로 손금산입하고, 한도초과시 손금불산입한다.

① 정관 규정 O : 규정상의 금액

② 정관 규정 × : 퇴직전 1년간 총급여(주1) × 10% × 근속연수(주2)

주1 포함항목 : 급여, 상여금 등 이와 유사한 성질의 급여
불포함항목 : 비과세 근로소득, 손금부인액, 인정상여, 임원퇴직소득 한도초과액, 직무발명보상금, 손금불산입액
주2 1개월 미만은 없는 것으로 함

※ 직원에 대한 퇴직급여는 한도없이 항상 손금

6. 복리후생비

임・직원(파견근로자 포함)을 위하여 지출한 복리후생비 중 다음에 해당하지 않는 비용은 손금불산입한다.

① 우리사주조합 운영비

② 국민연금보험료・국민건강보험료・노인장기요양보험료・고용보험료에 대한 사용자부담금

③ 직장체육비, 직장문화비, 직장회식비

④ 직장어린이집의 운영비

⑤ 사회통념상 타당한 범위 내의 경조금 등 기타 위의 유사한 비용

제2절 | 기업업무추진비 CTA 24・23・22・21・20・19・18・17

1. 기업업무추진비의 범위

구 분	업무 관련성 여부	특정인 여부	세무상 처리
기업업무추진비	○	○	한도 내 손금
광고선전비	○	×	전액 손금
기부금	×	○	한도 내 손금

2. 기업업무추진비의 분류

① 주주・임직원이 부담하여야 할 기업업무추진비 : 손금불산입 (사외유출)

② 직원이 조직한 단체에 지출한 조합・단체의 복리시설비

- 법인인 경우 : 기업업무추진비
- 법인이 아닌 경우 : 회사 경리의 일부

③ 광고선전 목적으로 기증한 물품의 구입비용

- 불특정다수 : 전액 손금
- 특정인 : 1인당 연간 5만원 이하 시 전액손금 / 1인당 연간 5만원 초과 시 전액 기업업무추진비

※ 1개당 3만원 이하의 물품은 5만원 초과 여부 계산시 불포함

④ 채권포기(주1)

- 정당한 사유(주2)가 있는 경우 : 손금
- 정당한 사유가 없는 경우 : 업무관련 있는 경우 기업업무추진비 / 업무무관인 경우 기부금

주1 특수관계인과의 거래에서 발생한 채권의 회수를 포기한 경우 : 부당행위(전액 손금불산입)

주2 정당한 사유란 채무자의 부도발생 등으로 장래에 회수가 불확실한 어음·수표 상의 채권 등을 조기에 회수하기 위하여 당해 채권의 일부를 포기하여야 하는 경우를 말함

⑤ 기업업무추진비 관련 부가가치세 : 현물접대 매출세액과 접대관련 불공제매입세액 모두 기업업무추진비

제3장

3. 현물기업업무추진비

Max(시가, 장부가액)

4. 기업업무추진비의 귀속시기

접대행위가 이루어진 날

5. 기업업무추진비 한도시부인 계산

(1) 적격증명서류 요건

① 적격증명서류 없는 경우 : 손금불산입 (상여)

② 적격증명서류 미수취* + 건당 3만원 초과하는 경우 : 손금불산입 (기타사외유출)

*적격증명서류 미수취(적격증명서류가 아닌 것) : 임직원명의 신용카드매출전표, 위장카드가맹점 신용카드전표 포함

※ (예외) 적격증명서류 요건 미적용 대상 : 자가생산 현물기업업무추진비, 채권포기 기업업무추진비, 적격증빙 수취 불가한 국외지역 기업업무추진비, 농어민으로부터 재화 매입(대가를 금융회사 통하여 지급한 경우)

(2) 기업업무추진비 한도 : ①+②+③

① 일반기업업무추진비 한도액 : a + b

a. 기본한도 : 1천200만원(중소기업 3천600만원) $\times \dfrac{\text{사업연도 월수(주1)}}{12}$

b. 수입금액(주2)별 한도 : (일반매출액 × 적용률(주3)) + (특수관계인매출액 × 적용률(주3) × 10%)

② 문화기업업무추진비(주4) 한도액 : Min(문화기업업무추진비, 일반기업업무추진비 한도액 × 20%)

③ 전통시장 기업업무추진비 한도액 : Min(전통시장 기업업무추진비(주5), 일반기업업무추진비 한도액 × 10%)

주1 1개월 미만의 일수는 1개월로 함

주2 GAAP상의 매출 의미하며, 다음 사항을 유의한다.

① 매출액에 포함 : 중단사업부문의 매출액, 영업수입금액, 부산물 매각액, GAAP에 따른 매출액을 세무조정으로 익금에 산입한 금액

② 매출액에 포함하지 않는 것 : GAAP에 따른 매출액과 법인세법의 익금과의 차액을 세무조정으로 익금산입한 금액, 영업외수익, 간주임대료, 부당행위계산의 부인으로 익금산입한 금액, 개별소비세 등 간접세

주3 적용률

수입금액(매출액)	비 율
100억원 이하	0.3%
100억원 초과 500억원 이하	3천만원 + (수입금액 − 100억원) × 0.2%
500억원 초과	1억1천만원 + (수입금액 − 500억원) × 0.03%

주4 문화기업업무추진비란 다음과 같이 각 용도로 지출한 비용을 말한다.

1. 「문화예술진흥법」 제2조에 따른 문화예술의 공연이나 전시회 또는 「박물관 및 미술관 진흥법」에 따른 박물관의 입장권 구입
2. 「국민체육진흥법」 제2조에 따른 체육활동의 관람을 위한 입장권의 구입
3. 「영화 및 비디오물의 진흥에 관한 법률」 제2조에 따른 비디오물의 구입
4. 「음악산업진흥에 관한 법률」 제2조에 따른 음반 및 음악영상물의 구입
5. 「출판문화산업 진흥법」 제2조 제3호에 따른 간행물의 구입
6. 「관광진흥법」 제48조의2 제3항에 따라 문화체육관광부장관이 지정한 문화관광축제의 관람 또는 체험을 위한 입장권・이용권의 구입
7. 「관광진흥법 시행령」 제2조 제1항 제3호 마목에 따른 관광공연장 입장권의 구입
8. 기획재정부령으로 정하는 박람회의 입장권 구입
9. 다음 각 목의 어느 하나에 해당하는 국가유산의 관람을 위한 입장권의 구입
   가. 「문화유산의 보존 및 활용에 관한 법률」에 따른 지정문화유산
   나. 「근현대문화유산의 보존 및 활용에 관한 법률」에 따른 국가등록문화유산
   다. 「자연유산의 보존 및 활용에 관한 법률」에 따른 천연기념물등
   라. 「무형유산의 보전 및 진흥에 관한 법률」에 따른 국가무형유산
   마. 「무형유산의 보전 및 진흥에 관한 법률」에 따른 시・도무형유산
10. 「문화예술진흥법」 제2조에 따른 문화예술 관련 강연의 입장권 구입 또는 초빙강사에 대한 강연료 등
11. 자체시설 또는 외부임대시설을 활용하여 해당 내국인이 직접 개최하는 공연 등 문화예술행사비
12. 문화체육관광부의 후원을 받아 진행하는 문화예술, 체육행사에 지출하는 경비
13. 미술품의 구입(취득가액이 거래단위별로 1백만원 이하인 것으로 한정한다)
14. 「관광진흥법」 제5조 제2항에 따라 같은 법 시행령 제2조 제1항 제5호 가목 또는 나목에 따른 종합유원시설업 또는 일반유원시설업의 허가를 받은 자가 설치한 유기시설 또는 유기기구의 이용을 위한 입장권・이용권의 구입
15. 「수목원・정원의 조성 및 진흥에 관한 법률」 제2조 제1호 및 제1호의2에 따른 수목원 및 정원의 입장권 구입
16. 「궤도운송법」 제2조 제3호에 따른 궤도시설의 이용권 구입

주5 전통시장 기업업무추진비는 다음의 요건을 모두 갖춘 기업업무추진비를 말한다.

① 신용카드, 현금영수증, 직불카드, 직불전자지급수단, 기명식선불카드, 기명식선불전자지급수단, 기명식전자화폐 사용금액에 해당할 것

② 소비성서비스업을 경영하는 법인 또는 사업자에게 지출한 것이 아닐 것

제3절 | 기부금 CTA 23 · 22 · 21 · 20 · 19 · 18 · 17

1. 기부금의 범위

① 기부금의 개념 : 기부금이란 내국법인이 사업과 직접적인 관계없이 무상으로 지출하는 금액

② 의제기부금 : "특수관계인 이외"의 자에게 정당한 사유없이 자산을 정상가액(시가×70% 또는 시가 130%)보다 낮게 양도 또는 높게 매입하여 실질적으로 그 차액을 증여한 것으로 인정되는 금액

2. 기부금의 분류

① 특례기부금

- 국가나 지방자치단체에 무상으로 기증하는 금품의 가액. 다만, 「기부금품의 모집 및 사용에 관한 법률」의 적용을 받는 기부금품은 같은 법에 따라 접수하는 것만 해당한다.
- 국방헌금과 국군장병 위문금품의 가액
- 천재지변으로 생기는 이재민을 위한 구호금품의 가액
- 사립학교, 산학협력단, 한국장학재단 등에 시설비 · 교육비 · 장학금 또는 연구비
- 국립대학병원, 사립대학병원, 지방의료원, 대한적십자사가 운영하는 병원, 특례기부금 단체인 병원이 설립한 의료기술협력단 등에 시설비 · 교육비 또는 연구비
- 사회복지사업, 그 밖의 사회복지활동의 지원에 필요한 재원을 모집 · 배분하는 것을 주된 목적으로 하는 비영리법인으로서 기획재정부 장관이 지정 · 고시하는 법인에 지출하는 기부금(예 사회복지공동모금회법에 따른 사회복지공동모금, 재단법인 바보의 나눔)

② 우리사주조합기부금 : 법인이 우리사주조합에 지출하는 기부금

※ 우리사주조합에 출연하는 자사주의 장부가액 또는 금품은 전액 손금(기부금 아님)

③ 일반기부금

- 다음의 비영리법인(단체 및 비영리외국법인 포함)에 고유목적사업비로 지출하는 기부금
  - 사회복지법인, 어린이집, 유치원, 초 · 중등교육법 및 고등교육법에 의한 학교, 기능대학, 전공대학 또는 원격대학 형태의 평생교육시설
  - 종교법인(단체), 의료법에 의한 의료법인, 일반기부금 단체인 병원이 설립한 의료기술협력단
  - 민법상 비영리법인, 비영리외국법인, 사회적협동조합, 공공기관(공기업 제외) 또는 법률에 따라 직접 설립 또는 등록된 기관 중 법정 요건을 모두 충족한 것으로서 국세청장의 추천을 받아 기획재정부장관이 지정하여 고시한 법인(예 독립기념관, 대한적십자사, 한국과학창의재단, 한국문화예술위원회)
- 다음의 용도로 지출하는 기부금
  - 유치원 · 학교 · 기능대학 · 전공대학 형태 또는 원격대학 형태의 평생교육시설의 장이 추천하는 개인에게 교육비 · 연구비 또는 장학금으로 지출하는 기부금
  - 「상속세 및 증여세법」 시행령 제14조의 요건을 갖춘 공익신탁으로 신탁하는 기부금
  - 사회복지 · 문화 · 예술 · 교육 · 종교 · 자선 · 학술 등 공익목적으로 지출하는 기부금으로서 기획재정부장관이 지정하여 고시하는 기부금(예 국민체육진흥기금, 근로복지진흥기금)

• 무료 또는 실비로 이용할 수 있는 일정한 사회복지시설 또는 기관에 기부하는 금품(예 아동복지시설, 노인복지시설, 장애인복지시설, 청소년복지시설)

※ 단, 장애인생산품 판매시설, 장애인 유료복지시설 등과 같이 유료이거나 입소자 본인이 입소비용이나 이용대가를 전부 부담하는 양로시설, 노인요양시설, 재가노인복지시설 등의 기부금인 경우에는 비지정기부금임

• 기획재정부장관이 지정하여 고시하는 국제기구에 지출하는 기부금

④ 비지정기부금 : 동창회 · 종친회 · 향우회 · 신용협동조합 · 새마을금고 · 정당

※ 전액 손금불산입(귀속자에 따라 배당, 상여, 기타사외유출, 기타소득 처리)

3. 현물기부금의 평가

<table>
<tr><th colspan="2">구 분</th><th>현물기부금의 평가</th></tr>
<tr><td colspan="2">특례기부금</td><td rowspan="2">장부가액</td></tr>
<tr><td rowspan="2">일반기부금</td><td>특수관계인이 아닌 경우</td></tr>
<tr><td>특수관계인인 경우</td><td rowspan="2">Max(시가, 장부가액)</td></tr>
<tr><td colspan="2">비지정기부금</td></tr>
</table>

4. 기부금의 귀속시기

현금주의(어음 : 결제일, 수표 : 교부일, 선일자수표 : 결제일, 설립인가중인 법인 : 설립인가일)

5. 기부금의 세무조정

① N/I + 익入(손不) − 손入(익不) = 차가감소득금액

② 기부금 시부인 순서 : 특례기부금 → 우리사주조합기부금 → 일반기부금

<table>
<tr><td rowspan="2">특례기부금(B)</td><td colspan="2">한도액(T) : 기준금액(주1) × 50%
(−)특례기부금 한도초과액의 이월액 … 〈손금산입〉 (기타)</td></tr>
<tr><td>당기 지출액의 한도액</td><td>+한도초과액 : 〈손금불산입〉 (기타사외유출)
△한도미달액 : T/A 없음</td></tr>
<tr><td>우리사주조합(B)</td><td>한도액(T) : [기준금액(주1) − 특례기부금 손금산입액(이월하여 손금에 산입한 금액 포함)] × 30%</td><td>+한도초과액 : 〈손금불산입〉 (기타사외유출)
※ 이월공제 규정 없음</td></tr>
<tr><td rowspan="2">일반기부금(B)</td><td colspan="2">한도액(T) : [기준금액(주1) − 특례기부금 손금산입액(이월하여 손금에 산입한 금액 포함) − 우리사주조합기부금 손금산입액] × 10%(사회적기업은 20%)
(−)일반기부금 한도초과액의 이월액(주2) … 〈손금산입〉 (기타)</td></tr>
<tr><td>당기 지출액의 한도액</td><td>+한도초과액 : 〈손금불산입〉 (기타사외유출)
△한도미달액 : T/A 없음</td></tr>
</table>

주1 차가감소득금액 + 특례기부금 지출액 + 우리사주조합기부금 지출액 + 일반기부금 지출액* − 이월결손금**

*기준소득금액[피합병법인과 분할법인(분할 후 존속하는 분할법인 포함)의 합병 · 분할에 따른 양도손익은 제외하고 특례기부금, 우리사주조합기부금 및 일반기부금을 손금에 산입하기 전의 해당 사업연도의 소득금액

**과세표준 계산 시 공제 가능한 이월결손금[각 사업연도의 개시일 전 15년(2019.12.31 이전 분은 10년) 이내 발생분] → 각 사업연도 소득의 80% 한도를 적용받은 법인(비중소기업)은 기준소득금액의 80%를 한도로 함

주2 기부금 한도초과액의 이월액 : 직전 10년간의 해당 기부금 한도초과액이 있는 경우 그 금액을 해당 사업연도에 지출한 기부금보다 먼저 해당 기부금 한도액의 범위에서 손금산입함(먼저 발생한 이월금액부터 손금산입함)

③ 차가감소득금액 + 기부금 한도초과액 − 기부금 한도초과이월액 손금산입액 = 각사업연도소득금액

제4절 | 지급이자 CTA 23 · 21 · 20 · 18 · 17

지급이자는 순자산의 감소로 원칙적으로 손금이지만, 기본적으로 다음의 (1)~(4)는 제시된 순서에 따라 손금불산입한다.

1. 채권자 불분명사채이자 & 비실명 채권 · 증권이자

① 해당 지급이자 전액 : 〈손不〉 상여로 소득처분(단, 원천징수세액은 기타사외유출로 소득처분)

② 알선수수료 등도 동일하게 〈손不〉 적용

2. 건설자금이자

① 대상자산 : 유 · 무형자산

② 건설자금이자 중 특정차입금 이자(자본화 강제)

해당 지급이자 전액 : 〈손不〉 유보

- 준공일까지만 계산
- 일시예금에서 생기는 수입이자 : 취득가액에서 차감
- 운영자금 전용 차입금에 대한 이자 제외
- 특정차입금에 대한 연체이자 : 자산화(건설자금이자에 포함) → 연체이자의 이자 : 당기손금(건설자금이자에 제외)
- 지급보증료와 할인료 포함

③ 건설자금이자 중 일반차입금 이자(자본화 선택)

- 일반차입금이자 $\times \frac{\text{건설비적수} - \text{특정차입금적수}}{\text{일반차입금적수}}$

  (한도 : 건설기간에 실제로 발생한 일반차입금의 지급이자)
- 유보로 소득처리

3. 업무무관자산 등 관련이자

$$\text{지급이자}^{(주1)} \times \frac{\text{업무무관자산적수} + \text{가지급금적수}^{(주2)}}{\text{총차입금적수}^{(주3)}}$$

주1 ① 선순위 부인된 지급이자 제외(채권자불분명사채이자, 비실명채권이자, 건설자금이자)

② 범 위

포함항목	제외항목
• 금융어음 할인료 • 금융리스료 중 이자상당액 • 사채할인발행차금 상각액 • 차입금 · 회사채 · 사채에 대한 이자 • 손금으로 인정되는 미지급이자	• 상업어음할인료 • 현재가치할인차금 상각액 • 연지급수입이자 • 기업구매자금 대출금 이자 • 선급이자 • 지급보증료 · 신용보증료 · 지급수수료 • 은행차입금 조기상환수수료

주2 ① 업무무관자산적수 : 자산가액은 법인세법상 취득가액(부당행위계산 부인 시 시가초과액 포함)

② 가지급금적수 : 동일인에 대한 가지급금과 가수금이 있는 경우 원칙적으로 상계한 금액을 쓰되, 상환기간 및 이자율에 관한 약정이 있는 경우에는 상계하지 않는다.

※ 가지급금 제외 항목

- 미지급소득에 대한 소득세 대납액
- 국외에 자본을 투자한 내국법인이 해당 국외투자법인에 종사하거나 종사할 자의 여비 · 급료 기타 비용을 대신하여 부담한 금액
- 우리사주조합 주식취득자금을 대여한 금액
- 귀속불분명 대표자 인정상여에 대한 소득세 및 개인지방소득세 대납액
- 직원에 대한 월정급여범위내 가불금, 경조사비 대여금, 학자금(자녀 학자금 포함) 대여금
- 중소기업에 근무하는 직원(지배주주등인 직원 제외)에 대한 주택구입 또는 전세자금 대여금

주3 ① 선순위 손不된 이자비용의 차입금적수는 제외

② 계산 : 차입금잔액 × 차입일수 = 이자비용 ÷ 이자율 × 365

CHAPTER 04

손익 귀속사업연도와 자산 · 부채의 평가

제1절 | 손익의 귀속사업연도 CTA 25 · 22 · 19 · 18 · 16

1. 손익의 귀속사업연도 기본원칙 : 권리의무확정주의

내국법인의 각 사업연도의 익금과 손금의 귀속사업연도는 그 익금과 손금이 확정된 날이 속하는 사업연도로 한다.

2. 자산 판매손익의 귀속사업연도

(1) 일반원칙(인도기준)

① 재고자산의 판매(부동산 제외)
- 일반판매 : 인도일
- 시용판매 : 매입의사 표시일

② 재고자산 외의 자산의 양도(부동산 포함) : 대금청산일, 소유권이전등기일, 인도일 또는 사용수익일 중 빠른 날

③ 위탁매매 : 수탁자가 위탁자산을 매매한 날

④ 증권시장에서 보통거래방식의 유가증권 매매 : 매매계약을 체결한 날

⑤ 매출할인 : 약정에 의한 지급기일(지급기일이 정하여 있지 아니한 경우에는 지급한 날)

(2) 장기할부판매

① 정의 : 판매금액을 2회 이상 분할하고, 할부기간이 1년 이상인 경우

② 인식기준 : 명목가액 인도기준(원칙), 현재가치 인도기준, 회수기일 인도기준*
- 일반적인 경우 : 결산상 계상한 기준에 따라 인정한다.
- 중소기업의 경우 : 결산상 계상한 기준과 상관없이 회수기일도래기준 선택이 가능하다.

*회수기일도래기준 적용시 유의사항
- 인도일 이전의 약정액 : 인도일을 귀속시기로 간주
- 인도일부터 폐업일까지 수령분 : 약정일을 귀속시기로 간주
- 폐업일 이후 회수약정일 도래분 : 폐업일을 귀속시기로 간주

3. 용역의 제공

(1) 원칙 : 진행기준

(2) 예 외

다음 중 어느 하나에 해당하는 경우 인도기준 또는 완성기준 중에 선택 가능

① 중소기업이 수행가는 공사기간이 1년 미만인 경우

② 기업회계기준에 따라 인도기준 또는 완성기준으로 손익을 계상한 경우

(3) 인도기준 강제적용

법인이 비치・기장한 장부가 없거나 그 내용이 충분하지 아니하여 당해 사업연도 종료일까지 실제로 소요된 총공사비누적액 또는 작업시간 등을 확인할 수 없는 경우, 그 목적물의 인도일이 속하는 사업연도의 익금과 손금에 각각 산입

(4) 공사계약 해약시

공사계약의 해약으로 인해 확정된 금액과 차액이 발생된 경우, 그 금액을 해약일이 속하는 사업연도의 익금 또는 손금에 산입

4. 이자수익, 이자비용 등 기타의 귀속사업연도

(1) 이자수익 및 이자비용

① **원칙** : 수령일 또는 약정일(소득세법상 이자소득의 수입시기)

② **특례** : 기간경과분을 수익 또는 비용으로 계상한 경우에 익금 또는 손금으로 인정(단, 원천징수대상 이자와 차입일로부터 이자지급일이 1년을 초과하는 특수관계인과의 거래에 따른 이자는 제외)

(2) 사채할인발행차금

기업회계기준의 상각방법(유효이자율법)에 따라 손금에 산입

(3) 배당금수익

소득세법상 배당소득 수입시기

(4) 금융보험업의 보험료・기부금・보증료・수수료

실제로 수입된 날이 속하는 사업연도(선수입보험료 등은 제외하며, 기간경과분 수익을 결산서에 계상 시 익금으로 봄)

(5) 파생상품 거래의 손익

목적물을 인도하지 않고 차액만 정산하는 파생상품 거래의 손익은 그 거래에서 정하는 대금결제일을 귀속시기로 함

(6) 금전등록기 설치법인

인도기준 또는 현금주의 선택 가능

(7) 자산유동화 거래 및 어음양도

기업회계기준에 의한 손익인식방법 적용(매각거래 또는 차입거래)

(8) 임대료 / 임차료

① 단 기

- 원칙 : 약정일
- 특례 : 기간경과분 임대료와 임차료를 수익과 비용으로 계상한 경우에 익금 또는 손금으로 인정

② 장기* : 발생주의

*지급기간(≠ 임대기간)이 1년을 초과하는 경우를 의미

제2절 | 자산의 취득가액 CTA 25 · 18 · 16

1. 자산 취득가액의 계산기준

(1) 기본원칙

① 타인으로부터 매입 : 매입가액 + 취득부대비용

② 자가 제작 : 제작원가 + 취득부대비용

③ 물적분할 · 현물출자에 따라 취득하는 주식과 자산

구 분		분할법인 · 출자법인이 취득한 주식의 취득가액	분할신설법인 · 피출자법인이 취득하는 주식의 취득가액
물적분할(적격 · 비적격)		물적분할한 순자산의 시가	취득한 자산의 시가
현물출자(적격 · 비적격)	법인을 설립하는 경우	현물출자한 순자산의 시가	취득한 자산의 시가
	이외의 경우	취득한 주식의 시가	

④ 합병 · 인적분할에 따라 취득한 주식과 자산

구 분		취득가액
합병 · 인적분할에 따라 취득한 자산	적격합병 · 적격분할	피합병법인 또는 분할법인의 장부가액
	비적격합병 · 비적격분할	취득한 자산의 시가
합병 · 인적분할에 따라 주주가 취득한 주식		종전주식의 장부가액 + 합병 · 인적분할시 의제배당 + 특수관계인으로부터 자본거래로 분여받은 이익 − 금전등 대가

⑤ 채무출자전환에 의하여 채권자가 취득하는 주식

- 일반적인 경우 : 취득 당시의 시가
- 법정요건을 충족한 출자전환 : 채권의 장부가액(채무보증구상채권, 가지급금 제외)

⑥ 단기금융자산 : 매입가액(부대비용 제외)

⑦ 교환, 증여 등으로 취득한 자산 : 취득당시의 시가

(2) 취득가액 결정의 특수문제

① 고가매입 및 저가매입

• 고가매입

거래상대방	취득가액	초과지급액
특수관계인 ○	시 가	사외유출
특수관계인 ×	시가×130%	기부금(일정한도내에서 손금)

• 저가매입

– 원칙 : 취득가액에 포함하지 않음

– 예외 : 특수관계인 + 개인 + 유가증권인 경우 취득가액에 포함

② 현재가치할인차금

구 분	K-IFRS	법인세법
현재가치할인차금	• 취득가액에서 제외 • 매매・금전대차거래에 적용	(원칙) 취득가액에 포함 (특례) 현재가치할인차금을 계상한 경우 취득가액에 포함하지 아니함(자산의 매매거래에 한함)
현재가치할인차금 상각액	이자비용	손금인정

③ 연지급수입이자

K-IFRS	법인세법
이자비용	(원칙) 취득가액에 포함 (특례) 취득가액과 구분하여 지급이자로 계상한 경우 취득가액에 포함하지 아니함

④ 유형자산 취득시 매입한 국・공채의 취득가액

• 원칙 : 매입가액과 현재가치의 차액은 채권의 취득가액으로 함

• 예외 : 기업회계기준에 따라 그 국공채의 매입가액과 현재가치의 차액을 해당 유형자산의 취득가액으로 계상한 금액은 그 회계처리를 수용함

제3절 | 자산 · 부채의 평가 CTA 25 · 22 · 21 · 20 · 19 · 18 · 16

1. 기본원칙

(1) 원 칙

일반적으로 평가한 금액은 인정하지 않는다. 즉, 원가법이 원칙이다.

(2) 예 외

① 평가이익 인정 : 유 · 무형자산 + 법률에 의한 평가증시
② 평가손실 인정 : 재고자산 + 저가법신고시
③ 평가손익 인정 : 화폐성 외화자산 · 부채 및 통화파생상품 + 시가법 선택시
④ 감액손실 인정(결산조정사항 + 감액사유발생연도에 비용계상한 경우만 손금인정)

- 재고자산 : 파손 · 부패(저가법신고 필요없음)
- 유형자산
  - 천재지변, 화재, 수용, 폐광으로 파손 또는 멸실
  - 생산설비 + 시설개체, 기술낙후 + 폐기(비망기록 1,000원)
  - 임차 사업장의 원상회복을 위한 시설물 철거(비망기록 1,000원)
- 주 식
  - 발행법인의 파산(비망기록 1,000원)
  - 발행법인의 부도, 회생계획인가, 부실징후기업(비망기록 1,000원) : 상장주식 및 특수관계 아닌 비상장주식에 한정(특수관계 판정 : 소액주주 기준은 지분율 5% 이하 및 취득가액이 10억원 이하)

2. 재고자산의 평가

(1) 평가방법 종류

① 원칙 : 개별법, FIFO, LIFO, 총평균법, 이동평균법, 소매재고법
② 예외 : 저가법(저가법 신고시에는 시가와 비교되는 원가 산정방법과 함께 신고)

(2) 평가대상 및 단위

① 대상 : 제품 및 상품, 반제품 및 재공품, 원재료, 저장품
② 단위 : 종류별, 영업장별, 영업종목별 다른 평가방법 적용 가능

(3) 평가방법의 신고기한

① 최초신고 : 설립일이 속하는 사업연도의 과세표준 신고기한까지

※ 신고기한이 경과된 후에 최초신고한 경우 : 신고일이 속한 사업연도까지 무신고로 간주하고, 변경할 평가방법을 적용하고자 하는 사업연도의 종료일 이전 3개월이 되는 날까지 변경신고하는 경우에는 변경신고한 연도부터 변경

② 변경신고 : 변경하고자 하는 사업연도의 종료일 이전 3개월이 되는 날까지

(4) 무신고 및 임의변경시 평가방법

① 무신고시 : FIFO(부동산은 개별법)

② 임의변경시 : Max(FIFO(부동산은 개별법), Tax 방법)

※ 임의변경이란 Book 평가방법과 Tax 평가방법이 다른 경우를 의미한다.

(5) 세무조정

	세 무 상 평 가 액		
(−)	회 사 계 상 액		
	재 고 자 산 평 가 감	…	〈손不〉 재고자산평가감 ××× (유보)
	△ 재 고 자 산 평 가 증	…	〈손入〉 재고자산평가증 ××× (△유보)

※ 전기 재고자산의 유보(△유보)는 당기에 추인한다.

(6) K-IFRS적용 내국법인 등에 대한 재고자산평가차익 익금불산입 특례

① 특례 : K-IFRS 최초 적용연도에 LIFO에서 다른 평가방법으로 변경신고한 경우 재고자산평가차익을 익금에 산입하지 아니할 수 있다.

> 평가차익 = K-IFRS 최초 적용연도 기초 재고자산 평가액 − 직전연도 기말재고자산 평가액

② 익금불산입액의 사후관리

- K-IFRS를 최초 적용하는 사업연도의 다음 사업연도 개시일부터 5년간 균등환입(월할계산)

$$\text{환입액} = \text{재고자산 평가차익} \times \frac{\text{월수}^*}{60\text{개월}}$$

*1개월 미만은 1개월로 계산(초월산입, 말월불산입)

- 해산(적격합병·적격분할 제외)하는 경우 : 미환입잔액을 해산등기연도에 전액 익금산입

3. 유가증권의 평가

(1) 평가방법

① 주식 : 총평균법, 이동평균법

② 채권 : 총평균법, 이동평균법, 개별법

※ AC 금융자산의 할인액(또는 할증액) : 상각액 인정 ×
FVPL 금융자산, FVOCI 금융자산, 지분법적용투자주식 : 평가손익 인정 ×

(2) 평가방법의 신고기한

재고자산 평가방법과 동일

(3) 무신고 및 임의변경시 평가방법

① 무신고시 : 총평균법

② 임의변경시 : Max(총평균법, Tax 방법)

4. 화폐성 외화자산 · 부채등의 평가손익

(1) 외화자산 · 부채의 상환손익

당기 손익으로 인식

(2) 외화자산 · 부채의 평가손익

① 은행 : 화폐성외화자산 · 부채 평가(강제)

② 비은행 : 화폐성외화자산 · 부채 평가 가능(선택*)

(3) 파생상품의 거래손익

손익의 귀속사업연도 : 그 계약이 만료되어 대금결제를 한 날 등

(4) 파생상품의 평가손익

① 은행 : 통화선도와 통화스왑, 환변동보험은 평가 가능(선택*)

② 비은행 : 화폐성외화자산 · 부채의 환위험회피용 통화선도 · 통화스왑 · 환변동보험은 평가가능(선택*)

*다음의 2가지 중 선택

① 평가하지 않는 방법 : 취득일 또는 발생일(계약체결일)의 매매기준율 등으로 평가하는 방법

② 평가하는 방법 : 사업연도 종료일 현재의 매매기준율 등으로 평가하는 방법

※ 법인이 신고한 평가방법은 그 후의 사업연도에도 계속하여 적용하여야 한다. 다만, 최초로 평가하는 방법을 신고하여 적용하기 이전 사업연도에는 평가하지 않는 방법을 적용하여야 한다.

5. 가상자산의 평가

(1) 평가대상

「가상자산 이용자 보호 등에 관한 법률」에 따른 가상자산

(2) 평가방법

선입선출법에 따라 평가

CHAPTER 05 | 감가상각비

제1절 | 감가상각비 기본원칙 CTA 25 · 23 · 20 · 19 · 18 · 16

1. 감가상각방법

구 분		신고시 상각방법	무신고시 상각방법
유형자산	건축물	정액법	정액법
	광업용 유형자산	정액법 · 정률법 · 생산량비례법	생산량비례법
	일반적인 경우	정액법 · 정률법	정률법
	폐기물매립시설	정액법 · 생산량비례법	생산량비례법
	업무용승용차 (2016.1.1. 이후 취득분)	정액법(n : 5년)	정액법(n : 5년)
무형자산	개발비	20년의 범위에서 선택한 내용연수에 따른 정액법(월할계산)	5년 동안 정액법
	사용수익기부자산가액	사용수익기간에 따른 정액법(월할계산)	좌 동
	일반적인 경우	정액법	정액법
	광업권 (해저광물자원 개발법상 채취권 포함)	정액법 · 생산량비례법	생산량비례법
	주파수이용권, 공항시설 관리권 및 항만시설관리권	등록한 기간내에서 사용기간 동안 정액법	좌 동
	위와 유사한 무형자산	연 단위로 신고한 내용연수 (기업회계기준에 따른 내용연수)에 따른 정액법	5년간 정액법

2. 감가상각 시부인

개별자산별로 시부인한다.

(1) 회사 상각액

당기 Book 누계액 증가액 + 당기 즉시상각의제(주1)

주1 감가상각자산의 취득가액 또는 자본적지출에 해당하는 금액을 비용으로 처리한 경우에는 일단 자산으로 처리한 다음 즉시 감가상각한 것으로 의제함

(2) 상각범위액

① 정액법

Tax 당기말 취득가액(주2) × 상각률

② 정률법

(Tax 당기말 취득가액(주2) − Tax 전기말 누계액(주3)) × 상각률 ↳ Tax 미상각잔액

주2 Book 당기말 취득가 + 전기이전 즉시상각의제 + 당기 즉시상각의제

주3 Book 전기말 누계액 + 전기이전 즉시상각의제 − 전기말 상각부인액

(3) 한도시부인

① 상각부인액 : 손금불산입 (유보)

② 시인부족액 : 전기상각부인액이 있는 경우, 시인부족액을 한도로 손금산입 (△유보)

3. 특례(즉시상각의제에 해당하지 않는 경우) : 손금인정, 세무조정 없음, 감가상각비 아님

(1) 취득단계

① 소액취득자산 : 취득가액이 100만원 이하인 감가상각자산(고유업무의 성질상 대량으로 보유하는 자산 및 사업의 개시 또는 확장을 위하여 취득한 자산은 제외)

② 단기사용자산

- 전화기(휴대용 전화기 포함) 및 개인용 컴퓨터(주변기기 포함)
- 어업에 사용되는 어구(어선용구 포함)
- 영화필름, 공구, 가구, 전기기구, 가스기기, 가정용 기구・비품, 시계, 시험기기, 측정기기 및 간판
- 대여사업용 비디오테이프 및 음악용 CD로서 취득가액 30만원 미만인 것

(2) 보유단계

소액수선비로서 다음 어느 하나에 해당하는 경우

① (자본적 지출 + 수익적 지출) 합계액이 600만원 미만인 경우

② (자본적 지출 + 수익적 지출) 합계액이 직전 사업연도 종료일 현재 재무상태표상 장부가의 5%에 미달하는 경우

③ 3년 미만의 기간마다 주기적인 수선을 위해 지출하는 경우

(3) 폐기단계

① 생산설비 + 시설개체 및 기술낙후 + 폐기손실(1,000원 비망계정)

② 사업 폐지・사업장 이전으로 임대차 계약에 따라 임차한 사업장의 원상회복을 위하여 시설물을 철거하는 경우(1,000원 비망계정)

제2절 | 감가상각의제 CTA 22

1. 법인세를 면제받거나 감면(소득공제 포함)받은 법인이 상각범위액보다 미달하게 상각하는 경우

상각범위액이 되도록 감가상각비를 손금에 산입(강제)한다.

2. 추계결정・경정을 하는 경우

감가상각비를 손금에 산입한 것으로 본다.

제3절 | 감가상각방법의 변경

1. 감가상각방법 변경사유

① 상각방법에 서로 다른 법인이 합병・분할합병한 경우

② 상각방법이 서로 다른 사업자의 사업을 인수 또는 승계한 경우

③ 외국투자자가 내국법인의 주식 등을 20% 이상 인수 또는 보유하게 된 경우

④ 경제적 여건의 변동으로 인하여 종전의 상각방법을 변경할 필요가 있는 경우

⑤ K-IFRS를 최초로 적용한 사업연도에 결산상각방법을 변경하는 경우(변경된 결산상각방법과 같은 방법으로 변경하는 경우만 해당)

2. 내용연수 및 감가상각방법 변경시 상각범위액 계산방법

(1) 내용연수 변경

당초 대상액 × 상각률(내용연수, 상각방법) ↳ 정액법 : 취득가액 ↳ 변경* ↳ 당초 정률법 : 미상각잔액

(2) 상각방법 변경

Tax 미상각잔액 × 상각률(내용연수, 상각방법) ↳ 당초* ↳ 변경

*경과한 사용기간 미고려

제4절 | 감가상각자산의 양도 및 법률평가증

1. 감가상각자산의 양도

(1) 양도자산의 시부인액

① 시인부족액
- 세무조정없이 소멸
- 신고조정으로 손금에 산입한 금액 → 〈손금불산입〉 (유보)

② 상각부인액 → 〈손금산입〉 (△유보)

※ 일부양도시 : 상각부인액 × $\frac{\text{양도자산의 취득가액}}{\text{전체자산의 취득가액}}$ = 양도부분의 상각부인액

(2) 양도자산의 상각시부인

감가상각시부인 하지 않음

2. 감가상각자산의 평가증

① 법률에 의한 평가증 : 상각부인액 추인 = Min(유보, Book 평가증액)

② 임의평가증 : 취득가액 증가액을 부인

③ 감가상각과 평가증의 순위 : 선상각 후평가증으로 간주

CHAPTER

06 | 충당금과 준비금

제1절 | 퇴직급여충당금과 퇴직연금충당금 CTA 25

1. 퇴직금 지급시 처리

구 분	내 용
퇴직급여충당금과의 상계	퇴직급여를 지급하는 경우, 당해 퇴직급여충당금에서 먼저 지급하고, 퇴직급여충당금 잔액을 초과하여 지급한 경우 초과지급액은 비용으로 계상한다. ※ 개인별 퇴직급여충당금과는 관계없이 퇴직급여충당금과 상계한다.
Tax 퇴직급여충당금 기초잔액을 초과한 지급액이 있는 경우	전기 퇴직급여충당금 부인액을 당기 초과지급액 범위내에서 유보 추인한다.

더 알아보기 현실적인 퇴직의 범위

현실적인 퇴직	비현실적인 퇴직*
① 직원이 임원으로 취임한 경우 ② 상근임원이 비상근임원이 된 경우 ③ 「근로자퇴직급여 보장법」에 의해 퇴직급여를 중간정산하여 지급한 경우 ④ 임원에게 정관상 퇴직급여규정에 의해 중간정산하는 경우 ⑤ 임원 또는 직원이 그 법인의 조직변경·합병·분할 또는 사업양도에 의해 퇴직한 경우	① 임원이 연임된 경우 ② 법인의 대주주 변동으로 인하여 계산의 편의, 기타 사유로 전사용인에게 퇴직급여를 지급한 경우 ③ 외국법인의 국내지점 종업원이 본국으로 전출하는 경우 ④ 정부투자기관 등이 민영화됨에 따라 전 종업원의 사표를 일단 수리한 후 재채용한 경우 ⑤ 「근로자퇴직급여 보장법」에 따라 퇴직급여를 중간정산하기로 하였으나 이를 실제로 지급하지 않은 경우 ⑥ 분할법인이 분할신설법인으로 고용을 승계한 임직원에게 퇴직금을 실제로 지급하지 아니하고 퇴직급여충당금을 승계한 경우 ⑦ 임직원이 특수관계 있는 법인으로 전출하는 경우에 전입법인이 퇴직급여상당액을 인수하여 퇴직급여충당금으로 계상한 경우

*비현실적인 퇴사자에 대한 퇴직금지급은 가지급금으로 처리한다.

2. 퇴직급여충당금과 퇴직연금충당금의 한도시부인

(1) 퇴직급여충당금 한도시부인

① 회사설정 : Book 퇴직급여충당금 설정액

② 한도 : Min(a, b)

> a. 퇴직급여 지급대상[주1] 임직원 총급여[주2] × 5%
> b. (퇴직급여추계액[주3] × 설정률 0%[주4] + 전환금[주5]) − Tax 퇴직급여충당금 설정전 잔액[주6]

주1 확정기여형퇴직연금 대상자, 퇴직자, 1년 미만 근무자는 제외한다. 다만, 1년 미만 근무자여도 퇴직급여 지급하는 규정이 있는 경우에는 포함한다.

주2 손금불산입된 금액, 중간정산일 이전의 급여, 비과세 근로소득은 제외한다.

주3 퇴직급여추계액 = Max(일시퇴직추계액, 보험수리기준추계액)

주4 설정률은 2016.1.1 이후 개시하는 사업연도부터 0%를 적용한다.

주5 당기말 B/S상 퇴직금전환금 잔액

주6 Tax 퇴직급여충당금 설정전 잔액

	B	−	유 보	
기초잔액				
(지급액)				
설정전 잔액	×××	−	×××	= ×××[주7]

주7 음수인 경우 : 손금산입 (△유보) 처리하고, Tax 퇴직급여충당금 설정전 잔액을 0으로 계산한다.

③ 한도초과 : 〈손不〉 퇴직급여충당금 (유보)

한도미달 : 세무조정 없음 (∵ 결산조정사항)

(2) 퇴직연금충당금 한도시부인

① 회사설정 : Book 퇴직연금충당금 설정액

② 한도 : Min(a, b)

> a. 퇴직급여추계액[주1] − Tax 퇴직급여충당금 기말잔액[주2] − Tax 퇴직연금충당금 설정전잔액[주3]
> b. 퇴직연금운용자산 기말잔액 − Tax 퇴직연금충당금 설정전잔액[주3]

주1 퇴직급여추계액 = Max(일시퇴직추계액, 보험수리기준추계액)

주2 Tax 퇴직급여충당금 기말잔액

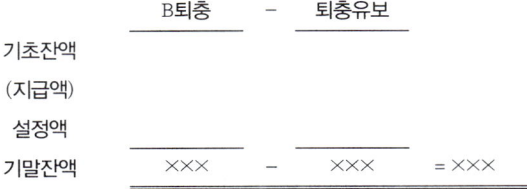

	B퇴충	−	퇴충유보	
기초잔액				
(지급액)				
설정액				
기말잔액	×××	−	×××	= ×××

주3 Tax퇴직연금충당금 설정전잔액

	B연충	-	연충유보	
기초잔액				
(지급액)				
설정전 잔액	×××	-	×××	= ×××

③ 한도초과 : 〈손不〉 퇴직연금충당금 (유보)
한도미달 : 〈손入〉 퇴직연금충당금 (△유보) → 신고조정사항

제2절 | 대손금 및 대손충당금 CTA 24 · 22 · 20 · 19

1. 대손금

(1) 대손금 요건 및 대손시기

구 분	신고조정사항	결산조정사항
대손금 요건	① 소멸시효가 완성된 채권 ② 「채무자 회생 및 파산에 관한 법률」에 의한 회생계획인가 또는 법원의 면책결정에 따라 회수불능으로 확정된 채권 ③ 「서민의 금융생활 지원에 관한 법률」에 따른 채무조정을 받아 신용회복지원협약에 따라 면책으로 확정된 채권 ④ 「민사집행법」에 의해 경매취소된 압류채권	① 채무자의 파산, 강제집행, 형의집행, 사업폐지, 사망, 실종, 행방불명으로 인해 회수가 불가능한 채권 ② 부도발생일(주1)로부터 6개월 이상 지난 수표 또는 어음상 채권 및 외상매출금(주2) ③ 회수기일이 6개월 이상 지난 채권 중 30만원 이하의 채권(채무자별 채권가액의 합계액 기준) ④ 중소기업의 외상매출금 및 미수금으로서 회수기일이 2년 이상 지난 채권(특수관계인과의 거래로 인하여 발생한 채권은 제외) ⑤ 「민사소송법」에 따른 화해 또는 화해권고결정, 「민사조정법」에 따른 결정 또는 조정에 따라 회수불능으로 확정된 채권 ⑥ 물품의 수출 또는 외국에서의 용역제공으로 발생한 채권으로서 한국무역보험공사로부터 회수불능으로 확인된 채권 ⑦ 금융회사 등의 채권 중 금융감독원장으로부터 대손금으로 승인받은 것 그리고 금융감독원장이 대손처리를 요구한 채권으로서 대손금으로 계상한 것 ⑧ 벤처투자회사의 창업자에 대한 채권으로서 중소벤처기업부장관이 기획재정부장관과 협의하여 정한 기준에 해당한다고 인정한 것
대손시기	사유가 발생한 날이 속하는 사업연도의 손금	대손사유가 발생하여 손비로 계상한 사업연도의 손금

주1 부도수표나 부도어음의 지급기일을 의미하며, 지급기일 전에 해당 수표나 어음을 제시하여 금융회사 등으로부터 부도확인을 받은 경우에는 그 부도확인일로 함

주2 외상매출금은 중소기업의 외상매출금으로서 부도발생일 이전의 것만 허용함
채무자의 재산에 대해 저당권 설정시 불가
비망계정 : 어음, 수표는 1매당 1,000원 / 외상매출금은 채무자별로 1,000원

(2) 대손금 부인채권

① 특수관계인(특수관계인의 판단은 대여시점을 기준으로 함) + 업무무관 + 가지급금
② 채무보증 구상채권
③ 대손세액공제를 받은 부가가치세법상 매출세액 미수금

(3) Book상 대손처리한 채권의 회수

① 과거의 대손처리시점에 손금으로 인정된 대손금의 회수 : 당기 익금 ○
② 과거의 대손처리시점에 손금으로 인정되지 않은 대손금의 회수 : 당기 익금 ×

2. 대손충당금의 한도시부인

① 회사설정액 : Book상 대손충당금 기말 잔액
② 한도액 : Tax 당기말 설정대상채권 잔액(주1) × 대손실적률(주2)

주1 Tax 당기말 설정대상채권 잔액 : Book상 당기말 채권 잔액 ± 당기말 채권 유보잔액 − 당기말 제외채권 잔액

설정대상채권	설정제외채권
① 매출채권(부가가치세 매출세액 포함)	① 가지급금, 채무보증 구상채권
② 미수금	② 할인어음과 배서어음(매각거래인 경우에 해당)
③ 공사미수금	③ 부당행위계산부인 규정 적용시 시가초과채권
④ 대여금	④ 수탁물품의 판매대금
	⑤ 부가가치세 환급금 미수금
	⑥ 법인세법상 익금의 귀속시기가 도래하지 아니한 미수이자

※ 동일인에 대하여 채권과 채무가 동시에 있는 경우
- 상계약정이 없는 경우 : 상계 ×
- 상계약정이 있는 경우 : 상계 ○

주2 대손실적률 : $\text{Max}\left(1\%, \dfrac{\text{당기 대손금}}{\text{전기말 대손충당금 설정대상 채권이 세무상 잔액}}\right)$ (1% 이하인 경우 : 1% 적용)

③ 한도초과 : 〈손不〉 대손충당금 (유보) → 차기에 〈손入〉 대손충당금 (△유보)
한도미달 : 세무조정 없음 (∵ 결산조정사항)

제6장

제3절 | 일시상각충당금 및 압축기장충당금 CTA 24

구 분	국고보조금	공사부담금	보험차익
대 상	「보조금 관리에 관한 법률」, 「지방자치단체 보조금 관리에 관한 법률」, 그 밖에 법령으로 정하는 법률에 따라 지급받은 국고보조금	전기·도시가스사업, 액화석유가스 충전·집단공급·판매사업 등을 영위하는 법인이 수요자 또는 편익자로부터 제공받은 공사부담금	유형자산의 멸실 및 손괴로 인해 발생한 보험차익
손금산입액	국고보조금으로 취득하거나 개량한 사업용자산의 가액	공사부담금으로 취득한 사업용자산의 취득가액	보험차익 중 멸실한 보험대상자산과 같은 종류의 자산을 대체 취득하거나 손괴된 보험대상자산을 개량에 사용된 금액
사용기한	지급받은 사업연도 개시일부터 1년 이내	지급받은 사업연도 개시일부터 1년 이내	다음 사업연도 개시일부터 2년 이내
손금산입시기	지급받은 사업연도	제공받은 사업연도	지급받은 사업연도
설정방법	① 원칙 : 결산조정 ② 예외 : 신고조정허용		

※ 일시상각충당금 : 상각자산 대상
압축기장충당금 : 비상각자산 대상

제4절 | 준비금

1. 설정대상

준비금에는 책임준비금, 비상위험준비금, 해약환급금준비금, 고유목적사업준비금, 손실보전준비금이 있다. 그중 고유목적사업준비금에 대해 정리하도록 한다.

2. 설정시 한도(주1) : ①+②

① (이자소득금액 + 배당소득금액) × 100%

② (수익사업소득금액 − ① − 이월결손금 − 특례기부금) × 50%(주2)

주1 수익사업에서 결손금이 있는 경우, 설정한도 = ① − 결손금

주2 다음에 해당하는 경우, 다른 적용률으로 계산한다.

- 「공익법인의 설립·운영에 관한 법률」에 따라 설립된 법인으로서 고유목적사업 등에 대한 지출액 중 50% 이상의 금액을 장학금으로 지출하는 법인 : 80%
- 지출액 중 80% 이상을 장학금으로 지출하는 법인, 사립학교, 사회복지법인, 법률에서 정한 의료기술협력단 등 조세특례제한법에 열거된 법인 : 100%

3. 환 입

손금에 산입한 고유목적사업준비금의 잔액이 있는 경우 그 잔액은 해당 사유가 발생한 날이 속하는 사업연도의 소득금액을 계산할 때 익금에 산입한다.

(1) 일시 환입

① 해산한 경우(고유목적사업준비금을 승계한 경우 제외)

② 고유목적사업을 전부 폐지한 경우

③ 법인으로 보는 단체가 승인이 취소되거나 거주자로 변경된 경우

④ 고유목적사업준비금을 고유목적사업 등이 아닌 용도에 사용한 경우(이자 상당액 납부)

(2) 미사용 환입 잔액

손금에 산입한 사업연도의 종료일 이후 5년이 되는 날까지 고유목적사업 또는 일반기부금에 사용하지 아니한 경우(5년 이내에 사용하지 아니한 잔액으로 한정)

(3) 임의환입

손금으로 산입한 사업연도의 종료일 이후 5년 이내에 고유목적사업준비금의 잔액 중 일부를 감소시켜 익금산입할 수 있다.

CHAPTER 07

부당행위계산의 부인

제1절 | 의의 및 부인의 요건 CTA 19·17

1. 의 의

납세지 관할 세무서장 또는 관할지방국세청장은 내국법인의 행위 또는 소득금액의 계산이 특수관계인과의 거래로 인하여 그 법인의 소득에 대한 조세의 부담을 부당하게 감소시킨 것으로 인정되는 경우에는 그 법인의 행위 또는 소득금액의 계산(이하 "부당행위계산"이라 한다)과 관계없이 그 법인의 각 사업연도의 소득금액을 계산한다.

2. 부인의 요건

(1) 특수관계인

① 행위당시를 기준으로 하여 당해 법인과 특수관계인 간의 거래(특수관계인 외의 자를 통하여 이루어진 거래를 포함한다)에 대하여 부당행위를 적용한다.

② 다만, 불공정합병의 경우 특수관계 판정은 합병등기일이 속하는 사업연도의 직전 사업연도의 개시일(그 개시일이 서로 다른 법인이 합병한 경우에는 먼저 개시한 날을 말한다)부터 합병등기일까지의 기간에 의한다.

③ 임원의 임면권의 행사, 사업방침의 결정 등 당해 법인의 경영에 대하여 사실상 영향력을 행사하고 있다고 인정되는 자와 그 친족은 당해 법인의 특수관계인에 해당한다.

④ 당해 법인에 100분의 30 이상을 출자하고 있는 법인에 100분의 30 이상을 출자하고 있는 법인이나 개인은 당해 법인의 특수관계인에 해당한다.

⑤ 특수관계 판정시 해당 법인도 그 특수관계인의 특수관계인으로 본다.

※ 소액주주(지분율 1% 미만 소유 주주)는 특수관계인이 아니다.

(2) 부당행위계산의 유형

① 주요 유형

- 자산의 고가매입(현물출자 포함)
- 자산의 무상·저가양도(현물출자 포함)
- 금전·자산·용역의 무상 또는 저율로 제공
- 금전·자산·용역의 고율로 차용 또는 제공받은 경우
- 자본거래로 이익분여

② 기타 유형

- 무수익자산을 매입 또는 현물출자받았거나 그 자산에 대해 비용을 부담한 경우
- 불량자산을 차환하거나 불량채권을 양수한 경우
- 출연금을 대신 부담한 경우
- 파생상품에 근거한 권리를 행사하지 아니하거나 그 행사기간을 조정하는 등의 방법으로 이익을 분여하는 경우
- 특수관계인 법인 간 합병(분할합병 포함)·분할에 있어서 불공정한 비율로 합병·분할하여 양도손익을 감소시킨 경우(단, 「자본시장과 금융투자업에 관한 법률」에 따라 합병·분할하는 경우는 제외한다)

※ 법인이 소유한 사택을 직원에게 무상으로 제공하는 경우 부당행위계산의 부인규정을 적용하지 않는다.

※ 연결납세방식을 적용받는 연결법인 간에 연결법인세액의 변동이 없는 등 기획재정부령으로 정하는 요건을 충족하여 용역을 제공하는 경우에는 부당행위계산의 부인규정을 적용하지 않는다.

(3) 현저한 이익의 분여 요건

① 손익거래 : (시가 − 거래가) ≥ 시가 × 5% 또는 3억원

② 불공정거래 : 시가 × 30% 또는 3억원

제2절 | 판정기준 CTA 19·18·17

1. 일반적인 시가

다음의 순서대로 적용한다.

① 해당 거래와 유사한 상황에서 해당 법인이 특수관계인 외의 불특정다수인과 계속적으로 거래한 가격 또는 특수관계인이 아닌 제3자간에 일반적으로 거래된 가격이 있는 경우에는 그 가격에 따른다.

② 「감정평가 및 감정평가사에 관한 법률」에 따른 감정평가법인등이 감정한 가액이 있는 경우 그 가액(감정한 가액이 2 이상인 경우에는 그 감정한 가액의 평균액). 다만, 주식등 및 가상자산은 제외한다.

③ 「상속세·증여세법」의 규정인 보충적 평가방법을 준용하여 평가한 가액

더 알아보기 상장주식의 방법 및 시가 적용

상장주식을 다음의 방법으로 거래하는 경우 해당 주식의 시가는 아래와 같이 적용한다.

[방 법]

① 증권시장 외에서 거래하는 방법

② 경쟁대량매매·대량매매로 거래하는 방법(거래소의 증권시장업무규정에서 일정 수량 또는 금액 이상의 요건을 충족하는 경우에 한정하여 매매가 성립하는 거래방법)

③ 사실상 경영권의 이전이 수반되는 경우(다음 어느 하나에 해당 하는 경우)

a. 최대주주가 변경되는 경우

b. 최대주주 간의 거래에서 주식 보유비율이 1% 이상 변동되는 경우

[시가 적용]

①, ②의 방법 : 거래일의 거래소 최종시세가액(거래소 휴장 중에 거래한 경우에는 그 거래일의 직전 종가)

③의 방법 : 거래일의 거래소 최종시세가액 × (1 + 20%)

제7장

2. 자산 또는 용역제공의 경우

구 분	시 가
유・무형 자산을 제공하거나 제공받는 경우	(해당 자산의 시가 × 50% − 보증금 수령액) × 임대일수 × 정기예금이자율 × $\frac{1}{365}$
건설 및 기타 용역을 제공하거나 제공받는 경우	용역제공에 소요된 원가 × (1 + 수익률*)

*특수관계인 외의 자에게 제공한 유사 용역 또는 특수관계인이 아닌 제3자간의 일반적인 용역의 원가이익률 : $\frac{\text{매출액} - \text{원가}}{\text{원가}}$

3. 금전대여 및 차용의 경우

구 분	내 용
원 칙	가중평균차입이자율
예 외	당좌대출이자율(법소정 사유에 해당하는 경우 또는 법인이 당좌대출이자율 적용을 선택하는 경우)

제3절 | 부당행위계산의 대표적인 사례 CTA 24・23

1. 자산의 고가매입 및 저가양도

특수관계인인 경우 부당행위계산의 부인을 적용 : 매입가 − 시가

※ 특수관계인 이외는 의제기부금을 적용 : 매입가 − 시가 × 130%

2. 가지급금 인정이자

$$(\text{가지급금적수}^{(\text{주}1)} \times \text{인정이자율}^{(\text{주}2)} \times \frac{1}{365}) - \text{이자수령액}$$

주1 지급이자 손금불산입 대상 가지급금 범위와 동일

주2 ① 원칙 : 가중평균차입이자율

② 예외 : 당좌대출이자율

a. 가중평균차입이자율 적용이 불가능한 경우 : 해당 대여금 또는 차입금에 한정하여 당좌대출이자율을 시가로 한다.

b. 대여일부터 해당 사업연도 종료일까지의 기간이 5년을 초과하는 대여금인 경우 : 해당 대여금 또는 차입금에 한정하여 당좌대출이자율을 시가로 한다.

3. 자본거래를 통한 이익분여

(1) 불공정자본거래 요건

구 분			주주간 특수관계 요건	현저한 이익의 요건(30% 또는 3억원 이상)
합 병			○	○
증 자	저가발행	재배정	○	×
		실 권	○	○
	고가발행	재배정	○	×
		실 권	○	○
감 자			○	○

(2) 세무조정

손실주주	이익주주
법인 : 〈익入〉(기타사외유출)	법인 : 〈익入〉 주식 (유보) 개인 : 증여세 과세
개인 : ×	법인 : 〈익入〉 주식 (유보) 개인 : 증여세 과세

(3) 이익분여액

① 불공정합병

1주당 평가차액 × 이익주주의 합병후 주식수 × 손실주주의 합병전 지분율

② 불공정증자

구 분	내 용
저가발행 (재배정 ○)	(증자 후 1주당 평가액 – 1주당 인수가액) × 손실주주의 실권주식수 × $\frac{\text{이익주주가 재배정받은 주식수}}{\text{총실권주식수}}$
저가발행 (재배정 ×)	(균등증자시 1주당 평가액 – 1주당 인수가액) × 손실주주의 실권주식수 × 이익주주의 증자후 지분비율
고가발행 (재배정 ○)	(1주당 인수가액 – 증자후 1주당 평가액) × 이익주주의 실권주식수 × $\frac{\text{손실주주가 재배정받은 주식수}}{\text{총실권주식수}}$
고가발행 (재배정 ×)	(1주당 인수가액 – 증자후 1주당 평가액) × 이익주주의 실권주식수 × $\frac{\text{손실주주가 인수한 주식수}}{\text{균등증자시 증가주식총수}}$

③ 불공정감자

(감자한 주식의 1주당 평가액 – 1주당 감자대가) × 손실주주의 감자주식수 × 이익주주의 감자후 지분비율

CHAPTER

08 | 과세표준 및 세액의 계산

제1절 | 과세표준 및 산출세액 CTA 24 · 23 · 21 · 20 · 18 · 17 · 16

1. 과세표준의 계산구조

각사업연도소득금액 − 이월결손금 − 비과세소득(주1) − 소득공제(주2)

주1 공익신탁재산이익, 조세특례제한법상 비과세소득
주2 법인세법 · 조세특례제한법상 소득공제

2. 결손금

(1) 이월결손금 공제

① 공제대상 : 대상 기간*이내에 발생한 결손금으로서 그 후의 각 사업연도의 과세표준 계산을 할 때 공제되지 아니한 금액으로서 신고하거나 결정 · 경정되거나 수정신고한 과세표준에 포함된 결손금일 것

*당해 사업연도의 개시일 전 15년(2020.1.1. 이후 개시하는 사업연도에서 발생한 결손금은 15년, 2019.12.31. 이전에 개시한 사업연도에서 발생한 결손금은 10년) 이내에 개시한 사업연도에서 발생한 결손금일 것

② 공제순서 : 먼저 발생한 이월결손금부터 차례대로 강제공제

③ 공제한도

• 중소기업 및 특정법인* : 각사업연도 소득금액 × 100%

*1. 「채무자 회생 및 파산에 관한 법률」에 따라 법원이 인가결정한 회생계획을 이행 중인 법인
2. 「기업구조조정 촉진법」에 따라 기업개선계획의 이행을 위한 약정을 체결하고 기업개선계획을 이행 중인 법인
3. 해당 법인의 채권을 보유하고 있는 금융회사등이나 그 밖의 법률에 따라 금융업무 또는 기업구조조정 업무를 하는 공공기관과 경영정상화계획의 이행을 위한 협약을 체결하고 경영정상화계획을 이행 중인 법인
4. 「기업 활력 제고를 위한 특별법」에 따른 사업재편계획 승인을 받은 법인
5. 2015.12.31.까지 유동화자산의 취득을 완료한 법 소정의 유동화전문회사
6. 소득공제 대상 내국법인인 유동화전문회사 등이나 프로젝트금융투자회사
7. 「조세특례제한법」에 따라 법인의 수익사업에서 발생한 소득을 고유목적사업준비금으로 손금에 산입할 수 있는 비영리내국법인

• 이외의 내국법인 : 각사업연도 소득금액 × 80%

④ 공제배제 : 추계결정 · 경정한 경우(단, 천재지변으로 추계하는 경우는 공제)

(2) 결손금 소급공제

① 소급공제의 요건

- 중소기업에 해당하는 내국법인의 결손금
- 결손금이 발생한 사업연도와 그 직전 사업연도의 소득에 대한 법인세의 과세표준 및 세액을 법인세 신고기한 내에 각각 신고
- 소급공제에 의한 환급신청(결손금이 발생한 사업연도의 법인세 신고기한까지)

② **환급세액** : Min(a, b)

a. 직전연도 산출세액 − (직전연도 과세표준 − 소급공제 결손금) × 직전연도 세율 b. 직전연도 산출세액 − 직전연도 공제감면세액

※ 토지등 양도소득에 대한 법인세, 가산세, 추가납부세액은 결손금 소급공제대상액이 아니다.

③ **환급세액의 추징** : 다음에 해당하는 경우 추징세액을 결손금이 발생한 사업연도 법인세로서 징수

- 결손금 발생연도에 대한 경정으로 결손금이 감소된 경우 : 감소된 결손금에 대한 환급세액(주1) + 이자상당액(주2)
- 결손금 발생 직전연도 과표와 세액을 경정함으로써 환급세액이 감소된 경우 : 감소된 환급세액 + 이자상당액(주2)
- 중소기업에 해당하지 않는 법인이 법인세를 환급받은 경우 : 환급세액 전액 + 이자상당액(주2)

주1 결손금 중 일부 금액만 소급공제받은 경우 : 이월공제분이 먼저 감소된 것으로 봄

$$\text{감소된 결손금에 대한 환급세액} = \text{당초환급세액} \times \frac{\text{소급공제 결손금 중 감소액}}{\text{소급공제 결손금}}$$

주2 이자상당액 = 환급취소세액 × 일수* × 10% × 0.022%(또는 국세환급가산금 이자율**)
*일수 : 당초 환급세액의 통지일의 다음 날~환급취소세액의 고지일
**납세자가 법인세액을 과다하게 환급받은 데 정당한 사유가 있는 때에 적용함

3. 유동화 전문회사 등에 대한 소득공제

(1) 대상 법인

① 「자산유동화에 관한 법률」에 따른 유동화전문회사
② 「자본시장과 금융투자업에 관한 법률」에 따른 투자회사, 투자목적회사, 투자유한회사, 투자합자회사(기관전용 사모집합투자기구는 제외) 및 투자유한책임회사
③ 「기업구조조정투자회사법」에 따른 기업구조조정투자회사
④ 「부동산투자회사법」에 따른 기업구조조정 부동산투자회사 및 위탁관리 부동산투자회사
⑤ 「선박투자회사법」에 따른 선박투자회사
⑥ 「민간임대주택에 관한 특별법」 또는 「공공주택 특별법」에 따른 특수 목적 법인 등으로서 대통령령으로 정하는 법인
⑦ 「문화산업진흥 기본법」에 따른 문화산업전문회사
⑧ 「해외자원개발 사업법」에 따른 해외자원개발투자회사

(2) 소득공제요건 및 공제금액

대통령령으로 정하는 배당가능이익*의 100분의 90 이상을 배당한 경우 그 금액(이하 "배당금액"이라 한다)은 해당 배당을 결의한 잉여금 처분의 대상이 되는 사업연도의 소득금액에서 공제한다.

*대통령령으로 정하는 배당가능이익

배당가능이익(주3) = 당기순이익(주1), (주2) + 이월이익잉여금(주2) − 이월결손금(주2) − 이익준비금 적립액

주1 기업회계기준에 따라 작성한 재무제표상의 법인세비용 차감 후 당기순이익

주2 유가증권평가손익과 위탁관리 부동산투자회사 및 기업구조조정 부동산투자회사가 보유한 자산의 평가손익 제외, 투자회사 등은 시가법으로 평가한 집합투자재산의 평가손익 포함

주3 상법에 따라 자본준비금을 감액하여 받은 배당(익금에 산입하지 않는 배당을 말함)이 있는 경우에는 배당가능이익에서 그 금액을 제외함

(3) 공제시기

해당 배당을 결의한 잉여금 처분의 대상이 되는 사업연도의 소득금액에서 공제

(4) 이월공제

① 소득공제하는 배당금액이 해당 사업연도의 소득금액에서 이월결손금을 뺀 금액을 최초로 초과하는 경우에는 그 초과하는 금액을 해당 사업연도의 다음 사업연도 개시일부터 5년 이내에 끝나는 각 사업연도로 이월하여 그 이월된 사업연도의 배당가능이익의 90% 이상을 배당하지 아니하는 경우에는 그 이월된 금액을 공제하지 아니한다.

② ①에 따라 최초로 이월된 사업연도 이후 사업연도의 배당금액이 해당 사업연도의 소득금액에서 이월결손금과 해당 사업연도로 이월된 금액을 순서대로 뺀 금액(해당 금액이 0보다 작은 경우에는 0)을 초과하는 경우에는 그 초과하는 금액을 해당 사업연도의 다음 사업연도 개시일부터 5년 이내에 끝나는 각 사업연도로 이월하여 그 이월된 사업연도의 소득금액에서 공제할 수 있다.

※ 다만, 내국법인이 이월된 사업연도에 배당가능이익의 90% 이상을 배당하지 아니하는 경우에는 그 이월된 금액을 공제하지 아니한다.

③ 이월공제배당금액을 해당 사업연도의 배당금액보다 먼저 공제하며, 이월공제배당금액이 둘 이상인 경우에는 먼저 발생한 이월공제배당금액부터 공제한다.

(5) 공제배제

다음 중 어느 하나에 해당하는 경우에는 적용하지 아니한다.

① 배당을 받은 주주등에 대하여 「법인세법」 또는 「조세특례제한법」에 따라 그 배당에 대한 소득세 또는 법인세가 비과세되는 경우

※ 다만, 배당을 받은 주주등이 「조세특례제한법」에 따라 동업기업과세특례를 적용받는 동업기업인 경우로서 그 동업자들(그 동업자들의 전부 또는 일부가 상위 동업기업에 해당하는 경우에는 그 상위 동업기업에 출자한 동업자들을 말한다)에 대하여 배분받은 배당에 해당하는 소득에 대한 소득세 또는 법인세가 전부 과세되는 경우는 제외한다.

② 배당을 지급하는 내국법인이 주주등의 수 등을 고려하여 다음의 요건에 모두 해당하는 법인인 경우

- 사모방식으로 설립되었을 것
- 개인 2인 이하 또는 개인 1인 및 그 친족(이하 "개인등"이라 한다)이 발행주식총수 또는 출자총액의 100분의 95 이상의 주식등을 소유할 것

※ 다만, 개인등에게 배당 및 잔여재산의 분배에 관한 청구권이 없는 경우를 제외한다.

4. 산출세액의 계산

(1) 법인세의 세율

과세표준	세 율
2억원 이하	9%
2억원 초과 2백억원 이하	19%
2백억원 초과 3천억원 이하	21%
3천억원 초과	24%

(2) 사업연도가 1년 미만인 경우

$$\text{과세표준} \times \frac{12}{\text{사업연도 월수}^{(\text{주}2)}} \times \text{세율}^{(\text{주}1)} \times \frac{\text{사업연도 월수}^{(\text{주}2)}}{12}$$

배당가능이익(주3) = 당기순이익(주1), (주2) + 이월이익잉여금(주2) – 이월결손금(주2) – 이익준비금 적립액

주1 세율 : 성실신고확인대상 법인 중 부동산임대업을 주된 사업으로 하는 내국법인은 과세표준 2억원 이하분을 구분하지 않고 과세표준 200억원 이하분 19%로 함

주2 사업연도 월수 : 1개월 미만의 일수는 1개월로 함

제2절 | 세액감면

1. 의 의

(1) 세액감면의 계산

세액감면이란 특정 소득에 대한 산출세액을 완전히 면제하거나 일정한 비율만큼 경감해주는 것을 말한다.

$$\text{법인세산출세액}^{(\text{주}1)} \times \frac{\text{감면소득 과세표준}^{(\text{주}2)}}{\text{과세표준}} \times \text{감면비율}$$

주1 토지등 양도소득에 대한 법인세와 미환류소득에 대한 법인세를 포함하지 않은 금액

주2 감면소득 과세표준 = 감면대상 소득금액 – 감면대상 소득관련 이월결손금, 비과세소득, 소득공제

(2) 세액감면의 특징

① 당해연도 산출세액에서 차감되지 않은 세액감면에 대하여는 이월감면이 적용되지는 않는다.

② 조세특례제한법에만 규정되어 있다.

2. 세액감면의 주요 항목

구 분	주요항목
기간제한이 있는 세액감면	• 창업중소기업 등에 대한 세액감면 • 수도권 밖으로 공장 또는 본사를 이전하는 기업에 대한 세액감면 • 사회적기업 및 장애인 표준사업장에 대한 세액감면 • 외국인투자에 대한 세액감면(2018년까지 신청시 적용)
기간제한이 없는 세액감면	• 중소기업에 대한 특별세액감면 • 기술이전에 대한 세액감면 • 소형주택 임대사업자에 대한 세액감면

3. 주요 세액감면의 내용

종 류	감면대상	감면기간 · 감면비율
법인의 공장 및 본사를 수도권 밖으로 이전하는 경우 법인세 등 감면	수도권과밀억제권역에 3년(중소기업은 2년) 이상 공장을 둔 기업이 수도권(중소기업은 수도권 과밀억제권역) 밖으로 이전하여 사업을 개시하거나 수도권과밀억제권역에 3년 이상 본사를 둔 법인이 수도권 밖으로 이전하여 사업을 개시한 경우(부동산업, 소비성서비스업 등 일부 제외)	이전일 이후 최초 소득발생 과세연도 및 그 다음 6년간 100%, 그 다음 3년간 50%
중소기업에 대한 특별세액감면	• 수도권지역 – 도 · 소매업, 의료업 등 경영 소기업 – 기타의 감면대상업종 경영 소기업 – 지식기반산업 경영 중기업	 10% 20% 10%
	• 수도권 이외의 지역 – 도 · 소매업, 의료업 등 경영 중소기업 – 기타의 감면대상업종 경영 중소기업	 소기업 10%, 중기업 5% 소기업 30%, 중기업 15%

제3절 | 세액공제 CTA 22 · 21 · 18 · 16

1. 외국납부세액공제 : Min(a, b)

a. 외국납부세액 = 직접외국납부세액(주1) + 의제외국납부세액(주2) + 간접외국납부세액(주3)

b. 한도액 = 산출세액(주4) $\times \dfrac{\text{국외원천소득(과세표준)(주5)}}{\text{과세표준}}$

주1 직접외국납부세액 : 외국에서 납부한 세액(가산세 제외) → 손금불산입 (기타사외유출)

주2 의제외국납부세액 : 조세조약의 상대국에서 국외소득에 대하여 감면받은 세액상당액

주3 간접외국납부세액 : 외국자회사 법인세 중 외국자회사로부터 받은 수입배당금에 대응하는 금액 → 익금산입 (기타사외유출)

$$\text{외국자회사법인세액} \times \frac{\text{수입배당금액(원천징수전)}}{\text{외국자회사소득금액} - \text{외국자회사법인세액}}$$

※ 요 건
- 의결권 있는 지분율 : 10% 이상(해외자원개발사업 하는 외국법인은 5% 이상)
- 주식의 보유기간 : 배당기준일 현재 6개월 이상 계속 보유

주4 토지 등 양도소득에 대한 법인세와 투자·상생협력 촉진을 위한 법인세는 제외한다.

주5 국외원천소득 계산시 고려사항

① 조세특례제한법이나 그 밖의 법률에 따라 세액감면 또는 면제를 적용받는 경우에는 세액감면 또는 면제 대상 국외원천소득에 세액감면 또는 면제 비율을 곱한 금액은 국외원천소득에서 제외한다.

② 국외원천소득(과세표준) = 국외각사소득 − 국외소득관련 이월결손금, 비과세소득, 소득공제(이월결손금 등이 국외소득관련 여부가 불분명한 경우에는 소득금액에 비례하여 안분)

③ 공제한도금액을 초과하는 외국법인세액 중 국외원천소득 대응 비용과 관련된 외국법인세액에 대해서는 이월공제를 적용하지 않는다. 이 경우 해당 외국법인세액은 세액공제를 적용받지 못한 사업연도의 다음 사업연도 소득금액을 계산할 때 손금에 산입할 수 있다.

2. 재해손실세액공제

(1) 공제요건

천재지변 등으로 사업용 자산총액의 20% 이상을 상실하여 납세가 곤란하다고 인정되는 경우

$$\text{재해상실비율} = \frac{\text{재해상실자산가액(주1)}}{\text{상실 전의 자산총액(주2)}}$$

주1 재해로 인하여 수령한 보험금은 차감하지 아니하며, 예금, 받을어음, 외상매출금 등은 채권추심에 관한 증서가 멸실된 경우에도 포함하지 아니함

주2 사업용 자산(토지 제외)과 변상책임이 있는 타인 소유자산의 합계액

제8장

(2) 세액공제액

재해손실세액공제액 : a + b(한도액 : 상실된 자산가액)

a. 재해 발생일 현재 미부과된 법인세와 부과된 법인세로서 미납된 법인세(가산세 포함(주1)) × 자산상실비율 b. 재해 발생일이 속하는 사업연도의 소득에 대한 법인세(주2) × 자산상실비율

주1 장부의 기록·보관 불성실 가산세, 무신고가산세, 과소신고·초과환급신고가산세, 납부지연가산세, 원천징수 등 납부지연가산세

주2 산출세액(주3) – 다른 법률에 따른 공제감면세액 + 가산세

주3 토지등 양도소득에 대한 법인세액 및 투자·상생협력 촉진을 위한 법인세액 포함

(3) 신청기한

다음의 기한까지 신청서를 납세지 관할 세무서장에게 제출하여야 한다.

① 재해발생일 현재 과세표준신고기한이 지나지 않은 법인세 : 그 신고기한. 다만, 재해발생일부터 신고기한까지의 기간이 3개월 미만인 경우에는 재해발생일부터 3개월

② 재해발생일 현재 미납된 법인세와 납부해야 할 법인세 : 재해발생일부터 3개월

3. 사실과 다른 회계처리로 인한 경정에 따른 세액공제

(1) 적용대상

내국법인이 다음의 요건을 모두 충족하는 사실과 다른 회계처리를 하여 과세표준 및 세액을 과다하게 계상함으로써 국세기본법에 의한 경정청구에 따라 경정을 받은 경우

① 「자본시장과 금융투자업에 관한 법률」에 따른 사업보고서 및 「주식회사의 외부감사에 관한 법률」에 따른 감사보고서를 제출할 때 수익 또는 자산을 과다 계상하거나 손비 또는 부채를 과소 계상할 것

② 내국법인, 감사인 또는 그에 소속된 공인회계사가 경고·주의 등의 조치를 받을 것

(2) 세액공제방법

각 사업연도별로 공제하는 금액은 과다 납부한 세액의 20%를 한도로 하고, 공제 후 남아 있는 과다 납부한 세액은 이후 사업연도에 이월하여 공제한다.

※ 내국법인이 해당 사실과 다른 회계처리와 관련하여 그 경정일이 속하는 사업연도 이전의 사업연도에 수정신고를 하여 납부할 세액이 있는 경우에는 그 납부할 세액에서 과다 납부한 세액을 과다 납부한 세액의 20%를 한도로 먼저 공제하여야 한다.

(3) 해산하는 경우

과다 납부한 세액이 남아있는 내국법인이 해산하는 경우에는 다음에 따른다.

① 합병 또는 분할에 따라 해산하는 경우 : 합병법인 또는 분할신설법인(분할합병의 상대방법인을 포함)이 남아 있는 과다 납부한 세액을 승계하여 세액공제

② ①외의 방법에 따라 해산하는 경우 : 납세지 관할 세무서장 또는 관할지방국세청장은 남아있는 과다 납부한 세액에서 청산소득에 대한 법인세 납부세액을 빼고 남은 금액을 즉시 환급

(4) 분식회계와 다른 경정청구 사유가 함께 있는 경우

$$\text{세액공제액} = \text{과다납부한 세액} \times \frac{\text{사실과 다른 회계처리로 인해 과다 계상한 과세표준}}{\text{과다계상한 과세표준의 합계액}}$$

제4절 | 최저한세

1. 적용대상 : 조세특례제한법상 조세감면

<table>
<tr><th>구 분</th><th colspan="2">내 용</th></tr>
<tr><td>적용대상법인</td><td colspan="2">• 조세특례제한법상 각종 감면을 적용받는 내국법인(단, 당기순이익 과세대상인 조합법인 제외)
• 국내사업장 귀속소득 또는 국내원천 부동산소득이 있는 외국법인</td></tr>
<tr><td rowspan="5">적용대상</td><td>익금불산입 및 손금산입</td><td>• 연구개발 관련 출연금 등의 과세특례
• 공장의 대도시 밖 이전에 대한 양도차익의 익금불산입
• 법인의 본사를 수도권과밀억제권역 밖으로 이전하는 데 따른 양도차익의 익금불산입
• 공공기관이 혁신도시 등으로 이전하는 경우 익금불산입
• 공장이전기업 중 법인이 공장을 수도권 밖으로 이전한 경우 수도권과밀억제권역에 있는 공장을 양도함으로써 발생한 양도차익의 익금불산입
• 수도권 밖으로 본사를 이전하는 법인이 수도권과밀억제권역에 있는 본사를 양도함으로써 발생한 양도차익의 익금불산입</td></tr>
<tr><td>비과세</td><td>• 벤처투자회사 등의 주식양도차익 등에 대한 비과세
• 창업기업 등에의 출자에 대한 과세특례</td></tr>
<tr><td>소득공제</td><td>자기관리부동산투자회사 등에 대한 과세특례</td></tr>
<tr><td>세액공제</td><td>연구 · 인력개발비세액공제(중소기업 제외), 통합투자세액공제, 통합고용세액공제 등</td></tr>
<tr><td>세액감면</td><td>중소기업특별세액감면 등</td></tr>
<tr><td>적용제외</td><td colspan="2">• 중소기업의 연구 · 인력개발비세액공제
• 수도권 밖으로 본사를 이전하는 법인에 대한 세액감면 등
• 프로젝트금융투자회사에 대한 소득공제
• 법인세법상 준비금 · 손금산입 및 익금불산입 · 비과세 · 소득공제 · 세액공제</td></tr>
</table>

제8장

2. 최저한세의 계산구조

	I/S 당기순이익		
(+)	익入·손不		
(−)	손入·익不		
	각사업연도소득		
(−)	이월결손금		
(−)	비과세		
(−)	소득공제		
	과세표준		
(×)	세율		
	산출세액		
(−)	최저한세 적용대상 세액감면·공제		
	감면후세액	←비 교→	최저한세 = 감면전과표 × 최저한세율*
(−)	최저한세 적용제외 세액감면·공제	(−)	최저한세 적용제외 세액감면·공제
(+)	가산세	(+)	가산세
(+)	감면분 추가납부세액	(+)	감면분 추가납부세액
	총부담세액 (감면후세액이 큰 경우)		총부담세액 (최저한세가 큰 경우)

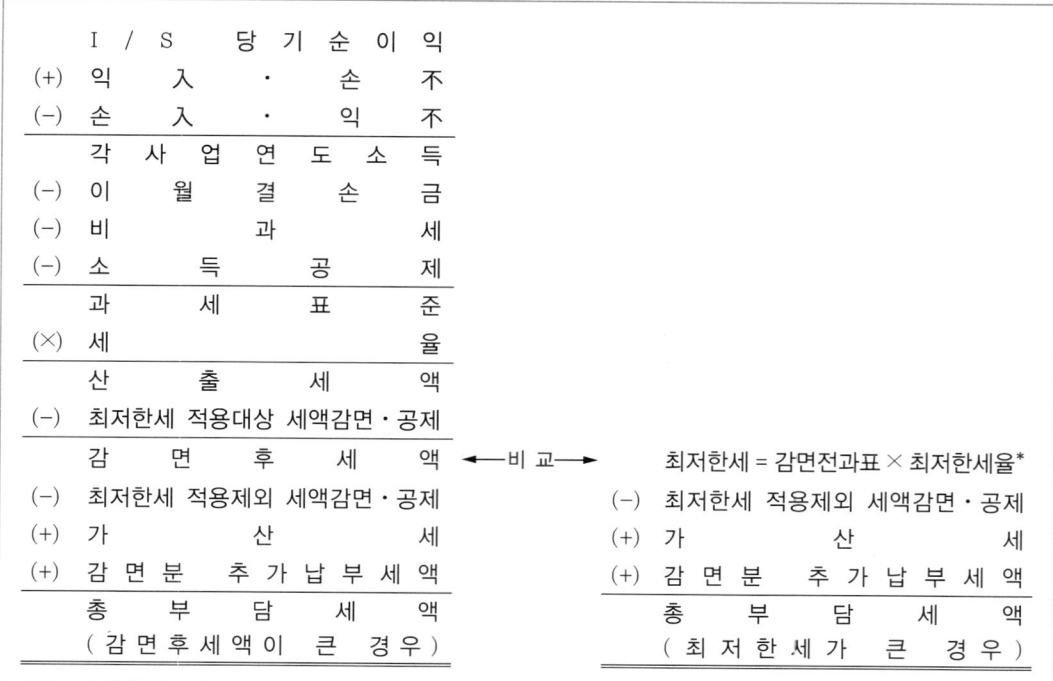

*최저한세율
① 중소기업 : 7%
② 최초로 중소기업에 해당하지 않게 된 기업 : 최초 3년간 8%, 그 후 2년간 9%
③ 위 외의 법인 : 10%(과세표준 100억 초과 1,000억 이하분은 12%, 1,000억원 초과분은 17%)

3. 조세감면의 배제순위

(1) 납세의무자의 신고시

납세의무자가 배제대상 선택

(2) 정부의 경정시

다음 순서에 따라 조세감면을 결정

① 손금산입 및 익금불산입
② 세액공제
③ 세액감면
④ 소득공제 및 비과세

CHAPTER

09 | 법인세 납세절차 및 그 밖의 법인세

제1절 | 법인세 납세절차 CTA 25 · 23 · 18 · 16

1. 신고와 납부

(1) 신고기한

① 원칙 : 납세의무가 있는 내국법인은 각 사업연도의 종료일이 속하는 달의 말일부터 3개월(성실신고확인 대상 내국법인이 성실신고확인서*를 제출하는 경우에는 4개월로 한다) 이내에 법인세의 과세표준과 세액을 납세지 관할 세무서장에게 신고하여야 한다. → 내국법인으로서 각 사업연도의 소득금액이 없거나 결손금이 있는 법인의 경우에도 적용한다.

*성실신고확인서의 제출 : 다음 중 어느 하나에 해당하는 내국법인은 성실한 납세를 위하여 법인세의 과세표준과 세액을 신고할 때 필수첨부서류에 더하여 비치·기록된 장부와 증명서류에 의하여 계산한 과세표준금액의 적정성을 세무사 등이 확인하고 작성한 성실신고확인서를 납세지 관할 세무서장에게 제출하여야 한다. 다만, 「주식회사의 외부감사에 관한 법률」에 따라 감사인에 의한 감사를 받은 내국법인은 이를 제출하지 아니할 수 있다.

① 부동산임대업을 주된 사업으로 하는 등의 일정한 내국법인(유동화전문회사 등 및 프로젝트금융투자회사는 제외)

② 소득세법에 따른 성실신고확인대상사업자가 사업용자산의 현물출자, 사업의 양도·양수 방법에 따라 내국법인으로 전환한 경우 그 내국법인(사업연도 종료일 현재 법인으로 전환한 후 3년 이내의 내국법인으로 한정)

③ ②에 따라 전환한 내국법인이 그 전환에 따라 경영하던 사업을 같은 호에서 정하는 방법으로 인수한 다른 내국법인(②에 따른 전환일부터 3년 이내인 경우로서 그 다른 내국법인의 사업연도 종료일 현재 인수한 사업을 계속 경영하고 있는 경우로 한정)

더 알아보기 신고서의 첨부서류 및 제출 불성실 가산세

신고시, 신고서에 다음의 서류를 첨부하여야 한다.

[첨부서류]
- 재무상태표, 포괄손익계산서 및 이익잉여금처분계산서
- 법인세과세표준 및 세액조정계산서
- 세무조정계산서
- 현금흐름표

[성실신고확인서 제출 불성실 가산세]
- 법령에 따른 경정으로 산출세액이 0보다 크게 된 경우, 경정된 산출세액을 기준으로 가산세를 계산한다.
- 산출세액이 없는 경우에도 가산세를 적용한다.

② **신고기한 연장** : 원칙에도 불구하고 「주식회사 등의 외부감사에 관한 법률」에 따라 감사를 받아야 하는 내국법인이 해당 사업연도의 감사가 종결되지 아니하여 결산이 확정되지 아니하였다는 사유로 신고기한의 종료일 3일 전까지 납세지 관할 세무서장에게 신고기한연장신청서를 납세지 관할세무서장에게 제출한 경우 그 신고기한을 1개월의 범위에서 연장할 수 있다. 신고기한이 연장된 세액을 납부할 때에는 다음과 같이 계산한다.

$$\text{법인세액} \times \text{이자율}^{(\text{주1})} \times \frac{\text{연장일수}^{(\text{주2})}}{365(\text{윤년 }366)} = \text{이자상당액}$$

주1 국세환급가산금 이자율

주2 신고기한의 다음 날부터 신고 및 납부가 이루어진 날(연장기한까지 신고납부가 이루어진 경우만 해당한다) 또는 연장된 날까지의 일수

(2) 납부기한 및 분납

① 법인세 신고기한까지 납세지 관할 세무서등에 납부하여야 한다.

② 내국법인이 납부할 세액이 1천만원을 초과하는 경우에는 아래와 같이 납부할 세액의 일부를 납부기한이 지난 날부터 1개월(중소기업의 경우에는 2개월) 이내에 분납할 수 있다.

구 분	분납세액
납부할 세액이 2천만원 이하인 경우	1천만원을 초과하는 금액
납부할 세액이 2천만원을 초과하는 경우	그 세액의 100분의 50 이하의 금액

2. 중간예납

(1) 대상법인 및 대상기간

각 사업연도의 기간이 6개월을 초과하는 내국법인은 당해 사업연도 개시일부터 6개월간 중간예납세액을 납부할 의무가 있다.

(2) 대상제외

① 초·중등교육법 및 고등교육법에 따른 사립학교를 경영하는 학교법인, 산학협력단, 국립대학법인

② 신설법인의 최초사업연도(합병·분할로 신설법인 제외)

③ 청산법인(청산기간 중에 해산 전의 사업을 계속하여 영위하는 경우로서 해당사업에서 사업수입금액이 발생하는 경우는 제외)과 국내사업장이 없는 외국법인

④ 직전 사업연도의 중소기업으로서 직전 사업연도의 산출세액을 기준으로 계산한 중간예납세액이 50만원 미만인 내국법인

⑤ 중간예납기간 중 휴업 등의 사유로 수입금액이 없는 것을 납세지 관할 세무서장이 확인한 법인

(3) 계산방법(두 가지 방법 중 선택)

① 직전 사업연도 산출세액기준

$$(\text{산출세액}^{*} - \text{공제세액} - \text{원천징수세액} \cdot \text{수시부과세액}) \times \frac{6}{\text{직전 사업연도의 월수}}$$

*산출세액 계산시 유의사항
1. 가산세는 포함
2. 토지 등 양도소득에 대한 법인세와 투자·상생협력 촉진을 위한 과세특례를 적용하여 계산한 법인세액은 제외

② 해당 중간예납기간의 법인세액 기준

$$(\text{과세표준} \times \frac{12}{6} \times \frac{6}{12}) - \text{감면공제세액} - \text{원천징수세액} \cdot \text{수시부과세액}$$

(4) 계산방법을 선택할 수 없는 경우

다음 중 어느 하나에 해당하는 경우, 해당 방법에 따른다.

① 중간예납의 납부기한까지 중간예납세액을 납부하지 아니한 경우(② 또는 ③에 해당하는 경우 제외) : 직전 사업연도의 산출세액을 기준으로 하는 방법

② 직전 사업연도 종료일 현재 「독점규제 및 공정거래에 관한 법률」에 따른 공시대상기업집단에 속하는 내국법인(매출액이 업종별로 「중소기업기본법 시행령」 [별표 1]에 따른 중소기업기준 이내의 기업은 제외) : 해당 중간예납기간의 법인세액을 기준으로 하는 방법

③ 다음 중 어느 하나에 해당하는 경우 : 해당 중간예납기간의 법인세액을 기준으로 하는 방법

- 직전 사업연도의 법인세로서 확정된 산출세액(가산세는 제외)이 없는 경우*(유동화전문회사 등 배당소득공제대상 법인 또는 프로젝트금융투자회사의 경우 제외)

*직전 사업연도의 법인세 산출세액은 있으나 중간예납세액·원천징수세액 및 수시부과세액이 산출세액을 초과함으로써 납부한 세액이 없는 경우에는 직전 사업연도의 법인세액이 없는 경우로 보지 아니한다.

- 해당 중간예납기간 만료일까지 직전 사업연도의 법인세액이 확정되지 아니한 경우
- 분할신설법인 또는 분할합병의 상대방법인의 분할 후 최초의 사업연도인 경우
- 합병법인 또는 피합병법인이 합병 당시 ②에 따른 내국법인에 해당하는 경우로서 해당 합병법인의 합병 후 최초의 사업연도인 경우
- 결손 등으로 인하여 직전 사업연도의 법인세 산출세액이 없이 가산세로서 확정된 세액이 있는 경우

(5) 신고·납부기한

중간예납기간이 지난 날부터 2개월 이내에 신고·납부

(6) 분 납

중간예납세액 1,000만원 초과시 분납 가능

(7) 가산세

법정신고기한까지 납부하지 않거나 미달하게 납부하는 경우, 납부지연가산세 부과(신고관련가산세는 적용하지 않음)

3. 원천징수

(1) 원천징수 대상 소득

내국법인(금융회사 등 제외)에 다음의 금액을 지급하는 자(이하 "원천징수의무자"라 한다)는 그 지급하는 금액에 14%의 세율을 적용하여 계산한 금액에 상당하는 법인세(1천원 이상인 경우만 해당)를 원천징수하여 그 징수일이 속하는 달의 다음 달 10일까지 납세지 관할 세무서등에 납부하여야 한다.

※ 다만, 비영업대금의 이익에 대해서는 25%의 세율을 적용하되, 「온라인투자연계금융업 및 이용자 보호에 관한 법률」에 따라 금융위원회에 등록한 온라인투자연계금융업자를 통하여 지급받는 이자소득에 대해서는 14%의 세율을 적용한다.

(2) 원천징수 제외 대상

① 법인세가 부과되지 아니하거나 면제되는 소득
② 신고한 과세표준에 이미 산입된 미지급소득
③ 법령에서 정하는 금융회사 등의 법 소정 수입금액

(3) 납부기한

① 일반적인 경우 : 징수일이 속하는 달의 다음 달 10일
② 반기별 납부 승인대상자* : 징수일이 속하는 반기의 마지막 달의 다음 달 10일

*직전연도(신규 사업자의 경우 신청일이 속하는 반기) 매월 말일 현재 상시 고용인원의 평균인원수가 20인 이하인 원천징수의무자(금융보험업 영위 법인 제외)로서 관할세무서장의 승인을 얻거나 국세청장이 정하는 바에 따라 지정을 받은 자

4. 결정 · 경정

(1) 의 의

① 결정 : 법인이 신고기한까지 신고하지 않는 경우에 정부가 과세표준과 세액을 정하는 것
② 경정 : 신고 또는 결정에 오류 · 탈루가 있는 경우에 과세관청이 과세표준과 세액을 올바르게 고치는 것

(2) 결정 · 경정권자

과세표준과 세액의 결정 또는 경정은 납세지 관할 세무서장이 행한다.

※ 다만, 국세청장이 특히 중요하다고 인정하는 것에 대하여는 납세지 관할 지방국세청장이 결정 · 경정할 수 있다.

(3) 결정기한

법인세 과세표준 신고기한부터 1년 내에 완료해야 한다.

※ 다만, 국세청장이 조사기간을 따로 정하거나 부득이한 사유로 인하여 국세청장의 승인을 받은 경우에는 그러하지 아니하다.

(4) 재경정

납세지 관할 세무서장 또는 관할 지방국세청장은 법인세의 과세표준과 세액을 결정 또는 경정한 후 그 결정 또는 경정에 오류나 누락이 있는 것을 발견한 경우, 즉시 다시 경정한다.

5. 수시부과결정

납세지 관할 세무서장 또는 관할지방국세청장은 내국법인이 그 사업연도 중에 다음의 사유(이하 "수시부과사유"라 한다)로 법인세를 포탈할 우려가 있다고 인정되는 경우에는 수시로 그 법인에 대한 법인세를 부과(이하 "수시부과"라 한다)할 수 있다.

① 신고를 하지 아니하고 본점등을 이전한 경우

② 사업부진 기타의 사유로 인하여 휴업 또는 폐업상태에 있는 경우

③ 기타 조세를 포탈할 우려가 있다고 인정되는 상당한 이유가 있는 경우

※ 수시부과를 한 경우에도 각 사업연도 소득에 대한 과세표준신고는 하여야 한다.

제2절 | 그 밖의 법인세 CTA 23 · 16

1. 비영리법인

(1) 납세의무

① 비영리내국법인 : 국내외 수익사업에서 발생한 소득
→ 청산소득 ×, 토지등 양도소득 ○, 미환류소득 ×

② 비영리외국법인 : 국내원천소득 중 수익사업에서 발생한 소득
→ 청산소득 ×, 토지등 양도소득 ○, 미환류소득 ×

(2) 수익사업의 범위

① 사업소득

② 이자소득, 배당소득, 채권매매익

③ 유·무형자산 처분소득

※ 3년 이상 고유목적사업에 사용한 것은 제외

※ 당해 자산의 유지·관리 등을 위한 관람료·입장료 수입 등 부수익이 있는 경우에도 이를 고유목적사업에 직접 사용한 것으로 본다.

※ 수익사업에 속하는 자산을 고유목적사업에 전입한 후 처분하는 경우에는 전입 시 시가로 평가한 가액을 그 자산의 취득가액으로 하여 과세대상에서 제외할 처분수입을 계산한다.

④ 양도소득세 과세대상에 해당하는 다음의 소득

- 부동산권리 및 기타 자산의 양도소득
- 주식·신주인수권 또는 출자지분의 양도소득

제9장

(3) 수익사업에서 제외되는 사업

① 축산업(축산관련 서비스 포함) · 조경관리 및 유지서비스업 외의 농업
② 연구개발업(계약에 의하여 대가를 받고 연구 · 개발용역을 제공하는 사업은 제외)
③ 교육서비스업 중 유치원 및 각급 학교와 평생교육시설을 경영하는 사업
④ 보건업 및 사회복지서비스업 중 법 소정 사회복지시설에서 제공하는 사회복지사업
⑤ 연금 및 공제업 중 국민연금법에 의한 국민연금사업과 특정 단체가 영위하는 기금조성 및 급여사업
⑥ 사회보장보험업 중 의료보험사업과 산업재해보상보험사업
⑦ 주무관청에 등록된 종교단체가 공급하는 용역 중 부가가치세가 면제되는 용역을 공급하는 사업
⑧ 금융 및 보험 관련 서비스업 중 각종 법률에 의한 예금보험제도를 운영하는 사업 등
⑨ 대한적십자사 조직법에 의한 대한적십자사가 행하는 혈액사업
⑩ 한국주택금융공사법에 따른 주택담보노후연금보증제도를 운영하는 사업
⑪ 국민기초생활보장법에 따른 수급권자 등에게 창업비 등으로 무담보대출하는 사업
⑫ 교육환경개선을 목적으로 설립된 비영리법인이 외국인학교 운영자에게 학교시설을 제공하는 사업
⑬ 대한체육회에 가맹한 경기단체 및 국기원의 승단 · 승급 심사사업
⑭ 수도권매립지관리공사가 행하는 폐기물처리와 관련한 사업
⑮ 한국장학재단이 학자금대출계정을 통해 운영하는 학자금 대출사업
⑯ 기타 이와 비슷한 사업으로서 기획재정부령으로 정하는 사업

(4) 과세특례

① 이자소득 분리과세 선택
- 비영리법인의 원천징수된 이자소득(비영업대금의 이익 제외하고 투자신탁의 이익은 포함) 중 전부 또는 일부분에 대하여 분리과세를 선택한 경우에는 해당 부분에 대한 과세표준 신고를 하지 아니할 수 있다(원천징수대상이 아닌 이자소득은 과세표준 신고에 포함시켜야 함).
- 과세표준신고를 하지 아니한 이자소득에 대하여는 수정신고, 기한 후 신고 또는 경정 등에 의하여 이를 과세표준에 포함시킬 수 없다.

② 양도소득과세 대상자산 특례
- 비영리내국법인(사업활동에 해당하는 수익사업을 하는 비영리내국법인은 제외)이 양도소득세 과세대상 자산의 양도소득이 있는 경우에는 과세표준의 신고를 하지 아니할 수 있다.
- 과세표준의 신고를 하지 아니한 자산양도소득에 대하여는 양도소득세 규정을 준용하여 계산한 세액을 법인세로 납부하여야 한다.

③ 기장의무 : 비영리법인이 수익사업을 하는 경우에는 자산 · 부채 및 손익을 그 수익사업에 속하는 것과 수익사업이 아닌 그 밖의 사업에 속하는 것을 각각 다른 회계로 구분하여 기록하여야 한다.

2. 청산소득에 대한 법인세

(1) 납세의무자

해산(합병・분할에 의한 해산 제외)으로 소멸하는 영리내국법인

(2) 청산소득에 대한 법인세

청산소득금액 = 잔여재산가액 − 자기자본총액

① 잔여재산가액 = 자산총액* − 부채총액

*해산등기일 현재의 자산의 합계액(추심할 채권과 환가처분할 자산은 추심 또는 환가처분한 날 현재의 금액으로 하고, 추심 또는 환가처분 전에 분배한 경우, 그 분배한 날 현재의 시가에 의하여 평가한 금액을 말함)

② 자기자본총액 = 자본금(주1) + 세무상 잉여금(주2) + 법인세 환급액(주3)

주1 해산등기일 전 2년 이내에 자본금에 전입한 잉여금이 있는 경우에는 해당 금액을 자본금에 전입하지 아니한 것으로 보아 계산한다.

주2 결산상 잉여금 ± 유보 − 세무상 이월결손금(발생연도 제한이 없는 것으로서 세무상 잉여금에서만 상계함)

주3 청산기간에 「국세기본법」에 따라 환급되는 법인세액

③ 청산기간에 발생한 각 사업연도 소득은 청산소득에 포함하지 않고 각 사업연도 소득금액에 포함한다.

청산소득에 대한 법인세 = 청산소득금액 × 세율*

*각사업연도소득에 대한 법인세와 세율 동일

3. 토지등 양도소득에 대한 법인세

(1) 납세의무자

국가와 지방자치단체(지방자치단체 포함)를 제외한 모든 법인

※ 해당 사업연도에 결손금이 발생하거나 이월결손금 잔액이 있는 경우라도 납부하여야 한다.

(2) 과세대상

과세대상	세 율
주택, 별장(법소정의 농어촌주택 제외)	20%(미등기 40%)
주택을 취득하기 위한 권리로서 조합원입주권 및 분양권	20%
비사업용 토지	10%(미등기 40%)

제9장

(3) 계산구조

① 토지 등 양도가액(주1) – 세무상 장부가액 = 양도소득(주2) (양도비용은 공제 ×)

② 양도소득 × 세율 = 토지 등 양도소득에 대한 법인세

주1 장기할부판매에 대하여 명목가치인도기준으로 회계처리한 경우에는 명목가치를, 현재가치인도기준으로 회계처리한 경우에는 현재가치를 양도가액으로 한다.

주2 양도차손의 처리 : ① 동일한 세율이 적용되는 양도소득에서 공제 → ② 다른 세율이 적용되는 양도소득에서 공제

4. 신탁소득에 대한 법인세 과세

내국법인으로 보는 신탁재산(이하 "법인과세 신탁재산"라 한다) 및 이에 귀속되는 소득에 대하여 법인세를 납부하는 신탁의 수탁자(이하 "법인과세 수탁자"라 한다)에 대해서는 "법인과세 신탁재산의 각 사업연도의 소득에 대한 법인세 과세특례"의 규정을 법인세법 총칙 및 내국법인의 각 사업연도의 소득에 대한 법인세 규정에 우선하여 적용한다.

(1) 과세방식의 적용

① **수탁자의 납세의무** : 법인과세 수탁자는 법인과세 신탁재산에 귀속되는 소득에 대하여 그 밖의 소득과 구분하여 법인세를 납부하여야 한다.

② **수익자의 보충적 납세의무(제2차 납세의무)** : 재산의 처분 등에 따라 법인과세 수탁자가 법인과세 신탁재산의 재산으로 그 법인과세 신탁재산에 부과되거나 그 법인과세 신탁재산이 납부할 법인세 및 강제징수비를 충당하여도 부족한 경우, 그 신탁의 수익자(「신탁법」에 따라 신탁이 종료되어 신탁재산이 귀속되는 자를 포함)는 분배받은 재산가액 및 이익을 한도로 그 부족한 금액에 대하여 제2차 납세의무를 진다.

③ **이익분배** : 법인과세 신탁재산이 그 이익을 수익자에게 분배하는 경우에는 배당으로 본다.

④ **법인과세 적용이 가능한 신탁 요건 미충족시 과세방법** : 신탁계약의 변경 등으로 법인과세 신탁재산이 법인과세 적용 가능한 신탁에 해당하지 아니하게 되는 경우에는 그 사유가 발생한 날이 속하는 사업연도분부터 법인과세 특례를 적용하지 아니한다.

(2) 공동수탁자가 있는 경우

① 하나의 법인과세 신탁재산에 「신탁법」에 따라 둘 이상의 수탁자가 있는 경우에는 수탁자 중 신탁사무를 주로 처리하는 수탁자(대표수탁자)로 신고한 자가 법인과세 신탁재산에 귀속되는 소득에 대하여 법인세를 납부하여야 한다.

② 대표수탁자 외의 수탁자는 법인과세 신탁재산에 관계되는 법인세에 대하여 연대하여 납부할 의무가 있다.

(3) 소득공제

① **소득공제** : 법인과세 신탁재산이 수익자에게 배당한 경우, 그 금액을 해당 배당을 결의한 잉여금 처분의 대상이 되는 사업연도의 소득금액에서 공제한다.

※ 소득공제 적용을 받는 법인과세 신탁재산으로부터 배당을 받는 경우 : 수입배당금 익금불산입 규정을 적용하지 않는다.

② **소득공제 배제 및 적용** : 배당을 받은 법인과세 신탁재산의 수익자에 대하여 법인세법 또는 조세특례제한법에 따라 그 배당에 대한 소득세 또는 법인세가 비과세되는 경우에는 소득공제를 적용하지 아니한다.

※ 배당을 받은 수익자가 조세특례제한법의 동업기업과세특례를 적용받는 동업기업인 경우로서 그 동업자들에 대하여 배분받은 배당에 해당하는 소득에 대한 소득세 또는 법인세가 전부 과세되는 경우는 소득공제를 적용한다.

(4) 소득금액 계산

수탁자의 변경에 따라 법인과세 신탁재산의 수탁자가 그 법인과세 신탁재산에 대한 자산과 부채를 변경되는 수탁자에게 이전하는 경우 그 자산과 부채의 이전가액을 수탁자 변경일 현재의 장부가액으로 보아 이전에 따른 손익은 없는 것으로 한다.

(5) 납세지

법인과세 수탁자의 납세지

(6) 설립신고

설립일부터 2개월 이내에 법인 설립신고서에 주주등의 명세서와 사업자등록 서류 등을 첨부하여 납세지 관할 세무서장에게 신고하여야 한다. 이 경우 사업자등록을 한 때에는 법인 설립신고를 한 것으로 본다.

5. 연결납세방식

(1) 적용대상

다른 내국법인을 연결지배(주1)하는 내국영리법인(연결가능모법인)과 그 다른 내국법인(연결가능자법인(주2))은 연결가능모법인의 납세지 관할 지방국세청장의 승인을 받아 연결납세방식을 적용할 수 있다.

주1 내국법인이 다른 내국법인의 발행주식총수 또는 출자총액의 90% 이상을 보유하고 있는 경우를 말한다.
주2 연결가능자법인이 둘 이상일 때에는 해당 법인 모두가 연결납세방식을 적용하여야 한다.

(2) 적용제외법인

구 분	적용제외 법인
연결가능모법인과 연결가능자법인 모두 될 수 없는 법인	• 해산으로 청산 중인 법인 • 배당소득공제를 적용받는 법인 • 동업기업 과세특례를 적용하는 동업기업 • 해운기업에 대한 과세특례를 적용하는 법인
연결모법인이 될 수 없는 법인	• 비영리내국법인 • 다른 내국법인(비영리내국법인 제외)의 연결지배를 받는 법인

(3) 적용신청 · 승인

내국법인과 해당 내국법인의 연결가능자법인(이하 "연결대상법인등"이라 한다)은 최초의 연결사업연도 개시일부터 10일 이내에 납세지 관할세무서장을 경유하여 관할지방국세청장에게 적용신청서를 제출하여야 한다.

(4) 연결납세방식의 취소

연결모법인의 관할 지방국세청장은 다음 중 어느 하나에 해당하는 경우 연결납세방식의 적용 승인을 취소할 수 있다.

① 연결법인의 사업연도가 연결사업연도와 일치하지 아니하는 경우

② 연결모법인이 연결지배하지 아니하는 내국법인에 대하여 연결납세방식을 적용하는 경우

③ 연결모법인의 연결가능자법인에 대하여 연결납세방식을 적용하지 아니하는 경우

④ 추계조사결정 사유로 장부나 그 밖의 증명서류에 의하여 연결법인의 소득금액을 계산할 수 없는 경우

⑤ 연결법인에 수시부과사유가 있는 경우

⑥ 연결모법인이 다른 내국법인(비영리내국법인 제외)의 연결지배를 받는 경우 → 연결납세방식의 적용 승인이 취소된 연결법인은 취소된 날이 속하는 사업연도와 그 다음 사업연도의 개시일부터 4년 이내에 끝나는 사업연도까지는 연결납세방식의 적용 당시와 동일한 법인을 연결모법인으로 하여 연결납세방식을 적용받을 수 없다.

(5) 연결납세방식의 포기

① 연결납세방식의 적용을 포기하려는 연결법인은 연결납세방식을 적용하지 아니하려는 사업연도 개시일 전 3개월 되는 날까지 연결모법인의 납세지 관할지방국세청장에게 신고하여야 한다.

※ 다만, 연결납세방식을 최초로 적용받은 연결사업연도와 그 다음 연결사업연도의 개시일부터 4년 이내에 끝나는 연결사업연도까지는 연결납세방식의 적용을 포기할 수 없다.

② 연결납세방식을 적용받은 연결법인이 연결납세방식의 적용을 포기하는 경우 연결모법인의 납세지 관할지방국세청장에게 신고한 날이 속하는 연결사업연도의 종료일 다음 날부터 본래사업연도 개시일 전날까지의 기간을 1사업연도로 본다.

(6) 연결자법인의 추가

① 연결모법인이 새로 다른 내국법인을 연결지배하게 된 경우에는 연결지배가 성립한 날이 속하는 연결사업연도의 다음 연결사업연도부터 해당 내국법인은 연결납세방식을 적용하여야 한다.

② 법인의 설립등기일부터 연결모법인이 연결지배하는 내국법인은 ①에도 불구하고 설립등기일이 속하는 사업연도부터 연결납세방식을 적용하여야 한다.

③ 연결모법인은 ① 및 ②에 따라 연결자법인이 변경된 경우에는 변경일 이후 중간예납기간 종료일과 사업연도 종료일 중 먼저 도래하는 날부터 1개월 이내에 납세지 관할지방국세청장에게 신고하여야 한다.

(7) 연결자법인의 배제

① 연결모법인의 연결지배를 받지 아니하게 되거나 해산한 연결자법인은 해당 사유가 발생한 날이 속하는 연결사업연도의 개시일부터 연결납세방식을 적용하지 아니한다. 다만, 연결자법인이 다른 연결법인에 흡수합병되어 해산하는 경우에는 해산등기일이 속하는 연결사업연도에 연결납세방식을 적용할 수 있다.

② ①에 따라 연결자법인이 변경된 경우 그 변경 사유가 발생한 날로부터 1개월 이내에 납세지 관할지방국세청장에게 신고하여야 한다.

(8) 연결과세표준의 신고 및 납부

연결모법인은 각 연결사업연도의 종료일이 속하는 달의 말일부터 4개월 이내에 과세표준과 세액을 연결모법인의 납세지 관할세무서장에게 신고 및 납부하여야 한다. 소득금액이 없거나 결손금이 있는 경우에도 신고하여야 한다.

(9) 연대납세의무

연결법인은 각 연결사업연도의 소득에 대한 법인세(각 연결법인의 토지 등 양도소득에 대한 법인세와 투자·상생협력 촉진을 위한 과세특례를 적용하여 계산한 법인세액 포함)를 연대하여 납부할 의무가 있다.

CHAPTER

10 | 합병 및 분할에 대한 특례

제1절 | 합 병 CTA 24 · 22 · 21 · 20 · 19

❒ 합병법인 및 피합병법인의 과세체계

1. 비적격합병

(1) 피합병법인의 양도차익(차손)

피합병법인의 순자산을 합병법인에게 양도하는 것으로 간주

양도손익 = 양도가액(주1) – 순자산 장부가액(주2)

주1 합병대가 + 합병법인이 대신 부담한 피합병법인의 법인세비용
주2 자산의 장부가액 – 부채의 장부가액 + 유보(△유보) + 법인세 환급액

(2) 합병법인의 매수차익(차손)

합병법인이 피합병법인으로부터 자산을 승계한 경우 그 자산을 합병등기일 현재의 시가로 양도받은 것으로 본다.

① 합병매수차익(순자산 시가보다 양도가액을 적게 지급한 경우)

합병매수차익* = 순자산 시가 – 양도가액

*합병매수차익은 합병등기일부터 5년간 균등분할 익금산입(월할상각 / 초월산입, 말월불산입)

$$익금산입액 = 합병매수차익 \times \frac{당해연수\ 월수}{60월}$$

② 합병매수차손(순자산 시가보다 양도가액을 많이 지급한 경우)

합병매수차손* = 순자산 시가 − 양도가액

*합병매수차손의 처리 방법

① 피합병법인의 상호·거래관계 기타 영업상의 비밀등으로 사업상 가치가 있다고 보아 대가를 지급한 경우 : 합병등기일부터 5년간 균등분할 손금산입(월할상각 / 초월산입, 말월불산입)

$$\text{손금산입액} = \text{합병매수차손} \times \frac{\text{당해연수 월수}}{60\text{월}}$$

② 이외의 경우 : 손금 부인

2. 적격합병

(1) 적격합볍의 요건

적격합병은 다음의 요건을 모두 갖춘 합병을 말한다. 다만, 부득이한 사유가 있는 경우에는 ②, ③ 또는 ④의 요건을 갖추지 못한 경우에도 적격합병으로 본다.

① **사업목적합병** : 합병등기일 현재 1년 이상 사업을 계속하던 내국법인 간의 합병일 것(합병법인이 기업인수목적회사인 경우 본문의 요건을 갖춘 것으로 보나, 이와 합병하는 피합병법인은 1년 이상 사업영위 필요함)

② **지분연속성** : 피합병법인의 주주가 합병법인으로부터 받은 합병대가 중 주식가액(시가 평가)이 80% 이상이거나 합병법인의 모회사의 주식가액이 80% 이상인 경우로서 그 주식의 지분비율(주1)에 따라 배정되고, 피합병법인의 지배주주(주2)가 합병등기일이 속하는 사업연도의 종료일까지 그 주식을 보유할 것

주1 피합병법인의 일정 지배주주에게 「합병교부주식가액의 총합계액×그 지배주주의 피합병법인에 대한 지분비율(피합병법인의 자기주식에 대해 합병교부주식을 배정하지 않는 경우에는 피합병법인의 자기주식을 제외하고 산정한 지분비율을 말함)」 이상의 주식이 배정될 것

주2 지배주주 중 제외되는 주주 : ① 친족 중 4촌인 혈족, ② 합병등기일 현재 피합병법인에 대한 지분비율이 1% 미만이면서 시가로 평가한 그 지분가액이 10억원 미만인 자, ③ 기업인수목적회사와 합병하는 피합병법인의 지배주주인 자, ④ 피합병법인인 기업인수목적회사의 지배주주등인 자

③ **사업계속성** : 합병법인이 합병등기일이 속하는 사업연도의 종료일까지 피합병법인으로부터 승계받은 사업을 계속할 것(단, 기업인수목적회사는 본문의 요건을 갖춘 것으로 봄)

④ **고용승계** : 합병등기일 1개월 전 당시 피합병법인에 종사하는 법령으로 정하는 근로자 중 합병법인이 승계한 근로자의 비율이 80% 이상이고, 합병등기일이 속하는 사업연도의 종료일까지 그 비율을 유지할 것

(2) 피합병법인 양도차익(차손)

합병법인으로부터 받은 양도가액을 피합병법인의 합병등기일 현재의 순자산 장부가액으로 보아 양도손익이 없는 것으로 할 수 있다.

양도차익(차손) 0 = 양도가액 − 순자산 장부가액

(3) 합병법인의 자산조정계정

① 적격합병을 한 합병법인은 피합병법인의 자산을 장부가액으로 양도받은 것으로 한다.

② **자산조정계정의 설정** : 합병법인은 양도받은 자산 및 부채의 가액을 합병등기일 현재의 시가로 계상하되 시가에서 피합병법인의 장부가액을 뺀 금액을 자산조정계정으로 계상하여야 한다.

자산조정계정 = 자산의 시가 − 피합병법인의 장부가액

③ **자산조정계정의 추인** : 자산조정계정은 해당 자산의 상각이나 처분시 익금(또는 손금)에 산입된다.

- 감가상각비 계상시
- 처분시 : 미상계잔액을 모두 추인

(4) 과세이연의 중단사유

합병등기일이 속하는 사업연도의 다음 사업연도 개시일부터 다음에 제시된 기간 이내에 다음의 사유가 발생한 경우

중단사유	기 간
① 피합병법인 지배주주 등이 합병대가로 받은 전체 주식의 50% 이상 처분(지분의 연속성 중단)	2년
② 승계받은 사업의 폐지(사업의 계속성 중단)	
③ 각 사업연도 종료일 현재 합병법인에 종사하는 근로자 수가 합병등기일 1개월 전 당시 피합병법인과 합병법인에 각각 종사하는 근로자 수의 합의 80% 미만으로 하락	3년

(5) 과세이연 중단의 효과

① 자산조정계정 잔액의 총합계액이 0보다 큰 경우 총합계액을 익금에 산입

② 합병매수차익과 합병매수차손의 처리

③ 승계받은 결손금 중 공제한 금액 전액을 익금에 산입

④ 승계한 세무조정사항 추인

⑤ 승계받아 공제한 감면·세액공제액 등을 해당 사업연도의 법인세에 더하여 납부한 후 해당 사업연도부터 감면·세액공제를 적용하지 아니함

더 알아보기 합병매수차익과 합병매수차손의 처리

구 분	합병매수차익	합병매수차손
중단사유 발생연도	① 합병매수차익 : 익不 △유보 ② 합병매수차익 × $\frac{\text{합병등기이후 월수}}{\text{60월}}$: 〈익入〉 유보	① 합병매수차손 : 손不 유보 ② 합병매수차손 × $\frac{\text{합병등기이후 월수}}{\text{60월}}$: 〈손入〉 △유보
중단사유 발생연도 이후부터 합병등기일 5년이 되는 사업연도	합병매수차익 × $\frac{\text{당연도 월수}}{\text{60월}}$: 〈익入〉 유보	합병매수차손 × $\frac{\text{당연도 월수}}{\text{60월}}$: 〈손入〉 △유보

❐ 피합병법인 주주의 과세체계

1. 비적격합병(피합병법인 주주의 의제배당)

합병시 의제배당 = 합병대가* − 소멸되는 피합병법인 주식 장부가액

*합병교부주식(시가) + 합병교부금(간주교부주식 및 피합병법인 법인세 제외)

2. 적격합병(피합병법인 주주의 의제배당)

(1) 적격합병 요건

① 사업목적의 합병

② 지분의 연속성 중 ① 주식교부비율 요건 및 주식배정 요건만 적용

(2) 피합병법인 주주의 합병시 의제배당

합병시 의제배당 = 합병대가* − 소멸되는 피합병법인 주식 장부가액

*합병교부주식 + 합병교부금
① 합병교부금을 수령하지 않은 경우 : 소멸주식 장부가액
② 합병교부금을 수령한 경우 : Min(시가, 소멸주식 장부가액)

❐ 합병법인 주주의 과세체계

1. 비적격합병(합병법인 주주의 합병차익 자본전입시 무상주 의제배당)

(1) 합병차익

상법에서는 승계한 순자산의 가액이 합병대가로 교부한 주식의 액면가와 합병교부금을 초과하는 금액을 합병차익이라고 한다(자본잉여금의 개념).

합병차익 = 승계순자산 − (교부주식 액면가 + 교부금)

(2) 합병차익의 구성요소 및 의제배당 여부

합병차익의 구성요소	의제배당 해당여부
• 주식발행초과금[합병대가 − (교부주식 액면가 + 교부금)]	×
• 합병매수차익(승계순자산 − 합병대가)	○

2. 적격합병(합병법인 주주의 합병차익 자본전입 시 무상주 의제배당)

(1) 합병차익의 구성요소 및 의제배당 여부

합병차익의 구성요소	의제배당 해당여부
• 의제배당 대상 잉여금(주1)	
– 합병으로 인한 자산평가증액(주2)	○
– 피합병법인의 의제배당대상 자본잉여금 상당액	○
– 피합병법인의 이익잉여금 상당액	○
• 의제배당 대상 아닌 잉여금 : 합병차익 – 의제배당 대상 잉여금	×

주1 의제배당 대상 잉여금은 합병차익을 한도로 한다.
주2 합병법인의 승계가액 – 피합병법인의 Book 장부가액

제2절 | 분 할 CTA 22 · 20

1. 인적분할의 과세체계 : 합병과 동일

① **사업목적분할** : 분할등기일 현재 5년 이상 사업을 계속하던 내국법인이 분할할 것(분할합병의 경우 소멸한 분할합병의 상대방법인 및 분할합병의 상대방법인이 분할등기일 현재 1년 이상 사업을 계속하던 내국법인일 것)

② **지분연속성** : 분할법인 등의 주주가 분할신설법인 등으로부터 받은 분할대가의 전액이 주식인 경우(분할합병의 경우에는 분할대가의 80% 이상이 분할신설법인등의 주식인 경우 또는 분할대가의 80% 이상이 분할합병의 상대방 법인의 발행주식총수를 소유하고 있는 내국법인의 주식인 경우)로서, 그 주식이 분할법인 등의 주주가 소유하던 주식의 비율에 따라 배정*하고, 지배주주가 분할등기일이 속하는 사업연도의 종료일까지 그 주식을 보유할 것

*분할 또는 분할합병의 경우 분할법인등의 일정 지배주주에게 「분할신설법인의 주식가액의 총합계액 × 그 지배주주의 분할법인에 대한 지분비율(분할법인등의 자기주식에 대해 분할신설법인등의 주식을 배정하지 않는 경우에는 분할법인등의 자기주식을 제외하고 산정한 지분비율을 말함)」 이상의 주식이 배정될 것

③ **사업계속성** : 분할신설법인 등이 분할등기일이 속하는 사업연도의 종료일까지 분할법인 등으로부터 승계받은 사업을 계속할 것

④ **고용승계** : 분할등기일 1개월 전 당시 분할하는 사업부문에 종사하는 법령으로 정하는 근로자 중 분할신설법인 등이 승계한 근로자의 비율이 80% 이상이고, 분할등기일이 속하는 사업연도의 종료일까지 그 비율을 유지할 것

2. 물적분할에 대한 과세체계

구 분		내 용
분할법인	취득한 주식의 평가	순자산의 시가(적격 · 비적격 동일)
	압축기장충당금 손금산입	적격분할 요건을 갖춘 경우와 부득이한 사유로 적격분할 요건을 갖추지 못한 경우에도 자산의 양도차익을 압축기장충당금으로 손금산입가능
분할신설법인	취득한 자산의 평가	취득하는 자산의 시가(적격 · 비적격 동일)
	유보 및 감면공제세액의 승계	① 유보의 승계 : 퇴직급여충당금 또는 대손충당금을 승계하는 경우에는 그와 관련된 유보는 승계하고, 그 외의 유보는 미승계(적격 · 비적격 동일) ② 세액감면 · 세액공제 이월액의 승계 : 적격물적분할의 경우 승계함

제10장

성공은 수만 번의 실패를 감싸준다.

- 조지 버나드 쇼 -

Ⅱ 소득세법

CHAPTER 01

소득세법 총론

제1절 | 소득세법 특징

1. 과세대상소득

(1) 소득원천설

① 8가지 열거 : 이자소득, 배당소득, 사업소득, 근로소득, 연금소득, 기타소득, 퇴직소득, 양도소득
② 소득원천설 근간, 순자산증가설 일부 수용(기타소득, 퇴직소득, 양도소득)

(2) 열거주의

열거된 소득에 한하여 과세하며, 예외적으로 이자소득・배당소득의 경우 열거되지 않은 소득이라도 유사한 소득에 대하여는 과세한다(포괄주의).

2. 소득종류별 과세방법

(1) 종합과세

다른 종류의 소득(분리과세 대상 이외의 소득)을 합산하여 누진세율로 과세하는 방식(예 이자소득, 배당소득, 사업소득, 근로소득, 연금소득, 기타소득)

※ 예외 : 분리과세(원천징수로 과세종결하는 방법)

(2) 분류과세

다른 종류의 소득을 합산하지 않고 각각 누진세율로 과세하는 방식(예 퇴직소득, 양도소득)

3. 원천과세

(1) 완납적 원천징수

원천징수로 과세가 종결되는 경우의 원천징수

(2) 예납적 원천징수

원천징수 후에도 추가적으로 확정신고의무를 지는 경우의 원천징수

※ 확정신고시 원천징수세액을 기납부세액으로 공제함

4. 과세단위

① 원칙 : 개인단위과세

② 예외 : 조세회피목적 공동사업장의 소득은 세대단위로 합산과세

제2절 | 납세의무자 CTA 24·22·19·17

1. 거주자와 비거주자

구 분	구별기준	납세의무
거주자	국내에 주소 또는 183일 이상 거소를 둔 개인	국내 및 국외 원천소득
비거주자	거주자가 아닌 개인	국내원천소득

※ 내국법인이 발행주식총수 100%를 간접출자한 해외현지법인에 파견된 당해 내국법인의 직원이 생계를 같이 하는 가족이나 자산상태로 보아 파견기간 종료 후 재입국할 것으로 인정되는 경우 : 외국의 국적 취득과는 관계없이 거주자로 본다.

※ 외국인 단기 거주자 특례 : 해당 과세기간 종료일 10년 전부터 국내에 주소나 거소를 둔 기간의 합계가 5년 이하인 외국인 거주자는 과세대상 소득 중 국외에서 발생한 소득의 경우 국내에서 지급되거나 국내로 송금된 소득에 대해서만 과세한다.

※ 해외근무 등으로 국내에 주소가 없는 공무원의 경우 : 그 가족의 생활근거지 또는 소속기관의 소재지로 한다.

※ 국외에서 근무하는 공무원 : 거주자 의제

※ 주한외교관과 그 가족 : 비거주자(다만, 대한민국 국민 제외)

※ 주한미군·군무원 및 그 가족 : 비거주자(단, 미국의 소득세를 회피할 목적으로 국내에 주소가 있다고 신고한 경우 제외)

※ 외항선박·항공기 승무원의 경우 생계를 같이 하는 가족이 거주하는 장소 또는 그 승무원이 근무기간 외의 기간 중 통상 체재하는 장소가 국내에 있는 경우 : 주소가 국내에 있는 것으로 보고, 그 장소가 국외에 있는 경우에는 주소가 국외에 있는 것으로 봄

※ 내국법인의 국외사업장에 파견된 직원 : 거주자로 본다.

2. 거주자 또는 비거주자 되는 시기

구 분	비거주자 → 거주자	거주자 → 비거주자
주 소	국내에 주소를 둔 날	거주자가 주소 또는 거소의 국외이전을 위하여 출국하는 날의 다음 날
거 소	국내에 거소를 둔 기간이 183일이 되는 날*	
주소의제	국내에 주소가 있는 것으로 보는 사유가 발생한 날	국내에 주소가 없는 것으로 보는 사유가 발생한 날의 다음 날

*국내에 183일 이상 거소를 둔 기간의 판정 : 1과세기간 동안 183일 이상 거소를 둔 경우

3. 법인 아닌 단체

(1) 원 칙

법인 아닌 단체 중 법인으로 보는 단체 외의 단체는 국내에 주사무소 또는 사업의 실질적 관리장소를 둔 경우에는 1거주자로, 그 밖의 경우에는 1비거주자로 보아 소득세법을 적용한다.

(2) 구성원별 이익분배가 확인되는 경우

다음 중 어느 하나에 해당하는 경우에는 소득구분에 따라 해당 단체의 각 구성원별로 소득세법 또는 법인세법에 따라 소득에 대한 소득세 또는 법인세[해당 구성원이 「법인세법」에 따른 법인(법인으로 보는 단체 포함)]를 납부할 의무를 진다.

① 구성원 간 이익의 분배비율이 정하여져 있고 해당 구성원별로 이익의 분배비율이 확인되는 경우

② 구성원 간 이익의 분배비율이 정하여져 있지 아니하나 사실상 구성원별로 이익이 분배되는 것으로 확인되는 경우

(3) 일부 구성원의 이익분배만 확인되는 경우

해당 단체의 전체 구성원 중 일부 구성원의 분배비율만 확인되거나 일부 구성원에게만 이익이 분배되는 것으로 확인되는 경우에는 다음의 구분에 따라 소득세 또는 법인세를 납부할 의무를 진다.

① 확인되는 부분 : 해당 구성원별로 소득세 또는 법인세에 대한 납세의무 부담

② 확인되지 아니하는 부분 : 해당 단체를 1거주자 또는 1비거주자로 보아 소득세에 대한 납세의무 부담

제3절 | 과세기간과 납세지 CTA 24 · 22 · 18

1. 과세기간

(1) 원칙 : 1월 1일~12월 31일

(2) 예 외

① 거주자가 사망한 경우 : 1월 1일~사망일

② 거주자가 출국으로 인하여 비거주자가 된 경우 : 1월 1일~출국일

2. 납세지

(1) 일반적인 납세지

구 분	납세지
거주자	〈주소지〉 • 주소지가 없는 경우에는 거소지 • 거소지가 2 이상인 때에는 생활관계가 보다 밀접한 곳 • 주소지가 2 이상인 때에는 주민등록법에 의하여 등록된 곳
비거주자	〈국내사업장의 소재지〉 • 국내사업장이 없는 경우에는 국내원천소득이 발생하는 장소 • 국내사업장이 2 이상인 때에는 주된 국내사업장 • 주된 사업장을 판단하기가 곤란한 경우에는 해당 비거주자가 납세지로 신고한 장소

(2) 원천징수한 소득세의 납세지

원천징수의무자	납세지
거주자인 경우	〈주된 사업장의 소재지〉 • 주된 사업장 외의 사업장에서 원천징수 하는 경우 : 그 사업장의 소재지 • 주된 사업장이 없는 경우 : 그 거주자의 주소지 또는 거소지
비거주자인 경우	〈주된 국내사업장 소재지〉 • 주된 국내사업장 외의 국내사업장에서 원천징수하는 경우 : 그 국내사업장 소재지 • 국내사업장이 없는 경우 : 그 비거주자의 거류지 또는 체류지
법인인 경우	〈본점·주사무소 소재지〉 법인의 지점, 영업소, 그 밖의 사업장이 독립채산제에 따라 독자적으로 회계사무를 처리하는 경우 : 그 사업장의 소재지

(3) 납세지의 지정 및 변경

① 납세지 지정

• 신청에 의한 납세지 지정 : 국세청장 또는 관할 지방국세청장은 사업소득이 있는 거주자가 사업장 소재지를 납세지로 신청한 경우 사업장을 납세지로 지정할 수 있다. 납세지 지정신청을 하려는 자는 해당 과세기간의 10월 1일부터 12월 31일까지 납세지 지정 신청서를 사업장 관할 세무서장에게 제출(국세정보통신망에 의한 제출 포함)하여야 한다. 이 경우 관할 지방국세청장(새로 지정할 납세지와 종전의 납세지의 관할 지방국세청장이 다를 때에는 국세청장)은 특정한 경우*를 제외하고는 사업장을 납세지로 지정하여야 하며 다음 연도 2월 말일까지 그 지정 여부를 서면으로 통지하여야 한다. 통지기한 내에 통지를 하지 아니한 때에는 지정신청한 납세지를 납세지로 한다.

*사업장의 이동이 빈번하거나 기타의 사유로 사업장을 납세지로 지정하는 것이 적당하지 아니하다고 국세청장이 인정하는 경우

• 직권에 의한 납세지 지정 : 국세청장 또는 관할 지방국세청장은 거주자 또는 비거주자로서 납세지가 납세의무자의 소득 상황으로 보아 부적당하거나 납세의무를 이행하기에 불편하다고 인정되는 경우에는 납세지를 따로 지정할 수 있다. 납세지를 지정한 때에는 해당 과세기간의 과세표준 확정신고 또는 납부기간 개시일 전에 이를 서면으로 통지하여야 한다. 다만, 중간예납 또는 수시부과의 사유가 있는 때에는 그 납기개시 15일 전에 통지하여야 한다.
• 납세지 지정·통지 : 납세지를 지정하거나 납세지 지정신청이 있는 경우로서 사업장 소재지를 납세지로 지정하는 것이 세무관리상 부적절하다고 인정되어 그 신청대로 납세지 지정을 하지 아니한 경우에는 국세청장 또는 관할 지방국세청장은 그 뜻을 납세의무자 또는 그 상속인, 납세관리인이나 납세조합에 서면으로 각각 통지하여야 한다.
• 납세지의 지정 사유가 소멸한 경우 국세청장 또는 관할 지방국세청장은 납세지의 지정을 취소하여야 한다(납세의무자의 요청 불문). 납세지의 지정이 취소된 경우에도 그 취소 전에 한 소득세에 관한 신고, 신청, 청구, 납부, 그 밖의 행위의 효력에는 영향을 미치지 아니한다.

② 납세지 변경

- 거주자나 비거주자는 납세지가 변경된 경우 변경된 날부터 15일 이내에 그 변경 후의 납세지 관할 세무서장에게 신고하여야 한다.

  ※ 개인이 주소를 이전하고 납세지 변경신고를 하지 않아도 납세지 자동 변경됨

- 부가가치세법에 따라 사업자등록정정을 한 경우에는 납세지의 변경신고를 한 것으로 본다.

더 알아보기 **기타 납세지 및 거주기간의 계산**

기타 납세지

- 납세조합이 징수하는 소득세의 납세지는 그 납세조합의 소재지로 한다.
- 비거주자가 납세관리인을 둔 경우 그 비거주자의 소득세 납세지는 그 국내사업장의 소재지 또는 그 납세관리인의 주소지나 거소지 중 납세관리인이 대통령령으로 정하는 바에 따라 그 관할 세무서장에게 납세지로서 신고하는 장소로 한다.
- 국내에 주소가 없는 공무원의 소득세 납세지는 그 가족의 생활근거지 또는 소속기관의 소재지로 한다.

거주기간의 계산

- 국내에 거소를 둔 기간 : 입국하는 날의 다음 날~출국 날까지
- 국내에 거소를 두고 있던 개인이 출국 후 다시 입국한 경우에 생계를 같이 하는 가족의 거주지나 자산소재지 등에 비추어 그 출국목적이 관광, 질병의 치료, 친족 경조사, 출장·연수 등 사업의 경영 또는 업무와 관련된 사유, 그 밖에 이에 준하는 사유 등으로서 명백하게 일시적인 것으로 인정되는 경우 : 그 출국한 기간도 국내에 거소를 둔 기간으로 봄
- 재외동포가 입국한 경우에 생계를 같이 하는 가족의 거주지나 자산소재지 등에 비추어 그 입국목적이 사업의 경영 또는 업무와 무관한 경우로서 그 입국한 기간이 명백하게 일시적인 것으로 인정되는 경우 : 그 입국한 기간은 국내에 거소를 둔 기간으로 보지 아니함

제4절 | 종합소득세 계산구조

	종합소득금액 (주1)
(−)	종합소득공제
	종합소득과세표준
(×)	세율
	종합소득산출세액
(−)	세액감면
(−)	세액공제
	종합소득결정세액
(+)	가산세
(+)	감면분추가납부세액
	종합소득총결정세액
(−)	기납부세액 (주2)
	자진납부할세액

주1 종합소득금액의 계산

이자소득	(−)비과세 (−)분리과세	= 총수입금액		= 이자소득금액	종합소득금액
배당소득	(−)비과세 (−)분리과세	= 총수입금액	(+)귀속법인세	= 배당소득금액	
사업소득	(−)비과세	= 총수입금액	(−)필요경비	= 사업소득금액	
근로소득	(−)비과세 (−)분리과세	= 총급여	(−)근로소득공제	= 근로소득금액	
연금소득	(−)비과세 (−)분리과세	= 총연금	(−)연금소득공제	= 연금소득금액	
기타소득	(−)비과세 (−)분리과세	= 총수입금액	(−)필요경비	= 기타소득금액	

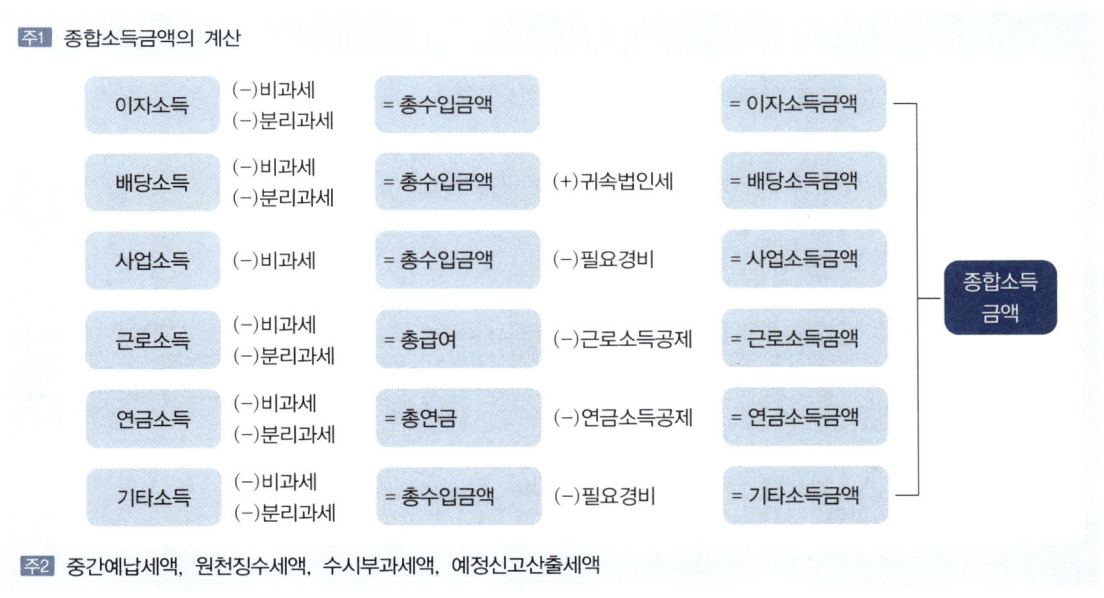

주2 중간예납세액, 원천징수세액, 수시부과세액, 예정신고산출세액

CHAPTER

02 | 이자소득과 배당소득

제1절 | 이자소득과 배당소득 범위 CTA 25 · 24 · 23 · 22 · 21 · 19 · 17 · 16

1. 이자소득의 범위

(1) 채권 · 증권의 이자와 할인액

① 채권 · 증권의 발행주체(국가 · 지방자치단체, 내국법인, 외국법인, 외국법인의 국내지점 또는 국내영업소)와 관계없이 각종 단체가 발행한 채권 또는 증권의 이자와 할인액

② 채권 또는 증권의 환매조건부 매매차익

(2) 예금의 이자

① 국내에서 받는 예금(적금 · 부금 · 예탁금 및 우편대체를 포함)의 이자

② 「상호저축은행법」에 따른 신용계(信用契) 또는 신용부금으로 인한 이익

(3) 단기저축성보험의 보험차익

다만, 다음 어느 하나에 해당하는 보험의 보험차익은 제외한다.

① 최초로 보험료를 납입한 날부터 만기일 또는 중도해지일까지의 기간이 10년 이상으로서 대통령령* 으로 정하는 요건을 갖춘 보험

*보험계약에 따라 만기 또는 보험의 계약기간 중에 받는 보험금 · 공제금 또는 계약기간 중도에 해당 보험계약이 해지됨에 따라 받는 환급금(피보험자의 사망 · 질병 · 부상 그 밖의 신체상의 상해로 인하여 받거나 자산의 멸실 또는 손괴로 인하여 받는 것이 아닌 것으로 한정하며, 이하 "보험금"이라 한다)에서 납입보험료 또는 납입공제료(이하 "보험료"라 한다)를 뺀 금액을 말한다.

② 종신형 연금보험

(4) 직장공제회 초과반환금

공제회 · 공제조합(이와 유사한 단체를 포함한다)으로서 동일직장이나 직종에 종사하는 근로자들의 생활안정, 복리증진 또는 상호부조 등을 목적으로 구성된 단체를 말한다.

※ 1999.1.1 이후 직장공제회에 최초 가입분만 해당

직장공제회 초과반환금 = a + b
a. 납입금 초과이익 : 직장공제회로부터 받는 반환금 − 납입공제료
b. 반환금 추가이익 : 반환금 분할지급하는 경우 지급하는 기간 동안 추가로 발생하는 이익

(5) 비영업대금의 이익

① 정의 : 금전의 대여를 사업목적으로 하지 아니하는 자가 일시적·우발적으로 금전을 대여함에 따라 지급받는 이자 또는 수수료 등으로 한다.

② 해당 과세기간에 발생한 비영업대금의 이익에 대하여 과세표준 확정신고 전에 채무자의 파산 등으로 원금 및 이자를 회수할 수 없는 경우 : 회수한 금액에서 원금을 먼저 차감하여 총수입금액 계산(회수한 금액이 원금에 미달하는 경우 총수입금액은 없는 것으로 함)

(6) (1)부터 (5)까지의 소득과 유사한 소득으로서 금전 사용에 따른 대가로서의 성격이 있는 것

(7) (1)부터 (5)까지의 규정 중 어느 하나에 해당하는 소득을 발생시키는 거래 또는 행위와 「자본시장과 금융투자업에 관한 법률」 파생상품이 결합된 경우 해당 파생상품의 거래 또는 행위로부터의 이익

2. 배당소득의 범위

(1) 일반 배당

① 내국법인, 외국법인, 법인으로부터 받는 이익이나 잉여금의 배당 또는 분배금

② 법인과세 신탁재산으로부터 받는 배당금 또는 분배금

(2) 의제배당

① 잉여금 자본전입으로 수령한 무상주 의제배당

② 감자·해산·합병·분할로 인한 의제배당

(3) 「법인세법」에 따라 배당으로 처분된 금액

(4) 국내 또는 국외에서 받는 집합투자기구로부터의 이익

① 집합투자기구로부터의 이익 : 집합투자기구가 직접 또는 집합투자증권에 투자하여 취득한 주식 등으로서 다음의 주식 등의 거래나 평가로 발생한 손익은 포함하지 않는다.

- 상장주식(이와 관련된 장내파생상품 포함)
- 벤처기업주식의 매매차익(평가차익 포함)

② 신탁의 이익에 대한 소득 구분 : 내용별로 소득을 구분

(5) 파생결합증권 또는 파생결합사채로부터의 이익

① 자본시장과 금융투자업에 관한 법률에 따른 파생결합증권으로부터 발생한 이익[주가연계증권(ELS), 주가 외 기타자산연계증권(DLS)]

② 상법에 따른 파생결합사채로부터 발생한 이익[주가연계파생결합사채(EBL), 주가 외 기타자산연계결합사채(DLB)]

③ 상장지수증권(ETN)을 계좌 간 이체, 계좌의 명의변경, 상장지수증권의 실물양도의 방법으로 거래하여 발생한 이익

※ 국내주식형(ETN), 주식워런트증권(ELW)은 제외

(6) 배당받은 것으로 간주된 금액

(7) 출자공동사업자의 손익분배비율에 해당하는 금액

(8) 조각투자상품(비금전신탁 수익증권, 투자계약증권)으로부터의 이익

(9) (1)~(7)까지의 소득과 유사한 소득으로서 수익분배의 성격이 있는 것

(10) 배당소득을 발생시키는 거래 또는 행위와 파생상품이 대통령령으로 정하는 바에 따라 결합된 경우 해당 파생상품의 거래 또는 행위로부터의 이익

제2절 | 수입시기 CTA 24·23·18

1. 이자소득의 수입시기

① 예금의 이자 : 실제 지급일

※ 예금의 이자의 경우, 원본에 전입하는 뜻의 특약이 있는 경우 원본전입일, 해약하는 경우 해약일, 계약기간을 연장하는 경우 계약기간 연장일을 수입시기로 한다.

② 무기명채권의 이자와 할인액 : 실제 지급일

③ 저축성보험의 보험차익 : 실제 지급일(기일 전 해지시 그 해지일)

④ 기명채권의 이자와 할인액 : 약정에 따른 지급일

⑤ 직장공제회 초과반환금 : 약정에 따른 지급일

※ 반환금을 분할지급하는 경우 원본전입하는 뜻의 특약이 있는 납입금 초과이익 : 특약에 따른 원본전입일

⑥ 환매조건부 채권·증권의 매매차익 : 약정에 의한 환매수일(또는 환매도일)과 실제 환매수일(또는 환매도일) 중 빠른 날

⑦ 비영업대금의 이익 : 약정에 의한 지급일과 실제 지급일 중 빠른 날

※ 약정이 없거나 회수불능으로 총수입금액에서 제외되었던 이자를 받는 경우 : 이자지급일

⑧ 채권보유기간의 이자상당액 : 채권의 매도일 또는 이자지급일

⑨ 유사이자소득·파생금융상품의 이자 : 약정에 의한 상환일과 실제 상환일 중 빠른 날

⑩ 이자소득이 발생하는 재산의 상속·증여 : 상속개시일·증여일

2. 배당소득의 수입시기

① 일반배당

- 잉여금처분에 의한 배당 : 잉여금 처분결의일
- 무기명주식의 이익배당 : 실제 지급일

② 의제배당

- 잉여금의 자본전입 : 자본전입결의일
- 감자, 퇴사·탈퇴 : 주식소각결정일, 감자결의일, 퇴사일·탈퇴일
- 해산 : 잔여재산가액 확정일
- 합병·분할 : 합병등기일·분할등기일

③ 인정배당 : 해당 법인의 해당 사업연도의 결산 확정일
④ 집합투자기구로부터의 이익 : 수령일(원본전입하는 경우 원본전입일)
⑤ 출자공동사업자의 배당 : 과세기간 종료일

제3절 | 종류별 과세방법(4가지) CTA 25 · 24 · 23 · 22 · 21 · 20 · 19

1. 비과세 금융소득

① 소득세법 : 공익신탁의 이익
② 조세특례제한법
- 농업회사법인의 배당소득(식량작물재배업소득 발생분)
- 청년우대형주택청약종합저축에서 발생하는 500만원까지의 이자소득
  ※ 모든 금융회사에 납입한 금액을 합하여 연 600만원을 한도로 함
- 농어가목돈마련저축의 이자소득과 저축장려금
- 비과세종합저축의 이자소득 또는 배당소득
- 소액주주인 우리사주조합원의 우리사주 배당소득
  ※ 1년 이상 증권금융회사 예탁 + 액면가액 합계액 1,800만원 이하
- 농협 · 수협 등의 조합에 대한 출자금 및 예탁금의 배당소득과 이자소득
- 개인종합자산관리계좌(ISA)의 이자소득과 배당소득
  ※ 200만원(일정한 근로자, 종합소득자, 농어민은 400만원)까지 비과세, 비과세 한도초과액은 9% 분리과세
- 청년도약계좌의 이자소득과 배당소득

2. 무조건 분리과세

① 비실명 이자 · 배당소득 : 45%(금융실명거래 및 비밀보장에 대한 법률이 적용되는 경우에는 90% 적용)
② 분리과세를 신청한 장기채권의 이자소득 : 30%(상환기간 10년 이상)

구 분	대 상
2012.12.31. 이전 발행 채권	보유기간에 상관없이 분리과세 신청 가능
2013.1.1. 이후 발행 채권	장기채권을 3년 이상 계속 보유 + 매입한 날부터 3년이 지난 후 발생하는 이자와 할인액에 대해서만 분리과세 신청 가능
2018.1.1. 이후 발행 채권	조건부 종합과세 대상(분리과세 신청불가)이며 14% 세율로 원천징수

※ 분리과세 신청하지 않는 경우 : 조건부종합과세 금융소득으로 분류하고 14% 세율로 원천징수
※ 분리과세 신청이 유리한 경우 : 종합과세시 누진세율이 35% 이상에 해당할 때

③ 법원에 납부한 보증금 및 경락대금에서 발생하는 이자소득 : 14%
④ 법인으로 보는 단체 외의 법인 아닌 단체 중 수익을 구성원에게 배분하지 아니하는 단체로서 단체명을 표기하여 금융거래를 하는 단체 : 14%(예 아파트 자치관리기구, 동창회)

⑤ 직장공제회 초과반환금 : 기본세율

⑥ 거주자가 전용계좌(납입한도 1억원 이하)에 가입하고 투융자집합투자기구(사모집합투자기구에 해당하는 것은 제외)로부터 받는 배당소득 : 14%

⑦ 공모부동산집합투자기구의 집합투자증권 중 거주자별 투자금액의 합계액이 5천만원을 초과하지 않는 범위에서 지급받는 배당소득(투자일부터 3년 이내에 지급받는 것에 한정함). 단, 최초 보유일이 속한 과세기간의 직전 3개 과세기간 중 1회 이상 금융소득종합과세 대상자는 제외함 : 9%

⑧ 거주자가 전용계좌를 통하여 2027.12.31.까지 개인투자용국채(만기 5년 이상)를 매입하고 발행일부터 만기일까지 보유하는 경우 발생하는 이자소득 중 총 2억원까지의 매입금액에서 발생하는 이자소득 : 14%

⑨ 거주자가 전용계좌(납입한도 3억원 이하)에 가입하고 기회발전특구집합투자기구에 투자하여 발생하는 이자소득 또는 배당소득(전용계좌의 가입일부터 10년 이내에 지급받는 경우로 한정함) : 9%

3. 무조건 종합과세

① 원천징수 되지 않은 금융소득
- 국외금융소득(단, 국내에서 지급을 대리하는 자가 원천징수하는 경우에는 조건부종합과세)
- 국내금융소득 중 원천징수 누락분

② 출자공동사업자의 배당 : 출자공동사업자에 대한 공동사업장의 사업소득 분배액

4. 조건부 종합과세

① 대상 : 분리과세 금융소득과 무조건 종합과세 금융소득을 제외한 금융소득

② 종합과세 판단 : 무조건 종합과세 금융소득 + 조건부 종합과세의 합계액으로 판단
- 합계액이 2천만원 초과 : 종합소득에 합산하여 과세
- 합계액이 2천만원 이하 : 분리과세

제4절 | 금융소득 종합과세 계산순서 CTA 25 · 24 · 23 · 22 · 21 · 19

1. 4가지 금융소득의 구분과 Gross-up 가능한 배당

① 4가지 금융소득의 구분 : 비과세 금융소득, 무조건 분리과세 금융소득, 무조건 종합과세 금융소득, 조건부 종합과세 금융소득

② Gross-up 가능한 배당 여부 판단

2. 종합과세 대상액 산출

① 무조건 종합과세 + 조건부 종합과세 > 2,000만원 → 무조건 종합과세 + 조건부 종합과세

② 무조건 종합과세 + 조건부 종합과세 ≦ 2,000만원 → 무조건 종합과세

3. 세율 결정

① 2,000만원까지 : 14%

② 2,000만원 초과액 : 누진세율

4. 귀속법인세 산출

Min(Gross-up 가능한 배당, 누진세율금액) × 10%

제5절 | Gross-up 불가능 배당소득 CTA 25 · 24 · 23 · 22 · 21 · 19

(1) 외국법인으로부터 받는 배당소득(배당간주금액 포함)

(2) 무상주 의제배당 중 다음의 배당

① 자기주식소각이익을 자본전입함으로 인한 의제배당

② 토지의 재평가적립금(재평가세율 1% 적용분)의 자본전입으로 인한 의제배당

③ 법인이 자기주식을 보유한 상태에서 의제배당 원천이 아닌 자본잉여금을 자본전입함에 따라 그 법인 외의 주주의 지분비율이 증가한 경우 증가한 지분비율에 상당하는 주식의 가액에 의한 의제배당

(3) 3% 재평가적립금(적격합병 · 분할에 따른 합병 · 분할차익 중 승계된 금액 포함)을 감액하여 받은 배당

(4) 간접투자 금융상품 및 이와 유사한 성격의 배당 중 다음의 배당

① 집합투자기구로부터의 이익

② 법인과세 신탁재산으로부터 받는 배당

③ 배당소득공제를 적용받는 유동화전문회사 등과 프로젝트금융투자회사로부터의 배당

④ 동업기업 과세특례를 적용받는 법인으로부터의 배당(수동적동업자의 소득 포함)

(5) 최저한세 배제대상인 세액감면을 적용받은 법인의 배당소득 중 감면비율 상당액

① 수도권 밖으로 본사를 이전하는 법인에 대한 세액감면

② 제주첨단과학기술단지 · 제주투자진흥지구 · 제주자유무역지역 입주기업에 대한 법인세 등 감면

$$\text{Gross-up 불가능 배당소득} = \text{배당소득} \times \frac{\text{직전 2개 사업연도 감면소득금액의 합계액} \times \text{감면비율}}{\text{직전 2개 사업연도 소득금액의 합계액}}$$

(6) 파생결합증권 또는 파생결합사채로부터의 이익

(7) 조각투자상품인 수익증권 발행신탁으로부터의 이익

(8) 투자계약증권으로부터의 이익

(9) 출자공동사업자의 배당

(10) 파생금융상품의 배당

제6절 | 출자공동사업자의 배당소득 과세특례 CTA 23

구 분	내 용
종합과세 적용	무조건 종합과세
이중과세 조정	Gross-up 미적용
종합과세 대상액 산출시 포함여부	판단대상금액에 포함되지 않음
원천징수세율	25%
수입시기	총수입금액과 필요경비가 확정된 날이 속하는 과세기간 종료일

CHAPTER

03 | 사업소득

제1절 | 사업소득 CTA 25 · 24 · 22 · 20 · 19 · 18 · 16

1. 사업소득의 범위

개인이 영리목적으로 계속적 · 반복적으로 행하는 활동을 통해 얻는 소득으로서 대부분의 사업활동에 해당한다. 다만, 아래의 항목은 제외한다.

① 비열거소득
- 작물재배업 중 곡물 및 기타 식량작물 재배업
- 연구개발업(계약 등에 의해 대가를 받는 경우 과세)
- 유치원 · 학교 · 직업능력개발훈련시설 · 노인학교
- 사회복지사업 · 장기요양사업
- 협회 및 단체(특정사업을 경영하는 경우에는 그 사업의 내용에 따라 분류함)

② 통신판매중개를 하는 자를 통하여 물품 또는 장소를 대여하고 연간 수입금액이 500만원 이하의 사용료로서 받은 금품
- 기타소득으로 열거된 소득에 해당
- 사업소득의 성격이라고 하더라도 기타소득으로 원천징수하거나 과세표준확정신고를 한 경우에는 기타소득으로 과세한다.

2. 비과세 사업소득(부동산임대업 제외)

(1) 논 · 밭을 작물 생산에 이용하게 함으로써 발생하는 소득

(2) 1개의 주택을 소유하는 자의 주택임대소득(기준시가가 12억원을 초과하는 주택 및 국외에 소재하는 주택의 임대소득은 제외)

(3) 농어가부업소득

① 농가부업규모의 축산에서 발생하는 소득

② ①이외의 소득으로서 소득금액의 합계액이 연 3천만원 이하인 소득

※ 연 3천만원 초과시 3천만원까지 비과세

(4) 전통주의 제조에서 발생하는 소득

수도권 밖의 읍·면지역에서 제조함으로써 발생하는 소득으로서 소득금액의 합계액이 연 1천200만원 이하인 것

※ 연 1천200만원 초과시 전액 과세

(5) 조림기간 5년 이상인 임지(林地)의 임목(林木)의 벌채 또는 양도로 발생하는 소득

연 600만원 이하의 금액

※ 연 600만원 초과시 600만원까지 비과세

(6) 작물재배업에서 발생하는 소득

해당 과세기간의 수입금액의 합계액이 10억원 이하인 것

※ 10억원 초과시 10억원까지 비과세

(7) 어로어업 또는 양식어업에서 발생하는 소득

해당 과세기간의 소득금액의 합계액이 5천만원 이하인 소득

※ 연 5천만원 초과시 5천만원까지 비과세

3. 사업소득금액의 계산

직접법	간접법
총수입금액 − 필요경비 = 사업소득금액	당기순이익 (+) 총수입금액入·필요경비不 (−) 총수입금액不·필요경비入 사업소득금액

※ 문제에서 당기순이익이 주어지는 경우 간접법을 이용한다.

(1) 총수입금액

① 총수입금액은 해당 과세기간에 수입하였거나 수입할 금액의 합계액으로 한다.

② 단, 금전 외의 것을 수입할 때에는 그 수입금액을 그 거래 당시의 가액에 의하여 계산한다.

(2) 필요경비

① 사업소득금액을 계산할 때 필요경비에 산입할 금액은 해당 과세기간의 총수입금액에 대응하는 비용으로서 일반적으로 용인되는 통상적인 것의 합계액으로 한다.

② 해당 과세기간 전의 총수입금액에 대응하는 비용으로서 그 과세기간에 확정된 것에 대해서는 그 과세기간 전에 필요경비로 계상하지 아니한 것만 그 과세기간의 필요경비로 본다.

더 알아보기 **각사업연도소득과 사업소득의 비교**

<table>
<tr><th colspan="2">구 분</th><th>각사업연도소득(익금)</th><th>사업소득(총수입금액)</th></tr>
<tr><td colspan="2">① 이자수익・배당금수익</td><td>익금산입</td><td>총수입금액불산입
(이자소득, 배당소득에 포함)
※ 단, 금융업은 총수입금액산입</td></tr>
<tr><td colspan="2">② 유가증권 처분손익</td><td>익금산입・손금산입</td><td>총수입금액불산입・필요경비불산입</td></tr>
<tr><td colspan="2">③ 유형자산 처분손익</td><td>익금산입・손금산입</td><td>복식부기의무자의 사업용 유형자산(토지, 건물 제외) : 총수입금액불산입・필요경비불산입</td></tr>
<tr><td colspan="2">④ 자산수증이익・채무면제이익</td><td>익금산입
※ 단, 결손보전에 충당한 경우 익금불산입 (국고보조금 제외)</td><td>• 사업 관련 : 총수입금액산입
※ 결손보전에 사용되는 경우 총수입금액불산입
• 사업 무관 : 총수입금액불산입 (증여세 과세)</td></tr>
<tr><td colspan="2">⑤ 보험차익</td><td>익금산입</td><td>• 사업용자산 멸실 관련 : 총수입금액산입
• 확정급여형퇴직연금 관련 : 총수입금액산입
• 단기 저축성보험 : 총수입금액불산입 (이자소득 과세)
• 이외의 보험 : 총수입금액불산입 (비열거소득)</td></tr>
<tr><td colspan="2">⑥ 재고자산의 가사용 소비</td><td>재고자산을 대표이사나 주주가 가사용으로 사용시 부당행위계산 부인규정 적용
• 시가 : 익금산입
• 원가 : 손금산입</td><td>재고자산의 자가소비 또는 종업원이나 타인에게 지급
• 시가 : 총수입금액산입
• 원가 : 필요경비산입</td></tr>
<tr><td colspan="2">⑦ 대표자의 가지급금 인정이자</td><td>익금산입</td><td>인정이자 계산하지 않음</td></tr>
<tr><td colspan="2">⑧ 유형・무형자산 평가차익</td><td>보험업법 등 법률에 의한 평가증은 익금산입</td><td>총수입금액불산입</td></tr>
<tr><td rowspan="3">⑨ 생산설비 등의 폐기손실</td><td>대 상</td><td colspan="2">• 시설개체・기술낙후로 인한 생산설비를 폐기한 경우
• 사업의 폐지 또는 사업장의 이전으로 임차한 사업장의 임대차계약에 따라 원상회복을 위해 시설물을 철거하는 경우</td></tr>
<tr><td>폐기시</td><td>(장부가액 − 1,000원)을 결산조정으로 손금산입</td><td>필요경비불산입</td></tr>
<tr><td>처분시</td><td>1,000원을 손금산입</td><td>(장부가액 − 처분가액)을 필요경비산입</td></tr>
<tr><td colspan="2">⑩ 지급이자의 부인</td><td>• 채권자불분명사채이자
• 비실명 채권・증권의 이자
• 건설자금이자
− 특정차입금 : 자본화 강제
− 일반차입금 : 자본화 선택
• 업무무관자산 등 관련 이자</td><td>• 채권자불분명사채이자
• 건설자금이자(특정차입금이자에 한정)
• 초과인출금 관련 이자
− [부채(준비금・충당금 제외) − 사업용자산] × 일수 = 초과인출금적수
− 이자비용 $\times \frac{\text{초과인출금적수}}{\text{총차입금적수}}$ = 초과인출금 관련 이자
• 업무무관자산 등 관련 이자</td></tr>
<tr><td colspan="2">⑪ 대표자 인건비</td><td>손금산입</td><td>필요경비불산입
※ 대표자 본인의 직장・지역 건강보험료, 노인장기요양보험료는 필요경비산입
※ 대표자 가족의 인건비는 필요경비산입</td></tr>
</table>

⑫ 대손충당금 설정대상채권		매출채권, 미수금, 대여금, 기업회계기준상 대손충당금 설정대상 채권	사업 관련 채권만 설정대상 ※ 대여금 및 미수금 제외 [단, 복식부기의무자의 사업용 유형자산 (부동산 제외) 처분미수금은 설정대상]
⑬ 퇴충·연충 한도액 계산시 추계액		Max(일시퇴직기준, 보험수리적 기준)	일시퇴직기준
⑭ 일시상각충당금		• 공사부담금·국고보조금·보험차익 • 신고조정 허용	• 국고보조금·보험차익 • 결산조정만 인정
⑮ 기부금	현물기부금 평가	• 특례기부금·비특수관계인 일반기부금 : 장부가액 • 특수관계인 일반기부금·비지정기부금 : Max(시가, 장부가액)	Max(시가, 장부가액)
	한도액*	• 특례기부금 : 50% • 우리사주조합기부금 : 30% • 일반기부금 : 10%(사회적기업 20%)	• 정치자금기부금, 고향사랑기부금 및 특례기부금 : 100% • 우리사주조합기부금 : 30% • 일반기부금 : 30%(종교단체 10%)
	한도초과액 이월공제	• 특례기부금·일반기부금 : 10년 • 우리사주조합기부금 : 이월공제 ×	• 특례기부금·일반기부금 : 10년 • 정치자금기부금 : 이월공제 × • 고향사랑기부금 : 이월공제 × • 우리사주조합기부금 : 이월공제 ×
⑯ 기업업무추진비		• 임직원 명의의 신용카드 매출전표 등 : 적격증명서류가 아님 • 시부인 단위 : 법인 단위 • 특정법인의 일반기업업무추진비 한도액 : (기초금액 + 수입금액기준금액) × 50%	• 종업원 명의의 신용카드매출전표 등 : 적격증명서류 • 시부인 단위 : 사업자 단위 (단, 사업장별로 감면을 달리 적용받기 위해 구분기장한 경우 사업장 단위) • 특정법인 규정 없음

*기부금의 필요경비 한도

	정치자금(개인), 고향사랑(개인), 특례기부금
법 인	(기준소득금액(주1) − 이월결손금(주2)) × 50%
개 인	(기준소득금액(주3) − 이월결손금) × 100%
	우리사주조합기부금
법 인	(기준소득금액 − 이월결손금(주2) − 특례기부금) × 30%
개 인	(기준소득금액 − 이월결손금 − 정치자금기부금 − 고향사랑기부금 − 특례기부금) × 30%
	일반기부금
법 인	(기준소득금액 − 이월결손금(주2) − 특례기부금 − 우리사주조합기부금) × 10%(사회적기업은 20%)
개 인	• 종교단체기부금이 없는 경우 : 소득금액(주4) × 30% • 종교단체기부금이 있는 경우 : 소득금액(주4) × 10% + Min(소득금액(주4) × 20%, 종교단체 외의 일반기부금)

주1 기준소득금액 = 차가감소득금액 + 손금에 산입한 기부금
주2 각 사업연도 소득의 80% 한도 적용법인은 기준소득금액의 80% 한도 적용
주3 기준소득금액 = 차가감소득금액 + 필요경비에 산입한 기부금
주4 소득금액 = 기준소득금액 − 이월결손금 − 정치자금기부금 − 고향사랑기부금 − 특례기부금 − 우리사주조합기부금

4. 수입시기

총수입금액과 필요경비가 확정된 날이 속하는 과세기간으로 한다(권리・의무 확정주의).

(1) 재고자산

① 상품・제품 등의 판매 : 인도한 날
② 시용판매 : 매입의사표시를 한 날
③ 위탁판매 : 수탁자가 위탁품을 판매한 날

(2) 장기할부판매

① 원칙 : 상품 등을 인도한 날(명목가치)
② 특례 : 결산상 회계처리한 경우에만 인정
- 회수기일 도래기준
- 현재가치할인차금

(3) 건설・제조 기타 용역

① 단 기
- 원칙 : 완성기준
- 예외 : 진행기준

② 장기(계약기간 1년 이상) : 진행기준

(4) 인적용역의 제공

① 원칙 : 용역대가를 지급받기로 한 날 또는 용역의 제공을 완료한 날 중 빠른 날
② 특례 : 연예인 등이 계약기간 1년을 초과하는 전속계약금을 일시에 받는 경우, 계약기간에 따라 균등안분한 금액을 각 과세기간종료일에 수입한 것으로 함(발생주의 / 초월산입, 말월불산입)

(5) 무인판매기에 의한 판매

현금인출일

(6) 어음의 할인

어음의 만기일과 양도일 중 빠른 날

(7) 금융보험업의 이자 및 할인액

실제로 수입된 날

(8) 자산의 임대와 지역권・지상권의 설정대여

부동산임대업 소득의 수입시기 준용

(9) 부동산 양도

대금청산일・소유권이전등기일・사용수익일 중 빠른 날

5. 과세방법

(1) 원천징수

사업소득은 원천징수 대상이 아니나, 다음의 소득에 한하여 원천징수한다.

① 의료보건용역 및 인적용역

- 원천징수세율 : 수입금액 × 3%(외국인 직업운동가가 프로스포츠구단과의 계약에 따라 용역을 제공하고 받는 소득은 20% 적용)
- 원천징수의무자 : 사업자, 법인세의 납세의무자, 국가·지방자치단체(지방자치단체조합 포함), 민법 기타 법률에 의하여 설립된 법인, 법인으로 보는 단체(일반 개인은 제외)
- 원천징수 대상 : 부가가치세 면세대상인 의료보건용역과 인적용역의 수입금액이 대상이다. 단, 다음의 소득은 제외한다.
  - 약사가 제공하는 의약품의 조제용역 중 의약품 가격이 차지하는 비율에 상당하는 소득
  - 접대부·댄서와 이와 유사한 용역에서 발생하는 소득
- 간편장부대상자인 보험모집인, 방문판매원(주1), 음료품 배달원(주1)의 사업소득에 대하여는 연말정산(주2) 적용

주1 방문판매원 및 음료품 배달원의 경우, 원천징수의무자가 사업장관할세무서장에게 연말정산 신청을 하는 경우에만 해당

주2 연말정산 시기 : 익년도 2월분 소득을 지급할 때 또는 해당 사업자와의 거래계약을 해지하는 달의 사업소득을 지급할 때

② 봉사료

- 원천징수세율 : 수입금액 × 5%
- 원천징수 요건 : 과세유흥장소 등을 운영하는 사업자가 지급하는 봉사료로서 세금계산서 등에 공급가액과 구분 기재된 봉사료가 공급가액의 20%를 초과하고, 사업자가 봉사료를 자기의 수입금액으로 계상하지 않은 경우

※ 봉사료는 사업활동이면 사업소득, 사업활동이 아닌 경우 기타소득으로 본다(원천징수세율은 동일).

③ 납세조합에 가입한 사업자

- 원천징수세율 : 매월분 사업소득에 대한 소득세
- 원천징수 요건 : 납세조합에 가입한 복식부기의무자가 아닌 농·축·수산물 판매업자, 노점상인[납세조합가입자는 2024.12.31.까지 산출세액의 5%를 세액공제(연 100만원 한도)함]

(2) 분리과세 주택임대소득

구 분	내 용
분리과세 주택임대소득	해당 과세기간의 주거용 건물 임대업에서 발생한 수입금액의 합계액이 2천만원 이하인 자의 주택임대소득
과세방법	분리과세 시 세액(14%)과 종합과세시 세액 중 선택

※ 분리과세 주택임대소득은 원천징수 대상이 아니며, 분리과세를 선택하여도 확정신고는 하여야 한다.

제2절 | 부동산임대업의 소득(총수입금액의 특례)

1. 주택(부수토지 포함)

(1) 대 상

3주택 이상을 소유하고($40m^2$ 이하, 기준시가 2억원 이하인 주택 제외) 해당 주택의 보증금 등의 합계액이 3억원을 초과하는 경우

(2) 간주임대료(음수인 경우 0으로 함)

① 기장신고

$$(\text{보증금 등} - 3\text{억원}^{(주1)}) \times \text{적수} \times 60\% \times \text{이자율} \times \frac{1}{365(\text{윤년 } 366)} - \text{보증금 등에서 발생한 금융수익}^{(주2)}$$

② 추계신고

$$(\text{보증금 등} - 3\text{억원}^{(주1)})\text{의 적수} \times 60\% \times \text{이자율} \times \frac{1}{365(\text{윤년 } 366)}$$

주1 2주택 이상인 경우, 보증금적수가 큰 주택의 보증금부터 순서대로 차감
주2 수입이자와 할인료 및 수입배당금

2. 주택 외의 부동산

(1) 대 상

무조건 간주임대료 계산(주업과 차입금 과다 여부에 관계없음)

(2) 간주임대료

① 기장신고

$$(\text{보증금 등 적수} - \text{건설비 적수}^{(주1)}) \times \text{이자율} \times \frac{1}{365(\text{윤년 } 366)} - \text{보증금 등에서 발생한 금융수익}^{(주2)}$$

주1 건설비는 임대부동산(토지 제외)의 취득가액을 의미
주2 수입이자와 할인료 및 수입배당금

② 추계신고

$$\text{보증금 등 적수} \times \text{이자율} \times \frac{1}{365(\text{윤년 } 366)}$$

더 알아보기 부동산임대업의 수입금액

총수입금액 = 임대료 + 간주임대료 + 관리비수입(징수대행하는 공공요금은 제외) + 기타수익*

*필요경비산입액의 환입액, 사업 관련 보험차익 등 사업소득의 총수입금액 규정에 따름

CHAPTER

04 | 근로소득 · 연금소득 · 기타소득

제1절 | 근로소득 CTA 25 · 24 · 23 · 22 · 21 · 20 · 19 · 18 · 17 · 16

1. 근로소득의 개념 및 범위

(1) 근로소득의 개념

① 근로를 제공함으로써 받는 봉급 · 급료 · 보수 · 세비 · 임금 · 상여 · 수당과 이와 유사한 성질의 급여

② 법인의 주주총회 · 사원총회 또는 이에 준하는 의결기관의 결의에 따라 상여로 받는 소득

③ 「법인세법」에 따라 상여로 처분된 금액

④ 퇴직함으로써 받는 소득으로서 퇴직소득에 속하지 아니하는 소득

⑤ 종업원등 또는 대학의 교직원이 지급받는 직무발명보상금(직무발명보상금은 제외)

⑥ 사업자나 법인이 생산 · 공급하는 재화 또는 용역을 그 사업자나 법인(「독점규제 및 공정거래에 관한 법률」에 따른 계열회사를 포함)의 사업장에 종사하는 임원등에게 대통령령으로 정하는 바에 따라 시가보다 낮은 가격으로 제공하거나 구입할 수 있도록 지원함으로써 해당 임원등이 얻는 이익

(2) 근로소득의 범위

① 기밀비(판공비 포함) · 교제비 기타 이와 유사한 명목으로 받는 것으로서 업무를 위하여 사용된 것이 분명하지 아니한 급여

② 종업원이 받는 공로금 · 위로금 · 개업축하금 · 학자금 · 장학금(종업원의 수학중인 자녀가 사용자로부터 받는 학자금 · 장학금을 포함) 기타 이와 유사한 성질의 급여

③ 근로수당 · 가족수당 · 전시수당 · 물가수당 · 출납수당 · 직무수당 기타 이와 유사한 성질의 급여

④ 보험회사, 「자본시장과 금융투자업에 관한 법률」에 따른 투자매매업자 또는 투자중개업자 등의 종업원이 받는 집금(集金)수당과 보험가입자의 모집, 증권매매의 권유 또는 저축을 권장하여 받는 대가, 그 밖에 이와 유사한 성질의 급여

⑤ 급식수당 · 주택수당 · 피복수당 기타 이와 유사한 성질의 급여

⑥ 주택을 제공받음으로써 얻는 이익

⑦ 종업원이 주택(주택에 부수된 토지를 포함)의 구입 · 임차에 소요되는 자금을 저리 또는 무상으로 대여받음으로써 얻는 이익

⑧ 기술수당 · 보건수당 및 연구수당, 그 밖에 이와 유사한 성질의 급여

⑨ 시간외근무수당 · 통근수당 · 개근수당 · 특별공로금 기타 이와 유사한 성질의 급여

⑩ 여비의 명목으로 받는 연액 또는 월액의 급여

⑪ 벽지수당・해외근무수당 기타 이와 유사한 성질의 급여
⑫ 종업원이 계약자이거나 종업원 또는 그 배우자 및 그 밖의 가족을 수익자로 하는 보험・신탁 또는 공제와 관련하여 사용자가 부담하는 보험료・신탁부금 또는 공제부금
⑬ 「법인세법 시행령」에 따라 손금에 산입되지 아니하고 지급받는 퇴직급여
⑭ 휴가비 기타 이와 유사한 성질의 급여
⑮ 계약기간 만료전 또는 만기에 종업원에게 귀속되는 단체환급부보장성보험의 환급금
⑯ 법인의 임원등이 해당 법인 또는 해당 법인과 「법인세법 시행령」에 따른 특수관계에 있는 법인(이하 "해당 법인등"이라 한다)으로부터 부여받은 주식매수선택권을 해당 법인등에서 근무하는 기간 중 행사함으로써 얻은 이익(주식매수선택권 행사 당시의 시가와 실제 매수가액과의 차액을 말하며, 주식에는 신주인수권을 포함)
⑰ 「공무원 수당 등에 관한 규정」, 「지방공무원 수당 등에 관한 규정」, 「검사의 보수에 관한 법률 시행령」, 대법원규칙, 헌법재판소규칙 등에 따라 공무원에게 지급되는 직급보조비
⑱ 공무원이 국가 또는 지방자치단체로부터 공무 수행과 관련하여 받는 상금과 부상

(3) 근로소득으로 보지 않는 것

① 경조금 : 사회통념상 타당한 범위 내의 금액 → 근로소득 ×
② 퇴직수당과 퇴직위로금 : 근로의 대가로서 현실적 퇴직을 원인으로 지급받는 소득* → 퇴직소득

*법인세법상 임원의 경우 : 현실적 퇴직을 원인으로 지급받는 소득이라도 법인세법상 퇴직급여 한도초과액으로 손금불산입되는 금액과 소득세법상 퇴직소득금액 계산시 퇴직소득 한도초과액은 근로소득으로 본다.

③ 주식매수선택권 행사로 얻은 이익 : 퇴직 후에 행사한 경우 → 퇴직소득

2. 비과세 근로소득

(1) 실비변상적인 성질의 급여

① 전액 비과세
- 일직료・숙직료 또는 여비로서 실비변상정도의 금액
- 직장에서만 입는 피복
- 천재지변 기타 재해로 받는 급여

② 월 20만원 한도 비과세
- 자가운전보조금 : 종업원이 소유하거나 본인 명의로 임차한 차량을 종업원이 직접 운전하여 사용자의 업무수행에 이용하고 시내출장 등에 소요된 실제여비를 받는 대신에 그 소요경비를 해당 사업체의 규칙 등으로 정하여진 지급기준에 따라 받는 금액
- 기자의 취재수당
- 벽지수당
- 학교의 교원과 중소기업 또는 벤처기업의 연구원 등이 받는 연구보조비 또는 연구활동비
- 선원이 받는 승선수당
- 수도권 외의 지역으로 이전하는 「지방자치분권 및 지역균형발전에 관한 특별법」에 따른 공공기관의 소속 공무원이나 직원에게 한시적으로 지급하는 이전지원금

(2) 복리후생적 급여

① 사택제공이익 : 다음 어느 하나에 해당하는 사람이 사택을 제공받음으로써 얻는 이익
- 주주 또는 출자자가 아닌 임원
- 소액주주(지분율 1% 미만)인 임원, 임원이 아닌 종업원(비영리법인 또는 개인의 종업원을 포함)
- 국가 또는 지방자치단체로부터 근로소득을 지급받는 사람

② 중소기업의 종업원이 주택(주택에 부수된 토지를 포함)의 구입·임차에 소요되는 자금을 저리 또는 무상으로 대여 받음으로써 얻는 이익 : 해당 종업원이 중소기업과 다음의 구분에 따른 관계에 있는 경우 그 종업원이 얻는 이익은 제외
- 친족관계(중소기업이 개인사업자인 경우)
- 지배주주등(해당 지배주주등과 친족관계 또는 경영지배관계에 있는 자 포함)인 관계(중소기업이 법인사업자인 경우)

③ 직장어린이집 운영비 및 위탁보육비지원금 : 「영유아보육법」에 따라 직장어린이집을 설치·운영하거나 위탁보육을 하는 사업주가 그 비용을 부담함으로써 해당 사업장의 종업원이 얻는 이익

④ 종업원이 계약자이거나 종업원 또는 그 배우자 및 기타의 가족을 수익자로 하는 보험료
- 단체순수보장성보험과 단체환급부보장성보험의 보험료 : 연 70만원 한도
- 임직원 손해배상보험료

⑤ 공무원이 받는 상금과 부상 : 공무원이 국가 또는 지방자치단체로부터 공무 수행과 관련하여 받는 상금과 부상 중 연 240만원 이내의 금액

(3) 생산직근로자가 받는 연장근로수당

① 연장근로수당 범위 : 연장시간근로, 야간근로, 휴일근로로 받는 급여(선원은 생산수당)

② 대상자 : 다음 중 어느 하나에 해당하는 사람
- 공장·광산 근무 생산직근로자
- 어업을 영위하는 자에게 고용되어 어선에 승무하는 선원(선장 제외)
- 통계청장이 고시하는 한국표준직업분류에 따른 운전 및 운송 관련직 종사자, 돌봄·미용·여가 및 관광·숙박시설·조리 및 음식 관련 서비스직 종사자, 매장 판매 종사자, 상품 대여 종사자, 통신 관련 판매직 종사자, 운송청소·경비·가사·음식·판매·농림·어업·계기·자판기·주차관리 및 기타 서비스 관련 단순 노무직 종사자 중 기획재정부령으로 정하는 자

③ 비과세 요건
- 생산직 근로자
- 직전 과세기간의 총급여액이 3천만원 이하인 근로자(일용근로자 포함)
- 월정액급여* 210만원 이하

*매월 급여 총액 – 부정기적 급여 – 실비변상적·복리후생적 성질의 비과세급여 – 초과근로수당

※ 한도 : 연간 240만원(광산근로자와 일용근로자는 전액 비과세)

(4) 식사와 식사대

구 분	비과세금액
현물식대	전액 비과세
현금식대	월 20만원 이하 한도로 비과세

※ 현물식대와 현금식대를 동시에 제공하는 경우 : 현물식대는 비과세, 현금식대는 전액 과세

(5) 근로자 본인의 학자금

① 업무와 관련된 교육[업무와 무관하게 수령하는 교육비(자녀학자금 포함)는 과세]

② 회사 지급기준에 따라 수령

③ 교육・훈련기간이 6개월 이상인 경우 교육・훈련 후 해당 교육기간을 초과하여 근무하지 않는 때에는 지급받은 금액을 반납

(6) 건강보험료, 고용보험법 등에 따라 사용자가 부담하는 부담금

국민건강보험법 또는 노인장기요양보험법, 고용보험법에 따라 국가・지방자치단체 또는 사용자가 부담하는 보험료

※ 사용자가 근로자 부담분을 대신 부담한 경우, 근로자에게 근로소득 과세하고 근로자에게 소득공제함

(7) 기업 출산지원금 및 보육급여

구 분	비과세금액
① 근로자(사용자와 대통령령으로 정하는 특수관계에 있는 자는 제외) 또는 그 배우자의 출산과 관련하여 자녀의 출생일 이후 2년 이내에 사용자로부터 대통령령으로 정하는 바에 따라 최대 두 차례에 걸쳐 지급받는 급여(2021년 1월 1일 이후 출생한 자녀도 포함)	전 액
② 근로자 또는 그 배우자의 해당 과세기간 개시일을 기준으로 6세 이하(6세가 되는 날과 그 이전 기간을 말한다)인 자녀의 보육과 관련하여 사용자로부터 지급받는 급여	월 20만원 이내의 금액

(8) 국외 또는 북한지역에서 근로를 제공하고 받은 소득

구 분	비과세금액
① 국외 또는 「남북교류협력에 관한 법률」에 따른 북한지역(이하 "국외등"이라 한다)에서 근로를 제공(원양어업 선박 또는 국외등을 항행하는 선박이나 항공기에서 근로를 제공하는 것을 포함한다)하고 받는 보수	월 100만원
② 원양어업 선박, 국외등을 항행하는 선박 또는 국외등의 건설현장 등에서 근로(설계 및 감리 업무를 포함한다)를 제공하고 받는 보수	월 500만원
③ 국외 등의 지역에서 근무하는 공무원(재외공관 행정직원등 포함), 대한무역투자진흥공사, 한국관광공사, 한국국제협력단, 한국국제보건의료재단, 한국산업인력공단의 종사자	국내 근무시보다 초과하여 받는 금액 중 실비변상적 성격의 급여로서 외교부장관이 기획재정부장관과 협의하여 고시하는 금액

(9) 직무발명보상금

구 분	비과세금액
① 「발명진흥법」에 따른 종업원등이 사용자등으로부터 받는 보상금(다만, 보상금을 지급한 사용자등과 대통령령*으로 정하는 특수관계에 있는 자가 받는 보상금은 제외)	연 700만원 한도
② 대학의 교직원 또는 대학과 고용관계가 있는 학생이 소속 대학에 설치된 「산업교육진흥 및 산학연협력촉진에 관한 법률」에 따른 산학협력단으로부터 받는 보상금	

*대통령령으로 정하는 특수관계에 있는 자
- 사용자등이 개인인 경우 : 친족관계
- 사용자등이 법인인 경우 : 지배주주등(해당 지배주주등과 친족관계 또는 경영지배관계에 있는 자를 포함)인 관계

(10) 임원 또는 종업원 할인금액

① 과세 요건 : 임원 또는 종업원 할인금액 중 다음의 요건을 모두 충족하는 소득
- 임원 또는 종업원(이하 "임원등"이라 한다) 본인이 소비하는 것을 목적으로 제공받거나 지원을 받아 구입한 재화 또는 용역으로서 1년(자동차 · 귀금속 등은 2년)이내 재판매가 허용되지 아니할 것
- 해당 재화 또는 용역의 제공과 관련하여 모든 임원등에게 공통으로 적용되는 기준이 있을 것

② 비과세 한도 : Max(해당 재화 또는 용역의 시가합계액* × 20%, 연 240만원)

*임원등이 해당 과세기간 동안 시가보다 낮은 가격으로 제공받거나 지원을 받아 구입한 재화 또는 용역의 시가를 합한 금액

3. 근로소득금액의 계산

총급여액(비과세 · 분리과세소득 제외) − 근로소득공제*

*근로소득공제 : 근로소득이 있는 거주자에 대해서는 해당 과세기간에 받는 총급여액에서 다음의 금액을 공제한다(다만, 공제액이 2천만원을 초과하는 경우에는 2천만원을 공제).

총급여액	공제액(한도 연 2,000만원)
500만원 이하	총 급여액 × 70%
500만원 초과 1천500만원 이하	350만원 + 500만원을 초과하는 금액의 40%
1천500만원 초과 4천500만원 이하	750만원 + (1천500만원을 초과하는 금액의 15%)
4천500만원 초과 1억원 이하	1천200만원 + (4천500만원을 초과하는 금액의 5%)
1억원 초과	1천475만원 + (1억원을 초과하는 금액의 2%)

※ 일용근로자에 대한 공제액은 1일 15만원으로 한다.
※ 근로소득이 있는 거주자의 해당 과세기간의 총급여액이 공제액에 미달하는 경우에는 그 총급여액을 공제액으로 한다.

4. 근로소득의 수입시기

① 급여 : 근로를 제공한 날
② 잉여금 처분에 의한 상여 : 잉여금 처분 결의일
③ 인정상여 : 해당 사업연도 중 근로를 제공한 날
④ 퇴직소득세법상 임원퇴직급여 한도초과 : 받거나 받기로 한 날
⑤ 주식매수선택권 : 행사한 날
⑥ 도급계약에 의한 급여(확정신고기간 개시일 전 미확정급여) : 급여가 확정된 날(확정된 날 전에 실제로 받은 금액은 그 받은 날)

5. 근로소득의 과세방법

(1) 상용근로자 : 일용근로자 소득 이외의 소득

① 원천징수 : 간이세액표에 따라 원천징수
② 연말정산 : 다음연도 2월분 근로소득 지급시(퇴직하는 경우 퇴직하는 달의 근로소득 지급시)
③ 확정신고 : 다음연도 5월에 확정신고(단, 근로소득만 있는 경우로서 연말정산한 때에는 확정신고 하지 않아도 됨)

(2) 일용근로자

일급 · 시간급 · 성과급으로 급여를 계산하고, 동일한 고용주에게 3개월(건설근로자는 1년 미만, 하역근로자는 기간제한 없음) 미만 고용되어 있는 자

① 원천징수(분리과세) : (일급여액 − 150,000) × 6% × (1 − 55%)
② 연말정산 : ×
③ 확정신고 : ×

제2절 | 연금소득 CTA 24 · 21 · 20 · 17 · 16

1. 공적연금소득

(1) 과세대상

공적연금소득*은 2002년 1월 1일 이후에 납입된 연금 기여금 및 사용자 부담금(국가 또는 지방자치단체의 부담금을 포함한다. 이하 같다)을 기초로 하거나 2002년 1월 1일 이후 근로의 제공을 기초로 하여 받는 연금소득으로 한다.

*• 국민연금법, 공무원연금법, 군인연금법, 사립학교교직원연금법, 별정우체국법 또는 「국민연금과 직역연금의 연계에 관한 법률」(이하 "공적연금 관련법"이라 한다)에 따라 받는 각종 연금
• 공적연금소득을 지급하는 자가 일부 또는 전부를 지연하여 지급함에 따른 이자는 공적연금소득으로 본다.

(2) 공적연금소득의 계산

과세기준금액(주1) – 과세제외기여금등(주2)

주1 과세기준금액의 계산(국민연금과 연계노령연금)

$$\text{과세기간 연금수령액} \times \frac{\text{과세기준일}^{*} \text{ 이후 납입기간 환산소득}}{\text{총납입기간 환산소득}}$$

*과세기준일 : 2002년 1월 1일

주2 과세기준일 이후에 연금보험료 공제를 받지 않고 납입한 기여금을 말하며, 과세제외기여금이 당년도 과세기준금액을 초과하는 경우 초과하는 금액은 그 다음연도에서 수령하는 과세기준금액에서 차감한다.

2. 사적연금소득

(1) 사적연금의 구성내역

구성내역		인출방법: 연금수령	인출방법: 연금외수령
과세제외금액	→	과세 ×	과세 ×
이연퇴직소득	→	연금소득	퇴직소득
세액공제분 및 운용수익	→	연금소득	기타소득

(2) 연금계좌의 인출순서와 손실순서

① 연금계좌의 인출순서

과세제외금액 → 이연퇴직소득 → 세액공제분 및 운용수익

※ 인출되는 금액이 연금수령한도를 초과하는 경우, 연금수령분이 먼저 인출되고 그 다음으로 연금외수령분이 인출되는 것으로 본다.

② **연금계좌의 손실순서(원금손실이 발생한 경우)** : 연금계좌의 운용에 따라 연금계좌에 있는 금액이 원금에 미달하는 경우 연금계좌에 있는 금액은 원금이 인출 순서와 반대의 순서로 차감된 후의 금액으로 본다.

세액공제분 및 운용수익 → 이연퇴직소득 → 과세제외금액

※ 손실 회복시 반대 순서로 회복한다.

(3) 연금계좌의 이체

연금계좌에 있는 금액이 연금수령이 개시되기 전의 다른 연금계좌로 이체되는 경우에는 이를 인출로 보지 아니한다. 일부 금액이 이체(③의 경우 제외)되는 경우에는 연금계좌의 인출 순서에 따라 이체되는 것으로 본다. 다만, 다음 중 어느 하나에 해당하는 경우에는 인출로 본다.

① 연금저축계좌와 퇴직연금계좌 상호 간에 이체되는 경우

※ 다음 중 어느 하나에 해당하는 경우에는 인출로 보지 아니한다.

- 연금수령 요건을 갖춘 연금저축계좌의 가입자가 개인형퇴직연금계좌로 전액을 이체(연금수령이 개시된 경우 포함)하는 경우
- 연금수령 요건을 갖춘 개인형퇴직연금계좌의 가입자가 연금저축계좌로 전액을 이체(연금수령이 개시된 경우 포함)하는 경우

② 2013.3.1. 이후에 가입한 연금계좌에 있는 금액이 2013.3.1. 전에 가입한 연금계좌로 이체되는 경우
③ 퇴직연금계좌에 있는 일부 금액이 이체되는 경우

(4) 연금수령 및 연금외수령

① 연금수령(a 또는 b의 인출)
a. 연금계좌에서 연금수령 요건을 모두 갖추어 인출 or 의료목적
b. 부득이한 사유로 인출하는 것

② 연금외수령 : 연금수령 외의 인출

③ 연금수령요건
- 가입자가 55세 이후 연금수령개시를 신청한 후 인출할 것(a)
- 가입일로부터 5년이 경과된 후에 인출할 것(단, 이연퇴직소득이 있는 경우 제외)(b)
- 과세기간 개시일(연금수령 개시를 신청한 날이 속하는 과세기간에는 연금수령 개시를 신청한 날) 현재 다음의 연금수령한도 이내에서 인출할 것(의료목적 또는 부득이한 사유로 인출한 금액은 포함하지 않는다)

$$\text{연금수령한도} = \frac{\text{연금계좌의 평가액}}{(11 - \text{연금수령연차}^{(주1)})} \times 120\%$$

주1 최초로 연금수령 할 수 있는 날이 속하는 과세기간을 기산연차[(주2)]로 하여 그 다음 과세기간을 누적 합산한 연차(연금수령연차가 11년 이상인 경우에는 한도 미적용)

주2 a. 원칙 : 1년차
b. 2013.3.1.전에 가입한 연금계좌(2013.3.1. 전에 확정급여형퇴직연금제도에 가입한 사람이 퇴직하여 퇴직소득 전액이 새로 설정된 연금계좌로 이체되는 경우 포함)의 경우 : 6년차
c. 연금계좌의 가입자가 사망하여 그 배우자가 연금계좌를 승계한 경우 : 사망일 당시 피상속인의 연금수령연차

더 알아보기 기산연차의 유권해석

기산연차(최초로 연금수령 할 수 있는 날이 속하는 과세기간)는 연금수령 개시 신청과 관계없이 일반적인 연금수령요건에서 규정하는 연령 요건 및 가입기간 요건을 충족하는 과세기간을 말한다.

(5) 의료목적 또는 부득이한 인출의 요건

① 의료목적의 인출 : 다음의 요건을 모두 충족한 경우
- 연금수령 요건 중 (a)과 (b)의 요건을 충족
- 의료비세액공제 대상 의료비(본인 의료비에 한정함)
- 의료비를 지급한 날부터 6개월 이내에 의료비인출 신청서와 부담한 의료비를 확인할 수 있는 서류를 연금계좌 취급자에게 제출*

*이 경우 1명당 하나의 연금계좌만 의료비연금계좌로 지정(해당 연금계좌의 연금계좌 취급자가 지정에 동의하는 경우에 한정함)하여 인출할 수 있다.

② **부득이한 인출** : 다음 중 어느 하나에 해당하는 사유가 발생하여 연금계좌에서 인출하려는 사람이 해당 사유가 확인된 날부터 6개월 이내에 그 사유를 확인할 수 있는 서류를 갖추어 연금계좌를 취급하는 금융회사 등에게 제출하는 경우
- 천재지변
- 연금계좌 가입자의 사망 또는 해외이주
- 연금계좌 가입자 또는 그 부양가족의 질병·부상에 따라 3개월 이상의 요양이 필요한 경우
- 연금계좌 가입자가 사회재난 중 특별재난지역으로 선포된 지역의 재난으로 15일 이상의 입원 치료가 필요한 피해를 입은 경우
- 연금계좌 가입자가 파산의 선고 또는 개인회생절차 개시의 결정을 받은 경우
- 연금계좌를 취급하는 금융회사 등의 영업정지, 영업 인·허가의 취소, 해산결의 또는 파산선고

3. 비과세 연금소득

① 공적연금 관련법에 따라 받는 유족연금·퇴직유족연금·퇴역유족연금·장해유족연금·상이유족연금·순직유족연금·직무상유족연금·위험직무순직유족연금, 장애연금, 장해연금·비공무상 장해연금·비직무상 장해연금, 상이연금(傷痍年金), 연계노령유족연금 또는 연계퇴직유족연금

② 「산업재해보상보험법」에 따라 받는 각종 연금

③ 「국군포로의 송환 및 대우 등에 관한 법률」에 따른 국군포로가 받는 연금

4. 연금소득금액의 계산

총연금액(비과세, 분리과세 제외) − 연금소득공제*

*연금소득공제(한도 연 900만원)

총연금액	연금소득공제
350만원 이하	총연금액
350만원 초과 700만원 이하	350만원 + (총연금액 − 350만원) × 40%
700만원 초과 1,400만원 이하	490만원 + (총연금액 − 700만원) × 20%
1,400만원 초과	630만원 + (총연금액 − 1,400만원) × 10%

5. 연금소득의 수입시기

구 분	수입시기
공적연금소득	공적연금 관련법에 따라 연금을 지급받기로 한 날
사적연금소득	연금수령한 날
이외의 연금소득	해당 연금을 지급받은 날

6. 연금소득의 과세방법

(1) 분리과세 연금소득 : 사적연금소득 중 분리과세

구 분	내 용
무조건 분리과세	① 이연퇴직소득을 연금수령하는 연금소득 ② 세액공제 받은 납입액 및 운용수익을 의료목적이나 부득이한 사유로 인출하는 연금소득
선택적 분리과세	위 외의 사적연금소득의 합계액이 1,500만원 이하인 경우 그 연금소득(분리과세를 선택한 경우) → 종합과세 선택시 확정신고를 해야 함

(2) 원천징수, 연말정산 및 확정신고

구 분	소득 지급시 원천징수	연말정산	확정신고
공적연금	연금소득 간이세액표에 따라 원천징수	1월분의 공적연금소득을 지급할 때 연말정산함 (해당 과세기간 중에 사망한 경우 그 사망일이 속하는 달의 다음다음 달 말일까지 연말정산함)	종합과세대상이므로 확정신고해야 함 (단, 공적연금소득만 있는 경우 확정신고를 하지 아니할 수 있음)
사적연금	지급금액 × 원천징수세율*	–	종합과세대상이므로 확정신고해야 함 (단, 분리과세 연금소득은 확정신고 하지 않음)

*사적연금소득의 원천징수세율

① 이연퇴직소득

구 분	원천징수세율
연금 실제 수령연차(주1)가 10년 이하인 경우	연금외수령 원천징수세율(주2) × 70%
연금 실제 수령연차(주1)가 10년 초과하는 경우	연금외수령 원천징수세율(주2) × 60%

주1 최초로 연금을 수령한 날이 속하는 과세기간을 기산연차로 하여 그 다음 연금을 수령한 날이 속하는 과세기간을 누적 합산한 연차를 말한다. 다만, 다음 중 어느 하나에 해당하는 경우에는 다음 규정을 따른다.

a. 둘 이상의 연금계좌가 있는 경우 : 각각의 연금계좌별로 계산

b. 연금계좌의 이체 규정에 따라 이체되는 경우 : a에 따라 계산한 연금계좌별 연금 실제 수령연차를 합산한 연수에서 중복하여 수령한 과세기간의 연수를 뺀 연수에 따라 계산

주2

$$\frac{\text{연금소득을 연금외수령하였다고 가정할 때 계산한 원천징수세액}}{\text{연금외수령한 금액}}$$

② 이연퇴직소득 이외 사적연금소득

구 분		원천징수세율
a. 연금소득자의 나이(연금수령일 현재)	70세 미만	5%
	70세 이상 80세 미만	4%
	80세 이상	3%
b. 종신연금(사망일까지 연금수령하면서 중도 해지할 수 없는 계약)		4%

※ a와 b가 동시에 적용되는 경우 낮은 세율을 적용한다.

제4장

제3절 | 기타소득 CTA 25 · 24 · 23 · 21 · 20 · 19 · 18 · 17 · 16

1. 기타소득의 범위

기타소득은 이자소득 · 배당소득 · 사업소득 · 근로소득 · 연금소득 · 퇴직소득 및 양도소득 외의 소득으로서 다음에서 규정하는 것으로 한다(단, 다른 소득과 중복되면 다른 소득으로 우선 구분).

① 상금, 현상금, 포상금, 보로금 또는 이에 준하는 금품

② 복권, 경품권, 그 밖의 추첨권에 당첨되어 받는 금품

③ 「사행행위 등 규제 및 처벌특례법」에서 규정하는 행위(적법 또는 불법 여부는 고려하지 아니한다)에 참가하여 얻은 재산상의 이익

④ 「한국마사회법」에 따른 승마투표권, 「경륜 · 경정법」에 따른 승자투표권, 「전통소싸움경기에 관한 법률」에 따른 소싸움경기투표권 및 「국민체육진흥법」에 따른 체육진흥투표권의 구매자가 받는 환급금(발생원인이 되는 행위의 적법 또는 불법 여부는 고려하지 아니한다)

⑤ 저작자 또는 실연자(實演者) · 음반제작자 · 방송사업자 외의 자가 저작권 또는 저작인접권의 양도 또는 사용의 대가로 받는 금품

⑥ **자산 또는 권리의 양도 · 대여 또는 사용의 대가로 받는 금품**

- 영화필름
- 라디오 · 텔레비전방송용 테이프 또는 필름

⑦ 광업권 · 어업권 · 양식업권 · 산업재산권 · 산업정보, 산업상 비밀, 상표권 · 영업권(점포 임차권을 포함), 토사석(土砂石)의 채취허가에 따른 권리, 지하수의 개발 · 이용권, 그 밖에 이와 유사한 자산이나 권리를 양도하거나 대여하고 그 대가로 받는 금품

※ 사업에 사용하는 토지 · 건물 · 부동산에 관한 권리와 함께 양도하는 영업권 : 양도소득(이 외의 영업권의 양도 : 기타소득)

※ 부동산(토지 · 건물)과 함께 양도하는 이축권 : 양도소득[단, 해당 이축권에 대해서 감정평가법인등이 감정한 가액이 있는 경우 그 가액(감정가액이 2 이상인 경우 그 감정가액의 평균액)을 구분하여 신고하는 경우에는 기타소득]

⑧ **물품(유가증권 포함) 또는 장소를 일시적으로 대여하고 사용료로서 받는 금품**

※ 채권 · 주식대여

- 지급받는 채권 · 주식에서 발생한 이자 · 배당 : 이자소득 · 배당소득
- 대여수수료 : 기타소득

⑨ 「전자상거래 등에서의 소비자보호에 관한 법률」에 따라 통신판매중개를 하는 자를 통하여 물품 또는 장소를 대여하고 연간 수입금액 500만원 이하의 사용료로서 받은 금품

⑩ 「공익사업을 위한 토지 등의 취득 및 보상에 관한 법률」에 따른 공익사업과 관련하여 지역권 · 지상권(지하 또는 공중에 설정된 권리를 포함)을 설정하거나 대여함으로써 발생하는 소득

※ 전세권, 임차권, 공익사업과 관련없는 지역권 · 지상권의 설정 · 대여 : 사업소득

※ 지상권 · 전세권 · 등기된 부동산임차권의 양도 : 양도소득

⑪ **계약의 위약 또는 해약으로 인하여 받는 소득으로서 다음 각 목의 어느 하나에 해당하는 것**

- 위약금
- 배상금
- 부당이득 반환 시 지급받는 이자

⑫ 유실물의 습득 또는 매장물의 발견으로 인하여 보상금을 받거나 새로 소유권을 취득하는 경우 그 보상금 또는 자산

⑬ 소유자가 없는 물건의 점유로 소유권을 취득하는 자산

⑭ 거주자·비거주자 또는 법인의 특수관계인이 그 특수관계로 인하여 그 거주자·비거주자 또는 법인으로부터 받는 경제적 이익으로서 급여·배당 또는 증여로 보지 아니하는 금품

⑮ 슬롯머신(비디오게임을 포함한다) 및 투전기(投錢機), 그 밖에 이와 유사한 기구(이하 "슬롯머신등"이라 한다)를 이용하는 행위에 참가하여 받는 당첨금품·배당금품 또는 이에 준하는 금품(이하 "당첨금품등"이라 한다)

⑯ 문예·학술·미술·음악 또는 사진에 속하는 창작품(「신문 등의 진흥에 관한 법률」에 따른 신문 및 「잡지 등 정기간행물의 진흥에 관한 법률」에 따른 정기간행물에 게재하는 삽화 및 만화와 우리나라의 창작품 또는 고전을 외국어로 번역하거나 국역하는 것을 포함)에 대한 원작자로서 받는 소득으로서 다음 중 어느 하나에 해당하는 것

- 원고료
- 저작권사용료인 인세(印稅)
- 미술·음악 또는 사진에 속하는 창작품에 대하여 받는 대가

⑰ 재산권에 관한 알선 수수료

⑱ 사례금

⑲ 법정 사유 외의 사유로 해지된 소기업·소상공인 공제부금의 해지일시금

구 분	내 용
폐업 등 법정 사유	2015.12.31. 이전 공제가입자 : 이자소득
	2016.1.1. 이후 공제가입자 : 퇴직소득
위 외의 사유	기타소득

⑳ 다음 중 어느 하나에 해당하는 인적용역을 일시적으로 제공하고 받는 대가

- 고용관계 없이 다수인에게 강연을 하고 강연료 등 대가를 받는 용역
- 라디오·텔레비전방송 등을 통하여 해설·계몽 또는 연기의 심사 등을 하고 보수 또는 이와 유사한 성질의 대가를 받는 용역
- 변호사, 공인회계사, 세무사, 건축사, 측량사, 변리사, 그 밖에 전문적 지식 또는 특별한 기능을 가진 자가 그 지식 또는 기능을 활용하여 보수 또는 그 밖의 대가를 받고 제공하는 용역
- 그 밖에 고용관계 없이 수당 또는 이와 유사한 성질의 대가를 받고 제공하는 용역

㉑ 「법인세법」 제67조에 따라 기타소득으로 처분된 소득

㉒ 연금외수령한 소득

㉓ 퇴직 전에 부여받은 주식매수선택권을 퇴직 후에 행사하거나 고용관계 없이 주식매수선택권을 부여받아 이를 행사함으로써 얻는 이익

※ 근무기간 중에 행사 : 근로소득

※ 퇴직 후 행사 : 기타소득

㉔ 종업원등 또는 대학의 교직원이 퇴직한 후에 지급받는 직무발명보상금

※ 근무기간 중에 지급받는 경우 : 근로소득

※ 퇴직 후 지급받는 경우 : 기타소득

㉕ 뇌 물

㉖ 알선수재 및 배임수재에 의하여 받는 금품

㉗ 종교인소득

구 분	내 용	
범 위	종교관련종사자가 종교의식을 집행하는 등 종교관련종사자로서의 활동과 관련하여 종교단체로부터 받은 소득	
소득구분	종교인소득	기타소득(다만, 종교인소득에 대하여 근로소득으로 원천징수하거나 과세표준 확정신고를 한 경우에는 근로소득)
	현실적 퇴직시 받는 소득	퇴직소득
	퇴직 이후의 소득	퇴직 이후에 정기적 또는 부정기적으로 지급받는 소득으로서 현실적 퇴직을 원인으로 지급받는 소득에 해당하지 아니하는 경우에는 종교인소득에 포함

㉘ 서화・골동품(골동품은 제작 후 100년을 넘은 것에 한정)의 양도로 발생하는 소득(개당・점당 또는 조당 양도가액이 6천만원 이상인 것을 대상으로 하며, 양도일 현재 생존해 있는 국내 원작자의 작품은 제외)

※ 서화・골동품의 양도로 발생하는 소득은 영리목적으로 계속적・반복적으로 행하는 활동을 통해 얻는 소득인 경우에도 기타소득으로 함

※ 다음 중 어느 하나에 해당하는 경우에는 사업소득으로 과세한다.

① 서화・골동품의 거래를 위하여 사업장 등 물적시설(가상의 사업장 포함)을 갖춘 경우

② 서화・골동품을 거래하기 위한 목적으로 사업자등록을 한 경우

2. 기타소득금액의 계산

총수입금액(비과세・분리과세・과세최저한 제외) − 필요경비

(1) 비과세

① 「국가유공자 등 예우 및 지원에 관한 법률」 또는 「보훈보상대상자 지원에 관한 법률」에 따라 받는 보훈급여금・학습보조비 및 「북한이탈주민의 보호 및 정착지원에 관한 법률」에 따라 받는 정착금・보로금(報勞金)과 그 밖의 금품

② 「국가보안법」에 따라 받는 상금과 보로금

③ 「상훈법」에 따른 훈장과 관련하여 받는 부상(副賞)이나 국가 또는 지방자치단체로부터 받은 상금과 부상

④ 종업원등 또는 대학의 교직원이 퇴직한 후에 사용자등 또는 산학협력단으로부터 지급받거나 대학의 학생이 소속 대학에 설치된 산학협력단으로부터 받는 직무발명보상금으로서 연 700만원 이하의 금액. 다만, 직무발명보상금을 지급한 사용자등 또는 산학협력단과 대통령령으로 정하는 특수관계에 있는 자가 받는 직무발명보상금은 제외한다.

⑤ 「국군포로의 송환 및 대우 등에 관한 법률」에 따라 국군포로가 받는 위로지원금과 그 밖의 금품

⑥ 「문화유산의 보존 및 활용에 관한 법률」에 따라 국가지정문화유산으로 지정된 서화・골동품의 양도로 발생하는 소득

⑦ 서화・골동품을 박물관 또는 미술관에 양도함으로써 발생하는 소득

⑧ 법령・조례에 따른 위원회 등의 보수를 받지 아니하는 위원(학술원 및 예술원의 회원을 포함) 등이 받는 수당

(2) 분리과세

구 분	대 상
무조건 분리과세	• 복권당첨소득 • 승마투표권 등의 환급금 • 슬롯머신 등의 당첨금품 • 세액공제받은 연금계좌납입액과 운용수익을 연금외수령하는 경우 • 서화 · 골동품의 양도소득
조건부 분리과세	• 계약금이 위약금 · 배당금으로 대체된 경우의 위약금과 배상금 • 소기업 · 소상공인 공제부금의 해지일시금(법정 외의 사유) • 위 외의 기타소득

(3) 과세최저한

① **일반적인 경우** : 건별로 기타소득금액(연금계좌에서 연금외수령한 기타소득금액 제외)이 5만원 이하인 경우

② **승마투표권 등의 환급금** : 건별로 권면에 표시된 금액의 합계액이 10만원 이하이고 다음 중 어느 하나에 해당하는 경우

- 적중한 개별투표당 환급금이 10만원 이하인 경우
- 단위투표금액당 환급금이 단위투표금액의 100배 이하이면서 적중한 개별투표당 환급금이 200만원 이하인 경우

③ **복권 당첨금 또는 슬롯머신 등의 당첨금품** : 건별로 200만원 이하인 경우

(4) 필요경비

①~② : 필요경비(총수입금액에 대응하는 실제 금액)

③~⑨ : 필요경비 의제대상[Max(실제필요경비, 의제필요경비)]

구 분	필요경비
① 승마투표권 등의 환급금	구매자가 구입한 적중된 투표권의 단위투표금액
② 슬롯머신 등의 당첨금품	당첨 당시에 슬롯머신 등에 투입한 금액
③ 일시적인 인적용역의 제공 및 문예창작소득 ④ 공익사업과 관련하여 지역권 · 지상권을 설정 또는 대여하고 받는 금품 ⑤ 무형자산의 양도 및 대여소득 ⑥ 통신판매중개를 하는 자를 통하여 물품 또는 장소를 대여하고 연간 수입금액 500만원 이하의 사용료로서 받은 금품	Max(실제필요경비, 총수입금액 × 60%)
⑦ 공익법인이 주무관청의 승인을 얻어 시상하는 상금과 부상 및 다수가 순위경쟁을 통하여 상금이 주어지는 대회에서 입상한 자가 받는 상금 ⑧ 주택입주 지체상금	Max(실제필요경비, 총수입금액 × 80%)
⑨ 서화 · 골동품의 양도소득 a. 총수입금액이 1억원 이하 b. 총수입금액이 1억원 초과	 Max(실제필요경비, 총수입금액 × 90%) Max[실제필요경비, (총수입금액 − 1억원) × 80%*]

*보유기간이 10년 이상인 경우 90% 적용

5. 기타소득의 수입시기

① 일반적인 경우 : 현금주의
② 「법인세법」에 따라 처분된 기타소득(인정기타소득) : 결산확정일
③ 연금외수령하는 기타소득 : 연금외수령한날
④ 무형자산 등의 양도 : 대금청산일, 인도일 또는 사용·수익일 중 가장 빠른 날
※ 무형자산의 대여인 경우에는 ① 일반적인 경우(현금주의)에 따른다.
⑤ 계약금이 위약금·배상금으로 대체되는 경우의 기타소득 : 그 계약의 위약 또는 해약이 확정된 날

6. 기타소득의 과세방법

(1) 원천징수

구 분	대 상	원천징수	과세방법
무조건 분리과세	① 복권당첨소득 ② 승마투표권 등의 환급금 ③ 슬롯머신 등의 당첨금품	기타소득금액 × 20% (3억원 초과분 30%)	원천징수로 종결 (확정신고의무 ×)
	④ 세액공제받은 연금계좌납입액과 운용수익을 연금외수령하는 경우	기타소득금액 × 15%	
	⑤ 서화·골동품의 양도소득	기타소득금액 × 20%	
조건부 분리과세	① 계약금이 위약금·배당금으로 대체된 경우의 위약금과 배상금	×	종합과세를 원칙으로 하나, 소득금액의 합계액이 300만원 이하인 경우 분리과세 선택 가능*
	② 소기업·소상공인 공제부금의 해지일시금(법정 외의 사유)	기타소득금액 × 15%	
	③ 위 외의 기타소득	기타소득금액 × 20%	

*계약금이 위약금·배상금으로 대체된 경우의 위약금과 배상금은 분리과세를 선택한 경우에도 과세표준확정신고를 하여야 하며 결정세액은 해당 기타소득금액×20%로 한다. 그 외의 조건부 분리과세 기타소득은 원천징수로 종결된다.

(2) 종합과세

분리과세대상 기타소득을 제외한 이외 기타소득은 종합과세한다.

CHAPTER

05 | 소득금액계산의 특례

제1절 | 부당행위계산의 부인 CTA 25 · 24 · 21 · 20

1. 대상소득 및 부인효과

납세지 관할 세무서장 또는 지방국세청장은 출자공동사업자의 배당소득, 사업소득 또는 기타소득이 있는 거주자의 행위 또는 계산이 그 거주자와 특수관계인과의 거래로 인하여 그 소득에 대한 조세 부담을 부당하게 감소시킨 것으로 인정되는 경우에는 그 거주자의 행위 또는 계산과 관계없이 해당 과세기간의 소득금액을 계산할 수 있다.

2. 특수관계인의 범위

① 친족관계

- 4촌 이내의 혈족
- 3촌 이내의 인척
- 배우자(사실상의 혼인관계에 있는 자를 포함)
- 친생자로서 다른 사람에게 친양자 입양된 자 및 그 배우자 · 직계비속
- 본인이 「민법」에 따라 인지한 혼인 외 출생자의 생부나 생모(본인의 금전이나 그 밖의 재산으로 생계를 유지하는 사람 또는 생계를 함께 하는 사람으로 한정)

② 경제적 연관관계

- 임원과 그 밖의 사용인
- 본인의 금전이나 그 밖의 재산으로 생계를 유지하는 자
- 위에 제시된 자와 생계를 함께 하는 친족

③ 경영지배관계

- 본인이 직접 또는 그와 친족관계 또는 경제적 연관관계에 있는 자를 통하여 법인의 경영에 대하여 지배적인 영향력을 행사하고 있는 경우 그 법인
- 본인이 직접 또는 그와 친족관계, 경제적 연관관계 또는 위의 관계에 있는 자를 통하여 법인의 경영에 대하여 지배적인 영향력을 행사하고 있는 경우 그 법인

3. 중요성 기준

시가와 거래가액의 차액이 3억원 이상이거나 시가의 100분의 5에 상당하는 금액 이상인 경우만 해당

4. 유 형

조세 부담을 부당하게 감소시킨 것으로 인정되는 경우는 다음 중 어느 하나에 해당하는 경우로 한다.

① 특수관계인으로부터 시가보다 높은 가격으로 자산을 매입하거나 특수관계인에게 시가보다 낮은 가격으로 자산을 양도한 경우

② 특수관계인에게 금전이나 그 밖의 자산 또는 용역을 무상 또는 낮은 이율 등으로 대부하거나 제공한 경우(다만, 직계존비속에게 주택을 무상으로 사용하게 하고 직계존비속이 그 주택에 실제 거주하는 경우는 제외)

③ 특수관계인으로부터 금전이나 그 밖의 자산 또는 용역을 높은 이율 등으로 차용하거나 제공받는 경우

④ 특수관계인으로부터 무수익자산을 매입하여 그 자산에 대한 비용을 부담하는 경우

⑤ 그 밖에 특수관계인과의 거래에 따라 해당 과세기간의 총수입금액 또는 필요경비를 계산할 때 조세의 부담을 부당하게 감소시킨 것으로 인정되는 경우

제2절 | 공동사업에 대한 소득금액 계산의 특례 CTA 25·24·20·18

1. 공동사업장 소득금액 계산과 분배

(1) 공동사업장의 소득금액 계산

사업소득이 발생하는 사업을 공동으로 경영하고 그 손익을 분배하는 공동사업(출자공동사업자*가 있는 공동사업을 포함)의 경우에는 공동사업장을 1거주자로 보아 공동사업장별로 그 소득금액을 계산한다.

*다음 중 어느 하나에 해당하지 아니하는 자로서 공동사업의 경영에 참여하지 아니하고 출자만 하는 자를 말한다.
a. 공동사업에 성명 또는 상호를 사용하게 한 자
b. 공동사업에서 발생한 채무에 대하여 무한책임을 부담하기로 약정한 자

(2) 소득분배

구 분	내 용
원 칙	공동사업에서 발생한 소득금액은 해당 공동사업을 경영하는 각 거주자(출자공동사업자를 포함) 간에 약정된 손익분배비율(약정된 손익분배비율이 없는 경우에는 지분비율을 말한다. 이하 "손익분배비율"이라 한다)에 의하여 분배되었거나 분배될 소득금액에 따라 각 공동사업자별로 분배한다.
예 외	거주자 1인과 생계를 같이 하는 「국세기본법」상 특수관계인이 공동사업자에 포함되어 있는 경우로서 손익분배비율을 거짓으로 정하는 등의 사유가 있는 경우에는 그 특수관계인의 소득금액은 주된 공동사업자*의 소득금액으로 본다.

*주된 공동사업자
a. 손익분배비율이 가장 큰 공동사업자
b. 공동사업소득 외의 종합소득금액이 많은 자
c. 공동사업소득 외의 종합소득금액이 같은 경우에는 직전 과세기간의 종합소득금액이 많은 자
d. 직전 과세기간의 종합소득금액이 같은 경우에는 해당 사업에 대한 종합소득과세표준을 신고한 자(공동사업자 모두가 해당 사업에 대한 종합소득과세표준을 신고하였거나 신고하지 아니한 경우에는 납세지 관할세무서장이 정하는 자로 한다)

2. 공동사업장에 대한 특례

① **원천징수세액의 배분** : 공동사업장에서 발생한 소득금액에 대하여 원천징수된 세액은 각 공동사업자의 손익분배비율에 따라 배분한다.

② **가산세의 배분**

- 공동사업장 관련 가산세(장부의 기록・보관 불성실 가산세는 제외) : 손익분배비율에 따라 배분한다. 다만, 공동사업장별 장부의 기록・보관 불성실 가산세는 공동사업장의 장부의 기록・보관 불성실 소득금액을 손익분배비율에 따라 배분하여 거주자별로 계산한다.
- 공동사업장과 관련 없는 가산세(무신고가산세, 과소신고가산세, 초과환급신고가산세, 납부지연가산세) : 거주자별로 부담한다.

③ **기장의무와 사업자등록** : 공동사업장을 1거주자로 보아 기장의무 규정을 적용하며 사업자등록도 공동사업장 단위별로 한다.

④ **결정・경정** : 공동사업장에 대한 소득금액의 결정・경정은 대표공동사업자의 주소지 관할세무서장이 하며, 국세청장이 특히 중요하다고 인정하는 경우에는 사업장 관할세무서장 또는 주소지 관할지방국세청장이 한다.

⑤ **과세표준 확정신고** : 공동사업자가 과세표준 확정신고를 하는 때에는 과세표준확정신고서와 함께 당해 공동사업장에서 발생한 소득과 그 외의 소득을 구분한 계산서를 제출하여야 한다.

⑥ **부당행위계산부인의 적용** : 공동사업장의 소득금액을 계산함에 있어 부당행위계산의 부인규정을 적용하는 경우에는 공동사업자를 거주자로 본다.

⑦ **경영공동사업자 보수의 처리** : 그 공동사업자의 분배소득에 가산함

⑧ **출자공동사업자 배당의 원천징수** : 출자공동사업자배당을 지급하는 자는 지급금액의 25%를 원천징수하여 다음 달 10일까지 납부하여야 한다. 이 경우 해당연도 배당을 다음연도 3월 31일까지 지급하지 아니한 경우에는 3월 31일에 지급한 것으로 보아 소득세를 원천징수한다.

⑨ **공동사업장의 결손금 분배**

- 결손금의 분배 : 공동사업장에서 발생한 결손금은 손익분배비율에 따라 각 공동사업자별로 분배하며, 각 공동사업자는 분배된 결손금을 대상으로 결손금 공제를 적용한다.
- 이월결손금이 있는 공동사업장의 경우 분배대상 공동소득금액은 이월결손금을 공제하지 아니한 해당 과세기간의 소득금액으로 한다.

⑩ **연대납세의무** : 공동사업・공동소유에 대한 소득세에 대하여 공동사업자・공동소유자는 연대납세의무가 없다. 다만, 공동사업합산과세가 적용되는 경우 합산되는 특수관계인은 합산되는 소득금액을 한도로 주된 공동사업자와 연대납세의무를 진다.

⑪ **연금보험료공제 등의 이월공제** : 연금보험료공제 또는 「조세특례제한법」에 따른 소득공제를 적용하거나 연금계좌세액공제를 적용하는 경우 합산과세되는 특수관계인이 지출한 금액은 주된 공동사업자의 소득에 합산과세되는 소득금액의 한도에서 주된 공동사업자가 지출한 금액으로 보아 주된 공동사업자가 소득공제 또는 세액공제를 받을 수 있다.

제3절 | 결손금 및 이월결손금의 공제 CTA 25·21·20·18·16

1. 일반사업소득 및 주거용 건물 임대업의 결손금 이월결손금

구 분	내 용
결손금	과세기간의 종합소득과세표준을 계산할 때 다음의 순서대로 공제한다. ① 근로소득금액 ② 연금소득금액 ③ 기타소득금액 ④ 이자소득금액 ⑤ 배당소득금액
이월결손금	이월결손금이 발생한 과세기간 종료일부터 15년(2019.12.31. 이전에 개시한 과세기간에서 발생한 결손금은 10년) 이내에 끝나는 과세기간의 소득금액을 계산할 때 먼저 발생한 과세기간의 이월결손금부터 순서대로 다음의 구분에 따라 공제한다(다만, 국세기본법에 따른 국세의 부과제척기간이 지난 후에 그 부과제척기간 이전 과세기간의 이월결손금이 확인된 경우 그 이월결손금은 공제하지 아니한다). ① 사업소득금액 ② 근로소득금액 ③ 연금소득금액 ④ 기타소득금액 ⑤ 이자소득금액 ⑥ 배당소득금액

2. 부동산임대업에서 발생한 결손금과 이월결손금

구 분	내 용
결손금	부동산임대업에서 발생한 결손금은 종합소득과세표준을 계산할 때 공제하지 아니한다(다만, 주거용 건물 임대업의 경우에는 그러하지 아니한다).
이월결손금	이월결손금이 발생한 과세기간 종료일부터 15년(2019.12.31. 이전에 개시한 과세기간에서 발생한 결손금은 10년) 이내에 끝나는 과세기간의 소득금액을 계산할 때 먼저 발생한 과세기간의 이월결손금부터 순서대로 다음의 구분에 따라 공제한다(다만, 「국세기본법」에 따른 국세의 부과제척기간이 지난 후에 그 부과제척기간 이전 과세기간의 이월결손금이 확인된 경우 그 이월결손금은 공제하지 아니한다). ※ 부동산임대업에서 발생한 이월결손금은 부동산임대업의 소득금액에서 공제한다(타 소득금액은 공제불가).

3. 금융소득에 대한 특례

일반사업 및 주거용 건물 임대업에서 발생한 결손금과 이월결손금을 공제하는 경우 종합과세되는 이자소득금액과 배당소득금액에 있으면 다음과 같이 적용한다.

구 분	내 용
원천징수세율 적용부분	공제불가
누진세율 적용부분	공제 여부 및 공제금액 선택

4. 이월결손금 공제의 배제

추계신고 또는 추계조사결정시 이월결손금 공제를 배제한다(다만, 천재지변 등으로 장부나 그 밖의 증명서류가 멸실시에는 허용한다).

5. 결손금 소급공제

다음의 모든 요건을 갖춘 경우에 한하여 결손금 소급공제가 가능하다.

① 적용 대상 : 중소기업(거주자)

② 소급가능 결손금 : 사업소득(부동산임대업 제외)에서 발생한 이월결손금*

*해당연도 사업소득 결손금을 다른 종합소득금액에서 공제하고 남은 금액

③ 환급세액의 한도 : 직전연도 사업소득에 대한 종합소득세액 한도

④ 신고 : 결손금이 발생한 과세기간과 그 직전 과세기간의 소득세를 기한 내 신고

⑤ 신청 : 과세표준 확정신고기한 내에 소급공제 환급신청(환급신청하지 않은 경우 경정청구 불가)

제4절 | 그 밖의 소득금액계산의 특례 CTA 25·24·20·18

제5장

1. 비거주자 등과의 거래에 대한 소득금액 계산의 특례

우리나라가 조세의 이중과세 방지를 위하여 체결한 조약(이하 "조세조약"이라 한다)의 상대국과 그 조세조약의 상호 합의 규정에 따라 거주자가 국외에 있는 비거주자 또는 외국법인과 거래한 그 금액에 대하여 권한 있는 당국 간에 합의를 하는 경우에는 그 합의에 따라 납세지 관할 세무서장 또는 지방국세청장은 그 거주자의 각 과세기간의 소득금액을 조정하여 계산할 수 있다.

2. 상속의 경우의 소득금액의 구분 계산

상속인의 소득금액에 대한 소득세로서 상속인에게 과세할 것과 상속인의 소득금액에 대한 소득세는 구분하여 계산하여야 한다(다만, 연금계좌의 가입자가 사망하였으나 그 배우자가 연금외수령 없이 해당 연금계좌를 상속으로 승계하는 경우에는 해당 연금계좌에 있는 피상속인의 소득금액은 상속인의 소득금액으로 보아 소득세를 계산한다).

3. 채권 등에 대한 소득금액의 계산 특례

채권 등의 중도매매시 이자소득의 귀속	발행법인으로부터 이자, 할인액을 지급 받거나 채권 등을 매도하는 경우에는 보유기간별로 귀속되는 이자등 상당액을 해당 거주자의 이자소득으로 보아 소득금액을 계산한다.		
보유기간 이자상당액 원천징수	매도자	매수자	원천징수의무자
	개 인	개 인	×
	개 인	법 인	매수법인
	법 인	개 인	매도법인
	법 인	법 인	매도법인

4. 중도 해지로 인한 이자소득금액 계산의 특례

종합소득과세표준 확정신고 후 예금 또는 신탁계약의 중도 해지로 이미 지난 과세기간에 속하는 이자소득금액이 감액된 경우 그 중도 해지일이 속하는 과세기간의 종합소득금액에 포함된 이자소득금액에서 그 감액된 이자소득금액을 뺄 수 있다. 다만, 「국세기본법」에 따라 과세표준 및 세액의 경정(更正)을 청구한 경우에는 그러하지 아니하다.

CHAPTER

06 | 종합소득공제

제1절 | 종합소득공제 CTA 19

구 분		내 용
인적공제	기본공제	대상자 1명당 150만원
	추가공제	장애인공제, 경로우대공제, 부녀자공제, 한부모공제
특별소득공제		보험료공제, 주택자금공제
기타공제		연금보험료공제, 주택담보노후연금 이자비용공제

※ 인적공제의 합계액이 종합소득금액을 초과하는 경우 그 초과하는 공제액은 없는 것으로 한다.

1. 기본공제

종합소득이 있는 거주자에 대해서는 다음 중 어느 하나에 해당하는 사람의 수에 1명당 연 150만원을 곱하여 계산한 금액을 그 거주자의 해당 과세기간의 종합소득금액에서 공제한다.

구 분	관 계	과세기간의 소득금액
본 인	해당 거주자	–
배우자	거주자의 배우자	해당 과세기간의 소득금액(주6) 합계액이 100만원 이하인 사람 (총급여액 500만원 이하의 근로소득만 있는 배우자를 포함)
부양가족	① 직계존속(주1) : 60세 이상 ② 직계비속(주2)과 입양자(주3) : 20세 이하(주4) ③ 형제자매 : 20세 이하 또는 60세 이상 ④ 위탁아동(주5) ⑤ 국민기초생활보장 수급자	

주1 직계존속이 재혼한 경우에는 그 배우자로서 다음 중 어느 하나에 해당하는 사람을 말한다.
① 거주자의 직계존속과 혼인(사실혼은 제외) 중임이 증명되는 사람
② 거주자의 직계존속이 사망한 경우에는 해당 직계존속의 사망일 전날을 기준으로 혼인(사실혼은 제외) 중에 있었음이 증명되는 사람

주2 직계비속은 다음 중 어느 하나에 해당하는 사람을 말한다.
① 거주자의 직계비속
② 거주자의 배우자가 재혼한 경우로서 당해 배우자가 종전의 배우자와의 혼인(사실혼을 제외한다)중에 출산한 자

주3 입양자란 「민법」 또는 「입양특례법」에 따라 입양한 양자 및 사실상 입양상태에 있는 사람으로서 거주자와 생계를 같이 하는 사람을 말한다.

주4 20세 이하 : 20세가 되는 날과 그 이전 기간을 말한다.

주5 위탁아동이란 해당 과세기간에 6개월 이상 직접 양육한 위탁아동(「아동복지법」에 따라 보호기간이 연장된 경우로서 20세 이하인 위탁아동을 포함)을 말한다. 다만, 직전과세기간에 소득공제를 받지 못한 경우, 해당 위탁아동에 대한 직전 과세기간의 위탁기간을 포함하여 계산한다.

주6 「소득세법」상의 소득금액(필요경비 차감후 금액) : 종합소득금액, 퇴직소득금액 및 양도소득금액(분리과세・비과세・비열거소득 제외)

더 알아보기 기본공제 시 유의사항

구 분	내 용
연령요건	존속, 비속, 형재자매에 한하여 적용(장애인은 미적용)
인적공제대상자의 판정기준	① 원칙 : 과세기간 종료일 현재의 상황 ② 예외 : 과세기간 종료일 전에 사망한 사람 또는 장애가 치유된 사람에 대해서는 사망일 전날 또는 치유일 전날의 상황
부양가족	해당 거주자(배우자 포함)와 특정한 관계에 있는 자로서 생계를 같이 하는 부양가족에 해당되는 자를 말한다. ① 생계를 같이 하는 부양가족은 주민등록표의 동거가족으로서 해당 거주자의 주소・거소에서 현실적으로 생계를 같이 하는 사람으로 한다. 다만, 다음의 사람은 동거하지 아니하여도 생계를 같이 하는 사람으로 본다. a. 직계비속・입양자 b. 직계비속・입양자를 제외한 동거가족의 경우에는 취학, 질병의 요양, 근무상・사업상 형편 등으로 본래의 주소・거소를 일시 퇴거한 경우 c. 직계존속(배우자의 직계존속 포함)이 주거의 형편에 따라 별거하고 있는 경우 ② 직계비속 또는 입양자와 그 배우자가 모두 장애인일 경우에는 그 배우자를 포함 ③ 계부모(의붓아버지와 의붓어머니), 의붓자녀도 직계존속 또는 직계비속에 포함한다.

2. 추가공제

기본공제대상자가 다음 중 어느 하나에 해당하는 경우에는 거주자의 해당 과세기간 종합소득금액에서 기본공제 외에 금액을 추가로 공제한다. 다만, ③, ④에 모두 해당되는 경우에는 ④를 적용한다.

① **경로우대자** : 70세 이상인 사람의 경우 1명당 연 100만원

② **장애인*** : 1명당 연 200만원

*장애인은 다음 중 어느 하나에 해당하는 자이다.
① 「장애인복지법」에 따른 장애인 및 「장애아동 복지지원법」에 따른 장애아동 중 기획재정부령으로 정하는 사람
② 「국가유공자 등 예우 및 지원에 관한 법률」에 의한 상이자 및 이와 유사한 사람으로서 근로능력이 없는 사람
③ 「국민건강보험법 시행령」에 따른 희귀성난치질환등 또는 이와 유사한 질병・부상으로 인해 중단 없이 주기적인 치료가 필요한 사람으로서 의료기관의 장이 취업・취학 등 일상적인 생활에 지장이 있다고 인정하는 사람

③ **부녀자** : 소득자 본인(해당 과세기간에 종합소득금액이 3천만원 이하인 거주자로 한정)이 배우자가 있는 여성이거나 배우자가 없는 여성으로서 기본공제대상자인 부양가족이 있는 세대주인 경우 연 50만원

④ **한부모** : 해당 거주자가 배우자가 없는 사람으로서 기본공제대상자인 직계비속 또는 입양자가 있는 경우 연 100만원

3. 특별소득공제

(1) 보험료공제

근로소득이 있는 거주자(일용근로자는 제외)가 해당 과세기간에 「국민건강보험법」, 「고용보험법」 또는 「노인장기요양보험법」에 따라 근로자가 부담하는 보험료를 지급한 경우 그 금액을 해당 과세기간의 근로소득금액에서 공제한다.

(2) 주택자금공제

주택자금공제는 주택임차자금 원리금상환액 소득공제 및 장기주택저당차입금 이자상환액공제를 말하며, 해당과세기간의 근로소득금액에서 공제한다. 주택자금공제액을 계산할 때 「조세특례제한법」상 주택청약종합저축 소득공제가 있는 경우에는 그 소득공제를 포함하여 공제한도를 적용한다.

구 분	공제액
① 주택청약종합저축 소득공제	저축납입액(연 300만원 한도) × 40%
② 주택임차자금 원리금상환액 소득공제	원리금상환액 × 40%
③ 장기주택저당차입금의 이자상환액공제	이자상환액 × 100%
공제한도	① + ② : 연 400만원 ① + ② + ③ : 연 800만원*

*차입금의 상환기간이 15년 이상인 장기주택저당차입금에 대하여 연 800만원 한도를 적용하며, 장기주택저당차입금이 다음에 해당하는 경우에는 800만원 대신 다음의 금액을 공제한도로 한다.

구 분	차입금 상환기간	이자지급방식	and / or	차입금상환방법	공제한도
A	15년 이상	고정금리	and	비거치식 분할상환	2,000만원
B			or		1,800만원
C	10년 이상		or		600만원

4. 기타공제

(1) 연금보험료공제

① **연금보험료공제** : 종합소득이 있는 거주자가 공적연금 관련법에 따른 기여금 또는 개인부담금(이하 "연금보험료"라 한다)을 납입한 경우에는 해당 과세기간의 종합소득금액에서 그 과세기간에 납입한 연금보험료를 공제한다.

② **다음의 소득공제를 모두 합한 금액이 종합소득금액을 초과하는 경우** : 그 초과하는 금액을 한도로 연금보험료공제를 받지 아니한 것으로 본다.

- 인적공제
- 연금보험료공제
- 주택담보노후연금 이자비용공제
- 특별소득공제
- 「조세특례제한법」에 따른 소득공제

(2) 주택담보노후연금 이자비용공제

① 공제요건 : 연금소득이 있는 거주자가 다음의 요건에 해당하는 주택담보노후연금을 받은 경우 그 받은 연금에 대해서 해당 과세기간에 발생한 이자비용 상당액을 해당 과세기간 연금소득금액에서 공제(이하 "주택담보노후연금 이자비용공제"라 한다)한다.

- 「한국주택금융공사법」에 따른 주택담보노후연금보증을 받아 지급받거나 같은 법에 따른 금융기관의 주택담보노후연금일 것
- 주택담보노후연금 가입 당시 담보권의 설정대상이 되는 법에 따른 주택(연금소득이 있는 거주자의 배우자 명의의 주택을 포함)의 기준시가가 12억원 이하일 것

② 공제금액 : 공제할 이자 상당액이 200만원을 초과하는 경우에는 200만원을 공제하고, 연금소득금액을 초과하는 경우 그 초과금액은 없는 것으로 한다.

제2절 | 조세특례제한법상 소득공제

1. 신용카드 등 사용금액에 대한 소득공제

(1) 소득공제액의 계산

신용카드 등 사용금액이 총급여액의 25%(최저 사용금액)를 초과하는 경우 초과금액에 공제율을 곱한 금액(한도액의 범위)을 근로소득금액에서 공제한다.

더 알아보기 신용카드 등 소득공제액

구 분	사용액 (A)	최저 사용금액(B)	초과사용액(주5) (C = A − B)	공제율 (D)	공제액 (C × D)
① 대중교통 이용액			①	40%	공제액
② 전통시장 사용액(주1)			②	40%	공제액
③ 문화체육 사용액(주2)			③	30%	공제액
④ 직불카드 등 사용액(주3)			④	30%	공제액
⑤ 신용카드 사용액(주4)			⑤	15%	공제액
계		총급여액 × 25%			소득공제 합계

주1 전통시장 구역 안의 준대규모 점포와 사업자 단위 과세 사업자로서 전통시장 구역 안의 사업장과 전통시장 구역 밖의 사업장의 신용카드 등 사용금액이 구분되지 아니하는 사업자에 대한 사용액은 제외한다.

주2 문화체육 사용액 : 해당 과세연도의 총급여액이 7천만원 이하인 경우에 간행물(유해간행물 제외)구입, 신문 구독, 문화예술공연 관람, 박물관・미술관・영화상영관 입장료, 체육시설 이용분

주3 직불카드 등 사용액 : 직불카드, 기명식선불카드, 직불전자지급수단, 기명식선불전자지급수단, 기명식전자화폐, 현금영수증 사용분(대중교통 이용분, 전통시장 사용분 및 총급여액 7천만원 이하 자의 문화체육 사용분 제외)

주4 신용카드 사용분(대중교통 이용분, 전통시장 사용분 및 총급여액 7천만원 이하 자의 문화체육 사용분 제외)

주5 초과사용액을 ① 대중교통 이용액, ② 전통시장 사용액, ③ 문화체육 사용액, ④ 직불카드 등 사용액, ⑤ 신용카드 사용액의 순으로 순차적으로 사용한 것으로 보아 해당 금액에 공제율을 곱하여 소득공제액을 계산한다.

※ 신용카드 등 사용금액이 ①, ② 및 ③의 금액에 중복하여 해당하는 경우에는 그중 하나에 해당하는 것으로 보아 소득공제를 적용한다.

더 알아보기 **한도액 : 기본한도 + 추가한도**

총급여액	기본한도	추가한도
7천만원 이하	연간 300만원	Min(a, b) a. 기본한도초과액 b. Min(대중교통 이용액 × 40% + 전통시장 사용액 × 40% + 문화체육 사용액 × 30%, 연간 300만원)
7천만원 초과	연간 250만원	Min(a, b) a. 기본한도초과액 b. Min(대중교통 이용액 × 40% + 전통시장 사용액 × 40%, 연간 200만원)

(2) 공제대상 카드사용자 및 공제대상 사용금액의 범위

① 공제대상

- 근로소득자 본인(일용근로자 제외)
- 배우자(연간 소득금액 100만원 이하 또는 총급여액 500만원 이하의 근로소득만 있는 자)
- 생계를 같이 하는 직계존비속(배우자의 직계존속 포함)과 입양자(연간 소득금액 100만원 이하 또는 총급여액 500만원 이하의 근로소득만 있는 자)*

*나이의 제한은 없으나 다른 거주자가 기본공제를 받은 사람은 제외(형제자매, 위탁아동, 수급자의 사용액은 공제대상 아님)

② 공제대상 제외 사용금액

- 사업소득과 관련된 비용 또는 법인의 비용에 해당하는 경우
- 신용카드 등으로 결제하여 기부한 정치자금으로 세액공제받은 금액
- 고향사랑 기부금으로 세액공제받은 금액
- 세액공제를 적용받은 월세액
- 외국에서의 신용카드 사용액
- 건강보험료, 노인장기요양보험료, 고용보험료, 연금보험료 및 각종 보험계약(생명보험 · 손해보험 등)에 의한 보험료 및 공제료
- 어린이집, 유치원 및 학교(대학원 포함)의 수업료 · 입학금 · 보육비용 기타 공납금
- 국세 · 지방세 · 전기료 · 수도료 · 가스료 · 전화료(정보사용료와 인터넷 이용료 포함) · 아파트관리비 · 텔레비전시청료(종합유선방송 이용료 포함) 및 도로통행료
- 상품권 등 유가증권 구입비
- 리스료(자동차대여료 포함)
- 취득세 또는 등록면허세가 부과되는 재산의 구입비용(단, 중고자동차 구입금액의 10%는 신용카드 등 사용금액에 포함)
- 부가가치세 과세 업종 외의 업무를 수행하는 국가 · 지방자치단체 또는 지방자치단체조합(의료기관 및 보건소는 제외)에 지급하는 사용료 · 수수료 등의 대가
- 차입금 이자상환액, 증권거래수수료 등 금융 · 보험용역과 관련한 지급액, 수수료, 보증료 및 이와 비슷한 대가
- 가상자산거래에 대하여 가상자산사업자에게 지급하는 대가

• 「관세법」에 따른 보세판매장, 제주도여행객 지정면세점, 선박 및 항공기에서 판매하는 면세물품의 구입비용
• 물품 또는 용역의 거래 없이 신용카드 등을 교부받거나 실제 매출금액을 초과하여 신용카드 등의 매출전표를 교부받는 행위
• 위장카드가맹점에서 교부받은 매출전표

2. 기타의 조세특례제한법 소득공제

벤처투자조합 출자 등에 대한 소득공제, 소기업・소상공인공제부금에 대한 소득공제, 주택청약종합저축 소득공제 등

CHAPTER

07 | 종합소득세의 계산

제1절 | 종합소득산출세액 CTA 23 · 20

1. 기본세율

종합소득 과세표준	세 율
1,400만원 이하	과세표준 × 6%
1,400만원 초과 5,000만원 이하	84만원 + 1,400만원 초과액 × 15%
5,000만원 초과 8,800만원 이하	624만원 + 5,000만원 초과액 × 24%
8,800만원 초과 1억5천만원 이하	1,536만원 + 8,800만원 초과액 × 35%
1억5천만원 초과 3억원 이하	3,706만원 + 1억5천만원 초과액 × 38%
3억원 초과 5억원 이하	9,406만원 + 3억원 초과액 × 40%
5억원 초과 10억원 이하	1억7,460만원 + 5억원 초과액 × 42%
10억원 초과	3억8,460만원 + 10억원 초과액 × 45%

2. 금융소득이 있는 경우 산출세액계산의 특례

(1) 기준금융소득*이 2천만원을 초과하는 경우

*조건부과세 금융소득 + 국내에서 원천징수되지 않은 금융소득

산출세액 = Max(①, ②)

① 일반산출세액 : 2,000만원 × 14% + (과세표준 − 2,000만원) × 기본세율

② 비교산출세액 : Max(a, b)

a. 기준금융소득(주1) × 원천징수세율(주2) + (출자공동사업자의 배당소득 + 다른 종합소득금액(주3) − 소득공제)(주4) × 기본세율

b. 기준금융소득(주1) × 원천징수세율(주2) + 출자공동사업자의 배당소득 × 14% + (다른 종합소득금액(주3) − 소득공제)(주4) × 기본세율

제7장

주1 사업소득의 결손금·이월결손금과 종합소득공제를 공제하기 전의 금액이며, 배당가산액을 가산하지 아니한다.

주2 원천징수세율

구 분	원천징수세율의 적용
비영업대금의 이익	25%
이외의 금융소득	14%

주3 다른 종합소득금액은 사업소득의 결손금·이월결손금을 공제한 경우에는 공제한 후의 금액이다.

주4 음수인 경우에는 0으로 보아 계산한다.

(2) 기준금융소득이 2천만원 이하인 경우

기준금융소득이 2천만원을 초과하는 경우의 비교산출세액만 적용한다.

3. 부동산매매업자에 대한 세액계산의 특례

(1) 부동산매매업의 범위

한국표준산업분류에 따른 비주거용 건물건설업(건물을 자영건설하여 판매하는 경우만 해당)과 부동산 개발 및 공급업을 말한다. 다만, 한국표준산업분류에 따른 주거용 건물 개발 및 공급업(구입한 주거용 건물을 재판매하는 경우는 제외)은 제외한다.

(2) 세액계산특례 적용 대상

부동산매매업자의 종합소득금액에 다음에 해당하는 자산의 매매차익이 있는 경우

① 비사업용 토지

② 미등기자산

③ 분양권

④ 조정대상지역에 있는 주택으로서 1세대 2주택(조합원입주권 또는 분양권 포함) 이상인 주택

※ 단, 조정대상지역에 있는 주택을 2년 이상 보유한 다주택(1세대 2주택 이상)자가 해당 주택을 2022.5.10.부터 2026.5.9.까지 양도하는 경우에는 제외

(3) 세액계산방법

종합소득 산출세액 Max(a, b)

a. 일반산출세액 : 종합소득 과세표준 × 기본세율

b. 비교산출세액 : (종합소득 과세표준 − 부동산 매매차익(주1)) × 기본세율 + (부동산 매매차익(주1) − 장기보유특별공제 − 양도소득기본공제(주2)) × 양도소득세율

주1 매매가액 − 필요경비(취득가액·자본적지출·양도비용)

주2 거주자별로 250만원을 공제하며, 해당 과세기간에 여러 가지 자산을 양도한 경우에는 먼저 양도한 자산부터 먼저 공제한다(다만, 미등기양도자산은 공제하지 않는다).

4. 분리과세 주택임대소득에 대한 세액계산의 특례

(1) 분리과세 주택임대소득

해당 과세기간에 주거용 건물 임대업에서 발생한 총수입금액의 합계액*이 2천만원 이하인 자의 주택임대소득

*사업자가 공동사업자인 경우에는 공동사업장에서 발생한 주택임대수입금액의 합계액을 손익분배비율에 의하여 공동사업자에게 분배한 수입금액을 합산한 금액을 말한다.

(2) 비교과세

종합소득 결정세액 : ①과 ② 중 선택

> ① 분리과세 주택임대소득을 종합소득에 포함하여 계산한 종합소득 결정세액
> ② 분리과세시 세액 : a + b
> a. [총수입금액 − 총수입금액 × 50%(또는 60%(주1)) − 공제금액(주2)] × 14% − 세액감면(주3)
> b. a외의 종합소득 결정세액

주1 주택임대업자가 등록임대주택을 임대하는 경우에는 60%

주2 분리과세 주택임대소득을 제외한 해당 과세기간의 종합소득금액이 2천만원 이하인 경우에 200만원(임대주택등록자는 400만원)을 공제함

주3 조특법상 소형주택 임대사업자에 대한 세액감면을 말한다.

(3) 확정신고 의무

분리과세 주택임대소득만 있는 경우에도 확정신고를 하여야 한다.

(4) 사업자등록

분리과세 주택임대소득만 있는 사업자의 경우에도 사업자등록을 하여야 한다. → 미등록 시 미등록가산세 부과함(주택임대수입금액 × 0.2%)

제2절 | 세액감면

종합소득금액 중 다음 중 어느 하나의 소득이 있을 때에는 종합소득 산출세액에서 그 세액에 해당 근로소득금액 또는 사업소득금액이 종합소득금액에서 차지하는 비율을 곱하여 계산한 금액 상당액을 감면한다.

① 정부 간의 협약에 따라 우리나라에 파견된 외국인이 그 양쪽 또는 한쪽 당사국의 정부로부터 받는 급여

② 거주자 중 대한민국의 국적을 가지지 아니한 자가 대통령령으로 정하는 선박과 항공기의 외국항행사업으로부터 얻는 소득. 다만, 그 거주자의 국적지국(國籍地國)에서 대한민국 국민이 운용하는 선박과 항공기에 대해서도 동일한 면제를 하는 경우만 해당한다.

제3절 | 소득세법상 세액공제 CTA 24 · 22 · 20 · 18 · 17

1. 자녀세액공제

(1) 기본세액공제

종합소득이 있는 거주자의 기본공제대상자에 해당하는 자녀(입양자 및 위탁아동을 포함) 및 손자녀로서 8세 이상의 사람에 대해서는 다음의 구분에 따른 금액을 종합소득산출세액에서 공제한다.

구 분	세액공제
1명인 경우	연 25만원
2명인 경우	연 55만원
3명인 경우	연 55만원 + 2명을 초과하는 1명당 연 40만원

(2) 출생 · 입양자녀 세액공제

해당 과세기간에 출산하거나 입양 신고한 공제대상자녀가 있는 경우 다음의 구분에 따른 금액을 종합소득산출세액에서 공제한다.

구 분	세액공제
출산하거나 입양 신고한 공제대상자녀가 첫째인 경우	30만원
출산하거나 입양 신고한 공제대상자녀가 둘째인 경우	50만원
출산하거나 입양 신고한 공제대상자녀가 셋째 이상인 경우	70만원

2. 연금계좌세액공제

구 분	내 용
공제대상	종합소득이 있는 거주자가 연금계좌에 납입한 금액*(이하 "연금계좌 납입액"이라 한다)의 100분의 12[해당 과세기간에 종합소득과세표준을 계산할 때 합산하는 종합소득금액이 4천500만원 이하(근로소득만 있는 경우에는 총급여액 5천500만원 이하)인 거주자에 대해서는 100분의 15]에 해당하는 금액을 해당 과세기간의 종합소득산출세액에서 공제한다.
개인종합자산관리계좌(ISA)	개인종합자산관리계좌의 계약기간이 만료되고 해당 계좌 잔액의 전부 또는 일부를 ISA의 계약기간이 만료된 날부터 60일 이내에 해당 계좌 잔액의 전부 또는 일부를 연금계좌로 납입한 경우 그 납입한 금액(이하 "전환금액"이라 한다)을 납입한 날이 속하는 과세기간의 연금계좌 납입액에 포함한다.
전환금액이 있는 경우	전환금액의 10% 또는 300만원(직전 과세기간과 해당 과세기간에 걸쳐 납입한 경우에는 300만원에서 직전 과세기간에 적용된 금액을 차감한 금액) 중 적은 금액과 연금계좌에 납입한 금액으로 하는 금액을 합한 금액을 초과하는 금액은 없는 것으로 한다.

*연금계좌에 납입한 금액 중 다음의 금액은 제외한다.
① 소득세가 원천징수되지 아니한 퇴직소득 등 과세가 이연된 소득
② 연금계좌에서 다른 연금계좌로 계약을 이전함으로써 납입되는 금액

3. 특별세액공제

(1) 보험료세액공제

구 분	내 용
공제대상	근로소득이 있는 거주자(일용근로자는 제외)가 해당 과세기간에 만기에 환급되는 금액이 납입보험료를 초과하지 아니하는 보험의 보험계약에 따라 지급하는 다음의 보험료를 지급한 경우 ① 기본공제대상자 중 장애인을 피보험자 또는 수익자로 하는 장애인전용보험으로서 대통령령으로 정하는 장애인전용보장성보험료 ② 기본공제대상자를 피보험자로 하는 대통령령*으로 정하는 보험료(장애인전용보장성보험료는 제외)
세액공제	해당 금액의 12%(①의 경우에는 15%)에 해당하는 금액을 해당 과세기간의 종합소득산출세액에서 공제한다(다만, 다음의 보험료별로 그 합계액이 각각 연 100만원을 초과하는 경우 그 초과하는 금액은 각각 없는 것으로 한다).

*다음 중 어느 하나에 해당하는 보험·보증·공제의 보험료·보증료·공제료 중 기획재정부령으로 정하는 것을 말한다.

a. 생명보험
b. 상해보험
c. 화재·도난이나 그 밖의 손해를 담보하는 가계에 관한 손해보험
d. 「수산업협동조합법」, 「신용협동조합법」 또는 「새마을금고법」에 따른 공제
e. 「군인공제회법」, 「한국교직원공제회법」, 「대한지방행정공제회법」, 「경찰공제회법」 및 「대한소방공제회법」에 따른 공제
f. 주택 임차보증금의 반환을 보증하는 것을 목적으로 하는 보험·보증(다만, 보증대상 임차보증금이 3억원을 초과하는 경우는 제외)

(2) 의료비세액공제

구 분	내 용
공제대상	근로소득이 있는 거주자가 기본공제대상자(나이 및 소득의 제한을 받지 아니한다)를 위하여 해당 과세기간에 공제대상 의료비를 지급한 경우
세액공제	다음 중 어느 하나에 해당하는 금액의 100분의 15(③의 경우에는 20%, ④의 경우에는 30%)에 해당하는 금액을 해당 과세기간의 종합소득산출세액에서 공제한다. ① 기본공제대상자를 위하여 지급한 의료비(②부터 ④까지의 의료비는 제외)로서 총급여액에 3%를 곱하여 계산한 금액을 초과하는 금액. 다만, 그 금액이 연 700만원을 초과하는 경우에는 연 700만원으로 한다. ② 다음 중 어느 하나에 해당하는 사람을 위하여 지급한 의료비. 다만, ①의 의료비가 총급여액에 3%를 곱하여 계산한 금액에 미달하는 경우에는 그 미달하는 금액을 뺀다. a. 해당 거주자 b. 과세기간 개시일 현재 6세 이하인 사람 c. 과세기간 종료일 현재 65세 이상인 사람 d. 장애인 e. 중증질환자, 희귀난치성질환자 또는 결핵환자 ③ 미숙아 및 선천성이상아(주1)를 위하여 지급한 의료비. 다만, ①, ②의 의료비 합계액이 총급여액에 3% 곱하여 계산한 금액에 미달하는 경우에는 그 미달하는 금액을 뺀다. ④ 난임시술(주2)을 위하여 지출한 비용(난임시술과 관련하여 처방을 받은 「약사법」에 따른 의약품 구입비용을 포함). 다만, ①부터 ③까지의 의료비 합계액이 총급여액에 3% 곱하여 계산한 금액에 미달하는 경우에는 그 미달하는 금액을 뺀다.

주1 • 「모자보건법」에 따른 미숙아의 경우 : 보건소장 또는 의료기관의 장이 미숙아 출생을 원인으로 미숙아가 아닌 영유아와는 다른 특별한 의료적 관리와 보호가 필요하다고 인정하는 치료를 위하여 지급한 의료비
• 「모자보건법」에 따른 선천성이상아의 경우 : 해당 선천성이상 질환을 치료하기 위하여 지급한 의료비

주2 「모자보건법」에 따른 보조생식술을 말한다.

(3) 교육비세액공제

공제대상 교육비 × 15%

① 일반교육비

<table>
<tr><th>구 분</th><th colspan="2">내 용</th></tr>
<tr><td rowspan="2">공제대상</td><td colspan="2">근로소득이 있는 거주자가 그 거주자와 기본공제대상자(나이의 제한을 받지 아니하되, 장애인의 기능향상과 행동발달을 위한 발달재활서비스를 제공하는 대통령령으로 정하는 기관에 대해서는 과세기간 종료일 현재 18세 미만인 사람만 해당)를 위하여 해당 과세기간 교육비를 지급한 경우
※ 직계존속, 직계비속・입양자와 그 배우자가 모두 장애인인 경우의 그 배우자, 수급자는 교육비세액공제대상이 아님</td></tr>
<tr><td>교육기관의 범위</td><td>① 교육법 또는 특별법에 의한 학교, 고등학교졸업 이하의 학력이 인정되는 평생교육시설, 전공대학, 원격대학, 학위취득과정 및 이와 유사한 국외교육기관(주1)(본인을 제외한 피교육자의 경우 대학원 제외)(주2)
② 「영유아교육법」에 의한 어린이집
③ 학원 또는 체육시설(주3)</td></tr>
<tr><td rowspan="2">피교육자*의 공제한도</td><td>거주자(본인)</td><td>없 음</td></tr>
<tr><td>기본공제대상자(나이제한 ×)인 배우자, 직계비속, 입양자, 위탁아동, 형제자매</td><td>• 대학생 : 1명당 연 900만원
• 초등학교 취학 전 아동과 초・중・고등학생 : 1명당 연 300만원</td></tr>
<tr><td>교육비 범위</td><td colspan="2">① 수업료・입학금・보육비용・수강료 및 그 밖의 공납금
② 「학교급식법」, 「유아교육법」, 「영유아보육법」 등에 따라 급식을 실시하는 학교, 유치원, 어린이집, 학원 및 체육시설(초등학교 취학 전 아동의 경우만 해당)에 지급한 급식비
③ 「초・중등교육법」에 따른 학교에서 구입한 교과서대금
④ 교복구입비용(중・고등학교의 학생만 해당하며, 학생 1명당 연 50만원을 한도로 한다)
⑤ 다음의 학교 등에서 실시하는 방과후 학교나 방과후 과정 등의 수업료 및 특별활동비(학교 등에서 구입한 도서의 구입비와 학교 외에서 구입한 초・중・고등학교의 방과후 학교 수업용 도서의 구입비를 포함)
a. 「초・중등교육법」에 따른 학교
b. 「유아교육법」에 따른 유치원
c. 「영유아보육법」에 따른 어린이집
⑥ 「초・중등교육법」에 따른 학교에서 교육과정으로 실시하는 현장체험학습에 지출한 비용(학생 1명당 연 30만원을 한도로 한다)
⑦ 「고등교육법」에 따른 시험의 응시수수료 및 입학전형료
⑧ 근로소득자가 본인의 학자금 대출(등록금에 대한 대출에 한정)의 원리금 상환에 지출한 교육비(원리금 상환 연체로 인하여 추가로 지급하는 금액, 원리금 중 감면받거나 면제받은 금액, 지방자치단체 또는 공공기관 등으로부터 학자금을 지원받아 상환한 금액 제외) → 취업 후 상환 학자금 대출, 일반상환 학자금 대출, 농어촌 출신 대학생의 학자금 대출 등
※ 배우자・직계비속・입양자・위탁아동・형제자매가 학자금 대출을 받아 지급하는 교육비는 제외</td></tr>
<tr><td>공제대상액</td><td colspan="2">일반교육비 공제대상액 = Min(교육비총액 − 비과세 장학금・학자금**, 공제한도)</td></tr>
</table>

주1 국외에 소재하는 교육기관으로서 우리나라의 「유아교육법」에 따른 유치원, 「초・중등교육법」 또는 「고등교육법」에 따른 학교에 해당하는 기관(국외교육기관의 학생을 위하여 교육비를 지급하는 거주자가 국내에서 근무하는 경우에는 해당 과세기간 종료일 현재 대한민국 국적을 가진 거주자가 교육비를 지급한 학생(초등학교 취학 전 아동과 초등학생・중학생의 경우에는 다음 중 어느 하나에 해당하는 사람으로 한정)을 말한다.

① 「국외유학에 관한 규정」에 따른 자비유학의 자격이 있는 사람

② 「국외유학에 관한 규정」에 따라 유학을 하는 자로서 부양의무자와 국외에서 동거한 기간이 1년 이상인 사람

※ 고등학생과 대학생은 유학자격의 요건은 없으며, 영유아 및 취학 전 아동을 위하여 지출하는 국외학원교육비는 공제대상이 아님

주2 본인의 경우 대학(전공대학, 원격대학 및 학위취득과정 포함) 또는 대학원의 1학기 이상에 해당하는 교육과정과 고등교육법에 따른 시간제과정 포함

주3 초등학교 취학 전 아동이 학원 또는 체육시설에서 월 단위로 실시하는 교습과정(1주 1회 이상 실시하는 과정만 해당)의 교습을 받는 경우를 말한다.

※ 초・중・고등학생 등의 학원비는 공제대상이 아니다.

*피교육자의 범위 : 거주자(본인), 기본공제대상자(나이제한 ×)인 배우자, 직계비속, 입양자, 위탁아동, 형제자매

**소득세 또는 증여세가 비과세되는 장학금・학자금 : 근로자 본인의 비과세 학자보조금, 사내 근로복지기금으로부터 받은 장학금등, 재학 중인 학교로부터 받은 장학금등, 근로자인 학생이 직장으로부터 받은 장학금 등

② 직업능력개발훈련비

구 분	내 용
공제대상	근로소득자가 자신을 위하여 직업능력개발훈련시설에서 실시하는 직업능력개발훈련을 위하여 지급한 수강료
공제대상액	직업능력개발훈련비 공제대상액 = 직업능력개발훈련을 위한 수강료 − 수강지원금*

*「고용보험법」에 따른 근로자의 직무능력 향상을 위한 지원금

③ 장애인특수교육비

구 분	내 용
공제대상	근로소득자(일용근로자 제외)가 기본공제대상자인 장애인(소득의 제한을 받지 아니함)을 위하여 다음의 기관에 지급하는 장애인특수교육비 ① 사회복지시설, 보건복지부장관이 장애인 재활교육을 실시하는 기관으로 인정한 비영리법인 ② 위 ①의 시설 또는 법인과 유사한 것으로서 외국에 있는 시설 또는 법인 ③ 「장애아동복지지원법」에 따라 지방자치단체가 지정한 발달재활서비스 제공 기관(과세기간 종료일 현재 18세 미만인 사람만 해당)
공제대상액	장애인특수교육비 공제대상액 = 장애인특수교육비 − 지원금*

*「장애아동복지지원법」에 따라 국가 또는 지방자치단체로부터 지원받는 금액

더 알아보기 **이혼 등의 사유로 기본공제에서 제외된 사람을 위한 보험료 등의 지출액**

보험료 세액공제・의료비세액공제・교육비세액공제의 규정을 적용할 때 과세기간 종료일 이전에 혼인・이혼・별거・취업 등의 사유로 기본공제대상자에 해당되지 아니하게 되는 종전의 배우자・부양가족・장애인 또는 과세기간 종료일 현재 65세 이상인 사람을 위하여 이미 지급한 금액이 있는 경우에는 그 사유가 발생한 날까지 지급한 금액에 대한 세액공제액을 해당 과세기간의 근로소득에 대한 종합소득산출세액에서 공제한다.

(4) 기부금세액공제

<table>
<tr><th>구 분</th><th>내 용</th></tr>
<tr><td>공제대상</td><td>거주자(사업소득만 있는 자는 제외, 연말정산대상 사업소득만 있는 자*는 포함)가 지급한 기부금이 있는 경우
※ 기본공제대상자(나이 제한 ×, 다른 거주자의 기본공제를 적용받은 사람은 제외)가 지급한 기부금도 공제대상임(단, 정치자금기부금, 고향사랑기부금, 우리사주조합기부금은 본인이 지출한 것만 공제대상임)</td></tr>
<tr><td>공제대상액</td><td>① 기부금 공제한도
<table>
<tr><th>구 분</th><th>공제한도</th></tr>
<tr><td>정치자금기부금</td><td>기준소득금액(주1)</td></tr>
<tr><td>고향사랑기부금</td><td>기준소득금액 − 정치자금기부금</td></tr>
<tr><td>특례기부금</td><td>기준소득금액 − 정치자금기부금 − 고향사랑기부금</td></tr>
<tr><td>우리사주조합기부금</td><td>(기준소득금액 − 정치자금 · 고향사랑 · 특례기부금공제액) × 30%</td></tr>
<tr><td>일반기부금</td><td>① 종교단체기부금이 없는 경우 : A(주2) × 30%
② 종교단체기부금이 있는 경우 : A × 10% + Min(A × 20%, 종교단체기부금 외의 기부금)</td></tr>
</table>
② 세액공제대상 기부금
특례기부금공제액 + 우리사주조합기부금공제액 + 일반기부금공제액 − 기부금 중 필요경비산입액
③ 기부금 세액공제액 : 다음의 금액을 종합소득 산출세액(필요경비에 산입한 기부금이 있는 경우 사업소득에 대한 산출세액**은 제외)에서 공제한다.
기부금 세액공제액 = 세액공제대상 기부금 × 15%(1천만원 초과분 30%)</td></tr>
</table>

주1 기준소득금액 = 종합소득금액 + 필요경비산입 기부금 − 원천징수세율 적용 금융소득금액

주2 A = 기준소득금액 − 정치자금기부금 − 고향사랑기부금 − 특례기부금 − 우리사주조합기부금

*간편장부대상자인 보험모집인, 방문판매원, 음료품 배달원

$$**사업소득에 대한 산출세액 = 종합소득 산출세액 \times \frac{사업소득금액}{종합소득금액}$$

(5) 표준세액공제

<table>
<tr><th colspan="2">구 분</th><th>표준세액공제</th></tr>
<tr><td colspan="2">① 근로소득이 있는 거주자로서 특별소득공제나 항목별 세액공제 및 「조세특례제한법」상 월세세액공제 신청을 하지 아니한 경우</td><td>연 13만원</td></tr>
<tr><td rowspan="2">② 종합소득이 있는 거주자(근로소득이 있는 자 제외)로서 「조세특례제한법」상 의료비세액공제, 교육비세액공제 및 월세세액공제 신청을 하지 아니한 경우</td><td>성실사업자의 경우</td><td>연 12만원</td></tr>
<tr><td>위 외의 경우</td><td>연 7만원</td></tr>
</table>

4. 배당세액공제, 기장세액공제, 외국납부세액공제

(1) 배당세액공제 : Min(①, ②)

① 배당가산액

② 한도액 : 종합소득 산출세액 − 비교산출세액

(2) 기장세액공제 : Min(①, ②)

① $\text{산출세액} \times \dfrac{\text{기장된 사업소득금액}}{\text{종합소득금액}} \times 20\%$

② 한도액 : 연간 100만원

③ 간편장부대상자가 복식부기로 기장한 경우에 적용하며, 적용배제는 다음과 같다.

- 20% 이상 누락하여 신고한 경우
- 장부, 증빙을 5년간 보관하지 않은 경우(예외 : 천재지변의 사유)

(3) 외국납부세액공제 : Min(①, ②)

① 외국납부세액 = 직접외국납부세액(가산세 제외) + 의제외국납부세액

② 한도액(주1) $= \text{종합소득산출세액} \times \dfrac{\text{국외원천소득금액}^{(\text{주2})}}{\text{종합소득금액}}$

주1 한도액은 국별한도방식으로 하며, 한도초과액은 10년간 이월하여 공제(미공제액은 다음 과세기간 필요경비에 산입)

주2 국외원천소득금액 = 국외에서 발생한 소득으로서 거주자의 종합소득금액의 계산에 관한 규정을 준용하여 산출한 금액 − 세액감면 또는 면제 대상 국외원천소득 × 세액감면 또는 면제 비율 − 종합소득금액을 계산할 때 필요경비에 산입된 금액(국외원천소득이 발생한 국가에서 과세할 때 필요경비에 산입된 금액 제외)으로서 국외원천소득에 대응하는 직·간접비용

※ 사업자는 직접외국납부세액에 대해서 세액공제 대신 필요경비에 산입할 수 있다.

5. 근로소득세액공제

(1) 일반급여자(상용근로자)

일반급여자(상용근로자) 근로소득세액공제액 = Min(①, ②)

① 공제대상액

근로소득 산출세액	공제대상액
130만원 이하	근로소득 산출세액 × 55%
130만원 초과	715,000 + (근로소득 산출세액* − 1,300,000) × 30%

$^*\text{근로소득 산출세액} = \text{종합소득산출세액} \times \dfrac{\text{근로소득금액}}{\text{종합소득금액}}$

제7장

② 한 도

총급여	한 도
3,300만원 이하	74만원
3,300만원 초과 7,000만원 이하	Max(a, b) a. 74만원 − [(총급여액 − 3천300만원) × $\frac{8}{1,000}$] b. 66만원
7천만원 초과 1억2천만원 이하	Max(a, b) a. 66만원 − [(총급여액 − 7천만원) × 50%] b. 50만원
1억2천만원 초과	Max(a, b) a. 50만원 − [(총급여액 − 1억2천만원) × 50%] b. 20만원

(2) 일용근로자

일용근로자 근로소득세액공제액 = 근로소득 산출세액 × 55%

6. 재해손실세액공제

구 분	내 용
공제대상	재해상실비율이 20% 이상인 사업자
공제대상액	재해손실세액공제 : Min(①, ②) ① 공제대상 소득세(주1) × 재해상실비율(주2) ② 한도 : 상실된 자산가액

주1 공제대상 소득세

공제대상 소득세	범 위
미부과 또는 미납된 소득세	해당 사업소득세
당해 과세기간 소득세	(산출세액 − 배당·기장·외국납부세액공제 + 가산세) × $\frac{\text{사업소득금액}}{\text{종합소득금액}}$

주2

$$\text{재해상실비율} = \frac{\text{상실된 자산가액}}{\text{상실전의 사업용 자산총액}}$$

① 자산상실비율의 계산은 사업자별(사업장 아님)로 자산총액을 기준으로 하여 사업자의 소득별로 계산하는 것이므로 1사업장 단위로 계산하지 않는다.
② 상실된 사업용 자산가액 계산시 보험금을 받은 경우에도 보험금을 차감하지 않는다.
③ 소득세의 과세표준에 이자소득과 배당소득이 포함되어 있는 경우에는 그 소득금액과 관련되는 예금·주식 기타 가액을 사업용 총자산가액에 포함한다.
④ 자산가액은 재해발생일 현재의 장부가액에 의하여 계산하되, 장부가 소실 또는 분실되어 장부가액을 알 수 없는 경우에는 납세지 관할 세무서장이 조사확인한 재해발생일 현재의 가액에 의한다.

7. 전자계산서 발급전송 세액공제

구 분	내 용
공제대상	다음 중 어느 하나에 해당하는 사업자가 전자계산서를 2027.12.31.까지 발급(전자계산서 발급명세를 전자계산서 발급일의 다음 날까지 국세청장에게 전송한 경우로 한정)한 경우 ① 해당 과세기간에 신규로 사업을 개시한 사업자 ② 직전 과세기간의 사업장별 총수입금액이 3억원 미만인 사업자
공제대상액	세액공제액 = 전자계산서 발급 건수 × 200원(연간 한도 100만원)

제4절 | 조세특례제한법상 세액공제

1. 정치자금기부금 세액공제

거주자가 정치자금법에 따라 정당(같은 법에 따른 후원회 및 선거관리위원회 포함)에 기부한 정치자금

구 분	세액공제액
10만원 이하분	기부금액 × $\frac{100}{110}$
10만원 초과분*	기부금액 × 15%(3천만원 초과분 : 25%)

*사업자의 경우 10만원 초과분은 세액공제를 적용하지 아니하고 이월결손금을 뺀 후의 소득금액 범위에서 필요경비에 산입한다.

2. 고향사랑기부금 세액공제

거주자가 고향사랑기부금을 지방자치단체에 기부한 경우

구 분	세액공제액
10만원 이하분*	고향사랑기부금 × $\frac{100}{110}$
10만원 초과 2천만원 이하분*	고향사랑기부금 × 15%(특별재난지역의 경우 30%)

*사업자의 경우 10만원 초과분은 세액공제를 적용하지 아니하고 이월결손금을 뺀 후의 소득금액 범위에서 필요경비에 산입한다.

3. 월세세액공제

과세기간 종료일 현재 주택을 소유하지 아니한 대통령령으로 정하는 세대의 세대주(세대주가 월세세액공제, 주택자금공제를 받지 아니하는 경우에는 세대의 구성원을 말하며, 대통령령으로 정하는 외국인을 포함)로서 해당 과세기간의 총급여액이 8천만원 이하인 근로소득이 있는 근로자(해당 과세기간에 종합소득과세표준을 계산할 때 합산하는 종합소득금액이 7천만원을 초과하는 사람은 제외)가 국민주택규모의 주택이거나 기준시가 4억원 이하인 주택(오피스텔 및 고시원업의 시설 포함)을 임차하기 위해 월세액을 지급하는 경우

Min(월세액, 1천만원) × 15%(17%*)

*총급여액이 5,500만원 이하인 근로소득이 있는 근로자(종합소득금액이 4,500만원을 초과하는 사람 제외)인 경우 적용

4. 성실사업자등의 의료비세액공제 · 교육비세액공제 · 월세세액공제

「조세특례제한법」상 성실사업자와 「소득세법」상 성실신고확인대상 사업자로서 성실신고확인서를 제출한 자는 다음의 세액공제액을 해당 과세연도의 사업소득에 대한 종합소득 산출세액에서 공제한다. 단, 세액공제액의 합계액이 해당 사업자의 해당 과세연도의 소득세를 초과하는 경우 그 초과금액은 없는 것으로 한다.

구 분	세액공제액
의료비세액공제	의료비 지출액 × 15% (미숙아 · 선천성이상아 의료비는 20%, 난임시술비는 30%)
교육비세액공제	교육비 지출액 × 15%
월세세액공제(종합소득금액이 7천만원 이하인 사업자)	Min(월세액, 1천만원) × 15% (종합소득금액이 4천500만원 이하인 경우는 17%)

5. 혼인세액공제

거주자가 2026.12.31. 이전에 혼인신고를 한 경우에는 1회(혼인신고 후 그 혼인이 무효가 되어 수정신고 · 기한 후 신고한 경우 제외)에 한정하여 혼인신고를 한 날이 속하는 과세기간의 종합소득산출세액에서 50만원을 공제한다.

CHAPTER

08 | 퇴직소득세의 계산

제1절 | 퇴직소득의 범위 및 특징 CTA 23 · 22

1. 퇴직소득의 범위

(1) 공적연금 관련 퇴직급여

① 공적연금 관련법에 따라 받는 일시금(2002.1.1. 이후 납입분에 대한 금액)

② 공적연금 관련법에 따른 일시금을 지급하는 자가 퇴직소득의 일부 또는 전부를 지연하여 지급하면서 지연지급에 대한 이자를 함께 지급하는 경우 해당 이자

(2) 기타 퇴직급여

① 사용자 부담금을 기초로 하여 현실적인 퇴직을 원인으로 지급받는 소득

② 「과학기술인공제회법」에 따라 지급받는 과학기술발전장려금

③ 「건설근로자의 고용개선 등에 관한 법률」에 따라 지급받는 퇴직공제금

④ 법소정 사유로 2016.1.1. 이후 가입한 소기업·소상공인 공제부금에서 발생한 소득

⑤ 종교관련 종사자가 현실적인 퇴직을 원인으로 종교단체로부터 지급받는 소득

2. 퇴직소득의 원천징수 및 확정신고

(1) 원천징수

① 원천징수의무자가 퇴직소득을 지급할 때에는 그 퇴직소득 과세표준에 원천징수세율을 적용하여 계산한 소득세를 징수한다.

② 다만, 퇴직소득이 다음에 해당하는 경우에는 해당 퇴직소득에 대한 소득세를 연금외수령하기 전까지 원천징수하지 아니한다.

- 퇴직일 현재 연금계좌에 있거나(기여형) 연금계좌로 지급되는 경우(급여형)
- 지급받은 날부터 60일 이내에 연금계좌에 입금되는 경우(퇴직금제도)

※ 소득세가 이미 원천징수된 경우 해당 거주자는 원천징수세액에 대한 환급을 신청할 수 있다.

(2) 확정신고

다음연도 5월 1일부터 5월 31일까지 확정신고를 하여야 한다. 해당 과세기간의 퇴직소득 과세표준이 없을 때에도 확정신고를 하여야 한다.

※ 단, 퇴직소득 원천징수 및 세액정산의 규정에 따라 퇴직소득에 대한 소득세를 납부한 자는 확정신고하지 않아도 된다.

3. 퇴직소득의 수입시기

(1) 일반적인 퇴직소득

퇴직한 날

(2) 국민연금법에 따른 일시금 및 건설근로자의 고용개선 등에 관한 법률에 따라 지급받는 퇴직공제금

지급받는 날(분할하여 지급받는 경우에는 최초로 지급받는 날)

4. 퇴직판정의 특례

① 다음 중 어느 하나에 해당하는 사유가 발생했으나 퇴직급여를 실제로 받지 않은 경우는 퇴직으로 보지 않을 수 있다.

- 종업원이 임원이 된 경우
- 합병·분할 등 조직변경, 사업양도, 직·간접으로 출자관계에 있는 법인으로의 전출 또는 동일한 사업자가 경영하는 다른 사업장으로의 전출이 이루어진 경우
- 법인의 상근임원이 비상근임원이 된 경우
- 비정규직 근로자(「기간제 및 단시간근로자 보호 등에 관한 법률」에 따른 기간제근로자 또는 단시간근로자를 말한다)가 정규직 근로자(「근로기준법」에 따라 근로계약을 체결한 근로자로서 비정규직 근로자가 아닌 근로자)로 전환된 경우

② 계속근로기간 중에 다음 중 어느 하나에 해당하는 사유로 퇴직급여를 미리 지급받은 경우(임원인 근로소득자를 포함하며, 이하 "퇴직소득중간지급"이라 한다)에는 그 지급받은 날에 퇴직한 것으로 본다.

- 「근로자퇴직급여 보장법 시행령」에 따른 퇴직금의 중간정산 사유에 해당하는 경우
- 「근로자퇴직급여 보장법」에 따라 퇴직연금제도가 폐지되는 경우

제2절 | 공적연금일시금 CTA 22

1. 국민연금 일시금(국민연금 및 직역연금의 연계연금 포함) : Min(①, ②)

① 과세기준일* 이후 납입한 기여금 또는 개인부담금(사용자부담분 포함)의 누계액과 이에 대한 이자 및 가산이자

> *공적연금 일시금(퇴직소득세가 과세되었거나 비과세 소득인 경우만 해당함)을 반납하고 공적연금 관련법에 따라 재직기간, 복무기간 또는 가입기간을 합산한 경우에는 재임용일 또는 재가입일을 과세기준일로 보아 계산한다.

② 실제 지급받은 일시금 − 과세기준일 이전에 납입한 기여금 또는 개인부담금

2. 직역연금 일시금

$$\text{과세기준금액} = \text{과세기간 일시금 수령액} \times \frac{\text{과세기준일 이후 기여금 납입월수}}{\text{총기여금 납입월수}}$$

3. 과세제외기여금 등이 있는 경우의 공적연금 일시금

> 공적연금 일시금 = 과세기준금액 − 과세기준일(2002.1.1.)이후 과세제외기여금 등

제3절 | 퇴직소득산출세액 및 세액정산 CTA 25 · 22 · 20 · 16

1. 퇴직소득산출세액의 계산

(1) 퇴직소득금액

「법인세법」상 임원의 퇴직소득금액(공적연금 관련법에 따라 받는 일시금은 제외하며, 2011.12.31.에 퇴직하였다고 가정할 때 지급받을 퇴직소득금액(주1)이 있는 경우에는 그 금액을 뺀 금액) 중 임원퇴직소득 한도액을 초과하는 금액은 근로소득으로 본다.

> 임원퇴직소득 한도액 : a + b
>
> a. 2019.12.31.부터 소급하여 3년(주2)동안 지급받은 총급여액(주4)의 연평균 환산액 $\times 10\% \times \dfrac{\text{2012.1.1.부터 2019.12.31.까지의 근무기간}^{(주5)}}{12} \times 3$
>
> b. 퇴직한 날부터 소급하여 3년(주3)동안 지급받은 총급여액(주4)의 연평균 환산액 $\times 10\% \times \dfrac{\text{2020.1.1.이후의 근무기간}^{(주5)}}{12} \times 2$

주1
$$\text{퇴직소득금액} \times \frac{\text{2011.12.31.이전 근무기간}^{(주5)}}{\text{전체 근무기간}^{(주5)}}$$

단, 2011.12.31.에 정관 또는 정관의 위임에 따른 임원 퇴직급여지급규정이 있는 법인의 임원이 2011.12.31.에 퇴직한다고 가정할 때 해당 규정에 따라 지급받을 퇴직소득금액을 적용하기로 선택한 경우에는 해당 퇴직소득금액을 말한다.

주2 2012.1.1.부터 2019.12.31.까지의 근무기간이 3년 미만인 경우 : 해당 근무기간으로 함

주3 2020.1.1.부터 퇴직한 날까지의 근무기간이 3년 미만인 경우 : 해당 근무기간으로 함

주4 봉급 · 급료 · 보수 · 세비 · 임금 · 상여 · 수당과 이와 유사한 성질의 급여와 잉여금처분에 의한 상여금의 합계액(비과세소득 제외)을 말한다.

※ 해외파견 임원인 경우 : 총급여액에는 근무기간 중 해외현지법인에 파견되어 국외에서 지급받는 급여를 포함한다. 다만, 정관 또는 정관의 위임에 따른 임원의 급여지급규정이 있는 법인의 주거보조비, 교육비수당, 특수지수당, 의료보험료, 해외체재비, 자동차임차료 및 실의료비 및 이와 유사한 급여로서 해당 임원이 국내에서 근무할 경우 국내에서 지급받는 금액을 초과해 받는 금액은 제외한다.

주5 개월 수로 계산한다. 이 경우 1개월 미만의 기간은 1개월로 본다.

(2) 퇴직소득과세표준

① 환산급여 = (퇴직소득금액 − 근속연수공제(주1)) $\times \frac{12}{\text{근속연수}}$

② 퇴직소득과세표준 = 환산급여 − 환산급여공제(주2)

주1 근속연수공제

5년 이하	5년 초과 10년 이하분	10년 초과 20년 이하분	20년 초과분
연 100만원	연 200만원	연 250만원	연 300만원

주2 환산급여공제

환산급여	공제액
8백만원 이하	환산급여 × 100%
8백만원 초과 7천만원 이하	8백만원 + (8백만원 초과분의 60%)
7천만원 초과 1억원 이하	4천520만원 + (7천만원 초과분의 55%)
1억원 초과 3억원 이하	6천170만원 + (1억원 초과분의 45%)
3억원 초과	1억5천170만원 + (3억원 초과분의 35%)

(3) 퇴직소득 산출세액

$$\text{퇴직소득과세표준} \times \text{기본세율} \times \frac{\text{근속연수}}{12}$$

2. 퇴직소득에 대한 세액정산

해당 과세기간에 이미 지급받은 퇴직소득 등에 대하여 정산하는 퇴직소득세는 이미 지급된 퇴직소득과 자기가 지급할 퇴직소득을 합계한 금액에 대하여 퇴직소득세액을 계산한 후 이미 지급된 퇴직소득에 대한 세액을 뺀 금액으로 한다.

CHAPTER

09 | 종합 · 퇴직소득세 납세절차

제1절 | 과세기간 중도의 신고 · 납부 CTA 25 · 23 · 22 · 19 · 17 · 16

1. 중간예납

구 분	법인세법	소득세법
중간예납대상자	사업연도의 기간이 6개월을 초과하는 법인	사업소득이 있는 거주자 또는 비거주자
중간예납기간	사업연도 개시일로부터 6개월이 되는 날	1.1.~6.30.
중간예납세액 계산방법	〈원칙〉 직전 사업연도 실적기준과 중간예납기간 실적기준 중 선택	직전 과세기간 실적기준
	〈예외〉 • 직전 사업연도 실적기준(강제) : 중간예납의 납부기한까지 중간예납세액을 납부하지 아니한 경우 • 중간예납기간 실적기준(강제) : 전기 산출세액이 없는 경우, 중간예납기간 만료일까지 전기 법인세액의 미확정 등	〈중간예납기간 실적기준〉 • 중간예납기준액이 없는 거주자 중 복식부기의무자가 해당 과세기간의 중간예납기간 중 사업소득이 있는 경우(강제) • 중간예납추계액이 중간예납기준액의 30%에 미달하는 경우(선택)
중간예납세액의 신고 · 납부	중간예납기간 종료일로부터 2개월 이내에 자진신고납부	11월 중 고지납부
소액부징수(납부의무면제)	직전 사업연도의 중소기업으로서 직전 사업연도의 실적기준이 50만원 미만인 내국법인(납부의무 면제)	50만원 미만인 경우 징수하지 않음

더 알아보기 소득세법상 사업자 중 중간예납 제외대상

① 신규사업자
② 사업소득 중 수시부과하는 소득
③ 사업소득 중 속기 · 타자 등 사무지원 서비스업
④ 분리과세 주택임대소득
⑤ 사업소득 중 자영예술업과 기타 스포츠 서비스업
⑥ 보험모집원
⑦ 방문판매인(직전 과세기간의 사업소득에 대한 소득세를 연말정산한 경우에 한정함)
⑧ 전환정비사업조합 또는 주택조합의 조합원이 하는 공동사업
⑨ 납세조합이 중간예납기간 중 그 조합원의 소득세를 매월 징수하여 납부한 경우

2. 원천징수

(1) 원천징수대상과 원천징수세율

① **비실명자산소득에 대한 원천징수 특례** : 원천징수의무자가 「금융실명거래 및 비밀보장에 관한 법률」에 따른 차등과세가 적용되는 비실명 이자 및 배당소득에 대하여 고의 또는 중대한 과실 없이 90%가 아닌 14%의 세율로 원천징수한 경우에는 해당 계좌의 실질 소유자가 소득세 원천징수 부족액(원천징수 등 납부지연가산세 포함)을 납부하여야 한다. 이 경우 소득세 원천징수 부족액에 관하여는 해당 계좌의 실질 소유자를 원천징수의무자로 본다.

② **(기타소득) 서화·골동품 양도자의 원천징수 특례** : 서화·골동품의 양수자인 원천징수의무자가 국내사업장이 없는 비거주자 또는 외국법인인 경우로서 원천징수를 하기 곤란하여 원천징수를 하지 못하는 경우에는 서화·골동품의 양도로 발생하는 소득을 지급받는 자를 원천징수의무자로 본다(양도자가 원천징수세액을 신고·납부하여야 함).

(2) 원천징수 면제

① 비과세소득 또는 면제소득을 지급하는 경우

② 미지급 소득이 이미 종합소득에 합산되어 소득세가 과세된 후 그 미지급 소득을 지급하는 경우

③ 법인이 「채무자 회생 및 파산에 관한 법률」에 따른 회생절차에 따라 특수관계인이 아닌 다른 법인에 합병되는 등 지배주주가 변경(이하 "인수"라 한다)된 이후 회생절차 개시 전에 발생한 사유로 인수된 법인의 대표자 등에 대하여 법인세법에 따라 상여로 처분되는 소득

(3) 연말정산

구 분	연말정산시기
간편장부대상자인 보험모집인, 방문판매인, 음료품 배달원 사업소득	• 다음연도 2월분 사업소득을 지급하는 때(2월분 사업소득을 2월 말까지 지급하지 아니하거나 2월분 사업소득이 없는 경우에는 2월 말) • 거래계약을 해지하는 달의 사업소득을 지급하는 때
근로소득	• 다음연도 2월분의 근로소득을 지급하는 때 • 퇴직자의 퇴직하는 달의 근로소득을 지급하는 때
공적연금소득	다음 연도 1월분 공적연금소득을 지급하는 때(공적연금소득을 받는 자가 해당 과세기간 중에 사망한 경우에는 사망일이 속하는 달의 다음다음 달 말일)

※ 방문판매인과 음료배달원의 사업소득은 연말정산의무자가 연말정산을 신청한 경우에만 해당한다.

※ 소득·세액공제신고서를 제출하지 않는 경우 본인에 대한 기본공제와 표준세액공제만 적용한다.

(4) 원천징수세액의 납부

구 분	내 용
원 칙	원천징수한 세액은 다음 달 10일까지 납부
반기별 납부대상자(주1)	① 원칙 : 징수일이 속하는 반기의 다음 달 10일까지 납부 ② 예 외 • 「법인세법」에 따라 배당 · 상여 · 기타소득으로 처분된 금액 • 「국제조세조정에 관한 법률」에 따라 소득처분된 금액 • 비거주 연예인 등의 용역제공과 관련된 원천징수세액

주1 다음의 원천징수의무자로서 원천징수 관할 세무서장으로부터 원천징수대상 소득에 대한 원천징수세액을 매 반기별로 납부할 수 있도록 승인을 받거나 국세청장이 정하는 바에 따라 지정을 받은 자
① 직전 과세기간(신규사업자의 경우에는 신청일이 속하는 반기)의 상시고용인원이 20명 이하인 원천징수의무자(금융 및 보험업을 경영하는 자는 제외) → 금융보험업자는 반기별 납부대상이 아님
② 종교단체 → 종교단체는 상시고용인원이 20명을 초과하더라도 반기별납부 가능

더 알아보기 소득처분에 따른 소득금액변동통지서의 통지절차

① 결정 또는 경정하는 세무서장 또는 지방국세청장이 그 결정일 또는 경정일부터 15일내에 소득금액변동통지서에 의하여 당해 법인에게 통지하여야 한다. 다만, 법인의 소재지가 불분명 또는 송달불가의 경우에는 소득처분 받은 거주자에게 통지하여야 한다.
② 세무서장 또는 지방국세청장이 소득금액변동통지서에 의하여 해당 법인에게 통지를 하는 경우에는 통지를 하였다는 사실을 소득처분받은 거주자에게 알려야 하며, 이 경우 소득금액변동내역은 포함하지 아니한다.

3. 수시부과

(1) 수시부과 사유

① 조세포탈우려 : 사업부진 그 밖의 사유로 장기간 휴업 또는 폐업상태에 있는 경우 등 조세를 포탈할 우려가 있다고 인정되는 상당한 이유가 있는 경우
② 외국군 등 군납 : 주한국제연합군 또는 외국기간으로부터 받을 수입금액을 외국환은행을 통하여 외환증서 또는 원화로 영수하는 경우

(2) 수시부과 대상기간

해당 과세기간의 사업개시일~수시부과사유 발생일

※ 확정신고기한 이전에 수시부과사유가 발생한 경우로서 납세자가 직전 과세기간에 대하여 과세표준 확정신고를 하지 아니한 경우 : 직전 과세기간을 수시부과기간에 포함

(3) 수시부과세액 계산

① 조세포탈우려 : (종합소득금액 − 본인에 대한 기본공제) × 기본세율
② 외국군 등 군납 : 총수입금액 × (1 − 단순경비율) × 기본세율

(4) 수시부과세액의 처리

① 수시부과소득을 확정신고하고, 수시부과세액은 기납부세액으로 공제한다.
② 수시부과 후 다른 소득이 없는 경우에는 확정신고를 하지 않아도 된다.

4. 예정신고납부

구 분	토지 등, 매매차익 예정신고	양도소득 과세표준 예정신고
신고대상자	토지 등을 매매한 부동산매매업자	양도소득세 과세대상 자산을 양도한 자 ※ 해외주식과 파생상품 등은 예정신고의무가 없음
예정신고기간	매매 월의 말일로부터 2개월 이내	① 양도 월의 말일(일반주식은 반기 말일)로부터 2개월 이내(주4) ② 부담부증여의 채무액 부분으로서 양도로 보는 경우 : 양도일이 속하는 달의 말일부터 3개월 이내
세액계산구조	① 매매차익 = 매매가액 − (필요경비(주1) + 장기보유 특별공제)(주2) ② 매매차익 × 양도소득세율(주3)	양도소득세 계산방식에 따라 세액계산
미이행시 불이익	가산세 부과	가산세 부과

주1 필요경비는 취득가액, 자본적 지출, 양도비용, 건설자금이자, 매도로 인한 공과금을 말한다.

주2 토지 등 매매차익 예정신고시에는 양도소득 기본공제는 하지 않는다.

주3 토지 등의 보유기간이 2년 미만인 경우에도 기본세율을 적용한다.

주4 토지거래계약에 관한 허가구역에 있는 토지를 양도할 때 토지거래계약허가를 받기 전에 대금을 청산한 경우에는 그 허가일(토지거래계약허가를 받기 전에 허가구역의 지정이 해제된 경우에는 그 해제일)이 속하는 달의 말일부터 2개월로 한다.

5. 사업장 현황신고

(1) 의 의

부가가치세 면세사업자가 확정신고 전에 업종별 수입금액 등을 미리 신고하는 제도

※ 2 이상의 사업장이 있는 사업자는 각 사업장별로 사업장 현황신고를 하여야 함

(2) 사업장현황 신고대상자

사업자(해당 과세기간 중 폐업 또는 휴업한 사업자 포함)는 해당 과세기간의 다음 연도 2월 10일까지 사업장 소재지 관할 세무서장에게 사업장 현황을 신고하여야 한다. 다음 중 어느 하나에 해당하는 경우에는 사업장 현황신고를 한 것으로 본다.

① 사업자가 사망하거나 출국함에 따라 과세표준 확정신고의 특례가 적용되는 경우

② 부가가치세 과세사업자가 부가가치세를 신고한 경우. 다만, 사업자가 「부가가치세법」상 과세사업과 면세사업등을 겸영하여 면세사업 수입금액 등을 신고하는 경우에는 그 면세사업등에 대하여 사업장 현황신고를 한 것으로 본다.

(3) 사업장현황 신고의무 면제사업자

다음 중 어느 하나에 해당하는 사업자는 사업장 현황신고를 하지 아니할 수 있다.

① 납세조합에 가입하여 수입금액을 신고하는 자

② 보험모집인

③ 음료품 소매사업자 등

제2절 | 과세표준확정신고와 자진납부 CTA 25 · 22 · 17 · 16

1. 확정신고

(1) 과세표준의 확정신고와 자진납부

구 분	내 용
확정신고대상자	해당 과세기간의 종합소득금액, 퇴직소득금액, 양도소득금액이 있는 거주자 ※ 과세표준이 없거나 결손금액이 있는 경우에도 확정신고를 하여야 한다.
확정신고의무 면제	다음의 거주자는 해당 소득에 대하여 과세표준확정신고를 하지 아니할 수 있다. ① 연말정산대상 사업소득만 있는자 ② 근로소득만 있는 자 ③ 공적연금소득만 있는 자 ④ 퇴직소득만 있는 자 ⑤ 원천징수되는 기타소득으로서 종교인소득만 있는 자 ⑥ 연말정산대상 사업소득과 퇴직소득만 있는 자 ⑦ 근로소득과 퇴직소득만 있는 자 ⑧ 공적연금소득과 퇴직소득만 있는 자 ⑨ 원천징수되는 기타소득으로서 종교인소득과 퇴직소득만 있는 자 ⑩ 분리과세대상인 이자소득 · 배당소득 · 연금소득 · 기타소득(원천징수되지 아니하는 소득은 제외) 만이 있는 자 ⑪ ①~⑨까지 해당하는 사람으로서 분리과세대상인 이자소득 · 배당소득 · 연금소득 · 기타소득 (원천징수되지 아니하는 소득은 제외)이 있는 자 ⑫ 수시부과한 경우 수시부과 후 추가로 발생한 소득이 없는 자 ⑬ 양도소득이 있는 거주자로서 자산양도차익 예정신고를 한 자 ※ 2명 이상으로부터 받는 해당 소득이 있는 자(일용근로자 제외)는 확정신고를 하여야 함(단, 연말정산 및 퇴직소득에 대한 세액정산 규정에 따라 소득세를 납부함으로써 확정신고납부를 할 세액이 없는 자는 그러하지 아니함)
확정신고기한	① 원칙 : 해당 과세기간의 다음 연도 5월 1일부터 5월 31일까지 ② 특 례 • 거주자가 사망한 경우 : 상속 개시일이 속하는 달의 말일부터 6개월이 되는 날(이 기간 중 상속인이 출국하는 경우에는 출국일 전날)까지(단, 상속인인 배우자가 연금외수령 없이 승계한 연금계좌의 소득금액은 제외) • 확정신고를 하여야 할 거주자가 출국하는 경우 : 출국일 전날까지
확정신고납부	확정신고기한까지 납세지 관할 세무서, 한국은행 또는 체신관서에 납부하여야 함
분할납부	중간예납 · 예정신고납부 또는 확정신고납부시 납부할 세액이 각각 1천만원을 초과하는 자는 다음의 세액을 납부기한이 지난 후 2개월 이내에 분할납부할 수 있다. ① 납부할 세액이 2천만원 이하인 경우 : 1천만원 초과액 ② 납부할 세액이 2천만원을 초과하는 경우 : 그 세액의 50% 이하의 금액 ※ 가산세와 소득처분으로 인한 추가납부세액은 분할납부할 수 없음

2. 성실신고확인제도

(1) 성실신고확인제도의 개요

구 분	내 용
성실신고확인대상 사업자	성실한 납세를 위하여 필요하다고 인정되어 수입금액이 업종별로 일정 규모 이상의 사업자(이하 "성실신고확인대상사업자"라 한다)는 종합소득과세표준 확정신고를 할 때에 비치·기록된 장부와 증명서류에 의하여 계산한 사업소득금액의 적정성을 세무사(세무사법에 따라 등록한 공인회계사 포함), 세무법인 또는 회계법인이 확인하고 작성한 확인서(이하 "성실신고확인서"라 한다)를 납세지 관할 세무서장에게 제출하여야 한다.
보정요구	납세지 관할 세무서장은 제출된 성실신고확인서에 미비한 사항 또는 오류가 있을 때에는 그 보정을 요구할 수 있다.
자기확인 금지	세무사가 성실신고확인대상사업자에 해당하는 경우에는 자신의 사업소득금액의 적정성에 대하여 해당 세무사가 성실신고확인서를 작성·제출해서는 아니 된다.

(2) 성실신고확인서 제출에 따른 특례

구 분	내 용
확정신고기한의 연장	성실신고확인대상사업자가 성실신고확인서를 제출하는 경우에는 종합소득과세표준 확정신고를 그 과세기간의 다음 연도 5월 1일부터 6월 30일까지 하여야 한다.
세액공제	의료비세액공제, 교육비세액공제 및 월세세액공제(월세세액공제는 종합소득금액이 7천만원 이하인 경우)
성실신고 확인비용에 대한 세액공제	세액공제액 = Min(①, ②) ① 성실신고 확인비용 × 60% ② 한도 : 120만원

CHAPTER

10 | 양도소득세

제1절 | 양도소득의 범위 CTA 25 · 23 · 22 · 21 · 19 · 18 · 17

1. 과세대상자산

(1) 1그룹

① 토지와 건물(부속된 시설물과 구축물 포함)

② 부동산에 관한 권리

- 부동산을 취득할 수 있는 권리(건물이 완성되는 때에 그 건물과 이에 딸린 토지를 취득할 수 있는 권리를 포함)
- 지상권
- 전세권과 등기된 부동산임차권(예 아파트분양권, 토지상환채권, 주택상환채권, 부동산매매계약을 체결한 자가 계약금만 지급한 상태에서 양도하는 권리 등)

③ 기타자산

- 부동산과다보유법인의 주식(특정주식 A)(주1)
- 부동산과다보유 특정업종법인의 주식(특정주식 B)(주1)

주1 특정주식 A, B

구 분	내 용
특정주식 A	법인의 자산총액 중 부동산과 부동산상 권리의 비율*이 50% 이상인 법인의 과점주주가 주식을 양도하는 날부터 소급하여 3년 이내 그 법인의 주식의 50% 이상을 해당 과점주주 외의 자에게 양도하는 경우(과점주주가 다른 과점주주에게 양도한 후 양수한 과점주주가 과점주주 외의 자에게 다시 양도하는 경우 등 포함)에 해당 주식
특정주식 B	자산총액 중 부동산과 부동산상 권리의 비율**이 80% 이상인 특정업종(골프장, 스키장, 휴양콘도사업, 전문휴양시설업)의 법인 주식 → 1주 양도 시에도 과세

*과점주주 : 법인의 주주 1인과 주권상장법인기타주주 또는 주권비상장법인기타주주가 소유하고 있는 주식 등의 합계액이 해당 법인의 주식 등의 합계액의 50%를 초과하는 경우 그 주주 1인과 주권상장법인기타주주 또는 주권비상장법인기타주주

**부동산과 부동산상 권리의 비율 계산 시 해당 법인이 보유한 다른 특정주식 A 또는 다른 특정주식 B의 가액(부동산등 보유비율 상당액)을 부동산과 부동산상 권리의 가액에 더한다. 이 경우 다른 법인이 보유하고 있는 경영지배관계인 법인의 부동산과 부동산상의 권리의 가액(부동산등 보유비율 상당액)도 포함한다.

• 사업에 사용하는 토지, 건물 및 부동산에 관한 권리와 함께 양도하는 영업권
• 토지, 건물과 함께 양도하는 이축권[단, 해당 이축권 가액을 별도로 감정평가법인 등이 감정하여 그 감정가액(둘 이상인 경우는 평균액)을 구분하여 신고하는 경우는 제외]
• 시설물이용권(주주회원권 포함)(예 골프회원권 · 콘도회원권, 헬스클럽이용권)

(2) 2그룹

① 일반주식(출자지분 및 신주인수권 포함)

• 상장주식 중 대주주가 양도하는 주식, 대주주 외의 자가 증권시장 밖에서 양도하는 주식(다만, 상법에 따른 주식의 포괄적 교환 · 이전 또는 주식의 포괄적 교환 · 이전에 대한 주식매수청구권 행사로 양도하는 주식은 제외)
• 비상장주식(다만, 대주주 외의 자가 한국장외시장에서 장외매매거래로 양도하는 중소 · 중견기업의 주식 제외)

② 외국법인이 발행하였거나 외국에 있는 시장에 상장된 주식

(3) 3그룹

① 자본시장과 금융투자업에 관한 법률에 따른 장내파생상품으로서 증권시장 또는 이와 유사한 시장으로서 외국에 있는 시장을 대표하는 종목을 기준으로 산출된 지수(해당 지수의 변동성을 기준으로 산출된 지수 포함)를 기초자산으로 하는 상품
② 장외파생삼품으로서 경제적 실질이 ①에 따른 장내파생상품과 동일한 상품
③ 해외 파생상품시장에서 거래되는 파생상품
④ 주식워런트증권(ELW)
⑤ 차액결제거래(CFD)

(4) 4그룹

신탁의 이익을 받을 권리의 양도로 발생하는 소득(다만, 신탁 수익권의 양도를 통하여 신탁재산에 대한 지배 · 통제권이 사실상 이전되는 경우는 신탁재산 자체의 양도로 본다)

2. 양도의 개념

(1) 정 의

자산에 대한 등기 또는 등록과 관계없이 매도, 교환, 법인에 대한 현물출자 등을 통하여 그 자산을 유상으로 사실상 이전하는 것을 말한다.

(2) 양도로 보지 않는 경우

① 「도시개발법」이나 그 밖의 법률에 따른 환지처분으로 지목 또는 지번이 변경되거나 보류지(保留地)로 충당되는 경우

② **토지의 경계를 변경하기 위하여 「공간정보의 구축 및 관리 등에 관한 법률」에 따른 토지의 분할 등 다음에 제시된 요건을 모두 충족하는 토지 교환의 경우**

• 토지 이용상 불합리한 지상(地上) 경계(境界)를 합리적으로 바꾸기 위하여 「공간정보의 구축 및 관리 등에 관한 법률」이나 그 밖의 법률에 따라 토지를 분할하여 교환할 것
• 위에 따라 분할된 토지의 전체 면적이 분할 전 토지의 전체 면적의 100분의 20을 초과하지 아니할 것

③ 위탁자와 수탁자 간 신임관계에 기하여 위탁자의 자산에 신탁이 설정되고 그 신탁재산의 소유권이 수탁자에게 이전된 경우로서 위탁자가 신탁 설정을 해지하거나 신탁의 수익자를 변경할 수 있는 등 신탁재산을 실질적으로 지배하고 소유하는 것으로 볼 수 있는 경우
④ 양도담보의 경우(다만, 양도담보계약을 체결한 후 양도담보요건에 위배하거나 채무불이행으로 인하여 해당 자산을 채무변제에 충당한 때에는 그때에 양도한 것으로 봄)
⑤ 법원의 확정판결에 의한 신탁해지를 원인으로 하는 소유권이전등기를 하는 경우
⑥ 매매원인무효의 소에 의하여 그 매매사실이 원인무효로 판시되어 환원될 경우
⑦ 공동소유의 토지를 소유지분별로 단순히 분할만 하는 경우(다만, 공유지분이 변경되는 경우에는 변경되는 부분은 양도로 봄)
⑧ 본인 소유자산을 경매 등으로 자기가 재취득하는 경우
⑨ 혼인 중 형성된 실질적인 부부공동재산을 재산분할 청구권의 행사에 따라 소유권이 이전되는 경우(다만, 이혼위자료로 소유권을 이전하는 부분은 양도로 봄)

제2절 | 비과세 양도소득 CTA 22 · 19 · 18 · 16

1. 비과세 양도소득의 범위

① 1세대 1주택의 양도로 인하여 발생하는 소득
② 파산선고에 의한 처분으로 발생하는 소득
③ 대통령령으로 정하는 경우에 해당하는 농지의 교환 또는 분합(分合)으로 발생하는 소득
④ 조합원입주권을 1개 보유한 1세대가 양도하여 발생하는 소득
⑤ 「지적재조사에 관한 특별법」에 따른 경계의 확정으로 지적공부상의 면적이 감소되어 지급받는 조정금

2. 1세대 1주택의 양도로 발생하는 소득

(1) 1세대 요건

구 분	내 용
1세대(원칙)	거주자 및 그 배우자(법률상 이혼을 하였으나 생계를 같이 하는 등 사실상 이혼한 것으로 보기 어려운 관계에 있는 사람 포함)가 그들과 같은 주소 또는 거소에서 생계를 같이 하는 자[거주자 및 그 배우자의 직계존비속(그 배우자 포함) 및 형제자매]*와 함께 구성하는 가족단위
배우자가 없어도 1세대로 보는 경우(예외)	① 거주자의 나이가 30세 이상인 경우 ② 배우자가 사망하거나 이혼한 경우 ③ 종합소득 · 퇴직소득 · 양도소득이 「국민기초생활 보장법」에 따른 기준 중위소득의 40% 이상으로서 소유하고 있는 주택 또는 토지를 관리 · 유지하면서 독립된 생계를 유지할 수 있는 경우(단, 미성년자는 소득이 있어도 1세대로 보지 아니하나, 미성년자의 결혼 · 가족의 사망으로 1세대의 구성이 불가피한 경우에는 그러하지 아니함)

*취학, 질병의 요양, 근무상 또는 사업상의 형편으로 본래의 주소 · 거소에서 일시 퇴거한 사람을 포함

(2) 1주택 요건

① 1주택의 범위

<table>
<tr><th>구 분</th><th>내 용</th></tr>
<tr><td>주택
(주택부수토지(주1)
포함)</td><td>허가 여부나 공부상의 용도구분에 관계없이 세대의 구성원이 독립된 주거생활을 할 수 있는 구조로서 대통령령으로 정하는 구조(세대별로 구분된 각각의 공간마다 별도의 출입문, 화장실, 취사시설이 설치되어 있는 구조)를 갖추어 사실상 주거용으로 사용하는 건물(용도가 분명하지 아니하면 공부상의 용도에 따름)</td></tr>
<tr><td>다가구주택</td><td>한 가구가 독립하여 거주할 수 있도록 구획된 부분을 각각 하나의 주택으로 본다. 다만, 다가구주택을 가구별로 양도하지 아니하고 하나의 매매단위로 하여 양도하는 경우에는 그 전체를 하나의 주택으로 본다.</td></tr>
<tr><td>고가주택</td><td>주택과 그 부수토지의 실지양도가액이 12억원을 초과하는 주택(12억원까지 비과세함)</td></tr>
<tr><td>겸용주택</td><td>하나의 건물이 주택과 주택외의 부분으로 복합되어 있는 경우와 주택에 딸린 토지(주2)에 주택외의 건물이 있는 경우에는 그 전부를 주택으로 본다. 다만, 주택의 연면적이 주택 외의 부분의 연면적보다 적거나 같을 때에는 주택외의 부분은 주택으로 보지 아니한다.
<table>
<tr><th>구 분</th><th>건 물</th><th>부수토지</th></tr>
<tr><td>주택의 연면적 > 주택 외의 부분의 연면적</td><td>전부 주택</td><td>전부 주택부수토지임</td></tr>
<tr><td>주택의 연면적 ≤ 주택 외의 부분의 연면적</td><td>주택만 주택</td><td>건물 연면적으로 안분계산</td></tr>
</table>
※ 고가(실지거래가액 12억원 초과) 겸용주택 : 주택과 주택 외의 부분의 연면적에 관계없이 주택 부분만 주택으로 보아 양도소득금액을 계산함</td></tr>
</table>

주1 주택부수토지의 한도(이하 같음) : 주택정착면적 × 다음의 배율

<table>
<tr><td rowspan="3">도시지역 내의 토지</td><td rowspan="2">수도권</td><td>주거지역 · 상업지역 · 공업지역</td><td>3배</td></tr>
<tr><td>녹지지역</td><td rowspan="2">5배</td></tr>
<tr><td>수도권 밖</td><td></td></tr>
<tr><td>도시지역 밖의 토지</td><td colspan="2"></td><td>10배</td></tr>
</table>

주2 주택에 딸린 토지 = 전체 토지면적 × 주택의 연면적 / 건물의 연면적

② 1주택 요건

<table>
<tr><th>구 분</th><th>내 용</th></tr>
<tr><td>원 칙</td><td>양도 당시 국내에 1주택만 보유해야 함</td></tr>
<tr><td>특 례
(양도 당시
2주택을 보유하고
있는 경우에도
1주택을 보유한
것으로 보는 경우)</td><td>① 일시적으로 2주택이 된 경우 : 국내에 1주택을 소유한 1세대가 그 주택(종전의 주택)을 양도하기 전에 다른 주택(신규주택)을 취득(자기가 건설하여 취득한 경우 포함)함으로써 일시적으로 2주택이 된 경우 종전의 주택을 취득한 날부터 1년 이상이 지난 후 신규 주택을 취득하고 신규 주택을 취득한 날부터 3년 이내에 종전의 주택을 양도하는 경우(3년 이내에 양도하지 못하는 경우로서 대통령령으로 정하는 사유에 해당하는 경우 포함)
② 상속받은 주택이 있는 경우 : 상속받은 주택(주1)과 그 밖의 주택(상속개시 당시 보유한 주택 또는 상속개시 당시 보유한 조합원입주권이나 분양권에 의하여 사업시행 완료 후 취득한 신축주택만 해당하며, 상속개시일부터 소급하여 2년 이내에 피상속인으로부터 증여받은 주택 또는 증여받은 조합원입주권이나 분양권에 의하여 사업시행 완료 후 취득한 신축주택은 제외한다. 이하 '일반주택')을 국내에 각각 1개씩 소유하고 있는 1세대가 일반주택을 양도하는 경우(주2)
③ 공동상속주택을 소유한 경우 : 공동상속주택(주3)외의 다른 주택을 양도하는 때에는 해당 공동상속주택은 해당 거주자의 주택으로 보지 아니한다. 다만, 상속지분이 가장 큰 상속인의 경우에는 그러하지 아니하며, 상속지분이 가장 큰 상속인이 2명 이상인 경우에는 그 2명 이상의 사람 중 다음의 순서에 따라 해당 사람이 그 공동상속주택을 소유한 것으로 본다.
a. 당해 주택에 거주하는 자
b. 최연장자</td></tr>
</table>

④ 동거봉양을 위해 세대를 합침으로써 일시적 2주택이 된 경우 : 1주택을 보유하고 1세대를 구성하는 자가 1주택을 보유하고 있는 60세 이상의 직계존속(주4)을 동거봉양하기 위하여 세대를 합침으로써 1세대가 2주택을 보유하게 되는 경우 합친 날부터 10년 이내에 먼저 양도하는 주택의 경우

⑤ 혼인함으로써 일시적으로 2주택이 된 경우 : 1주택을 보유하는 자가 1주택을 보유하는 자와 혼인함으로써 1세대가 2주택을 보유하게 되는 경우 또는 1주택을 보유하고 있는 60세 이상의 직계존속(주4)을 동거봉양하는 무주택자가 1주택을 보유하는 자와 혼인함으로써 1세대가 2주택을 보유하게 되는 경우 각각 혼인한 날부터 10년 이내에 먼저 양도하는 주택의 경우

⑥ 문화유산주택과 일반주택을 보유한 경우 : 문화유산주택(「문화유산의 보존 및 활용에 관한 법률」에 따른 지정문화유산, 국가등록문화유산 및 천연기념물등)과 그 밖의 주택(이하 "일반주택"이라 한다)을 국내에 각각 1개씩 소유하고 있는 1세대가 일반주택을 양도하는 경우

⑦ 농어촌주택과 일반주택을 보유한 경우 : 다음 중 어느 하나에 해당하는 농어촌주택과 그 밖의 주택(이하 "일반주택"이라 한다)을 국내에 각각 1개씩 소유하고 있는 1세대가 일반주택을 양도하는 경우. 다만, c의 귀농주택에 대해서는 그 주택을 취득한 날부터 5년 이내에 일반주택을 양도하는 경우에 한정하여 적용한다.

a. 상속받은 주택(피상속인이 취득 후 5년 이상 거주한 사실이 있는 경우에 한함)

b. 이농인(어업에서 떠난 자 포함)이 취득일 후 5년 이상 거주한 사실이 있는 이농주택

c. 영농 또는 영어의 목적으로 취득한 귀농주택

⑧ 취학, 근무상의 형편, 질병의 요양, 그 밖에 부득이한 사유(주5)로 취득한 수도권 밖에 소재하는 주택과 그 밖의 주택(이하 "일반주택"이라 한다)을 국내에 각각 1개씩 소유하고 있는 1세대가 부득이한 사유가 해소된 날부터 3년 이내에 일반주택을 양도하는 경우

⑨ 장기임대주택[2020.7.10. 이전에 임대사업자등록 신청(임대할 주택을 추가하기 위해 등록사항의 변경 신고를 한 경우 포함)을 한 주택으로 한정함] 또는 장기어린이집과 그 밖의 1주택을 국내에 소유하고 있는 1세대가 거주주택(거주기간이 2년 이상일 것)을 양도하는 경우

⑩ 장기저당담보주택에 대한 1세대 1주택의 특례 : 1주택을 소유하고 1세대를 구성하는 자가 장기저당담보주택(거주기간의 제한 없음)을 소유하고 있는 직계존속(배우자의 직계존속 포함)을 동거봉양하기 위하여 세대를 합침으로써 1세대가 2주택을 소유하게 되는 경우 먼저 양도하는 주택의 경우

주1 조합원입주권 또는 분양권을 상속받아 사업시행 완료 후 취득한 신축주택을 포함하며, 피상속인이 상속개시 당시 2 이상의 주택(상속받은 1주택이 재개발사업, 재건축사업, 소규모재건축사업, 소규모재개발사업, 가로주택정비사업, 자율주택정비사업의 시행으로 2 이상의 주택이 된 경우 포함)을 소유한 경우에는 다음의 순위에 따른 1주택을 말한다.

a. 피상속인이 소유한 기간이 가장 긴 1주택

b. 피상속인이 소유한 기간이 같은 주택이 2 이상일 경우에는 피상속인이 거주한 기간이 가장 긴 1주택

c. 피상속인이 소유한 기간 및 거주한 기간이 모두 같은 주택이 2 이상일 경우에는 피상속인이 상속개시당시 거주한 1주택

d. 피상속인이 거주한 사실이 없는 주택으로서 소유한 기간이 같은 주택이 2 이상일 경우에는 기준시가가 가장 높은 1주택(기준시가가 같은 경우에는 상속인이 선택하는 1주택)

주2 다만, 상속인과 피상속인이 상속개시 당시 1세대인 경우에는 1주택을 보유하고 1세대를 구성하는 자가 직계존속(배우자의 직계존속을 포함하며, 세대를 합친 날 현재 직계존속 중 어느 한 사람 또는 모두가 60세 이상으로서 1주택을 보유하고 있는 경우만 해당한다)을 동거봉양하기 위하여 세대를 합침에 따라 2주택을 보유하게 되는 경우로서 합치기 이전부터 보유하고 있었던 주택만 상속받은 주택으로 본다.

주3 상속으로 여러 사람이 공동으로 소유하는 1주택을 말하며, 피상속인이 상속개시 당시 2 이상의 주택(상속받은 1주택이 재개발사업, 재건축사업 또는 소규모재건축사업등의 시행으로 2 이상의 주택이 된 경우를 포함한다)을 소유한 경우에는(주1)의 순위에 따른 1주택을 말한다.

주4 직계존속에는 다음의 사람을 포함한다.

a. 배우자의 직계존속으로서 60세 이상인 사람

b. 직계존속(배우자의 직계존속 포함) 중 어느 한 사람이 60세 미만인 경우

c. 「국민건강보험법 시행령」에 따라 보건복지부장관이 정하여 고시하는 기준에 따라 중증질환자, 희귀난치성질환자 또는 결핵환자 산정특례 대상자로 등록되거나 재등록된 자

주5 학교(초등학교 · 중학교 제외)에의 취학, 직장의 변경이나 전근 등 근무상의 형편, 1년 이상의 치료나 요양을 필요로 하는 질병의 치료 또는 요양, 학교폭력으로 인한 전학(학교폭력대책자치위원회가 피해학생에게 전학이 필요하다고 인정하는 경우에 한한다)(이하 "취학 등 부득이한 사유"라 한다) → 사업상 형편으로 주거를 이전하는 경우에는 비과세대상이 아님

※ 2개 이상의 주택을 같은 날 양도하는 경우 : 1세대 1주택 비과세 규정을 적용함에 있어서 2개 이상의 주택을 같은 날에 양도하는 경우에는 해당 거주자가 선택하는 순서에 따라 주택을 양도한 것으로 본다.

(3) 보유기간 및 거주기간 요건

구 분	내 용
원 칙	양도 당시 주택으로 보유기간(주1)이 2년(비거주자가 해당 주택을 3년 이상 계속 보유하고 그 주택에서 거주한 상태로 거주자로 전환된 경우에는 3년) 이상이어야 한다. 다만, 2017.8.3. 이후 취득 당시에 조정대상지역에 있는 주택의 경우에는 그 보유기간 중 거주기간(주2)이 2년 이상이어야 한다(2017.8.2. 이전에 취득한 조정대상지역에 있는 주택은 보유기간 요건만 충족하면 됨).
특례 1 (보유기간과 거주기간의 제한을 받지 않는 경우)	① 민간건설임대주택, 공공건설임대주택 또는 공공매입임대주택을 취득하여 양도하는 경우로서 해당 임대주택의 임차일부터 양도일까지의 기간 중 세대전원이 거주(취학 등의 부득이한 사유로 세대의 구성원 중 일부가 거주하지 못하는 경우 포함)한 기간이 5년 이상인 경우 ② 사업인정 고시일 전에 취득한 주택 및 부수토지의 전부 또는 일부가 협의매수 · 수용되는 경우(양도일 또는 수용일부터 5년 이내에 양도하는 그 잔존주택 및 부수토지 포함) ③ 해외이주 또는 1년 이상 국외 거주를 필요로 하는 취학 · 근무상 형편으로 세대전원이 출국하는 경우(다만, 출국일 현재 1주택을 보유하고 있는 경우로서 출국일부터 2년 이내에 양도하는 경우에 한함) ④ 1년 이상 거주한 주택을 취학등 부득이한 사유로 세대 전원이 다른 시(특별시, 광역시, 특별자치시, 행정시 포함) · 군으로 주거를 이전하면서 양도하는 경우
특례 2 (거주기간의 제한을 받지 않는 경우)	거주자가 조정대상지역의 공고가 있은 날 이전에 매매계약을 체결하고 계약금을 지급한 사실이 증빙서류에 의하여 확인되는 경우로서 해당 거주자가 속한 1세대가 계약금 지급일 현재 주택을 보유하지 아니하는 경우

주1 장기보유특별공제의 보유기간 계산에 따른다. 다만, 주택이 아닌 건물을 사실상 주거용으로 사용하거나 공부상의 용도를 주택으로 변경하는 경우 그 보유기간은 해당 자산을 사실상 주거용으로 사용한 날(사실상 주거용으로 사용한 날이 분명하지 않은 경우에는 그 자산의 공부상 용도를 주택으로 변경한 날)부터 양도한 날까지로 한다.

주2 주민등록표 등본에 따른 전입일부터 전출일까지의 기간(취득 당시에 조정대상지역에 있는 주택으로서 공동상속주택인 경우 거주기간은 해당 주택에 거주한 공동상속인 중 그 거주기간이 가장 긴 사람이 거주한 기간으로 판단함)

더 알아보기 보유기간의 통산

① 거주하거나 보유하는 중에 소실 · 무너짐 · 노후 등으로 인하여 멸실되어 재건축한 주택의 경우에는 그 멸실된 주택과 재건축한 주택에 대한 보유기간

② 비거주자가 해당 주택에서 3년 이상 계속 보유하고 그 주택에서 거주한 상태에서 거주자로 전환된 경우에는 그 주택에 대한 보유기간

③ 상속받은 주택으로서 상속인과 피상속인이 상속개시 당시 동일세대인 경우에는 상속개시 전에 상속인과 피상속인이 동일세대로서 거주하고 보유한 기간

더 알아보기 상생임대주택에 대한 거주기간 특례

국내에 1주택(1세대 1주택의 특례 등에 따라 1세대 1주택으로 보는 경우 포함)을 소유한 1세대가 법령에서 정하는 상생임대주택을 양도하는 경우에는 1세대 1주택의 범위, 장기임대주택의 거주주택 및 장기보유특별공제를 적용할 때 해당 규정에 따른 거주기간의 제한을 받지 않는다.

3. 농지의 교환 또는 분합으로 발생하는 소득

구 분	내 용
비과세 대상	다음 중 어느 하나에 해당하는 농지를 교환 또는 분합하는 경우로서 교환 또는 분합하는 쌍방 토지가액의 차액이 가액이 큰 편의 4분의 1 이하인 경우 ① 국가 또는 지방자치단체가 시행하는 사업으로 인하여 교환 또는 분합하는 농지 ② 국가 또는 지방자치단체가 소유하는 토지와 교환 또는 분합하는 농지 ③ 경작상 필요에 의하여 교환하는 농지. 다만, 교환에 의하여 새로이 취득하는 농지를 3년 이상 농지소재지에 거주하면서 경작하는 경우에 한한다. ④ 「농어촌정비법」·「농지법」·「한국농어촌공사 및 농지관리기금법」 또는 「농업협동조합법」에 의하여 교환 또는 분합하는 농지
비과세 제외	농지로서 다음 중 어느 하나에 해당하는 것 ① 양도일 현재 특별시·광역시(광역시에 있는 군은 제외)·특별자치시(특별자치시에 있는 읍·면지역은 제외)·특별자치도(행정시의 읍·면지역은 제외) 및 시지역(도농 복합형태인 시의 읍·면지역은 제외)에 있는 농지 중 주거지역·상업지역 또는 공업지역 안의 농지로서 이들 지역에 편입된 날부터 3년이 지난 농지 ② 당해 농지에 대하여 환지처분 이전에 농지 외의 토지로 환지예정지의 지정이 있는 경우로서 그 환지예정지 지정일부터 3년이 지난 농지

4. 조합입주권을 1개 보유한 1세대가 조합원입주권을 양도하여 발생하는 소득

구 분	내 용
비과세 대상	조합원입주권을 1개 보유한 1세대[「도시 및 주거환경정비법」에 따른 관리처분계획의 인가일 및 「빈집 및 소규모주택 정비에 관한 특례법」에 따른 사업시행계획인가일(인가일 전에 기존주택이 철거되는 때에는 기존주택의 철거일) 현재 비과세대상인 기존주택을 소유하는 세대]가 다음 어느 하나의 요건을 충족하여 양도하는 경우 ① 양도일 현재 다른 주택 또는 분양권을 보유하지 아니할 것 ② 양도일 현재 1조합원입주권 외에 1주택을 보유한 경우(분양권을 보유하지 아니하는 경우로 한정)로서 해당 1주택을 취득한 날부터 3년 이내에 해당 조합원입주권을 양도할 것(3년 이내에 양도하지 못하는 경우로서 대통령령으로 정하는 사유에 해당하는 경우를 포함)
비과세 제외	해당 조합원입주권의 실지양도가액이 12억원을 초과하는 경우(고가조합원입주권)

더 알아보기 1세대가 주택과 조합원입주권 또는 분양권을 보유한 경우 비과세 배제

1세대가 주택(주택부수토지 포함)과 조합원입주권 또는 분양권을 보유하다가 그 주택을 양도하는 경우에는 비과세를 적용하지 아니한다. 다만, 「도시 및 주거환경정비법」에 따른 재건축사업 또는 재개발사업, 「빈집 및 소규모주택 정비에 관한 특례법」에 따른 자율주택정비사업, 가로주택정비사업, 소규모재건축사업 또는 소규모재개발사업의 시행기간 중 거주를 위하여 주택을 취득하는 경우나 '1세대 1주택 특례에 따라 1주택을 보유한 것으로 보는 경우'에는 그러하지 아니하다.

제3절 | 양도 또는 취득의 시기 CTA 17

구 분	내 용
유상양도	① 원칙 : 해당 자산의 대금을 청산한 날 ② 대금을 청산한 날이 분명하지 아니한 경우 : 등기부·등록부 또는 명부 등에 기재된 등기·등록접수일 또는 명의개서일 ③ 대금을 청산하기 전에 소유권이전등기(등록 및 명의의 개서를 포함)를 한 경우 : 등기부·등록부 또는 명부등에 기재된 등기접수일
장기할부조건	소유권이전등기(등록 및 명의개서를 포함) 접수일·인도일 또는 사용수익일 중 빠른 날
자기가 건설한 건축물	「건축법」에 따른 사용승인서 교부일(다만, 사용승인서 교부일 전에 사실상 사용하거나 임시사용승인을 받은 경우에는 그 사실상의 사용일 또는 임시사용승인을 받은 날 중 빠른 날로 하고 건축허가를 받지 아니하고 건축하는 건축물에 있어서는 그 사실상의 사용일)
상속 또는 증여에 의하여 취득한 자산	그 상속이 개시된 날 또는 증여를 받은 날
「민법」에 의하여 부동산의 소유권을 취득하는 경우	당해부동산의 점유를 개시한 날
「공익사업을 위한 토지 등의 취득 및 보상에 관한 법률」이나 그 밖의 법률에 따라 공익사업을 위하여 수용되는 경우	대금을 청산한 날, 수용의 개시일 또는 소유권이전등기접수일 중 빠른 날(다만, 소유권에 관한 소송으로 보상금이 공탁된 경우에는 소유권 관련 소송 판결 확정일)
양도한 자산의 취득 시기가 분명하지 아니한 경우	먼저 취득한 자산을 먼저 양도한 것으로 봄

제4절 | 양도소득과세표준의 계산 CTA 25·23·22·20·19·18·17·16

	양 도 가 액	… 실지거래가액
(−)	취 득 가 액	… 실지거래가액
(−)	기 타 필 요 경 비	… 자본적지출 및 양도비용
	양 도 차 익	
(−)	장 기 보 유 특 별 공 제	… 양도차익×공제율
	양 도 소 득 금 액	… 다른 자산의 양도차손 공제
(−)	양 도 소 득 기 본 공 제	… 그룹별로 1인당 연 250만원 공제
	양 도 소 득 과 세 표 준	
(×)	양 도 소 득 세 율	… 자산별·보유기간별·등기여부에 따라 구분하여 적용
	양 도 소 득 산 출 세 액	

1. 양도가액 및 취득가액의 산정

(1) 실지양도가액

① 일반적인 경우 : 실지거래가액

② 저가양도

- 특수관계인 + 현저한 이익 요건 : 시가
- 이외 : 실제 양도가

③ 고가양도

- 특수관계 법인 : 시가(법인세법상 시가 적용)
- 이외 : 실제양도가 – 증여재산가액

④ 토지 및 건물 등을 일괄양도하여 양도가액의 구분이 불분명한 경우* : 안분계산(취득가액도 동일하게 적용)

*토지와 건물 등의 구분가액이 안분규정에 따라 계산한 가액과 30% 이상 차이가 있는 경우 불분명한 경우로 간주하여 안분계산가액으로 양도가액 결정

*양도가액의 구분이 불분명하여 안분계산하는 경우의 계산방법 : 부가가치세법의 과세표준안분계산규정을 적용

(2) 실지취득가액

① 일반적인 경우 : 실지거래가액

② 고가매입

- 특수관계인 + 현저한 이익요건 : 시가
- 이외 : 실제 매입가

③ 장기할부조건 취득 : 명목가액(현할차 포함된 금액)

④ 감가상각비와 현할차상각비를 사업소득금액에서 필요경비로 인정받은 경우 : 해당금액 차감

⑤ 상속 또는 증여받은 자산(부담부증여의 채무액에 해당하는 부분도 포함)

- 원칙 : 상속개시일 또는 증여일 현재 평가액
- 예외 : 이월과세가 적용되는 경우 → 증여한 배우자, 직계존비속의 취득가액

⑥ 주식매수선택권 행사로 취득한 주식 : 행사당시의 시가

⑦ 저가매입

- 특수관계법인 : 실제매입가 + 사외유출 소득처분
- 이외 : 실제매입가 + 증여재산가액

⑧ 변칙적 거래에 따른 이익의 증여 및 증여의제(명의신탁재산의 증여의제 제외) 규정에 의하여 증여세를 과세받은 경우 : 해당 증여재산가액 또는 그 증감액을 취득가액에 가산하거나 차감

⑨ 합병교부주식의 취득가액 : 기존 주식 취득가 + 합병시 의제배당 – 합병교부금

⑩ 취득가액에 포함되는 항목

• 취득세(납부영수증이 없는 경우에도 취득가액에 포함. 다만, 취득세가 감면된 세액은 제외)
• 「부가가치세법」상 면세사업에의 전용 및 폐업시 잔존재화에 대한 공급의제 규정에 의하여 납부하였거나 납부할 부가가치세
• 취득 관련 쟁송으로 소요된 소송비용・화해비용 등의 금액(타소득금액 계산시 필요경비에 산입된 것은 제외)
• 약정에 따라 취득원가에 이자상당액을 가산하여 거래가액을 확정하는 경우 당해 이자상당액(지급기일의 지연으로 인하여 추가로 발생하는 이자상당액은 제외)

(3) 실지거래가액을 인정 또는 확인할 수 없는 경우

① 양도가액 : 실지거래가액 → 매매사례가액 → 감정가액 → 기준시가

② 취득가액

• 기준시가 이외의 가액을 양도가액으로 적용한 경우* : 실지거래가액 → 매매사례가액 → 감정가액 → 환산취득가액
• 기준시가를 양도가액으로 적용한 경우 : 기준시가

*상장주식 : 매매사례가액, 감정가액 적용 불가 / 비상장주식 : 감정가액 적용불가
*매매사례가액 : 양도일 또는 취득일 전후 각 3개월 이내 유사자산의 매매가액
*감정가액 : 양도일 또는 취득일 전후 각 3월 이내 2 이상의 감정평가업자가 평가한 것을 평균(기준시가가 10억원 이하인 자산의 경우에는 하나의 감정평가업자 감정가액 인정)
*환산취득가액 = 양도가액 $\times \frac{\text{취득시 기준시가}}{\text{양도시 기준시가}}$ (신주인수권은 적용배제)
*추계 취득가액(매매사례가, 감정가, 환산취득가, 기준시가)을 적용한 경우 사업소득 감가상각비 인정액 차감(현할차 상각비는 차감하지 않음)

(4) 기준시가

① 토 지

• 일반지역 : 개별공시지가
• 지정지역 : 개별공시지가×국세청장이 정하는 배율

② 건물 : 국세청장 고시가액

③ 주택 : 공시된 개별주택가격 및 공동주택가격

④ 국세청장 지정지역 내의 오피스텔 및 상업용 건물 : 국세청장 일괄 고시가액

⑤ 상장주식 : 양도일・취득일 이전 1월간 종가평균액

⑥ 비상장주식

• 원칙 : 「상속세 및 증여세법」의 보충적 평가방법 준용
• 예 외
  – 순손익가치 산정시 가중평균순손익은 직전 사업연도 순손익 적용
  – 순자산가치 산정시 상증세법에 의한 평가액은 법인의 장부가액(토지는 기준시가) 적용

2. 기타 필요경비의 산정

(1) 기타 필요경비의 산정 방법

취득가액 적용	기타경비 적용
실지취득가액으로 하는 경우	자본적지출 + 양도비용
추계취득가액으로 하는 경우	필요경비 개산공제

(2) 자본적지출 및 양도비용*

구 분	내 용
자본적지출	① 해당 자산의 가치를 증가시키거나 내용연수를 연장시키는 지출 ② 취득 후 소유권 확보를 위해 직접 소요된 소송비용·화해비용 등 ③ 법률에 따른 수용 등에서 보상금 증액 관련 소송비용·화해비용(증액보상금을 한도로 하며, 그 지출한 연도 필요경비에 산입된 것을 제외한 금액) ④ 양도자산의 용도변경·개량 또는 이용편의를 위해 지출한 비용(재해·노후화 등 부득이한 사유로 인해 건물을 재건축한 경우 그 철거비용을 포함) ⑤ 개발부담금 및 재건축부담금
양도비용	① 자산을 양도하기 위해 직접 지출한 비용 a. 증권거래세 b. 양도소득세과세표준 신고서 작성비용·계약서 작성비용 c. 공증비용·인지대·소개비 d. 매매계약에 따른 인도의무를 이행하기 위해 양도자가 지출하는 명도비용 e. a~d와 유사한 비용 ② 부동산 취득시 법에 따라 취득한 채권의 처분손실(금융기관 외 양도시에는 금융기관에 양도하였을 경우 발생할 처분손실 한도로 인정)

*자본적지출 및 양도비용은 그 지출에 관한 적격증명서류(세금계산서, 계산서, 신용카드매출전표, 직불카드영수증, 기명식선불카드영수증, 현금영수증 등)를 수취·보관하거나 실제 지출사실이 금융거래 증명서류에 의하여 확인되는 경우에 한정한다.
*부동산매매계약의 해약으로 인하여 지급하는 위약금 등은 양도차익 계산시 필요경비로 공제하지 아니한다.
*중개수수료가 통상의 부동산 취득에 따른 중개수수료에 비해 많다고 하더라도 실지 지급된 금액은 필요경비에 산입한다.

(3) 필요경비개산공제

구 분	필요경비개산공제
① 토지와 건물	취득시 기준시가×3%(미등기 : 0.3%)
② 부동산에 관한 권리 a. 부동산을 이용할 수 있는 권리	취득시 기준시가×7%(미등기 : 1%)
b. 부동산을 취득할 수 있는 권리 ③ 기타자산 ④ 이외 자산	취득시 기준시가×1%

(4) 필요경비 산정의 특례 = Max(①, ②)

① 환산취득가액 + 필요경비 개산공제

② 자본적지출 및 양도비용

제10장

3. 장기보유 특별공제

구 분	내 용
공제대상	① 3년 이상 보유한 토지·건물 ② 조합원입주권(조합원으로부터 취득한 것은 제외하며, 관리처분계획 인가 및 사업시행계획인가 전 토지분 또는 건물분의 양도차익으로 한정함)
적용배제	① 미등기자산 ② 조정대상지역에 있는 주택으로서 1세대 2주택(조합원입주권 또는 분양권 포함) 이상인 주택. 단, 조정대상지역에 있는 주택을 2년 이상 보유한 1세대 2주택 이상인 자가 해당 주택을 2022.5.10.부터 2024.5.9.까지 양도하는 경우에는 제외함.
장기보유특별공제액	① 1세대 1주택 외의 자산 : 양도차익 × 보유기간별 공제율(주1) ② 1세대 1주택 : 양도차익 × (보유기간별 공제율(주2) + 거주기간별 공제율(주3))

주1 보유기간별 공제율(한도 30%) : 보유연수(1년 미만 절사) × 2%

주2 보유기간별 공제율(한도 40%) : 보유연수(1년 미만 절사) × 4%

주3 거주기간별 공제율(한도 40%) : 거주연수(1년 미만 절사) × 4%(보유기간 3년 이상인 경우에 한정하여 거주기간이 2년 이상 3년 미만인 경우에도 적용함)

※ 보유기간은 자산의 취득일(초일산입)로부터 양도일까지의 기간을 말하며, 아래 자산의 기산일은 다음과 같다.
① 증여받은 자산에 대한 이월과세를 적용받는 자산 : 증여한 배우자 또는 직계존비속의 취득일
② 가업상속공제가 적용된 비율에 해당하는 자산 : 피상속인의 취득일

더 알아보기 주택이 아닌 건물을 사실상 주거용으로 사용하거나 공부상의 용도를 주택으로 변경하는 경우의 1세대 1주택 비과세 보유기간 및 장기보유특별공제액

① 1세대 1주택 비과세 보유기간 : 사실상 주거용 사용일(불분명 시 용도변경일)로 기산일 변경
② 장기보유 특별공제액 : 양도차익 × (보유기간별 공제율(주1) + 거주기간별 공제율(주2))

주1 보유기간별 공제율(40% 한도) = 주택이 아닌 건물로 보유한 기간에 해당하는 1세대 1주택 외의 자산의 보유기간별 공제율 + 주택으로 보유한 기간에 해당하는 1세대 1주택의 보유기간별 공제율

주2 주택으로 보유한 기간 중 거주한 기간에 해당하는 1세대 1주택의 거주기간별 공제율

4. 양도차손의 공제(양도소득금액 단계에서 적용)

동일그룹 양도소득금액 하에서 다음의 순서대로 공제한다.

① 동일세율소득금액 ┐
② 이외세율소득금액 ┘ 이외세율소득금액비율로 배분
③ 소 멸

5. 양도소득기본공제

(1) 공제금액

그룹별로 소득금액에서 각각 250만원 공제

(2) 공제순서

양도소득금액에 감면소득금액이 있는 때에는 해당 감면소득금액 외의 양도소득금액에서 먼저 공제한다. 감면소득금액 외의 양도소득금액 중에서는 먼저 양도한 자산의 양도소득금액부터 순차로 공제한다.

(3) 대상자산

모든 과세대상자산(단, 미등기자산은 적용 제외)

제5절 | 양도소득세의 특례 CTA 23

1. 배우자 · 직계존비속간 증여재산에 대한 이월과세

(1) 요 건

거주자가 양도일부터 소급하여 10년(일반주식의 경우에는 1년) 이내에 그 배우자(양도 당시 혼인관계가 소멸된 경우를 포함하되, 사망으로 혼인관계가 소멸된 경우는 제외) 또는 직계존비속으로부터 증여받은 토지 · 건물 · 특정시설물 이용권 · 부동산을 취득할 수 있는 권리 및 일반주식의 양도차익을 계산하는 경우

(2) 이월과세 배제

① 사업인정고시일부터 소급하여 2년 이전에 증여받은 경우로서 「공익사업을 위한 토지 등의 취득 및 보상에 관한 법률」이나 그 밖의 법률에 따라 협의매수 또는 수용된 경우

② 이월과세 적용으로 비과세되는 1세대 1주택[비과세대상에서 제외되는 고가주택(이에 딸린 토지를 포함)을 포함]의 양도에 해당하게 되는 경우

③ 이월과세를 적용하여 계산한 양도소득 결정세액이 이월과세를 적용하지 아니하고 계산한 양도소득 결정세액보다 적은 경우

(3) 이월과세 효과

① 양도소득세의 납세의무자 : 수증자

② 양도소득세의 계산 : 취득가액은 당초 증여자의 취득 당시 취득가액을 하고, 증여자의 자본적 지출액도 필요경비에 포함. 장기보유 특별공제, 세율 적용은 증여자의 취득시기를 기준으로 판단

③ 증여세의 처리 : 필요경비로 공제(양도차익을 한도로 함)

$$\text{양도한 자산에 대한 증여세} = \text{증여세 산출세액} \times \frac{\text{양도한 자산의 증여세 과세가액}}{\text{증여세 과세가액}}$$

2. 가업상속공제재산에 대한 이월과세

상속세의 가업상속공제가 적용된 자산의 취득가액(① + ②)은 다음의 금액으로 한다.

① 피상속인의 취득가액 $\times \dfrac{\text{가업상속공제액}}{\text{가업상속재산가액}}$

② 상속개시일 현재 해당 자산가액 × (1 – 가업상속공제적용률)

※ 가업상속공제가 적용된 자산별 가업상속공제액은 가업상속공제액을 상속 개시 당시의 허당 자산별 평가액을 기준으로 안분하여 계산한다.

3. 우회양도에 대한 부당행위계산의 부인

(1) 개 념

거주자가 특수관계인(이월과세 규정을 적용받는 배우자 및 직계존비속의 경우는 제외)에게 자산을 증여한 후 그 자산을 증여받은 자가 그 증여일부터 5년 이내에 다시 타인에게 양도한 경우로서 증여받은 자의 증여세와 양도소득세를 합한 세액이 증여자가 직접 양도하는 경우로 보아 계산한 양도소득세보다 적은 경우에는 증여자가 그 자산을 직접 양도한 것으로 본다.

① 적용요건

- 우회양도시 세액 합계액(증여세 및 양도세(주1)) < 직접 양도시 양도세(주1)

주1 증여세 및 양도세 : 세액공제 차감후

- 증여일부터 양도일까지가 5년 이내
- 특수관계인(이월과세 규정을 적용받는 배우자 및 직계존비속의 경우는 제외)에게 증여

② 납세의무자 : 당초 증여자와 특수관계인이 연대납세의무

(2) 증여세의 처리

부과취소

(3) 연대납세의무

당초 증여자와 특수관계인이 연대납세의무

(4) 적용제외

양도소득이 해당 수증자에게 실질적으로 귀속된 경우

4. 고가주택의 양도소득금액 계산

$$\text{고가주택}^{(주1)}\text{의 양도차익} = \text{전체 양도차익} \times \frac{\text{양도가액} - 12\text{억원}^{(주2)}}{\text{양도가액}}$$

주1 비과세대상에서 제외되는 실지양도가액이 12억원을 초과하는 1세대 1주택(고가주택)과 실지양도가액이 12억원을 초과하는 1세대 1조합원입주권(고가조합원입주권)

주2 양도가액 중 12억원까지 비과세

5. 부담부증여

(1) 정 의

수증자가 일정한 채무를 부담하는 것을 조건으로 증여받는 것

(2) 과세체계

① 수증자 : 증여세 부과(증여재산가액 – 승계한 채무가액)
② 증여자 : 채무가액을 양도가액으로 보아 양도세 부과

(3) 양도차익의 계산

① 양도가액 = 양도 당시 자산가액* × $\frac{\text{채무액}}{\text{증여가액}}$

② 취득가액 = 취득 당시 자산가액** × $\frac{\text{채무액}}{\text{증여가액}}$

*상증세법에 의한 평가액(증여일 현재의 시가로 하되, 시가를 산정하기 어려운 경우 보충적 평가방법 적용)을 적용
**양도차익 계산시 적용되는 취득가액의 규정을 준용

양도 당시 자산가액		취득 당시 자산가액
증여일 현재의 시가	→	실지취득가액, 매매사례가액, 감정가액, 환산취득가액
증여일 현재의 기준시가	→	취득당시 기준시가

제6절 | 국외자산 양도소득에 대한 양도소득세 CTA 24

1. 납세의무자 및 과세대상

(1) 납세의무자

거주자(해당 자산의 양도일까지 계속 5년 이상 국내에 주소 또는 거소를 둔 자만 해당한다)에 한하여 납세의무를 진다.

(2) 과세대상

국외에 있는 자산의 양도에 대한 양도소득은 해당 과세기간에 국외에 있는 자산을 양도함으로써 발생하는 다음의 소득으로 한다(다만, 다음에 따른 소득이 국외에서 외화를 차입하여 취득한 자산을 양도하여 발생하는 소득으로서 환율변동으로 인하여 외화차입금으로부터 발생하는 환차익을 포함하고 있는 경우에는 해당 환차익을 양도소득의 범위에서 제외).

① 토지 또는 건물의 양도로 발생하는 소득
② 다음 어느 하나에 해당하는 부동산에 관한 권리의 양도로 발생하는 소득
- 부동산을 취득할 수 있는 권리(건물이 완성되는 때에 그 건물과 이에 딸린 토지를 취득할 수 있는 권리를 포함)
- 지상권
- 전세권과 부동산임차권

③ 기타자산과 부동산에 관한 권리로서 미등기 양도자산

2. 계산구조

(1) 양도가액과 취득가액

다음의 순서대로 정한다.

① 실지거래가액
② 시 가
③ 「상속세 및 증여세법」상 보충적 평가방법

(2) 양도가액과 필요경비의 외화환산

① 양도가액 : 수령일
② 필요경비 : 지출일의 기준환율 또는 재정환율로 환산

※ 장기할부조건 : 양도시기 또는 취득시기 규정에 의한 양도일 또는 취득일을 양도가액 또는 취득가액을 수령하거나 지출한 날로 본다. 즉, 양도시기에 양도가액을 수령한 것으로 보며, 취득가액을 전액 지출한 것으로 본다.

(3) 장기보유특별공제 : 미적용

(4) 양도소득기본공제

국외자산의 양도에 대한 양도소득이 있는 거주자에 대해서는 해당 과세기간의 양도소득금액에서 250만원을 공제한다. 단, 미등기자산도 기본공제를 적용받는다.

※ 해외주식 : 국내주식의 양도손익과 합산하여 연 250만원 공제
해외파생상품 : 국내파생상품의 양도손익과 합산하여 연 250만원 공제

(5) 양도소득세 세율 : 기본세율

(6) 외국납부세액

외국에서 국외양도자산에 대한 양도소득세액을 납부하였거나 납부할 것이 있는 때에는 외국납부세액공제(이월공제 ×)나 외국납부세액의 필요경비산입 중 하나를 선택하여 적용할 수 있다.

제7절 | 거주자의 출국시 국내 주식 등에 대한 과세특례 CTA 25

1. 납세의무자

다음의 요건을 모두 갖추어 출국하는 거주자(이하 "국외전출자"라 한다)는 출국 당시 소유한 국내일반주식, 특정주식A, 특정주식B를 출국일에 양도한 것으로 보아 양도소득에 대하여 소득세를 납부할 의무가 있다.

① 출국일 10년 전부터 출국일까지의 기간 중 국내에 주소나 거소를 둔 기간의 합계가 5년 이상일 것

② 출국일이 속하는 연도의 직전 연도 종료일 현재 소유하고 있는 주식등의 비율・시가총액 등을 고려하여 대주주에 해당할 것

2. 계산구조

(1) 양도가액

① **원칙** : 출국일 당시 해당 주식등의 거래가액

② **예 외**

- 주권상장법인의 주식등 : 「소득세법」상 기준시가
- 주권비상장법인의 주식등 : 다음의 방법을 순차적으로 적용
  - 출국일 전후 각 3개월 이내에 해당 주식등의 매매사례가 있는 경우 그 가액
  - 「소득세법」상 비상장주식의 기준시가

(2) 양도소득과세표준

종합소득, 퇴직소득 및 거주자의 양도소득 과세표준과 구분하여 계산

(3) 세율 : 20%(3억원 초과분 25%)

(4) 감면공제세액

국외전출자가 출국한 후 국외전출자 국내주식등을 실제 양도한 경우에 조정공제액, 외국납부세액공제, 비거주자의 국내원천소득 세액공제를 적용한다.

3. 신고・납부 및 경정청구

(1) 신고・납부

① **국내주식등의 보유현황 신고** : 국외전출자는 국외전출자 국내주식등의 양도소득에 대한 납세관리인과 국외전출자 국내주식등의 보유현황을 출국일 전날까지 납세지 관할 세무서장에게 신고하여야 한다. 이 경우 국외전출자 국내주식등의 보유현황은 신고일의 전날을 기준으로 작성한다.

② **양도소득세의 신고・납부** : 국외전출자는 양도소득과세표준을 출국일이 속하는 달의 말일부터 3개월 이내(납세관리인을 신고한 경우에는 양도소득과세표준 확정신고 기간 내)에 납세지 관할 세무서장에게 신고하여야 한다. 양도소득과세표준을 신고할 때에는 산출세액에서 소득세법 또는 다른 조세에 관한 법률에 따른 감면세액과 세액공제액을 공제한 금액을 납세지 관할 세무서, 한국은행 또는 체신관서에 납부하여야 한다.

(2) 경정청구

조정공제, 외국납부세액공제 및 비거주자의 국내원천소득 세액공제를 적용받으려는 자는 국외전출자 국내주식등을 실제 양도한 날부터 2년 이내에 납세지 관할 세무서장에게 경정을 청구할 수 있다.

합격의 공식
시대에듀

인생에서 실패한 사람 중 다수는

성공을 목전에 두고도 모른 채 포기한 이들이다.

– 토마스 A. 에디슨 –

Ⅲ
부가가치세법

CHAPTER 01

부가가치세법 총론

제1절 | 부가가치세의 개념 및 특징

1. 부가가치세의 개념

부가가치세란 상품(재화)의 거래나 서비스(용역)의 제공과정에서 얻어지는 부가가치(이윤)에 대하여 과세하는 세금이며, 사업자가 납부하는 부가가치세는 매출세액에서 매입세액을 차감하여 계산한다.

매출세액 − 매입세액

부가가치세는 물건값에 포함되어 있기 때문에 실제로는 최종소비자가 부담하는 것이며, 사업자는 최종소비자가 부담한 부가가치세를 세무서에 납부한다. 따라서 부가가치세 과세대상 사업자는 상품을 판매하거나 서비스를 제공할 때 거래금액에 일정금액의 부가가치세를 징수하여 납부해야 한다.

2. 부가가치세의 특징

(1) 전단계세액 공제법

전단계에서 발생한 매입세액을 공제하여 납부할 세액을 계산하는 방식으로 다음의 특징이 있다.

① 과세물건 : 부가가치가 아니라 재화의 공급, 용역의 공급

② 과세표준 : 재화나 용역의 공급가액 → 누적 부가가치

③ 매입세액 공제 : 이중과세 조정을 위한 기납부세액 공제를 의미

(2) 소비지국 과세원칙

① 수출 재화 : 영세율 적용

② 수입 재화 : 세관장이 내국물품과 동일하게 부가가치세를 과세

(3) 간접세

① 납세의무자 : 재화나 용역을 공급하는 사업자

② 담세자 : 최종소비자

(4) 일반소비세

면세 재화 및 용역 이외의 모든 재화나 용역의 소비행위에 대하여 과세

(5) 소비형 부가가치세

중간재 및 자본재의 매입세액 공제

(6) 다단계 과세방식

사업자간 거래 및 사업자와 소비자간 거래등 모든 거래단계에서 과세

제2절 | 납세의무자 CTA 24 · 23 · 22 · 18

1. 납세의무자

(1) 납세의무자

다음 어느 하나에 해당하는 자로서 개인, 법인(국가 · 지방자치단체와 지방자치단체조합을 포함), 법인격이 없는 사단 · 재단 또는 그 밖의 단체는 이 법에 따라 부가가치세를 납부할 의무가 있다.

① 사업자

② 재화를 수입하는 자

(2) 사업자

사업 목적이 영리 · 비영리에 관계없이 사업상 독립적*으로 재화 또는 용역을 공급하는 자를 말한다.

*인적독립성 : 고용된 자는 사업자에 미포함
물적 독립성 : 주된 사업에 따라 과세여부 판정

(3) 신탁관련 납세의무

① **원칙** : 신탁재산과 관련된 재화 또는 용역을 공급하는 때에는 「신탁법」에 따른 수탁자가 신탁재산별로 각각 별도의 납세의무자로서 부가가치세를 납부할 의무가 있다. → 수탁자가 납세의무자가 되는 신탁재산에 둘 이상의 수탁자가 있는 경우 : 공동수탁자는 부가가치세를 연대하여 납부할 의무가 있다. 이 경우 공동수탁자 중 신탁사무를 주로 처리하는 수탁자(이하 "대표수탁자"라 한다)가 부가가치세를 신고 · 납부하여야 한다.

② **예외** : 다음 어느 하나에 해당하는 경우에는 「신탁법」에 따른 위탁자가 부가가치세를 납부할 의무가 있다.

- 신탁재산과 관련된 재화 또는 용역을 위탁자 명의로 공급하는 경우
- 위탁자가 신탁재산을 실질적으로 지배 · 통제하는 경우로서 다음 중 어느 하나에 해당하는 경우
  - 수탁자가 위탁자로부터 부동산 또는 부동산 관련 권리를 수탁받아 부동산개발사업을 목적으로 하는 신탁계약을 체결한 경우로서 그 신탁계약에 따른 부동산개발사업비의 조달의무를 수탁자가 부담하지 않는 경우(다만, 재개발사업 · 재건축사업 또는 가로주택정비사업 · 소규모재건축사업 · 소규모재개발사업의 사업시행자인 경우는 제외)
  - 수탁자가 재개발사업 · 재건축사업 또는 가로주택정비사업 · 소규모재건축사업 · 소규모재개발사업의 사업대행자인 경우

- 수탁자가 위탁자의 지시로 위탁자의 특수관계인에게 신탁재산과 관련된 재화 또는 용역을 공급하는 경우
- 「자본시장과 금융투자업에 관한 법률」에 따른 투자신탁의 경우

• 그 밖에 신탁의 유형, 신탁설정의 내용, 수탁자의 임무 및 신탁사무 범위 등을 고려하여 대통령령으로 정하는 경우

(4) 납세의무 기타규정

① 사업자의 사업자등록 여부 및 공급시 부가가치세의 거래징수 여부에 불구하고 부가가치세 신고납부의무 적용

② 과세거래의 사실상 귀속되는 자가 따로 있는 경우 사실상 귀속되는 자에 대하여 부가가치세법 적용

③ 청산 중 내국법인이 사실상 사업을 계속하는 경우 납세의무자에 해당(계속등기여부 상관없음)

④ 합병등기일 전 실제 합병한 경우 실제 합병일부터 합병등기일까지 피합병법인의 거래분에 대하여는 피합병법인의 명의로 세금계산서 발급 및 수취

2. 사업자등록

(1) 사업장 단위 등록

사업자는 사업장마다 사업 개시일부터 20일 이내에 사업장 관할 세무서장에게 사업자등록을 신청하여야 한다(다만, 신규로 사업을 시작하려는 자는 사업 개시일 이전이라도 사업자등록을 신청할 수 있다).

※ 사업자는 사업자등록의 신청을 사업장 관할 세무서장이 아닌 다른 세무서장에게도 할 수 있다.

(2) 사업자 단위로 변경

사업장이 둘 이상인 사업자(사업장이 하나이나 추가로 사업장을 개설하려는 사업자를 포함)는 사업자 단위로 해당 사업자의 본점 또는 주사무소 관할 세무서장에게 등록을 신청할 수 있다. 이 경우 등록한 사업자를 사업자 단위 과세 사업자라 한다.

① **사업장 단위로 등록한 사업자가 단위 과세 사업자로 변경하는 경우** : 사업자 단위 과세 사업자로 적용받으려는 과세기간 개시 20일 전까지 사업자의 본점 또는 주사무소 관할 세무서장에게 변경등록을 신청하여야 한다(사업자 단위 과세 사업자가 사업장 단위로 등록을 하려는 경우에드 또한 같다).

② **사업장이 하나인 사업자가 추가로 사업장을 개설하면서 추가 사업장의 사업 개시일이 속하는 과세기간부터 사업자 단위 과세 사업자로 적용받으려는 경우** : 추가 사업장의 사업 개시일부터 20일 이내(추가 사업장의 사업 개시일이 속하는 과세기간 이내로 한정)에 사업자의 본점 또는 주사무소 관할 세무서장에게 변경등록을 신청하여야 한다.

(3) 수탁자의 사업자등록

수탁자가 납세의무자가 되는 경우 수탁자(공동수탁자가 있는 경우 대표수탁자를 말한다)는 해당 신탁재산을 사업장으로 보아 사업자등록을 신청하여야 한다.

2. 사업자미등록시 제재

(1) 매입세액 불공제

① 원칙 : 사업자등록을 신청하기 전의 매입세액은 불공제

② 예외 : 공급시기가 속하는 과세기간이 지난 후 20일 이내에 등록 신청한 경우 등록신청일부터 공급시기가 속하는 과세기간의 기산일(1.1 또는 7.1)까지 역산한 기간 이내의 매입세액은 공제 가능

(2) 미등록 가산세

사업개시일부터 20일 이내에 사업자등록 또는 간편사업자등록을 신청하지 아니한 경우 다음과 같이 제재한다.

공급가액* × 1%

*사업 개시일부터 등록을 신청한날의 직전일까지의 공급가액 합계액

3. 사업자등록의 사후관리

(1) 사업자등록사항의 변경

다음의 사유가 발생한 경우 세무서장(관할 세무서장이나 그 밖에 신청인의 편의에 따라 선택한 세무서장)에게 사업자등록정정신고를 하여야 한다.

등록정정사유	재발급기한
① 상호를 변경하는 때	신고일 당일
② 통신판매업자가 사이버몰의 명칭 또는 인터넷 도메인이름을 변경하는 때	
③ 법인 또는 1거주자로 보는 법인 아닌 단체의 대표자를 변경하는 때	신고일로부터 2일 이내
④ 사업의 종류에 변경이 있는 때	
⑤ 사업장(사업자단위과세사업자의 경우에는 사업자단위과세적용사업장)을 이전하는 때	
⑥ 상속으로 인하여 사업자의 명의가 변경되는 때	
⑦ 공동사업자의 구성원 또는 출자지분의 변경이 있는 때	
⑧ 임대인, 임대차 목적물 및 면적, 보증금, 임대차기간의 변경이 있거나 새로이 상가건물을 임차한 때	
⑨ 사업자단위과세사업자가 사업자단위과세적용사업장을 변경하는 때	
⑩ 사업자단위과세사업자가 종된 사업장을 신설 또는 이전하는 때	
⑪ 사업자단위과세사업자가 종된 사업장의 사업을 휴업하거나 폐업하는 때	

(2) 휴업·폐업의 신고

사업자가 휴업 또는 폐업하거나 사업개시 전에 등록한 자가 사실상 사업을 개시하지 않게 되는 때에는 지체없이 휴업(폐업)신고서에 사업자등록증을 첨부하여 지체없이 세무서장(관할 또는 그 밖의 모든 세무서장)에게 제출(국세정보통신망에 의한 제출 포함)하여야 한다.

(3) 사업자등록의 말소

사업장 관할 세무서장은 등록된 사업자가 다음 중 어느 하나에 해당하면 지체 없이 사업자등록을 말소하여야 한다.

① 폐업(사실상 폐업한 경우로서 아래와 같이 어느 하나에 해당하는 경우(주1)를 포함한다)한 경우

② 사업 개시일 전 등록신청을 하고 사실상 사업을 시작하지 아니하게 되는 경우로서 아래와 같이 어느 하나에 해당하는 경우(주1)

> 주1 ① 사업자가 사업자등록을 한 후 정당한 사유 없이 6개월 이상 사업을 시작하지 아니하는 경우
> ② 사업자가 부도발생, 고액체납 등으로 도산하여 소재 불명인 경우
> ③ 사업자가 인가·허가의 취소 또는 그 밖의 사유로 사업을 수행할 수 없어 사실상 폐업상태에 있거나 사실상 사업을 시작하지 아니하는 경우로 볼 수 있는 경우
> ④ 사업자가 정당한 사유 없이 계속하여 둘 이상의 과세기간에 걸쳐 부가가치세를 신고하지 아니하고 사실상 폐업 상태에 있는 경우
> ⑤ 그 밖에 사업자가 위와 유사한 사유로 사실상 폐업상태에 있거나 사실상 사업을 시작하지 아니하는 경우

제3절 | 과세기간 CTA 18

1. 일반적인 경우

(1) 간이과세자

1월 1일부터 12월 31일까지

(2) 일반과세자

구 분	과세기간
제1기	1월 1일부터 6월 30일까지
제2기	7월 1일부터 12월 31일까지

2. 예외적인 경우

(1) 신규로 사업을 시작하는 자에 대한 최초의 과세기간

사업 개시일~그날이 속하는 과세기간의 종료일

(사업개시일 이전에 사업자등록을 신청한 경우 : 신청한 날~그 신청일이 속하는 과세기간의 종료일)

(2) 사업자가 폐업하는 경우

폐업일이 속하는 과세기간의 개시일~폐업일

(3) 과세유형 변경시 그 변경되는 해의 간이과세자 과세기간 특례

① 일반과세자가 간이과세자로 변경되는 경우 : 그 변경 이후 7월 1일~12월 31일까지

② 간이과세자가 일반과세자로 변경되는 경우 : 그 변경 이전 1월 1일~6월 30일까지

(4) 간이과세자에 관한 규정의 적용을 포기함으로써 일반과세자로 되는 경우

① 간이과세자의 과세기간 : 간이과세의 적용 포기신고일이 속하는 과세기간 개시일~그 신고일이 속하는 달의 마지막 날

② 일반과세자의 과세기간 : 그 신고일이 속하는 달의 다음 달 1일~그날이 속하는 과세기간의 종료일

3. 사업개시일 및 폐업일의 기준

(1) 사업개시일의 기준

구 분	내 용
제조업	제조장별로 재화의 제조를 시작하는 날
광 업	사업장별로 광물의 채취·채광을 시작하는 날
이외의 사업	재화나 용역의 공급을 시작하는 날

(2) 폐업일의 기준

구 분	폐업일
일반적인 경우	사업장별로 그 사업을 실질적으로 폐업하는 날(다만, 폐업한 날이 분명하지 아니한 경우에는 폐업신고서의 접수일)
합병으로 인한 소멸법인의 경우	합병법인의 변경등기일 또는 설립등기일
분할로 인하여 사업을 폐업하는 경우	분할법인의 분할변경등기일(분할법인이 소멸하는 경우에는 분할신설법인의 설립등기일)
사업 개시일 전에 사업자등록을 한 날부터 6개월이 되는 날까지 재화와 용역의 공급실적이 없는 자	그 6개월이 되는 날(단, 사업장의 설치기간이 6개월 이상이거나 그 밖의 정당한 사유로 인하여 사업 개시가 지연되는 경우에는 그러하지 아니함)

제4절 | 납세지 CTA 21·19·18

1. 납세지

납세의무자	납세지
사업자	각 사업장의 소재지
재화를 수입하는 자	「관세법」에 따라 수입을 신고하는 세관의 소재지

2. 사업장

사업장은 사업자가 사업을 하기 위하여 거래의 전부 또는 일부를 하는 고정된 장소로 한다(사업장을 두지 아니하면 사업자의 주소 또는 거소(居所)를 사업장으로 한다). 사업자의 신청에 의하여 추가 사업장 등록도 가능하다(단, 무인자판기 사업은 제외).

(1) 광 업

광업사무소의 소재지. 이 경우 광업사무소가 광구 밖에 있을 때에는 그 광업사무소에서 가장 가까운 광구에 대하여 작성한 광업 원부의 맨 처음에 등록된 광구 소재지에 광업사무소가 있는 것으로 본다.

(2) 제조업

최종제품을 완성하는 장소(다만, 따로 제품 포장만을 하거나 용기에 충전만을 하는 장소와 「개별소비세법」에 따른 저유소는 제외한다)

(3) 건설업 · 운수업 · 부동산매매업

① 법인인 경우 : 법인의 등기부상 소재지(등기부상의 지점 소재지 포함)

② 개인인 경우 : 사업에 관한 업무를 총괄하는 장소

③ 법인의 명의로 등록된 차량을 개인이 운용하는 경우 : 법인의 등기부상 소재지(등기부상의 지점소재지를 포함)

④ 개인의 명의로 등록된 차량을 다른 개인이 운용하는 경우 : 그 등록된 개인이 업무를 총괄하는 장소

(4) 부동산임대업

부동산의 등기부상 소재지(부동산상의 권리만을 임대하거나 전기사업자 등이 부동산을 임대하는 경우에는 그 사업에 관한 업무를 총괄하는 장소)

(5) 무인자동판매기사업

사업에 관한 업무를 총괄하는 장소

(6) 우정사업조직이 소포우편물을 방문접수하여 배달하는 용역을 공급하는 사업

그 사업에 관한 업무를 총괄하는 장소

(7) 국가 · 지방자치단체(조합 포함)가 공급하는 재화 또는 용역

그 사업에 관한 업무를 총괄하는 장소(다만, 위임 · 위탁 또는 대리에 의하여 재화나 용역을 공급하는 경우에는 수임자 · 수탁자 또는 대리인이 그 업무를 총괄하는 장소)

(8) 이동통신역무를 제공하는 전기통신사업

① 사업자가 법인인 경우 : 그 법인의 본점소재지

② 사업자가 개인인 경우 : 그 사업에 관한 업무를 총괄하는 장소

(9) 다단계판매원이 공급하는 사업

다단계판매원이 등록한 다단계판매업자의 주된 사업장의 소재지(다만, 다단계판매원이 상시 주재하여 거래의 전부 또는 일부를 하는 별도의 장소가 있는 경우에는 그 장소)

더 알아보기 사업장별 과세원칙

① 사업장별로 사업자등록
② 세금계산서 발급 및 수취
③ 과세표준 및 세액 계산
④ 신 고
⑤ 납부 · 환급
⑥ 결정, 결정 및 징수의 의무를 이행
※ 주사업장총괄납부 적용시 : 납부만 1개의 사업장에서 이행
사업자단위과세 적용시 : 모든 의무를 1개의 사업장에서 이행

더 알아보기 직매장, 하치장, 임시사업장의 사업장 해당 여부

① 직매장 : 직접 판매하기 위하여 특별히 판매시설을 갖춘 장소(사업장 ○)
② 하치장 : 재화의 보관・관리시설만을 갖춘 장소로서 판매행위가 이루어지지 않는 장소(사업장 ×)
③ 임시사업장 : 박람회 등의 행사가 개최되는 장소에 임시적으로 개설한 장소(기존사업장에 포함)
※ 임시사업장의 경우 임시사업장 사업개시일부터 10일 이내에 개설신고하여야 한다. 다만, 임시사업장의 설치기간이 10일 이내엔 경우에는 하지 아니할 수 있다.

3. 주사업장 총괄납부

사업장이 둘 이상인 사업자(사업장이 하나이나 추가로 사업장을 개설하려는 사업자를 포함)가 주된 사업장의 관할 세무서장에게 주사업장 총괄 납부를 신청한 경우에는 납부할 세액을 주된 사업장에서 총괄하여 납부할 수 있다.

(1) 주된 사업장

① 법인 : 본점(주사무소 포함) 또는 지점(분사무소 포함)
② 개인 : 주사무소

(2) 신청(승인 ×)

주사업장 총괄납부 신청서를 주된 사업장의 관할 세무서장에게 정해진 기한까지 제출(국세정보통신망에 의한 제출 포함)

① 계속사업자 : 주사업장 총괄 납부 사업자가 되려는 자는 그 납부하려는 과세기간 개시 20일 전
② 신규사업자 : 주된 사업장의 사업자등록증을 받은 날부터 20일
③ 사업장이 하나이나 추가로 사업장을 개설하는 자 : 추가 사업장의 사업 개시일부터 20일(추가 사업장의 사업 개시일이 속하는 과세기간 이내로 한정함)
※ ②, ③은 해당 신청일이 속하는 과세기간부터 총괄하여 납부

(3) 변 경

변경사유 및 변경신청서의 제출처

① 종된 사업장을 신설하는 경우 : 그 신설하는 종된 사업장 관할 세무서장
② 종된 사업장을 주된 사업장으로 변경하려는 경우 : 주된 사업장으로 변경하려는 사업장 관할 세무서장
③ 사업자등록 사항의 변경 사유 중 어느 하나에 해당하는 경우 : 그 정정사유가 발생한 사업장 관할 세무서장(법인 또는 1거주자로 보는 단체가 대표자를 변경하는 경우에는 주된 사업장 관할 세무서장)
④ 일부 종된 사업장을 총괄 납부 대상 사업장에서 제외하려는 경우 또는 기존의 사업장을 총괄 납부 대상 사업장에 추가하려는 경우 : 주된 사업장 관할 세무서장

(4) 포 기

과세기간 개시 20일 전에 주사업장 총괄납부 포기신고서를 제출하여야 한다. → 포기한 날이 속하는 과세기간의 다음 과세기간부터 각 사업장별로 납부

(5) 적용제외

다음의 사유로 주된 사업장 관할 세무서장은 주사업장 총괄납부를 적용하지 아니할 수 있다(적용을 하지 아니하게 된 날이 속하는 과세기간의 다음 과세기간부터 각 사업장에서 납부해야 함).

① 주된 사업장의 이동이 빈번한 경우

② 사업내용의 변경으로 총괄 납부가 부적당하다고 인정되는 경우

③ 그 밖의 사정변경으로 인하여 총괄 납부가 적당하지 아니하게 된 경우

4. 사업자단위과세

사업장이 둘 이상인 사업자(사업장이 하나이나 추가로 사업장을 개설하려는 사업자를 포함)는 사업자 단위로 해당 사업자의 본점 또는 주사무소 관할 세무서장에게 등록을 신청할 수 있다.

(1) 적용 사업장

① 법인 : 본점(지점 ×)

② 개인 : 주사무소

(2) 신청(승인 ×)

① **계속사업자 :** 사업장 단위로 등록한 사업자가 사업자 단위 과세 사업자로 변경하려면 사업자 단위 과세 사업자로 적용받으려는 과세기간 개시 20일 전까지 사업자의 본점 또는 주사무소 관할 세무서장에게 변경등록을 신청

② **신규사업자 :** 사업자등록시 사업자 단위 과세 사업자로 등록을 신청

③ **사업장이 하나인 사업자가 추가로 사업장을 개설하면서 추가 사업장의 사업 개시일이 속하는 과세기간부터 사업자 단위 과세 사업자로 적용받으려는 경우 :** 추가 사업장의 사업개시일부터 20일 이내(추가 사업장의 사업 개시일이 속하는 과세기간 이내로 한정)

(3) 포 기

과세기간 개시 20일 전에 사업자단위과세 포기신고서를 제출하여야 한다. → 각 사업장별로 납부 또는 주사업장 총괄납부

CHAPTER

02 | 과세거래

제1절 | 일반적인 과세거래 CTA 24 · 23 · 22 · 21 · 20 · 19 · 18 · 17 · 16

1. 재화의 공급

재화의 공급은 계약상 또는 법률상의 모든 원인에 따라 재화를 인도(引渡)하거나 양도(讓渡)하는 것으로 한다.

(1) 재화의 범위 : 재산적 가치가 있는 물건과 권리

구 분	내 용
재화 ○	① 물 건 • 상품, 제품, 원료, 기계, 건물 등 모든 유체물 • 전기, 가스, 열 등 관리할 수 있는 자연력 ② 권리 : 광업권, 특허권, 저작권 등 물건 외에 재산적 가치가 있는 모든 것
재화 ×	수표 · 어음 등의 화폐대용증권, 주식 · 채권 등의 유가증권, 상품권

※ 권리의 양도 : 재화의 공급, 권리의 대여 : 용역의 공급
온라인 게임머니의 매도 : 재화의 공급

(2) 공급의 범위

① 현금판매, 외상판매, 할부판매, 장기할부판매, 조건부 및 기한부 판매, 위탁판매와 그 밖의 매매계약에 따라 재화를 인도하거나 양도하는 것

② 자기가 주요자재의 전부 또는 일부를 부담하고 상대방으로부터 인도받은 재화를 가공하여 새로운 재화를 만드는 가공계약에 따라 재화를 인도하는 것

③ 재화의 인도 대가로서 다른 재화를 인도받거나 용역을 제공받는 교환계약에 따라 재화를 인도하거나 양도하는 것

④ 경매, 수용, 현물출자와 그 밖의 계약상 또는 법률상의 원인에 따라 재화를 인도하거나 양도하는 것

⑤ 국내로부터 보세구역에 있는 창고에 임치된 임치물을 국내로 다시 반입하는 것

※ 소비대차 및 기부채납도 교환거래에 해당
※ 건물을 현물출자한 경우 : 건물을 인도한 주주는 공급으로 보지만, 주식을 인도한 법인은 공급이 아니다.
※ 수재 · 화재 · 도난 · 파손 · 재고감모손 등으로 인하여 재화가 망실 또는 멸실된 경우는 공급이 아니다.
※ 재화의 인도없이 대가를 수령하는 경우 공급으로 보지 않는다.

(3) 재화의 공급으로 보지 않는 것

① 질권 · 저당권 · 양도담보의 목적으로 동산 · 부동산 및 부동산상의 권리를 제공하는 것

※ 다만, 채무불이행 등의 사유로 담보권자가 담보물을 처분하는 경우에는 재화의 공급으로 본다.

② 사업장별(상법에 따라 분할 · 합병하는 경우에는 같은 사업장 안에서 사업부문별로 구분하는 경우 포함)로 사업에 관한 모든 권리와 의무(미수금 · 미지급금과 업무무관자산은 사업양도에서 제외해도 됨)를 포괄적으로 승계시키는 것(법인세법상 적격분할의 경우와 양수자가 승계받은 사업 이외의 새로운 사업의 종류를 추가하거나 사업의 종류를 변경한 경우 포함)

※ 다만, 사업양수자가 부가가치세를 대리납부하는 경우에는 재화의 공급으로 본다.

③ 상속세 및 증여세법(상속세) · 지방세법(재산세)에 따른 사업용 자산의 물납

④ 다음에 해당하는 신탁재산의 소유권 이전

- 위탁자로부터 수탁자에게 신탁재산을 이전하는 경우
- 신탁의 종료로 인하여 수탁자로부터 위탁자에게 신탁재산을 이전하는 경우
- 수탁자가 변경되어 새로운 수탁자에게 신탁재산을 이전하는 경우

⑤ 보세구역에 있는 조달청 창고에 보관된 물품에 대하여 조달청장이 발행하는 창고증권의 양도로서 임치물의 반환이 수반되지 아니하는 것(창고증권을 가진 사업자가 보세구역의 다른 사업자에게 인도하기 위하여 조달청 창고에서 임치물을 넘겨받는 경우를 포함)

⑥ 보세구역에 있는 기획재정부령으로 정하는 거래소의 지정창고에 보관된 물품에 대하여 같은 거래소의 지정창고가 발행하는 창고증권의 양도로서 임치물의 반환이 수반되지 아니하는 것(창고증권을 가진 사업자가 보세구역의 다른 사업자에게 인도하기 위하여 지정창고에서 임치물을 넘겨받는 경우를 포함)

⑦ 사업자가 위탁가공을 위하여 원자재를 국외의 수탁가공 사업자에게 대가 없이 반출하는 것(영세율이 적용되는 것은 제외)

⑧ 「한국석유공사법」에 따른 한국석유공사가 「석유 및 석유대체연료 사업법」에 따라 비축된 석유를 수입통관하지 아니하고 보세구역에 보관하면서 국내사업장이 없는 비거주자 또는 외국법인과 무위험차익거래 방식으로 소비대차(消費貸借)하는 것

⑨ 「국세징수법」에 따른 공매(수의계약에 따라 매각하는 것을 포함)에 따라 재화를 인도하거나 양도하는 것

⑩ 「민사집행법」에 따른 경매(강제경매, 담보권 실행을 위한 경매와 「민법」 · 「상법」 등 그 밖의 법률에 따른 경매를 포함)에 따라 재화를 인도하거나 양도하는 것

⑪ 「도시 및 주거환경정비법」, 「공익사업을 위한 토지 등의 취득 및 보상에 관한 법률」 등에 따른 수용절차에서 수용대상 재화의 소유자가 수용된 재화에 대한 대가를 받는 경우

⑫ 「도시 및 주거환경정비법」에 따른 사업시행자의 매도청구에 따라 재화를 인도하거나 양도하는 것

더 알아보기 골프장 등이 받는 입회금

- 일정기간 거치후 반환하지 아니하는 입회금 : 과세 ○
- 일정기간 거치후 반환하는 입회금 : 과세 ×

2. 용역의 공급

용역의 공급은 계약상 또는 법률상의 모든 원인에 따른 것으로서 역무를 제공하거나 시설물, 권리 등 재화를 사용하게 하는 것이다.

(1) 용 역

재화 외의 재산 가치가 있는 모든 역무와 그 밖의 행위를 말하는 것

① 범위 : 부동산업(주1), 건설업(주2), 음식점업 등

주1 ① 부동산업의 범위에 다음에 해당하는 사업은 제외
- 전・답・과수원・목장용지・임야 또는 염전 임대업
- 공익사업을 위한 토지 등의 취득 및 보상에 관한 법률에 따른 공익사업과 관련해 지역권・지상권(지하 또는 공중에 설정된 권리 포함)을 설정하거나 대여하는 사업

② 건설업과 부동산업 중 다음의 사업은 부동산매매업으로 보아 재화의 공급에 해당
- 부동산 매매(주거용 또는 비거주용 건축물 및 그 밖의 건축물을 자영건설하여 분양・판매하는 경우 포함) 또는 그 중개를 사업목적으로 나타내어 부동산을 판매하는 사업 또는 그 중개를 사업상 목적으로 나타내어 부동산을 판매하는 사업
- 사업상 목적으로 1과세기간 중에 1회 이상 부동산을 취득하고 2회 이상 판매하는 사업

주2 건설업은 건설업자가 건설자재의 전부 또는 일부를 부담하는 경우에도 용역의 공급으로 본다.

② 가공계약의 재화 및 용역의 구분

구 분	내 용
주요 원재료 부담 ×	용역의 공급
주요 원재료 부담 ○	재화의 공급

③ 재화나 용역을 공급하는 사업의 구분은 한국표준산업분류에 따른다.

(2) 공 급

계약상 또는 법률상의 모든 원인에 의하여 역무제공 또는 재화, 시설물, 권리를 사용하게 하는 것

① 노하우(Know-how) 제공

② 고용관계에 의하여 근로를 제공하는 것은 용역의 공급 ×

③ 용역의 무상공급은 과세 ×

④ 특수관계인에 대한 사업용 부동산의 무상 임대는 과세 ○(단, 산학협력단과 대학간 부동산임대용역 및 공공주택사업자와 부동산투자회사간 사업용 부동산의 임대용역은 제외)

더 알아보기

부가가치세법 집행기준에서 예시한 과세대상 또는 과세대상이 아닌 재화 또는 용역의 공급

구 분	내 용
과세대상 ○	① 학원(면세사업)을 운영하는 자가 독립된 사업으로 다른 학원운영자에게 자기의 상호, 상표 등을 사용하게 하거나 자체개발한 교육프로그램, 학원경영 노하우를 제공하고 받는 대가 ② 부동산임대업자가 임대차기간 만료 후 명도소송을 통하여 임차인으로부터 실질적인 임대용역의 대가로 받는 손해배상금 또는 부당이득금 ③ 재산적 가치가 있는 물건으로 거래되는 화폐, 물, 흙, 퇴비, 원석 ④ 공동사업자 구성원이 각각 독립적으로 사업을 영위하기 위하여 공동사업용 건물의 분할등기(출자지분의 현물반환)로 소유권이 이전되는 건축물 ⑤ 과세사업에 사용하던 전세권을 양도하고 받는 대가(당초 전세보증금을 초과하여 받는 금액) ⑥ 과세사업과 관련하여 연구 중인 신제품 개발에 관한 권리를 양도하고 받는 대가
과세대상 ×	① 공급받을 자의 해약으로 인하여 공급자가 재화 또는 용역의 공급없이 받는 위약금 또는 이와 유사한 손해배상금 ② 협회 등 단체가 재화의 공급 또는 용역의 제공에 따른 대가 관계없이 회원으로부터 받는 협회비·찬조비 및 특별회비 ③ 대여한 재화의 망실에 따라 받는 변상금 ④ 재화 또는 용역에 대한 대가 관계없이 받는 이주보상비 및 영업손실보상금 ⑤ 외상매출채권의 양도 ⑥ 공동사업에 출자한 후 받게 되는 투자원금과 이익금

조출료와 체선료 과세여부

구 분	내 용
하역회사 ↔ 선주	• 하역회사가 선주로부터 조출료를 받는 경우 : 과세 ○ • 선주가 하역회사로부터 체선료를 받는 경우 : 과세 ×
선주 ↔ 화주	• 선주가 화주로부터 체선료를 받는 경우 : 과세 ○ • 화주가 선주로부터 조출료를 받는 경우 : 과세 ×

3. 재화의 수입

재화의 수입은 다음 중 어느 하나에 해당하는 물품을 국내에 반입하는 것(보세구역을 거치는 것은 보세구역에서 반입하는 것)으로 한다.

① 외국으로부터 국내에 도착한 물품(외국 선박에 의하여 공해(公海)에서 채집되거나 잡힌 수산물을 포함)으로서 수입신고가 수리(受理)되기 전의 것

② 수출신고가 수리된 물품(수출신고가 수리된 물품으로서 선적(船積)되지 아니한 물품을 보세구역에서 반입하는 경우는 제외)

4. 부수재화 또는 용역

① 주된 재화 또는 용역의 공급에 부수되어 공급되는 것으로서 다음 중 어느 하나에 해당하는 재화 또는 용역의 공급은 주된 재화 또는 용역의 공급에 포함되는 것으로 본다.

- 해당 대가가 주된 재화 또는 용역의 공급에 대한 대가에 통상적으로 포함되어 공급되는 재화 또는 용역
- 거래의 관행으로 보아 통상적으로 주된 재화 또는 용역의 공급에 부수하여 공급되는 것으로 인정되는 재화 또는 용역

② 주된 사업에 부수되는 다음 중 어느 하나에 해당하는 재화 또는 용역의 공급은 별도의 공급으로 보되, 과세 및 면세 여부 등은 주된 사업의 과세 및 면세 여부 등을 따른다.

- 주된 사업과 관련하여 우연히 또는 일시적으로 공급되는 재화 또는 용역
- 주된 사업과 관련하여 주된 재화의 생산 과정이나 용역의 제공 과정에서 필연적으로 생기는 재화

제2절 | 재화의 공급의제 CTA 23 · 22 · 20 · 18 · 16

1. 자기생산 · 취득재화의 공급의제

(1) 자기생산 · 취득재화

사업자가 자기의 과세사업과 관련하여 생산하거나 취득한 재화로서 다음 중 어느 하나에 해당하는 재화(이하 "자기생산 · 취득재화"라 한다)를 자기의 면세사업 및 부가가치세가 과세되지 아니하는 재화 또는 용역을 공급하는 사업(이하 "면세사업등"이라 한다)을 위하여 직접 사용하거나 소비하는 것은 재화의 공급으로 본다.

① 매입세액이 공제된 재화

② 재화의 공급이 아닌 사업양도로 취득한 재화로서 사업양도자가 매입세액을 공제받은 재화

③ 수출하는 재화*에 해당하여 영세율을 적용받는 재화

*수출하는 재화란 영세율이 적용되는 수출하는 재화 중 내국신용장(구매확인서)에 의한 수출, 수탁가공무역, 한국국제협력단 등에 공급하는 재화를 말한다.

(2) 공급의제

① **면세사업에 전용** : 자기생산 · 취득재화를 면세사업을 위하여 사용하거나 소비하는 것(예 택시운송사업(과세)에 사용하던 정비기계를 시내버스사업(면세)에 전용하여 사용하는 경우)

② **비영업용소형승용차 또는 그 유지에 전용**

- 자기생산 · 취득재화를 비영업용소형승용차로 사용 또는 소비하거나 비영업용소형승용차의 유지를 위하여 사용 또는 소비하는 것
- 운수업, 자동차 판매업, 자동차 임대업, 운전학원업, 경비업법상 기계경비업무를 하는 경비업(출동차량에 한함) 및 이와 유사한 업종을 경영하는 사업자가 자기생산 · 취득재화 중 소형승용차 및 그 소형차의 유지를 위한 재화를 해당 업종에 직접 영업으로 사용하지 아니하고 다른 용도로 사용하는 것

③ **개인적 공급*** : 사업자가 자기생산·취득재화를 사업과 직접적인 관계없이 자기의 개인적인 목적이나 그 밖의 다른 목적을 위하여 사용·소비하거나 그 사용인 또는 그 밖의 자가 사용·소비하는 것으로서 사업자가 그 대가를 받지 아니하거나 시가보다 낮은 대가를 받는 경우는 재화의 공급으로 본다.

*개인적 공급으로 보지 않는 경우
- 사업을 위해 착용하는 작업복, 작업모 및 작업화를 제공하는 경우
- 직장 연예 및 직장 문화와 관련된 재화를 제공하는 경우
- 다음 중 어느 하나에 해당하는 재화를 제공하는 경우. 이 경우 각 목별로 각각 사용인 1명당 연간 10만원을 한도로 하며, 10만원을 초과하는 경우 해당 초과액에 대해서는 재화의 공급으로 본다.
  - 경조사와 관련된 재화
  - 설날·추석과 관련된 재화
  - 창립기념일 및 생일 등과 관련된 재화

④ **사업상 증여*** : 사업자가 자기생산·취득재화를 자기의 고객이나 불특정 다수에게 증여하는 경우(증여하는 재화의 대가가 주된 거래인 재화의 공급에 대한 대가에 포함되는 경우는 제외)는 재화의 공급으로 본다.

*사업자 증여로 보지 않는 경우
- 사업을 위하여 대가를 받지 아니하고 다른 사업자에게 인도하거나 양도하는 견본품
- 「재난 및 안전관리 기본법」의 적용을 받아 특별재난지역에 공급하는 물품
- 자기적립마일리지등으로만 전부를 결제받고 공급하는 재화

⑤ **폐업시 잔존재화*** : 사업자가 폐업할 때 자기생산·취득재화 중 남아 있는 재화는 자기에게 공급하는 것으로 본다. 사업 개시일 이전에 사업자등록을 신청한 자가 사실상 사업을 시작하지 아니하게 되는 경우에도 또한 같다.

*폐업시 잔존재화로서 과세하지 아니하는 경우
- 사업자가 사업의 종류를 변경한 경우 변경 전 사업과 관련된 재고재화
- 동일 사업장 내에서 2 이상의 사업을 겸영하는 사업자가 그중 일부 사업을 폐지하는 경우 해당 폐지한 사업과 관련한 재고재화
- 폐업일 현재 수입신고(통관)되지 아니한 재화
- 사업자가 직매장을 폐지하고 자기의 다른 사업장으로 이전하는 경우 해당 직매장의 재고재화

2. 판매목적 타사업장 반출재화의 공급의제(자금부담완화 목적)

사업장이 둘 이상인 사업자가 자기의 사업과 관련하여 생산 또는 취득한 재화를 판매할 목적으로 자기의 다른 사업장에 반출하는 것은 재화의 공급으로 본다.

※ 공급의제로 보지 않는 경우
- 사업자 단위 과세 사업자로 적용을 받는 과세기간에 자기의 다른 사업장에 반출하는 경우
- 주사업장 총괄 납부의 적용을 받는 과세기간에 자기의 다른 사업장에 반출하는 경우(다만, 세금계산서를 발급하고 관할 세무서장에게 신고한 경우는 제외)

제3절 | 공급시기 CTA 25 · 18 · 16

1. 재화의 공급시기

(1) 일반적인 경우

① 재화의 이동이 필요한 경우 : 재화가 인도되는 때
② 재화의 이동이 필요하지 아니한 경우 : 재화가 이용가능하게 되는 때
③ 위 규정을 적용할 수 없는 경우 : 재화의 공급이 확정되는 때

(2) 거래형태별 공급시기

구 분		내 용
현금판매, 외상판매 또는 할부판매의 경우		재화가 인도되거나 이용가능하게 되는 때
상품권 등을 현금 또는 외상으로 판매하고 그 후 그 상품권 등이 현물과 교환되는 경우		재화가 실제로 인도되는 때
재화의 공급으로 보는 가공의 경우		가공된 재화를 인도하는 때
반환조건부 판매, 동의조건부 판매, 그 밖의 조건부 판매 및 기한부 판매		조건이 성취되거나 기한이 지나 판매가 확정되는 때
장기할부판매, 완성도기준지급조건부(주1), 중간지급조건부(주1), (주2)		대가의 각 부분을 받기로 한 때
전력이나 그 밖에 공급단위를 구획할 수 없는 재화를 계속적으로 공급하는 경우		
간주공급	자가공급 · 개인적 공급	재화를 사용하거나 소비하는 때 (판매목적의 타사업장 반출은 재화를 반출하는 때)
	사업상 증여	재화를 증여하는 때
	폐업시 잔존재화	폐업일
무인판매기를 이용하여 재화를 공급하는 경우		해당 사업자가 무인판매기에서 현금을 꺼내는 때
수출재화	직수출, 중계무역방식수출, 보세구역 내 수입신고 수리 전 물품의 외국 반출	수출재화의 선(기)적일
	원양어업, 위탁판매수출	수출재화의 공급가액이 확정되는 때
	위탁가공무역수출, 외국인도수출, 국외 위탁가공 원료의 반출	외국에서 해당 재화가 인도되는 때
보세구역 안에서 보세구역 밖의 국내에 재화를 공급하는 경우가 재화의 수입에 해당할 때		수입신고 수리일
사업자가 폐업 전에 공급한 재화의 공급시기가 폐업일 이후에 도래하는 경우		폐업일
위탁판매 또는 대리인에 의한 매매의 경우		수탁자 또는 대리인의 공급을 기준으로 하여 공급시기 적용(위탁자 또는 본인을 알 수 없는 경우에는 위탁자와 수탁자 또는 본인과 대리인 사이에도 별개의 공급이 이루어진 것으로 보아 공급시기 판정)
시설대여업자로부터 시설 등을 임차하고 그 시설 등을 공급자 또는 세관장으로부터 직접 인도받은 경우		공급자로부터 재화를 직접 공급받거나 외국으로부터 재화를 직접 수입한 것으로 보아 공급시기 적용
현물출자		현물출자로서의 이행이 완료되는 때

주1 재화가 인도되거나 이용가능하게 되는 날 이후에 받기로 한 대가의 부분에 대해서는 재화가 인도되거나 이용가능하게 되는 날을 그 재화의 공급시기로 본다.

주2 중간지급조건부로 재화를 공급하기로 하였으나 지급기간 중에 거래상대방에게 재화를 인도하는 경우 나머지 중도금 및 잔금의 공급시기는 해당 재화를 인도한 때로 한다.

더 알아보기

장기할부판매

① 재화 인도 후 2회 이상으로 분할하여 대가를 받을 것

② 인도일의 다음 날부터 최종의 부불금의 지급기일까지의 기간이 1년 이상인 것

중간지급조건부 공급

① 재화의 인도이전에 계약금 이외의 대가를 분할 지급(계약금을 포함하여 3회 이상 분할)

② 계약금약정일의 다음 날부터 인도일까지의 기간이 6개월 이상인 것

2. 용역의 공급시기

(1) 일반적인 경우

① 역무의 제공이 완료되는 때

② 시설물, 권리 등 재화가 사용되는 때

(2) 거래형태별 공급시기

구 분	내 용
장기할부조건부, 완성도기준지급(주1), 중간지급(주1) 또는 기타 조건부로 용역을 공급하거나 그 공급단위를 구획할 수 없는 용역의 계속적 공급(주2)	대가의 각 부분을 받기로 한 때
둘 이상의 과세기간에 걸쳐 부동산 임대용역을 공급하고 그 대가를 선불 또는 후불로 받은 경우(월할계산, 초월산입 말월불산입)	예정신고기간 또는 과세기간 종료일
간주임대료	
특정용역(주3)을 둘 이상의 과세기간이 걸쳐 계속적으로 제공하고 선불로 받는 경우(월할계산, 초월산입 말월불산입)	
폐업 전에 공급한 용역의 공급시기가 폐업일 이후에 도래하는 경우	폐업일
역무의 제공이 완료되는 때 또는 대가를 받기로 한 때를 공급시기로 볼 수 없는 경우	역무의 제공이 완료되고 그 공급가액이 확정되는 때

주1 역무의 제공이 완료되는 날 이후 받기로 한 대가의 부분에 대해서는 역무의 제공이 완료되는 날을 그 용역의 공급시기로 본다.

주2 일정기간 동안 계속적으로 부동산 임대용역, 경비용역 등의 용역을 제공하는 것

주3 스포츠센터 연회비, 상표권 사용, 그 밖에 이와 유사한 용역

3. 선발급세금계산서 특례

(1) 대가수반 등의 경우

공급시기가 되기 전에 세금계산서를 발급하는 경우로서 다음 중 어느 하나에 해당하는 경우에는 '세금계산서를 발급하는 때'를 각각 공급시기로 본다.

① 사업자가 재화 또는 용역의 공급시기가 되기 전에 재화 또는 용역에 대한 대가의 전부 또는 일부를 받고, 그 받은 대가에 대하여 세금계산서 또는 영수증을 발급하는 경우

② 사업자가 재화 또는 용역의 공급시기가 되기 전에 세금계산서를 발급하고 그 세금계산서 발급일부터 7일 이내에 대가를 받는 경우

②-1 다음 중 어느 하나에 해당하는 경우에는 재화 또는 용역을 공급하는 사업자가 그 재화 또는 용역의 공급시기가 되기 전에 세금계산서를 발급하고 그 세금계산서 발급일부터 7일이 지난 후 대가를 받더라도 해당 세금계산서를 발급한 때를 재화 또는 용역의 공급시기로 본다.

- 거래 당사자 간의 계약서・약정서 등에 대금 청구시기(세금계산서 발급일을 말한다)와 지급시기를 따로 적고, 대금 청구시기와 지급시기 사이의 기간이 30일 이내인 경우
- 재화 또는 용역의 공급시기가 세금계산서 발급일이 속하는 과세기간 내(공급받는 자가 조기환급을 받은 경우에는 세금계산서 발급일부터 30일 이내)에 도래하는 경우

(2) 선사용・소비등의 경우

① 장기할부판매

② 계속적 공급의 경우

③ 영세율 적용 외국항행용역을 공급하는 경우로서 상법에 따라 발행된 선하증권에 따라 거래사실이 확인되는 경우(용역의 공급시기가 선하증권 발행일부터 90일 이내인 경우로 한정)

4. 재화의 수입시기

「관세법」에 따른 수입신고가 수리된 때

제4절 | 공급장소

1. 재화의 공급장소

① 재화의 이동이 필요한 경우 : 재화의 이동이 시작되는 장소

② 재화의 이동이 필요하지 아니한 경우 : 재화가 공급되는 시기에 재화가 있는 장소

2. 용역의 공급장소

① 역무가 제공되거나 시설물, 권리 등 재화가 사용되는 장소

② 국내 및 국외에 걸쳐 용역이 제공되는 국제운송의 경우 : 사업자가 비거주자 또는 외국법인이면 여객이 탑승하거나 화물이 적재되는 장소

③ 국외사업자로부터 공급받는 전자적 용역의 경우 : 용역을 공급받는 자의 사업장 소재지, 주소지 또는 거소지

CHAPTER 03

영세율과 면세

제1절 | 영세율 CTA 25 · 24 · 23 · 22 · 20 · 19 · 16

1. 영세율과 면세의 비교

구 분	영세율	면 세
취 지	소비지국 과세원칙의 구현(이중과세 방지)	부가가치세의 역진성 완화
대상거래	수출하는 재화	생활필수품 등
면세정도	완전면세 (전단계 매입세액이 영세율사업자 단계에서 환급되고, 소비자에게 전가되지 않음)	불완전면세 (전단계 매입세액이 면세사업자 단계에서 환급되지 않고 소비자에게 전가됨)
매입세액 공제 여부	매입세액 공제	매입세액 불공제
사업자여부 및 의무이행여부	부가가치세법상의 사업자로서 제반의무를 이행하여야 함	부가가치세법상 사업자가 아니므로 제반의무를 수행하지 않음 ※ 단, 다음의 의무는 있음 ① 매입처별 세금계산서합계표 제출 ② 대리납부(국외사업자로부터 용역 등을 공급받는 경우)

더 알아보기

영세율 적용 대상자

과세사업자(간이과세자 포함), 거주자 또는 내국법인, 비거주자 또는 외국법인(상호면세주의에 따라 영세율 적용 또는 미적용)

상호면세주의

사업자가 비거주자 또는 외국법인이면 그 해당 국가에서 대한민국의 거주자 또는 내국법인에 대하여 동일하게 면세하는 경우에만 영세율을 적용한다.

2. 영세율적용대상거래

(1) 수출하는 재화

① 본래의 수출

- 직수출 : 내국물품(대한민국 선박에 의하여 채집되거나 잡힌 수산물을 포함한다)을 외국으로 반출하는 것
- 국내의 사업장에서 계약과 대가 수령 등 거래가 이루어지는 것으로서 다음에 해당하는 수출
  - 중계무역 방식의 수출, 위탁판매수출, 외국인도수출, 위탁가공무역 방식의 수출
  - 원료를 대가 없이 국외의 수탁가공 사업자에게 반출하여 가공한 재화를 양도하는 경우에 그 원료의 반출
  - 수입신고 수리 전의 물품으로서 보세구역에 보관하는 물품의 외국으로의 반출

② 내국신용장(구매확인서)에 의한 국내공급(금지금 제외)

- 내국신용장에는 제2차, 제3차 내국신용장도 포함
- 과세기간 종료 후 25일(그날이 공휴일 또는 토요일인 경우 다음 영업일)이내 개설된 L/C도 영세율 적용
- 수출되지 아니하는 재화 관련 L/C(주한민국군 군납계약서 등)는 영세율 미적용
- 내국신용장(구매확인서)에 의하여 정당하게 공급된 경우에는 해당 재화를 수출용도에 사용하였는지의 여부에 관계없이 영세율이 적용된다.

③ 수탁가공무역 : 사업자가 국외의 비거주자·외국법인과 직접계약에 의하여 비거주자 등이 지정하는 국내의 사업자에게 재화를 인도하고, 재화를 인도받은 사업자가 비거주자 등과 계약에 의하여 인도받은 재화를 그대로 반출하거나 제조·가공 후 반출하는 것으로 대금을 외국환은행에서 원화로 받을 것

④ 한국국제협력단 등에 공급하는 재화 : 사업자가 한국국제협력단, 한국국제보건의료재단 또는 대한적십자사에 공급하는 재화(한국국제협력단 등이 해당 사업을 위하여 외국에 무상으로 반출하는 재화로 한정)

(2) 용역의 국외공급(국내 사업장이 있는 경우에 한함)

용역의 장소가 국외인 경우에는 거래상대방 및 대금결제방법에 상관없이 영세율 적용

(3) 외국항행 용역의 공급

선박·항공기에 의하여 여객이나 화물을 국내 → 국외, 국외 → 국내, 국외 → 국외로 수송하는 것
(주의 : 국내 → 국내는 10% 적용)

(4) 외국항행 용역의 범위

① 외국항행사업자가 자기의 사업에 부수하여 공급하는 다음의 재화 또는 용역

- 다른 외국항행사업자가 운용하는 선박 또는 항공기의 탑승권을 판매하거나 화물운송계약을 체결하는 것
- 외국을 항행하는 선박 또는 항공기 내에서 승객에게 공급하는 것
- 자기의 승객만이 전용(專用)하는 버스를 탑승하게 하는 것
- 자기의 승객만이 전용하는 호텔에 투숙하게 하는 것

② 운송주선업자가 국제복합운송계약에 의하여 화주로부터 화물을 인수하고 자기 책임과 계산으로 타인의 선박 또는 항공기 등의 운송수단을 이용하여 화물을 운송하고 화주로부터 운임을 받는 국제운송용역

③ 「항공사업법」에 따른 상업서류 송달용역

(5) 외화 획득 재화・용역의 공급 등

① 국내에서 비거주자* 또는 외국법인에게 제공하는 재화・용역

구 분	적용대상거래
국내에 사업장이 없는 비거주자 등에게 공급되는 경우	다음의 재화 또는 용역으로서 그 대금을 외국환은행에서 원화로 받는 것 ① 재화 : 비거주자 등이 지정하는 국내사업자에게 인도되는 재화로서 당해 사업자의 과세사업에 사용되는 재화 ② 용역 : 다음 중 어느 하나에 해당하는 용역(건설업, 부동산임대업, 음식 숙박용역 등은 미열거) • 전문, 과학 및 기술 서비스업(수의업, 제조업 회사본부 및 기타 산업 회사본부는 제외) • 사업지원 및 임대서비스업 중 무형재산권 임대업 • 통신업 • 컨테이너수리업, 보세구역 내의 보관 및 창고업, 「해운법」에 따른 해운대리점업, 해운중개업 및 선박관리업 • 정보통신업 중 뉴스 제공업, 영상・오디오 기록물 제작 및 배급업(영화관 운영업과 비디오물 감상실 운영업은 제외), 소프트웨어 개발업, 컴퓨터 프로그래밍, 시스템 통합관리업, 자료처리, 호스팅, 포털 및 기타 인터넷 정보매개서비스업, 기타 정보 서비스업 • 상품 중개업 및 전자상거래 소매 중개업 • 사업시설관리 및 사업지원 서비스업(조경 관리 및 유지 서비스업, 여행사 및 기타 여행보조 서비스업은 제외) • 「자본시장과 금융투자업에 관한 법률」에 따른 투자자문업 • 교육 서비스업(교육지원 서비스업으로 한정) • 보건업(임상시험용역을 공급하는 경우로 한정) • 보세운송업자가 제공하는 보세운송용역
국내에 사업장이 있는 비거주자 등에게 공급되는 경우	국외의 비거주자 등과 직접계약에 의하여 공급되고 그 대금을 국외의 비거주자 등으로부터 외국환은행을 통하여 원화로 받는 것 ① 재화 : 국내에 사업장 없는 비거주자 등에게 공급되는 경우와 동일 ② 용역 : 국내에 사업장 없는 비거주자 등에게 공급되는 경우와 동일

*비거주자에는 국내에 거소를 둔 개인, 외교공관 등의 소속 직원, 우리나라에 상주하는 국제연합군 또는 미합중국군대의 군인 또는 군무원은 제외

② 수출재화 임가공용역

- 내국신용장・구매확인서에 의하여 공급하는 수출재화 임가공용역
- 수출업자와 직접 도급계약에 의하여 수출재화를 임가공하는 수출재화임가공용역(수출재화염색임가공을 포함). 다만, 사업자가 부가가치세를 별도로 적은 세금계산서를 발급한 경우는 제외한다.

③ 기타의 재화 또는 용역

- 외국을 항행하는 선박 및 항공기 또는 원양어선에 공급하는 재화・용역(단, 10% 세율로 기재한 세금계산서를 발급한 경우에는 10% 과세)
- 국내에 주재하는 외국정부기관, 국제기구, 국제연합군, 미국군에 공급하는 재화・용역
- 「관광진흥법」에 의한 일반여행업자가 공급하는 관광알선용역으로서 그 대가를 외국환은행에서 원화로 받는 것

3. 영세율 첨부서류

첨부서류 미제출시 무신고로 보아 무신고가산세 또는 과소신고・초과환급신고 가산세를 부과한다(공급가액 × 5%).

제2절 | 면 세 CTA 25・22・21・17

1. 재화 또는 용역의 공급에 대한 면세

(1) 기초생활필수품・용역

① 미가공 식료품(국내산・외국산 불문)

- 농・축・수・임산물・소금 → 본래의 성질 변화 시 과세
- 단순가공식료품 → 거래단위로서 포장 시 과세

② 국내생산 비식용 미가공 농・축・수・임산물(외국산은 과세)

※ 본래의 성상이 변하면 과세

③ 수돗물[생수와 항계(항구・항만의 경계) 내에서 선박 등에 물을 공급하는 것은 과세]

④ 연탄과 무연탄(유연탄・갈탄・착화탄・숯・톱밥은 과세)

⑤ 주택과 부수토지의 임대용역

⑥ 여객운송 용역

※ 단, 다음에 의한 여객운송 용역은 과세

- 항공기, 시외우등고속버스 및 시외고급고속버스(일반시외고속버스는 면세), 전세버스, 택시(일반택시・개인택시), 자동차대여사업, 특종선박(수중익선, 에어쿠션선, 자동차운송 겸용 여객선, 항해시속 20노트 이상의 여객선) 또는 고속철도
- 관광 또는 유흥 목적의 운송수단 : 삭도, 관광유람선, 관광순환버스, 관광궤도운송수단, 관광 사업을 목적으로 운영하는 일반철도(철도사업자가 국토교통부장관에게 신고한 여객 운임・요금을 초과해 용역의 대가를 받는 경우로 한정함)

⑦ 주택법에 따른 관리주체 및 입주자대표회의가 제공하는 공동주택 어린이집의 임대용역

(2) 국민후생관련 재화・용역

① 의료보건 용역(수의사의 용역을 포함)과 혈액(치료・예방・진단 목적으로 조제한 동물의 혈액을 포함

- 의사, 치과의사, 한의사, 조산사 또는 간호사가 제공하는 용역(단, 국민건강보험법에 따라 요양급여 대상에서 제외되는 쌍커풀 수술 등 법소정의 진료용역은 과세)
- 의료법에 따른 접골사, 침사, 구사 또는 안마사가 제공하는 용역
- 임상병리사, 방사선사, 물리치료사, 작업치료사, 치과기공사 또는 치과위생사가 제공하는 용역
- 수의사가 제공하는 용역(가축, 수산동물, 장애인보조견, 기초생활수급자가 기르는 동물, 질병 예방 및 치료를 목적으로 하는 동물의 진료용역으로서 농림축산식품부장관 또는 해양수산부장관이 기획재정부장관과 협의하여 고시하는 용역으로 한정하여 면세함)
- 약사가 제공하는 의약품의 조제용역(단, 의약품의 단순판매는 과세)
- 산후조리원에서 분만 직후의 임산부나 영유아에게 제공하는 급식・요양 등의 용역

② 교육용역

- 주무관청의 허가 또는 인가를 받거나 주무관청에 등록되거나 신고된 학교, 어린이집(국공립어린이집이나 직장어린이집 운영을 위탁받은 자가 제공하는 경우 포함), 학원, 강습소, 훈련원, 교습소 또는 그 밖의 비영리단체
- 청소년수련시설
- 산학협력단
- 사회적기업
- 사회적협동조합
- 과학관, 박물관과 미술관

※ 무인가·무허가교육용역, 무도학원, 자동차운전학원은 과세

③ 우표(수집용 우표는 과세), 인지, 증지, 복권과 공중전화, 법 소정의 특수용담배

(3) 문화관련 재화·용역

① 도서(도서대여·실내 도서열람 용역·전자출판물* 포함), 신문, 잡지, 관보, 「뉴스통신 진흥에 관한 법률」에 따른 뉴스통신 및 방송(다만, 광고는 제외)

*음악, 영화 및 비디오물, 게임 관련 전자출판물은 과세

② 예술창작품[미술·음악·사진·연극·무용에 속하는 창작품. 단, 골동품(제작후 100년을 초과하는 것)과 모조품은 과세], 예술행사(영리를 목적으로 하지 아니하는 발표회, 연구회, 경연대회 등), 문화행사(영리를 목적으로 하지 아니하는 전시회, 박람회, 공공해사 등), 아마추어운동경기(대한체육회 및 그 산하단체와 국기원이 주최, 주관 또는 후원하는 운동경기나 승단·승급·승품 심사로서 영리를 목적으로 하지 않는 것)

③ 도서관·과학관·박물관·동물원·식물원에의 입장

(4) 부가가치 구성요소

① 토지의 공급(토지의 임대는 과세)

② 저술가·작곡가 등의 인적용역(변호사 등의 전문인적용역은 과세)

③ 금융·보험 용역(금융·보험업을 영위하지 않는 사업자가 주된 사업에 부수하여 금융·보험용역과 동일 또는 유사한 용역을 제공한 경우에도 면세)

※ 면세대상인 금융·보험용역으로 보지 아니하는 것 → 과세함

- 은행업무 중 보호예수, 복권·입장권·상품권·지금형주화 또는 금지금에 관한 대행용역(다만, 수익증권 등 금융업자의 금융상품 판매대행용역, 유가증권의 명의개서대행용역, 수납·지급대행용역 및 국가·지방자치단체의 금고대행용역은 면세)
- 집합투자업과 투자일임업 중 부동산·실물자산, 지상권·전세권·임차권 등 부동산 관련 권리, 어업권·광업권 등에 투자하는 업무, 투자자문업
- 신탁업 중 부동산·실물자산 등에 투자하는 금전투자신탁, 부동산신탁 중 관리·처분·분양관리업무(다만, 신탁업자가 위탁자로부터 부동산 등의 재산을 수익자에 대한 채무이행을 담보하기 위하여 수탁받아 운용하는 업무와 부동산 등을 수탁받아 부동산개발사업을 하는 업무는 면세)

- 보험업 중 보험계리용역 및 연금계리용역
- 기업합병 또는 기업매수의 중개・주선・대리, 신용정보서비스 및 은행업에 관련된 전산시스템과 소프트웨어의 판매・대여용역
- 부동산의 임대용역
- 감가상각자산의 대여용역(시설대여업자가 제공하는 시설대여용역을 면세하되, 동 시설대여업자가 자동차를 대여하고 정비용역을 함께 제공하는 경우에는 과세)

(5) 공적단체의 거래

① 국가・지방자치단체・지방자치단체조합이 공급하는 재화・용역

※ 국가 등이 공급하는 다음의 재화・용역은 과세

- 고속철도에 의한 여객운송용역
- 우정사업조직이 소포우편물을 방문접수하여 배달하는 용역과 우편주문 판매대행 용역
- 부동산임대업, 도매 및 소매업, 음식점업・숙박업, 골프장・스키장운영업, 기타스포츠 시설운영업. 단, 다음은 면세한다.
  - 국방부 또는 국군이 군인, 일반군무원, 그 밖에 이들의 배우자와 직계존비속에게 공급하는 소매업, 음식점업・숙박업, 기타 스포츠시설 운영업(골프 연습장 운영업 제외) 관련 재화 또는 용역
  - 국가 등이 그 소속 직원의 복리후생을 위하여 구내식당을 직접 경영하여 공급하는 음식용역
  - 국가 또는 지방자치단체가 「사회기반시설에 대한 민간투자법」에 따른 사업시행자로부터 민간투자사업의 추진방식(BTO, BTL방식)에 따라 사회기반시설 또는 사회기반시설의 건설용역을 기부채납받고 그 대가로 부여하는 시설관리운영권

② 국가・지방자치단체・공익단체*에 무상으로 공급하는 재화・용역(국가 등에 유상으로 공급하는 재화・용역은 과세)

*주무관청의 허가 또는 인가를 받거나 주무관청에 등록된 단체로서 「상속세 및 증여세법 시행령」 제12조의 어느 하나에 해당하는 사업을 하는 단체 또는 공익사업을 위하여 주무관청의 승인을 받아 금품을 모집하는 단체

③ 공인단체가 공급하는 법 소정 재화・용역

(6) 조세특례제한법상 면세(주요내용)

① 국민주택 및 국민주택 건설용역(법 소정 리모델링 용역 포함)

② 영유아용 기저귀와 분유(액상 형태의 분유 포함)

③ 정부업무대행단체가 공급하는 재화 또는 용역

2. 재화의 수입에 대한 면세

① 가공되지 아니한 식료품(식용으로 제공되는 농산물, 축산물, 수산물 및 임산물을 포함)

② 도서, 신문 및 잡지로서 대통령령으로 정하는 것

③ 학술연구단체, 교육기관, 「한국교육방송공사법」에 따른 한국교육방송공사 또는 문화단체가 과학용・교육용・문화용으로 수입하는 재화로서 대통령령으로 정하는 것

④ 종교의식, 자선, 구호, 그 밖의 공익을 목적으로 외국으로부터 종교단체・자선단체 또는 구호단체에 기증되는 재화로서 대통령령으로 정하는 것

⑤ 외국으로부터 국가, 지방자치단체 또는 지방자치단체조합에 기증되는 재화

⑥ 거주자가 받는 소액물품으로서 관세가 면제되는 재화
⑦ 이사, 이민 또는 상속으로 인하여 수입하는 재화로서 관세가 면제되거나 「관세법」에 따른 간이세율이 적용되는 재화
⑧ 여행자의 휴대품, 별송(別送) 물품 및 우송(郵送) 물품으로서 관세가 면제되거나 「관세법」에 따른 간이세율이 적용되는 재화
⑨ 수입하는 상품의 견본과 광고용 물품으로서 관세가 면제되는 재화
⑩ 국내에서 열리는 박람회, 전시회, 품평회, 영화제 또는 이와 유사한 행사에 출품하기 위하여 무상으로 수입하는 물품으로서 관세가 면제되는 재화
⑪ 수출된 후 다시 수입하는 재화로서 관세가 감면되는 것 중 대통령령으로 정하는 것. 다만, 관세가 경감되는 경우에는 경감되는 비율만큼만 면제한다.
⑫ 다시 수출하는 조건으로 일시 수입하는 재화로서 관세가 감면되는 것 중 대통령령으로 정하는 것(다만, 관세가 경감되는 경우에는 경감되는 비율만큼만 면제)

3. 면세포기

(1) 면세포기대상

① 영세율 적용대상
② 학술 등 연구단체가 그 연구와 관련하여 실비 또는 무상으로 공급하는 재화 또는 용역

(2) 면세포기절차

면세 포기신고를 하고 지체 없이 사업자등록을 해야 한다(승인의 요건 ×, 신고기한 ×).

※ 면세 포기신고를 한 때에는 사업자등록을 한 이후 거래분부터 면세 포기의 효력이 발생

(3) 면세로의 재변경

① 면세포기 신고한 사업자는 신고한 날부터 3년간 부가가치세를 면제받지 못한다.
② 면세포기신고를 한 날부터 3년이 지난 뒤 부가가치세를 면제받으려면 면세적용신고서와 함께 발급받은 사업자등록증을 제출하여야 하며, 면세적용신고서를 제출하지 아니하면 계속하여 면세를 포기한 것으로 본다.

(4) 면세포기범위

① 면세되는 2 이상의 사업 또는 종목을 영위하는 사업자는 면세 포기하고자 하는 재화·용역의 공급만을 구분하여 면세 포기할 수 있다.
② 영세율이 적용되는 것만을 면세 포기한 경우에는 국내에 공급하는 재화·용역에 대하여는 면세 포기의 효력이 없다.

CHAPTER

04 | 과세표준 및 매출세액의 계산

제1절 | 과세표준 CTA 24 · 23 · 22 · 21 · 20 · 19 · 18 · 17 · 16

1. 일반적인 과세표준

해당 과세기간에 공급한 재화·용역의 공급가액(부가가치세 미포함)을 합한 금액이다.

구 분	공급가액
금전으로 대가를 받은 경우	받은 대가
금전 외의 대가를 받은 경우	공급한 재화 또는 용역의 시가

제4장

2. 부당행위계산의 부인

특수관계인에게 공급하는 다음의 재화 또는 용역은 공급한 재화 또는 용역의 시가를 공급가액으로 적용한다.

구 분		공급가액	
		재화의 공급	용역의 공급
무상공급	특수관계인 ○	부당행위 → 시가	• 일반 : 공급이 아님 • 부동산 무상임대 : 부당행위 → 시가
	특수관계인 ×	사업상증여 → 시가 등	공급이 아님
저가공급	특수관계인 ○	시 가	시 가
	특수관계인 ×	실제 거래가액	실제 거래가액

더 알아보기 시가의 적용순서

① 공급자의 제3자간 반복적 거래가격 또는 일반적 거래가격
② 공급자가 그 대가로 받은 재화 또는 용역의 가격
③ 법인세법상 부당행위계산의 부인규정에서 적용되는 시가 산정기준
- 감정가(감정가액 2 이상인 경우 평균액)
- 상속세·증여세 보충적 평가방법
- 위의 규정을 적용할 수 없는 경우

임대용역 = (자산의 시가 × 50% − 보증금) × 정기예금 이자율 × $\frac{일수}{365}$

건설용역 = 원가 × (1 + 원가이익률)

3. 공급가액과 과세표준 관련 항목의 처리

(1) 공급가액에 포함 또는 공제여부

① 공급가액에 포함하는 금액

- 할부판매 및 장기할부판매의 이자상당액
- 대가의 일부로 받는 운송보험료 · 산재보험료 · 운송비 · 포장비 · 하역비
- 개별소비세 · 주세 · 「교통 · 에너지 · 환경세」 · 교육세 · 농어촌특별세

② 공급가액에 포함하지 않는 금액

- 부가가치세

  ※ 단, 부가가치세가 포함되어 있는지가 분명하지 않은 경우 그 대가로 받은 금액에 $\frac{100}{110}$을 곱한 금액을 공급가액으로 한다.

- 매출에누리 · 매출환입 및 매출할인*

  *매출환입과 매출할인은 환입일 또는 감액사유발생일이 속하는 예정신고기간 또는 과세기간의 과세표준에서 공제함

- 공급받는 자에게 도달하기 전에 공급자의 귀책사유로 인하여 파손 · 훼손 또는 멸실된 재화의 가액
- 재화 또는 용역의 공급과 직접 관련되지 아니한 국고보조금과 공공보조금
- 통상적으로 용기 또는 포장을 해당 사업자에게 반환할 것을 조건으로 그 용기대금과 포장비용을 공제한 금액으로 공급하는 경우의 용기대금과 포장비용
- 대개와 구분 기재 + 종업원에게 지급 + 수입금액 미계상한 봉사료
- 거래상대방으로부터 인도받은 원자재 등을 사용하여 제조 · 가공한 재화를 공급하거나 용역을 제공하는 경우에 해당 원자재 등의 가액

  ※ 단, 재화 또는 용역을 공급하고 그 대가로 원자재 등을 받는 경우에는 공급가액에 포함

- 대가의 지급지연으로 인하여 지급받는 연체이자

③ 과세표준에서 공제하지 않는 금액

- 대손금
- 공급자의 판매장려금 지급액
- 하자보증금

(2) 마일리지 등으로 대금의 전부 또는 일부를 결제 받은 경우 공급가액

① 자기 적립 마일리지로 결제한 금액 : 공급가액에서 제외

② 신용카드사 등으로부터 제공받은 마일리지로 결제한 금액

- 원칙 : 카드사 등으로부터 보전받는 금액을 공급가액에 포함
- 신용카드사 등으로부터 보전받지 않거나 부당행위계산부인(특수 저가 포함)에 해당하는 경우 : 시가

4. 거래형태별 공급가액

(1) 일반거래의 공급가액

① 외상판매 및 할부판매 : 공급한 재화의 총가액

② 장기할부판매 · 중간지급조건부 · 완성도기준 공급 · 계속적 공급 : 회수약정액

③ 기부채납 : 기부채납된 금액(부가세 포함된 경우 제외)

④ 공유수면 매립용역 : 매립공사에 든 총사업비

⑤ 위탁가공무역 방식에 의한 수출 : 완성된 제품의 인도가액

(2) 재화의 수입

① 보세구역을 통하지 않는 경우

> 과세표준 = 관세의 과세가격 + 관세 + 개소세, 주세, 교통・에너지・환경세 + 교육세・농특세

② 보세구역 내에서 보세구역외 국내에 재화를 공급하는 경우

> 보세구역 사업자의 과세표준 = 해당 재화의 공급가액 − 재화의 수입에 대한 과세표준

더 알아보기 세관장 과세전 선하증권 양도

세관장이 재화의 수입에 대한 부가가치세를 징수하기 전에 같은 재화에 대한 선하증권이 양도되는 경우 선하증권의 양수인으로부터 받은 대가를 과세표준으로 선택할 수 있음

(3) 대가를 외화로 받은 경우

구 분	공급가액
공급시기 도래전에 원화로 환가한 경우	환가한 금액
공급시기 이후에 원화로 환가한 경우	공급시기의 기준환율로 환산

5. 간주공급

(1) 자기생산・취득재화의 공급의제

① 비상각자산 : 당해 재화의 시가

② 감가상각자산

> 미상각잔액 = 취득가액(주1) × (1 − 상각률(주2) × 경과과세기간의 수(주3))

주1 매입세액 공제받은 해당 재화의 가액(취득세와 연체이자 지급액은 제외)

주2 건물 및 건축물 5%, 이외의 자산 25%

주3 과세기간 중에 취득 또는 공급의제 될 경우 그 과세기간 개시일에 취득 또는 공급의제 되었다고 보고 경과된 과세기간의 수를 계산(초기산입 / 말기불산입)

(2) 판매목적 타사업장 반출재화의 공급의제

구 분	공급가액
원 칙	당해 재화의 취득가액(법인세법 및 소득세법에서 규정하는 취득가액)
취득가액에 일정액을 가산하여 공급하는 경우	그 공급가액(= 내부대체가격)
개별소비세・교통세・주세가 부과되는 재화	개별소비세・교통세・주세의 과세표준 + 개별소비세・교통세・주세 + 교육세・농어촌특별세

(3) 일부 면세전용(감가상각자산에만 적용)

$$공급가액 = 미상각잔액 \times 당기\ 면세공급비율(= \frac{당해\ 과세기간의\ 면세공급가액}{당해\ 과세기간의\ 총공급가액})$$

※ 당기 면세공급비율이 5% 미만인 경우에는 미계산

6. 부동산임대용역의 경우

(1) 일반적인 경우

① 임대료

- 일반적인 경우(단기) : 약정액
- 2 과세기간 이상에 걸쳐 공급하고 그 대가를 선불 또는 후불로 받는 경우

$$선불\ 또는\ 후불로\ 받는\ 임대료 \times \frac{해당\ 과세기간의\ 월수^{*}}{총월수}$$

*초월산입·말월불산입

② 간주임대료

$$보증금\ 등\ 적수^{*} \times 정기예금이자율 \times \frac{1}{365}$$

*계약에 의해 보증금을 월세에 충당한 때에는 충당한 금액은 보증금에서 제외

③ 관리비 : 당해 부동산을 관리해주는 대가로 받는 관리비는 공급가액에 포함

※ 공공요금(전기료, 수도료 등) 구분징수 후 납입대행할 경우 : 공급가액에 제외

(2) 주택을 임대한 경우

① 주택과 이에 부수되는 토지의 임대 용역으로서 면세하는 것의 범위

- 상시 주거용(사업을 위한 주거용 제외)으로 사용한 건물가 그 부수토지의 임대용역
- 「주택법」에 따른 토지임대부 분양주택(국민주택규모로 한정)에 부수되는 토지의 임대용역

② 겸용주택의 임대

구 분	주택면적 > 사업용 건물면적	주택면적 ≤ 사업용 건물면적
건물분 면세범위	주택면적 + 사업용 건물면적	
부수토지분 면세범위	Min(①, ②) ① 토지 총면적 ② Max(건물 연면적, 건물정착면적(주1)) × 5배 (도시지역 밖 10배)	Min(①, ②) ① 토지 총면적 $\times \frac{주택\ 연면적}{건물\ 연면적}$ ② Max(주택 연면적, 주택정착면적(주2) × 5배 (도시지역 밖 10배)

주1 건물정착면적 = 주택정착면적 + 사업용건물정착면적

주2 복층건물의 주택정착면적은 다음과 같이 계산한다.

$$주택정착면적 = 건물정착면적 \times \frac{주택\ 연면적}{건물\ 연면적}$$

더 알아보기

부동산 임대용역과 면세되는 주택 임대용역을 함께 공급하여 그 임대구분과 임대료 등의 구분이 불분명한 경우에는 다음의 계산식을 순차로 적용하여 공급가액을 계산한다.

토지 임대료와 건물 임대료의 안분계산	예정신고기간 또는 과세기간이 끝난 날 현재의 소득세법에 따른 기준시가에 따라 안분계산 ① 건물 임대료 = (임대료 + 간주임대료) × $\frac{건물의\ 기준시가}{토지의\ 기준시가 + 건물의\ 기준시가}$ ② 토지 임대료 = (임대료 + 간주임대료) × $\frac{토지의\ 기준시가}{토지의\ 기준시가 + 건물의\ 기준시가}$
면적에 의한 안분계산	① 건물 임대 공급가액 = 건물 임대료 × $\frac{과세되는\ 건물임대면적}{총건물임대면적}$ ② 토지 임대 공급가액 = 토지 임대료 × $\frac{과세되는\ 토지임대면적}{총토지임대면적}$
공급가액	건물 임대 공급가액 + 토지 임대 공급가액

7. 토지와 건물 등을 일괄공급하는 경우

토지와 건물등을 함께 공급하는 경우 토지는 면세, 건물등은 과세거래이므로 토지와 건물 등의 일괄공급시 안분계산 필요

구 분	공급가액
실지거래가액의 구분이 분명한 경우	실지거래가액
실지거래가액의 구분이 불분명한 경우(주1)	① 감정가액(주2) ② 기준시가(계약일 현재) ③ 장부가액(장부가액 없는 경우 취득가액) → 1차 안분 : 기준시가 있는 자산 / 기준시가 없는 자산 → 기준시가로 2차 2차 안분 : 과세금액 / 면세금액

주1 토지와 건물 등의 실지거래가액이 안분규정에 따라 계산한 가액과 30% 이상 차이가 있는 경우 불분명한 경우로 간주하여 안분계산가액으로 공급가액 결정

주2 감정가액의 범위 : 공급시기(중간지급조건부 또는 장기할부판매의 경우에는 최초의 공급시기)의 직전 과세기간 개시일부터 공급시기 속한 과세기간의 종료일까지

주3 부가가치세 포함여부에 따른 공급가액 안분계산 산식

구 분	공급가액
총공급가액에 부가가치세가 포함되지 않은 경우	총공급가액(VAT 제외) × $\frac{과세재화\ 기준금액}{면세재화\ 기준금액 + 과세재화\ 기준금액}$
총공급가액에 부가가치세가 포함된 경우	총공급가액(VAT 포함) × $\frac{과세재화\ 기준금액}{면세재화\ 기준금액 + 과세재화\ 기준금액 \times 1.1}$

제2절 | 매출세액의 계산

1. 매출세액

과세표준 × 10%(영세율은 0%)

2. 대손세액공제

(1) 대손요건

① 법인세 및 소득세법상 대손금 요건
② 채무자 회생 및 파산에 관한 법률에 따른 법원의 회생계획인가 결정에 따라 채무를 출자전환하는 경우*

*대손금 : 출자전환시점의 출자전환된 매출채권 장부가액과 출자전환으로 취득한 주식 시가와의 차액

(2) 대손세액

$$대손금액(부가가치세\ 포함) \times \frac{10}{110}$$

※ 결정 또는 경정으로 증가된 과세표준에 대하여 부가가치세액을 납부한 경우 해당 대손세액을 포함

(3) 대손확정기한

공급일로부터 10년이 지난 날이 속하는 과세기간에 대한 확정신고기한(대손확정기한 경과하여 대손확정시 대손세액 공제 불가)

(4) 대손세액공제 시기

대손이 확정된 과세기간의 확정신고시(예정신고시에는 공제 불가)

(5) 대손세액 처리방법

구 분	공급하는 사업자	공급받는 사업자
대손 확정시	매출세액에서 차감(주1)	매입세액에서 차감(주2)
대손금 회수시	매출세액에 가산	매입세액에서 가산

주1 대손세액공제를 받고자 하거나 대손세액을 매입세액에 가산하고자 하는 사업자는 부가가치세확정신고서에 대손세액공제(변제)신고서와 대손사실 또는 변제사실을 증명하는 서류를 첨부하여 제출하여야 한다.

주2 공급자의 관할세무서장은 대손세액공제사실을 공급받은 자의 세무서장에게 통지
→ 만약 공급받은 자가 매입세액에서 차감신고하지 않으면 경정
→ 결정 또는 경정시에도 신고 및 납부지연가산세는 없음

제3절 | 세금계산서 CTA 25 · 23 · 22 · 20 · 18 · 17

1. 세금계산서

(1) 세금계산서의 의의

부가가치세를 거래징수한 사실을 증명하기 위해 공급받는 자에게 발급하는 세금영수증

(2) 사업자별 발급증빙의 종류

구 분		발급증빙
과세사업자	일반과세자	세금계산서(최종소비자 대상업종은 영수증)
	간이과세자	세금계산서(최종소비자 대상업종, 직전연도 공급대가 4,800만원 미만 사업자 및 신규사업자는 영수증)
세관장		수입세금계산서
면세사업자		계산서(최종소비자 대상업종은 영수증)

(3) 세금계산서의 작성

구 분	내 용
필요적 기재사항	① 공급하는 사업자의 등록번호와 성명 또는 명칭 ② 공급받는 자의 등록번호(공급받는 자가 비사업자 또는 미등록 사업자인 경우 : 고유번호 또는 공급받는 자의 주민등록번호) ③ 공급가액과 부가가치세액 ④ 작성연월일
임의적 기재사항	공급연월일 등 필요적 기재사항 이외의 기타사항

(4) 세금계산서의 발급시기

① 원칙 : 공급시기에 발급(특정요건 충족하면 선발급 가능)

② 후발급 특례 : 다음의 경우 다음 달 10일(다음 달 10일이 공휴일 또는 토요일일 때에는 공휴일 또는 토요일의 다음 날)까지 발급 가능

- 거래처별로 1역월의 공급가액을 합계하여 당해월의 말일자를 작성년월일로 하는 경우
- 거래처별 1역월 이내 임의기간을 합계하여 그 기간 종료일을 작성년월일로 하는 경우
- 증빙서류 등에 의하여 실제거래사실 확인되는 경우로서 거래일자를 작성년월일로 하는 경우

(5) 세금계산서의 발급특례

① 위탁판매

구 분	내 용
위탁판매 · 대리인에 의한 판매의 경우	수탁자 · 대리인이 재화를 인도할 때에는 수탁자 · 대리인이 위탁자 · 본인의 명의로 T/I를 발급하며, 위탁자 · 본인이 직접 재화를 인도하는 때에는 위탁자 · 본인이 T/I를 발급할 수 있다. 이 경우 수탁자 · 대리인의 등록번호를 덧붙여 적어야 한다.
위탁매입 · 대리인에 의한 매입의 경우	공급자가 위탁자 · 본인을 공급받는 자로 하여 T/I를 발급한다. 이 경우 수탁자 · 대리인의 등록번호를 덧붙여 적어야 한다.
해당 거래 · 재화의 특성상(또는 보관 · 관리상) 위탁자 · 본인을 알 수 없는 경우	위탁자 · 본인과 수탁자 · 대리인 사이, 수탁자 · 대리인과 거래상대방 사이에 각각 T/I를 발급한다.

② 리스거래 : 사업자가 시설대여업자로부터 시설 등을 임차하고 당해 시설 등을 공급자 또는 세관장으로부터 직접 인도받는 경우에는 공급자 또는 세관장이 당해 사업자에게 직접 세금계산서를 발급할 수 있다.

③ **합병으로 소멸하는 법인의 재화 또는 용역의 공급** : 합병에 따라 소멸하는 법인이 합병계약서에 기재된 합병을 할 날부터 합병등기일까지의 기간에 재화 또는 용역을 공급하거나 공급받는 경우 합병 이후 존속하는 법인 또는 합병으로 신설되는 법인이 세금계산서를 발급하거나 발급받을 수 있다.

(6) 수정세금계산서의 발급사유 및 발급절차

사 유	절 차
① 당초 공급한 재화가 환입된 경우	• 재화가 환입된 날을 작성일자로 기재 • 비고란에 당초 세금계산서 작성일자를 부기한 후 붉은 색 글씨로 쓰거나 음의 표시를 하여 교부
② 계약의 해제로 인하여 재화 또는 용역이 공급되지 아니한 경우	• 계약이 해제된 때에 그 작성일자는 계약해제일 기재 • 비고란에 처음 세금계산서 작성일 부기한 후 붉은 색 글씨로 쓰거나 음의 표시를 하여 교부
③ 공급가액에 추가 또는 차감되는 금액이 발생한 경우	• 증감사유가 발생한 날을 작성일로 기재 • 추가되는 금액은 검은 색 글씨로 쓰고, 차감되는 금액은 붉은 색 글씨로 쓰거나 음의 표시를 하여 교부
④ 재화 또는 용역을 공급한 후 공급시기가 속하는 과세기간 종료 후 25일(그날이 공휴일 또는 토요일인 경우 바로 다음 영업일)이내에 내국신용장이 개설되었거나 구매확인서가 발급된 경우	내국신용장 등이 개설된 때에 그 작성일자는 당초 세금계산서 작성일자를 기재
⑤ 필요적 기재사항 등이 착오로 잘못 기재된 경우	• 당초에 교부한 세금계산서의 내용대로 세금계산서를 붉은 색 글씨로 작성하여 교부하고, 수정하여 교부하는 세금계산서는 검은색 글씨로 작성하여 발급 • 다음에 해당하는 경우로서 과세표준 또는 세액을 경정할 것을 미리 알고 있는 경우는 제외
⑥ 필요적 기재사항 등이 착오 외의 사유로 잘못 적힌 경우	재화 및 용역의 공급일이 속하는 과세기간에 대한 확정신고기한의 다음 날부터 1년 이내에 세금계산서를 작성
⑦ 착오로 전자세금계산서를 이중으로 발급하는 경우	당초에 발급한 세금계산서의 내용대로 음의 표시를 하여 발급
⑧ 면세 등 발급대상이 아닌 거래 등에 대하여 발급한 경우	당초에 발급한 세금계산서의 내용대로 붉은색 글씨로 쓰거나 음의 표시를 하여 발급
⑨ 세율을 잘못 적용하여 발급한 경우	과세표준 또는 세액을 경정할 것을 미리 알고 있는 경우는 제외
⑩ 일반과세자에서 간이과세자로 과세유형이 전환된 후에 과세유형전환 전에 공급한 재화 또는 용역에 대하여 위 ①~③의 수정세금계산서 발급사유가 발생한 경우	당초 세금계산서 작성일자를 작성일로 기재
⑪ 간이과세자에서 일반과세자로 과세유형이 전환된 후에 과세유형전환 전에 공급한 재화 또는 용역에 대하여 위 ①~③의 수정세금계산서 발급사유가 발생한 경우	당초 세금계산서 작성일자를 작성일로 기재

(7) 세금계산서합계표의 제출

① 과세사업자

- 원칙 : 매출처별세금계산서합계표, 매입처별세금계산서합계표 제출
- 예외 : 전자세금계산서 발급명세를 과세기간(예정신고의 경우에는 예정신고기간) 마지막 날의 다음 달 11일까지 국세청장에게 전송한 경우 매출처별세금계산서합계표 및 매입처별세금계산서합계표 제출 생략 가능

② 세관장 : 매출처별세금계산서합계표

③ 면세사업자 : 매입처별세금계산서합계표

2. 영수증

(1) 영수증 발급대상거래

다음의 어느 하나에 해당하는 자가 재화 또는 용역을 공급하는 경우에는 공급시기에 영수증을 발급하여야 한다.

① 주로 사업자가 아닌 자에게 재화 또는 용역을 공급하는 사업자로서 다음의 사업(영수증 발급 대상업종)을 하는 사업자

- 소매업
- 음식점업·숙박업
- 미용, 욕탕 및 유사서비스업, 여객운송업, 입장권을 발행하여 영위하는 사업
- 의료보건용역 중 부가가치세가 과세되는 쌍커풀수술 등의 진료용역 및 수의사가 제공하는 용역
- 체육시설의 설치·이용에 관한 법률상의 무도학원 및 자동차운전학원
- 변호사업, 심판변론인업, 변리사업, 법무사업, 공인회계사업, 세무사업, 의사업, 한의사업, 약사업 등(사업자에게 공급하는 경우 제외)
- 우정사업조직이 소포우편물을 방문접수하여 배달하는 용역
- 공인인증서를 발급하는 사업
- 간편사업자등록을 한 사업자가 국내에 공급하는 전자적용역
- 주로 소비자에게 재화 또는 용역을 공급하는 법 소정 사업

② 간이과세자 중 다음의 어느 하나에 해당하는 자(세금계산서 발급금지 간이과세자)

- 직전 연도 공급대가(직전 과세기간 신규사업자는 12개월로 환산한 금액)가 4,800만원 미만인 자
- 신규사업자로서 사업자등록신청시 간이과세적용신고를 하여 간이과세자로 하는 최초의 과세기간 중에 있는 자

(2) 영수증 발급 대상업종의 세금계산서 발급 여부

① 매입자가 사업자등록증을 제시하고 세금계산서 발급요구시 일반적인 영수증 발급 대상 업종 공급자는 세금계산서 발급(간이과세자가 영수증 발급대상 기간에 공급한 경우에는 미적용)

※ 일반적인 영수증 발급 대상업종 공급자가 신용카드매출전표 등을 발급한 경우에는 세금계산서 교부불가

② 세금계산서 발급금지 업종은 매입자가 세금계산서 발급 요구시에도 세금계산서 교부불가

※ 세금계산서 발급금지 업종 : 미용, 욕탕 및 유사서비스업·여객운송(전세버스운송업 제외)·입장권 발행사업, 과세대상 의료보건용역, 무도학원 및 자동차 운전학원

③ 세금계산서 발급금지 업종 사업자가 감가상각자산을 공급하는 경우에는 교부가능(간이과세자가 영수증 발급대상 기간에 공급한 경우에는 미적용)

(3) 간이과세자의 영수증 발급 적용기간

구 분	내 용
직전 연도 공급대가 기준	직전 연도 공급대가에 따라 영수증 발급에 관한 규정이 적용되거나 적용되지 아니하게 되는 기간은 1역년의 공급대가의 합계액(신규 사업자는 12개월 환산금액)이 4,800만원에 미달하거나 그 이상이 되는 해의 다음 해의 7월 1일부터 그 다음 해의 6월 30일까지
신규사업자	사업 개시일부터 사업을 시작한 해의 다음 해의 6월 30일까지

3. 세금계산서 및 영수증 발급의무 면제

① 소매업·미용, 욕탕 및 유사서비스업을 영위하는 자가 공급하는 재화·용역(소매업의 경우 공급받는 자가 요구할 경우 발급)

② 재화의 공급의제(판매목적 타사업장 반출은 발급)

③ 부동산 임대보증금에 대한 간주임대료(임대료는 발급)

④ 영세율 적용 대상 재화·용역

더 알아보기 **영세율 적용거래 중 주요 세금계산서 발급거래**

- 원료를 대가 없이 국외의 수탁가공 사업자에게 반출하여 가공한 재화를 양도하는 경우에 그 원료의 반출
- 내국신용장(구매확인서)에 의하여 공급하는 재화
- 한국국제협력단, 한국국제보건의료재단과 대한적십자사에 공급하는 재화
- 수출재화임가공용역
- 외국을 항행하는 선박등에 공급하는 재화 및 용역(매입자가 국내에 사업장 있는 경우)

4. 매입자발행세금계산서

(1) 매입자발행세금계산서의 발행가능 사업자 및 발행대상 사업자

구 분	내 용
발행가능 사업자	모든 사업자(간이과세자 및 면세사업자 포함)
발행대상 사업자	세금계산서 교부의무가 있는 사업자로서 세금계산서를 교부하지 아니한 자

(2) 매입세액공제절차

구 분	내 용
확인신청	공급시기가 속하는 과세기간의 종료일부터 6개월 이내에 신청인 관할세무서장에게 거래사실의 확인을 신청
대상거래	거래건당 공급대가가 10만원(부가가치세 포함) 이상
매입세액의 공제	예정신고 및 확정신고 또는 경정청구시 매입자발행세금계산서합계표를 제출한 경우 해당 거래의 공급시기에 해당하는 과세기간 매입세액으로 공제

5. 전자세금계산서

(1) 발급대상자

① 법인사업자와 직전 연도의 사업장별 재화 및 용역의 공급가액(면세 공급가액 포함)의 합계액이 2억원 이상인 개인사업자

② 의무발급 대상자 이외의 사업자도 전자세금계산서 발급가능

더 알아보기 전자세금계산서의 의무발급 개인사업자의 발급기간 등

① 전자세금계산서 의무발급 기간 : 사업장별 재화 및 용역의 공급가액의 합계액이 2억원 이상인 해의 다음 해 제2기 과세기간과 그 다음 해 제1기 과세기간

② 세무서장의 통지의무 : 세무서장은 전자세금계산서 의무발급 개인사업자에 해당하는 경우에는 의무발급 기간이 시작되기 1개월 전까지 통지하여야 한다. 그러나 개인사업자가 전자세금계산서를 발급하여야 하는 기간이 시작되기 1개월전까지 통지를 받지 못한 경우에는 통지서를 수령한 날이 속하는 달의 다음 다음 달 1일부터 전자세금계산서를 발급하여야 한다.

(2) 전자세금계산서 발급명세

① 전송기한 : 전자세금계산서 발급일의 다음 날

※ 전자세금계산서 발급명세를 과세기간 (예정신고의 경우에는 예정신고기간) 마지막 날의 다음 달 11일까지 국세청장에게 전송한 경우 매출처별세금계산서합계표 및 매입처별세금계산서합계표 제출 생략 가능

② 기재사항 : 세금계산서의 기재사항 기재

(3) 전자세금계산서 발급명세 미전송 가산세

구 분	내 용
지연전송	전송기한 경과한 후 공급시기 과세기간에 대한 확정신고기한까지 전송 : 공급가액×0.3%
미전송	공급시기 과세기간에 대한 확정신고기한까지 전송하지 아니한 경우 : 공급가액×0.5%

더 알아보기 세금계산서의 보존

사업자는 장부와 발급하거나 발급받은 세금계산서 또는 영수증을 그 거래사실이 속하는 과세기간에 대한 확정신고를 한 날부터 5년간 보존하여야 한다. 다만, 전자세금계산서를 발급한 사업자가 국세청장에게 세금계산서 발급명세를 전송한 경우에는 그러하지 아니한다.

CHAPTER

05 납부세액의 계산

제1절 | 세금계산서 매입세액 CTA 24 · 23 · 22 · 18 · 17 · 16

1. 매입세액

(1) 세금계산서 수취분 매입세액

① 공제요건 : 사업자가 자기의 '사업을 위하여 사용하였거나 사용할 목적'으로 재화 또는 용역을 공급받거나 재화를 수입할 때 세금계산서를 발급받은 매입세액(사업양수자의 대리납부규정에 따라 납부한 부가가치세액 포함)은 매출세액에서 공제한다.

② 매입세액 공제시기

- (원칙) 매입세액은 재화 · 용역을 공급받는 시기 또는 재화의 수입시기가 속하는 예정신고기간 또는 과세기간의 매출세액에서 공제
- (예외) 예정신고기간에 공제받아야 할 매입세액을 예정신고시 공제하지 못한 경우에는 확정신고시 공제할 수 있고, 확정신고시에 공제하지 못한 경우에는 수정신고 · 경정청구 · 기한후신고시 공제할 수 있으며, 미공제분은 경정시 경정기관의 확인을 거쳐 매입세액 공제가능

(2) 매입자발행세금계산서에 의한 매입세액

① 매입자 발행 세금계산서 : 납세의무자로 등록한 사업자가 재화 또는 용역을 공급하고 세금계산서 발급시기에 세금계산서를 발급하지 아니한 경우 그 재화 또는 용역을 공급받은 자는 공급시기가 속하는 과세기간의 종료일부터 1년 이내에 거래사실의 확인신청을 하고 관할 세무서장의 확인을 받아 세금계산서를 발행할 수 있다.

② 공급자 : 납세의무자로 등록한 사업자로서 세금계산서 발급의무가 있는 사업자

※ 미등록사업자, 면세사업자 및 영수증 발급 적용기간의 간이과세자는 제외

③ 공급받은자 : 모든 사업자

④ 발행대상 : 거래 건당 공급대가가 5만원 이상인 경우

2. 매입세액 불공제

(1) 사업과 직접 관련이 없는 지출에 대한 매입세액

① 법인세법 또는 소득세법의 업무무관비용

② 법인세법의 공동경비 중 공동경비 분담기준을 초과하여 부담한 금액

(2) 사업자등록 신청 전 매입세액

예외적으로 공급시기가 속하는 과세기간이 끝난 후 20일 이내에 등록신청한 경우 등록신청일부터 공급시기가 속하는 과세기간 기산일까지 역산한 기간 이내의 것은 공제

(3) 세금계산서의 미수취 · 부실기재 및 합계표의 미제출 · 부실기재분

(4) 개별소비세 과세대상 자동차의 구입과 임차 및 유지에 관한 매입세액

예외적으로 운수업, 자동차판매업, 자동차임대업, 운전학원업, 경비업법상 기계경비업무를 하는 경비업(출동차량에 한함) 및 이와 유사한 업종에 직접 영업으로 사용되는 것은 공제

(5) 토지 관련 매입세액

① 토지의 취득 및 형질변경, 공장부지 및 택지의 조성 등에 관련된 매입세액

② 건축물이 있는 토지를 취득하여 그 건축물을 철거하고 토지만을 사용하는 경우에는 철거한 건축물의 취득 및 철거비용에 관련된 매입세액

③ 토지의 가치를 현실적으로 증가시켜 토지의 취득원가를 구성하는 비용에 관련된 매입세액

(6) 면세사업 관련 매입세액

(7) 기업업무추진비 관련 매입세액

제2절 | 기타 공제 매입세액 CTA 25 · 24 · 20 · 18 · 16

1. 신용카드매출전표 등 수취분 매입세액

사업자가 일반과세자 또는 간이과세자로부터 재화 · 용역을 공급받고 부가가치세액이 별도로 구분 되는 신용카드매출전표 등을 발급받은 경우 다음의 요건을 모두 충족 시 공제한다.

① 세금계산서 발급 금지 업종을 경영하는 사업자로부터 발급받은 것이 아닐 것

② 기업업무추진비 등 매입세액 불공제대상이 아닐 것

③ 증빙을 5년간 보관할 것

④ 간이과세자가 영수증을 발급받아야 하는 기간에 발급한 신용카드매출전표 등이 아닐 것

2. 의제매입세액

(1) 적용요건

① 면세농산물 등을 과세사업의 원재료로 하여 제조한 재화 또는 용역의 공급이 과세될 것(면세포기에 의하여 영세율이 적용되는 경우 제외)

② 예정신고 또는 확정신고시 매입처별 계산서합계표, 신용카드매출전표 등 수령명세서 제출

※ 제조업을 경영하는 사업자가 농어민으로부터 면세농산물 등을 직접 공급받는 경우에는 의제매입세액 공제신고서만 제출

(2) 의제매입세액 계산

① 예정신고・조기환급신고시 의제매입세액

> 매입가액(주1) × 공제율(주2)

② 확정신고시 의제매입세액

> Min[해당 과세기간의 매입가액(주1), 과세표준(주3) × 한도율(주4)] × 공제율(주2) − ①
>
> Min ┌ 확정신고기간의 매입가액(주1) × 공제율(주2)
>
> └ 해당 과세기간의 과세표준(주3) × 한도율(주4) × 공제율(주2) − ①

주1 매입가액 : 농산물 등의 매입가액

구 분		매입가액
매 입	국내매입분	순수한 매입가액
	수입분	관세의 과세가격
자가제조, 채취 등에 의한 취득분		법인세법 또는 소득세법에 따른 취득가액

주2 공제율

구 분			의제매입세액 공제율
음식점업	과세유흥장소의 경영자		$\frac{2}{102}$
	이외의 음식점	개인사업자	$\frac{8}{108}$ (과세표준 2억원 이하 : $\frac{9}{109}$)
		법인사업자	$\frac{6}{106}$
제조업	과자점업, 도정업, 제분업 및 떡류 제조업 중 떡방앗간을 경영하는 개인사업자		$\frac{6}{106}$
	조세특례제한법상 중소기업 및 개인사업자		$\frac{4}{104}$
	이외의 사업자		$\frac{2}{102}$
이외의 사업			$\frac{2}{102}$

주3 과세표준 : 해당 과세기간의 면세농산물 등 관련 과세표준

주4 한도율 : 예정신고・조기환급신고시는 공제한도를 적용하지 않고, 확정신고시만 적용

구 분		한도율		
		2025.12.31까지		2026.1.1.부터
법 인		50%		30%
개 인	해당 과세기간의 과세표준	음식점업	그 밖의 업종	모든 업종
	2억원 초과	60%	55%	40%
	1억원 초과 2억원 이하	70%	65%	50%
	1억원 이하	75%		

(3) 매입시기 집중 제조업의 공제한도 특례

① 요건 : 다음의 요건을 모두 충족한 사업자

a. $\dfrac{\text{제1기 과세기간에 공급받은 면세농산물등의 가액}}{\text{그 해의 1.1.부터 12.31.까지 공급받은 면세농산물등의 가액}}$: 75% 이상이거나 25% 미만일 것

b. 해당 과세기간의 속하는 해의 1.1.부터 12.31.까지 계속하여 제조업을 영위하였을 것

② 제2기 과세기간의 확정신고시 의제매입세액(다음의 금액으로 선택 가능)

Min[1역년의 면세농산물 등의 매입가액, 1역년의 면세농산물 등 관련 과세표준의 합계액 × 한도율*] × 공제율 − 제1기 의제매입세액공제액

*한도율

구 분		한도율	
		2025.12.31.까지	2026.1.1.부터
법 인		50%	30%
개 인	1역년의 과세표준 합계액 4억원 초과	55%	40%
	1역년의 과세표준 합계액 4억원 이하	65%	50%

(4) 공제시기

면세농산물 등을 구입한 예정신고기간이나 확정신고기간 중에 공제(사용시 공제 ×)

(5) 추징

① 면세농산물 등을 그대로 양도하는 경우

② 면세사업을 위하여 사용・소비하는 경우

③ 그 밖의 목적을 위하여 사용・소비하는 경우

제3절 | 공통매입세액의 안분계산 CTA 24・23・22・22・20・17

1. 공통사용재화의 공급가액 안분계산

(1) 안분계산 대상

과세사업과 면세사업에 공통으로 사용된 재화를 공급한 경우

(2) 안분계산 시기

공통사용 재화를 공급한 시점에 계산

(3) 안분계산 방법

① 일반적인 경우

$$공급가액 \times \frac{직전\ 과세기간의\ 과세공급가액}{직전\ 과세기간의\ 총공급가액}$$

② 공통매입세액을 사용면적비율로 안분계산하였거나 납부・환급세액을 사용면적 비율로 재계산한 재화를 공급한 경우

$$공급가액 \times \frac{직전\ 과세기간의\ 과세사용면적}{직전\ 과세기간의\ 총사용면적}$$

※ 휴업 등으로 직전 과세기간의 공급가액비율 또는 사용면적비율이 없는 경우에는 해당 재화의 공급일에 가장 가까운 과세기간의 공급가액비율 또는 사용면적비율로 계산

(4) 안분계산 생략(공급가액 전부를 과세표준으로 함)

① 직전 과세기간의 총공급가액 중 면세공급가액이 5% 미만인 경우

※ 면세사용면적이 5% 미만인 경우에는 안분계산

※ 해당 재화의 공급가액이 5천만원 이상인 경우는 제외

② 재화의 공급가액이 50만원 미만인 경우

③ 재화공급일이 속하는 과세기간에 신규로 사업을 시작하여 직전 과세기간이 없는 경우

2. 공통매입세액의 안분계산

(1) 안분계산 대상

과세사업과 면세사업등의 공통매입세액

(2) 안분계산 시기

공통매입세액이 발생한 과세기간의 예정신고 및 확정신고시

※ 공통매입세액은 예정신고를 할 때에는 예정신고기간의 공급가액으로 안분계산하고, 확정신고를 할 때에 정산

(3) 안분계산 방법

① 원칙 : 실지귀속에 따라 구분

② 예외 : 실지귀속이 불분명한 경우

- 도축업을 영위하는 사업자 : 공통매입세액을 과세사업과 면세사업에 관련된 도축 두수에 따라 안분하여 계산
- 위 외의 경우 다음 계산식에 따름

구 분	면세사업등 관련 매입세액
원 칙	$공통매입세액 \times \frac{해당\ 과세기간의\ 면세공급가액}{해당\ 과세기간의\ 총공급가액}$
해당 과세기간에 구입한 재화를 그 과세기간에 공급하여 공급가액을 안분계산한 경우*	$공통매입세액 \times \frac{직전\ 과세기간의\ 면세공급가액}{직전\ 과세기간의\ 총공급가액}$

*공급시 공급가액의 안분계산을 생략한 재화는 공통매입세액의 안분세액계산도 생략

(4) 안분계산 생략(공통매입세액 전액 공제)

① 해당 과세기간의 총공급가액 중 면세공급가액이 5% 미만인 경우

※ 면세사용면적이 5% 미만인 경우에는 안분계산

※ 공통매입세액(해당 과세기간의 합계액)이 5백만원 이상인 경우 제외

② 해당 과세기간 중의 공통매입세액이 5만원 미만인 경우

③ 신규사업자가 사업을 시작한 과세기간에 구입한 재화를 공급한 경우 그 재화에 대한 매입세액

(5) 공급가액이 없는 경우

해당 과세기간의 과세사업과 면세사업의 공급가액이 모두 없거나 그 어느 한 사업의 공급가액이 없는 경우에는 다음 순서에 따라 안분계산(확정되는 과세기간에 정산)

① 매입가액비율 : $\dfrac{\text{면세사업의 매입세액}}{\text{총매입가액(공통매입가액 제외)}}$ (공급가액 확정시 정산)

② 예정공급가액비율 : $\dfrac{\text{면세사업의 예정공급가액}}{\text{총예정공급가액}}$ (공급가액 확정시 정산)

③ 예정사용면적비율 : $\dfrac{\text{면세사업의 예정사용면적}}{\text{총예정사용면적}}$ (사용면적 확정시 정산)

3. 의제매입세액의 안분계산

(1) 안분계산 대상

과세사업과 면세사업을 겸영하는 사업자가 의제매입세액공제대상인 농산물 등을 구입한 경우

(2) 안분계산 방법

과세기간 종료일까지 실지귀속에 따라 의제매입세액공제대상인지 구분하고, 실지귀속이 불분명한 것과 차기이월분은 고통매입세액의 안분계산규정을 준용

$$\text{과세사업의 농산물 등 매입가액} = \text{면세로 구입한 농산물 등 매입가액} \times \frac{\text{해당 과세시간의 과세공급가액}^{*}}{\text{해당 과세기간의 총공급가액}}$$

*의제매입세액 계산시 면세포기로 영세율이 적용되는 금액은 제외

4. 납부 · 환급세액의 재계산

(1) 재계산 요건(모두 충족)

① 과세사업과 면세사업 등에 공통으로 사용되는 감가상각자산에 대하여 매입세액공제 · 공통매입세액 안분계산 · 공통매입세액 정산 · 과세사업 전환 매입세액공제를 한 경우

② 면세비율이 5% 이상 증감된 경우

(2) 재계산 시기

확정신고시에만 재계산을 적용

제5장

(3) 재계산 방법

공통매입세액(주1) × (1 − 상각률(주2) × 경과된 과세기간의 수(주3)) × 증감된 면세비율(주4) = 납부·환급세액

주1 과세사업과 면세사업 공통으로 사용되는 감가상각자산의 취득과 관련하여 발생한 공통매입세액
주2 건물, 구축물 : 5%, 그 밖의 감가상각자산 25%
주3 과세기간 개시 후에 감가상각자산을 취득한 경우에는 그 과세기간 개시일에 취득한 것으로 보아 경과된 과세기간의 수를 계산
주4 당초 공급가액비율을 사용한 경우에는 그 이후 과세기간의 공급가액비율에 의하고, 당초 면적비율에 의한 경우에는 그 이후 과세기간의 면적비율에 의하여 증감된 면세비율을 계산

(4) 재계산 배제

재화의 공급의제에 해당하는 경우에는 재계산 배제

제4절 | 면세사업용 감가상각자산의 과세사업 전환시 공제되는 매입세액 계산 CTA 25

1. 공제요건(모두 충족)

① 면세사업분으로서 매입세액이 공제되지 아니한 감가상각자산을 과세사업에 사용·소비하는 경우
② 과세사업에 전환한 확정신고시에 신고할 것

2. 과세사업 전환 매입세액공제액

$$\text{해당 재화의 매입세액} \times (1 - \text{상각률}^{(주1)}) \times \text{경과된 과세기간의 수}) \times \frac{\text{과세공급가액}^{(주2)}}{\text{총공급가액}}$$

주1 건물, 구축물 : 5%, 그 밖의 감가상각자산 25%
주2 일부전용한 과세기간의 과세공급가액비율이 5% 미만인 경우에는 공제세액이 없는 것으로 본다.

※ 공급가액이 없는 경우 : 해당 과세기간 중 과세사업과 면세사업이 공급가액이 없거나 그 어느 한 사업의 공급가액이 없는 경우에는 다음 순서에 따라 안분계산(확정되는 과세기간에 정산)

① 매입가액비율 : $\frac{\text{면세사업의 매입세액}}{\text{총매입가액(공통매입가액 제외)}}$ (공급가액 확정시 정산)

② 예정공급가액비율 : $\frac{\text{면세사업의 예정공급가액}}{\text{총예정공급가액}}$ (공급가액 확정시 정산)

③ 예정사용면적비율* : $\frac{\text{면세사업의 예정사용면적}}{\text{총예정사용면적}}$ (사용면적 확정시 정산)

*다만, 건물은 과세사업과 면세사업에 제공할 예정면적을 구분할 수 있는 경우에는 ③ 예정사용면적비율을 ① 매입가액비율이나 ② 예정공급가액비율보다 우선 적용

CHAPTER

06 | 차가감납부세액의 계산 및 납세절차

제1절 | 경감 · 공제세액 CTA 24

1. 신용카드 매출전표 등 발생세액 공제

(1) 공제대상

영수증 발급대상 사업을 하는 개인사업자(각 사업장의 직전 연도의 재화 또는 용역의 공급가액의 합계액이 10억원을 초과하는 개인사업자는 제외)가 재화 또는 용역을 공급하고 세금계산서의 발급시기에 신용카드매출전표 등을 발급하거나 전자적 결제수단에 의해 대금을 결제받는 경우

(2) 공제금액

Min(①, ②) ① [신용카드매출전표 등 발급금액(VAT 포함) + 전자적 결제수단에 의한 결제금액(VAT 포함)] × 1.3% ② 연간 공제한도 : 1천만원

2. 전자세금계산서 발급전송 세액공제

(1) 공제대상

다음 중 어느 하나에 해당하는 개인사업자가 전자세금계산서를 2027.12.31.까지 발급(전자세금계산서 발급명세를 전자세금계산서 발급일의 다음 날까지 국세청장에게 전송한 경우로 한정함)하는 경우

① 직전 연도의 사업장별 재화 및 용역의 공급가액(부가가치세 면세공급가액 포함)의 합계액이 3억원 미만인 개인사업자

② 해당 연도에 신규로 사업을 개시한 개인사업자

(2) 공제금액

전자세금계산서 발급 건수 × 200원 = 세액공제액(연간 한도 100만원)

3. 전자신고세액공제

납세자가 직접 전자신고방법에 의하여 부가가치세 확정신고를 하는 경우에는 해당 납부세액에서 1만원을 공제하거나 환급세액에 가산한다.

제2절 | 신고 · 납부 및 환급절차 CTA 25 · 21 · 20 · 19 · 16

1. 예정신고와 납부

(1) 일반적인 경우

예정신고기간이 끝난 후 25일 이내에 신고 · 납부(조기환급신고시 이미 신고한 내용은 제외)

(2) 예외적인 경우

① 원칙 : 관할 세무서장이 직전 과세기간 납부세액에 50%로 결정하여 징수

※ 다만, 다음 중 어느 하나에 해당하는 경우에는 징수하지 않는다.

- 징수하여야 할 금액이 50만원 미만인 경우
- 간이과세자에서 해당 과세기간 개시일 현재 일반과세자로 변경된 경우
- 「국세징수법」상 재난 등으로 인한 납부기한 등의 연장사유로 관할 세무서장이 징수하여야 할 금액을 사업자가 납부할 수 없다고 인정되는 경우

② 선택 : 다음 중 어느 하나에 해당하는 자는 예정신고를 하고 예정신고기간의 납부세액(해당 예정신고기간에 대해 수시부과한 세액은 공제)을 납부할 수 있다. 이 경우 예정고지세액의 결정은 없었던 것으로 본다.

- 휴업 · 사업부진 등으로 각 예정신고기간의 공급가액 또는 납부세액이 직전 과세기간의 공급가액 또는 납부세액의 $\frac{1}{3}$에 미달하는 자
- 각 예정신고기간분에 대하여 조기환급을 받으려는 자

2. 확정신고와 납부

과세기간 종료 후 25일 이내에 신고 및 납부(예정신고 및 조기환급신고내용은 제외)

※ 폐업하는 경우에는 폐업일이 속한 달의 다음 달 25일 이내에 신고 및 납부

※ 예정고지납부로 신고되지 않은 경우와 예정신고누락분은 확정신고시 반영해야함

3. 재화의 수입에 대한 신고 · 납부

(1) 일반적인 경우

재화를 수입하는 자가 「관세법」에 따라 관세를 신고 · 납부하는 경우에는 재화의 수입에 대한 부가가치세를 함께 신고 · 납부하여야 한다.

(2) 재화의 수입에 대한 부가가치세 납부의 유예

① 의의 : 세관장은 중소 · 중견사업자가 재화의 수입에 대하여 부가가치세의 납부유예를 미리 신청하는 경우에는 해당 재화를 수입할 때 부가가치세의 납부를 유예할 수 있다.

② 납부유예의 신청 및 승인

- 중소 · 중견사업자는 법소정의 절차를 준수하여 세관장에게 납부유예를 신청하여야 하며, 신청을 받은 관할 세관장은 신청일부터 3개월 이내에 납부유예의 승인 여부를 결정하여 해당 중소 · 중견사업자에게 통지하여야 한다.
- 납부유예를 승인하는 경우 그 유예기간은 1년으로 한다.

③ **납부유예의 취소** : 중소·중견사업자가 납부유예를 승인받은 이후 다음의 어느 하나에 해당하는 경우에는 그 납부의 유예를 취소할 수 있다.

- 해당 중소·중견사업자가 국세를 체납한 경우
- 조세범처벌법 또는 관세법 위반으로 국세청장, 지방국세청장, 관할 세무서장 또는 관세청장, 관할 세관장으로부터 고발된 경우
- 중소·중견사업자의 요건을 충족하지 아니한 중소·중견사업자에게 납부유예를 승인한 사실을 세관장이 알게 된 경우

4. 국외사업자로부터 용역 등을 공급받는 자의 대리납부 제도

(1) 요건(모두 충족)

① **공급자** : 국외사업자[국내사업장이 없는 비거주자 또는 외국법인, 국내사업장이 있는 비거주자 또는 외국법인(국내사업장과 관련 없이 용역 등을 공급하는 경우에 한함)]

② **공급대상** : 부가가치세 과세대상 용역 또는 권리의 공급

③ **공급받는 자** : 과세사업자(매입세액 불공제대상인 경우), 면세사업자, 비사업자

(2) 대리납부세액 징수시기

그 대가를 지급하는 때

※ 제공받는 용역 등의 공급시기에 관계없이 그 대가를 지급하는 때에 징수한다.

(3) 대리납부세액

용역 등의 공급가액×10%

(4) 대리납부방법

대리납부세액을 징수한 자는 부가가치세 예정·확정신고 규정을 준용하여 부가가치세 대리납부신고서와 함께 부가가치세를 징수한 사업장 또는 주소지 관할 세무서장에게 납부하거나 「국세징수법」에 따른 납부서를 작성하여 한국은행 또는 체신관서에 납부하여야 한다.

5. 신탁 관련 제2차 납세의무 및 물적납세의무

(1) 제2차 납세의무자에 대한 납부고지

부가가치세를 납부하여야 하는 수탁자의 관할 세무서장은 제2차 납세의무자로부터 수탁자의 부가가치세등을 징수하려면 납부고지서를 제2차 납세의무자에게 발급하여야 한다. 이 경우 수탁자의 관할 세무서장은 제2차 납세의무자의 관할 세무서장과 수탁자에게 그 사실을 통지하여야 한다.

(2) 물적납세의무자에 대한 납부고지

① 부가가치세를 납부하여야 하는 위탁자의 관할 세무서장은 수탁자의 물적납세의무에 따라 수탁자로부터 위탁자의 부가가치세등을 징수하려면 납부고지서를 수탁자에게 발급하여야 한다. 이 경우 수탁자의 관할 세무서장과 위탁자에게 그 사실을 통지하여야 한다.

② ①에 따른 고지가 있은 후 납세의무자인 위탁자가 신탁의 이익을 받을 권리를 포기 또는 이전하거나 신탁재산을 양도하는 등의 경우에도 고지된 부분에 대한 납세의무에는 영향을 미치지 아니한다.

③ 신탁재산의 수탁자가 변경되는 경우에 새로운 수탁자는 이전의 수탁자에게 고지된 납세의무를 승계한다.

④ 납세의무자인 위탁자의 관할 세무서장은 최초의 수탁자에 대한 신탁 설정일을 기준으로 수탁자의 물적납세의무에 따라 그 신탁재산에 대한 현재 수탁자에게 위탁자의 부가가치세등을 징수할 수 있다.

(3) 국세우선권의 제한

신탁재산에 대하여 국세징수법에 따라 강제징수를 하는 경우 「국세기본법」상 국세의 우선규정에도 불구하고 수탁자는 「신탁법」에 따른 신탁재산의 보존 및 개량을 위하여 지출한 필요비 또는 유익비의 우선변제를 받을 권리가 있다.

6. 환 급

(1) 일반환급

확정신고기한 경과 후 30일 이내에 환급

(2) 조기환급

과세기간별・예정신고기간별(3개월)・조기환급기간별(매월 또는 매 2월)로 환급세액을 각 기한 경과 후 15일 이내에 환급

① 조기환급대상

- 영세율을 적용받는 경우
- 사업설비(감가상각자산)를 신설・취득・확장 또는 증축하는 경우
- 사업자가 재무구조개선계획을 이행중인 경우*

*재무구조개선계획을 이행 중인 경우란 조기환급기간, 예정신고기간 또는 과세기간의 종료일 현재 다음의 계획을 이행 중인 경우를 말한다.

- 「채무자 회생 및 파산에 관한 법률」에 따른 회생계획으로서 법원이 인가 결정을 선고한 것
- 「기업구조조정 촉진법」에 따른 금융채권자협의회가 기업과 체결한 기업개선계획의 이행을 위한 약정
- 채권은행자율협의회가 협약에 따라 재무구조개선 대상기업과 체결한 기업개선계획의 이행을 위한 특별약정

② 조기환급방법

- 예정 또는 확정신고기간별 조기환급 : 예정・확정신고 기한이 지난 후 15일 이내에 환급
- 조기환급기간에 대한 조기환급 : 조기환급신고 기한이 지난 후 15일 이내에 환급

7. 결정 · 경정 및 수시부과의 결정

(1) 결정사유

예정신고 또는 확정신고를 하지 아니한 경우

(2) 경정사유

① 예정신고 또는 확정신고를 한 내용에 오류가 있거나 내용이 누락된 경우

② 확정신고를 할 때 매출처별 세금계산서합계표 또는 매입처별 세금계산서합계표를 제출하지 아니하거나 제출한 합계표의 기재사항의 전부 · 일부가 적혀 있지 아니하거나 사실과 다르게 적혀 있는 경우

③ 다음 사유로 인하여 부가가치세를 포탈할 우려가 있는 경우*

*부가가치세 포탈할 우려가 있는 경우

- 사업장의 이동이 빈번한 경우
- 사업장의 이동이 빈번하다고 인정되는 지역에 사업장이 있을 경우
- 휴업 또는 폐업 상태에 있을 경우
- 신용카드가맹점 또는 현금영수증가맹점으로 가입하지 아니한 경우로서 사업 규모나 영업 상황으로 보아 신고 내용이 불성실하다고 판단되는 경우
- 영세율 등 조기환급 신고의 내용에 오류가 있거나 내용이 누락된 경우

(3) 경정의 제한

영수증 발급 사업 중 국세청장이 정하는 업종을 경영하는 사업자로서 같은 장소에서 계속하여 5년 이상 사업을 경영한 자에 대해서는 객관적인 증명자료로 보아 과소하게 신고한 것이 분명한 경우에만 결정할 수 있다.

(4) 결정 · 경정 방법

① 원칙 : 실질조사

② 예외 : 장부 기타 증명서류에 의하여 과세표준과 세액을 계산할 수 없는 경우에는 추계조사

(5) 경정시 매입세액공제

사업자가 경정시 경정기관의 확인을 거쳐 세금계산서를 제출하는 경우에도 매입세액을 공제하나, 이 경우에는 매입처별 세금계산서합계표 제출 불성실가산세가 적용된다.

(6) 수시부과의 결정

① **수시부과 사유** : 납세지 관할 세무서장등은 사업자가 과세기간 중에 다음 중 어느 하나에 해당하는 경우에는 수시부과할 수 있다.

- 가산세(가공발급 · 수취, 타인명의발급 · 수취, 공급가액 과다기재발급 · 수취) 부과사유 중 어느 하나에 해당하는 경우
- 경정사유 중 ③의 사유로 부가가치세를 포탈할 우려가 있는 경우

② **수시부과기간** : 수시부과는 해당 과세기간의 개시일부터 수시부과의 사유가 발생한 날까지를 수시부과기간으로 하여 적용한다. 이 경우 수시부과의 사유가 확정신고기한 이전에 발생한 경우로서 사업자가 직전 과세기간에 대하여 확정신고를 하지 아니한 경우에는 직전 과세기간을 수시부과기간에 포함한다.

CHAPTER

07 | 간이과세

제1절 | 간이과세 개요 CTA 24

1. 적용대상자

① 개인사업자 + ② 직전연도 공급대가의 합계액이 1억4백만원 미만

2. 배제대상

① 간이과세가 적용되지 아니하는 다른 사업장을 보유하고 있는 사업자

② 업종, 규모, 지역 등을 고려하여 대통령령*으로 정하는 사업자

> *1. 광 업
> 2. 제조업. 다만, 주로 최종소비자에게 직접 재화를 공급하는 사업으로서 기획재정부령으로 정하는 것은 제외한다.
> 3. 도매업(소매업을 겸영하는 경우를 포함하되, 재생용 재료수집 및 판매업은 제외한다) 및 상품중개업
> 4. 부동산매매업
> 6. 부동산임대업으로서 기획재정부령으로 정하는 것
> 7. 전문직 사업자
> 8. 일반과세자로부터 포괄적으로 양수한 사업[다만, 배제업종에 해당하지 않는 경우로서 사업을 양수한 이후 공급대가의 합계액이 1억4백만원 미만인 경우는 제외]
> 9. 사업장의 소재 지역과 사업의 종류·규모 등을 고려하여 국세청장이 정하는 기준에 해당하는 것
> 10. 「소득세법」에 따른 전전 연도 기준 복식부기의무자가 경영하는 사업
> 12. 전기·가스·증기 및 수도 사업
> 13. 건설업. 다만, 주로 최종소비자에게 직접 재화 또는 용역을 공급하는 사업으로서 기획재정부령으로 정하는 사업은 제외한다.
> 14. 전문·과학·기술서비스업, 사업시설 관리·사업지원 및 임대 서비스업. 다만, 주로 최종소비자에게 직접 용역을 공급하는 사업으로서 기획재정부령으로 정하는 사업은 제외한다.

③ 부동산임대업 또는 「개별소비세법」에 따른 과세유흥장소를 경영하는 사업자로서 해당 업종의 직전 연도의 공급대가의 합계액이 4천800만원 이상인 사업자

④ 둘 이상의 사업장이 있는 사업자로서 그 둘 이상의 사업장의 직전 연도의 공급대가의 합계액이 1억4백만원 이상인 사업자. 다만, 부동산임대업 또는 과세유흥장소에 해당하는 사업장을 둘 이상 경영하고 있는 사업자의 경우 그 둘 이상의 사업장의 직전 연도의 공급대가(하나의 사업장에서 둘 이상의 사업을 겸영하는 사업자의 경우 부동산임대업 또는 과세유흥장소의 공급대가만을 말한다)의 합계액이 4천800만원 이상인 사업자로 한다.

3. 신규사업개시자의 경우

신규로 사업을 시작하는 개인사업자는 사업자등록 신청시 일반과세자와 간이과세자 중 하나의 유형을 선택하여 사업자등록을 신청할 수 있다.

제2절 | 과세유형의 변경 CTA 24

1. 과세유형 적용기간

(1) 신규사업자

간이과세자에 대한 규정이 적용되거나 적용되지 아니하게 되는 기간은 최초로 사업을 개시한 해의 다음 해의 7월 1일부터 그 다음 해의 6월 30일까지로 한다.

(2) 계속사업자

간이과세자에 관한 규정이 적용되거나 적용되지 아니하게 되는 기간은 해의 1월 1일부터 12월 31일까지의 공급대가의 합계액이 1억4백만원에 미달하거나 그 이상이 되는 해의 다음 해의 7월 1일부터 그 다음 해의 6월 30일까지로 한다.

(3) 경정에 의한 공급대가가 기준금액 이상인 경우

간이과세자에 대한 결정 또는 경정한 공급대가의 합계액이 1억4백만원 이상인 개인사업자는 그 결정 또는 경정한 날이 속하는 과세기간까지 간이과세자로 본다.

(4) 간이과세 포기신고를 하는 사업장 외의 사업장

간이과세자 간이과세의 포기신고를 하는 경우에는 일반과세자에 관한 규정을 적용받으려는 달이 속하는 과세기간의 다음 과세기간부터 해당 사업장 외의 사업장에 간이과세자에 관한 규정을 적용하지 아니한다.

(5) 간이과세 배제사업 겸영 및 폐지

간이과세자가 간이과세 배제사업을 신규로 겸영하는 경우에는 해당 사업의 개시일이 속하는 과세기간의 다음 과세기간부터 간이과세자에 관한 규정을 적용하지 아니한다. 다만, 일반과세자로 전환된 사업자로서 해당 연도 공급대가의 합계액이 1억4백만원 미만인 사업자가 배제사업을 폐지하는 경우에는 해당 사업의 폐지일이 속하는 연도의 다음 연도 7월 1일부터 간이과세자에 관한 규정을 적용한다.

2. 과세유형의 변경절차

(1) 통지의무

세무서장은 과세기간 개시 20일전까지 그 사실을 통지할 의무가 있다(사업자등록증을 정정하여 과세기간 개시 당일까지 발급).

(2) 통지여부에 따른 과세유형의 변경

① 일반과세자 → 간이과세자 : 통지요건 불필요
⇒ 미통지시에도 간이과세로 변경(예외 : 부동산임대업자)

② 간이과세자 → 일반과세자 : 통지요건 필요
⇒ 통지를 받은 날이 속하는 과세기간까지 간이과세 적용

3. 간이과세의 포기

(1) 간이과세 포기 대상자

① 간이과세자

② 간이과세자 적용 예정인 일반과세자

③ 신규사업자 중 개인사업자

(2) 간이과세 포기절차

① **간이과세자 또는 일반과세자** : 포기하고자 하는 달의 전달 마지막날가지 간이과세포기신고서 제출(승인절차는 없음)

② **신규 사업자** : 사업자등록신청시 간이과세포기신고서 제출

(3) 간이과세로의 재변경

① 다음의 날부터 3년이 되는 날이 속하는 과세기간까지 간이과세 적용불가

- 간이과세자 또는 일반과세자 : 일반과세 적용되는 달의 1일
- 신규 사업자 : 사업개시일이 속하는 달의 1일

② 3년 경과 후 간이과세 적용받고자 하는 경우 과세기간 개시 10일 전까지 간이과세적용신고서를 제출해야함

제3절 | 간이과세자의 부가가치세계산과 납세절차 CTA 25·23·19·18

1. 간이과세자의 부가가치세 계산구조

	납부세액	…	과세표준 × 부가가치율 × 10%
(+)	재고납부세액		
(−)	공제세액	…	세금계산서 등 수취세액공제, 신용카드매출전표 등 발행세액공제, 전자세금계산서 발급전송 세액공제, 전자신고세액공제
(−)	예정부과기간납부세액	…	예정부과기간의 고지납부세액·신고납부세액
(+)	가산세	…	미등록가산세·타인명의등록가산세, 신고·납부관련 가산세 등
	차가감납부할세액	…	부가가치세 : 74.7%, 지방소비세 : 25.3%

2. 납부세액

(1) 과세표준

① 일반과세자의 과세표준 계산규정을 준용(다만, 해당 과세기간의 공급대가 합계액을 과세표준으로 함)
② 예정부과기간에 신고납부하는 경우에는 예정부과기간의 공급대가의 합계액을 과세표준으로 함

(2) 업종별 부가가치율

구 분	부가가치율
① 소매업, 재생용 재료수집 및 판매업, 음식점업	15%
② 제조업, 농업·임업 및 어업, 소화물 전문 운송업	20%
③ 숙박업	25%
④ 건설업, 운수 및 창고업(소화물 전문 운송업 제외), 정보통신업	30%
⑤ 금융 및 보험 관련 서비스업, 전문·과학 및 기술서비스업(인물사진 및 행사용 영상 촬영업 제외), 사업시설관리·사업지원 및 임대서비스업, 부동산 관련 서비스업, 부동산임대업	40%
⑥ 그 밖의 서비스업	30%

3. 세액공제

(1) 수취세액공제

간이과세자가 매입처별세금계산서합계표 또는 신용카드매출전표등수취명세서를 제출하거나, 경정시 경정기관의 확인을 거쳐 관할 세무서장에게 제출한 경우

세금계산서등을 발급받은 재화와 용역의 공급대가 × 0.5%

(2) 신용카드매출전표 발행세액공제

영수증 발급대상 사업을 하는 간이과세자와 영수증 발급 적용기간의 간이과세자가 신용카드매출전표등을 발급하거나 전자적 결제수단에 의하여 대금을 결제받는 경우

신용카드매출전표등 발급금액 등 × 1.3%

※ 연간 한도 : 1천만원

(3) 전자세금계산서 발급전송 세액공제

간이과세자가(영수증 발급 적용기간의 간이과세자는 제외)가 전자세금계산서를 2027.12.31.까지 발급한 경우

전자세금계산서 발급 건수 × 200원

※ 연간 한도 : 100만원

(4) 전자신고세액공제

확정신고시 1만원 적용

4. 신고 · 납부절차

(1) 예정부과와 납부

① **원칙(고지납부)** : 직전 과세기간에 대한 납부세액의 50%를 예정부과기간(1.1~6.30.)의 납부세액으로 결정하여 납부고지서를 발부하고 예정부과기한(7.25.)까지 세무서장이 부과징수

② **예외(신고납부)**

- 휴업 또는 사업부진 등으로 인하여 예정부과기간의 공급대가 또는 납부세액이 직전 과세기간의 공급대가 또는 납부세액의 $\frac{1}{3}$에 미달하는 경우 신고가능
- 예정부과기간에 세금계산서를 발급한 간이과세자는 신고의무

(2) 확정신고와 납부

과세기간이 끝난 후 25일 이내에 신고·납부하여야 한다. 예정부과기간에 대한 납부한 세액 및 수시부과세액은 공제하고 납부한다.

(3) 납부의무의 면제

① 당해 과세기간 공급대가 4,800만원 미만인 경우 납부의무 면제(미등록가산세*를 제외한 가산세는 미부과, 재고납부세액은 부과)

*미등록가산세 : Max(공급대가×0.5%, 5만원)

② 납부의무면제 간이과세자가 자진납부한 경우 세무서장은 환급하여야 함

제4절 | 재고매입세액 및 재고납부세액 CTA 18

1. 대상자산의 신고 및 승인

(1) 대상자산

① 재고자산(저장품 제외)
② 건설중인자산
③ 감가상각자산

(2) 대상자산의 신고

변경되는 날의 직전 과세기간 확정신고와 함께 신고하여야 한다.

(3) 승 인

① **재고매입세액** : 신고기한 경과 후 1월 이내
② **재고납부세액** : 간이과세자로 변경된 날부터 90일 이내

※ 기한 내에 통지하지 않은 경우에는 신고한 대상자산의 금액을 승인한 것으로 간주

2. 재고납부세액(일반과세자 → 간이과세자)

(1) 재고품

취득가액 $\times \frac{10}{100} \times (1-5.5\%)$

(2) 건설중인자산

공제대상 매입세액 $\times (1-5.5\%)$

(3) 감가상각자산

① 일반 : 취득가액 $\times \frac{10}{100} \times (1-5.5\%) \times$ 미상각률

② 자가제작 : 공제대상 매입세액 $\times (1-5.5\%) \times$ 미상각률

※ 취득가액 : 장부 · 세금계산서에 의해 확인되는 금액, 미확인시에는 시가를 적용

※ 미상각률 : (1 − 상각률 × 경과된 과세기간의 수)

※ 상각률 : 건물 및 구축물 5%, 그 밖의 감가상각자산 25%

3. 재고매입세액(간이과세자 → 일반과세자)

(1) 재고품

취득가액 $\times \frac{10}{110} \times (1-5.5\%)$

(2) 건설중인자산

공제대상 매입세액 $\times (1-5.5\%)$

(3) 감가상각자산

① 일반 : 취득가액 $\times \frac{10}{110} \times (1-5.5\%) \times$ 미상각률

② 자가제작 : 공제대상 매입세액 $\times (1-5.5\%) \times$ 미상각률

※ 취득가액 : 장부 · 세금계산서에 의해 확인되는 금액, 미확인시는 없는 것으로 간주

※ 상각률 : 건물 및 구축물 10%, 그 밖의 감가상각자산 50%

당신이 저지를 수 있는 가장 큰 실수는,
실수를 할까 두려워하는 것이다.

– 앨버트 하버드 –

제2편

핵심기출

I
법인세법

CHAPTER 01 | 법인세법 총론

01 CTA 2022

☑ 확인Check! ○ △ ×

법인세법상 납세의무자와 과세소득의 범위에 관한 설명으로 옳지 않은 것은?

① 내국법인 중 국가와 지방자치단체는 그 소득에 대한 법인세를 납부할 의무가 없다.

② 비영리내국법인은 청산소득에 대한 법인세를 납부할 의무가 있다.

③ 국내원천소득이 있는 외국법인은 법인세 납세의무가 있다.

④ 「법인세법」에 따라 법인세를 원천징수하는 자는 해당 법인세를 납부할 의무가 있다.

⑤ 비영리내국법인은 주식・신주인수권 또는 출자지분의 양도로 인한 수입에 대하여 법인세 납세의무가 있다.

02 CTA 2024

☑ 확인Check! ○ △ ×

법인세법령상 사업연도에 관한 설명으로 옳지 않은 것은?

① 사업연도는 법령이나 법인의 정관(定款) 등에서 정하는 1회계기간으로 한다. 다만, 그 기간은 1년을 초과하지 못한다.

② 법령이나 정관 등에 사업연도에 관한 규정이 없는 내국법인은 따로 사업연도를 정하여 법령에 따른 법인설립신고와 함께 납세지 관할 세무서장에게 사업연도를 신고하여야 한다.

③ 사업연도를 변경하려는 법인은 그 법인의 직전 사업연도 종료일부터 2개월 이내에 법령으로 정하는 바에 따라 납세지 관할 세무서장에게 이를 신고하여야 한다. 사업연도가 변경된 경우에는 종전의 사업연도 개시일부터 변경된 사업연도 개시일 전날까지의 기간을 1사업연도로 한다. 다만, 그 기간이 3개월 미만인 경우에는 변경된 사업연도에 그 기간을 포함한다.

④ 내국법인이 사업연도 중에 분할에 따라 해산한 경우에는 그 사업연도 개시일부터 분할등기일까지의 기간을 그 해산한 법인의 1사업연도로 본다.

⑤ 국내사업장이 없는 외국법인으로서 국내원천 토지양도소득이 있는 경우 법인의 최초 사업연도 개시일은 국내원천 토지양도소득이 최초로 발생한 날이다.

03 CTA 2018

☑ 확인 Check! ○ △ ×

「법인세법」의 총칙에 관한 설명으로 옳지 않은 것은?

① 내국법인 중 국가와 지방자치단체에 대하여는 법인세를 부과하지 아니한다.

② 자산이나 사업에서 생기는 수입이 법률상 귀속되는 법인과 사실상 귀속되는 법인이 서로 다른 경우에는 그 수입이 사실상 귀속되는 법인에 대하여 「법인세법」을 적용한다.

③ 「신탁법」에 따른 목적신탁 등(「자본시장과 금융투자업에 관한 법률」 제9조 제18장 제1호에 따른 투자신탁 및 「소득세법」 제17조 제1항 제5호의3에 따른 수익증권이 발행된 신탁은 제외)으로서 법 소정의 요건을 충족한 신탁의 경우에는 신탁재산에 귀속되는 소득에 대하여 신탁계약에 따라 그 신탁의 수탁자(내국법인 또는 거주자에 한정함)가 법인세를 납부할 의무가 있다. 이 경우 신탁재산별로 각각을 하나의 내국법인으로 본다.

④ 둘 이상의 국내사업장이 있는 외국법인이 사업연도 중에 그중 하나의 국내사업장을 가지지 아니하게 된 경우에는 그 사업연도 개시일부터 그 사업장을 가지지 아니하게 된 날까지의 기간을 그 법인의 1사업연도로 본다.

⑤ 법령에 따라 사업연도가 정하여지는 법인이 관련 법령의 개정에 따라 사업연도가 변경된 경우에는 사업연도의 변경신고를 하지 아니한 경우에도 사업연도가 변경된 것으로 본다.

04 CTA 2016

☑ 확인 Check! ○ △ ×

「법인세법」상 과세소득의 범위와 사업연도 및 납세지에 관한 설명으로 옳지 않은 것은?

① 영리내국법인에 대하여는 각 사업연도의 소득, 청산소득, 법령에 따른 토지등 양도소득 및 미환류소득에 대하여 법인세를 부과한다.

② 출자지분의 양도로 인하여 생기는 수입은 비영리내국법인의 각 사업연도의 소득에 포함되지 않는다.

③ 비영리외국법인의 각 사업연도의 소득은 국내원천소득 중 수익사업에서 생기는 소득만 해당한다.

④ 내국법인이 사업연도 중에 연결납세방식을 적용받는 경우에는 그 사업연도 개시일부터 연결사업연도 개시일의 전날까지의 기간을 1사업연도로 본다.

⑤ 납세지가 변경된 법인이 「부가가치세법」에 따라 그 변경된 사실을 신고한 경우에는 「법인세법」에 따른 납세지 변경신고를 한 것으로 본다.

05 CPA 2022

☑ 확인Check! ○ △ ×

「법인세법」상 사업연도와 납세지에 관한 설명이다. 옳지 않은 것은?

① 사업연도를 변경하려는 법인은 그 법인의 직전 사업연도 종료일로부터 3개월 이내에 납세지 관할 세무서장에게 이를 신고하여야 한다.

② 국내사업장이 없는 외국법인으로서 국내원천 부동산소득이 있는 법인은 따로 사업연도를 정하여 그 소득이 최초로 발생하게 된 날로부터 1개월 이내에 납세지 관할 세무서장에게 사업연도를 신고하여야 한다.

③ 내국법인이 사업연도 중에 「상법」의 규정에 따라 조직변경을 한 경우에는 그 사업연도 개시일부터 조직변경일까지의 기간과 조직변경일의 다음 날부터 그 사업연도 종료일까지의 기간을 각각 1사업연도로 본다.

④ 원천징수의무자가 거주자로서 사업장이 없는 경우에는 그 거주자의 주소지 또는 거소지를 원천징수한 법인세의 납세지로 한다.

⑤ 법인은 납세지가 변경된 경우에는 그 변경된 날로부터 15일 이내에 변경 후의 납세지 관할 세무서장에게 이를 신고하여야 한다.

06 CPA 2024

☑ 확인Check! ○ △ ×

「법인세법」상 사업연도에 관한 설명이다. 옳지 않은 것은?

① 국내사업장이 있는 외국법인으로서 법령이나 정관 등에 사업연도에 관한 규정이 없는 (주)A가 사업연도를 신고하지 아니하는 경우 (주)A의 최초사업연도는 국내사업장을 가지게 된 날부터 그날이 속하는 해의 12월 31일까지로 한다.

② 내국법인 (주)B(사업연도 : 1월 1일~12월 31일)가 사업연도를 7월 1일부터 6월 30일까지로 변경하기 위하여 2025년 4월 15일 사업연도변경신고서를 납세지 관할세무서장에게 제출한 경우 변경 후 최초사업연도는 2026년 1월 1일부터 2026년 6월 30일까지이다.

③ 최초사업연도 개시일 전에 생긴 손익을 사실상 그 법인에 귀속시킨 것이 있는 경우 조세포탈의 우려가 없을 때에는 최초사업연도의 기간이 1년을 초과하지 아니하는 범위 내에서 이를 해당 법인의 최초사업연도 손익에 산입할 수 있다.

④ 사업연도가 변경된 경우에는 종전의 사업연도 개시일부터 변경된 사업연도 개시일 전날까지의 기간을 1사업연도로 한다. 다만, 그 기간이 1개월 미만인 경우에는 변경된 사업연도에 그 기간을 포함한다.

⑤ 내국법인 (주)C(사업연도 : 1월 1일~12월 31일)가 2026년 6월 30일 조직변경을 한 경우에는 2026년 1월 1일부터 2026년 6월 30일까지의 기간과 2026년 7월 1일부터 2026년 12월 31일까지의 기간을 각각 1사업연도로 본다.

07 CPA 2025

☑ 확인Check! ○ △ ×

「법인세법」상 사업연도와 납세지에 관한 설명이다. 옳지 않은 것은?

① 국내사업장이 없는 외국법인으로서 국내원천 부동산소득 또는 국내원천 양도소득이 있는 법인은 따로 사업연도를 정하여 그 소득이 최초로 발생하게 된 날부터 1개월 이내에 납세지 관할세무서장에게 사업연도를 신고하여야 한다.

② 납세지가 변경된 법인이 「부가가치세법」에 따라 그 변경된 사실을 신고한 경우에는 그 변경된 날부터 15일 이내에 변경 후의 납세지 관할세무서장에게 납세지 변경신고를 하여야 한다.

③ 사업연도를 변경하려는 법인은 그 법인의 직전 사업연도 종료일부터 3개월 이내에 납세지 관할세무서장에게 이를 신고하여야 한다.

④ 국내사업장이 없는 외국법인이 사업연도 중에 국내원천 부동산소득이 발생하지 아니하게 되어 납세지 관할세무서장에게 그 사실을 신고한 경우에는 그 사업연도 개시일부터 신고일까지의 기간을 1사업연도로 본다.

⑤ 국세청장은 납세지가 그 법인의 납세지로 적당하지 아니하다고 인정되는 경우로서 대통령령으로 정하는 경우에는 그 납세지를 지정할 수 있다.

08 CTA 2024

☑ 확인Check! ○ △ ×

법인세법령상 소득처분에 관한 설명으로 옳지 않은 것은?

① 특례기부금 및 일반기부금의 손금산입한도액을 초과하여 익금에 산입한 금액은 기타사외유출로 소득처분한다.

② 추계에 따라 결정된 과세표준과 내국법인의 재무상태표상의 당기순이익과의 차액(법인세상당액을 공제하지 않은 금액)은 대표자에 대한 이익처분에 의한 상여로 한다. 다만, 천재지변 등으로 장부나 그 밖의 증명서류가 멸실되어 추계하는 경우에는 이를 기타사외유출로 소득처분한다.

③ 내국법인이 「국세기본법」상 수정신고 기한내에 매출누락, 가공경비 등 부당하게 사외유출된 금액을 회수하고 세무조정으로 익금에 산입하여 신고하는 경우의 소득처분은 사내유보로 한다. 다만, 세무공무원이 과세자료의 수집 또는 민원 등을 처리하기 위하여 현지출장이나 확인업무에 착수한 경우로서 경정이 있을 것을 미리 알고 사외유출된 금액을 익금산입하는 경우에는 사내유보로 소득처분하지 않는다.

④ 사외유출된 금액의 귀속이 불분명한 경우에 법령에서 정하는 대표자에게 귀속된 것으로 보아 처분한 경우 당해 법인이 그 처분에 따른 소득세 등을 대납하고 이를 손비로 계상하거나 그 대표자와의 특수관계가 소멸될 때까지 회수하지 아니함에 따라 익금에 산입한 금액은 기타사외유출로 소득처분한다.

⑤ 대표자상여 처분 시 사업연도 중에 대표자가 변경된 경우 대표자 각인에게 귀속된 것이 분명한 금액은 이를 대표자 각인에게 구분하여 처분하고, 귀속이 분명하지 아니한 경우에는 사업연도말 현재 재직하고 있는 대표자에게 상여로 처분한다.

09 CTA 2020

☑ 확인 Check! ○ △ ✕

「법인세법」상 소득처분에 관한 설명으로 옳지 않은 것은?

① 소득처분은 각 사업연도 소득에 대한 법인세 납세의무가 있는 영리법인뿐만 아니라 비영리내국법인과 비영리외국법인에 대하여도 적용된다.

② 사외유출된 금액의 귀속자가 법인으로써 그 분여된 이익이 내국법인 또는 외국법인의 국내사업장의 각 사업연도의 소득을 구성하는 경우 기타사외유출로 처분한다.

③ 내국법인이 국세기본법상 수정신고기한 내에 매출누락, 가공경비 등 부당하게 사외유출된 금액을 회수하고 세무조정으로 익금에 산입하여 신고하는 경우 기타사외유출로 처분한다.

④ 법령으로 정하는 채권자가 불분명한 사채의 이자(동 이자에 대한 원천징수세액은 제외)는 대표자에 대한 상여로 처분하고 익금에 산입한 이자・할인액 또는 차익에 대한 원천징수세액에 상당하는 금액은 기타사외유출로 처분한다.

⑤ 사외유출된 금액의 귀속이 불분명하여 대표자(법령이 정하는 대표자로 함)에게 귀속된 것으로 처분한 경우 당해 법인이 그 처분에 따른 소득세 등을 대납하고 이를 손비로 계상하거나 그 대표자와의 특수관계가 소멸될 때까지 회수하지 아니함에 따라 익금에 산입한 금액은 기타사외유출로 처분한다.

10 CTA 2017

☑ 확인 Check! ○ △ ✕

「법인세법」상 장부에 계상하여야 세무조정의 효과가 발생하는 조정(이하 "결산조정"이라 한다)과 소득금액조정합계표에 계상하여야 세무조정의 효과가 발생하는 조정(이하 "신고조정"이라 한다)에 관한 설명으로 옳은 것을 모두 고른 것은?

ㄱ. 익금항목은 모두 신고조정사항이다.
ㄴ. 일시상각충당금은 원칙적으로 결산조정사항이지만, 예외적으로 신고조정을 허용한다.
ㄷ. 「채무자 회생 및 파산에 관한 법률」에 따른 회생계획인가의 결정 또는 법원의 면책결정에 따라 회수불능으로 2026년도에 확정된 채권을 2029년도에 손금에 계상한 경우 손금으로 인정되지 않는다.
ㄹ. 중소기업의 외상매출금으로써 회수기일로부터 2년이 경과한 외상매출금에 대한 대손금은 결산조정사항이다.
ㅁ. 감가상각비의 손금산입은 모두 결산조정사항이다.

① ㄱ
② ㄴ, ㄷ
③ ㄷ, ㄹ, ㅁ
④ ㄱ, ㄴ, ㄷ, ㄹ
⑤ ㄱ, ㄴ, ㄷ, ㄹ, ㅁ

11 CTA 2023

☑ 확인 Check! ○ △ ×

영리내국법인 (주)A는 제26기(2026.1.1.~12.31.) 사업연도 중에 보유하던 토지 B의 50%를 양도하였다. 토지 B에 대한 자료가 다음과 같을 경우 해당 토지의 양도에 대한 제26기 사업연도의 법인세법령상 세무조정 내역 및 금액은? (단, 전기 이전의 세무조정은 적정하며, 주어진 자료 이외에는 고려하지 않음)

(1) 제25기 사업연도 자본금과 적립금 조정명세서(乙)

(단위 : 원)

① 과목 또는 사항	② 기초 잔액	당기중 증감		⑤ 기말 잔액 (익기초현재)
		③ 감소	④ 증가	
토지 B	7,000,000			7,000,000

(2) 토지 B의 양도에 대한 제26기 사업연도 결산상 회계처리

(차) 현 금	70,000,000	(대) 토 지	62,000,000
		유형자산처분이익	8,000,000

① 세무조정 없음
② 익금산입 1,000,000원
③ 익금산입 4,500,000원
④ 익금불산입 3,500,000원
⑤ 익금불산입 7,000,000원

12 CTA 2018

확인 Check! ○ △ ×

제조업을 주업으로 하는 내국법인 (주)A(중소기업 아님, 상시근로자 50인)가 다음 자료를 근거로 제26기 사업연도(2026.1.1.~12.31.)의 세무조정을 적정히 하는 경우, 사내유보와 사외유출로 소득처분해야 할 금액의 합계는 각각 얼마인가? (단, 전기 이전의 모든 세무조정은 적정하였으며, 주어진 자료 이외에는 고려하지 않음)

(1) 제26기의 자본금과 적립금 조정명세서(을)상의 기초잔액 및 관련 자료

과 목	기초잔액(원)	제26기 중 발생한 상황
토 지	△8,400,000원	토지의 절반을 현금 60,000,000원에 처분하고, 유형자산처분이익 10,000,000원을 결산서에 계상하였다.
건 물	5,000,000원	(주)A의 업무에 직접 사용하지 않으며, (주)A의 대주주인 (주)B가 사용하고 있다. (주)A는 당해 건물의 외부도장 비용 2,000,000원을 현금지출하고, 이를 수선비로 결산서에 반영하였다.
기계장치	–	제26기 초에 장기할부조건으로 취득하였고, 취득대금 3,000,000원은 3년에 걸쳐 매년 말 균등상환하며, 취득대금의 현재가치 2,500,000원을 반영하여 다음과 같이 회계처리하였다. (차) 기계장치 2,500,000 (대) 장기미지급금 3,000,000 현재가치할인차금 500,000

(2) 제25기 1.1.에 취득하여 업무에 사용하던 업무용승용차 1대(「법인세법」상 업무용승용차로서의 요건은 모두 충족함)를 제26기 12.31.에 처분하고, 이에 따라 처분손실 11,500,000원을 결산서에 반영하였다.

	사내유보	사외유출
①	3,500,000원	7,240,000원
②	4,200,000원	5,500,000원
③	5,000,000원	4,200,000원
④	7,700,000원	2,000,000원
⑤	9,200,000원	2,000,000원

13 CTA 2017

☑ 확인Check! ○ △ ×

다음은 내국법인 (주)A의 제26기 사업연도(2026.1.1.~12.31.) 자료이다. 세무조정시 대표자에 대한 상여와 기타사외유출로 소득처분할 금액은 얼마인가?

(1) 현금매출누락 100,000,000원(부가가치세 제외한 금액)
(2) 채권자가 불분명한 사채이자 15,000,000원(원천징수세액 7,425,000원 포함)
(3) 증빙불비 기업업무추진비 4,000,000원(귀속자 불분명)
(4) 업무와 관련하여 발생한 교통사고 벌과금 1,000,000원
(5) 사외유출된 금액의 귀속이 불분명하여 대표자에 대한 상여로 처분을 한 경우, (주)A가 그 처분에 따른 소득세를 대납하고 이를 손비로 계상한 금액 2,500,000원

	대표자에 대한 상여	기타사외유출
①	110,875,000원	11,625,000원
②	111,575,000원	10,925,000원
③	115,000,000원	7,500,000원
④	117,375,000원	5,125,000원
⑤	119,000,000원	3,500,000원

14 CTA 2016

☑ 확인 Check! ○ △ ✕

영리내국법인 (주)A가 제26기(2026.1.1.~12.31.)에 발생한 다음의 각 사항들에 대하여 「법인세법」상 적법한 세무조정을 하였을 경우, 다음에 제시된 제26기의 자본금과 적립금조정명세서(을)의 (ㄱ)에 들어갈 금액으로 옳은 것은? (단, 전기 이전의 세무조정은 모두 적법하게 이루어졌으며, 주어진 자료 이외에는 고려하지 않음)

(1) 당기에 사업용 토지를 취득하였으며 취득세 4,000,000원과 취득세에 대한 가산세 1,000,000원을 포함하여 재무상태표상 장부가액은 55,000,000원이다.

(2) 기초 재무상태표상 매출채권 3,000,000원 중에서 1,000,000원은 당기에 회수불가능하다고 판단하여 당기말에 대손충당금과 상계처리하고 재무상태표에서 제거하였다. 상기의 기초 매출채권 3,000,000원은 회수 노력을 다 하였으나, 전기(제25기)에 법정 소멸시효가 완성되었다.

(3) (주)A는 전기말에 발생한 재고자산과 관련한 다음 사항에 대하여 당기에 회계상 아무런 수정분개를 하지 않았다.

전기(제25기)에 기말 상품에 대하여 평가방법 변경신고를 하지 않고 후입선출법으로 평가하여 회계처리하였으며, 당초 신고된 평가방법은 총평균법이다. 또한, 각 평가방법에 따른 전기말 상품평가금액은 다음과 같다.

	후입선출법	600,000원
	총평균법	800,000원
	선입선출법	1,000,000원

사업연도	2026.1.1.~12.31.	자본금과 적립금조정명세서(을)		(단위 : 원)
① 과목 또는 사항	② 기초잔액	당기중 증감		⑤ 기말잔액
		③ 감소	④ 증가	
토 지				
매출채권				
상 품				
합 계				(ㄱ)

① △1,000,000원
② △2,000,000원
③ △3,000,000원
④ 1,000,000원
⑤ 4,000,000원

15 CPA 2022

☑ 확인Check! ○ △ ✕

영리내국법인 (주)A가 수행한 회계처리에 대한 세무조정 중 그 소득의 귀속자에게 추가적인 납세의무가 발생하지 않는 것은?

① 퇴직한 임원에게 정관에 정해진 금액을 초과하여 퇴직금을 지급하고 손익계산서에 비용으로 계상하였다.
② 채권자의 주소 및 성명을 확인할 수 없는 차입금에 대한 이자를 지급하고(원천징수하지 않음) 손익계산서에 비용으로 계상하였다.
③ 임직원이 아닌 개인주주가 업무와 관련 없이 사용하고 있는 건물에 대한 임차료를 지출하고 손익계산서에 비용으로 계상하였다.
④ 추계로 과세표준을 결정할 때 대표자에 대한 상여로 처분하여 발생한 소득세를 대납하고 그 대납한 금액을 손익계산서에 비용으로 계상하였다.
⑤ 임원에게 「법인세법」상 손금한도를 초과하는 상여금을 지급하고 손익계산서에 비용을 계상하였다.

16 CPA 2021

☑ 확인Check! ○ △ ✕

「법인세법」상 세무조정 및 소득처분에 관한 설명이다. 옳지 않은 것은?

① 자기주식 소각에 따라 발생한 감자차익 300,000원을 손익계산서상 수익으로 회계처리한 경우, 익금불산입 300,000원 (기타)으로 처리하여야 한다.
② 법률에 의하지 아니하고 유형자산을 재평가하여 발생한 재평가이익 1,000,000원을 기타포괄손익으로 회계처리한 경우, 익금산입 1,000,000원 (기타), 익금불산입 1,000,000원 (△유보)으로 처리하여야 한다.
③ 공정가치측정 금융자산의 평가이익 800,000원을 기타포괄손익으로 회계처리한 경우, 익금산입 800,000원 (기타), 익금불산입 800,000원 (△유보)으로 처리하여야 한다.
④ 이익잉여금의 자본전입에 따른 무상주 수령액 1,500,000원(이 중 수입배당금 익금불산입 금액은 450,000원임)을 장부상 회계처리 하지 않은 경우, 익금산입 1,500,000원 (유보), 익금불산입 450,000원 (기타)으로 처리하여야 한다.
⑤ 법인의 채무 6,000,000원을 출자전환하면서 교부한 주식(액면가액 3,500,000원, 시가 4,000,000원)에 대해 채무감소액과 액면가액의 차액 2,500,000원을 손익계산서상 채무조정이익으로 회계처리한 경우, 익금산입 500,000원 (기타), 익금불산입 500,000원 (△유보)으로 처리하여야 한다.

17 CTA 2025

☑ 확인 Check! ○ △ ×

제조업을 영위하는 영리내국법인 (주)A의 제26기(2026.1.1.~12.31.)에 발생한 상호 독립적인 자료이다. (주)A가 세무조정할 금액의 순액으로 옳은 것은? (단, 전기까지의 세무조정은 적정하게 이루어졌다)

(1) 보통주 유상증자를 실시하고 발행주식의 액면가액 100,000,000원을 초과하는 금액인 12,000,000원까지 포함하여 주주로부터 현금으로 수령한 112,000,000원을 모두 회계상 자본금으로 계상하였다.
(2) 특수관계가 없는 (주)B로부터 무상으로 받은 토지의 회계처리를 누락하였다. 토지의 시가는 15,000,000원이며, (주)A는 세무상 이월결손금이 없다.
(3) 제25기에 결산상 누락된 외상매출금 7,000,000원을 익금산입(유보)으로 세무조정 하였고, 제26기에 해당 외상매출금 7,000,000원을 회수하여 잡이익으로 계상하였다.
(4) 기업회계기준에 따른 유형자산 재평가이익 20,000,000원을 기타포괄손익으로 회계처리 하였다.

① (+)8,000,000원
② (+)2,000,000원
③ (−)2,000,000원
④ (−)4,000,000원
⑤ (−)12,000,000원

18 CPA 2021

☑ 확인 Check! ○ △ ×

영리내국법인 (주)A의 제26기(2026.1.1.~12.31.) 자료이다. 각 사업연도 소득금액으로 옳은 것은?(전기까지 회계처리 및 세무조정은 정확하게 이루어졌다)

내 용	금 액
(1) 손익계산서상 당기순이익	1,500,000원
(2) 비용으로 처리된 업무무관자산 관리비	700,000원
(3) 비용으로 처리된 원재료 연지급수입이자	400,000원
(4) 수익으로 처리된 법인세환급액(전기 납부분)	500,000원
(5) 수익으로 처리된 법인세환급액에 대한 환급금이자	10,000원
(6) 자산으로 처리된 특수관계인으로부터 고가매입한 토지의 시가초과상당액	200,000원
(7) 기부금 한도초과이월액 중 당기 손금산입액	100,000원
(8) 이월공제가능 기간 이내의 이월결손금	300,000원

① 1,190,000원
② 1,290,000원
③ 1,390,000원
④ 1,590,000원
⑤ 1,990,000원

CHAPTER 02 | 익 금

01 CTA 2017

확인 Check! ○ △ ×

「법인세법」상 익금에 관한 설명으로 옳지 않은 것은?

① 익금은 자본 또는 출자의 납입 및 「법인세법」에서 규정하는 것은 제외하고 해당 법인의 순자산을 증가시키는 거래로 인하여 발생하는 수익의 금액으로 한다.
② 이월결손금의 보전에 충당하지 않은 자산수증이익(국고보조금 제외)과 채무의 출자전환에 따른 채무면제이익은 해당 사업연도에 익금불산입하고 그 이후의 각 사업연도에 발생한 결손금의 보전에 충당할 수 있다.
③ 「법인세법」에 따른 특수관계인인 개인으로부터 유가증권을 시가보다 낮은 가액으로 매입하는 경우 당해 시가와 그 매입가액의 차액에 상당하는 금액은 익금으로 본다.
④ 국세 과오납금의 환급금에 대한 이자는 익금으로 보지 않는다.
⑤ 채무의 출자전환 시 시가가 액면가액에 미달하는 경우 익금에 산입되는 채무면제이익은 발행가액에서 액면가액을 차감하여 계산한다.

02 CTA 2018

확인 Check! ○ △ ×

「법인세법」상 익금에 해당하는 것은?

① 부가가치세의 매출세액
② 증자 시 주식발행액면초과액
③ 이월익금
④ 손금에 산입한 금액 중 환입된 금액
⑤ 무액면주식의 경우 발행가액 중 자본금으로 계상한 금액을 초과하는 금액

03 CPA 2023

확인Check! ○ △ ×

제조업을 영위하는 영리내국법인 (주)A의 제26기(2026.1.1.~12.31.) 자료이다. (주)A의 제26기 각 사업연도 소득금액으로 옳은 것은?

(1) (주)A는 금융회사와 채무를 출자로 전환하는 내용이 포함된 경영정상화계획의 이행을 위한 협약을 체결한 법인이다.

(2) 당기 포괄손익계산서상 법인세차감전순이익은 210,000원이다.

(3) 매출액 300,000원과 매출원가 220,000원이 당기 포괄손익계산서상 누락되어 있다.

(4) 당기 포괄손익계산서상 판매비와 관리비 중 손익귀속시기가 도래하지 않은 선급비용 해당액 25,000원이 포함되어 있다.

(5) (주)A는 B은행에 대한 차입금 200,000원을 출자전환하면서 주식 10주(액면가 5,000원, 시가 3,000원)를 교부하고, 다음과 같이 회계처리하였다.

(차) 차입금	200,000원	(대)	자본금	50,000원
			채무면제이익 (영업외수익)	150,000원

(6) (주)A는 자기주식처분에 대해서 다음과 같이 회계처리하였다.

(차) 현 금	30,000원	(대)	자기주식	20,000원
			자기주식처분이익 (자본잉여금)	10,000원

① 140,000원
② 150,000원
③ 175,000원
④ 290,000원
⑤ 325,000원

04 CPA 1995

☑ 확인 Check! ○ △ ✕

다음 자료에 의하여 부동산임대업을 주업으로 하는 (주)한양의 제26기 사업연도(2026.1.1.~12.31.) 상가임대에 대한 간주임대료를 계산하시오. (단, (주)한양은 영리내국법인이며 차입금과다법인에 해당하며, 1년은 365일이라고 가정한다)

> (1) 임대기간 : 2026년 7월 1일부터 3년간
> (2) 임대료 : 월 2,000,000원
> (3) 임대보증금 : 200,000,000원
> (4) 건설비상당액 : 300,000,000원(10월 1일의 자본적 지출 46,000,000원 포함)
> – 건설비상당액에는 토지의 취득가액 150,000,000원이 포함되어 있으며, 임대보증금 운용수익의 수입이자 중 120,000원은 해당 사업연도에 발생되었으나 이자를 수취하지는 못한 것이다.
> (5) 정기예금이자율 : 연 10%로 가정한다.

① 3,030,000원
② 3,680,000원
③ 3,200,000원
④ 7,200,000원
⑤ 7,280,000원

05 CTA 2011

☑ 확인 Check! ○ △ ✕

부동산 임대업을 주업으로 하며, 「법인세법」상 차입금 과다법인에 해당하는 내국법인 (주)A의 제26기 사업연도(2026.1.1.~12.31.) 임대사업에 관한 자료는 다음과 같다. (주)A가 장부를 기장하여 정상적으로 신고하는 경우와 추계결정하는 경우의 간주임대료를 계산하면 각각 얼마인가?

> (1) 임대면적 : 주택부분 150m^2, 상가부분 600m^2
> (2) 임대보증금 : 주택부분 60,000,000원, 상가부분 600,000,000원
> (3) 2025년 8월 해당 부동산을 500,000,000원(토지가액 300,000,000원 포함)에 취득하였다.
> (4) 임대기간은 2026.1.1.부터 3년간, 정기예금이자율은 연 5%로 가정한다.

	장부를 기장하는 경우	추계결정하는 경우
①	9,800,000원	33,000,000원
②	11,800,000원	20,400,000원
③	22,000,000원	33,000,000원
④	13,800,000원	30,000,000원
⑤	14,800,000원	30,000,000원

06 CTA 2025

☑ 확인 Check! ○ △ ×

(주)A는 부동산임대업을 주업으로 하고 있으며, 차입금적수가 자기자본적수의 2배를 초과하는 내국법인에 해당한다. (주)A의 제26기(2026.1.1.~12.31.) 건물 임대와 관련된 자료가 다음과 같은 경우 간주임대료는? (단, (주)A는 임대 관련 거래를 성실하게 기장하였다고 가정함)

(1) 임대내역

구 분	건물임대면적	임대기간	보증금	보증금 수령일
상가1	$600m^2$	2025.10.1~2027.9.30	500,000,000원	2025.9.10.
상가2	$300m^2$	2026.8.8~2028.8.7	300,000,000원	2026.8.10.

(2) 임대부동산의 내역

① 취득일자 : 2024.7.1.

② 건물의 연면적 : $900m^2$

③ 토지의 연면적 : $1,500m^2$

④ 취득가액 : 600,000,000원(토지의 취득가액 200,000,000원이 포함되어 있고, 감가상각누계액 30,000,000원이 계상되어 있음)

(3) 임대보증금의 운용수익으로 수입이자 2,500,000원, 배당금수입 500,000원 및 유가증권처분손실 1,500,000원이 있다.

(4) 기획재정부령으로 정하는 정기예금이자율은 연 3%로 가정한다.

① 4,500,000원
② 5,000,000원
③ 5,500,000원
④ 6,000,000원
⑤ 6,500,000원

07 CPA 2024

☑ 확인 Check! ○ △ ×

차입금적수가 자기자본적수의 2배를 초과하고 부동산임대업을 주업으로 하는 영리내국법인 (주)A의 제26기(2026.1.1.~12.31.) 부동산 임대에 관한 자료이다. 장부에 따라 소득금액을 계산하는 경우 제26기 임대보증금의 간주익금으로 세무조정해야 할 금액으로 옳은 것은?

(1) 임대료 및 임대보증금의 내용

구 분	월임대료	임대보증금	계약기간
사무실(주1)	1,000,000원	50,000,000원	2026.1.1.~2027.12.31.
주 택(주2)	500,000원	200,000,000원	2026.1.1.~2027.12.31.

주1 건물 중 사무실 임대면적은 사무실 전체면적의 20%임

주2 건물 중 주택 임대면적은 주택 전체면적의 50%이고, 주택부수토지는 건물이 정착된 면적의 5배 이내임

(2) 상기 임대용 부동산은 2025년 10월 1일 도시지역 내에서 취득하였고, 임대용 부동산의 건설과 관련하여 지출된 금액의 누계액은 다음과 같으며 취득일 이후 추가적인 지출은 발생하지 않았다.

토 지	건 물		합 계
	사무실	주 택	
300,000,000원	100,000,000원	300,000,000원	700,000,000원

(3) 제26기 중 사무실 임대보증금의 이자수익 100,000원과 주택 임대보증금의 이자수익 200,000원이 손익계산서에 반영되어 있다.

(4) 정기예금이자율은 5%로 가정한다.

① 1,100,000원
② 1,400,000원
③ 3,700,000원
④ 3,800,000원
⑤ 4,000,000원

제2장

08 CTA 2025

☑ 확인Check! ○ △ ×

법인세법령상 의제배당에 관한 설명으로 옳지 않은 것은?

① 채무의 출자전환으로 주식등을 발행하는 경우로서 시가로 발행된 금액 중 액면금액을 초과한 금액을 자본에 전입하여 주주가 받은 주식가액은 의제배당에 해당한다.

② 「상법」에 따른 주식의 상환에 관한 종류주식의 주식발행액면초과액 중 이익잉여금으로 상환된 금액을 자본에 전입하여 주주가 받은 금액은 의제배당에 해당한다.

③ 자기주식 소각시점에 그 자기주식의 시가가 취득가액을 초과한 경우로서 소각일부터 2년이 지난 후 자본에 전입하여 주주가 받은 주식가액은 의제배당에 해당한다.

④ 적격분할을 한 경우 분할등기일 현재 분할신설법인 등이 승계한 재산의 가액이 그 재산의 분할법인 재무상태표상 장부가액을 초과하는 경우 그 초과하는 금액이 분할차익 한도 내에 해당하여 그 금액을 자본에 전입하여 주주가 받은 주식가액은 의제배당에 해당한다.

⑤ 적격합병을 한 경우에 피합병법인의 이익잉여금에 상당하는 금액이 합병차익 한도 내에 해당하여 그 금액을 자본에 전입하여 주주가 받은 주식가액은 의제배당에 해당한다.

09 CPA 2025

☑ 확인Check! ○ △ ×

제조업을 영위하는 영리내국법인 (주)A의 제26기(2026.1.1.~12.31.) 자료이다. 의제배당금액으로 옳은 것은? (단, 전기까지의 세무조정은 적정하게 이루어졌고, 수입배당금 익금불산입 규정은 고려하지 아니한다)

(1) (주)A는 (주)B가 잉여금 자본전입(결의일 : 2026.11.23.)으로 액면발행한 무상주 중 10%를 지분비율에 따라 수령하였으며, 무상증자의 재원은 다음과 같다.

구 분	금 액
주식발행초과금*	24,000,000원
자기주식처분이익	14,000,000원
자기주식소각이익**	10,000,000원
주식의 포괄적 이전차익	5,000,000원
이익준비금	15,000,000원

*이 중 8,000,000원은 이익잉여금으로 상환된 상환주식의 주식발행초과금임

**(주)B의 자기주식 소각 당시 자기주식의 시가가 취득가액을 초과하지 아니하였으며, 무상주의 60%는 소각일부터 2년 이내 자본전입분이고 나머지는 2년 경과 후의 자본전입분임

(2) (주)B가 보유한 자기주식은 없다.

(3) (주)A는 무상주를 수령하고 회계처리를 하지 않았다.

① 2,900,000원

② 3,500,000원

③ 3,700,000원

④ 4,000,000원

⑤ 4,300,000원

10 CTA 2017

☑ 확인 Check! ○ △ ✕

제조업을 영위하는 내국법인 (주)C는 제26기 과세기간(2026.1.1.~12.31.) **중 주식발행초과금(보통주식의 주식발행초과금에 해당)** 150,000,000**원(**〈**상황** 2〉**의 경우** 120,000,000**원)을 재원으로 하여 무상증자를 시행하였다. 무상증자 직전의 (주)C의 발행주식총수는** 300,000**주(1주당 액면가액은** 500**원)이며 주주구성 및 보유주식현황은 다음 표와 같을 때** 〈**상황** 1〉**과** 〈**상황** 2〉**에서 (주)B의 의제배당금액을 계산하면 각각 얼마인가?**

무상증자 직전의 주주구성 및 보유주식현황	
주주구성	보유주식수
(주)A	180,000주
(주)B	60,000주
(주)C	60,000주
합 계	300,000주

〈상황 1〉
무상증자 시 자기주식에 배정할 무상주 60,000주에 대하여 (주)C를 제외한 기타주주의 지분비율에 따라 배정하여 무상증자 후 총발행주식수가 600,000주가 되었다고 가정

〈상황 2〉
무상증자 시 자기주식에 배정할 무상주 60,000주에 대하여 (주)C를 제외한 기타주주에게 배정하지 않아 무상증자 후 총발행주식수가 540,000주가 되었다고 가정

	〈상황 1〉	〈상황 2〉
①	6,500,000원	4,500,000원
②	6,500,000원	5,500,000원
③	7,500,000원	5,500,000원
④	7,500,000원	6,000,000원
⑤	8,000,000원	6,000,000원

11 CTA 2022

☑ 확인Check! ○ △ ×

제조업을 영위하는 영리내국법인 (주)A는 제26기 사업연도(2026.1.1.~12.31.) 중 영리내국법인 (주)B가 잉여금의 자본금전입을 결의(2026.3.15.)함에 따라 무상주를 수령하였다. (주)B의 잉여금의 자본금전입 재원이 다음과 같을 경우 (주)A의 의제배당금액은? (단, (주)A는 (주)B의 발행주식총수의 15%를 소유하고 있으며, 수입배당금 익금불산입 규정은 무시하고 주어진 자료 이외에는 고려하지 않음)

(1) (주)B의 잉여금의 자본금전입 재원
- 주식발행초과금 : 2,000,000원(채무의 출자전환 시 채무면제이익 1,000,000원이 포함되어 있음)
- 자기주식소각이익 : 5,000,000원(소각 당시의 시가가 취득가액을 초과하였음)
- 자기주식처분이익 : 1,500,000원
- 주식의 포괄적 교환차익 : 3,000,000원
- 주식의 포괄적 이전차익 : 1,000,000원
- 재평가적립금 : 1,400,000원[토지분(재평가세 1% 과세분) 400,000원과 건물분(재평가세 3% 과세분) 1,000,000원으로 구성되어 있음]
- 이월이익잉여금 : 10,000,000원

(2) (주)B가 보유한 자기주식은 없다. (주)B가 발행한 주식은 모두 보통주식이다.

① 1,785,000원
② 2,685,000원
③ 2,835,000원
④ 3,135,000원
⑤ 3,435,000원

12 CTA 2024

확인 Check! ○ △ ×

제조업을 영위하는 영리내국법인(주)A가 제6기 과세기간(2026.1.1.~12.31.) 중 자본금전입시 과세되지 아니하는 잉여금인 주식발행초과금 200,000,000원을 재원으로 하여 무상증자를 시행하였다. 자기주식에 배정할 무상주를 (주)B, (주)C, (주)D에 교부한 경우(사례1)와 교부하지 않은 경우〈사례 2〉의 의제배당금액의 차이(〈사례 1〉 금액에서 〈사례 2〉 금액을 차감한 금액)를 (주)B, (주)C, (주)D별로 각각 계산한 것으로 옳은 것은? (단, 총 계산 결과치는 원 단위 미만은 절사하며, 주어진 자료 외에는 고려하지 않음)

(1) 무상증자 직전 (주)A의 총 발행주식수는 100,000주이고 발행가액은 주당 5,000원(액면가액 주당 500원)이며 자본금은 50,000,000원이다.

(2) 무상증자 직전의 (주)A의 주주구성

주 주	보유주식수
(주)A(자기주식)	20,000주
(주)B	30,000주
(주)C	40,000주
(주)D	10,000주

	(주)B	(주)C	(주)D
①	714,286원	952,381원	238,096원
②	1,714,286원	1,952,381원	1,238,096원
③	2,000,000원	3,000,000원	1,000,000원
④	3,000,000원	4,000,000원	1,000,000원
⑤	4,000,000원	5,000,000원	2,000,000원

13 CPA 2022 ☑ 확인 Check! ○ △ ✕

(주)한양(사업연도 : 1.1.~12.31.)은 2024년 7월 1일에 20,000주 A회사 주식을 1주당 12,000원에 취득하였고, 이 취득에 의하여 2026년 7월 1일에 아래 자료와 같이 무상주를 교부받았다. 이 거래를 기업회계기준에 따라 회계처리하였다고 할 때, (주)한양이 2026년 12월 31일로 종료되는 사업연도의 의제배당과 관련하여 세무조정해야 할 내용은? (단, 두 회사 모두 제조업을 영위하는 일반내국법인이고, (주)한양은 무차입경영으로 2026년에는 지급이자 발생하지 않았다)

(1) A회사(사업연도 : 1.1.~12.31.)는 2026년 7월 1일 주식발행초과금(보통주식의 주식발행초과금에 해당) 400,000,000원과 이익잉여금 100,000,000원을 재원으로 무상증자(액면 5,000원)를 실시하였다.

(2) A회사의 무상증자 실시 이전의 주식현황과 무상주교부내역은 다음과 같다.

주주현황	무상증자 이전		무상주 교부
	보유주식 수	지분율	
(주)한양	20,000주	20%	25,000주
기타주주	60,000주	60%	75,000주
자기주식	20,000주	20%	–
계	100,000주	100%	100,000주

*수입배당금 익금불산입 적용 시 출자비율을 산정함에 있어 피출자법인이 보유한 자기주식은 발행주식총수에서 제외함

① 익금산입 25,000,000원
② 익금산입 25,000,000원, 익금불산입 7,500,000원
③ 익금산입 45,000,000원
④ 익금산입 45,000,000원, 익금불산입 20,000,000원
⑤ 익금산입 50,000,000원

14 CTA 2019

☑ 확인 Check! ○ △ ✕

비상장 영리내국법인인 (주)A와 (주)B의 자료를 이용하여 보통주 소각으로 인한 (주)A의 의제배당금액을 계산하면 얼마인가? (단, 주식 취득과 소각은 적법하였고, (주)B는 과거 합병사실이 없다. 주어진 자료 이외에는 고려하지 않음)

(1) (주)A는 제26기(2026.1.1.~12.31.) 초 현재 (주)B의 보통주 600주(1주당 액면금액 1,000원)를 보유하고 있으며, 보통주 관련 거래는 다음과 같다.

- ○ (주)A는 2023.4.1. (주)B의 보통주 400주를 1주당 시가인 1,500원에 취득하였음
- ○ (주)A는 2024.5.2. (주)B가 주식발행초과금(출자전환으로 인한 채무면제이익이 아님)을 자본에 전입함에 따라 보통주 200주를 무상으로 취득하였음
- ○ (주)A는 2024.7.1. (주)B가 법인세가 이미 과세된 자기주식처분이익을 자본에 전입함에 따라 보통주 400주를 무상으로 취득하였음
- ○ (주)A는 2024.9.15. 보유 중인 (주)B의 보통주 400주를 유상으로 처분하였음

(2) (주)B는 2026.3.31. 보통주를 1주당 1,500원에 소각하였으며, 이로 인해 (주)A가 보유한 (주)B의 보통주 400주가 소각되었다.

① 200,000원
② 250,000원
③ 400,000원
④ 450,000원
⑤ 600,000원

15 CPA 2023

☑ 확인 Check! ○ △ ✕

제조업을 영위하는 영리내국법인 (주)A의 제26기(2026.1.1.~12.31.) 자료이다. 영리내국법인 (주)B의 주식 소각으로 인하여 (주)A에게 발생하는 의제배당금액으로 옳은 것은? (단, 수입배당금 익금불산입은 고려하지 않는다)

(1) (주)A는 (주)B의 주식 5,000주(1주당 액면가액 5,000원)를 보유하고 있고 취득명세는 다음과 같다.

취득일	주식수	비 고
2022.5.10.	2,000주	1주당 9,500원에 유상취득
2023.7.20.	2,500주	이익준비금의 자본금 전입으로 인해 취득
2024.3.20.	500주	주식발행초과금(보통주식의 주식발행초과금에 해당)의 자본금 전입으로 인해 취득

(2) (주)B는 2026년 2월 20일에 모든 주주가 소유하는 주식의 20%를 1주당 20,000원의 현금을 지급하고 소각하였다.

① 11,500,000원
② 13,500,000원
③ 14,500,000원
④ 15,500,000원
⑤ 16,500,000원

16 CTA 2016

☑ 확인Check! ○ △ ✕

제조업을 영위하는 영리내국법인 (주)A는 제26기 사업연도(2026.1.1.~12.31.)에 (주)B(제조업)로부터 잉여금 처분에 따른 금전배당금 5,000,000원((주)B의 잉여금 처분 결의는 2025년에 이루어진 것임)을 수령하였고, 이에 대한 (주)A의 회계처리는 다음과 같다.

○ 제25기 : 배당수익과 관련한 아무런 회계처리를 하지 않았음				
○ 제26기 : (차) 현 금	5,000,000	(대) 배당금수익	5,000,000	

제25기에 대하여 (주)A가 해야 할 모든 세무조정은 적법하게 이루어졌다고 가정할 때, (주)A가 제26기의 각 사업연도의 소득금액 계산 시 해야 할 세무조정과 소득처분으로 옳은 것은? (단, 법인세법상 수입배당금액의 익금불산입 규정 등 주어진 자료 이외 다른 사항은 고려하지 않음)

① 세무조정 없음
② 〈익금산입〉 배당금수익 5,000,000원 (배당)
③ 〈익금불산입〉 배당금수익 5,000,000원 (기타)
④ 〈익금산입〉 배당금수익 5,000,000원 (유보)
⑤ 〈익금불산입〉 배당금수익 5,000,000원 (△유보)

17 CTA 2021

☑ 확인Check! ○ △ ✕

「법인세법」상 내국법인 수입배당금액의 익금불산입 특례와 관련하여, 내국법인이 해당 법인이 출자한 다른 내국법인으로부터 받은 수입배당금액 중 피출자법인별로 수입배당금액에 다음 표의 구분에 따른 익금불산입률을 곱한 금액의 합계액은 각 사업연도의 소득금액을 계산할 때 익금에 산입하지 아니한다. 이 경우, 「법인세법」 제18조의2 제1항 제1호에 규정된 다음 표의 (　　) 중 어느 하나에 들어갈 내용이 아닌 것은? (단, 내국법인이 각 사업연도에 지급한 차입금의 이자는 없으며, 「법인세법」 제18조의2 제2항의 각 호에는 해당되지 않음)

피출자법인에 대한 출자비율	익금불산입률
(　　)퍼센트 이상	(　　)퍼센트
(　　)퍼센트 이상 (　　)퍼센트 미만	(　　)퍼센트
(　　)퍼센트 미만	(　　)퍼센트

① 20
② 30
③ 50
④ 90
⑤ 100

18 CTA 2023

☑ 확인Check! ○ △ ×

법인세법령상 외국자회사 수입배당금액의 익금불산입에 관한 설명으로 옳은 것은?

① 내국법인(법령에 따른 간접투자회사등을 포함한다)이 해당 법인이 출자한 외국자회사로부터 받은 수입배당금액은 각 사업연도의 소득금액을 계산할 때 익금에 산입하지 아니한다.

② 내국법인이 수입배당금을 익금불산입할 수 있는 외국자회사란 내국법인이 의결권 있는 발행주식총수의 100분의 1을 초과하여 출자하고 있는 외국법인을 말한다.

③ 「국제조세조정에 관한 법률」에 따라 특정외국법인의 유보소득에 대하여 내국법인이 배당받은 것으로 보는 금액에 대해서는 각 사업연도의 소득금액을 계산할 때 익금에 산입하지 아니한다.

④ 내국법인이 적격합병에 따라 다른 내국법인이 보유하고 있던 외국자회사의 주식 등을 승계받은 때에는 그 승계 전 다른 내국법인이 외국자회사의 주식 등을 취득한 때부터 해당 주식 등을 보유한 것으로 본다.

⑤ 혼성금융상품의 거래에 따라 내국법인이 지급받는 수입배당금액은 각 사업연도의 소득금액을 계산할 때 익금에 산입하지 않는다.

19 CPA 2024

☑ 확인Check! ○ △ ×

영리내국법인 (주)A의 제26기(2026.1.1.~12.31.) 수입배당금에 관한 자료이다. 수입배당금 익금불산입액으로 옳은 것은?

(1) (주)A는 2026년 4월 1일 영리내국법인 (주)B로부터 수입배당금 20,000,000원(배당기준일 : 2025년 12월 31일, 배당결의일 : 2026년 2월 20일)을 수령하여 수익으로 계상하였다.

(2) (주)B의 발행주식총수는 100,000주이며, (주)B의 주식에 대한 취득 및 처분내역은 다음과 같다.

거래일자	거래유형(주식수)*	거래금액
2025.1.1.	매입(35,000주)	7억원
2025.10.1.	매입(10,000주)	2억원
2025.12.1.	처분(5,000주)	1억원

*2025년 12월 31일 현재 보유주식 총수는 40,000주임

(3) (주)B는 지급배당에 대한 소득공제와 「조세특례제한법」상 감면 규정 및 동업기업과세특례를 적용받지 않는다.

(4) (주)A의 2026년 12월 31일 현재 재무상태표상 자산총액은 2,000,000,000원이다. (주)A의 제26기 손익계산서상 이자비용은 30,000,000원이며, 해당 이자비용에는 현재가치할인차금 상각액 10,000,000원이 포함되어 있다.

(5) 수입배당금 익금불산입률은 100%(출자비율 : 50% 이상), 80%(출자비율 : 20% 이상 50% 미만), 30%(출자비율 : 20% 미만)이다.

① 4,800,000원
② 5,600,000원
③ 7,200,000원
④ 8,400,000원
⑤ 11,200,000원

20 CPA 2022

☑ 확인 Check! ○ △ ×

「독점규제 및 공정거래에 관한 법률」에 따른 지주회사인 (주)A의 제26기(2026.1.1.~12.31.) 자료이다. 수입배당금 익금불산입액으로 옳은 것은?

(1) (주)A는 2026년 3월 1일에 제조업을 영위하는 비상장 영리내국법인(벤처기업 아님) (주)B와 (주)C로부터 배당금 40,000,000원을 수령하고 이를 수익으로 계상하였다.

구 분	현금배당금(주1)	주식가액(주2)	지분율	주식취득일
(주)B	35,000,000원	350,000,000원	40%	2024.1.1.
(주)C	5,000,000원	600,000,000원	25%	2025.11.30.

주1 배당기준일 : 2025년 12월 31일, 배당결의일 : 2026년 2월 14일

주2 (주)A가 보유한 주식의 「법인세법」상 장부가액이며, 제26기 중 주식수 및 장부가액의 변동은 없음

(2) (주)A의 제26기 손익계산서상 이자비용은 50,000,000원이고, 제26기말 현재 재무상태표상 자산총액은 5,000,000,000원이다.

(3) (주)B와 (주)C는 지급배당에 대한 소득공제, 「조세특례제한법」상 감면규정 및 동업기업과세특례를 적용받지 않으며, 상기 수입배당금은 자본준비금을 감액하여 받은 배당금액이 아니다.

(4) 수입배당금액 익금불산입률

출자비율	익금불산입률
50% 이상	100%
20% 이상 50% 미만	80%
20% 미만	30%

① 24,750,000원

② 25,200,000원

③ 31,200,000원

④ 31,500,000원

⑤ 35,550,000원

21 CPA 2021

☑ 확인Check! ○ △ ✕

제조업을 영위하는 영리내국법인 (주)A의 제26기(2026.1.1.~12.31.) 자료이다. 의제배당 및 수입배당금 관련 세무조정이 각 사업연도 소득금액에 미치는 순영향으로 옳은 것은?

(1) (주)A는 (주)B가 잉여금 자본전입(결의일 : 2026.3.3.)으로 액면발행한 무상주 중 10%를 지분비율에 따라 수령하였으며 무상증자의 재원은 다음과 같다.

구 분	금 액
주식발행초과금(주1)	1,200,000원
자기주식처분이익	1,000,000원
주식의 포괄적 교환차익	2,000,000원
재평가적립금(주2)	1,500,000원

주1 이익잉여금으로 상환된 상환주식의 주식발행초과금임

주2 토지분(재평가세 1% 과세분) 4,000,000원과 건물분(재평가세 3% 과세분) 1,000,000원으로 구성되어 있으며, 이 중 30%를 자본전입함

(2) (주)B가 보유한 자기주식은 없다.

(3) (주)A는 당기에 차입금과 지급이자가 없고, 수입배당금 익금불산입율은 30%이며 수입배당금 익금불산입 요건을 충족한다.

① 102,000원　② 111,000원　③ 175,000원　④ 238,000원　⑤ 259,000원

제2장

22 CPA 2020

☑ 확인 Check! ○ △ ×

다음의 자료를 이용하여 지주회사가 아닌 영리내국법인 (주)A의 제26기 사업연도(2026.1.1.~12.31.) 수입배당금 익금불산입액을 계산한 것으로 옳은 것은?

(1) (주)A는 2026년 3월 중 비상장 영리내국법인 (주)B, (주)C로부터 수입배당금 15,000,000원을 수령하여 수익으로 계상하였다.

배당지급법인	현금배당금(주1)	「법인세법」상 장부가액(주2)	지분율(주2)	주식취득일
(주)B	6,000,000원	300,000,000원	60%	2024년 8월 1일
(주)C	3,000,000원	600,000,000원	40%	2025년 9월 15일

주1 배당기준일 : 2025년 12월 31일, 배당결의일 : 2026년 2월 20일

주2 주식 취득 이후 주식수, 장부가액, 지분율의 변동은 없음

(2) (주)B, (주)C는 지급배당에 대한 소득공제와 「조세특례제한법」상 감면규정 및 동업기업과세특례를 적용받지 않으며, 상기 수입배당금은 자본준비금을 감액하여 받은 배당금액이 아니다.

(3) (주)A의 2026년 12월 31일 현재 재무상태표상 자산총액은 5,000,000,000원이다.

(4) (주)A의 제26기 손익계산서상 이자비용은 30,000,000원이다. 해당 이자비용 중 15,000,000원은 채권자가 불분명한 사채의 이자비용이다.

(5) 수입배당금액의 익금불산입률은 다음과 같다.

구 분	익금불산입률
출자비율이 50% 이상인 경우	100%
출자비율이 20% 이상 50% 미만인 경우	80%

① 5,040,000원

② 5,880,000원

③ 6,060,000원

④ 6,300,000원

⑤ 10,260,000원

CHAPTER

03 | 손 금

01 CPA 2021

확인 Check! ○ △ ✕

「법인세법」상 손금에 관한 설명이다. 옳지 않은 것은?

① 특정인에게 광고선전 목적으로 기증한 물품(개당 3만원 이하는 제외)의 구입비용으로 연간 5만원 이내의 금액은 손금에 산입한다.

② 법인이 다른 법인과 출자에 의해 공동으로 사업을 운영하는 경우 발생하는 공동경비 중 출자비율에 따른 분담금액을 초과하는 금액은 손금에 산입하지 아니한다.

③ 법인이 영리내국법인으로부터 건당 3만원(부가가치세 포함)을 초과하는 용역을 공급받고 그 대가를 지급하는 경우 법정증명서류 이외의 증명서류를 수취하면 손금에 산입하지 아니한다.

④ 제조업을 영위하는 법인이 보유한 개별소비세 과세대상인 승용자동차의 수선비에 대한 부가가치세 매입세액은 손금에 산입한다.

⑤ 법인이 「노동조합 및 노동관계조정법」을 위반하여 노조 전임자에게 지급한 급여는 손금에 산입하지 아니한다.

02 CTA 2024

확인 Check! ○ △ ✕

법인세의 각 사업연도 소득금액 계산상 손금에 산입하는 항목은 모두 몇 개인가?

- ○ 「국민건강보험법」에 따라 징수하는 연체금
- ○ 산업재해보상보험료의 연체금
- ○ 산업재해보상보험료의 가산금
- ○ 전기요금의 납부지연으로 인한 연체가산금
- ○ 업무와 관련하여 발생한 교통사고 벌과금
- ○ 「한국은행법」에 따라 금융기관이 한국은행에 납부하는 과태금
- ○ 보세구역에 보관되어 있는 수출용 원자재가 「관세법」상의 장치기간 경과로 국고귀속이 확정된 자산의 가액

① 2개　② 3개

③ 4개　④ 5개

⑤ 6개

03 CTA 2021

☑ 확인 Check! ○ △ ×

영리내국법인 (주)A의 포괄손익계산서 세금과공과 계정에는 다음의 금액이 포함되어 있다. 「소득금액조정합계표」 작성 시 '익금산입 및 손금불산입'에 포함되어야 할 금액의 합계는?

○ 사계약상의 의무불이행으로 인하여 부담한 지체상금(구상권 행사 불가능) : 1,000,000원
○ 업무와 관련하여 발생한 교통사고 벌과금 : 1,500,000원
○ 전기요금의 납부지연으로 인한 연체가산금 : 3,500,000원
○ 「국민건강보험법」에 따라 징수하는 연체금 : 4,000,000원
○ 국유지 사용료의 납부지연으로 인한 연체료 : 5,500,000원
○ 외국의 법률에 따라 국외에서 납부한 벌금 : 6,000,000원

① 7,500,000원
② 9,000,000원
③ 11,500,000원
④ 13,000,000원
⑤ 15,500,000원

04 CTA 2025

☑ 확인 Check! ○ △ ×

법인세법령상 손비로 볼 수 있는 항목은 모두 몇 개인가?

○ 특수관계인으로부터 감가상각대상자산을 양수하면서 기업회계기준에 따라 장부에 계상한 자산의 가액이 시가에 미달하는 경우에 실제취득가액과 장부에 계상한 가액과의 차이에 대한 감가상각비 상당액
○ 대손세액공제를 받은 회수할 수 없는 부가가치세 매출세액미수금
○ 영업자가 조직한 단체로서 주무관청에 등록된 협회에 지급한 경상경비 외에 충당할 목적으로 납부한 회비
○ 광업의 탐광을 위한 개발비
○ 우리사주조합에 출연하는 자사주의 장부가액
○ 이사회의 결의에 의하여 직원의 사망 이후 유족에게 지속적으로 지급하는 학자금 등의 금액
○ 「보험업법」에 따라 보험회사가 적립한 할인율의 변동에 따른 책임준비금 평가액의 증가분

① 1개
② 2개
③ 3개
④ 4개
⑤ 5개

05 CTA 2022 ☑ 확인Check! ○ △ ✕

한국채택국제회계기준을 적용하고 있는 영리내국법인 (주)A의 제26기 사업연도(2026.1.1.~12.31.)의 소득금액조정합계표상 손금산입 및 익금불산입항목의 합계금액은? [단, 각 항목은 독립적이며 주어진 자료 이외(수입배당금 익금불산입 규정 포함)에는 고려하지 않음]

(1) (주)A의 재무상태표 자산계정 중 매출채권은 150,000,000원이다. 이 금액에는 당기에 상법에 따른 소멸시효가 완성된 매출채권 2,000,000원이 포함되어 있다.

(2) (주)A는 제26기에 토지를 100,000,000원에 매입하였는데 이에 대한 취득세 4,000,000원과 그 취득세에 관한 가산세 1,000,000원을 납부하고 다음과 같이 회계처리하였다.

(차) 토 지	105,000,000원	(대) 현 금	105,000,000원

(3) (주)A는 2026년 초 (주)B의 의결권 있는 주식 30%를 30,000,000원에 취득하였다. 주식 취득일 현재 (주)B의 재무상태표상 순자산가액은 100,000,000원이고 순자산가액은 공정가치와 일치하였다. (주)A는 2026.5.18. (주)B로부터 현금배당 500,000원을 받았으며, 2026년 말 (주)B가 당기순이익을 보고함에 따라 다음과 같이 회계처리하였다.

〈2026.5.18.〉

(차) 현 금	500,000원	(대) 관계기업투자주식	500,000원

〈2026.12.31.〉

(차) 관계기업투자주식	2,000,000원	(대) 지분법이익	2,000,000원

① 3,000,000원
② 5,000,000원
③ 5,500,000원
④ 7,000,000원
⑤ 7,500,000원

06 CTA 2016

☑ 확인Check! ○ △ ✕

「법인세법」상 손금에 관한 설명으로 옳은 것을 모두 고른 것은?

> ㄱ. 「채무자 회생 및 파산에 관한 법률」에 따른 회생계획인가의 결정에 따라 회수불능으로 확정된 채권은 당해 채권을 손금으로 계상한 날이 속하는 사업연도의 손금으로 한다.
> ㄴ. 내국법인이 임원 및 사용인에게 지급하는 성과배분상여금은 잉여금의 처분을 손비로 계상한 것이라도 각 사업연도의 소득금액을 계산할 때 손금에 산입한다.
> ㄷ. 회수할 수 없는 부가가치세 매출세액미수금으로서 「부가가치세법」에 따라 대손세액공제를 받지 아니한 것은 손금에 해당한다.
> ㄹ. 내국법인이 해당 법인 이외의 자와 출자에 의하여 특정사업을 공동으로 영위함에 따라 발생된 손비에 대한 분담금액은 출자총액 중 당해 법인이 출자한 금액의 비율에 우선하여 당해 공동사업자 사이의 약정에 따른 분담비율을 기준으로 정한다.

① ㄷ
② ㄴ, ㄷ
③ ㄷ, ㄹ
④ , ㄴ, ㄹ
⑤ ㄱ, ㄷ, ㄹ

07 CTA 2017

☑ 확인Check! ○ △ ✕

「법인세법」상 손금에 관한 설명으로 옳지 않은 것은?

① 「법인세법」은 손비의 범위에 관한 일반적 기준으로서 그 법인의 사업과 관련하여 발생하거나 지출된 손실 또는 비용으로서 일반적으로 인정되는 통상적인 것이거나 수익과 직접 관련된 것으로 규정하고 있다.
② 합명회사나 합자회사의 노무출자사원에 대한 보수는 이익처분에 의한 상여로 의제하여 손금에 산입하지 아니한다.
③ 성과산정지표 등을 기준으로 하여 직원에게 성과배분상여금을 지급하기로 하는 노사협약을 체결하고 그에 따라 지급하는 성과배분상여금에 대하여 법인이 사업연도종료일을 기준으로 성과배분상여금을 산정한 경우 해당 성과배분상여금은 그 성과배분의 기준일이 속하는 사업연도의 손금으로 인정되지 않는다.
④ 「근로자퇴직급여 보장법」에 따른 퇴직급여 중간정산을 현실적 퇴직으로 보아 손금에 산입하는 경우는 중간정산시점부터 새로 근무연수를 기산하여 퇴직급여를 계산하는 경우에 한정한다.
⑤ 부동산임차인이 부담한 사실이 확인되는 전세금 및 임차보증금에 대한 매입세액은 임차인의 손금으로 산입할 수 있다.

08 CPA 2025

☑ 확인Check! ○ △ ×

제조업을 영위하는 영리내국법인 (주)A(중소기업)의 제26기(2026.1.1.~12.31.) 회계처리 내역이다. 제26기 각 사업연도 소득금액을 계산하기 위하여 세무조정이 필요한 경우로 옳은 것은?

① 「식품등 기부 활성화에 관한 법률」에 따라 (주)A가 제조한 식품을 같은 법에 따른 제공자에게 무상으로 기증하고 기증한 식품의 장부가액 1,200만원을 비용처리하였다.

② 환경미화를 위해 사무실 등 여러 사람이 볼 수 있는 공간에 항상 전시하는 미술품 1점을 800만원에 구입하고 비용처리하였다.

③ 지분율 40%를 보유하고 있는 (주)B 주식에 대해 기업회계기준에 따라 2,000만원을 지분법손실로 비용처리하였다.

④ 「파견근로자보호 등에 관한 법률」에 따른 파견근로자를 위하여 지출한 직장체육비 500만원을 비용처리하였다.

⑤ 지배주주가 아닌 임원의 사망 이후 유족에게 일시적으로 지급한 학자금 1,500만원(임직원의 사망 전에 이사회 결의에 의하여 결정되어 임직원에게 공통적으로 적용되는 지급기준을 따른 금액임)을 비용처리하였다.

09 CPA 2025

☑ 확인Check! ○ △ ×

제조업을 영위하는 영리내국법인 (주)A(중소기업)의 제26기(2026.1.1.~12.31.) 자료이다. 기업업무추진비 한도초과액으로 옳은 것은? (단, 기업업무추진비 해당액은 적격증명서류를 수취하였다)

(1) 장부상 매출액은 18,000,000,000원(중단사업부문 매출액 3,000,000,000원 포함됨)으로 이 중 특수관계인에 대한 매출액은 2,000,000,000원이다.

(2) 손익계산서상 판매비와관리비 중 기업업무추진비로 비용처리한 금액은 120,000,000원으로 다음의 금액이 포함되어 있다.

① 임직원 단합대회를 위하여 지출한 행사비 : 10,000,000원

② 관광진흥법시행령에 따른 관광공연장 입장권 구입비 : 6,000,000원

③ 전통시장에서 신용카드로 결제한 접대 목적 과일 구입비 : 9,000,000원

(3) 수입금액에 관한 적용률은 다음과 같다.

수입금액	적용률
100억원 초과 500억원 이하	3,000만원 + (수입금액 − 100억원) × 0.2%

(4) (주)A는 기업업무추진비 한도액 50% 축소 대상 법인이 아니다.

① 16,600,000원

② 17,760,000원

③ 22,600,000원

④ 23,760,000원

⑤ 24,360,000원

10 CTA 2019

☑ 확인Check! ○ △ ✕

「법인세법」상 기업업무추진비에 관한 설명으로 옳지 않은 것은?

① 주주 또는 출자자나 임원 또는 직원이 부담하여야 할 성질의 기업업무추진비를 법인이 지출한 것은 기업업무추진비로 보지 않는다.

② 법인이 그 직원이 조직한 조합 또는 단체에 복리시설비를 지출한 경우 해당 조합이나 단체가 법인인 때에는 이를 기업업무추진비로 보며, 해당 조합이나 단체가 법인이 아닌 때에는 그 법인의 경리의 일부로 본다.

③ 법인이 기업업무추진비를 금전 외의 자산으로 제공한 경우 해당 자산의 가액은 제공한 때의 장부가액과 시가 중 큰 금액으로 산정한다.

④ 내국법인이 한 차례의 접대에 지출한 기업업무추진비 중 3만원(경조금은 10만원)을 초과하는 기업업무추진비로서 증명서류를 수취하지 않은 것은 전액 손금불산입하고 소득귀속자에 관계없이 기타사외유출로 처분한다.

⑤ 재화 또는 용역을 공급하는 신용카드 등의 가맹점이 아닌 다른 가맹점의 명의로 작성된 매출전표 등을 발급받은 경우 해당 지출액은 신용카드 등을 사용하여 지출한 기업업무추진비로 보지 않는다.

11 CTA 2024

☑ 확인Check! ○ △ ✕

제조업을 영위하는 중소기업이 아닌 (주)A의 제6기(2026.1.1.~12.31.) 기업업무추진비에 관한 내용이다. 기업업무추진비에 관한 세무조정(소득처분 포함)으로 옳은 것은? (단, 주어진 자료 외에는 고려하지 않음)

> ○ 제6기의 기업업무추진비의 총 지출액은 56,000,000원이며 이 중 지출증빙이 없는 금액 8,000,000원, 지출증빙은 있으나 세금계산서 등 적격증명서류가 없는 6,000,000원(모두 건당 3만원 초과이고 영수증 수취분)이 포함되어 있다. 이외에는 모두 적격증명서류를 갖추고 있다.
> ○ 적격증명서류를 수취한 부분 중 경조금은 없다.
> ○ 당기 기업회계기준에 따라 계산한 매출액은 12,000,000,000원이며 이 중 4,500,000,000원은 특수관계인인 (주)B와의 거래에서 발생한 수입금액이다.

① 손금불산입 8,000,000원 (대표자상여), 손금불산입 12,350,000원 (기타사외유출)
② 손금불산입 8,000,000원 (대표자상여), 손금불산입 6,350,000원 (기타사외유출)
③ 손금불산입 14,000,000원 (대표자상여), 손금불산입 8,150,000원 (기타사외유출)
④ 손금불산입 14,000,000원 (대표자상여), 손금불산입 12,350,000원 (기타사외유출)
⑤ 손금불산입 8,000,000원 (대표자상여), 손금불산입 14,150,000원 (기타사외유출)

12 CTA 2023

☑ 확인 Check! ○ △ ✕

영리내국법인 (주)A는 제조업을 영위하는 중소기업이다. (주)A의 제26기(2026.1.1.~10.31.) 사업연도에 대한 자료가 다음과 같을 경우 법인세법령상 기업업무추진비에 대한 손금불산입금액 중 기타사외유출로 소득처분되는 금액의 합계는? (단, 주어진 자료 이외에는 고려하지 않음)

(1) 제26기 포괄손익계산서에 계상된 비용

항 목	금액(원)	내 역
복리후생비	3,000,000	(주)A의 직원이 조직한 조합(법인)에 지출한 복리시설비(세금계산서를 통해 지출 사실이 확인됨)
대손상각비	10,000,000	원활한 업무진행을 위하여 객관적으로 정당한 사유 없이 거래처(특수관계인 아님)와의 약정에 의하여 채권을 포기하고 이를 비용으로 계상한 금액
기업업무추진비	225,000,000	대표이사 자녀 결혼식 하객 식사비 15,000,000원 포함

(2) 상기 포괄손익계산서 상 기업업무추진비 225,000,000원은 모두 한 차례의 접대에 지출한 금액이 3만원을 초과하며, 지출증빙서류가 없는 귀속불분명 5,000,000원과 영수증을 수취하고 지출한 금액 4,000,000원을 제외하고는 신용카드를 사용하여 지출하였다.

(3) 제26기 수입금액(기업회계기준에 따라 계산된 제조업 매출액)은 650억원(사업연도 중에 중단된 사업부문에서 발생한 매출액 200억원과 특수관계인과의 거래에서 발생한 수입금액 90억원을 포함)이다.

① 75,930,000원
② 80,930,000원
③ 89,930,000원
④ 90,930,000원
⑤ 100,930,000원

13 CTA 2021

☑ 확인Check! ○ △ ✕

제조업을 영위하는 영리내국법인 (주)A(중소기업 아님)의 제26기 사업연도(2026.1.1.~9.30.) 법인세 세무조정 결과, 포괄손익계산서에 계상된 기업업무추진비 59,000,000원(문화비로 지출한 기업업무추진비 및 전통시장에서 지출한 기업업무추진비는 없음) 중에서 5,400,000원이 「법인세법」상 한도금액을 초과하여 손금에 산입하지 않았다. (주)A의 제26기 사업연도 수입금액이 200억원인 경우, 이 중에서 특수관계인과의 거래에서 발생한 수입금액은? (단, 제26기에 특수관계인과의 거래에서 발생한 수입금액은 100억원 미만이며, 모든 기업업무추진비는 신용카드를 사용하여 업무상 적법하게 지출하였음)

① 30억원
② 40억원
③ 50억원
④ 60억원
⑤ 70억원

14 CTA 2020

☑ 확인Check! ○ △ ✕

제조업을 영위하는 영리내국법인 (주)한라(중소기업이 아님)의 제26기 사업연도(2026.1.1.~6.30.)의 기업회계기준에 따라 계산한 매출액은 150억원(세무상 수입금액 : 160억원)이며, 매출액 중 「법인세법」상 특수관계인과의 거래에서 발생한 매출액 30억원(세무상 수입금액 : 40억원)이 포함되어 있다. 제26기 손익계산서상 기업업무추진비는 판매비와관리비에 40,000,000원이 계상되어 있으며 기업업무추진비 중 700,000원은 증거자료가 누락되어 있고, 300,000원은 영수증(1건, 현금영수증 등 법정 증거자료가 아님)을 수취하였다. 제26기 손익계산서상 판매비와관리비 항목에서 다음과 같은 사항을 파악하였다.

(1) 기업업무추진비 관련 부가가치세 매입세액 1,000,000원(공급가액 10,000,000원은 기업업무추진비에 포함되어 있음)이 제26기 손익계산서의 판매비와관리비 항목의 세금과공과 계정에 계상되어 있다.
(2) 판매비와관리비 항목의 복리시설비에는 종업원이 조직한 법인인 단체에 지출한 금액 3,000,000원이 포함되어 있다.

기업업무추진비는 모두 국내에서 지출되었으며 문화기업업무추진비는 없고 주어진 자료 이외에는 고려하지 않는다고 가정한다면 (주)한라의 제26기 사업연도의 기업업무추진비 관련 세무조정으로 옳은 것은?

① 손금불산입 3,100,000원 (기타사외유출)
② 손금불산입 3,400,000원 (기타사외유출)
③ 손금불산입 1,000,000원 (대표자상여), 손금불산입 2,400,000원 (기타사외유출)
④ 손금불산입 700,000원 (대표자상여), 손금불산입 2,400,000원 (기타사외유출)
⑤ 손금불산입 700,000원 (대표자상여), 손금불산입 2,700,000원 (기타사외유출)

15 CTA 2017

☑ 확인Check! ○ △ ×

다음은 제조업을 영위하는 중소기업이 아닌 내국법인 (주)A의 제26기 사업연도(2026.1.1.~12.31.) 기업업무추진비와 관련된 자료이다. 손금불산입되는 기업업무추진비의 총액은 얼마인가? (단, 아래의 자료에서 특별히 언급한 것 이외에는 모든 지출은 (주)A 명의의 신용카드로 사용하였고, 기업업무추진비로 계상된 금액은 업무관련성이 있으며 경조금은 없는 것으로 가정함)

(1) 기업회계기준상 매출액 : 9,000,000,000원(특수관계인 매출액 3,000,000,000원 포함)

(2) 당기 포괄손익계산서상 기업업무추진비 계정 금액은 60,000,000원으로 상세 내역은 다음과 같다.

구 분	건당 3만원 이하	건당 3만원 초과
현금 사용금액(영수증 수취)	6,000,000원	10,000,000원
(주)A 명의의 신용카드 사용금액	4,000,000원	40,000,000원
계	10,000,000원	50,000,000원

(3) 당기 복리시설비 계정에는 법인형태로 설립된 (주)A의 노동조합에 지출한 복리시설비 5,000,000원이 포함되어 있다.

(4) 당기 광고선전비 계정에는 (주)A의 우량 거래처 50곳에 개당 시가 100,000원(부가가치세 포함)의 광고선전물품을 구입하여 제공한 금액 5,000,000원이 포함되어 있다.

① 39,100,000원
② 39,400,000원
③ 40,400,000원
④ 45,400,000원
⑤ 51,400,000원

제3장

16 CTA 2015

☑ 확인 Check! ○ △ ×

다음은 제조업을 영위하는 영리내국법인 (주)A의 제26기(2026.1.1.~6.30.) 기업업무추진비 세무조정에 관한 자료이다. 「법인세법」상 한도초과되는 기업업무추진비는 얼마인가?

(1) 결산서상 기업업무추진비에 대한 내역은 다음과 같다.

구 분	건당 3만원 이하	건당 3만원 초과	합 계
신용카드매출전표 수취	-	62,000,000원	62,000,000원
영수증 수취	600,000원	1,500,000원	2,100,000원
현물 기업업무추진비	-	3,400,000원	3,400,000원
합 계	600,000원	66,900,000원	67,500,000원

(2) 현물기업업무추진비는 거래처와의 관계를 두텁게 하기 위해 당사의 제품(원가 3,000,000원, 시가 4,000,000원)을 제공한 것으로 회사는 다음과 같이 회계처리하였다.

(차) 기업업무추진비	3,400,000	(대) 제 품	3,000,000
		부가가치세예수금	400,000

(3) 기업업무추진비와 관련하여 매입세액불공제된 금액 4,000,000원을 세금과공과로 비용처리하였다.

(4) (주)A는 중소기업에 해당하고 기업회계기준에 따라 계산한 제26기 매출액은 100억원으로 특수관계인과의 거래는 없다.

① 2,500,000원
② 5,000,000원
③ 23,500,000원
④ 11,000,000원
⑤ 12,500,000원

17 CPA 2023

☑ 확인 Check! ○ △ ✕

제조업을 영위하는 영리내국법인 (주)A(중소기업 아님)의 제26기(2026.1.1.~12.31.) 기업업무추진비 세무조정을 위한 자료이다. 손금불산입 세무조정 금액으로 옳은 것은?

(1) 포괄손익계산서상 매출액은 15,000,000,000원이고, 이 금액에는 매출할인 3,000,000,000원이 차감되어 있다.
(2) 포괄손익계산서상 기업업무추진비로 비용처리한 금액은 70,000,000원이고, 문화비로 지출한 기업업무추진비 및 전통시장에서 지출한 기업업무추진비와 경조금 해당액은 없다.
(3) 제26기 기업업무추진비 내역은 다음과 같다.

구 분	건당 3만원 이하분	건당 3만원 초과분
적격증명서류 수취분	15,000,000원	53,000,000원
영수증 수취분	1,500,000원	500,000원

(4) 포괄손익계산서상 복리후생비 중 적격증명서류를 수취한 기업업무추진비 해당 금액은 5,000,000원이고, 이 금액에는 대표이사가 업무와 무관하게 사적인 용도로 사용한 금액 1,000,000원이 포함되어 있다.
(5) 수입금액에 관한 적용률

수입금액	적용률
100억원 이하	$\frac{3}{1,000}$
100억원 초과 500억원 이하	3천만원 + (수입금액 − 100억원) × $\frac{2}{1,000}$

① 1,500,000원
② 20,000,000원
③ 21,500,000원
④ 23,000,000원
⑤ 24,500,000원

제3장

18 CPA 2022

☑ 확인 Check! ○ △ ×

제조업을 영위하는 영리내국법인 (주)A(중소기업)의 제26기(2026.1.1.~12.31.) 자료이다. 기업업무추진비 한도초과액으로 옳은 것은? (단, 기업업무추진비 해당액은 적격증명서류를 수취하였다)

(1) 장부상 매출액은 15,000,000,000원으로 이 중 특수관계인에 대한 매출액은 3,000,000,000원이다.

(2) 손익계산서상 판매비와관리비 중 기업업무추진비로 비용처리한 금액은 90,000,000원으로 다음의 금액이 포함되어 있다.

① 전기에 접대가 이루어졌으나 당기 지급시점에 비용처리한 금액 : 5,000,000원

② 「국민체육진흥법」에 따른 체육활동의 관람을 위한 입장권 구입비 : 20,000,000원

③ 직원이 조직한 단체(법인)에 복리시설비를 지출한 금액 : 4,000,000원

④ 거래처에 접대 목적으로 증정한 제품(원가 8,000,000원, 시가 10,000,000원)에 대해 다음과 같이 회계처리하였다.

(차)	기업업무추진비	9,000,000	(대) 제 품	8,000,000
			부가가치세예수금	1,000,000

(3) 수입금액에 관한 적용률

수입금액	적용률
100억원 이하	수입금액 × 0.3%
100억원 초과 500억원 이하	3,000만원 + (수입금액 − 100억원) × 0.2%

① 2,280,000원
② 6,280,000원
③ 16,400,000원
④ 21,400,000원
⑤ 84,720,000원

19 CPA 2020

☑ 확인Check! ○ △ ×

다음의 자료를 이용하여 제조업을 영위하는 중소기업인 영리내국법인 (주)A의 제26기 사업연도 (2026.1.1.~6.30.) 기업업무추진비 한도초과액을 계산한 것으로 옳은 것은? (단, 자료에 별도 언급이 없는 한 기업업무추진비 해당액은 적격증명서류를 수취하였고, 전기까지 세무조정은 정확하게 이루어졌다)

(1) 손익계산서상 매출액은 12,000,000,000원이며, 이 중 특수관계인에 대한 매출액은 4,000,000,000원이다.
(2) 손익계산서상 판매비와관리비 중 기업업무추진비로 비용처리한 금액은 54,000,000원이다.
(3) (주)A가 거래처에 접대 목적으로 증정한 원가 5,000,000원, 시가 10,000,000원 상당의 제품에 대해 다음과 같이 회계처리하였다.

(차) 매출원가	6,000,000	(대) 제 품	5,000,000
		부가가치세예수금	1,000,000

(4) 손익계산서상 복리후생비에는 (주)A의 직원들이 조직한 단체(법인 아님)에 지출한 복리시설비 4,000,000원이 포함되어 있다.
(5) 제26기 중 (주)A가 지출한 경조사비와 문화비로 지출한 기업업무추진비 및 전통시장에서 지출한 기업업무추진비는 없다.
(6) 수입금액에 관한 적용률

수입금액	적용률
100억원 이하	1천분의 3
100억원 초과 500억원 이하	3천만원 + 100억원을 초과하는 금액의 1천분의 2

① 0원
② 2,000,000원
③ 22,000,000원
④ 8,000,000원
⑤ 16,000,000원

20 CPA 2019

☑ 확인 Check! ○ △ ×

제조업을 영위하는 영리내국법인 (주)A(중소기업)의 제26기 사업연도(2026.1.1.~12.31.) 기업업무추진비 관련 자료이다. 기업업무추진비 한도액을 계산하면 얼마인가? (기업업무추진비 해당액은 적격증명서류를 수취하였고, 전기까지 세무조정은 적정하게 이루어졌다)

(1) 장부상 매출액은 15,000,000,000원으로 이 중 특수관계인에 대한 매출액은 8,000,000,000원이며, 일반매출액은 7,000,000,000원이다. 매출액과 관련된 내용은 다음과 같다.

① 일반매출에 대한 매출할인 50,000,000원이 매출액에서 차감되어 있다.
② 일반매출에 「부가가치세법」상 간주공급에 해당하는 금액 300,000,000원이 포함되어 있다.

(2) 손익계산서상 판매비와관리비 중 기업업무추진비로 비용처리한 금액은 70,000,000원으로 다음의 금액이 포함되어 있다.

① 전기에 접대가 이루어졌으나 당기 지급시점에 비용처리한 금액 : 4,000,000원
② 문화비로 지출한 기업업무추진비 : 10,000,000원

(3) 직원이 조직한 단체(법인)에 복리시설비를 지출하고 영업외비용으로 처리한 금액 : 6,000,000원

(4) 수입금액에 관한 적용률

수입금액	적용률
100억원 이하	0.3%
100억원 초과 500억원 이하	3천만원 + 100억원 초과 금액의 0.2%

① 2,364,000원
② 68,030,000원
③ 5,764,000원
④ 11,676,000원
⑤ 16,764,000원

21 CTA 2021

☑ 확인 Check! ○ △ ×

내국법인이 각 사업연도에 여러 종류의 기부금을 지출했을 경우, 해당 기부금의 「법인세법」상 손금산입한도액을 산출하는 계산식이 다른 하나는?

① 국방헌금과 국군장병 위문금품의 가액
② 천재지변으로 생기는 이재민을 위한 구호금품의 가액
③ 「사회복지사업법」에 따른 사회복지법인의 고유목적사업비로 지출하는 기부금
④ 「사립학교법」에 따른 사립학교(병원은 제외)에 연구비로 지출하는 기부금
⑤ 「국립대학병원 설치법」에 따른 국립대학병원이 「보건의료기술 진흥법」에 따라 설립한 의료기술협력단에 교육비로 지출하는 기부금

22 CPA 2023

☑ 확인Check! ○ △ ×

「법인세법」상 기부금에 관한 설명이다. 옳지 않은 것은?

① 특수관계인 외의 자에게 정당한 사유 없이 자산을 정상가액보다 낮은가액으로 양도하는 경우 정상가액과 양도가액의 차액은 기부금에 포함한다.

② 법인이 기부금을 금전 외의 자산으로 제공한 경우 특수관계인이 아닌 자에게 기부한 일반기부금은 기부했을 때의 장부가액과 시가 중 큰 금액으로 해당 자산가액을 산정한다.

③ 법령에 따라 특별재난지역으로 선포된 경우 그 선포의 사유가 된 재난으로 생기는 이재민을 위한 구호금품의 가액은 특례기부금이다.

④ 내국법인이 각 사업연도에 지출하는 일반기부금 중 손금산입한도액을 초과하여 손금에 산입하지 아니한 금액은 해당 사업연도의 다음 사업연도 개시일부터 10년 이내에 끝나는 각 사업연도로 이월하여 그 이월된 사업연도의 소득금액을 계산할 때 손금산입한도액의 범위에서 손금에 산입한다.

⑤ 내국법인이 각 사업연도에 지출하는 기부금을 이연계상한 경우에는 이를 그 지출한 사업연도의 기부금으로 하고, 그 후의 사업연도에 있어서는 이를 기부금으로 보지 아니한다.

23 CTA 2020

☑ 확인Check! ○ △ ×

다음은 (주)서울의 당기 제7기 사업연도(2026.1.1.~12.31.)의 기부금 관련 자료이다. 제7기의 각 사업연도 소득금액은? (단, (주)서울은 사업연도 종료일 현재 「사회적기업 육성법」에 따른 사회적기업이 아님)

(1) 조정 후 소득금액 : 97,000,000원
조정 후 소득금액은 전기 이전 기부금 한도초과액의 이월손금산입과 당기 기부금 관련 세무조정만을 제외한 모든 세무조정이 이루어진 상태이다.

(2) 손익계산서에 계상된 기부금 내역

① 천재지변으로 생기는 이재민을 위한 구호금품의 가액 : 13,000,000원
② 「사립학교법」에 따른 사립학교가 운영하는 병원에 시설비로 지출하는 기부금 : 5,000,000원
③ 법령에 정한 종교단체에 지출한 기부금 : 10,000,000원
④ 새마을금고에 지출한 기부금 : 3,000,000원

(3) 제6기에 발생한 세무상 미공제 이월결손금 : 7,000,000원
(4) 제2기에 발생한 특례기부금 한도초과액 미사용 이월잔액 2,000,000원이 있다.
(5) 제3기에 발생한 일반기부금 한도초과액 미사용 이월잔액 3,000,000원이 있다.

① 92,000,000원
② 95,000,000원
③ 97,900,000원
④ 98,200,000원
⑤ 99,120,000원

24 CTA 2017

☑ 확인Check! ○ △ ×

다음은 내국법인 (주)A의 제26기 사업연도(2026.1.1.~12.31.) 세무조정 관련 자료이다. 제26기 각 사업연도 소득금액은 얼마인가?

(1) 세무조정 내역*

포괄손익계산서상 당기순이익	6,000,000원
익금산입·손금불산입	7,000,000원
손금산입·익금불산입	17,000,000원
계	△4,000,000원

*비지정기부금을 제외한 기부금 관련 세무조정은 포함되지 않음

(2) 포괄손익계산서상 기부금 내역

새마을금고에 지출한 기부금	3,000,000원
불우이웃돕기성금	5,000,000원
천재지변으로 인한 이재민 구호금품	2,000,000원
사회복지공동모금회에 기부한 기부금**	1,000,000원
계	11,000,000원

**사회복지공동모금회에 대한 기부금은 어음(결제일 : 2027.1.5.)을 발행한 것임

(3) (주)A의 세무상 이월결손금은 1,500,000원(제23기 발생분)이며, 당기 이전 기부금 한도초과로 손금불산입된 금액은 다음과 같다.

- 특례기부금 : 500,000(2024년 지출분)
- 일반기부금 : 800,000(2023년 지출분)

① △250,000원
② 1,000,000원
③ 2,625,000원
④ 3,525,000원
⑤ 3,775,000원

25 CTA 2018

☑ 확인Check! ○ △ ×

다음은 제조업을 주업으로 하는 내국법인 (주)A(중소기업 아님)의 제26기 사업연도(2026.1.1.~12.31.) 세무조정을 위한 자료이다. 제26기에 필요한 세무조정을 적정하게 하였을 경우, 이같은 세무조정이 제26기 각 사업연도의 소득금액에 미친 순영향으로 옳은 것은? (단, 법인세법에서 정하는 익금과 손금의 요건을 모두 충족하고, 손금에 대한 법정한도금액은 초과하지 않으며, 주어진 자료 이외에는 고려하지 않음)

(주)A의 제26기 결산서에 반영된 사항	비 고
배당금수익 1,000,000원(해산한 법인 (주)B의 잔여재산 분배로 인한 의제배당)	• (주)B의 해산등기일 : 2026.12.31. • (주)B의 잔여재산가액확정일 : 2027.1.31.
선급비용 1,000,000원(지출 후 이연 처리한 기업업무추진비)	• 기업업무추진비 지출일 : 2026.12.31. • 결산상 손비계상일 : 2027.1.31.
영업외비용 1,000,000원(어음을 발행하여 지출한 기부금)	• 어음발행일 : 2026.12.31. • 어음결제일 : 2027.1.31.
영업외수익 1,000,000원(유형자산 양도로 인한 처분이익)	• 매수자의 사용수익일 : 2026.12.31. • 대금청산일 : 2027.1.31.

① (−)2,000,000원
② (−)1,000,000원
③ 0원
④ (+)1,000,000원
⑤ (+)2,000,000원

26 CPA 2024

☑ 확인Check! ○ △ ×

제조업을 영위하는 영리내국법인 (주)A의 제26기(2026.1.1.~12.31.) 기부금에 관한 자료이다. 제26기에 지출한 일반기부금의 한도초과액으로 옳은 것은?

(1) 손익계산서상 당기순이익 : 100,000,000원
(2) 기부금 관련 세무조정사항을 제외한 세무조정 내역

① 익금산입·손금불산입 : 20,000,000원
② 손금산입·익금불산입 : 10,000,000원

(3) 손익계산서상 기부금은 무료로 이용할 수 있는 아동복지시설에 현금으로 지급된 5,000,000원이다.
(4) 제26기 중 국가로부터 정당한 사유없이 토지를 현금으로 구입하였다. 구입한 토지의 취득가액은 90,000,000원이고, 취득 당시 시가는 60,000,000원이다.
(5) 제24기에 발생한 결손금으로서 이후 과세표준을 계산할 때 공제되지 아니한 금액은 100,000,000원이다.
(6) 제25기에 발생한 일반기부금 한도초과액은 1,000,000원이다.
(7) (주)A는 사회적기업이 아니며, 각 사업연도 소득금액의 80%까지 이월결손금 공제를 할 수 있는 법인이다.

① 3,700,000원
② 3,850,000원
③ 4,350,000원
④ 4,850,000원
⑤ 5,000,000원

27 CPA 2021

☑ 확인Check! ○ △ ✕

제조업을 영위하는 영리내국법인 (주)A(사회적 기업 아님)의 제26기(2026.1.1.~12.31.) 기부금 관련 자료이다. 일반기부금의 한도초과액으로 옳은 것은?

(1) 손익계산서상 당기순이익 : 19,000,000원

(2) 기부금 관련 세무조정사항을 제외한 세무조정 내역

① 익금산입·손금불산입 : 10,000,000원

② 손금산입·익금불산입 : 12,000,000원

(3) 손익계산서상 기부금 내역(전액 현금지급)

내 역	금 액
천재지변으로 인한 이재민 구호금품	3,000,000원
무료로 이용가능한 아동복지시설 기부금	2,000,000원

(4) 당기중 특수관계 없는 공익법인(일반기부금 대상)에 양도한 토지(장부가액 40,000,000원)의 내역

① 양도가액 : 50,000,000원

② 양도당시 시가 : 80,000,000원

(5) 제23기(2023.1.1.~12.31.)에 발생한 결손금으로서 이후 과세표준을 계산할 때 공제되지 아니한 금액 : 25,000,000원

(6) (주)A는 과세표준 계산시 각 사업연도 소득금액의 80%까지 이월결손금 공제를 할 수 있는 법인이다.

① 200,000원
② 360,000원
③ 2,800,000원
④ 7,720,000원
⑤ 7,800,000원

28 CPA 2019

☑ 확인Check! ○ △ ✕

영리내국법인 (주)A의 제26기 사업연도(2026.1.1.~12.31.) 세무조정 관련 자료이다. 기부금 관련 한도초과액은 얼마인가? (단, (주)A는 각사업연도소득의 80%를 한도로 이월결손금 공제를 적용받는 법인이라고 가정한다)

(1) 손익계산서상 법인세비용차감전순이익 : 58,000,000원

(2) 기부금 관련 세무조정사항을 제외한 기타의 모든 세무조정 내역은 다음과 같다.

① 익금산입·손금불산입 : 12,000,000원

② 손금산입·익금불산입 : 15,000,000원

(3) 손익계산서상 기부금 내역(전액 현금지급)

내 역	금 액
국립대학병원 연구비	3,000,000원
대표이사 대학동창회 기부금	2,000,000원

(4) 당기중 국가로부터 정당한 사유없이 현금으로 구입한 토지 : 취득가액 70,000,000원, 취득시 시가 50,000,000원

(5) 제22기(2022.1.1.~12.31.)에 발생한 결손금으로서 이후 과세표준을 계산할 때 공제되지 아니한 금액 : 50,000,000원

① 6,500,000원
② 5,000,000원
③ 1,000,000원
④ 2,000,000원
⑤ 4,000,000원

29 CTA 2022

☑ 확인Check! ○ △ ✕

법인세법령상 기업업무추진비와 기부금에 관한 설명으로 옳지 않은 것은?

① 법인이 기부금의 지출을 위하여 어음을 발행한 경우에는 그 어음을 발행한 날에 지출한 것으로 본다.

② 법인이 기부금을 가지급금 등으로 이연계상한 경우에는 이를 그 지출한 사업연도의 기부금으로 하고 그 후의 사업연도에는 이를 기부금으로 보지 않는다.

③ 내국법인이 한 차례의 접대에 지출한 기업업무추진비 중 3만원(경조금은 20만원)을 초과하는 기업업무추진비로서 증명서류를 수취하지 않은 것은 전액 손금불산입하고 귀속자에게 소득처분하며, 불분명할 경우 대표자에 대한 상여로 처분한다.

④ 재화 또는 용역을 공급하는 신용카드 등의 가맹점이 아닌 다른 가맹점의 명의로 작성된 매출전표 등을 발급받은 경우 해당 지출액은 신용카드 등을 사용하여 지출한 기업업무추진비로 보지 않는다.

⑤ 법인이 특수관계인 외의 자에게 정당한 사유 없이 자산을 정상가액보다 낮은 가액으로 양도함으로써 실질적으로 증여한 것으로 인정되는 금액은 기부금으로 본다.

30 CTA 2015

☑ 확인Check! ○ △ ×

「법인세법」상 기부금 및 기업업무추진비에 관한 설명으로 옳지 않은 것은?

① 법인이 그 직원이 조직한 조합 또는 단체에 복리시설비를 지출한 경우 당해 조합이나 단체가 법인인 때에는 이를 기업업무추진비로 보며, 당해 조합이나 단체가 법인이 아닌 때에는 그 법인의 경리의 일부로 본다.

② 주주 또는 출자자나 임원 또는 직원이 부담하여야 할 성질의 기업업무추진비를 법인이 지출한 것은 이를 기업업무추진비로 보지 아니한다.

③ 합명회사, 합자회사 및 유한회사의 업무진행사원 또는 이사에 종사하는자가 부담하여야 할 성질의 기업업무추진비를 법인이 지출한 것은 이를 기업업무추진비로 보지 아니한다.

④ 법인이 기부금의 지출을 위하여 선일자수표를 발행한 경우에는 해당 선일자수표를 교부한 날에 지출한 것으로 본다.

⑤ 법인이 기부금의 지출을 위하여 어음을 발행(배서를 포함)한 경우에는 그 어음이 실제로 결제된 날에 지출한 것으로 본다.

31 CTA 2021

☑ 확인Check! ○ △ ×

제조업을 영위하는 영리내국법인 (주)A(중소기업 아님)의 제26기 사업연도(2026.1.1.~12.31.) 지급이자에 대한 세무조정 결과, 「법인세법」상 자본금과 적립금조정명세서(乙)의 기말잔액에 영향을 미친 금액은? (단, 당기의 모든 세무조정은 적절하게 이루어졌으며, 주어진 자료 이외에는 고려하지 않음)

(1) 제26기 포괄손익계산서상 지급이자 내역

구 분	지급이자 금액	연이자율	비 고
지급이자 A	3,000,000원	6%	채권자와의 금전거래사실 및 거래내용이 불분명한 차입금에서 발생함
지급이자 B	?	?	사업용 유형자산 건설에만 전액 소요된 특정차입금에 대한 지급이자임
지급이자 C	9,600,000원	12%	
지급이자 D	?	?	지급이자 D에 대한 차입금은 60,000,000원임
합 계	26,600,000원		

(2) 2026.1.1.에 대표이사에게 업무와 관련 없이 70,000,000원을 대여하였고, 제26기 말까지 상환되지 않았다. 또한 업무무관자산 등에 대한 지급이자 세무조정 결과, 포괄손익계산서상 지급이자 중에서 동 가지급금과 관련하여 손금불산입된 금액은 9,300,000원이다.

(3) (주)A의 제26기 말 현재 차입금 총액 252,500,000원은 모두 전기 이전에 차입하였으며, 제26기 중 신규로 차입하거나 상환된 차입금은 없다.

① 4,000,000원

② 5,000,000원

③ 6,000,000원

④ 7,000,000원

⑤ 8,000,000원

32 CTA 2023

☑ 확인Check! ○ △ ✕

법인세법령상 지급이자의 손금불산입에 관한 설명으로 옳지 않은 것은?

① 「소득세법」에 따른 채권의 이자 중 그 지급받은 자가 불분명한 것으로서 채권의 이자를 당해 채권의 발행법인이 직접 지급하는 경우 그 지급사실이 객관적으로 인정되지 아니하는 이자는 내국법인의 각 사업연도의 소득금액을 계산할 때 손금에 산입하지 아니한다.

② 거래일 현재 주민등록표에 의하여 그 거주사실 등이 확인된 채권자가 차입금을 변제 받은 후 소재불명이 된 경우의 차입금에 대한 이자는 채권자가 불분명한 사채의 이자에서 제외한다.

③ 특정차입금에 대한 지급이자 등은 건설 등이 준공된 날이 속하는 사업연도 종료일까지 이를 자본적지출로 하여 그 원본에 가산한다.

④ 특정차입금의 연체로 인하여 생긴 이자를 원본에 가산한 경우 그 가산한 금액은 이를 해당 사업연도의 자본적 지출로 하고, 그 원본에 가산한 금액에 대한 지급이자는 이를 손금으로 한다.

⑤ 「국민연금법」에 의하여 근로자가 지급받은 것으로 보는 퇴직금전환금(당해 근로자가 퇴직할 때까지의 기간에 상당하는 금액에 한한다)은 특수관계인에게 해당 법인의 업무와 관련 없이 지급한 가지급금 등에서 제외한다.

33 CPA 2025

☑ 확인Check! ○ △ ✕

「법인세법」상 지급이자 손금불산입에 관한 설명이다. 옳지 않은 것은?

① 업무무관자산등에 대한 지급이자 손금불산입액을 계산할 때 중소기업에 근무하는 지배주주등인 직원에 대한 주택구입 또는 전세자금의 대여액은 특수관계인 가지급금에 포함하지 아니한다.

② 채권자가 불분명한 사채이자에는 알선수수료・사례금등 명목여하에 불구하고 사채를 차입하고 지급하는 금품을 포함한다.

③ 업무무관가지급금 적수 계산 시 동일인에 대한 가지급금등과 가수금이 함께 있는 경우에는 이를 상계한 금액으로 하되, 동일인에 대한 가지급금등과 가수금의 발생시에 각각 상환기간 및 이자율 등에 관한 약정이 있어 이를 상계할 수 없는 경우에는 상계를 하지 않는다.

④ 자산을 장기할부조건으로 취득함에 따라 발생한 채무를 기업회계기준이 정하는 바에 따라 현재가치로 평가하여 계상한 현재가치할인차금의 상각액에 대하여는 지급이자 손금불산입 규정을 적용하지 않는다.

⑤ 사업용 유형자산의 건설에 소요된 것이 분명한 특정차입금의 연체로 인하여 생긴 이자를 원본에 가산한 경우 그 가산한 금액은 이를 해당 사업연도의 자본적 지출로 한다.

34 CTA 2020

☑ 확인Check! ○ △ ×

「법인세법」상 영리내국법인의 지급이자 손금불산입에 관한 설명으로 옳지 않은 것은?

① 지급이자의 손금불산입 규정이 동시에 적용되는 경우 부인 순서는 채권자가 불분명한 사채의 이자, 지급받은 자가 불분명한 채권·증권의 이자·할인액 또는 차익, 건설자금에 충당한 차입금의 이자, 업무무관자산 등에 대한 지급이자의 순으로 부인한다.

② 건설자금이자와 관련하여 특정차입금의 일부를 운영자금에 전용한 경우에는 그 부분에 상당하는 지급이자는 이를 손금으로 한다.

③ 업무무관자산 등에 대한 지급이자 부인 시 직원에 대한 월정급여액의 범위에서의 일시적인 급료의 가불금은 업무무관가지급금의 범위에서 제외된다.

④ 지급이자가 손금부인되는 지급받은 자가 불분명한 채권·증권의 이자·할인액 또는 차익이란 당해 채권 또는 증권의 발행법인이 직접 지급하는 경우 그 지급사실이 객관적으로 인정되지 아니하는 이자·할인액 또는 차익을 말한다.

⑤ 지급이자가 손금부인되는 채권자가 불분명한 사채의 이자에는 거래일 현재 주민등록표에 의하여 그 거주사실 등이 확인된 채권자가 차입금을 변제받은 후 소재불명이 된 경우의 차입금에 대한 이자도 포함된다.

35 CPA 2024

☑ 확인 Check! ○ △ ✕

제조업을 영위하는 중소기업 (주)A의 제26기(2026.1.1.~12.31.) 차입금 및 대여금에 관한 자료이다. 「법인세법」상 손금불산입으로 세무조정하는 지급이자 중에서 기타사외유출로 소득처분되는 금액으로 옳은 것은?

(1) 당기말 현재 차입금 및 지급이자의 내역

구 분	연이자율	차입금	지급이자
사채이자(주1)	8%	50,000,000원	4,000,000원
운영자금대출(주2)	5%	100,000,000원	5,000,000원

주1 채권자가 불분명한 사채의 이자이며, 사채이자와 관련하여 원천징수하여 납부한 세액은 1,000,000원임

주2 은행차입금이고, 적수는 36,500,000,000원임

(2) 당기말 현재 재무상태표상 대여금의 내역

구 분	금 액	비 고
대표이사	10,000,000원	귀속이 불분명하여 대표자 상여로 처분한 금액에 대한 소득세를 대납한 금액임
직원 갑	5,000,000원	지배주주이며, 주택구입자금 대여액임
직원 을	3,000,000원	전세자금 대여액임
직원 병	4,000,000원	자녀에 대한 학자금 대여액임

(3) (주)A의 차입금과 대여금은 모두 제25기 초에 차입 및 대여하였으며, 제26기 중 차입금 및 대여금 변동은 없다.

① 1,250,000원
② 1,400,000원
③ 1,450,000원
④ 1,500,000원
⑤ 1,600,000원

36 CPA 2021

☑ 확인 Check! ○ △ ×

「법인세법」상 지급이자 손금불산입에 관한 설명이다. 옳지 않은 것은?

① 채권자의 능력 및 자산상태로 보아 금전을 대여한 것으로 인정할 수 없는 차입금에 대한 이자는 손금에 산입하지 아니한다.

② 사업용 유형자산의 건설에 소요된 것이 분명한 특정차입금에 대한 지급이자는 건설이 준공된 날까지 이를 자본적 지출로 하여 그 원본에 가산한다. 다만, 특정차입금의 일시예금에서 생기는 수입이자는 원본에 가산하는 자본적 지출금액에서 차감한다.

③ 업무무관자산등에 대한 지급이자 손금불산입액을 계산할 때 업무무관자산의 취득가액에는 특수관계인으로부터 시가를 초과하여 취득한 금액을 포함한다.

④ 업무무관자산등에 대한 지급이자 손금불산입액을 계산할 때 중소기업에 근무하는 지배주주가 아닌 직원에 대한 주택구입 또는 전세자금의 대여액은 특수관계인 가지급금에 포함하지 아니한다.

⑤ 사업용 유형자산의 건설에 소요된 것이 분명한 특정차입금의 연체로 인하여 생긴 이자를 원본에 가산한 경우 그 가산한 금액과 원본에 가산한 금액에 대한 지급이자는 해당 사업연도의 자본적지출로 한다.

37 CPA 2020

☑ 확인 Check! ○ △ ×

제조업을 영위하는 영리내국법인 (주)A의 제26기(2026.1.1.~12.31.) 차입금 및 업무무관자산 관련 자료이다. 「법인세법」상 손금불산입으로 세무조정하는 지급이자 중에서 기타사외유출과 상여로 소득처분되는 금액의 합계액으로 옳은 것은? (단, 1년은 365일이라고 가정한다)

(1) 포괄손익계산서상 지급이자의 내역

구 분	연이자율	차입금	지급이자
사채이자*	20%	3,000,000원	5,475,000,000원
은행차입금	10%	10,000,000원	36,500,000,000원

*채권자불분명사채이자로 동 이자와 관련하여 원천징수하여 납부한 세액은 1,260,000원이다.

(2) 재무상태표상 전기에 특수관계인으로부터 취득하여 보유하고 있는 업무무관자산(취득가액 : 20,000,000원, 취득당시 시가 : 12,000,000원)에 대한 전기세무조정은 정확하게 이루어졌고 취득 이후 변동내역은 없다.

(3) 재무상태표상 대여금 5,000,000원(적수 : 1,825,000,000원)은 업무와 관련이 없는 특수관계인에 대한 것이다.

① 1,260,000원

② 2,500,000원

③ 2,960,000원

④ 5,500,000원

⑤ 5,500,000원

CHAPTER

04 손익 귀속사업연도와 자산 · 부채의 평가

01 CTA 2015

☑ 확인 Check! ○ △ ×

「법인세법」상 손익의 귀속사업연도에 관한 설명으로 옳지 않은 것은?

① 「자본시장과 금융투자업에 관한 법률」에 따른 증권시장에서 증권시장업무규정에 따라 보통거래방식으로 한 유가증권의 매매로 인한 익금과 손금의 귀속사업연도는 매매계약을 체결한 날이 속하는 사업연도로 한다.

② 중소기업인 법인이 장기할부조건으로 자산을 판매하거나 양도한 경우에는 그 장기할부조건에 따라 각 사업연도에 회수하였거나 회수할 금액과 이에 대응하는 비용을 각각 해당 사업연도의 익금과 손금에 산입할 수 있다.

③ 법인이 장기할부조건 등에 의하여 자산을 판매하거나 양도함으로써 발생한 채권에 대하여 기업회계기준이 정하는 바에 따라 현재가치로 평가하여 현재가치할인차금을 계상한 경우 해당 현재가치할인차금 상당액은 해당 채권의 회수기간 동안 기업회계기준이 정하는 바에 따라 환입하였거나 환입할 금액을 각 사업연도의 익금에 산입한다.

④ 중소기업인 법인이 수행하는 계약기간이 1년 미만인 건설용역의 경우에는 그 목적물의 인도일이 속하는 사업연도의 익금과 손금에 산입할 수 있다.

⑤ 법인이 사채를 발행하는 경우에 상환할 사채금액의 합계액에서 사채발행가액(사채발행수수료와 사채발행을 위하여 직접 필수적으로 지출된 비용을 차감한 후의 가액을 말한다)의 합계액을 공제한 금액을 기업회계기준에 의한 사채할인발행차금의 상각방법에 따라 상각한 금액은 각 사업연도의 손금에 산입할 수 없다.

02 CTA 2019

확인 Check! ○ △ ×

「법인세법」상 익금과 손금의 귀속시기에 관한 설명으로 옳지 않은 것은?

① 내국법인의 각 사업연도의 익금과 손금의 귀속사업연도는 그 익금과 손금이 확정된 날이 속하는 사업연도로 한다.

② 금융보험업을 영위하는 법인의 수입보험료(원천징수대상 아님)로서 해당 법인이 결산을 확정할 때 이미 경과한 기간에 대응하는 보험료상당액을 해당 사업연도에 수익으로 계상한 경우에는 그 계상한 사업연도의 익금으로 한다.

③ 제조업을 영위하는 법인이 원천징수대상인 이자(특수관계인 차입금으로서 차입일부터 이자지급일이 1년을 초과함)에 대하여 결산상 미지급이자를 계상한 경우에는 그 계상한 사업연도의 손금에 산입되지 않는다.

④ 중소기업이 아닌 법인이 장기할부조건으로 자산을 판매하고 인도기준으로 회계처리한 경우, 그 장기할부조건에 따라 각 사업연도에 회수하였거나 회수할 금액과 이에 대응하는 비용을 신고조정에 의하여 해당 사업연도의 익금과 손금에 산입할 수 있다.

⑤ 계약의 목적물을 인도하지 아니하고 목적물의 가액 변동에 따른 차액을 금전으로 정산하는 파생상품의 거래로 인한 손익은 그 거래에서 정하는 대금결제일이 속하는 사업연도의 익금과 손금으로 한다.

03 CTA 2023

☑ 확인 Check! ○ △ ✕

법인세법령상 제조업을 영위하는 영리내국법인 (주)A는 2026.3.23.에 법인설립 등기를 하고 사업을 시작하였다. 제1기(2026.3.23.~12.31.) 사업연도 법인세 과세표준 및 세액의 신고를 위해 소득금액조정합계표를 작성하였으나, 신고 전 세무조정 사항에서 일부 오류가 발견되어 수정하고자 한다. 다음 자료를 반영하여 필요한 수정을 한 후의 올바른 제1기 사업연도 법인세 산출세액은? (단, (주)A는 중소기업이 아니며, 주어진 자료 이외에는 고려하지 않음. 계산 시 원 미만은 절사함)

(1) 오류 수정 전 제1기 각 사업연도 소득금액은 304,000,000원이다.

(2) 오류 수정 전 제1기 소득금액조정합계표에는 다음 사항이 포함되어 있다.

세무조정 과목 및 금액	제1기 결산상 회계처리	세무조정 내역
유형자산처분손실 4,000,000원	(차) 미수금 20,000,000 유형자산처분손실 4,000,000 (대) 토 지 24,000,000	토지 양도 후 2026.12.30.에 소유권이전등기를 완료하였으나, 결산일 현재 대금청산이 되지 않아 처분손실을 손금불산입함
미수금 3,500,000원	(차) 대손상각비 3,500,000 (대) 미수금 3,500,000	2026.11.1.에 채무자의 부도가 발생한 채권에 대하여 결산상 대손처리한 금액을 손금불산입함
이자비용 1,000,000원	(차) 이자비용 1,000,000 (대) 현 금 1,000,000	이자비용으로 계상한 전기요금 납부 지연연체가산금 300,000원과 국민건강보험법에 따른 연체금 700,000원을 손금불산입함
장기할부매출채권 2,000,000원	(차) 장기할부매출채권 40,000,000 매출원가 35,000,000 (대) 장기할부매출 40,000,000 제 품 35,000,000	장기할부매출(판매가격 40,000,000원, 원가 35,000,000원)로 인한 장기할부매출채권의 현재가치 평가를 결산상 누락했으므로 현재가치할인차금 상당액 2,000,000원을 익금불산입함
임대수익 1,500,000원	(차) 미수임대료 1,500,000 (대) 임대수익 1,500,000	창고임대료(임대료 지급기간 3년) 기간경과분을 결산상 수익계상했으나, 결산일 현재 받지 못한 금액을 익금불산입함

① 39,611,333원
② 39,991,333원
③ 40,276,333원
④ 40,808,333원
⑤ 40,941,333원

04 CPA 2024

☑ 확인 Check! ○ △ ✕

「법인세법」상 손익의 귀속시기에 관한 설명이다. 옳지 않은 것은?

① 법인이 비치·기장한 장부가 없어 당해 사업연도 종료일까지 실제로 소요된 총공사비누적액을 확인할 수 없는 경우에는 그 목적물의 인도일이 속하는 사업연도의 익금과 손금에 각각 산입한다.

② 납품계약 또는 수탁가공계약에 따라 검사를 거쳐 인수 및 인도가 확정되는 물품의 경우에는 당해 물품을 계약상 인도하여야 할 장소에 보관한 날이 속하는 사업연도의 손익으로 한다.

③ 임대료 지급기간이 1년을 초과하는 경우 이미 경과한 기간에 대응하는 임대료 상당액과 비용은 이를 각각 해당 사업연도의 익금과 손금으로 한다.

④ 중소기업인 법인이 장기할부조건으로 자산을 판매한 경우에는 그 장기할부조건에 따라 각 사업연도에 회수하였거나 회수할 금액과 이에 대응하는 비용을 각각 해당 사업연도의 익금과 손금에 산입할 수 있다.

⑤ 계약의 목적물을 인도하지 아니하고 목적물의 가액변동에 따른 차액을 금전으로 정산하는 파생상품의 거래로 인한 손익은 그 거래에서 정하는 대금결제일이 속하는 사업연도의 익금과 손금으로 한다.

05 CPA 2023

☑ 확인 Check! ○ △ ✕

「법인세법」상 손익의 귀속시기에 관한 설명이다. 옳은 것만을 모두 고른 것은?

ㄱ. 법인이 매출할인을 하는 경우 그 매출할인금액은 상대방과의 약정에 의한 지급기일(그 지급기일이 정하여 있지 아니한 경우에는 지급한 날)이 속하는 사업연도의 매출액에서 차감한다.

ㄴ. 법인이 결산을 확정함에 있어서 차입일부터 이자지급일이 1년을 초과하는 특수관계인과의 거래에 따른 기간경과분 미지급이자를 해당 사업연도의 손비로 계상한 경우에는 그 계상한 사업연도의 손금으로 한다.

ㄷ. 중소기업이 아닌 법인이 장기할부조건으로 자산을 판매하고 인도기준으로 회계처리한 경우, 그 장기할부조건에 따라 각 사업연도에 회수하였거나 회수할 금액과 이에 대응하는 비용을 신고조정에 의하여 해당 사업연도의 익금과 손금에 산입할 수 있다.

ㄹ. 자산을 장기할부조건으로 취득하면서 발생한 채무를 기업회계기준이 정하는 바에 따라 현재가치로 평가하여 현재가치할인차금으로 계상한 경우 당해 현재가치할인차금은 취득가액에 포함한다.

① ㄱ
② ㄷ
③ ㄴ, ㄷ
④ ㄴ, ㄹ
⑤ ㄱ, ㄷ, ㄹ

06 CPA 2022

☑ 확인 Check! ○ △ ×

「법인세법」상 손익의 귀속시기에 관한 설명이다. 옳지 않은 것은?

① 중소기업이 수행하는 계약기간 1년 미만인 건설용역의 제공으로 인한 수익은 그 목적물의 인도일이 속하는 사업연도의 익금에 산입할 수 있다.

② 중소기업인 법인이 장기할부조건으로 자산을 판매한 경우에는 그 장기할부조건에 따라 각 사업연도에 회수하였거나 회수할 금액을 해당 사업연도의 익금에 산입할 수 있다.

③ 법인이 결산을 확정함에 있어서 차입일부터 이자지급일이 1년을 초과하는 특수관계인과의 거래에 따른 기간경과분 미지급이자를 해당 사업연도의 손비로 계상한 경우에는 그 계상한 사업연도의 손금으로 한다.

④ 법인이 사채를 발행한 경우에 상환할 사채금액의 합계액에서 사채발행가액의 합계액을 공제한 금액은 기업회계기준에 의한 사채할인발행차금의 상각방법에 따라 이를 손금에 산입한다.

⑤ 금융보험업을 영위하는 법인이 결산을 확정함에 있어서 이미 경과한 기간에 대응하는 보험료를 해당 사업연도의 수익으로 계상한 경우에는 그 계상한 사업연도의 익금으로 한다.

07 CPA 2025

☑ 확인 Check! ○ △ ×

「법인세법」상 자산의 취득가액 및 손익의 귀속시기에 관한 설명이다. 옳지 않은 것은?

① 출자법인이 현물출자로 인하여 피출자법인을 새로 설립하면서 그 대가로 주식등만 취득하는 경우 출자법인이 취득한 주식의 취득가액은 현물출자한 순자산의 시가로 한다.

② 「대기관리권역의 대기환경개선에 관한 특별법」에 따라 정부로부터 무상으로 할당받은 배출허용총량의 취득가액은 영(0)원으로 한다.

③ 「은행법」에 따른 은행 등의 금융회사가 금융채무등 불이행자의 신용회복 지원과 채권의 공동추심을 위하여 공동으로 출자하여 설립한 「자산유동화에 관한 법률」에 따른 유동화전문회사로부터 수입하는 배당금은 잉여금처분결의일이 속하는 사업연도의 익금에 산입한다.

④ 「조세특례제한법」에 따른 프로젝트금융투자회사가 「택지개발촉진법」에 따른 택지개발사업 등 기획재정부령으로 정하는 토지개발사업을 하는 경우로서 해당 사업을 완료하기 전에 그 사업의 대상이 되는 토지의 일부를 양도하는 경우에는 그 양도대금을 해당 사업의 작업진행률에 따라 각 사업연도의 익금에 산입할 수 있다.

⑤ 「자본시장과 금융투자업에 관한 법률」에 따른 증권시장에서 같은 법에 따른 증권시장업무규정에 따라 보통거래방식으로 한 유가증권의 매매로 인한 익금과 손금의 귀속시기는 매매계약을 체결한 날이 속하는 사업연도로 한다.

08 CTA 2022

☑ 확인 Check! ○ △ ✕

법인세법령상 손익의 귀속사업연도 및 자산·부채의 평가에 관한 설명으로 옳지 않은 것은?

① 중소기업인 법인이 수행하는 계약기간 1년 미만인 건설등의 경우에는 그에 대한 수익과 비용을 각각 그 목적물의 인도일이 속하는 사업연도의 익금과 손금에 산입할 수 있다.

② 「특정 금융거래정보의 보고 및 이용 등에 관한 법률」 제2조 제3호에 따른 가상자산은 이동평균법에 따라 평가해야 한다.

③ 결산을 확정할 때 이미 경과한 기간에 대응하는 임대료 상당액과 이에 대응하는 비용을 해당 사업연도의 수익과 손비로 계상한 경우 및 임대료 지급기간이 1년을 초과하는 경우 이미 경과한 기간에 대응하는 임대료 상당액과 비용은 이를 각각 해당 사업연도의 익금과 손금으로 한다.

④ 투자회사 등이 결산을 확정할 때 증권 등의 투자와 관련된 수익 중 이미 경과한 기간에 대응하는 이자 및 할인액과 배당소득을 해당 사업연도의 수익으로 계상한 경우에는 그 계상한 사업연도의 익금으로 한다.

⑤ 계약의 목적물을 인도하지 않고 목적물의 가액 변동에 따른 차액을 금전으로 정산하는 파생상품의 거래로 인한 손익은 그 거래에서 정하는 대금결제일이 속하는 사업연도의 익금과 손금으로 한다.

09 CTA 2016

☑ 확인 Check! ○ △ ✕

「법인세법」상 손익의 귀속시기와 자산·부채의 취득가액 및 평가에 관한 설명으로 옳은 것은?

① 내국법인이 수행하는 계약기간 3년 미만인 건설 등의 제공으로 인한 익금과 손금은 그 목적물의 인도일이 속하는 사업연도의 익금과 손금에 산입하여야 한다.

② 상품 등 외의 자산의 양도로 인한 익금 및 손금의 귀속사업연도는 그 대금을 청산하기로 한 날이 속하는 사업연도로 한다.

③ 「자본시장과 금융투자에 관한 법률」에 따른 증권시장에서 증권시장업무규정에 따라 보통거래방식으로 한 유가증권의 매매로 인한 익금과 손금의 귀속사업연도는 매매대금의 수수일이 속하는 사업연도로 한다.

④ 내국법인이 유형자산의 취득과 함께 국·공채를 매입하는 경우 기업회계기준에 따라 그 국·공채의 매입가액과 현재가치의 차액을 당해 유형자산의 취득가액으로 계상한 금액은 그 취득가액에 포함한다.

⑤ 재고자산을 평가할 때 해당 자산을 제품 및 상품, 재공품, 원재료로 구분할 수는 있으나, 종류별·영업장별로 각각 다른 방법에 의하여 평가할 수는 없다.

10 CTA 2025

☑ 확인Check! ○ △ ×

〈법인세법〉 법인세법령상 자산의 취득가액에 관한 설명으로 옳지 않은 것은?

① 합병・분할에 따라 취득한 자산이 적격합병・적격분할에 해당하는 경우에는 피합병법인・분할법인의 자산의 장부가액을 자산의 취득가액으로 한다.

② 유형자산의 취득과 함께 공채를 매입하는 경우 기업회계기준에 따라 그 공채의 매입가액과 현재가치의 차액을 해당 유형자산의 취득가액으로 계상한 금액은 자산의 취득가액에 포함한다.

③ 출자법인등이 현물출자로 인하여 피출자법인을 새로 설립하면서 그 대가로 주식만 취득하는 현물출자의 경우에는 현물출자한 순자산의 시가를 자산의 취득가액으로 한다.

④ 「온실가스 배출권의 할당 및 거래에 관한 법률」에 따라 정부로부터 무상으로 할당받은 배출권의 취득가액은 0원으로 한다.

⑤ 동종자산과 교환으로 취득하는 유형자산의 취득가액은 교환으로 제공한 자산의 장부가액을 자산의 취득가액으로 한다.

11 CTA 2020

☑ 확인Check! ○ △ ×

「법인세법」상 영리내국법인이 보유하는 자산에 대한 평가손실을 허용하지 않는 경우는?

① 「보험업법」이나 그 밖의 법률에 따른 유형자산의 평가로 장부가액을 감액한 경우

② 주권상장법인이 발행한 주식으로서 주식의 발행법인이 부도가 발생한 경우

③ 유형자산으로 천재지변・화재 등의 사유로 파손되거나 멸실된 경우

④ 재고자산으로서 파손・부패 등의 사유로 정상가격으로 판매할 수 없는 경우

⑤ 주권상장법인이 발행한 주식으로서 그 주식의 발행법인이 「기업구조조정촉진법」에 따른 부실징후기업이 된 경우

12 CTA 2015

☑ 확인Check! ○ △ ×

「법인세법」상 자산 · 부채의 평가 등에 관한 설명으로 옳지 않은 것은?

① 천재 · 지변 또는 화재 등으로 인해 파손 · 멸실이 발생하거나 확정된 유형자산은 사업연도 종료일 현재 시가로 장부가액을 감액할 수 있다.

② 보험업법이나 그 밖의 법률에 따른 유형자산 및 무형자산 등의 평가손실은 평가일이 속하는 사업연도의 손금에 산입할 수 있다.

③ 재고자산으로서 파손 · 부패 등의 사유로 정상가격으로 판매할 수 없는 것은 사업연도 종료일 현재 처분가능한 시가로 감액할 수 있다.

④ 주식 등을 발행한 주권상장법인이 파산한 경우의 해당 주식은 사업연도 종료일 현재 시가(시가로 평가한 가액이 1천원 이하인 경우에는 1천원)로 장부가액을 감액할 수 있다.

⑤ K-IFRS 최초 적용연도에 LIFO에서 다른 평가방법으로 변경신고한 경우 재고자산평가차익을 익금에 산입하지 아니할 수 있다.

13 CPA 2024

☑ 확인Check! ○ △ ×

「법인세법」상 자산의 취득가액 및 자산 · 부채의 평가에 관한 설명이다. 옳은 것만을 모두 고른 것은?

ㄱ. 특수관계에 있는 법인이 파산한 경우 내국법인이 보유한 해당 파산법인 주식의 장부가액은 사업연도 종료일 현재 시가(1,000원 이하인 경우는 1,000원으로 함)로 감액할 수 없다.

ㄴ. 유형자산의 취득과 함께 국 · 공채를 매입하는 경우 기업회계기준에 따라 그 국 · 공채의 매입가액과 현재가치의 차액을 해당 유형자산의 취득가액으로 계상한 금액은 취득가액에 포함한다.

ㄷ. 「보험업법」에 따라 유형자산의 장부가액을 증액한 경우에는 평가증액한 금액을 그 평가일이 속하는 사업연도의 익금으로 한다.

ㄹ. 재고자산으로서 파손 · 부패 등의 사유로 정상가격으로 판매할 수 없는 것은 감액사유가 발생한 사업연도 종료일 현재 처분가능한 시가로 평가한 가액으로 감액할 수 있다.

① ㄱ, ㄹ
② ㄴ, ㄷ
③ ㄴ, ㄹ
④ ㄱ, ㄴ, ㄷ
⑤ ㄴ, ㄷ, ㄹ

14 CPA 2023

☑ 확인Check! ○ △ ✕

「법인세법」상 자산 및 부채의 평가에 관한 설명이다. 옳지 않은 것은?

① 적격합병을 한 합병법인은 피합병법인의 자산을 장부가액으로 양도받은 것으로 한다. 이 경우 장부가액과 시가와의 차액을 법령으로 정하는 바에 따라 자산별로 계상하여야 한다.

② 법인이 신고한 화폐성외화자산·부채의 평가방법은 그 후의 사업연도에도 계속하여 적용하여야 한다. 다만, 신고한 평가방법을 적용한 사업연도를 포함하여 3개 사업연도가 지난 후에는 다른 방법으로 신고하여 변경된 평가방법을 적용할 수 있다.

③ 시설개체 또는 기술낙후로 인하여 생산설비의 일부를 폐기한 경우 당해 자산의 장부가액에서 1천원을 공제한 금액을 폐기일이 속하는 사업연도의 손금에 산입할 수 있다.

④ 유가증권 중 채권의 평가는 개별법, 총평균법 및 이동평균법 중 법인이 납세자 관할 세무서장에게 신고한 방법에 의한다.

⑤ 특수관계인인 개인으로부터 유가증권을 저가매입한 경우 매입가액과 시가와의 차액은 해당 유가증권의 취득원가에 포함한다.

15 CTA 2021

☑ 확인Check! ○ △ ✕

법인의 설립 시 「법인세법」상 재고자산 평가방법을 적법하게 신고한 법인이 그 평가방법을 변경하고자 하는 경우, 해당 평가방법 변경에 대한 신고기한으로 옳은 것은?

① 평가방법을 변경한 사업연도의 최초 재고자산 매입일

② 평가방법을 변경한 이후 최초 손익발생일

③ 변경할 평가방법을 적용하고자 하는 사업연도 종료일

④ 변경할 평가방법을 적용하고자 하는 사업연도 종료일 이전 3월이 되는 날

⑤ 변경할 평가방법을 적용하고자 하는 사업연도의 법인세과세표준의 신고기한

16 CTA 2020

☑ 확인Check! ○ △ ×

다음은 영리내국법인 (주)한국의 제6기 사업연도(2026.1.1.~12.31.)의 기말재고자산 평가와 관련한 자료이다. 제6기말 세무상 재고자산평가액은? (단, 주어진 자료 이외에는 고려하지 않음)

구 분	장부상 평가액	후입선출법	총평균법	선입선출법
제 품	10,000,000원	7,000,000원	8,700,000원	10,000,000원
재공품	5,000,000원	4,500,000원	4,800,000원	5,000,000원
원재료	3,000,000원	2,700,000원	3,000,000원	3,500,000원
저장품	1,500,000원	1,000,000원	1,200,000원	1,400,000원

(1) 법인의 설립일이 속하는 사업연도의 법인세 과세표준 신고기한까지 관할 세무서장에게 제품, 재공품, 저장품에 대한 평가방법을 모두 총평균법으로 신고하였으나, 원재료에 대한 평가방법은 신고하지 않았다.

(2) 2026년 10월 5일에 제품 평가방법을 총평균법에서 선입선출법으로 변경 신고하였다.

(3) 저장품은 총평균법으로 평가하였으나 계산착오로 300,000원이 과대 계상되었다.

① 19,500,000원
② 19,700,000원
③ 19,900,000원
④ 20,000,000원
⑤ 20,700,000원

17 CPA 2023

☑ 확인 Check! ○ △ ✕

제조업을 영위하는 영리내국법인 (주)A(한국채택국제회계기준 적용대상 아님)의 제26기(2026.1.1.~12.31.) 재고자산 평가와 관련된 자료이다. (주)A의 제26기 재고자산에 대한 세무조정으로 옳은 것은?

(1) 제26기

구 분	장부가액	선입선출법	총평균법	후입선출법
원재료	150,000원	250,000원	200,000원	150,000원
재공품	350,000원	370,000원	360,000원	350,000원
제 품	250,000원	230,000원	200,000원	270,000원

(2) (주)A는 제25기까지 원재료의 평가방법을 총평균법으로 신고하여 평가하여 왔으나, 제26기부터 후입선출법으로 변경하기로 하고 제26기 10월 20일에 재고자산 평가방법의 변경신고를 하였다.

(3) (주)A는 제25기까지 재공품의 평가방법을 총평균법으로 신고하여 평가하여 왔으나, 제26기에 평가방법 변경신고를 하지 않고 재공품을 후입선출법으로 평가하였다.

(4) (주)A는 제품을 신고한 평가방법인 총평균법으로 평가하였으나, 계산착오로 인하여 50,000원을 과대계상하였다.

	익금산입·손금불산입	손금산입·익금불산입
①	50,000원 (유보)	–
②	70,000원 (유보)	–
③	70,000원 (유보)	50,000원 (△유보)
④	120,000원 (유보)	–
⑤	120,000원 (유보)	50,000원 (△유보)

18 CPA 2021

☑ 확인 Check! ○ △ ✕

제조업을 영위하는 영리내국법인 (주)A의 제26기(2026.1.1.~12.31.) 자료이다. 재고자산 평가 관련 세무조정이 제26기 각 사업연도 소득금액에 미치는 순영향으로 옳은 것은?

구 분	장부상 평가액	선입선출법	총평균법	후입선출법
제 품	3,000,000원	3,200,000원	3,000,000원	2,700,000원
재공품	3,600,000원	3,900,000원	3,700,000원	3,400,000원
원재료	4,250,000원	4,500,000원	4,250,000원	4,100,000원

(1) 회사는 제품 평가방법을 선입선출법으로 신고하였으나, 제품 평가방법의 변경신고를 하지 않고 총평균법으로 평가하였다.

(2) 재공품은 신고된 평가방법인 선입선출법으로 평가하였으나, 계산착오로 인하여 300,000원을 과소계상하였다.

(3) 원재료에 대한 평가방법은 신고하지 않았으며, 전기말 「자본금과 적립금 조정명세서(을)」에 원재료 평가감 100,000원(유보)이 있다.

① (+)850,000원
② (+)750,000원
③ (+)650,000원
④ (−)650,000원
⑤ (−)850,000원

19 CTA 2019

☑ 확인 Check! ○ △ ✕

다음은 주권상장 내국법인 (주)A의 제26기(2026.1.1.~12.31.) 자료이다. 관련된 세무조정을 소득처분별로 합계한 것으로 옳은 것은? (단, 한국채택국제회계기준에 따른 회계처리는 적정하였으며, 주어진 자료 이외에는 고려하지 않음)

(1) (주)A는 2026년 초 (주)B의 주식을 20,000원에 취득하여 FVOCI 금융자산으로 분류하였고, 제26기 말 공정가치인 25,000원으로 평가하여 다음과 같이 회계처리하였다.

(차) FVOCI금융자산	5,000원	(대) FVOCI금융자산평가이익	5,000원

(2) (주)A는 2026.11.1. (주)C의 회사채(액면 10,000원)를 만기보유목적으로 8,000원에 취득하였고, 제26기 말에 다음과 같이 회계처리하였다.

(차) 상각후원가측정금융자산	200원	(대) 이자수익	200원

① 세무조정 없음
② 익금산입·손금불산입 5,000원 (유보), 손금산입·익금불산입 5,200원 (△유보)
③ 익금산입·손금불산입 5,000원 (유보), 손금산입·익금불산입 200원 (△유보)
④ 익금산입·손금불산입 10,000원 (기타), 손금산입·익금불산입 200원 (△유보)
⑤ 익금산입·손금불산입 5,000원 (기타), 손금산입·익금불산입 5,200원 (△유보)

20 CPA 2022

☑ 확인 Check! ○ △ ×

제조업을 영위하는 영리내국법인 (주)A의 제26기(2026.1.1.~12.31.) 자료이다. 외화자산 및 외화부채 관련 세무조정이 제26기 각 사업연도 소득금액에 미치는 순영향으로 옳은 것은? (단, 전기의 세무조정은 정확하게 이루어졌다)

(1) (주)A는 화폐성 외화자산 및 외화부채에 대하여 사업연도 종료일 현재의 매매기준율로 평가하는 방법을 관할 세무서장에게 신고하였으나, 제25기와 제26기에 외화환산손익을 결산서에 계상하지 않았다.

(2) (주)A는 2025년 7월 1일에 외국은행으로부터 $10,000를 차입하였으며, 2026년 6월 30일에 전액 상환하였다. 상환 시 (주)A는 다음과 같이 회계처리하였다.

(차) 외화차입금	12,500,000	(대) 현 금	12,000,000
		외환차익	500,000

(3) (주)A는 2026년 9월 1일에 제품을 수출하고 그 대금 $20,000를 수령하였다. 동 수출대금은 당기말 현재 외화예금 계좌에 보유중이다.

(4) 일자별로 적용할 매매기준율은 다음과 같다.

2025.7.1.	2025.12.31.	2026.6.30.	2026.9.1.	2026.12.31.
1,250원/$	1,300원/$	1,200원/$	1,280원/$	1,320원/$

① (−)300,000원
② (+)300,000원
③ (+)500,000원
④ (+)800,000원
⑤ (+)1,300,000원

CHAPTER

05 감가상각비

01 CTA 2018

☑ 확인Check! ○ △ ×

「법인세법」상 감가상각방법을 신고하지 않은 경우 적용하는 상각방법으로 옳지 않은 것은?

① 제조업의 기계장치 : 정률법
② 광업용 유형자산 : 정액법
③ 「해저광물자원 개발법」에 의한 채취권 : 생산량비례법
④ 광업권 : 생산량비례법
⑤ 개발비 : 관련제품의 판매 또는 사용이 가능한 시점부터 5년동안 매년 균등액을 상각하는 방법

02 CTA 2023

☑ 확인Check! ○ △ ×

법인세법령상 즉시상각의 의제와 관련하여, 내국법인이 각 사업연도에 해당 자산의 가치를 현실적으로 증가시키기 위하여 지출한 다음 〈보기〉와 같은 수선비를 해당 사업연도의 손비로 계상한 경우에 자본적 지출에 포함하지 않는 경우를 모두 고른 것은? (단, 다음 〈보기〉의 각 항목들은 상호독립적이며, 각 항목은 해당 경우에서 제시된 사항 이외의 다른 조건은 고려하지 않음)

〈보 기〉

ㄱ. 개별자산별로 수선비로 지출한 금액이 600만원 이상인 경우
ㄴ. 개별자산별로 수선비로 지출한 금액이 직전 사업연도종료일 현재 재무상태표상의 자산가액(취득가액에서 감가상각누계액 상당액을 차감한 금액을 말한다)의 100분의 5에 미달하는 경우
ㄷ. 3년의 기간마다 주기적인 수선을 위하여 지출하는 경우

① ㄱ
② ㄴ
③ ㄱ, ㄷ
④ ㄴ, ㄷ
⑤ ㄱ, ㄴ, ㄷ

03 CTA 2019

☑ 확인Check! ○ △ ×

내국법인 (주)A가 유형자산과 관련하여 행하는 활동에 관한 설명으로 옳지 않은 것은?

① 시험기기 1,000,000원과 가스기기 1,500,000원을 한 거래처에서 구입하면서 2,500,000원을 지급하고 비용으로 처리하는 경우 세법상 모두 손금으로 인정된다.

② 개인용 컴퓨터 2,000,000원과 전기기구 2,500,000원을 한 거래처에서 구입하면서 4,500,000원을 지급하고 비용으로 처리하는 경우 세법상 모두 손금으로 인정된다.

③ 시설개체 또는 기술의 낙후로 인하여 생산설비의 일부를 폐기한 경우 당해 자산의 장부가액을 폐기일이 속하는 사업연도의 손금에 산입할 수 있다.

④ 2년 전에 업무용 승용차의 타이어를 교체한 후 2026년 4월 1일 다시 전체적으로 타이어를 교체하기 위하여 지출한 600,000원은 수익적지출에 해당된다.

⑤ 재무상태표상 직전 사업연도 장부금액이 60,000,000원인 기계장치에 대한 자본적 지출액 7,000,000원을 비용으로 처리할 경우 7,000,000원은 (주)A가 감가상각한 금액으로 의제하여 시부인한다.

04 CTA 2020

☑ 확인Check! ○ △ ×

다음은 영리내국법인 (주)H의 제10기 사업연도(2026.1.1.~12.31.)의 기계장치K의 감가상각비 세무조정과 관련된 자료이다. (주)H가 제10기 귀속 법인세 부담을 최소화하려고 한다면 제10기 기계장치K의 감가상각에 대한 세무조정으로 옳은 것은? (단, (주)H의 제9기 이전의 모든 세무조정은 적정하게 이루어졌고, 한국채택국제회계기준을 적용하지 않으며, 「조세특례제한법」은 고려하지 않음)

(1) 제9기 말 재무상태표상 기계장치K의 취득가액은 1억원이고, 감가상각누계액은 60,000,000원이며 제10기 손익계산서상 계상되어 있는 기계장치K의 감가상각비는 15,000,000원이다.
(2) 제10기 손익계산서상 판매비와관리비 중 수선비 7,500,000원은 기계장치K의 용도를 변경하기 위한 개조비용으로서 자본적 지출에 해당한다.
(3) 제9기 말 세무상 기계장치K의 상각부인누계액은 4,500,000원이다.
(4) (주)H는 감가상각방법과 내용연수를 신고하지 않았으며, 다른 감가상각자산은 없다. 「법인세법」상 기계장치K의 기준내용연수와 상각률은 다음과 같다.

「법인세법」상 기계장치K의 기준내용연수 : 5년		
내용연수	정액법 상각률	정률법 상각률
4년	0.250	0.528
5년	0.200	0.451
6년	0.166	0.394

① 손금산입 952,000원 (△유보)
② 손금산입 1,052,000원 (△유보)
③ 손금불산입 4,500,000원 (유보)
④ 손금산입 5,720,000원 (△유보)
⑤ 손금불산입 6,422,500원 (유보)

05 CTA 2019

☑ 확인Check! ○ △ ×

다음은 제조업을 영위하는 영리내국법인 (주)A의 제26기(2026.1.1.~12.31.) 감가상각과 관련된 자료이다. 관련된 세무조정과 소득처분으로 옳은 것은? (단, 전기 이전의 모든 세무조정은 적정하였으며, 주어진 자료 이외에는 고려하지 않음)

(1) 기계장치 취득가액 : 50,000,000원
(2) 기계장치 취득일 : 2024.1.1.
(3) 감가상각방법 및 상각률 : 정률법(상각률 : 0.45)
(4) 장부상 감가상각비 계상금액

- ○ 2024년 : 25,000,000원
- ○ 2025년 : 10,000,000원
- ○ 2026년 : 6,500,000원

① 세무조정 없음
② 손금산입・익금불산입 125,000원 (△유보)
③ 익금산입・손금불산입 306,250원 (유보)
④ 손금산입・익금불산입 306,250원 (△유보)
⑤ 손금산입・익금불산입 250,000원 (△유보)

06 CTA 2018

☑ 확인Check! ○ △ ×

다음 자료에 의하여 보험업법을 영위하는 내국법인 (주)A(중소기업 아님)가 사업에 직접 사용하고 있는 건물들에 대한 제26기 사업연도(2026.1.1~12.31.)의 세무조정 결과 ㉠ 익금산입·손금불산입 합계와 ㉡ 손금산입·익금불산입 합계는 각각 얼마인가? (단, 전기 이전의 모든 세무조정은 적정하였고, 한국채택국제회계기준은 적용하지 않으며, 주어진 자료 이외에는 고려하지 않음)

(1) 건물 A(취득가액 350,000,000원, 당기말 감가상각누계액 120,000,000원)를 당기말에 「보험업법」에 따라 평가하고 다음과 같이 당기 손익으로 회계처리하였다.

(차) 건물 A 20,000,000 (대) 유형자산평가이익 20,000,000

(2) 건설 중인 건물 B의 일부가 완성되어 업무에 이용하고 있으나, 이에 대한 감가상각비를 결산에 반영하지 않았다. 당해 완성부분에 대한 감가상각범위액은 6,000,000원이다.

(3) 전기에 취득한 건물 C(취득가액 30,000,000원, 전기말 감가상각누계액 7,000,000원, 전기말 상각부인액 4,000,000원)의 결산상 당기 감가상각비 계상액은 3,000,000원이다. 감가상각방법은 신고하지 않았고 내용연수는 10년이다.

(4) 건물 D(취득가액 5억원, 전기말 감가상각누계액 50,000,000원)에 대하여 자본적 지출로 20,000,000원을 지출하고, 이를 손익계산서상 수선비로 회계처리하였다. 당해 건물에 대하여 제26기 결산상 계상된 감가상각비는 없으며, 감가상각방법은 신고하지 않았고 내용연수는 10년이다.

	㉠	㉡
①	0원	0원
②	0원	5,000,000원
③	6,750,000원	0원
④	6,750,000원	5,000,000원
⑤	9,250,000원	11,000,000원

07 CTA 2016

☑ 확인Check! ○ △ ✕

영리내국법인 (주)A의 제26기 사업연도(2026.1.1.~12.31.) 손익계산서에 기계장치A의 감가상각비로 계상된 금액은 얼마인가? (단, 주어진 자료 이외에는 고려하지 않음)

(1) 기계장치A의 전기말 재무상태표상 취득원가와 감가상각누계액은 각각 300,000,000원과 50,000,000원이다.
(2) 제25기의 자본금과 적립금조정명세서(을)의 당해 기계장치A 과목에 기록된 기말잔액은 15,000,000원이다.
(3) 제26기에 기계장치A에 대한 자본적 지출에 해당되는 금액을 수선비로 회계처리한 금액은 25,000,000원이다.
(4) (주)A는 당해 기계장치A에 대한 감가상각 방법을 신고하지 않았으며, 정액법 상각률은 0.125, 정률법 상각률은 0.300으로 가정한다.
(5) 제26기의 기계장치A 감가상각비에 대한 세무조정 결과 27,000,000원의 시인부족액이 발생하였다.

① 9,250,000원
② 23,000,000원
③ 30,500,000원
④ 34,250,000원
⑤ 35,000,000원

08 CPA 2024

☑ 확인Check! ○ △ ✕

제조업을 영위하는 영리내국법인 (주)A의 제26기(2026.1.1.~12.31.) 공장 건물의 감가상각비 세무조정에 관한 자료이다. (주)A가 법인세 부담을 최소화하는 방향으로 적법하게 신고하였을 경우 공장 건물의 감가상각에 관한 세무조정으로 옳은 것은?

(1) 사업용 공장 건물을 시가인 350,000,000원에 취득하기 위하여 2026년 7월 1일 계약금 50,000,000원을 지급하였다. 소유권 이전등기일(2026.9.1.)부터 동 건물의 사용을 개시하였으며, 2026년 10월 1일 잔금 300,000,000원을 지급하였다.
(2) 동 건물의 취득세 10,000,000원을 세금과공과로 비용처리하였다.
(3) 동 건물에 대한 기준내용연수는 20년이며, 당기에는 공장 건물에 대한 감가상각비를 계상하지 않았다.
(4) 감가상각 시부인 계산시 월할상각을 가정한다.
(5) 한국채택국제회계기준을 적용하지 않는다.

① 세무조정 없음
② 손금산입 4,000,000원 (△유보)
③ 익금산입 2,000,000원 (유보)
④ 익금산입 4,000,000원 (유보)
⑤ 익금산입 5,500,000원 (유보)

09 CPA 2023

☑ 확인Check! ○ △ ✕

제조업을 영위하는 영리내국법인 (주)A(한국채택국제회계기준 적용대상 아님)의 제26기(2026.1.1.~12.31.) 감가상각 자료이다. (주)A의 기계장치에 대한 감가상각과 관련된 손금불산입 세무조정 금액으로 옳은 것은? (단, 전기 이전의 세무조정은 정확하게 이루어졌다)

(1) 기계장치의 취득원가는 100,000,000원이며, 제25기 기초 감가상각누계액은 60,000,000원이고, 제25기 기초 상각부인누계액은 5,000,000원이다.
(2) 제25기 포괄손익계산서상 기계장치에 대한 감가상각비는 12,500,000원이고, 세무상 상각범위액은 13,500,000원이다.
(3) 제26기 포괄손익계산서상 기계장치에 대한 감가상각비는 15,000,000원이다.
(4) 제26기 포괄손익계산서상 수선비로 계상한 기계장치의 자본적지출액은 1,000,000원이고, 3년 미만의 기간마다 주기적 수선을 위한 지출은 아니다.
(5) (주)A는 기계장치에 대한 감가상각방법을 신고하지 않았다.
(6) 기계장치에 대한 정액법 상각률은 0.125이고, 정률법 상각률은 0.300이다.

① 1,800,000원
② 2,500,000원
③ 5,250,000원
④ 5,550,000원
⑤ 6,750,000원

10 CTA 2025

☑ 확인Check! ○ △ ✕

〈법인세법〉 법인세법령상 즉시상각의 의제에 관한 설명으로 옳지 않은 것은?

① 사업장의 이전으로 임대차계약에 따라 임차한 사업장의 원상회복을 위하여 시설물을 철거하는 경우 해당 자산의 장부가액에서 1천원을 공제한 금액을 폐기일이 속하는 사업연도의 손금에 산입할 수 있다.
② 재해 등으로 인하여 훼손되어 본래의 용도에 이용할 가치가 없는 건축물・기계・설비 등의 복구를 위하여 지출한 수선비를 손비로 계상한 경우에는 법인이 계상한 감가상각비에 합산되어 시부인계산의 대상이 됨과 동시에 상각범위액을 계산할 때 감가상각 기초가액에 합산한다.
③ 개별자산별로 수선비로 지출한 금액이 직전 사업연도종료일 현재 재무상태표상의 취득가액의 100분의 5에 미달하는 경우로서 그 수선비를 해당 사업연도의 손비로 계상한 경우에는 손금에 산입한다.
④ 개별자산별로 수선비로 지출한 금액이 600만원 미만인 경우로서 그 수선비를 해당 사업연도의 손비로 계상한 경우에는 손금에 산입한다.
⑤ 휴대용 전화기 및 개인용 컴퓨터를 그 고유업무의 성질상 대량으로 취득하여 그 사업에 사용한 날이 속하는 사업연도의 손비로 계상한 것에 한정하여 손금에 산입한다.

11 CPA **2025** ☑ 확인Check! ○ △ ✕

제조업을 영위하는 영리내국법인 (주)A의 제26기(2026.1.1.~12.31.) 사업용자산 관련 자료이다. 해당 자산의 감가상각비 관련 세무조정이 (주)A의 제26기 각 사업연도 소득금액에 미치는 영향으로 옳은 것은? (단, 전기까지의 세무조정은 적정하게 이루어졌다)

(1) 2026년 1월 1일 현재 사업용자산 내역은 다음과 같다.

구 분	건 물	차량운반구
취득일	2025.1.1.	2025.1.1.
감가상각방법	정액법	정률법
신고내용연수	20년	5년
취득가액	300,000,000원	200,000,000년
감가상각누계액	37,500,000원	90,200,000원
상각부인액	22,500,000원	-

(2) 당기 사업연도에 (주)A는 「법인세법」상 적법한 절차에 따라 건물의 내용연수를 10년으로, 차량운반구의 감가상각방법을 정액법으로 변경하였다.

(3) (주)A의 당기 감가상각 관련 회계처리는 다음과 같다.

① 건 물

(차) 감가상각비 37,500,000 (대) 감가상각누계액 37,500,000

② 차량운반구

(차) 감가상각비 27,450,000 (대) 감가상각누계액 27,450,000

(4) (주)A는 한국채택국제회계기준을 적용하지 않으며, 내용연수별 상각률은 다음과 같다.

내용연수	4년	5년	9년	10년
정액법	0.250	0.200	0.111	0.100
정률법	0.528	0.451	0.284	0.259

① (+)7,500,000원
② (+)10,000,000원
③ (+)10,500,000원
④ (+)12,990,000원
⑤ (+)15,990,000원

12 CTA 2022

☑ 확인Check! ○ △ ✕

다음은 법인세가 감면되는 사업을 영위하는 영리내국법인 (주)A의 제26기 사업연도(2026.1.1.~12.31.) 기계장치와 관련된 자료이다. (주)A의 제26기 감가상각비 손금불산입액은? (단, (주)A는 매년 법인세를 감면받아 왔고, 계산결과는 원 단위 미만에서 절사하고 주어진 자료 이외에는 고려하지 않음)

(1) 취득일 : 2024.1.1.

(2) 취득가액 : 50,000,000원

구 분	제24기 (2024.1.1.~12.31.)	제25기 (2025.1.1.~12.31.)	제26기 (2026.1.1.~12.31.)
감가상각비 장부금액	20,000,000원	0원	8,000,000원

(3) 기계장치에 대한 감가상각방법과 적용 내용연수를 신고한 바 없다.

(4) 기준내용연수 : 10년

(5) 내용연수 10년의 감가상각률

정액법	정률법
0.100	0.259

(6) 제24기와 제25기의 세무조정은 적정하게 이루어졌다.

① 889,402원
② 902,352원
③ 1,804,402원
④ 2,696,352원
⑤ 2,980,402원

13 CPA 2022

☑ 확인Check! ○ △ ✕

제조업을 영위하는 영리내국법인 (주)A의 제3기(2026.1.1.~12.31.) 자료이다. 제3기말 기계장치의 세무상 미상각잔액으로 옳은 것은?

(1) (주)A는 제2기부터 창업중소기업 등에 대한 세액감면을 받고 있는 기업이다.

(2) 기계장치(2025.7.1. 취득)의 감가상각비와 관련하여 결산서에 반영된 내역은 다음과 같다.

취득원가	제3기말 감가상각누계액	제3기 감가상각비
500,000,000원	75,000,000원	50,000,000원

(3) 당기중 기계장치에 대한 수선비(자본적 지출이며 주기적 수선에 해당하지 않음) 22,000,000원을 손익계산서에 비용으로 계상하였다.

(4) (주)A는 기계장치 취득 시 내용연수 및 감가상각방법을 신고하지 않았고, 기준내용연수(10년)에 대한 상각률은 정액법 0.100, 정률법 0.259이다.

① 62,729,750원
② 316,822,250원
③ 322,520,250원
④ 401,975,000원
⑤ 435,250,000원

14 CPA 2019

☑ 확인Check! ○ △ ×

영리내국법인 (주)갑의 기계와 관련된 거래내역과 회계처리는 다음과 같다. 기계의 기준내용연수는 5년이다. 제6기(2026.1.1.~12.31.)에 감가상각비와 회계변경에 대하여 올바르게 세무조정한다면 상각부인액은 얼마인가? (정률법 5년 상각률 : 0.451, 4년 상각률 : 0.528)

(1) 2025.1.1.에 기계를 100,000,000에 취득하였다. 감가상각방법은 정액법으로 신고하였으며, 내용연수는 신고하지 않았다.

(차) 기 계	100,000,000	(대) 현 금	100,000,000

(2) 2025.12.31. 감가상각비를 계상하였다.

(차) 감가상각비	20,000,000	(대) 감가상각누계액	20,000,000

(3) 2026.1.5.에 감가상각방법을 정률법으로 변경신청하여 승인을 얻었다.

(차) 회계변경누적효과 (이익잉여금)	25,100,000	(대) 감가상각누계액	25,100,000

(4) 2026.12.31. 감가상각비를 계상하였다.

(차) 감가상각비	24,759,900	(대) 감가상각누계액	24,759,900

① 익금산입 4,000,000
② 익금산입 13,779,900
③ 손금산입 11,320,100
④ 손금산입 21,100,000
⑤ 세무조정 없음

15 CTA 2022 ☑ 확인Check! ○ △ ✕

(주)A는 제조업을 영위하는 영리내국법인이다. (주)A는 제26기 사업연도(2026.1.1.~12.31.)의 임원 전용 업무용승용차 관련 자료가 다음과 같을 경우 손금불산입금액은? (단, 주어진 자료 이외에는 고려하지 않음)

(1) (주)A는 업무전용 자동차보험에 가입하였고 법인업무용 자동차등록번호판 부착하였으며, 업무용승용차 운행기록부를 작성·비치하고 있다. 제26기 사업연도의 상시근로자 수는 10인이다.

(2) (주)A는 리스회사인 (주)B에서 제26기 초에 운용리스(리스기간 3년)로 임원전용 업무용승용차를 임차하였다.

(3) 제26기 사업연도에 발생한 업무용승용차 관련비용은 다음과 같다.

구 분	손익계산서에 계상한 비용
리스료	30,000,000원
(상기 리스료에 포함되어 있는 항목)	
- 자동차보험료	3,000,000원
- 자동차세	2,000,000원
- 수선유지비	1,750,000원
기타 유지비	3,000,000원

(4) 제26기 사업연도 운행기록 : 총 주행거리 20,000km, 업무용 사용거리 15,000km

① 8,250,000원
② 10,750,000원
③ 17,687,500원
④ 18,750,000원
⑤ 24,750,000원

CHAPTER

06 | 충당금과 준비금

01 CPA 2023

☑ 확인 Check! ○ △ ×

제조업을 영위하는 영리내국법인 (주)A의 제26기(2026.1.1.~12.31.) 자료이다. 퇴직급여충당금 및 퇴직연금충당금 관련 세무조정이 제26기 각 사업연도 소득금액에 미치는 순영향으로 옳은 것은?

(1) 당기말 확정급여형 퇴직연금운용자산 계정내역은 다음과 같다.

퇴직연금운용자산 (단위 : 원)

기초잔액	87,000,000	당기감소	10,000,000
당기증가	20,000,000	기말잔액	97,000,000

(2) 당기말 퇴직급여충당금 계정내역은 다음과 같으며 기초잔액의 세무상 부인액은 20,000,000원이다.

퇴직급여충당금 (단위 : 원)

당기감소	40,000,000	기초잔액	50,000,000
기말잔액	10,000,000	당기증가	0

(3) 당기중 종업원 갑과 을의 현실적인 퇴직으로 인하여 지급한 내역은 다음과 같으며 각 지급액은 퇴직급여충당금과 상계하는 회계처리를 하였다.

구 분	퇴직급여지급액	비 고
갑	30,000,000원	(주)A가 현금으로 지급
을	10,000,000원	퇴직연금운용자산에서 지급

(4) (주)A는 신고조정에 의하여 퇴직연금충당금을 손금산입하고 있으며, 세무상 기초잔액은 40,000,000원(△유보)이다.

(5) 당기말 퇴직급여추계액은 일시퇴직기준 90,000,000원이고, 보험수리적기준 95,000,000원이다.

① (-)55,000,000원
② (-)65,000,000원
③ (-)75,000,000원
④ (-)95,000,000원
⑤ (-)97,000,000원

02 CTA 2025

☑ 확인 Check! ○ △ ✕

(주)A의 제26기(2026.1.1.~12.31.) 퇴직연금과 관련된 자료를 이용하여 세무조정할 경우 옳은 것은?

(1) (주)A는 모든 임직원에 대해 제24기부터 확정급여형 퇴직연금으로만 운영되고 있으며, 제26기 말 현재 장부상 퇴직급여충당금과 퇴직금전환금은 없다.

(2) (주)A는 퇴직연금과 관련하여 결산조정을 적용하고 있으며, 퇴직연금운용자산, 퇴직연금충당금 계정의 변동내역은 다음과 같다.

퇴직연금운용자산 (단위 : 원)

전기이월	750,000,000	당기지급	250,000,000
당기예치	430,000,000	차기이월	930,000,000
합 계	1,180,000,000	합 계	1,180,000,000

퇴직연금충당금 (단위 : 원)

당기상계	150,000,000	전기이월	750,000,000
차기이월	800,000,000	당기설정	200,000,000
합 계	950,000,000	합 계	950,000,000

(3) (주)A의 보험수리적기준 퇴직급여추계액은 990,000,000원이며, 일시퇴직기준퇴직급여추계액은 960,000,000원이다.

(4) 당기중 종업원 퇴직으로 인한 퇴직금은 사외에 적립한 퇴직연금운용자산에서 지급되었으며, 다음과 같이 회계처리하였다.

(차) 퇴직연금충당금	150,000,000	(대) 퇴직연금운용자산	250,000,000
퇴직급여충당금	100,000,000		

(5) 전기말 현재 퇴직급여충당금에 대한 손금불산입 유보잔액은 20,000,000원, 퇴직연금충당금에 대한 손금불산입 유보잔액은 150,000,000원이다.

	익금산입 및 손금불산입			손금산입 및 익금불산입		
①	퇴직연금충당금	100,000,000	유보	퇴직급여충당금	100,000,000	△유보
				퇴직연금충당금	360,000,000	△유보
②	퇴직연금충당금	100,000,000	유보	퇴직급여충당금	100,000,000	△유보
				퇴직연금충당금	260,000,000	△유보
③	퇴직연금충당금	50,000,000	유보	퇴직급여충당금	20,000,000	△유보
④	퇴직연금충당금	100,000,000	유보	퇴직급여충당금	80,000,000	△유보
				퇴직연금충당금	360,000,000	△유보
⑤	퇴직연금충당금	100,000,000	유보	퇴직급여충당금	80,000,000	△유보
				퇴직연금충당금	260,000,000	△유보

제6장

03 CTA 2020

☑ 확인 Check! ○ △ ×

「법인세법」상 손금으로 인정하는 대손금에는 해당 사유가 발생한 날이 속하는 사업연도의 손금으로 산입하는 것과 해당 사유가 발생하여 손비로 계상한 날이 속하는 사업연도의 손금으로 산입하는 것의 2가지로 분류된다. 이 분류를 적용할 경우 다음 중 성격이 다른 하나는? (단, 영리내국법인을 가정함)

① 「민사집행법」 제102조에 따라 채무자의 재산에 대한 경매가 취소된 압류채권

② 「민사소송법」에 따른 화해에 따라 회수불능으로 확정된 채권

③ 중소기업의 외상매출금으로서 부도발생일부터 6개월 이상 지난 어음상의 채권(부도발생일 이전의 것으로서 해당 법인이 채무자의 재산에 대하여 저당권을 설정하고 있지 않음)

④ 중소기업의 외상매출금으로서 회수기일이 2년 이상 지난 것(단, 특수관계인과의 거래로 인하여 발생한 외상매출금은 제외함)

⑤ 회수기일이 6개월 이상 지난 채권 중 채권가액이 30만원 이하(채무자별 채권가액의 합계액을 기준으로 함)인 채권

04 CTA 2024

☑ 확인Check! ○ △ ×

제조업을 영위하는 중소기업이 아닌 (주)A의 제6기(2026.1.1~12.31.) 대손충당금 관련 자료이다. 당기 대손충당금 한도초과액은? (단, 전기이전의 세무조정은 적정하게 이루어졌으며, 주어진 자료 외에는 고려하지 않음)

(1) 장부상 대손충당금 명세

기초잔액	당기상계액	당기설정액	기말잔액
150,000,000원	130,000,000원	200,000,000원	220,000,000원

(2) 당기상계액 명세

① 제5기(2025.1.1.~12.31.) 「상법」에 따른 소멸시효가 완성된 외상매출금 40,000,000원(제5기에 장부상 대손처리하지 않았음)

② 당기에 「민사소송법」에 따른 화해(확정판결과 같은 효력을 가짐)에 따라 회수불능으로 확정된 채권 : 70,000,000원

③ 당기말 현재 부도발생일로부터 9개월이 지난 (주)B에 대한 채권 : 20,000,000원(외상매출금 15,000,000원과 받을어음 1매 5,000,000원. 다만, 외상매출금과 받을어음은 부도 발생일 이전분이며, (주)A는 (주)B의 재산에 대하여 저당권을 설정하고 있지 않음)

(3) 전기 대손충당금 한도초과액은 20,000,000원이다.

(4) 장부상 대손충당금 설정대상 채권

제5기말	1,400,000,000원
제6기말	2,500,000,000원

(5) 대손실적률 계산 시 소수점 넷째자리 이하는 절사한다.
예 0.0328 → 0.032

① 81,674,945원
② 84,584,947원
③ 86,584,947원
④ 87,674,945원
⑤ 88,584,947원

05 CPA 2019

☑ 확인 Check! ○ △ ✕

「법인세법」상 결산조정 대손사유에 해당하지 않는 것은?

① 「채무자 회생 및 파산에 관한 법률」에 따른 회생계획인가의 결정에 따라 회수불능으로 확정된 채권
② 중소벤처기업부장관이 정한 대손기준에 해당한다고 인정한 벤처투자회사의 창업자에 대한 채권
③ 채무자의 사업 폐지로 인하여 회수할 수 없는 채권
④ 부도발생일로부터 6개월 이상 지난 중소기업의 외상매출금
⑤ 물품의 수출 또는 외국에서의 용역제공으로 발생한 채권으로서 법소정 사유에 해당하여 한국무역보험공사로부터 회수불능으로 확인된 채권

06 CTA 2019

☑ 확인 Check! ○ △ ✕

다음 제조업을 영위하는 영리내국법인 (주)A의 대손충당금에 관한 자료이다. 다음 자료를 이용하여 제26기 (2026.1.1~12.31.) 세무조정 시 각 사업연도 소득금액에 미치는 영향금액은 얼마인가? (단, 전기 이전의 모든 세무조정은 적정하였고, 주어진 자료 이외에는 고려하지 않음)

(1) 대손충당금 변동

가. 회사계상 대손충당금 내역

기초잔액	당기 상계액(감소)	당기 설정액(증가)	기말잔액
20,000원	10,000원	16,000원	26,000원

나. 당기 상계액 10,000원 중 4,000원은 거래처의 파산으로 회수불가능하다고 판단한 매출채권금액이며, 나머지 6,000원은 세법상 대손요건을 충족하지 않았지만 회사가 미수금에 대해 조기에 회수불능으로 판단하여 처리하였음

다. 대손충당금 기초잔액 20,000원 중 대손충당금 한도초과액은 3,000원이다.

구 분	당기말	전기말
매출채권	260,000원	160,000원
미수금	100,000원	40,000원
선급금	40,000원	–
구상채권	6,000원	–

(2) 회사계상 기말 자산 내역 중 일부

가. 전기말 채권 중 대손부인된 채권은 없음
나. 미수금은 비품 처분과 관련된 것임
다. 자회사의 채무보증으로 인하여 발생한 구상채권임

① 14,760원
② 14,880원
③ 20,880원
④ 21,050원
⑤ 21,120원

07 CTA 2015

☑ 확인 Check! ○ △ ×

다음 자료를 이용하여 제조업을 영위하는 영리내국법인 (주)A의 제26기(2026.1.1.~12.31.) 사업연도 「법인세법」상 대손충당금 관련 세무조정 시 각 사업연도 소득금액에 미치는 영향금액은 얼마인가?

(1) 당기 대손충당금 변동내역은 다음과 같다.

기초잔액	당기증가	당기감소	기말잔액
25,000,000원	5,000,000원	17,000,000원	13,000,000원

(2) 당기감소액 17,000,000원은 외상매출금 대손처리한 금액으로 7,000,000원은 「법인세법」상 대손요건을 충족하였으나, 10,000,000원은 「법인세법」상 대손요건을 충족하지 못하였다.

(3) 기말 현재 재무상태표상 채권잔액은 다음과 같다.

구 분	금 액
외상매출금(주1)	280,000,000원
대여금(대여 당시 「법인세법」상 특수관계인에게 업무와 관련 없이 지급한 가지급금 50,000,000원 포함)	150,000,000원
합 계	430,000,000원

주1 외상매출금은 제품 판매가액의 미수액으로 「법인세법」상 시가초과액에 상당하는 금액은 없다.

(4) 전기말 대손부인 누계액 10,000,000원은 전액 외상매출금에 관한 것으로 당기중 대손요건을 충족한 금액은 없다.

(5) 당기 대손실적률은 0.9%라고 가정한다.

① 1,000,000원
② 6,000,000원
③ 19,000,000원
④ 9,100,000원
⑤ 10,000,000원

08 CPA 2023 ☑ 확인Check! ○ △ ×

「법인세법」상 대손금 및 대손충당금 손금산입에 관한 설명이다. 옳지 않은 것은?

① 내국법인이 보유하고 있는 「민법」에 따른 소멸시효가 완성된 선급금은 해당 사유가 발생한 날이 속하는 사업연도의 손금으로 한다.

② 내국법인이 다른 법인과 합병하는 경우로서 채무자의 파산으로 회수할 수 없는 채권에 대한 대손금을 합병등기일이 속하는 사업연도까지 손비로 계상하지 않은 경우 그 대손금은 해당 법인의 합병등기일이 속하는 사업연도의 손비로 한다.

③ 대손충당금을 손금에 산입한 내국법인이 합병하는 경우 그 법인의 합병등기일 현재 해당 대손충당금 중 합병법인이 승계받은 금액은 그 합병법인이 합병등기일에 가지고 있는 대손충당금으로 보지 아니한다.

④ 대손충당금을 손금에 산입한 내국법인은 대손금이 발생한 경우 그 대손금을 대손충당금과 먼저 상계해야 하고, 상계하고 남은 대손충당금의 금액은 다음 사업연도의 소득금액을 계산할 때 익금에 산입한다.

⑤ 내국법인이 동일인에 대하여 매출채권과 매입채무를 가지고 있는 경우에는 당해 매입채무를 상계하지 아니하고 대손충당금을 계상할 수 있으나 당사자 간의 약정에 의하여 상계하기로 한 경우에는 그러하지 아니하다.

09 CPA 2022

☑ 확인 Check! ○ △ ×

제조업을 영위하는 영리내국법인 (주)A의 제26기(2026.1.1.~12.31.) 자료이다. 대손금 및 대손충당금 관련 세무조정이 제26기 각 사업연도 소득금액에 미치는 순영향으로 옳은 것은? (단, 전기의 세무조정은 정확하게 이루어졌다)

(1) 전기말 유보잔액 내역

내 역	금 액
대손충당금 한도초과액	6,000,000원
외상매출금 대손부인액	15,000,000원*

*이 중 10,000,000원은 당기에 소멸시효가 완성됨

(2) 당기중 대손충당금 상계 내역

내 역	금 액
대여금*	8,000,000원
외상매출금	40,000,000원**

*특수관계인(영리내국법인)에 대한 업무무관가지급금으로서 「법인세법」상 대손사유를 충족함
**이 중 20,000,000원은 「법인세법」상 대손사유를 충족하였으나, 나머지는 「법인세법」상 대손사유를 충족하지 못함

(3) 「법인세법」상 대손충당금 설정대상 채권잔액(세무상 장부가액)

구 분	금 액
전기말	2,000,000,000원
당기말	2,500,000,000원

(4) 재무상태표상 당기말 대손충당금 잔액은 50,000,000원이다.

① (+)12,500,000원
② (+)16,500,000원
③ (+)24,500,000원
④ (+)30,500,000원
⑤ (+)37,000,000원

10 CPA 2020

☑ 확인Check! ○ △ ×

제조업을 영위하는 영리내국법인 (주)A의 제26기(2026.1.1.~12.31.) 대손금 및 대손충당금 관련 자료이다. 「법인세법」상 대손충당금 한도초과액을 계산하면 얼마인가?

(1) 제26기 대손충당금 계정

대손충당금 (단위 : 원)

당기상계액	5,000,000*	기초잔액	15,000,000
기말잔액	30,000,000	당기설정액	20,000,000

*당기상계액 중 2,000,000원은 법령상 대손요건을 충족하지 못한 외상매출금임

(2) 전기말 자본금과 적립금조정명세서(을) 중 유보 잔액내역

과목 또는 사항	기말잔액
대손충당금 한도초과액	3,000,000원
외상매출금(대손부인액)*	7,000,000원
대여금(대손부인액)	10,000,000원

*회수 노력에도 불구하고 회수하지 못하여 당기중 「상법」상 소멸시효가 완성됨

(3) 제26기말 재무상태표상 채권내역

구 분	금 액	비 고
대여금	50,000,000원	특수관계인이 아닌 자에 대한 금전소비대차계약으로 인한 것임
미수금	300,000,000원	
매출채권	500,000,000원	
계	850,000,000원	

(4) 대손실적률은 1.5%로 가정한다.

① (−)10,000,000원
② (−)9,070,000원
③ (+)17,070,000원
④ (+)10,000,000원
⑤ (+)19,070,000원

11 CPA 2021

☑ 확인Check! ○ △ ×

제조업을 영위하는 영리내국법인 (주)A의 제26기(2026.1.1.~12.31.) 자료이다. 국고보조금 및 일시상각충당금 관련 세무조정이 제26기 각 사업연도 소득금액에 미치는 순영향으로 옳은 것은?

(1) 2026년 1월 1일 「보조금 관리에 관한 법률」에 따른 국고보조금 50,000,000원을 수령하고 건물을 취득하여 사업에 사용하기 시작하였다. 이에 따른 회계처리는 다음과 같다.

(차) 현 금	50,000,000	(대) 영업외수익	50,000,000
건 물	100,000,000	현 금	100,000,000

(2) 2026년 4월 1일 「보조금 관리에 관한 법률」에 따른 국고보조금 20,000,000원을 수령하고 기계장치를 80,000,000원에 취득하여 사업에 사용하기 시작하였다. (주)A는 국고보조금을 기계장치에서 차감하는 형식으로 회계처리하였다.

(3) 건물은 정액법(신고내용연수 10년, 잔존가치 없음)으로 상각하며, 기계장치도 정액법(신고내용연수 5년, 잔존가치 없음)으로 상각한다. (주)A는 기계장치 관련 국고보조금을 감가상각비와 상계처리하고 있다(상각부인액 및 시인부족액 없음).

(4) (주)A는 건물 및 기계장치와 관련하여 일시상각충당금을 신고조정에 의해 손금산입하였다.

① (−)5,000,000원
② (−)15,000,000원
③ (−)20,000,000원
④ (−)45,000,000원
⑤ (−)65,000,000원

제6장

12 CPA 2024

☑ 확인Check! ○ △ ✕

「법인세법」상 충당금과 준비금에 관한 설명이다. 옳은 것만을 모두 고른 것은?

ㄱ. 비영리내국법인 A(「사회복지사업법」에 따른 사회복지법인임)는 「소득세법」상 이자소득금액(비영업대금의 이익은 제외)에 100분의 100을 곱하여 산출한 금액을 고유목적사업준비금으로 손금에 산입할 수 있다.
ㄴ. (주)B는 공장건물의 화재로 인하여 보험금을 지급받은 사업연도에 사용하지 못하였으나 그 다음 사업연도 개시일부터 2년 이내에 공장건물의 취득에 보험금을 사용하려는 경우에는, 지급받은 사업연도에 일시상각충당금으로 손금에 산입할 수 있다.
ㄷ. (주)C가 아파트 건설과 관련하여 기업회계기준에 따라 공사손실충당부채를 손금으로 계상한 때에는 법 소정 한도 내에서 그 계상한 사업연도의 손금으로 한다.
ㄹ. (주)D는 「채무자 회생 및 파산에 관한 법률」에 따른 회생계획인가의 결정으로 확정된 채권을 해당 사유가 발생한 날이 속하는 사업연도의 손금에 산입한다.

① ㄱ, ㄷ
② ㄱ, ㄹ
③ ㄴ, ㄷ
④ ㄱ, ㄴ, ㄹ
⑤ ㄴ, ㄷ, ㄹ

13 CPA 2021

☑ 확인Check! ○ △ ✕

「법인세법」상 고유목적사업준비금에 관한 설명이다. 옳은 것은?

① 고유목적사업준비금을 손금에 산입한 비영리내국법인이 사업에 관한 모든 권리와 의무를 다른 비영리내국법인에 포괄적으로 양도하고 해산하는 경우 해산등기일 현재의 고유목적사업준비금 잔액은 그 다른 비영리내국법인이 승계할 수 있다.
② 손금에 산입한 고유목적사업준비금의 잔액이 있는 비영리내국법인이 고유목적사업을 일부라도 폐지한 경우 그 잔액은 해당사유가 발생한 날이 속하는 사업연도의 소득금액을 계산할 때 익금에 산입한다.
③ 고유목적사업준비금을 손금에 산입한 사업연도의 종료일 이후 10년이 되는 날까지 고유목적사업에 일부만 사용한 경우 미사용 잔액을 익금에 산입한다.
④ 법인으로 보는 단체가 거주자로 변경된 경우 손금에 산입한 고유목적사업준비금 잔액을 익금에 산입하고 그 잔액에 대한 이자상당액을 법인세에 더하여 납부하여야 한다.
⑤ 고유목적사업준비금은 「소득세법」상 이자소득금액 및 배당소득금액에 100분의 50을 곱하여 산출한 금액을 한도로 손금에 산입한다.

CHAPTER

07 | 부당행위계산의 부인

01 CTA 2015

☑ 확인Check! ○ △ ×

「법인세법」상 부당행위계산의 부인 및 특수관계인의 범위에 관한 설명으로 옳지 않은 것은?

① 각 사업연도에 특수관계인과 거래가 있는 법인은 과세표준 등의 신고와 함께 기획재정부령으로 정하는 특수관계인간 거래명세서를 납세지관할세무서장에게 제출해야 한다. 다만, 「국제조세조정에 관한 법률」에 따른 납세지 관할세무서장에게 그 내역을 제출한 국제거래의 내역은 제외할 수 있다.

② 임원의 임면권의 행사, 사업방침의 결정 등 당해 법인의 경영에 대하여 사실상 영향력을 행사하고 있다고 인정되는 자와 그 친족은 당해 법인의 특수관계인에 해당한다.

③ 당해 법인에 100분의 30 이상을 출자하고 있는 법인에 100분의 30 이상을 출자하고 있는 법인이나 개인은 당해 법인의 특수관계인에 해당한다.

④ 법인이 소유한 사택을 직원에게 무상으로 제공하는 경우 부당행위계산의 부인규정을 적용하지 않는다.

⑤ 당해 법인 기준으로 상대방 법인이 특수관계인의 요건에 해당하지 않는 경우 상대방 법인을 기준으로 당해 법인이 특수관계인의 요건에 해당한다 하더라도 상대방 법인은 당해 법인의 특수관계인에 해당하지 않는다.

제7장

02 CTA 2019

☑ 확인Check! ○ △ ×

「법인세법」상 부당행위계산의 부인에 관한 설명으로 옳지 않은 것은?

① 내국법인의 행위 또는 소득금액의 계산이 특수관계인과의 거래로 인하여 그 법인의 소득에 대한 조세의 부담을 부당하게 감소시킨 것으로 인정되는 경우에는 그 법인의 행위 또는 소득금액의 계산과 관계없이 그 법인의 각 사업연도의 소득금액을 계산한다.

② 부당행위계산에 있어서의 시가란 건전한 사회통념 및 상관행과 특수관계인이 아닌 자 간의 정상적 거래에서 적용되거나 적용될 것으로 판단되는 가격을 말한다.

③ 토지의 시가가 불분명한 경우로 「감정평가 및 감정평가사에 관한 법률」에 의한 감정평가업자가 감정한 가액이 2 이상인 경우에는 그 감정한 가액의 평균액을 적용한다.

④ 특수관계인에 대한 금전 대여의 경우 대여기간이 5년을 초과하는 대여금이 있으면 해당 대여금에 한정하여 가중평균차입이자율을 시가로 한다.

⑤ 특수관계인에게 자산을 무상 또는 시가보다 낮은 가액으로 양도하는 경우에는 시가와 거래가액의 차액이 3억원 이상이거나 시가의 100분의 5에 상당하는 금액 이상인 경우에 한하여 부당행위계산의 부인규정을 적용한다.

03 CTA 2017

☑ 확인Check! ○ △ ✕

「법인세법」상 부당행위계산의 부인에 관한 설명으로 옳지 않은 것은? (다툼이 있으면 판례에 따름)

① 법인과 특수관계인 간의 거래는 반드시 직접적인 거래관계에 국한하지 않고 특수관계인 외의 자를 통하여 이루어진 거래도 포함한다.

② 비상장주식에 대하여 특수관계인이 아닌 제3자 간에 일반적으로 거래된 가격이 없으면 「상속세 및 증여세법」에 따른 보충적 평가방법을 준용하여 평가한 금액을 기준으로 부당행위계산 부인 규정을 적용한다.

③ 법령으로 정하는 파생상품에 근거한 권리를 행사하지 아니하거나 그 행사기간을 조정하는 방법으로 이익을 분여하는 경우는 '조세의 부담을 부당하게 감소시킨 것으로 인정되는 경우'에 해당한다.

④ 부당행위계산 부인 규정은 세법상 과세소득계산상의 범위 내에서만 변동을 초래할 뿐 당사자 간에 약정한 사법상 법률행위의 효과와는 무관하다.

⑤ 부당행위계산에 해당하는 경우 시가와의 차액 등을 익금에 산입하여 당해 법인의 각 사업연도의 소득금액을 계산하고 귀속자에게 증여세를 과세하는 것을 원칙으로 한다.

04 CPA 2020

☑ 확인Check! ○ △ ✕

「법인세법」상 특수관계인 간 부당행위계산의 부인과 관련된 설명이다. 옳지 않은 것은?

① 특수관계인인 법인간의 합병(분할합병을 포함)에 있어서 주식등을 시가보다 높거나 낮게 평가하여 불공정한 비율로 합병한 경우[다만, 「자본시장과 금융투자업에 관한 법률」에 따라 합병(분할합병을 포함)하는 경우는 제외] 주주등(소액주주등은 제외)인 법인이 특수관계인인 다른 주주등에게 이익을 분여한 경우 조세의 부담을 부당하게 감소시킨 것으로 인정되는 경우에 해당한다.

② 금전의 대여 또는 차용의 경우 해당 법인이 법인세 과세표준신고와 함께 기획재정부령이 정하는 당좌대출이자율을 선택한 경우 선택한 사업연도와 이후 2개 사업연도는 당좌대출이자율을 시가로 한다.

③ 기계를 임대하고 임대료를 계산할 때 당해 자산의 시가에서 그 자산의 제공과 관련하여 받은 보증금을 차감한 금액에 정기예금이자율을 곱하여 산출한 금액을 시가로 한다.

④ 출연금을 대신 부담한 경우 부당행위계산 부인의 규정은 그 행위 당시를 기준으로 하여 당해 법인과 특수관계인 간의 거래에 대하여 적용한다.

⑤ 연결납세방식을 적용받는 연결법인 간에 연결법인세액의 변동이 없는 등 기획재정부령으로 정하는 요건을 충족하여 용역을 제공하는 경우에는 부당행위계산 부인 규정을 적용하지 아니한다.

05 CPA 2022

☑ 확인Check! ○ △ ×

건설업을 영위하는 영리내국법인 (주)A의 제26기(2026.1.1.~12.31.) 자료이다. 사택 임대 및 건설용역 제공과 관련된 세무조정이 제26기 각 사업연도 소득금액에 미치는 순영향으로 옳은 것은?

(1) 사택 임대

① (주)A는 출자임원(소액주주 아님)인 갑에게 사택을 임대(임대기간 : 2025.1.1.~2027.12.31.)하고 보증금 100,000,000원을 임대개시일에 수령하였으며, 약정에 의해 수령한 연간 임대료 총액 2,000,000원을 손익계산서상 수익으로 계상하였다.

② 사택 제공에 대한 임대료의 시가는 불분명하나 사택의 시가는 400,000,000원으로 확인된다.

③ 기획재정부령으로 정하는 정기예금이자율은 3%로 가정한다.

(2) 건설용역 제공

① (주)A는 특수관계인인 (주)B에게 건설용역(계약기간 : 2026.3.1.~10.31.)을 제공하고 받은 용역대가 240,000,000원을 매출로 계상하였으며, 해당 용역의 원가 200,000,000원을 매출원가로 계상하였다.

② 동 건설용역의 시가는 불분명하며, (주)A가 당기중 특수관계인이 아닌 자에게 제공한 유사용역의 매출액은 500,000,000원, 매출원가는 400,000,000원이다.

① 0원
② (+)1,000,000원
③ (+)7,000,000원
④ (+)11,000,000원
⑤ (+)17,000,000원

06 CPA 2018

☑ 확인Check! ○ △ ×

다음은 제조업을 영위하는 영리내국법인 (주)A(중소기업 아님)의 제26기 사업연도(2026.1.1.~12.31.) 사택제공 관련 자료이다. 「법인세법」상 부당행위계산부인과 관련한 세무조정이 제26기 각 사업연도의 소득금액에 미친 순영향으로 옳은 것은?

> (1) (주)A는 출자임원(소액주주 아님) B씨에게 제25기부터 사택을 제공하고 있다. 사택의 시가는 200,000,000원이며 B씨로부터 보증금 40,000,000원을 수령하였고, 임대료로 매월말 200,000원을 수령하고 동 임대료를 임대료수익으로 계상하였다.
> (2) (주)A는 출자임원(소액주주 아님) C씨에게 제24기부터 사택을 제공하고 있다. 사택의 시가는 120,000,000원이며 C씨로부터 임대료로 매월말 200,000원을 수령하고 동 임대료를 임대료 수익으로 계상하였다.
> (3) 사택의 제공에 대한 임대료의 시가는 불분명하며, 감정평가법인이 감정한 가액 및 「상속세 및 증여세법」에 의한 보충적 평가방법에 의한 임대료를 적용할 수 없다.
> (4) 기획재정부령으로 정하는 1년 만기 정기예금이자율은 5%이며, 주어진 자료 이외의 다른 사항은 고려하지 않는다.

① (+)1,200,000원
② (+)720,000원
③ (+)800,000원
④ (+)820,000원
⑤ (+)900,000원

07 CTA 2024

☑ 확인Check! ○ △ ×

(주)A의 제4기(2024.1.1.~12.31.)부터 제6기(2026.1.1.~12.31.)에 걸친 토지 거래와 관련한 자료이다. (주)A의 제5기 세무조정(소득처분 포함)으로 옳은 것은? (단, 주어진 자료 외에는 고려하지 않음)

> ○ (주)A는 2024.4.30.에 시가 500,000,000원의 토지를 세법상 특수관계인에게 해당하는 임원으로부터 800,000,000원에 매입하고 매입대금 중 600,000,000원은 2024.4.30.에 지급하고 나머지 대금은 2025.4.30.에 지급하였다.
> ○ (주)A는 2024.4.30.에 토지의 취득가액을 800,000,000원으로 회계처리하였고 대상토지는 2026.5.4.에 900,000,000원에 매도하였다.

① 손금불산입 2억원 (상여), 익금산입 2억원 (유보)
② 손금산입 3억원 (△유보), 손금불산입 1억원 (상여), 익금산입 2억원 (유보)
③ 손금불산입 3억원 (상여)
④ 손금불산입 2억원 (상여)
⑤ 손금불산입 2억원 (상여), 손금산입 2억원 (△유보)

08 CTA 2023

☑ 확인Check! ○ △ ✕

제조업을 영위하는 영리내국법인 (주)A의 제26기(2026.1.1~12.31.)에 대한 자료가 다음과 같을 경우 법인세법령상 부당행위계산과 관련한 제26기 사업연도 익금산입 세무조정 금액은? (단, 계산 시 원 미만은 절사하며, 주어진 자료 이외에는 고려하지 않음)

(1) (주)A가 임원에게 업무와 관련없이 대여한 자금(가지급금) 내역

(단위 : 원)

구 분	금 액	대여일 및 대여기간	제26기 약정이자 수취액
대표이사	50,000,000	2026.7.1.부터 1년	500,000
전무이사	40,000,000	2026.5.1.부터 2년	800,000
상무이사	30,000,000	2026.4.1.부터 7년	–

(2) (주)A의 제26기 사업연도 차입금

채권자	금액(원)	차입일 및 차입기간	연 이자율	비 고
B은행	50,000,000	2025.3.1.부터 1년	6%	
C은행	40,000,000	2025.1.1.부터 3년	3%	
(주)D	30,000,000	2025.10.1.부터 2년	4%	(주)A와 특수관계인에 해당됨

(3) 기획재정부령이 정하는 당좌대출이자율은 연 4.6%로 가정한다.

(4) 금전을 무상 또는 시가보다 낮은 이율로 대부한 경우에 적용하는 시가를 정하는 경우, 가중평균차입이자율의 적용이 불가능한 경우로서 기획재정부령으로 정하는 사유는 없는 것으로 가정한다. 또한 (주)A는 과세표준 신고 시 당좌대출이자율을 금전의 대여에 대한 시가로 선택하지 않았다.

(5) 1년은 365일로 가정한다.

① 934,246원
② 1,295,890원
③ 1,434,246원
④ 2,239,725원
⑤ 2,601,369원

09 CTA 2018

☑ 확인 Check! ○ △ ×

제조업을 주업으로 하는 내국법인 (주)A(중소기업 아님)의 제26기 사업연도(2026.1.1.~12.31.) 세무조정과 관련된 다음 자료의 각 (　　)에 들어갈 금액으로 옳은 것은? (단, 전기 이전 및 당기의 모든 세무조정은 적정하였고, 1년은 365일로 가정하고, 주어진 자료 이외에는 고려하지 않음)

(1) 지급이자 : 제26기 결산상 지급이자는 40,000,000원이며, 채권자가 불분명한 사채의 이자 20,000,000원이 포함되어 있다. 제26기 중 차입금의 금액 변동은 없었고 차입금의 이자율은 연 5%이다. 제26기 3.15.에 (주)A의 대표이사에게 업무와 관계없이 대여하여 기말까지 회수하지 못한 가지급금은 (ㄱ)원이며, 지급이자에 대한 제26기 세무조정 결과 업무무관자산 등에 대한 지급이자로 손금불산입한 금액은 4,000,000원이다.

(2) 재고자산 : 상품 평가방법에 대하여 법인설립 시 후입선출법으로 적법하게 신고하고 계속 적용해왔으나, 제26기 10.31.에 총평균법으로 평가방법 변경신고를 하였다. 이에 따라 제26기 결산 시부터 기말 상품에 대하여 후입선출법, 총평균법, 선입선출법을 적용한 평가액은 각각 250,000원, (ㄴ)원, 500,000원이며, 기말 상품에 대한 제26기 세무조정 결과 100,000원을 손금불산입하였다.

(3) 임대료 : 제26기 5.1.부터 특수관계자인 출자임원에게 사택을 제공하고 있는데, 수령한 임대보증금은 123,200,000원이고 매월 (ㄷ)원의 임대료를 수취하여 결산상 수익으로 반영하였다. 당해 사택의 시가는 480,000,000원이며, 1년 만기 정기예금이자율은 5%이다. 시가에 해당하는 당해 사택의 적정한 임대료는 확인되지 않았고, 당해 사택 임대료와 관련된 제26기 세무조정 결과 2,320,000원을 익금산입하였다.

	ㄱ	ㄴ	ㄷ
①	100,000,000	400,000	200,000
②	100,000,000	400,000	300,000
③	100,000,000	600,000	200,000
④	120,000,000	400,000	200,000
⑤	120,000,000	600,000	300,000

10 CPA 2023

☑ 확인 Check! ○ △ ✕

제조업을 영위하는 영리내국법인 (주)A의 제26기(2026.1.1.~12.31.) 자료이다. 가지급금 인정이자 및 지급이자 손금불산입 관련 세무조정이 제26기 각 사업연도 소득금액에 미치는 순영향으로 옳은 것은? (단, 전기의 세무조정은 정확하게 이루어졌다)

(1) (주)A가 특수관계인들에게 2025년 5월 6일에 대여한 「법인세법」상 업무무관가지급금(대여기간 : 3년)의 내역은 다음과 같으며 이자수익은 전액 장부에 계상하였다.

구 분	연이자율	대여금	이자수익
갑	−	30,000,000원	−
을	8%	40,000,000원	3,200,000원

(2) (주)A의 당기말 현재 차입금과 지급이자의 내역은 다음과 같으며 차입금은 모두 은행(특수관계인 아님)으로부터 2025년 3월 7일에 차입하였다.

구 분	연이자율	차입금	지급이자
기업구매자금대출*	8%	600,000,000원	48,000,000원
운영자금대출	10%	900,000,000원	90,000,000원

*한국은행총재가 정한 규정에 따른 것임

(3) 당좌대출이자율은 12%이며 (주)A는 「법인세법」상 금전대차거래의 시가를 신고하지 아니하였다.

① (+)3,240,000원
② (+)9,680,000원
③ (+)9,760,000원
④ (+)10,240,000원
⑤ (+)13,440,000원

제7장

11 CPA 2025 ☑ 확인 Check! ○ △ ✕

영리내국법인 (주)A(제조업 · 중소기업)의 제26기(2026.1.1.~12.31.) 세무조정에 관한 자료이다. 익금산입 · 손금불산입 합계와 손금산입 · 익금불산입 합계로 옳은 것은? (단, 지급이자 손금불산입은 고려하지 않는다)

(1) 토지 취득

① (주)A는 특수관계인인 (주)B로부터 2026년 11월 23일 공장신축용 토지를 450,000,000원에 매입하여 사업에 즉시 사용하였다.

② 2026년 11월 23일 매입대금 중 350,000,000원을 지급하고 잔액은 2027년 1월 21일 지급할 예정이다.

③ 토지의 시가는 불분명하고 개별공시지가는 240,000,000원이며, 두 감정평가법인의 평가액은 각각 270,000,000원과 330,000,000원이다.

(2) 대여금 내역

구 분	원 금	이자회수액	비 고
갑(대표이사)	70,000,000원	2,700,000원	사업자금 대여
을(전무이사)	30,000,000원	700,000원	별장구입자금 대여
병(회계부장)*	20,000,000원	500,000원	주택전세자금 대여

*지배주주등에 해당하지 않음

① 대여금은 모두 제25기에 대여하였으며 제26기 연중 변동은 없다.

② (주)A는 갑(대표이사)으로부터 별도의 상환 약정 없이 차입한 차입금 10,000,000원(연중 변동 없음)이 있다.

③ (주)A는 과세표준을 신고할 때 가지급금 인정이자 계산시 적용할 이자율로 당좌대출이자율(4.6%)을 적법하게 신고하였다.

	익금산입 · 손금불산입 합계	손금산입 · 익금불산입 합계
①	150,680,000원	50,000,000원
②	150,680,000원	150,000,000원
③	151,100,000원	50,000,000원
④	151,100,000원	150,000,000원
⑤	211,100,000원	50,000,000원

12 CPA 2021

확인Check! ○ △ ×

제조업을 영위하는 영리내국법인 (주)A의 제26기(2026.1.1.~12.31.) 자료이다. 토지 및 가지급금 관련 세무조정(지급이자 손금불산입은 제외)이 제26기 각 사업연도 소득금액에 미치는 순영향으로 옳은 것은?

(1) (주)A는 공장을 증축하기 위하여 특수관계인 갑이 소유한 토지를 2025년 5월 6일에 30,000,000원(시가 20,000,000원)에 취득하고 다음과 같이 회계처리하였다.

(차) 토 지	30,000,000	(대) 현 금	15,000,000
		미지급금	15,000,000

(2) (주)A는 특수관계인 을에게 2025년 9월에 20,000,000원을 업무와 무관하게 대여(이자율 약정 없음)하였고, 당기말 현재 회수하지 아니하였으며, 이자수익으로 계상한 금액은 없다.

(3) (주)A의 당기말 현재 차입금과 지급이자의 내역은 다음과 같다. 차입금은 모두 은행(특수관계인 아님)으로부터 차입하였다.

차입일	연 이자율	지급이자	차입금
2025.8.1.	5%	10,000,000원	200,000,000원
2025.6.1.	10%	30,000,000원	300,000,000원

(4) (주)A는 금전대차거래의 시가를 신고하지 아니하였고, 당좌대출이자율은 연 9%로 가정한다.

① (+)1,800,000원
② (+)1,600,000원
③ (+)400,000원
④ (−)8,200,000원
⑤ (−)8,400,000원

제7장

13 CPA 2018

☑ 확인 Check! ○ △ ✕

「법인세법」상 가지급금 인정이자에 관한 설명으로 옳지 않은 것은?

① 가중평균차입이자율 계산 시 자금을 대여한 법인의 가중평균차입이자율 또는 대여금리가 해당 대여시점 현재 자금을 차입한 법인의 가중평균차입이자율보다 높은 경우에는 해당 사업연도의 가중평균차입이자율이 없는 것으로 본다.

② 특수관계인이 아닌 자로부터 차입한 금액이 없는 경우에는 기획재정부령으로 정하는 당좌대출이자율을 적용하여 가지급금 인정이자를 계산한다.

③ 익금산입액의 귀속이 불분명하여 대표자에게 상여처분한 금액에 대한 소득세를 법인이 납부하고 이를 가지급금으로 계상한 금액(특수관계가 소멸될 때까지의 기간에 상당하는 금액에 한함)은 가지급금 인정이자 계산대상 가지급금으로 보지 아니한다.

④ 법인이 과세표준 신고와 함께 기획재정부령으로 정하는 바에 따라 당좌대출이자율을 시가로 선택하는 경우 선택한 사업연도에 한해 기획재정부령으로 정하는 당좌대출이자율을 시가로 하여 가지급금 인정이자를 계산한다.

⑤ 국외에 자본을 투자한 내국법인이 해당 국외투자법인 종사자의 여비를 대신하여 부담하고 이를 가지급금으로 계상한 금액(그 금액을 실지로 환부받을 때까지의 기간에 상당하는 금액에 한함)은 가지급금 인정이자 계산대상 가지급금으로 보지 아니한다.

14 CPA 2023

☑ 확인 Check! ○ △ ✕

「법인세법」상 부당행위계산의 부인에 관한 설명이다. 옳은 것은?

① 내국법인A가 「독점규제 및 공정거래에 관한 법률」에 따른 기업집단에 속하는 법인인 경우 그 기업집단에 소속되어 있는 다른 계열회사는 내국법인A의 특수관계인에 해당한다.

② 내국법인이 특수관계인의 출연금을 대신 부담하는 것은 조세의 부담을 부당하게 감소시킨 것으로 인정되지 아니한다.

③ 내국법인B에 과반수 이상을 출자하고 있는 내국법인C에 40%를 출자하고 있는 내국법인이나 개인은 내국법인B의 특수관계인에 해당하지 아니한다.

④ 부당행위계산의 부인규정을 적용할 때 토지의 시가가 불분명한 경우에는 「상속세 및 증여세법」에 따른 보충적 평가방법을 준용하여 평가한 가액을 우선적으로 적용한다.

⑤ 특수관계가 있는 내국법인간의 합병(분할합병은 포함하지 아니함)에 있어서 주식을 시가보다 높거나 낮게 평가하여 불공정한 비율로 합병한 경우 조세의 부담을 부당하게 감소시킨 것으로 인정된다.

CHAPTER

08 | 과세표준 및 세액의 계산

01 CTA 2023 확인 Check! ○ △ ×

다음은 법인세법령상 중소기업에 해당하는 영리내국법인 (주)A의 제26기(2026.1.1.~12.31.) 사업연도에 대한 자료이다. 제26기 사업연도의 법인세 과세표준 및 세액조정계산서에 들어갈 기부금한도초과액은? (단, 전기 및 당기의 과세표준 및 세액은 적법하게 신고하였고, 기부금한도초과이월액손금산입은 없는 것으로 가정함. 주어진 자료 이외에는 고려하지 않음)

(1) 제26기 사업연도 법인세 과세표준 및 세액조정계산서(일부)

(단위 : 원)

사업연도 : 2026.1.1~12.31.	법인세 과세표준 및 세액조정계산서		법인명 : (주)A	
① 각 사업연도 소득계산	101 결산서상 당기순손익		01	4,000,000
	소득조정금액	102 익금산입	02	14,000,000
		103 손금산입	03	45,000,000

(2) (주)A는 제26기 사업연도에 세무상 결손금이 발생하였으며, 발생한 결손금 전액에 대해서 소급공제를 받고자 한다. 이를 위해 법인세법령상 중소기업의 결손금 소급공제에 따른 환급 규정에 따라서 계산된 금액 1,080,000원을 적법하게 환급 신청하였다.

(3) 제25기 사업연도의 법인세 산출세액과 각 사업연도 소득에 대한 과세표준은 각각 33,000,000원(토지등 양도소득에 대한 법인세액 15,000,000원이 포함되어 있음)과 200,000,000원이다.

① 14,000,000원
② 15,000,000원
③ 16,000,000원
④ 17,000,000원
⑤ 18,000,000원

02 CTA 2021

☑ 확인Check! ○ △ ×

제조업을 영위하는 영리내국법인 (주)A(중소기업 및 회생계획을 이행 중인 기업은 아님)의 다음 자료에 따른 제26기 사업연도(2026.1.1.~12.31.) 법인세 과세표준은? (단, 전기 이전의 모든 세무조정은 적절하게 이루어졌으며, 주어진 자료 이외에는 고려하지 않는다. 또한 수입배당금액에 대한 익금불산입 규정은 적용하지 않음)

(1) 제26기 사업연도 포괄손익계산서상 당기순이익은 300,000,000원이다.

(2) 제26기 말 재무상태표에는 2025.1.1.에 (주)A의 대표이사로부터 현금을 지불하고 취득한 건물(취득가액 : 400,000,000원)이 계상되어 있으며, (주)A는 동 건물에 대하여 정액법(매기 상각률 : 0.05)에 따른 감가상각비를 제26기 포괄손익계산서에 비용으로 계상하였다. 동 건물의 취득 당시 시가는 350,000,000원, 신고내용연수는 20년이며 감가상각방법은 신고하지 않았다.

(3) (주)A의 경영에 대해 사실상 영향력을 행사하고 있다고 인정되는 자의 배우자인 甲에게 (주)A의 업무와 관련 없이 대여한 5,000,000원이 회수불능하게 됨에 따라 전액 대손처리하고, 이를 제26기 포괄손익계산서에 비용으로 계상하였다. 단, (주)A는 동 대여금에 대해서 「법인세법」상 시가를 초과하는 이자를 수령하고 있다.

(4) (주)A는 (주)B가 발행한 주식 20,000주(주당 액면가액 5,000원)를 1주당 6,000원에 취득하여 보유하고 있었는데, 제26기 중 (주)B는 발행주식의 10%를 1주당 10,000원의 현금을 지급하고 일괄 매입하여 소각하였다. (주)A는 (주)B로부터 수취한 20,000,000원에 대하여 아무런 회계처리를 하지 않고 보유주식수만 감소시켰다.

(5) (주)A는 제25기에 「법인세법」상 결손금 200,000,000원이 발생하였으며, 자산수증이익 및 채무면제이익으로 충당된 결손금은 없다.

① 63,100,000원
② 110,500,000원
③ 115,500,000원
④ 126,200,000원
⑤ 137,700,000원

03 CTA 2020

☑ 확인 Check! ○ △ ✕

다음은 영리내국법인 (주)백두의 제26기 사업연도(2026.1.1.~12.31.) 세무조정 관련 자료이다. 세부담 최소화를 가정할 경우 제26기의 법인세 과세표준금액은? (단, (주)백두는 「조세특례제한법」상 중소기업이 아니며 회생계획을 이행 중인 기업 등 대통령령으로 정하는 법인에 해당하지 않고 주어진 자료 이외에는 고려하지 않음)

(1) 세무조정내역(주1)

손익계산서상 당기순이익	10,000,000원
익금산입·손금불산입	17,000,000원
손금산입·익금불산입	(−)12,000,000원
계	15,000,000원

주1 매입채무에 대한 채무면제이익 10,000,000원이 영업외수익으로 당기순이익에 포함되어 있으며, 이와 관련된 세무조정은 포함되지 않음

(2) 과거 사업연도에 공제되지 않은 세무상 이월결손금 내역

제9기 사업연도(2009.1.1.~12.31.)	5,000,000원
제24기 사업연도(2024.1.1.~12.31.)	5,000,000원
제25기 사업연도(2025.1.1.~12.31.)	5,000,000원
계	15,000,000원

① 0원
② 1,000,000원
③ 4,000,000원
④ 5,000,000원
⑤ 10,000,000원

제8장

04 CTA **2017** ☑ 확인Check! ○ △ ×

「법인세법」상 내국법인의 과세표준 및 세액의 계산에 관한 설명으로 옳지 않은 것은? (단, 중소기업의 경우 법령상 요건을 모두 갖추고 있는 것으로 가정함)

① 중소기업은 결손금 소급공제 시 직전 사업연도의 소득에 대하여 과세된 법인세액을 한도로 한다. 여기에서 과세된 법인세액이란 법령에 따른 토지 등 양도소득에 대한 법인세를 제외하고 직전 사업연도의 소득에 대한 법인세로서 공제 또는 감면된 법인세액을 차감한 금액을 말한다.

② 중소기업은 결손금이 발생한 사업연도와 직전 사업연도의 소득에 대한 법인세 과세표준 및 세액을 각각의 과세표준 신고기한 내에 적법하게 신고하고 환급신청을 한 경우에만 결손금 소급공제를 적용할 수 있으나 발생한 결손금의 일부만을 소급공제 신청할 수는 없다.

③ 결손금 공제 중 이월공제는 신청을 요건으로 하지 않는다.

④ 각 사업연도 소득에 대한 법인세의 과세표준은 각 사업연도 소득의 범위에서 법정 이월결손금, 비과세소득, 소득공제액을 차례로 공제한 금액으로 한다. 다만, 중소기업과 회생계획을 이행 중인 기업 등 법령으로 정하는 법인을 제외한 내국법인의 경우 법정 이월결손금 금액에 대한 공제의 범위는 각 사업연도 소득의 100분의 80으로 한다.

⑤ 법인세의 과세표준과 세액을 추계하는 경우에는 이월결손금 공제규정을 적용하지 아니한다. 다만, 천재지변 등으로 장부나 그 밖의 증명서류가 멸실되어 법령으로 정하는 바에 따라 추계하는 경우에는 그러하지 아니하다.

05 CTA 2016

☑ 확인Check! ○ △ ×

영리내국법인 (주)A(중소기업에 해당됨)는 제26기 사업연도(2026.1.1~12.31.)에 발생한 법령에 따른 결손금 100,000,000원 전액에 대하여 「법인세법」상 결손금소급공제에 의한 법인세액의 환급을 신청하는 경우, (주)A가 환급받을 수 있는 금액은 얼마인가? (단, 결손금 소급공제에 필요한 모든 요건은 충족하며, 주어진 자료 이외에는 고려하지 않음)

〈제25기 법인세 과세표준 등 신고 내역〉

과세표준	300,000,000원
산출세액	37,000,000원
공제·감면세액	(21,000,000원)
가산세액	3,000,000원
기납부세액	(10,000,000원)
차감납부세액	9,000,000원

※ 법인세율
- 과세표준 2억원 이하 : 9%
- 과세표준 2억원 초과 200억원 이하 : 1천8백만원 + 2억원 초과금액의 19%

① 16,000,000원
② 19,000,000원
③ 21,000,000원
④ 22,000,000원
⑤ 25,000,000원

06 CPA 2022

☑ 확인 Check! ○ △ ×

법인세 과세표준의 계산에 관한 설명이다. 옳은 것은?

① 내국법인의 각 사업연도 소득에 대한 법인세의 과세표준을 계산할 때 공제되지 아니한 소득공제액은 해당 사업연도의 다음 사업연도 이후로 이월하여 공제할 수 있다.

② 「자산유동화에 관한 법률」에 따른 유동화전문회사가 배당가능이익의 90% 이상을 배당한 경우 그 금액은 해당 배당을 결의한 날이 속하는 사업연도의 소득금액에서 공제한다.

③ 내국법인의 각 사업연도 소득에 대한 법인세의 과세표준은 각 사업연도 소득의 범위에서 비과세소득, 이월결손금 및 소득공제액을 차례로 공제한 금액으로 한다.

④ 법인세의 과세표준과 세액을 추계결정하는 경우에는 이월결손금 공제규정을 적용하지 아니하며, 과세표준과 세액을 추계결정함에 따라 공제되지 못한 이월결손금은 그 후의 사업연도 과세표준을 계산할 때 공제할 수 없다.

⑤ 「채무자 회생 및 파산에 관한 법률」에 따라 법원이 인가결정한 회생계획을 이행 중인 법인의 공제대상 이월결손금은 각 사업연도 소득금액의 100%를 한도로 공제한다.

07 CPA 2019

☑ 확인 Check! ○ △ ×

「법인세법」상 과세표준의 계산에 관한 설명이다. 옳은 것은?

① 중소기업의 각사업연도에 결손금이 발생한 경우 직전 사업연도의 소득에 대하여 과세된 법인세액을 한도로 그 결손금의 환급을 신청할 수 있다.

② 천재지변 등으로 장부나 그 밖의 증명서류가 멸실되어 과세표준과 세액을 추계결정하는 경우 결손금 이월공제가 적용된다.

③ 법인은 합병시 승계한 이월결손금을 자산수증이익 및 채무면제이익으로 보전할 수 있다.

④ 중소기업이 전기 사업연도에 대한 법인세 과세표준과 세액을 신고기한 내에 신고하고, 당기 사업연도에 대한 법인세 과세표준과 세액은 기한 후 신고한 경우 결손금소급공제를 받을 수 있다.

⑤ 결손금소급공제 한도인 직전 사업연도 법인세액에는 가산세를 포함하며 토지 등 양도소득에 대한 법인세는 제외한다.

08 CPA 2020

☑ 확인 Check! ○ △ ×

제조업을 영위하는 영리내국법인 (주)A(중소기업)의 제26기(2026.1.1.~12.31.) 각 사업연도 소득에 대한 법인세 환급과 관련된 자료이다. 법인세 환급 후 결손금 경정으로 징수되는 법인세액(이자상당액은 고려하지 말 것)으로 옳은 것은?

(1) 제25기(2025.1.1.~12.31.) 법인세 관련 내역

법인세 과세표준	산출세액	공제·감면세액	가산세액
350,000,000원	46,500,000원	30,000,000원	3,000,000원

(2) 당기에 결손금 100,000,000원이 발생하여 이 중 80,000,000원을 소급공제신청하고 이에 대한 법인세를 환급받았다.

(3) 법인세 환급 이후 제26기에 대한 법인세 과세표준과 세액의 경정으로 인해 당초의 결손금 100,000,000원이 70,000,000원으로 감소하였다.

(4) 제25기 사업연도까지 발생한 결손금은 없었다.

(5) (주)A는 결손금소급공제에 필요한 모든 조건을 충족하고 있다.

① 1,900,000원
② 5,000,000원
③ 5,700,000원
④ 9,500,000원
⑤ 15,200,000원

09 CTA 2024

☑ 확인 Check! ○ △ ×

법인세법령상 유동화전문회사 등에 대한 소득공제에 관련된 설명으로 옳지 않은 것은? (단, 질문 및 답지의 법인은 모두 내국법인임)

① 「자산유동화에 관한 법률」에 따른 유동화전문회사가 대통령령으로 정하는 배당가능이익의 100분의 90 이상을 배당한 경우 법령에서 정하는 경우를 제외하고는 그 금액은 해당 배당을 결의한 잉여금 처분의 대상이 되는 사업연도의 소득금액에서 공제한다.

② 유동화전문회사가 대통령령으로 정하는 배당가능이익의 100분의 90 이상을 배당한 경우에서 "대통령령으로 정하는 배당가능이익"이란 기업회계기준에 따라 작성한 재무제표상의 법인세비용 차감 후 당기순이익에 이월이익잉여금을 가산하거나 이월결손금을 공제한 금액을 말한다.

③ 배당금액을 소득금액에서 공제시 배당금액이 해당 사업연도의 소득금액에서 이월결손금을 뺀 금액을 초과하는 경우 그 초과하는 금액은 해당 사업연도의 다음 사업연도 개시일부터 5년 이내에 끝나는 각 사업연도로 이월하여 그 이월된 사업연도의 소득금액에서 공제할 수 있다. 다만, 내국법인이 이월된 사업연도에 배당가능이익의 100분의 90 이상을 배당하지 아니하는 경우에는 그 이월된 금액을 공제하지 아니한다.

④ 소득공제 규정을 적용받는 유동화전문회사 등에는 「자본시장과 금융투자업에 관한 법률」에 따른 투자합자회사는 포함되지만 이 중 같은 법의 기관전용 사모집합투자기구는 제외한다.

⑤ 법인세법령에 따라 지급한 배당에 대하여 소득공제를 적용받는 유동화전문회사로부터 수입배당금액을 받은 내국법인은 수입배당금액에 대하여 익금불산입 규정을 적용하지 않는다.

10 CTA 2022

☑ 확인Check! ○ △ ✕

다음은 영리내국법인인 (주)A의 제26기 사업연도(2026.1.1.~12.31.)의 외국납부세액 관련 자료이다. (주)A는 미국에서 사업을 영위하는 외국자회사 (주)B의 의결권 있는 주식 30%를 보유하고 있다. 2024.1.1. (주)B의 주식을 취득한 이후 지분율에는 변동이 없는 상태이다. (주)A의 제26기 법인세 산출세액을 계산하면 얼마인가? (단, 주어진 자료 이외에는 고려하지 않음)

(1) (주)B로부터 외국법인세 원천징수세액 200,000원 차감 후 배당금 1,800,000원을 수령하고 다음과 같이 회계처리하였다.

(차) 현 금	1,800,000원	(대) 배당금수익	2,000,000원
선급법인세	200,000원		

(2) (주)B의 제26기 사업연도(2026.1.1.~12.31.) 소득금액은 5,000,000원이고, 이에 대한 외국법인세는 1,000,000원이다.
(3) (주)A의 법인세비용차감전순이익은 150,000,000원이며, 세무상 이월결손금은 없다.

① 15,050,000원
② 15,000,000원
③ 14,125,000원
④ 13,329,000원
⑤ 12,882,000원

11 CTA 2021

☑ 확인Check! ○ △ ✕

〈법인세법〉 「법인세법」상 외국납부세액공제와 관련하여, ( )에 들어갈 내용으로 옳은 것은? (단, 2026.1.1. 이후 개시하는 사업연도에 발생한 외국법인세액만 있는 경우로 가정함)

내국법인의 각 사업연도의 소득에 대한 과세표준에 국외원천소득이 포함되어 있는 경우로서 법령에 따라 외국법인세액을 해당 사업연도의 산출세액에서 공제하고자 할 때, 그 국외원천소득에 대하여 외국정부에 납부하였거나 납부할 외국법인세액이 해당 사업연도의 공제한도금액을 초과하는 경우 그 초과하는 금액은 해당 사업연도의 다음 사업연도 개시일부터 ( ) 이내에 끝나는 각 사업연도로 이월하여 그 이월된 사업연도의 공제한도금액 내에서 공제받을 수 있다.

① 10년
② 12년
③ 15년
④ 17년
⑤ 20년

12 CPA 2024

확인Check! ○ △ ✕

영리내국법인 (주)갑의 제26기(2026.1.1.~12.31.) 외국납부세액에 관한 자료이다. 외국납부세액공제를 적용할 경우 제26기 법인세 산출세액에서 공제할 외국납부세액공제액으로 옳은 것은?

(1) 2025년 1월 1일 외국에서 사업을 영위하는 A법인의 의결권 있는 주식 30%를 취득하였다. 취득 후 지분율의 변동은 없다.
(2) A법인으로부터 배당금 4,500,000원을 수령하고 다음과 같이 회계처리하였다. 이 금액은 A법인 소재국에서 10% 세율로 원천징수한 후의 금액이다.

(차) 현 금	4,500,000원	(대) 배당금수익	4,500,000원

(3) A법인의 해당 사업연도 소득금액은 10,000,000원이고 법인세는 2,000,000원이다.
(4) (주)갑의 법인세비용차감전순이익은 120,000,000원이며, 이월결손금과 비과세소득 및 소득공제는 없다.
(5) A법인으로부터 받은 배당은 외국자회사 수입배당금 익금불산입규정이 적용되지 않는다고 가정한다.

① 500,000원
② 562,500원
③ 625,000원
④ 1,250,000원
⑤ 1,750,000원

13 CPA 2022

확인Check! ○ △ ✕

제조업을 영위하는 영리내국법인 (주)A(간접투자회사 등에 해당하지 않음)의 제26기(2026.1.1~2026.12.31.) 자료이다. 외국납부세액공제액으로 옳은 것은?

(1) 국내원천 소득금액은 292,000,000원이다.
(2) B국에 소재하는 외국자회사로부터의 수입배당금 내역

지분율	수입배당금	직접외국납부세액
40%	100,000,000원	10,000,000원

① 배당기준일은 2026년 3월 31일이며, (주)A는 자회사의 주식을 2025년 3월 1일에 취득하여 계속 보유하고 있다.
② 직접외국납부세액은 수입배당금에 대한 B국의 원천징수세액이며 손익계산서상 비용으로 처리하였다. 수입배당금은 직접외국납부세액을 차감하기 전의 금액이며 손익계산서상 수익으로 처리하였다.
③ 자회사의 해당 사업연도 소득금액은 270,000,000원, 법인세액은 20,000,000원이다.

(3) B국에 소재하는 외국자회사는 「국제조세조정에 관한 법률」에 따른 특정외국법인에 해당하지 않으며, 외국자회사로부터의 수입배당금은 혼성금융상품의 거래에 따라 받은 배당이 아니다.

① 0원
② 10,000,000원
③ 12,500,000원
④ 16,200,000원
⑤ 18,000,000원

14 CPA 2021

☑ 확인 Check! ○ △ ×

제조업을 영위하는 영리내국법인 (주)A(중소기업)의 제26기(2026.1.1.~12.31.) 자료이다. 차감납부할 법인세액으로 옳은 것은? (단, (주)A는 외국납부세액에 대하여 세액공제방법을 적용한다)

> (1) 제26기 과세표준은 250,000,000원(국내 및 국외원천소득 포함)이며, 최저한세 대상인 「조세특례제한법」상 손금산입액 20,000,000원이 반영된 금액이다.
> (2) 제26기에 외국 자회사B로부터 배당금 2,000,000원(원천징수세액 262,500원이 차감된 금액임)을 받아 배당금수익으로 회계처리하였다. 동 배당금은 수입배당금 익금불산입 적용대상이 아니고, 익금산입된 자회사B에 대한 간접외국납부세액은 500,000원이며, 외국납부세액공제 요건을 충족하는 것으로 가정한다.
> (3) 세무상 이월결손금 및 중간예납세액은 없다.

① 8,560,000원
② 19,260,000원
③ 27,196,125원
④ 30,300,000원
⑤ 31,660,000원

15 CPA 2019

☑ 확인 Check! ○ △ ×

영리내국법인 (주)갑의 제26기 사업연도(2026.1.1.~12.31.) 외국납부세액 관련 자료이다. (주)갑의 제26기 법인세 산출세액은 얼마인가?

> (1) 외국자회사 : A법인 (「국제조세조정에 관한 법률」에 따른 조세회피처 아닌 국가에 소재함)
> (2) 투자지분 : 의결권 있는 주식의 9% (2024.1.1. 취득 후 지분율 변동 없음)
> (3) A법인으로부터의 배당금은 1,000,000원(원천징수세액 100,000원 포함)이며 다음과 같이 회계처리하였다.
>
> | | | | |
> |---|---|---|---|
> | (차) 현 금 | 900,000원 | (대) 영업외수익 | 900,000원 |
>
> (4) A법인의 해당 사업연도 소득금액 : 3,000,000원
> (5) A법인의 해당 사업연도 법인세 : 500,000원
> (6) (주)갑의 법인세비용차감전순이익은 100,000,000원이며, 이월결손금은 없다.

① 8,250,000원
② 0원
③ 9,125,000원
④ 9,562,500원
⑤ 10,000,000원

16 CTA 2016

☑ 확인Check! ○ △ ✕

영리내국법인 (주)A(제조업)의 제26기 사업연도(2026.1.1~12.31.)에 대한 「법인세법」상 재해손실에 대한 세액공제는 얼마인가? (단, 주어진 자료 이외에는 고려하지 않음)

(1) 2026.3.20.에 발생한 화재로 인한 (주)A 사업용 자산 가액의 변동

구 분	화재발생 직전 장부가액	화재발생 후 장부가액
토 지	100,000,000원	90,000,000원
건 물	200,000,000원	60,000,000원
기타 자산	100,000,000원	30,000,000원

한편, 상기 사업용 자산과는 별개로 (주)A가 보관하던 타인소유 자산 60,000,000원이 당해 화재로 상실되었으며, (주)A는 이에 대한 변상책임을 부담하지 않는다.

(2) 당해 화재로 인해 보험회사로부터 보험금 90,000,000원을 수령하였다.

(3) 제26기 각 사업연도의 소득에 대한 법인세 산출세액은 280,000,000원이며, 재해발생일 현재 부과되지 아니한 법인세와 부과된 법인세로서 미납된 세액은 없다. 또한 「국세기본법」에 따른 원천징수 등 납부지연가산세가 40,000,000원 있으며, 당해 재해손실에 대한 세액공제 이외에 다른 공제 및 감면세액은 없다.

① 128,000,000원
② 160,000,000원
③ 192,000,000원
④ 210,000,000원
⑤ 224,000,000원

17 CPA 2021

☑ 확인Check! ○ △ ✕

법인세 과세표준 및 세액의 계산에 관한 설명이다. 옳지 않은 것은?

① 「공익신탁법」에 따른 공익신탁의 신탁재산에서 생기는 소득은 각 사업연도 소득에 대한 법인세를 과세하지 않는다.

② 「조세특례제한법」에 의한 비과세소득을 적용받고자 하는 법인은 납세지 관할 세무서장에게 신청하여야 한다.

③ 재해손실세액공제를 적용받고자 하는 법인은 과세표준신고기한이 경과되지 않은 경우에는 그 신고기한(재해발생일로부터 신고기한까지 기간이 3개월 미만인 경우에는 재해발생일로부터 3개월)이내에 재해손실세액 공제신청서를 납세지 관할 세무서장에게 제출하여야 한다.

④ 국외사업장이 여러 국가에 있는 경우 외국납부세액 공제액의 공제한도금액은 국가별로 구분하여 각각 계산한다.

⑤ 결손금의 일부는 이월공제받고 일부는 소급공제받은 경우 결손금의 감소에 따른 과다환급세액을 계산할 때 이월공제받은 결손금이 먼저 감소된 것으로 본다.

18 CPA 2025

☑ 확인 Check! ○ △ ✕

제조업을 영위하는 영리내국법인 (주)A(중소기업)의 제26기(2026.1.1.~12.31.)에 발생한 화재 관련 자료이다. 재해손실세액공제액으로 옳은 것은?

(1) 2026년 2월 화재로 인한 사업용자산 가액 변동은 다음과 같다.

구 분	화재 전 장부가액	화재 후 장부가액
재고자산	50,000,000원	10,000,000원
차량운반구	120,000,000원	70,000,000원
건 물	200,000,000원	100,000,000원
토 지	300,000,000원	300,000,000원

(2) 당해 화재로 인하여 보험회사로부터 수령한 보험금은 50,000,000원이다.

(3) 상기 자산과는 별도로 (주)A가 보관중인 30,000,000원의 타인 소유 기계장치가 화재로 전부 멸실되었으며, 동 자산에 대한 변상책임은 (주)A에게 있다.

(4) 화재 발생일 현재 법인세 미납액은 11,000,000원(장부의 기록·보관 불성실 가산세 1,000,000원이 포함됨)이다.

(5) 당기 사업연도에 대한 법인세 산출세액은 20,000,000원이며, 외국납부세액공제액 1,000,000원과 「조세특례제한법」에 의한 세액공제액 2,000,000원이 있다.

① 14,400,000원
② 14,850,000원
③ 15,400,000원
④ 15,950,000원
⑤ 16,500,000원

19 CPA 2018

☑ 확인 Check! ○ △ ✕

「법인세법」상 세액공제에 관한 설명으로 옳은 것은?

① 재해손실세액공제의 사업용 자산가액의 범위는 토지를 제외한 사업용 자산과 타인 소유의 자산으로서 그 상실로 인한 변상책임이 당해 법인에게 있는 것의 합계액이다.

② 재해손실세액공제 대상이 되는 법인세에는 재해발생일이 속하는 사업연도의 소득에 대한 법인세와 재해발생일 현재 부과된 법인세로서 미납된 법인세가 포함되며, 재해발생일 현재 부과되지 아니한 법인세는 공제대상에 포함되지 않는다.

③ 국외사업장이 2개 이상의 국가에 있는 경우에도 외국납부세액공제의 한도액은 국가별로 구분하지 않고 계산한다.

④ 외국정부에 납부하였거나 납부할 외국법인세액이 외국납부세액공제 한도를 초과하는 경우 그 초과하는 금액은 해당 사업연도의 다음 사업연도 개시일부터 10년 이내에 끝나는 각 사업연도에 이월하여 그 이월된 사업연도의 공제한도 범위에서 공제받을 수 있으며, 공제기간 내에 공제되지 아니한 외국납부세액 이월액은 공제기간이 종료한 사업연도에 소멸한다.

⑤ 내국법인이 사실과 다른 회계처리로 인하여 경정을 받음으로써 각 사업연도의 법인세에서 과다 납부한 세액을 공제하는 경우 그 공제하는 금액은 과다 납부한 세액의 100분의 50을 한도로 하며, 공제 후 남아있는 과다 납부한 세액은 이후 사업연도에 이월하여 공제한다.

20 CPA 2023

☑ 확인 Check! ○ △ ×

제조업을 영위하는 영리내국법인 (주)A의 제26기(2026.1.1.~12.31.) 자료이다. 재해손실세액공제액과 사실과 다른 회계처리로 인한 경정에 따른 세액공제액의 합계액으로 옳은 것은?

(1) (주)A의 사업용자산 화재내역은 다음과 같다.

구 분	화재 전 장부가액	재해상실가액	화재 후 장부가액
공장건물	400,000,000원	100,000,000원	300,000,000원
차량운반구	100,000,000원	40,000,000원	60,000,000원

(2) 사업용자산은 모두 화재보험에 가입되어 있으며 보험금으로 80,000,000원을 수령하였다.

(3) (주)A가 보관하고 있던 타인소유자산 100,000,000원이 공장건물 화재로 전액 상실되었다. (주)A는 이에 대하여 변상책임을 부담한다.

(4) (주)A는 사실과 다른 회계처리를 하여 관계당국으로부터 경고조치를 받았으며 이에 「국세기본법」에 따라 2026년 10월 2일에 경정을 받았다. 사실과 다른 회계처리로 인한 과다납부세액은 40,000,000원이다.

(5) 당기 사업연도의 법인세 관련 자료는 다음과 같으며 재해발생일 현재 미납법인세액은 없고 「국세기본법」에 따른 수정신고를 하여 납부할 세액도 없다.

산출세액	공제·감면세액	가산세액	차감납부할세액
300,000,000원	30,000,000원*	6,000,000원**	50,000,000원

*연구·인력개발비에 대한 세액공제액임

**원천징수등 납부지연 가산세임

① 40,000,000원
② 110,400,000원
③ 118,400,000원
④ 150,400,000원
⑤ 280,000,000원

21 CPA 2019

☑ 확인 Check! ○ △ ×

영리내국법인 (주)갑(중소기업)의 제26기 사업연도(2026.1.1.~12.31.) 법인세 관련 자료이다. 최저한세 적용 후 제26기 산출세액에서 차감되는 「조세특례제한법」상 세액공제액은 모두 얼마인가?

(1) 각사업연도소득금액 : 198,000,000원

(2) 위 금액에는 「조세특례제한법」상 손금산입 항목 5,000,000원이 신고조정으로 손금에 포함되어 있다.

(3) 연구·인력개발비에 대한 세액공제 : 2,000,000원

(4) 근로소득을 증대시킨 기업에 대한 세액공제(최저한세 대상) : 5,820,000원

(5) 외국납부세액공제 : 1,000,000원

(6) 재해손실세액공제 : 2,000,000원

(7) 최저한세 적용시 조세특례의 배제는 경정시 배제순서를 따른다.

① 5,650,000원
② 5,810,000원
③ 6,240,000원
④ 6,360,000원
⑤ 7,820,000원

CHAPTER 09

법인세 납세절차 및 그 밖의 법인세

01 CTA 2023

☑ 확인 Check! ○ △ ×

법인세법상 성실신고확인서 제출에 관한 설명으로 옳지 않은 것은?

① 「주식회사 등의 외부감사에 관한 법률」에 따라 감사인에 의한 감사를 받은 내국법인은 성실신고확인서를 제출하지 아니할 수 있다.

② 성실신고확인 대상인 내국법인이 법령에 따라 성실신고확인서를 제출하는 경우에는 각 사업연도의 종료일이 속하는 달의 말일부터 4개월 이내에 그 사업연도의 소득에 대한 법인세의 과세표준과 세액을 납세지 관할 세무서장에게 신고하여야 한다.

③ 「소득세법」에 따른 성실신고확인대상사업자가 사업용자산을 현물출자하여 내국법인으로 전환한 경우 그 내국법인은 법인으로 전환한 후 5년 동안 성실신고확인서를 제출해야 한다.

④ 성실신고확인서 제출 불성실 가산세를 적용할 때 법령에 따른 경정으로 산출세액이 0보다 크게 된 경우에는 경정된 산출세액을 기준으로 가산세를 계산한다.

⑤ 성실신고확인서 제출 불성실 가산세는 산출세액이 없는 경우에도 적용한다.

02 CTA 2018

☑ 확인 Check! ○ △ ×

다음은 제조업을 주업으로 하는 내국법인 (주)A(중소기업 아님)의 제26기 사업연도(2026.1.1.~12.31.)의 세무조정 및 신고·납부 관련 자료이다. 각 (   )에 들어갈 금액을 모두 합산하면 얼마인가? (단, 전기 이전의 모든 세무조정은 적정하였으며, 주어진 자료 이외에는 고려하지 않음)

(1) (주)A가 2023년 출자하여 「국제조세조정에 관한 법률」에 따른 특정국가(조세회피처)에 설립한 외국자회사 (주)B로부터 수령한 수입배당금액 10,000,000원이 제26기 각 사업연도 소득금액에 포함되어 있으며, (주)A는 외국법인세액에 대하여 외국납부세액공제를 적용한다. (주)A는 동 배당금과 관련하여 (   )원을 간접외국납부세액으로 보아 익금산입하고, 법정금액을 공제한도로 하여 당해 외국법인세액을 제26기 사업연도 법인세액에서 공제하였다. (주)B에 대한 (주)A의 출자비율은 40%이며, (주)B의 당해 사업연도 소득금액과 법인세액은 각각 3억원과 1억원이다.

(2) 제26기 각 사업연도 소득금액에는 (주)A의 개인주주 甲에게 자금을 대여하고 수취한 이자수익 20,000,000원과 유가증권시장 주권상장법인으로부터 직접 받은 현금배당금 10,000,000원이 포함되어 있으며, 이를 모두 국내에서 지급받으면서 (   )원의 법인세 원천징수세액이 발생하였다.

(3) 가산세 3,000,000원을 포함한 자진납부할 세액이 18,000,000원으로 산출되어, 분납할 수 있는 최대금액인 (   )원은 분납하기로 결정하였다.

① 8,000,000
② 10,400,000
③ 12,200,000
④ 14,400,000
⑤ 15,000,000

03 CTA 2016

☑ 확인 Check! ○ △ ×

「법인세법」상 신고 및 납부에 관한 설명으로 옳은 것은?

① 내국법인이 각 사업연도의 소득에 대한 법인세의 과세표준과 세액을 신고하는 경우, 「주식회사의 외부감사에 관한 법률」에 따라 감사인에 의한 감사를 받아야 하는 내국법인이 해당 사업연도의 감사가 종결되지 아니하여 결산이 확정되지 아니하였다는 사유로 법령으로 정하는 바에 따라 신고기한의 연장을 신청한 경우에는 그 신고기한을 1개월의 범위에서 연장할 수 있다.
② 내국법인의 납부할 세액이 2천만원을 초과하는 경우에는 납부할 세액에서 1천만원을 초과하는 금액을 납부기한이 지난 날부터 1개월 이내에 분납할 수 있다.
③ 내국법인이 직전 사업연도의 법인세로서 확정된 산출세액을 직전 사업연도의 월수로 나눈 금액에 6을 곱하여 중간예납세액을 계산하는 경우, 직전 사업연도의 법인세로서 확정된 산출세액에는 가산세를 제외한다.
④ 내국법인은 각 사업연도의 소득에 대한 법인세 산출세액에 해당 사업연도에 원천징수된 세액을 합산한 금액을 각 사업연도의 소득에 대한 법인세로서 납부하여야 한다.
⑤ 법인세가 수시부과된 사업연도에 대해서는 당해 수시부과로써 그 신고의무가 완료된 것이므로 해당 각 사업연도의 소득에 대한 별도의 법인세 과세표준 등의 신고 의무는 없다.

04 CPA 2019

☑ 확인 Check! ○ △ ×

「법인세법」상 중간예납에 관한 설명이다. 옳은 것은?

① 해당 중간예납기간의 법인세액을 기준으로 중간예납세액을 계산할 경우 중간예납기간의 수시부과세액은 차감하지 않는다.

② 내국법인이 납부하여야 할 중간예납세액의 일부를 납부하지 아니한 경우 납부지연가산세는 적용되지 않는다.

③ 직전 사업연도의 중소기업으로서 직전 사업연도의 산출세액을 기준으로 하는 방법에 따라 계산한 중간예납세액이 50만원 미만인 내국법인은 중간예납세액을 납부할 의무가 없다.

④ 합병이나 분할에 의한 신설 내국법인은 최초사업연도의 기간이 6개월을 초과하더라도 최초사업연도에 대한 중간예납의무가 없다.

⑤ 법인과세 수탁자는 법인과세 신탁재산에 대하여 중간예납기간이 지난 날부터 2개월 이내에 중간예납세액을 신고・납부하여야 한다.

05 CPA 2025

☑ 확인 Check! ○ △ ×

중간예납에 관한 설명이다. 옳지 않은 것은?

① 내국법인이 납부할 중간예납세액이 1천만원을 초과하는 경우에는 분납할 수 있다.

② 합병이나 분할에 의하지 아니하고 새로 설립된 법인은 최초사업연도에 대하여 중간예납세액을 납부할 의무가 없다.

③ 분할신설법인 또는 분할합병의 상대방 법인이 분할 후 최초사업연도의 중간예납세액을 산출할 경우 해당 중간예납기간의 법인세액을 기준으로 하는 방법으로 중간예납세액을 계산한다.

④ 납세지 관할세무서장은 중간예납기간 중 휴업 등의 사유로 수입금액이 없는 법인에 대하여 그 사실이 확인된 경우에는 해당 중간예납기간에 대한 법인세를 징수하지 아니한다.

⑤ 직전 사업연도의 산출세액을 기준으로 하는 방법을 적용하여 중간예납세액을 계산할 경우 직전 사업연도에 대한 법인세로서 확정된 산출세액에는 토지등 양도소득에 대한 법인세액은 포함하나 가산세는 포함하지 않는다.

06 CTA 2025 ☑ 확인 Check! ○ △ ×

직전 사업연도 종료일 현재 독점규제 및 공정거래에 관한 법률에 따른 공시대상기업집단에 속하는 내국법인 (주)A(중소기업 아님)의 중간예납세액을 계산하기 위한 자료이다. 제26기 중간예납세액은? (단, 세부담의 최소화로 신고하는 것으로 가정함)

(1) (주)A의 제25기(2025.1.1.~12.31.) 법인세 신고 및 납부내역은 다음과 같다.
  ① 과세표준 : 900,000,000원
  ② 산출세액 : 151,000,000원
  ③ 원천징수세액 : 42,000,000원
  ④ 수시부과세액 : 19,000,000원
  ⑤ 중간예납세액 : 10,000,000원
(2) (주)A의 제26기 중간예납기간(2026.1.1.~6.30.)에 대한 자료는 다음과 같다.
  ① 손익계산서상 당기순이익 : 400,000,000원
  ② 익금산입 및 손금불산입 : 150,000,000원
  ③ 손금산입 및 익금불산입 : 50,000,000원
  ④ 원천징수세액 : 13,000,000원
  ⑤ 외국납부세액공제액 : 2,000,000원
  ⑥ 수시부과세액 : 10,000,000원
(3) 위에 제시된 자료 외에는 비과세소득, 소득공제, 세액공제 및 세액감면 등은 없으며, 제25기와 제26기에 적용되는 법인세율은 과세표준 2억원 이하분 9%, 2억원 초과 200억원 이하분 19%이다.

① 40,000,000원
② 45,000,000원
③ 46,000,000원
④ 54,000,000원
⑤ 60,000,000원

07 CTA 2025

☑ 확인 Check! ○ △ ×

법인세법령상 과세표준의 결정 및 경정에 관한 설명으로 옳지 않은 것은?

① 납세의무가 있는 내국법인이 각 사업연도의 소득에 대한 법인세의 과세표준과 세액을 신고하지 않은 경우, 국세청장이 조사기간을 따로 정하지 아니한 때에는 납세지관할세무서장은 해당 사업연도의 종료일이 속하는 달의 말일부터 1년 이내에 법인세의 과세표준과 세액에 대한 결정을 완료해야 한다.

② 국세청장이 특히 중요하다고 인정하는 것에 대하여는 납세지관할지방국세청장이 이를 결정 또는 경정할 수 있으며, 이 경우 납세지관할세무서장은 해당 과세표준을 결정 또는 경정하기 위하여 필요한 서류를 납세지관할지방국세청장에게 지체 없이 보내야 한다.

③ 과세표준 등의 신고를 한 내국법인이 지급명세서, 매출・매입처별 계산서합계표의 전부 또는 일부를 제출하지 아니한 경우 납세지관할세무서장은 그 법인의 각 사업연도의 소득에 대한 법인세의 과세표준과 세액을 경정한다.

④ 납세지관할세무서장이 행하는 법인의 각 사업연도의 소득에 대한 법인세의 과세표준과 세액의 경정은 해당 내국법인이 신고할 때에 첨부한 신고서 및 그 첨부서류에 의하거나 비치기장된 장부 또는 그 밖의 증명서류에 의한 실지조사에 의함을 원칙으로 한다.

⑤ 해당 내국법인의 과세표준 등의 신고 내용에 오류 또는 누락이 있는 경우에 납세지관할세무서장은 해당 내국법인의 법인세의 과세표준과 세액을 결정 또는 경정한 후 그 결정 또는 경정에 오류나 누락이 있는 것을 재차 발견한 때에는 즉시 이를 다시 경정한다.

08 CTA 2018

☑ 확인 Check! ○ △ ×

「법인세법」상 과세표준 및 세액의 신고 및 결정・경정에 관한 설명으로 옳지 않은 것은?

① 내국법인으로서 각 사업연도의 소득금액이 없는 법인도 그 사업연도의 소득에 대한 법인세의 과세표준과 세액을 납세지 관할 세무서장에게 신고하여야 한다.

② 납세지 관할 세무서장은 제출된 신고서에 오류가 있을 때에는 보정할 것을 요구할 수 있다.

③ 납세지 관할 세무서장은 법인세 과세표준과 세액을 신고한 내국법인의 신고내용에 누락이 있는 경우에는 그 법인의 각 사업연도의 소득에 대한 법인세의 과세표준과 세액을 경정한다.

④ 「주식회사 등의 외부감사에 관한 법률」에 따라 감사인에 의한 감사를 받아야 하는 내국법인이 해당 사업연도의 감사가 종결되지 아니하여 결산이 확정되지 아니하였다는 사유로 신고기한의 연장을 신청한 경우에는 그 신고기한을 1개월의 범위에서 연장할 수 있다.

⑤ 납세지 관할 세무서장은 법인세의 과세표준과 세액을 결정한 후 그 결정에 오류가 있는 것을 발견한 경우에는 1개월 이내에 이를 경정한다.

09 CPA 2024

☑ 확인Check! ○ △ ✕

비영리법인의 각 사업연도 소득에 관한 설명이다. 옳지 않은 것은?

① 비영리내국법인은 원천징수된 투자신탁의 이익에 대하여 과세표준 신고를 하지 아니할 수 있다. 이 경우 과세표준 신고를 하지 아니한 투자신탁의 이익은 그 법인의 해당 각 사업연도 소득금액에 산입한다.

② 토지 또는 건물의 양도로 인하여 발생하는 소득만 있는 비영리내국법인(사업소득에 해당하는 수익사업을 하는 비영리내국법인은 제외함)은 과세표준 신고를 하지 아니할 수 있다.

③ 비영리외국법인이란 외국법인 중 외국의 정부·지방자치단체 및 영리를 목적으로 하지 아니하는 법인(법인으로 보는 단체를 포함함)을 말한다.

④ 비영리내국법인의 각 사업연도 소득에는 유형자산의 처분으로 인한 수입을 포함하나, 처분일 현재 3년 이상 계속하여 고유목적사업에 직접 사용한 유형자산의 처분으로 인하여 생기는 수입은 제외한다.

⑤ 비영리내국법인은 토지 등 양도소득에 대한 법인세 납세의무가 있으나, 청산소득에 대한 법인세 납세의무는 없다.

10 CTA 2023

☑ 확인Check! ○ △ ✕

법인세법상 비영리법인의 각 사업연도의 소득에 대한 법인세에 관한 설명으로 옳은 것은?

① 비영리내국법인의 각 사업연도의 소득에는 고유목적사업에 직접 사용하는 자산의 처분으로 인한 모든 수입을 포함한다.

② 비영리내국법인의 고유목적사업준비금을 손비로 계상한 경우에는 그 계상한 고유목적사업준비금을 이후 연속하는 3개 사업연도의 산출세액에서 순차적으로 차감한다.

③ 수익사업을 하는 비영리내국법인은 유형자산인 토지의 양도로 인하여 발생하는 소득이 있는 경우에 과세표준 신고를 하지 아니한다.

④ 수익사업을 하는 비영리내국법인은 장부의 기록·보관 불성실 가산세의 적용을 받지 않는다.

⑤ 비영리법인이 수익사업을 하는 경우에는 자산·부채 및 손익을 그 수익사업에 속하는 것과 수익사업이 아닌 그 밖의 사업에 속하는 것을 각각 다른 회계로 구분하여 기록하지 않을 수 있다.

11 CTA 2017

☑ 확인Check! ○ △ ✕

「법인세법」상 비영리내국법인에 관한 설명으로 옳은 것은?

① 비영리내국법인이 수익사업을 영위하는 경우 구분경리하지 않는 것을 원칙으로 한다.

② 비영리내국법인의 청산소득에 대하여는 법인세가 과세된다.

③ 비영리내국법인은 「소득세법」에 따른 비영업대금의 이익에 대해서 반드시 법인세 과세표준신고를 하여야 한다.

④ 비영리내국법인은 고유목적사업준비금을 손금에 산입한 날이 속하는 사업연도 종료일 이후 3년이 되는 날까지 고유목적사업에 사용하여야 한다.

⑤ 축산업을 영위하는 비영리내국법인은 지상권의 양도로 인하여 발생하는 소득은 법인세가 과세된다.

12 CTA 2021

☑ 확인Check! ○ △ ✕

제조업을 영위하는 영리내국법인 (주)A(중소기업 아님)의 제26기 사업연도(2026.1.1.~12.31.) 법인세 차감납부세액 계산과 관련하여 다음 ㉠, ㉡, ㉢의 합계액은? (단, 다음에 제시되는 각 상황은 상호 독립적이라고 가정하고, 주어진 자료 이외에는 고려하지 않는다. 또한 (주)A의 소득 중에 법인세가 부과되지 아니하거나 비과세 또는 면제되는 소득은 없음)

(1) (주)A는 제26기 중 「법인세법」상 토지 등 양도소득에 대한 법인세 과세대상에 해당하는 조합원입주권을 특수관계가 없는 자에게 양도하고, 150,000,000원의 양도소득이 발생하였다. 이로 인해 (주)A의 제26기 법인세 차감납부세액이 (㉠)원 증가되었다.

(2) (주)A는「법인세법」에 따른 장부의 비치·기장의무를 이행하지 않았기 때문에 장부의 기록·보관 불성실가산세 (㉡)원을 제26기 사업연도 법인세액에 더하여 납부하였다. (주)A의 제26기 산출세액은 30,000,000원, 수입금액은 100억원이다.

(3) (주)A의 제26기 각 사업연도 소득금액에는 (주)B(제조업)에게 일시적으로 자금을 대여하고 국내에서 수취한 이자수익 5,000,000원이 포함되어 있다. 동 이자수익에 대한 법인세 원천징수가 적법하게 이행된 경우, (주)A의 차감납부세액 계산 시 기납부세액으로 공제될 수 있는 금액은 (㉢)원이다.

① 22,750,000원
② 23,250,000원
③ 32,250,000원
④ 37,750,000원
⑤ 38,250,000원

13 CTA 2016

☑ 확인Check! ○ △ ×

다음 자료를 이용하여 제26기 사업연도(2026.1.1.~12.31.) 말에 해산을 결의하고 청산절차에 착수한 영리 내국법인 (주)A의 「법인세법」상 청산소득금액을 계산하면 얼마인가? (단, 주어진 자료 이외에 다른 사항은 고려하지 않음)

(1) 해산등기일 현재 재무상태표상 자본의 내역

자본금	80,000,000원
자본잉여금	30,000,000원
이익잉여금	10,000,000원

(2) 해산등기일 현재 법령으로 정하는 이월결손금은 50,000,000원이며, 이 금액 중 자기자본의 총액에서 이미 상계되었거나 상계된 것으로 보는 금액은 없다.

(3) 해산에 의한 잔여재산의 가액은 1억원으로 확정되었다.

(4) 해산등기일 전 2년 이내에 자본금에 전입한 잉여금은 없다.

① 10,000,000원
② 20,000,000원
③ 30,000,000원
④ 40,000,000원
⑤ 50,000,000원

14 CPA 2023

☑ 확인Check! ○ △ ×

「법인세법」상 청산소득에 관한 설명이다. 옳지 않은 것은?

① 외국법인과 비영리내국법인은 청산소득에 대한 법인세 납세의무가 없다.

② 청산소득에 대한 법인세의 납부의무가 있는 법인은 과세표준과 세액을 납세지 관할 세무서장에게 신고하여야 하나 청산소득의 금액이 없는 경우에는 그러하지 아니하다.

③ 내국법인의 해산에 의한 청산소득의 금액을 계산할 때 그 청산기간에 생기는 각 사업연도의 소득금액이 있는 경우에는 그 법인의 해당 각 사업연도의 소득금액에 산입한다.

④ 내국법인의 해산에 의한 청산소득의 금액을 계산할 때 그 청산기간에 「국세기본법」에 따라 환급되는 법인세액이 있는 경우 이에 상당하는 금액은 그 법인의 해산등기일 현재 자기자본의 총액에 가산한다.

⑤ 특별법에 따라 설립된 법인이 그 특별법의 개정이나 폐지로 인하여 「상법」에 따른 회사로 조직변경하는 경우에는 청산소득에 대한 법인세를 과세하지 아니한다.

15 CPA 2025

☑ 확인Check! ○ △ ×

제조업을 영위하는 영리내국법인 (주)A의 26기(2026.1.1.~12.31.) 청산소득 관련 자료이다. 청산소득금액으로 옳은 것은? (단, 전기까지의 세무조정은 적정하게 이루어졌다)

(1) (주)A는 제26기 말 해산하기로 결의한 후 청산절차를 착수하였으며, 해산등기일(2026.12.31.) 현재 재무상태표는 다음과 같다.

재무상태표 (단위 : 원)

재고자산	50,000,000	차입금	150,000,000
건 물	100,000,000	자본금	100,000,000
토 지	250,000,000	자본잉여금	70,000,000
		이익잉여금	80,000,000
합 계	400,000,000	합 계	400,000,000

(2) 재고자산, 건물, 토지는 각각 60,000,000원, 150,000,000원, 300,000,000원으로 환가되었으며, 차입금은 150,000,000원으로 상환하였다.

(3) 제26기 말 현재 세법상 이월결손금 잔액은 180,000,000원이며, 유보 및 △유보 잔액은 없다.

(4) 2025년 중 자본잉여금 20,000,000원을 자본금에 전입하였다.

(5) 본 해산은 합병이나 분할에 의한 것이 아니며, 법령 등에 따라 청산소득 비과세 규정이 적용되는 경우에 해당되지 않는다.

① 270,000,000원
② 280,000,000원
③ 290,000,000원
④ 300,000,000원
⑤ 310,000,000원

16 CPA 2022

☑ 확인Check! ○ △ ×

「법인세법」상 법인세 납세의무에 관한 설명이다. 옳은 것은?

① 청산소득에 대한 법인세를 계산할 때 각 사업연도 소득에 대한 법인세율과 동일한 세율을 적용한다.

② 비영리내국법인이 주식 또는 출자지분을 양도함에 따라 생기는 수입에 대하여는 각 사업연도 소득에 대한 법인세가 과세되지 아니한다.

③ 청산소득에 대한 법인세의 납부의무가 있는 내국법인은 해산등기일이 속하는 달의 말일부터 3개월 이내에 청산소득에 대한 법인세의 과세표준과 세액을 신고하여야 한다.

④ 비영리내국법인은 원천징수된 비영업대금의 이익에 대하여는 각 사업연도 소득에 대한 법인세 과세표준 신고를 하지 않을 수 있다.

⑤ 건축 장소는 국내에 2년간 존속하더라도 외국법인의 국내사업장에 포함되지 아니한다.

17 CPA 2021

☑ 확인Check! ○ △ ×

「법인세법」상 법인과세 신탁재산에 관한 설명이다. 옳지 않은 것은?

① 법인과세 신탁재산의 법인세 납세지는 그 법인과세 수탁자의 납세지로 한다.

② 하나의 법인과세 신탁재산에 「신탁법」에 따라 둘 이상의 수탁자가 있는 경우에는 수탁자 중 신탁사무를 주로 처리하는 수탁자로 신고한 자가 법인과세 신탁재산에 귀속되는 소득에 대하여 법인세를 납부하여야 한다.

③ 수탁자의 변경에 따라 수탁자가 그 법인과세 신탁재산에 대한 자산과 부채를 변경되는 수탁자에게 이전하는 경우 수탁자 변경일 현재의 공정가액을 그 자산과 부채의 이전가액으로 보고 장부가액과의 차이를 이전에 따른 손익으로 과세한다.

④ 지급한 배당에 대하여 소득공제를 적용받는 법인과세 신탁재산으로부터 받은 수입배당금에 대하여는 내국법인 수입배당금액의 익금불산입 규정을 적용하지 않는다.

⑤ 법인과세 신탁재산은 설립일로부터 2개월 이내에 법인설립신고서를 납세지 관할 세무서장에게 신고하여야 한다.

18 CTA 2019

☑ 확인Check! ○ △ ×

「법인세법」상 연결납세제도에 관한 설명으로 옳지 않은 것을 모두 고른 것은?

ㄱ. 내국법인인 완전모법인과 그 다른 내국법인인 완전자법인은 완전모법인의 납세지 관할지방국세청장의 승인을 받아 연결납세방식을 적용할 수 있다.

ㄴ. 연결납세방식을 적용받으려는 내국법인과 해당 내국법인의 완전자법인은 최초의 사업연도 개시일부터 20일 이내에 연결납세방식 적용신청서를 해당 내국법인의 납세지 관할세무서장을 경유하여 관할지방국세청장에게 제출하여야 한다.

ㄷ. 같은 사업연도에 2 이상의 연결법인에서 발생한 결손금이 있는 경우에는 연결법인 간 균등하게 배분하여 결손금 공제를 할 수 있다.

ㄹ. 연결납세방식의 적용 승인이 취소된 연결법인은 취소된 날이 속하는 사업연도와 그 다음 사업연도의 개시일부터 4년 이내에 끝나는 사업연도까지는 연결납세방식의 적용 당시와 동일한 법인을 연결모법인으로 하여 연결납세방식을 적용받을 수 없다.

ㅁ. 각 연결사업연도의 기간이 6개월을 초과하는 연결모법인은 해당 연결사업연도 개시일부터 6개월간을 중간예납기간으로 하여 연결중간예납세액을 중간예납기간이 지난 날부터 2개월 이내에 납세지 관할 세무서등에 납부하여야 한다.

① ㄱ, ㄴ
② ㄴ, ㄷ
③ ㄹ, ㅁ, ㅂ
④ ㄴ, ㄷ, ㄹ
⑤ ㄷ, ㄹ, ㅁ, ㅂ

CHAPTER 10

합병 및 분할에 대한 특례

01 CTA 2024

☑ 확인Check! ○ △ ×

법인세법령상 합병시 이월결손금 및 기부금한도초과액의 승계 및 공제제한에 관한 설명으로 옳은 것은?

① 적격합병을 한 합병법인이 승계한 피합병법인의 결손금은 합병법인의 각 사업연도의 과세표준을 계산할 때 공제한다.

② 적격합병시 승계한 이월결손금은 채무의 면제 또는 소멸로 인한 부채(負債)의 감소액으로 보전하는데 충당할 수 없다.

③ 피합병법인의 합병등기일 현재 기부금한도초과액으로서 적격합병에 따라 합병법인이 승계한 금액은 합병법인의 각 사업연도의 소득금액을 계산할 때 피합병법인으로부터 승계받은 사업에서 발생한 소득금액한도내에서 손금에 산입한다.

④ 합병법인의 합병등기일 현재 세무상 결손금 중 적격합병에 따라 합병법인이 승계한 결손금을 제외한 금액은 합병법인의 각 사업연도의 과세표준을 계산할 때 피합병법인으로부터 승계받은 사업에서 발생한 소득금액 한도내에서 공제한다.

⑤ 적격합병을 한 합병법인은 5년 이내 합병법인이 피합병법인으로부터 승계받은 사업을 폐지하는 경우에는 그 사유가 발생한 날이 속하는 사업연도의 소득금액을 계산할 때 양도받은 자산의 장부가액과 시가와의 차액(시가가 장부가액보다 큰 경우만 해당), 승계받은 결손금 중 공제한 금액 등을 익금에 산입하고, 피합병법인으로부터 승계받아 공제한 감면・세액공제액 등을 해당 사업연도의 법인세에 더하여 납부한 후 해당 사업연도부터 감면 또는 세액공제를 적용하지 아니한다.

02 CTA 2021

☑ 확인Check! ○ △ ×

「법인세법」상 합병 시 피합병법인에 대한 과세와 관련하여 적격합병이 갖추어야 할 「법인세법」 제44조 제2항 제4호의 요건 중에는 다음의 내용이 포함된다.

> 합병등기일 1개월 전 당시 피합병법인에 종사하는 대통령령으로 정하는 근로자 중 합병법인이 승계한 근로자의 비율이 100분의 80 이상이고, 합병등기일이 속하는 사업연도의 종료일까지 그 비율을 유지할 것

위의 내용에서 밑줄로 표시된 대통령령으로 정하는 근로자란 「근로기준법」에 따라 근로계약을 체결한 내국인 근로자를 말하지만 특정한 일부 근로자는 제외되는데, 이 경우 제외되는 근로자에 해당하지 않는 것은?

① 근로계약의 연속된 갱신으로 인하여 합병등기일 1개월 전 당시 그 근로계약의 총 기간이 1년 이상인 근로자
② 법인 이사회의 구성원에 해당하는 임원
③ 합병등기일이 속하는 사업연도의 종료일 이전에 「고용상 연령차별금지 및 고령자고용촉진에 관한 법률」에 따른 정년이 도래하여 퇴직이 예정된 근로자
④ 「소득세법」에 따른 일용근로자
⑤ 합병등기일이 속하는 사업연도의 종료일 이전에 사망한 근로자

03 CTA 2020

☑ 확인Check! ○ △ ×

「법인세법」상 영리내국법인의 합병 및 분할 등에 관한 설명으로 옳지 않은 것은? (단, 「조세특례제한법」은 고려하지 않음)

① 적격합병의 경우 피합병법인이 합병법인으로부터 받은 양도가액을 피합병법인의 합병등기일 현재의 순자산 장부가액으로 보아 양도손익이 없는 것으로 할 수 있다.
② 적격합병의 경우 합병법인이 승계한 피합병법인의 결손금은 피합병법인으로부터 승계받은 사업에서 발생한 소득금액의 범위에서 합병법인의 각 사업연도의 과세표준을 계산할 때 공제한다.
③ 적격합병의 경우 합병법인은 피합병법인의 자산을 장부가액으로 양도받은 것으로 한다. 이 경우 장부가액과 시가와의 차액을 법령으로 정하는 바에 따라 자산별로 계상하여야 한다.
④ 합병 시 피합병법인의 대손충당금 관련 세무조정사항의 승계는 적격합병의 요건을 갖추고, 대손충당금에 대응하는 채권이 합병법인에게 함께 승계되는 경우에만 가능하다.
⑤ 합병법인이 합병등기일이 속하는 사업연도의 종료일까지 피합병법인으로부터 승계받은 사업을 계속 영위하는 것도 적격합병의 요건 중 하나이다.

04 CTA 2019 ☑ 확인Check! ○ △ ✕

(주)A는 (주)B를 흡수합병하고 2026.3.10. 합병등기를 하였다. 두 법인은 모두 영리내국법인으로 사업연도는 제26기(2026.1.11.~12.31.)이다. 다음의 자료를 이용하여 ㉠ 비적격합병이라 가정할 때의 (주)B의 양도손익에서 ㉡ 적격합병이라 가정할 때의 (주)B의 양도손익을 차감하면 얼마인가? (단, 전기이전의 세무조정은 적정하였으며, 주어진 자료 이외에는 고려하지 않음)

(1) 합병등기일 현재 (주)B의 재무상태표는 다음과 같다.

재무상태표 (단위 : 원)

건 물	150,000	부 채	100,000
		자본금	30,000
		자본잉여금	15,000
		이익잉여금	5,000
계	150,000	계	150,000

(2) 합병등기일 현재 (주)B의 건물의 시가는 250,000원이었고, (주)A는 (주)B의 구주주에게 현금 15,000원과 주식(액면가액 75,000원, 시가 135,000원)을 교부하고, 다음과 같이 회계처리하였다.

(차) 건 물	250,000	(대) 부 채	100,000
		자본금	75,000
		주식발행초과금	60,000
		현 금	15,000

① 0원
② 50,000원
③ 100,000원
④ 150,000원
⑤ 200,000원

05 CPA 2022

☑ 확인 Check! ○ △ ×

「법인세법」상 적격합병에 관한 설명이다. 옳지 않은 것은?

① 합병등기일 현재 1년 이상 사업을 계속하던 내국법인 간의 합병이어야 한다는 것은 적격합병의 요건 중 하나이다.

② 피합병법인의 주주등이 합병으로 인하여 받은 합병대가의 전액이 합병법인의 주식등이어야 한다는 것은 적격합병의 요건 중 하나이다.

③ 합병교부주식은 대통령령으로 정하는 피합병법인의 주주등에게 피합병법인의 지분율(피합병법인이 보유한 자기주식은 제외하고 산정) 이상을 배정해야 한다는 것은 적격합병의 요건 중 하나이다.

④ 합병법인이 합병등기일이 속하는 사업연도의 종료일까지 피합병법인으로부터 승계받은 사업을 계속하여야 한다는 것은 적격합병의 요건 중 하나이다.

⑤ 피합병법인의 합병으로 발생하는 양도손익을 계산할 때 적격합병의 경우에는 피합병법인이 합병법인으로부터 받은 양도가액을 피합병법인의 합병등기일 현재의 순자산 장부가액으로 보아 양도손익이 없는 것으로 할 수 있다.

06 CTA 2022

☑ 확인 Check! ○ △ ×

법인세법령상 합병 및 분할 등에 관한 특례의 내용으로 옳지 않은 것은?

① 적격합병이 아닌 경우 합병법인이 합병으로 피합병법인의 자산을 승계한 경우에는 그 자산을 피합병법인으로부터 합병등기일 현재의 시가로 양도받은 것으로 본다.

② 적격합병이 아닌 경우 합병법인이 피합병법인에게 지급한 양도가액과 피합병법인의 합병등기일 현재의 순자산시가가 서로 일치하지 않으면, 그 차액은 합병매수차익 또는 합병매수차손으로 한다.

③ 적격분할이 아닌 경우 분할신설법인등이 분할로 분할법인등의 자산을 승계한 경우에는 그 자산을 분할법인등으로부터 분할등기일 현재의 시가로 양도받은 것으로 본다.

④ 적격합병을 한 합병법인은 피합병법인의 자산을 시가로 양도받은 것으로 하고, 양도받은 자산 및 부채의 가액을 합병등기일 현재의 장부가액으로 계상하되 시가에서 피합병법인의 장부상 장부가액을 뺀 금액은 자산조정계정으로 계상해야 한다.

⑤ 중소기업간 적격합병인 경우 합병법인이 승계한 피합병법인의 결손금에 대한 공제는 피합병법인으로부터 승계받은 사업에서 발생한 소득금액의 100%를 한도로 한다.

07 CPA 2024

☑ 확인 Check! ○ △ ✕

「법인세법」상 합병 및 분할 등 특례에 관한 설명이다. 옳지 않은 것은?

① 합병법인이 피합병법인의 자산을 시가로 양도받은 것으로 보는 경우로서 피합병법인에 지급한 양도가액이 피합병법인의 합병등기일 현재의 자산총액에서 부채총액을 뺀 금액보다 큰 경우, 합병법인은 그 차액을 합병등기일부터 5년간 균등하게 나누어 익금에 산입한다.

② 피합병법인의 양도손익을 계산할 때 적격합병의 경우에는 피합병법인이 합병법인으로부터 받은 양도가액을 합병등기일 현재 피합병법인의 순자산 장부가액으로 보아 양도손익이 없는 것으로 할 수 있다.

③ 피합병법인의 순자산 장부가액을 계산할 때 「국세기본법」에 따라 환급되는 법인세액이 있는 경우에는 이에 상당하는 금액을 합병등기일 현재 피합병법인의 순자산 장부가액에 더한다.

④ 내국법인이 분할로 해산하는 경우(물적분할은 제외)에는 그 법인의 자산을 분할신설법인 또는 분할합병의 상대방 법인에 양도한 것으로 본다.

⑤ 합병법인은 피합병법인의 자산을 장부가액으로 양도받은 경우 양도받은 자산 및 부채의 가액을 합병등기일 현재의 시가로 계상하되, 시가에서 피합병법인의 장부가액을 뺀 금액이 0보다 작은 경우에는 시가와 장부가액의 차액을 손금에 산입하고 이에 상당하는 금액을 자산조정계정으로 익금에 산입한다.

08 CPA 2017

☑ 확인 Check! ○ △ ✕

「법인세법」상 합병 및 분할 등 특례 규정에 관한 설명으로 옳은 것은?

① 「법인세법」상 요건을 모두 갖춘 적격합병에 해당하여 피합병법인이 합병으로 인한 양도손익이 없는 것으로 한 경우 합병법인은 피합병법인의 자산을 합병등기일 현재의 시가로 양도받은 것으로 한다.

② 내국법인이 발행주식총수 또는 출자총액을 소유하고 있는 다른 법인을 합병하거나 그 다른 법인에 합병되는 경우에는 적격합병으로 보아 합병에 따른 양도손익이 없는 것으로 할 수 있다.

③ 「법인세법」상 요건을 모두 갖춘 적격합병의 경우에는 합병법인의 합병등기일 현재 이월결손금 중 합병법인이 승계한 이월결손금을 제외한 금액은 합병법인의 각 사업연도의 과세표준을 계산할 때 피합병법인으로부터 승계받은 사업에서 발생한 소득금액의 범위에서 공제할 수 있다.

④ 「법인세법」상 요건을 모두 갖춘 적격합병의 경우에만 합병법인이 피합병법인의 대손충당금 관련 세무조정사항을 승계할 수 있다.

⑤ 적격합병에 해당하기 위해서는 합병법인이 합병등기일이 속하는 사업연도의 다음 사업연도 개시일부터 5년이 되는 날까지 피합병법인으로부터 승계받은 사업을 계속해야 한다.

Ⅱ 소득세법

CHAPTER

01 | 소득세법 총론

01 CTA 2019

☑ 확인 Check! ○ △ ×

「소득세법」상 납세의무자 및 과세소득의 범위에 관한 설명으로 옳지 않은 것은?

① 과세기간 종료일 10년 전부터 국내에 주소나 거소를 둔 기간의 합계가 5년 이하인 외국인 거주자에게는 과세대상 소득 중 국외에서 발생한 소득의 경우 국내에서 지급되거나 국내로 송금된 소득에 대해서만 과세한다.

② 「소득세법」상 거주자란 국내에 주소를 두거나 183일 이상의 거소를 둔 개인을 말한다.

③ 「국세기본법」에 따른 법인 아닌 단체 중 법인으로 보는 단체 외의 법인 아닌 단체가 구성원 간 이익의 분배방법이나 분배비율이 정하여져 있지 않거나 확인되지 않는 경우에는 해당 단체를 1거주자 또는 1비거주자로 보아 과세한다.

④ 내국법인이 발행주식총수 100%를 간접출자한 해외현지법인에 파견된 당해 내국법인의 직원이, 생계를 같이 하는 가족이나 자산상태로 보아 파견기간 종료 후 재입국할 것으로 인정되는 경우라면, 외국의 국적 취득과는 관계없이 거주자로 본다.

⑤ 국내에 거소를 둔 기간은 입국하는 날부터 출국하는 날까지로 한다.

02 CPA 2020

☑ 확인 Check! ○ △ ×

「소득세법」상 거주자와 비거주자에 관한 설명이다. 옳지 않은 것은?

① 비거주자로서 국내원천소득이 있는 개인은 소득세를 납부할 의무를 진다.

② 거주자가 국내 주소의 국외 이전을 위하여 출국하는 경우 출국하는 날의 다음 날에 비거주자로 된다.

③ 내국법인의 국외사업장에 파견된 직원은 거주자로 본다.

④ 국외에서 근무하는 공무원은 거주자로 본다.

⑤ 비거주자에 대하여 종합과세하는 경우 종합소득공제는 본인 및 배우자에 대한 인적공제만 적용되고 특별소득공제는 적용되지 않는다.

03 CPA 2016

☑ 확인Check! ○ △ ✕

「소득세법」상 납세의무에 관한 설명으로 옳지 않은 것은?

① 한국국적인 갑은 외교부 공무원으로 영국에서 국외근무하고 있으며, 영국에 거소를 둔 기간은 1년을 넘고 있다. 이 경우 갑은 국내・외 원천소득에 대하여 납세의무를 진다.

② 한국국적인 을은 외국법인 L.A. Ltd.에서 외국을 항행하는 선박 승무원으로 근무하며, 생계를 같이 하는 가족과 함께 인천에 살고 있다. 이 경우 을은 국내・외 원천소득에 대하여 납세의무를 진다.

③ 미국국적인 A는 내국법인 (주)한국IT에 네트워크관련 기술자로 근무하고 있으며, 해당 과세기간 종료일 10년 전부터 서울에 주소나 거소를 둔 기간의 합계는 3년이다. 이 경우 A는 국내・외 원천소득에 대하여 납세의무를 진다.

④ 영국국적인 B가 2024년 5월 3일에 영국국적을 포기하고 한국국적을 취득하여 거주자로 된 경우에는 2024년 5월 2일까지는 국내원천소득에 대해서만 납세의무를 지고, 2024년 5월 3일부터는 국내・외 원천소득에 대하여 납세의무를 진다.

⑤ 미국국적인 C는 주한 미국대사관에 외교관으로 근무하고 있으며, 생계를 같이 하는 가족(대한민국 국민이 아님)과 함께 서울에 살고 있다. 이 경우 C는 국내 원천소득에 대해서만 납세의무를 진다.

04 CPA 2024

☑ 확인Check! ○ △ ✕

「소득세법」상 납세의무에 관한 설명이다. 옳지 않은 것은?

① 미국 국적 야구선수 A는 한국의 프로야구팀과 연봉 계약을 하고, 2026년 3월 3일 생애 최초로 한국에 입국하였다. A가 프로야구 시즌이 끝난 2026년 10월 1일 출국한 경우 A의 2026년 국외원천소득은 국내에서 지급되거나 국내로 송금된 것에 대해서만 과세된다.

② 한국 국적 갑은 국내에 주소가 있는 유명 가수이다. 갑이 월드투어 콘서트 차 2026년 6월 19일 출국하여 2026년 12월 29일 입국한 경우 갑은 2026년의 국내・외 원천소득에 대해서 소득세 납세의무를 진다.

③ 한국 국적 을은 외교부 소속 공무원이다. 을이 일본에 있는 한국 영사관에서 근무하며 2026년 1월 1일부터 2026년 12월 31일까지 일본에 거소를 둔 경우 을은 2026년의 국내・외 원천소득에 대해서 소득세 납세의무를 진다.

④ 한국 국적 병은 2026년 5월 7일 미국 소재 IT 회사에 근무하기 위하여 가족과 함께 같은 날 출국하고 거소를 국외로 이전하였다. 병은 2026년 5월 7일부터 국내원천소득에 대해서만 소득세 납세의무를 진다.

⑤ 프랑스 국적 B는 교량 설계용역을 제공하기 위하여 2026년 4월 4일 한국에 입국하여 2026년 9월 19일 출국하였다. B는 2026년의 국내원천소득에 대해서만 소득세 납세의무를 진다.

05 CTA 2024

확인 Check! ○ △ ×

소득세법령상 납세지에 관한 설명으로 옳지 않은 것은?

① 거주자의 소득세 납세지는 그 주소지로 하되, 주소지가 없는 경우에는 그 거소지로 한다.

② 납세조합이 그 조합원의 사업소득에 대한 소득세를 징수하는 경우 그 소득세의 납세지는 그 납세조합의 소재지로 한다.

③ 비거주자가 납세관리인을 둔 경우 그 비거주자의 소득세 납세지는 그 국내사업장의 소재지 또는 그 납세관리인의 주소지나 거소지 중 납세관리인이 대통령령으로 정하는 바에 따라 그 관할 세무서장에게 납세지로서 신고하는 장소로 한다.

④ 국내에 주소가 없는 공무원의 소득세 납세지는 그 가족의 생활근거지 또는 소속기관의 소재지로 한다.

⑤ 거주자는 납세지가 변경된 경우에는 변경된 날부터 30일 이내에 그 변경 전의 납세지 관할 세무서장에게 신고하여야 한다.

06 CTA 2022

확인 Check! ○ △ ×

소득세법령상 납세의무 등에 관한 설명으로 옳지 않은 것은?

① 비거주자는 국내에 거소를 둔 기간이 183일이 되는 날에 거주자가 된다.

② 비거주자는 법령에 따른 납세지가 변경된 경우 변경된 날부터 15일 이내에 그 변경 후의 납세지 관할 세무서장에게 신고하여야 한다.

③ 거주자의 사업소득에 대한 소득세 납세지는 주된 사업장 소재지로 한다.

④ 신탁재산에 귀속되는 소득에 대해 위탁자가 신탁재산을 실질적으로 통제하는 등 대통령령으로 정하는 경우에는 그 신탁재산에 귀속되는 소득은 위탁자에게 귀속되는 것으로 본다.

⑤ 거주기간을 계산할 경우 국내에 거소를 둔 기간은 입국하는 날의 다음 날부터 출국하는 날까지로 한다.

07 CTA 2018

☑ 확인Check! ○ △ ×

「소득세법」상 납세지에 관한 설명으로 옳지 않은 것은?

① 주소지가 2 이상인 때에는 생활관계가 보다 밀접한 곳을 납세지로 한다.
② 비거주자 甲이 국내에 두 곳의 사업장을 둔 경우, 주된 사업장을 판단하기가 곤란한 때에는 둘 중 하나를 선택하여 신고한 장소를 납세지로 한다.
③ 해외근무 등으로 국내에 주소가 없는 공무원 乙의 소득세 납세지는 그 가족의 생활근거지 또는 소속기관의 소재지로 한다.
④ 납세지의 변경신고를 하고자 하는 자는 납세지변경신고서를 그 변경 후의 납세지 관할 세무서장에게 제출하여야 한다.
⑤ 납세지의 지정이 취소된 경우에도 그 취소 전에 한 소득세에 관한 신고, 신청, 청구, 납부, 그 밖의 행위의 효력에는 영향을 미치지 아니한다.

08 CTA 2017

☑ 확인Check! ○ △ ×

「소득세법」상 거주자 및 비거주자의 납세의무에 관한 설명으로 옳은 것은?

① 국내에 거소를 둔 기간이 1과세기간 동안 183일 이상인 경우에는 국내에 183일 이상 거소를 둔 것으로 본다.
② 거주자는 거소의 국외 이전을 위하여 출국하는 날부터 비거주자가 된다.
③ 내국법인이 발행주식총수의 100분의 80을 직접 출자한 해외현지법인에 파견된 직원은 거주자로 본다.
④ 비거주자는 국내에 주소를 둔 기간이 183일이 되는 날부터 거주자가 된다.
⑤ 「소득세법」에 따른 거소는 국내에 생계를 같이 하는 가족 및 국내에 소재하는 자산의 유무 등 생활관계의 객관적 사실에 따라 판정한다.

09 CTA 2015

☑ 확인Check! ○ △ ×

「소득세법」상 납세의무에 관한 설명으로 옳은 것을 모두 고른 것은?

ㄱ. 내국법인인 (주)서울의 직원인 한국국적의 甲은 (주)서울이 100% 출자한 미국 현지법인 Seoul Ltd.에 파견되어 근무하고 있으며, 甲은 미국에서 1년 이상 거소를 두고 있다. 이러한 경우 甲은 국내원천소득에 대해서만 납세의무를 진다.
ㄴ. 한미행정협정에 규정된 합중국군대에서 군무원으로 근무하고 있는 미국국적인 Jane은 가족과 함께 서울에 살고 있으며 거소지 선정과 관련하여 조세회피목적은 없다. 이 경우 국내 「소득세법」상 Jane은 비거주자로 본다.
ㄷ. 내국법인인 (주)한국항공(외국항행 항공기)에서 승무원으로 근무하기 위하여 입국한 미국국적인 Smith는 가족이 없는 미혼이고, 근무시간 외에는 (주)한국항공에서 제공한 서울시 마포구 소재 기숙사에서 통상 생활하고 있다. 이 경우 Smith는 비거주자로 본다.
ㄹ. 국내에 거소를 두고 있으면서 서울과 미국 LA에서 부동산임대업을 영위하고 있는 한국국적의 乙은 2026.1.1.에 질병 치료차 일시적으로 미국으로 출국하였다가 2026.10.10.에 다시 입국하였다. 乙은 2026년 과세연도의 경우 서울 및 LA에서 발생한 부동산임대소득 모두에 대해서 국내에서 소득세 납세의무를 진다.
ㅁ. 미국국적인 Tom은 2025년과 2026년에 걸쳐서 2025년에 90일, 2026년에 100일을 국내에 거소를 두고 있다. 이 경우 Tome은 2026년도의 소득세 납세의무를 국내원천소득에 대해서만 진다.

① ㄱ, ㄴ
② ㄱ, ㄹ
③ ㄴ, ㄷ
④ ㄴ, ㄹ, ㅁ
⑤ ㄷ, ㄹ, ㅁ

10 CPA 2025

☑ 확인Check! ○ △ ×

「소득세법」상 납세지에 관한 설명으로 옳은 것은?

① 거주자는 납세지가 변경된 경우 변경된 날부터 15일 이내에 그 변경 전의 납세지 관할세무서장에게 신고하여야 한다.
② 거주자의 납세지가 불분명한 경우로서 주소지가 2 이상인 때에는 생활관계가 보다 밀접한 곳을 납세지로 한다.
③ 납세지 지정신청을 하려는 자는 해당 과세기간의 다음 연도 1월 1일부터 2월 말일까지 기획재정부령으로 정하는 납세지 지정신청서를 사업장 관할세무서장에게 제출하여야 한다.
④ 비거주자의 납세지는 국내사업장(국내사업장이 둘 이상 있는 경우에는 주된 국내사업장)의 소재지로 하되, 국내사업장이 없는 경우에는 그 비거주자의 거류지 또는 체류지로 한다.
⑤ 국세청장 또는 지방국세청장이 납세지를 직권으로 지정한 때에는 당해 과세기간의 과세표준확정신고 또는 납부기간 개시일 전에 이를 서면으로 통지하여야 한다. 다만, 중간예납 또는 수시부과의 사유가 있는 때에는 그 납기개시 15일전에 통지하여야 한다.

11 CPA 2017

☑ 확인 Check! ○ △ ×

「소득세법」상 납세의무자와 납세지에 관한 설명으로 옳지 않은 것은?

① 해당 과세기간 종료일 10년 전부터 국내에 주소나 거소를 둔 기간의 합계가 5년 이하인 외국인 거주자(동업기업의 동업자 아님)에게는 과세대상 소득 중 국외에서 발생한 소득의 경우 국내에서 지급되거나 국내로 송금된 소득에 대해서만 과세한다.

② 법인으로 보는 단체 외의 법인 아닌 단체 중 단체의 구성원별로 납세의무를 부담하는 단체의 비거주자인 구성원이 국내원천소득(비거주자구성원의 국내원천소득이 해당 단체의 구성원으로서 얻은 소득만 있는 경우에 한함)에 대하여 종합소득 과세표준 확정신고를 하는 경우로서 법소정의 요건을 충족한 경우에는 해당 단체의 거주자인 구성원 1인(대표신고자)이 동의한 비거주자구성원을 대신하여 비거주자구성원의 종합소득 과세표준을 일괄 신고할 수 있다.

③ 피상속인의 소득금액에 대해서 과세하는 경우에는 그 상속인이 납세의무를 진다.

④ 납세지 지정사유가 소멸한 경우 국세청장 또는 관할 지방국세청장은 납세의무자가 요청하는 경우에 한하여 납세지의 지정을 취소할 수 있다.

⑤ 국외에 근무하는 자가 외국법령에 의하여 그 외국의 영주권을 얻은 자로서 국내에 생계를 같이 하는 가족이 없고 그 직업 및 자산상태에 비추어 다시 입국하여 주로 국내에 거주하리라고 인정되지 아니하는 때에는 국내에 주소가 없는 것으로 본다.

CHAPTER

02 | 이자소득과 배당소득

01 CTA 2023 확인Check! ○ △ ×

소득세법령상 이자소득에 포함되지 않는 것은?

① 국가가 발행한 채권으로서 그 원금이 물가에 연동되는 채권의 경우 해당 채권의 원금 증가분
② 국외에서 받는 예금의 이자
③ 「신용협동조합법」에 따른 조합이 환매기간에 따른 사전약정이율을 적용하여 환매수 하는 조건으로 매매하는 증권의 매매차익
④ 국채를 공개시장에서 통합 발행하는 경우 그 매각가액과 액면가액과의 차액
⑤ 국가가 발행한 채권이 원금과 이자가 분리되는 경우 원금에 해당하는 채권의 할인액

02 CTA 2021 확인Check! ○ △ ×

「소득세법」 제16조 제1항 제10호에서 규정하는 직장공제회 초과반환금에 관한 설명으로 옳지 않은 것은?

① 소득세법령이 정하는 직장공제회 초과반환금은 이자소득에 해당한다.
② 과세대상이 되는 초과반환금에는 반환금에서 납입공제료를 뺀 금액인 "납입금 초과이익"만이 아니라 반환금 분할지급 시 발생하는 "반환금 추가이익"도 포함된다.
③ 직장공제회 초과반환금은 종합소득과세표준에 합산하지 않는다.
④ "납입금 초과이익"에 대한 산출세액은 「소득세법」 제63조 제1항에서 규정하는 방식(연분연승 방식)에 따른다.
⑤ "반환금 추가이익"에 대한 산출세액은 해당 추가이익에 금융소득에 대한 원천징수세율인 14%의 세율을 적용하여 계산한다.

03 CPA 2022

☑ 확인Check! ○ △ ✕

거주자 갑(금융업을 영위하지 않음)의 2026년 이자소득 관련 자료이다. 소득세가 과세되는 이자소득 합계액으로 옳은 것은? (단, 제시된 금액은 원천징수세액을 차감하기 전 금액이다)

(1) 환매조건부 채권매매거래시 매도인이 지급받는 보상액(매수인이 지급받은 이자와 동일)
(2) 2012년 5월 1일에 저축성 보험에 가입하여 2026년 5월 1일에 보험금을 만기 환급받았으며, 그 내역은 다음과 같다.

① 보험금 : 10,000,000원
② 납입보험료 : 8,000,000원
③ 보험계약기간 중 보험계약에 의해 받은 배당금 : 1,000,000원

(3) 비영업대금의 이익 : 2,000,000원
(4) 계약의 위약에 따른 손해배상금 법정이자 : 500,000원
(5) 「공익신탁법」에 따른 공익신탁의 이익 : 1,200,000원

① 8,000,000원
② 9,000,000원
③ 10,000,000원
④ 10,500,000원
⑤ 11,200,000원

04 CPA 2018

☑ 확인Check! ○ △ ✕

거주자 갑의 2026년 국내발생 소득에 대한 자료가 다음과 같을 때 갑의 이자소득금액을 계산한 것으로 옳은 것은? (단, 원천징수는 모두 적법하게 이루어졌다)

(1) 2026년 5월 31일에 지급받은 저축성보험의 만기보험금 : 100,000,000원
(3년 전 납입하기 시작하였으며, 총 납입보험료는 88,000,000원임)
(2) 계약의 해약으로 받은 배상금(계약금이 배상금으로 대체됨) : 25,000,000원
(3) 내국법인이 2025년 3월 1일에 발행한 채권을 발행일에 취득한 후 만기 전인 2026년 2월 1일에 중도 매도함에 따른 매매차익 : 40,000,000원(보유기간의 이자상당액 10,000,000원 포함)
(4) 2026년초에 대여한 비영업대금의 원금 40,000,000원과 그에 대하여 발생한 이자 4,000,000원 중 채무자의 파산으로 인하여 2026년 11월 1일에 42,000,000원만 회수하고, 나머지 채권은 과세표준 확정신고 전에 회수불능사유가 발생하여 회수할 수 없는 것으로 확정됨

① 24,000,000원
② 29,000,000원
③ 32,000,000원
④ 34,000,000원
⑤ 64,000,000원

05 CTA 2017

☑ 확인 Check! ○ △ ✕

「소득세법」상 배당소득에 관한 설명으로 옳은 것은?

① 법인으로 보는 단체로부터 받는 분배금은 배당소득에 해당하지 않는다.

② 자본의 감소 등으로 인한 의제배당금액(자본감소로 주주가 취득하는 금전·재산의 가액 – 그 주식을 취득하기 위하여 사용한 금액)에서 해당 주식을 취득하기 위하여 사용한 금액을 계산할 때 해당 주식이 '벤처기업 주식매수선택권 행사이익 비과세 특례' 규정이 적용되는 주식매수선택권 행사에 따라 취득한 벤처기업 주식인 경우 주식매수선택권을 부여받은 당시의 시가를 해당 주식의 취득에 사용한 금액으로 본다.

③ 합병으로 소멸한 법인의 주주가 합병 후 존속하는 법인으로부터 그 합병으로 취득한 주식의 가액과 금전의 합계액이 그 합병으로 소멸한 법인의 주식을 취득하기 위하여 사용한 금액을 초과하는 금액은 배당소득에 해당하지 않는다.

④ 거주자가 일정기간 후에 같은 종류로서 같은 양의 주식을 반환받는 조건으로 주식을 대여하고 해당 주식의 차입자로부터 지급받는 해당 주식에서 발생하는 배당에 상당하는 금액은 배당소득에 해당하지 않는다.

⑤ 국외에서 설정된 집합투자기구로부터의 이익은 해당 집합투자기구의 설정일부터 매년 1회 이상 결산·분배할 것이라는 요건을 갖추지 않아도 배당소득에 해당한다.

06 CTA 2016

☑ 확인 Check! ○ △ ✕

거주자 甲의 2026년 소득자료가 다음과 같을 때, 이자소득과 배당소득으로 소득세가 과세되는 금액의 합계액은 얼마인가? (단, 주어진 자료 이외에는 고려하지 않으며 다툼이 있으면 판례에 따름)

(1) 법령으로 정한 직장공제회 초과반환금 13,000,000원(국내에서 받았으며, 원천징수는 적법하게 이루어짐)
(2) 법원의 판결에 의한 손해배상금 30,000,000원(법정이자 5,000,000원 포함)
(3) 2026년 초에 대여한 비영업대금의 원금 30,000,000원과 그에 대하여 발생한 이자 3,000,000원 중 채무자의 파산으로 인하여 2026.12.1. 32,000,000원만 회수하고 나머지 채권은 과세표준확정신고 전에 회수 불능사유가 발생하여 회수할 수 없는 것으로 확정됨
(4) 내국법인이 발행한 채권을 만기 전에 중도 매도함에 따른 매매차익 40,000,000원(채권 매입은 2025.1.1.이고 채권 매도는 2026.1.1.이며, 보유기간의 이자상당액 15,000,000원 포함)

① 17,000,000원
② 30,000,000원
③ 35,000,000원
④ 36,000,000원
⑤ 55,000,000원

07 CTA 2020

확인 Check! ○ △ ×

다음은 거주자 甲이 국내에서 지급받은 2026년 귀속 금융소득 관련 자료이다. 「소득세법」상 2026년 귀속 금융소득에 대하여 원천징수되는 소득세액은? (단, 甲은 출자공동사업자가 아니며 금융소득은 소득세법령에 따른 실지명의가 확인된 것이고 이자소득 또는 배당소득 원천징수시기에 대한 특례, 원천징수의 배제, 집합투자기구 및 특정금전신탁 등의 원천징수 특례는 고려하지 않음)

구 분	금 액	비 고
공익신탁의 이익	5,000,000원	「공익신탁법」에 따른 공익신탁임
회사채의 이자	10,000,000원	내국법인이 2025년에 발행한 회사채(만기 10년)임
보증금 및 경락대금에서 발생한 이자소득	10,000,000원	「민사집행법」 제113조 및 같은 법 제142조에 따라 법원에 납부한 보증금 및 경락대금임
정기예금의 이자	10,000,000원	국내은행으로부터 지급받음
비영업대금의 이익	5,000,000원	개인 간 금전대차거래로서 차입자로부터 직접 지급받은 이자임
내국법인으로부터 받은 현금배당	10,000,000원	
합 계	50,000,000원	

① 6,300,000원
② 6,850,000원
③ 7,000,000원
④ 7,200,000원
⑤ 8,600,000원

08 CTA 2024

확인 Check! ○ △ ×

거주자 甲의 2026년 금융거래 관련 자료이다. 甲의 종합소득금액에 합산할 소득세법령상 이자소득금액과 배당소득금액의 합계액은? (단, 원천징수가 필요한 경우 원천징수는 적법하게 이루어졌으며, 제시된 금액은 원천징수 전의 금액이다. 주어진 자료 외의 다른 사항은 고려하지 않음)

(1) 국내은행으로부터 예금이자 5,000,000원을 지급받았다.
(2) 대통령령으로 정하는 국내 공모투자신탁 환매이익 12,000,000원(회사채 양도차손 3,000,000원, 코스닥시장 상장법인주식 양도차익 10,000,000원, 비상장법인주식 양도차익 5,000,000원으로 구성됨)이 발생하였다. 환매이익은 투자신탁이 직접 취득한 자산의 거래나 평가로 발생한 것이다.
(3) 장내파생상품인 KOSPI200선물의 거래로 10,000,000원의 이익이 발생하였다.
(4) 대통령령으로 정하는 파생결합사채에서 6,000,000원의 이익이 발생하였다.
(5) 유가증권시장 상장법인으로부터 현금배당금 15,000,000원을 지급받았다.
(6) 2020년에 가입한 저축성보험(종신형 연금보험 아님)에서 만기보험금 50,000,000원을 일시금으로 수령하였다. 甲이 납입한 총 보험료는 40,000,000원이다.

① 28,800,000원
② 38,000,000원
③ 39,500,000원
④ 48,000,000원
⑤ 49,500,000원

09 CTA 2022

☑ 확인 Check! ○ △ ×

다음은 거주자 甲의 2026년 금융거래에서 발생한 소득 관련 자료이다. 甲의 종합소득금액에 합산할 이자소득금액과 배당소득금액의 합계액은? (단, 원천징수는 적법하게 이루어졌으며 제시된 금액은 원천징수 전의 금액이다. 주어진 자료 외의 다른 사항은 고려하지 않음)

> (1) 국내 상장법인으로부터 받은 현금배당 : 8,000,000원
> (2) 공개시장에서 통합발행한 국채의 매각가액과 액면가액의 차액 : 6,000,000원
> (3) 국내은행으로부터 받은 정기예금이자 : 3,000,000원
> (4) 외국법인이 발행한 채권의 이자 : 7,000,000원
> (5) 비영업대금의 이익 : 5,000,000원
> (6) 법인과세 신탁재산으로부터 받는 배당금 : 3,000,000원

① 23,300,000원
② 23,800,000원
③ 26,600,000원
④ 26,800,000원
⑤ 32,800,000원

10 CTA 2021

☑ 확인 Check! ○ △ ×

다음은 2024년도 거주자 甲의 금융소득에 관한 자료이다. 종합과세할 배당소득금액은? (단, 원천징수는 적법하게 이루어졌으며 제시된 금액은 원천징수 전의 금액이다. 주어진 자료 외의 사항은 고려하지 않음)

> ○ 내국법인 A가 이익잉여금을 자본전입함에 따라 지급받은 무상주의 액면가액 5,000,000원
> ○ 내국법인 B가 주식발행초과금을 자본전입함에 따라 지급받은 무상주의 액면가액 6,000,000원(자기주식에 배정되지 못하여 재배정함에 따라 지분율이 증가된 금액 2,000,000원 포함)
> ○ 「소득세법 시행령」 제26조의2 제1항에 의한 집합투자기구(사모집합투자기구가 아님)로부터 받은 이익금 5,000,000원(증권시장에 상장된 제조업 영위 내국법인 주식의 매매차익 2,000,000원 포함)
> ○ 국내은행으로부터 받은 이자 12,000,000원

① 8,200,000원
② 10,200,000원
③ 10,500,000원
④ 12,200,000원
⑤ 22,200,000원

11 CTA 2019

☑ 확인 Check! ○ △ ×

거주자 甲의 2026년 국내에서 발생한 이자소득 및 배당소득과 관련한 자료는 다음과 같다. 甲의 2026년의 종합소득과세표준을 계산할 때 합산되는 금액은 얼마인가? (단, 자료에 언급된 것 이외에는 모두 적법하게 원천징수되었고, 모든 금액은 원천징수세액을 차감하기 전의 금액이다. 주어진 자료 이외에는 고려하지 않음)

> (1) 乙에게서 받은 비영업대금의 이익 : 13,000,000원(원천징수되지 아니함)
> (2) 주권상장법인 (주)A로부터 받은 현금배당금 : 5,000,000원
> (3) 비상장내국법인 (주)B가 자기주식소각이익을 2026.5.1. 자본전입 결의하고, 그에 따라 2026.7.1. 甲에게 무상주를 교부하였음. 세법상 수입시기 현재 甲이 교부받은 무상주의 액면가액은 3,000,000원이고, 시가는 6,000,000원임. 주식소각일은 2023.1.5.이며, 소각 당시 자기주식의 시가는 취득가액을 초과함

① 18,000,000원
② 21,100,000원
③ 21,500,000원
④ 21,800,000원
⑤ 24,000,000원

제2장

12 CTA 2015

☑ 확인 Check! ○ △ ×

거주자 甲의 2024년 귀속 금융소득자료는 다음과 같다. 甲의 2024년 귀속 종합과세 금융소득금액을 계산하면 얼마인가? (단, 금융소득은 모두 적법하게 원천징수되었음)

> (1) 내국법인으로부터 받은 비영업대금의 이익은 5,000,000원이다.
> (2) 법인과세 신탁재산으로부터 3,000,000원의 배당금을 수취하였다.
> (3) 주권상장법인 (주)대한으로부터 5,000,000원의 배당금을 수취하였다.
> (4) 주권상장법인 (주)민국으로부터 이익준비금을 자본전입한 무상주 30,000주(액면가 500원, 자본전입 결의일 2024.3.31.)를 받았다.
> (5) 소득세법시행령상 집합투자기구로부터의 이익 : 18,000,000원*
> *거래소 상장주식 매매차익 3,000,000원과 배당소득 15,000,000원으로 구성되며 수수료는 차감된 금액임

① 28,800,000원
② 36,650,000원
③ 38,000,000원
④ 43,200,000원
⑤ 40,200,000원

13 CTA 2025

☑ 확인 Check! ○ △ ×

제조업을 영위하는 거주자 甲의 2026년 금융소득과 관련된 내역이 다음과 같을 때, 거주자 甲의 2026년 종합소득금액에 합산할 금융소득금액은? (단, 제시된 금액은 원천징수 전의 금액이며, 원천징수는 적법하게 이루어졌다고 가정함)

(1) 외상매출금의 지급기일 연장이자 수령 : 7,000,000원(소비대차로 전환된 외상매출금에서 발생한 이자 3,000,000원 포함)
(2) 상법에 따른 파생결합사채(ELB)에서 발생한 수익의 분배금 : 4,500,000원
(3) 비상장법인 A사로부터 주식발행초과금의 자본전입에 따라 수령한 무상주 액면가액 : 8,000,000원(이 중 자기주식에 대한 무상주 미배정에 따른 지분율 상승분에 해당하는 금액 3,500,000원 포함)
(4) 비상장법인 B사로부터 자기주식처분이익의 자본전입에 따라 수령한 무상주 액면가액 : 10,000,000원
(5) 비상장법인 C사의 제25기 사업연도(2025.1.1.~12.31.)에 대한 세무조정시 「법인세법」에 따라 甲에게 배당으로 소득처분된 금액(C사의 제25기 사업연도에 대한 결산확정일은 2026.3.15.임) : 17,500,000원

① 21,100,000원
② 37,350,000원
③ 40,350,000원
④ 42,000,000원
⑤ 42,500,000원

14 CTA 2023

☑ 확인Check! ○ △ ×

다음은 거주자 甲의 2026년 귀속 소득 관련 내역이다. 종합과세할 甲의 배당소득금액은? (단, 모두 종합소득과세 여부 판정대상 소득이며, 원천징수는 적법하게 이루어졌음. 제시된 금액은 원천징수 전의 금액이며, 주어진 자료 외의 사항은 고려하지 않음)

배당수령 내역	금 액
ㄱ. 주권비상장법인으로부터의 금전배당	15,000,000원
ㄴ. 법인세법에 따라 처분된 배당소득	4,000,000원
ㄷ. 자기주식소각이익의 자본금 전입으로 취득한 신주의 액면가액(소각일로부터 2년 내 자본금 전입)	8,000,000원
ㄹ. 외국법인으로부터 받은 배당소득	3,000,000원
ㅁ. 감자로 인한 의제배당	6,000,000원
ㅂ. 출자공동사업자의 배당소득	2,000,000원
ㅅ. 주식의 포괄적 교환차익을 재원으로 하는 자본잉여금의 자본금 전입으로 취득한 신주의 액면가액	1,000,000원
합 계	39,000,000원

① 39,600,000원
② 39,980,000원
③ 40,750,000원
④ 41,960,000원
⑤ 42,180,000원

15 CPA 2024

☑ 확인Check! ○ △ ×

거주자 갑의 2026년 금융소득에 관한 자료이다. 갑의 종합소득금액에 합산될 금융소득금액으로 옳은 것은? (단, 별도의 언급이 없는 경우 금융소득에 대한 원천징수는 적법하게 이루어졌으며, 모든 금액은 원천징수세액을 차감하기 전의 금액이다)

(1) 2026년초 지인에게 자금을 대여해주고 회수한 금액(동 이자는 원천징수되지 않음) : 35,000,000원*
  *원금 30,000,000원과 이자 7,000,000원의 합계액 37,000,000원 중 일부를 회수한 것이고 나머지는 채무자의 파산으로 회수할 수 없는 상태임
(2) 「민사집행법」에 따라 법원에 납부한 보증금에 대한 이자 : 3,000,000원
(3) 출자공동사업자의 배당소득 : 9,000,000원
(4) 국내은행 정기예금이자 : 3,000,000원
(5) 「공익신탁법」에 따른 공익신탁의 이익 : 6,000,000원
(6) 비상장 내국법인으로부터 받은 현금배당 : 12,000,000원
(7) 소득세법령이 정하는 채권의 환매조건부 매매차익 : 7,000,000원
(8) 배당가산(Gross-up)율 : 10%

① 36,700,000원
② 36,770,000원
③ 39,300,000원
④ 42,200,000원
⑤ 42,220,000원

16 CPA 2023

☑ 확인 Check! ○ △ ×

거주자 갑(금융업을 영위하지 않음)의 2026년 금융소득 관련 자료이다. 종합과세되는 이자소득금액과 배당소득금액의 합계액으로 옳은 것은? (단, 제시된 금액은 원천징수세액을 차감하기 전 금액이다)

(1) 출자공동사업자로서 현금배당 6,000,000원을 받았다.
(2) 「자산재평가법」을 위반하여 3% 재평가세율이 적용된 재평가적립금을 감액한 현금배당 10,000,000원을 받았다.
(3) 상장내국법인으로부터 현금배당 7,000,000원을 받았다.
(4) 법인으로 보는 단체로부터 현금배당 8,000,000원을 받았다.
(5) 직장공제회로부터 초과반환금 1,000,000원을 받았다.
(6) 법원보증금 이자 2,000,000원을 받았다.

① 0원
② 25,000,000원
③ 25,500,000원
④ 31,100,000원
⑤ 31,500,000원

17 CPA 2021

☑ 확인 Check! ○ △ ×

거주자 갑의 2026년 귀속 금융소득 관련 자료이다. 갑의 종합소득금액에 합산될 금융소득금액으로 옳은 것은? (금융소득에 대한 원천징수는 적법하게 이루어졌으며, 모든 금액은 원천징수세액을 차감하기 전의 금액이다)

(1) 직장공제회 탈퇴로 받은 반환금 : 20,000,000원(납입공제료 10,000,000원)
(2) 「조세특례제한법」상 요건을 갖춘 투융자집합투자기구로부터 받은 배당소득 : 3,000,000원
(3) 출자공동사업자 배당 : 5,000,000원
(4) 국내은행 정기예금이자 : 10,000,000원
(5) 외국법인으로부터 받은 현금배당(국내에서 원천징수되지 않음) : 15,000,000원
(6) 주권상장법인으로부터 받은 현금배당 : 20,000,000원

① 47,000,000원
② 50,000,000원
③ 52,000,000원
④ 55,000,000원
⑤ 62,000,000원

CHAPTER

03 | 사업소득

01 CTA 2020

☑ 확인Check! ○ △ ✕

「소득세법」상 비과세소득에 해당하는 것을 모두 고른 것은? (단, 거주자의 2026년 귀속 소득이며, 조림기간, 전통주 및 민박은 소득세법령에 정한 해당 요건을 충족하고 각 내용은 상호 독립적임)

ㄱ. 밭을 작물 생산에 이용하게 함으로써 발생한 소득금액 5천5백만원
ㄴ. 한국표준산업분류에 따른 연근해어업에서 발생한 소득금액 5천만원
ㄷ. 조림기간 5년 이상인 임지의 임목의 양도로 발생한 소득금액 5백만원
ㄹ. 「수도권정비계획법」 제2조 제1호에 따른 수도권 지역에서 전통주를 제조함으로써 발생하는 소득금액 1천3백만원
ㅁ. 농민이 부업으로 민박을 운영하면서 발생한 소득금액 2천만원

① ㄱ, ㄷ, ㅁ
② ㄴ, ㄷ, ㄹ
③ ㄱ, ㄴ, ㄷ, ㅁ
④ ㄱ, ㄴ, ㄹ, ㅁ
⑤ ㄴ, ㄷ, ㄹ, ㅁ

02 CTA 2019

☑ 확인Check! ○ △ ✕

소득세법상 비과세소득이 아닌 것은?

① 사업소득 중 전통주의 제조에서 발생하는 소득으로서 연 1,500만원 이하의 금액
② 사업소득 중 조림기간 5년 이상인 임지(林地)의 임목(林木)의 벌채 또는 양도로 발생하는 소득으로서 연 600만원 이하의 금액
③ 「공익신탁법」에 따른 공익신탁의 이익
④ 기타소득 중 서화·골동품을 박물관 또는 미술관에 양도함으로써 발생하는 소득
⑤ 「고용보험법」에 따라 받는 실업급여

03 CTA 2016

☑ 확인Check! ○ △ ✕

다음은 국내에서 제조업을 영위하는 거주자 甲의 2026년 귀속 사업소득에 대한 자료이다. 甲의 2026년 귀속 사업소득금액은 얼마인가? (단, 주어진 자료 이외에는 고려하지 않음)

(1) 2024년 손익계산서

(단위 : 원)

과 목	금 액	
Ⅰ. 매출액		800,000,000
Ⅱ. 매출원가		556,600,000
Ⅲ. 매출총이익		243,400,000
Ⅳ. 판매비및관리비		
1. 급 여	22,000,000	
2. 기업업무추진비	63,400,000	
3. 보험료	3,000,000	88,400,000
Ⅴ. 영업이익		155,000,000
Ⅵ. 영업외수익		
1. 이자수익	7,000,000	7,000,000
Ⅶ. 영업외비용		0
Ⅷ. 소득세차감전순이익		162,000,000
Ⅸ. 소득세비용		40,000,000
Ⅹ. 당기순이익		122,000,000

(2) 추가자료

- 급여는 대표자인 甲에 대한 급여 10,000,000원과 같은 사업장의 경리로 근무하는 乙(甲의 배우자)에 대한 급여 12,000,000원으로 구성되어 있다.
- 기업업무추진비는 모두 업무용 사용분으로 법적 증빙요건을 충족한다.
- 보험료는 전액 甲에 대한 국민건강보험료 및 고용・산재보험료이다.
- 이자수익은 사업자금을 은행에 예탁하여 받은 이자이다.
- 소득세비용은 소득세와 개인지방소득세의 합계액이며 이월결손금은 없다.

① 122,000,000원　② 137,000,000원
③ 155,000,000원　④ 190,000,000원
⑤ 173,000,000원

04 CTA 2018

☑ 확인 Check! ○ △ ✕

다음은 제조업(중소기업)을 영위하는 개인사업자 甲(거주자)의 제26기(2026.1.1.~12.31.) 사업소득금액 계산을 위한 자료이다. 2026년 귀속 사업소득금액은 얼마인가? (단, 주어진 자료 이외에는 고려하지 않음)

(1) 손익계산서 내역

① 당기순이익은 100,000,000원이다.
② 인건비에는 대표자 甲의 급여 48,000,000원이 포함되어 있다.
③ 영업외손익에는 다음의 항목이 포함되어 있다.
- 예금이자 수익 : 300,000원
- 업무용화물차 처분이익 : 100,000원
- 사업관련 공장의 화재로 인한 보험차익 : 5,000,000원
- 현금배당수익(배당기준일의 1개월 전에 취득한 비상장주식의 현금 배당임) : 3,000,000원
- 유가증권처분이익(채권매매차익임) : 1,000,000원

(2) 대표자 甲이 개인적으로 사용한 제품 5,000,000원은 잡비로 계상되어 있으며, 동 제품의 판매가격 및 시가는 8,000,000원이다.

(3) 甲은 복식부기의무자이다.

① 104,700,000원
② 147,700,000원
③ 150,700,000원
④ 151,700,000원
⑤ 152,700,000원

05 CPA 2021

☑ 확인 Check! ○ △ ✕

「소득세법」상 필요경비에 관한 설명이다. 옳지 않은 것은?

① 사업자가 유형자산의 멸실로 인하여 보험금을 지급받아 그 멸실한 유형자산을 대체하여 같은 종류의 자산을 취득한 경우 해당 자산의 가액 중 그 자산의 취득에 사용된 보험차익 상당액을 보험금을 받은 날이 속하는 과세기간의 소득금액을 계산할 때 필요경비에 산입할 수 있다.
② 지급일 현재 주민등록표등본에 의하여 그 거주사실이 확인된 채권자가 차입금을 변제받은 후 소재불명이 된 경우 그 차입금의 이자는 사업소득금액을 계산할 때 필요경비에 산입하지 아니한다.
③ 반출하였으나 판매하지 아니한 제품에 대한 개별소비세 미납액(제품가액에 그 세액 상당액을 더하지 않음)은 사업소득금액을 계산할 때 필요경비에 산입하지 아니한다.
④ 기타소득으로 과세되는 골동품의 양도로 거주자가 받은 금액이 1억원 이하인 경우 받은 금액의 100분의 90을 필요경비로 하며, 실제 소요된 필요경비가 이를 초과하면 그 초과하는 금액도 필요경비에 산입한다.
⑤ 「한국마사회법」에 따른 승마투표권의 구매자가 받는 환급금에 대하여는 그 구매자가 구입한 적중된 투표권의 단위투표금액을 필요경비로 한다.

06 CTA 2019

☑ 확인 Check! ○ △ ✕

다음 자료를 이용하여 도매업을 영위하는 거주자 갑(복식부기의무자가 아님)의 2026년 사업소득금액을 계산하면 얼마인가?

(1) 손익계산서상 소득세비용차감전순이익 : 51,000,000원

(2) 손익계산서에 계상된 주요 수익항목

① 2026년 8월 17일 발송한 위탁상품 매출액 2,000,000원(원가 1,200,000원) : 발송시 원가에 대한 회계처리는 하지 않았으며, 수탁자는 동 상품을 2027년 1월 10일에 판매함

② 2026년 11월 21일 판매장건물 처분으로 인한 유형자산처분이익 5,000,000원

(3) 손익계산서에 계상된 주요 비용항목

① 2026년 11월 21일 처분된 판매장건물의 감가상각비 1,000,000원 : 세무상 상각범위액은 800,000원이며, 전기말 상각부인액은 500,000원임

② 2026년 12월 14일 시설개체를 위한 생산설비 일부인 기계장치A의 폐기처분으로 인한 유형자산처분손실 2,000,000원 : 기계장치A의 감가상각비는 600,000원이고, 세무상 상각범위액은 400,000원이며, 전기말 상각부인액은 300,000원임

③ 2026년 12월 26일 계열회사에 지급한 인건비 500,000원 : 회사의 임원이 계열회사의 제품(시가 1,000,000원)을 50% 할인된 금액으로 구입할 수 있도록 지원하고 계열회사에 지급한 해당 할인금액임

① 44,900,000원
② 44,700,000원
③ 44,400,000원
④ 44,100,000원
⑤ 43,900,000원

07 CPA 2018

☑ 확인Check! ○ △ ✕

다음은 국내에서 2024년에 사업을 개시한 거주자 갑의 2026년 귀속 사업소득에 대한 자료이다. 갑의 2024년 사업소득금액을 계산한 것으로 옳은 것은?

(1) 2024년 손익계산서

(단위 : 원)

과 목	금 액	
Ⅰ. 매출액		600,000,000
Ⅱ. 매출원가		380,000,000
Ⅲ. 매출총이익		220,000,000
Ⅳ. 판매비 및 관리비		
1. 급 여	42,000,000	
2. 기업업무추진비	40,000,000	
3. 보험료	4,500,000	86,500,000
Ⅴ. 영업이익		133,500,000
Ⅵ. 영업외수익		
1. 배당금수익	6,000,000	6,000,000
Ⅶ. 영업외비용		0
Ⅷ. 소득세차감전순이익		139,500,000
Ⅸ. 소득세비용		15,000,000
Ⅹ. 당기순이익		124,500,000

(2) 추가자료

- 제조업(중소기업)을 영위하고 있으며, 사업장은 1개이다.
- 대통령령으로 정하는 특수관계인과의 거래에서 발생한 매출액은 없다.
- 급여는 대표자인 갑의 급여 20,000,000원, 같은 사업장의 경리로 근무하는 을(갑의 아들)의 급여 15,000,000원, 일용근로자의 급여 7,000,000원으로 구성되어 있다.
- 기업업무추진비는 모두 업무용 사용분으로 적격증명서류를 수취한 것이다.
- 보험료는 갑에 대한 국민건강보험료 2,000,000원과 을에 대한 국민건강보험료 및 고용보험료의 사용자 부담분 2,500,000원의 합계이다.
- 배당금수익은 대표자 갑이 국내기업으로부터 받은 현금배당금이다.
- 소득세비용은 소득세와 개인지방소득세의 합계액이며 이월결손금은 없다.
- 기업업무추진비 한도를 계산하기 위한 수입금액에 관한 적용률은 다음과 같다.

수입금액	적용률
100억원 이하	0.3%

① 131,200,000원
② 143,700,000원
③ 155,700,000원
④ 161,700,000원
⑤ 175,900,000원

08 CPA 2025

☑ 확인 Check! ○ △ ✕

사업소득에 관한 설명이다. 옳지 않은 것은?

① 「방문판매 등에 관한 법률」에 의하여 후원방문판매조직에 판매원으로 가입하여 후원방문판매업을 수행하고 후원수당 등을 받는 사업자의 사업소득에 대하여 최초로 연말정산을 하려는 원천징수의무자는 해당 과세기간의 종료일까지 사업소득세액 연말정산신청서를 사업장 관할세무서장에게 제출하여야 한다.

② 사업자가 음식・숙박용역이나 서비스용역을 공급하고 그 대가를 받을 때 소득세법시행령에 따른 일정한 봉사료를 함께 받아 해당 소득자에게 지급하는 경우에는 그 사업자가 그 봉사료에 대한 소득세를 원천징수하여야 한다.

③ 농・축・수산물 판매업자(복식부기의무자가 아님)에 해당하는 거주자는 납세조합을 조직할 수 있다.

④ 부가가치세 면세대상인 저술가・작곡가나 그 밖의 자가 직업상 제공하는 인적용역으로서 대통령령으로 정한 소득은 원천징수대상 사업소득이다.

⑤ 부가가치세법 시행령에 따른 조제용역의 공급으로 발생하는 사업소득 중 기획재정부령으로 정하는 바에 따라 계산한 의약품가격이 차지하는 비율에 상당하는 소득은 원천징수대상 사업소득이다.

09 CTA 2021

☑ 확인 Check! ○ △ ✕

사업자인 甲의 다음 자료를 이용하여 계산한 초과인출금의 지급이자 필요경비 불산입액은? (단, 계산결과는 원 단위 미만에서 절사하고 주어진 자료 이외의 사항은 고려하지 않음)

(1) 월차 결산에 따른 자산과 부채의 현황은 다음과 같다.

구 분	사업용 자산	사업용 부채	세법상 충당금 (부채에 포함됨)
6월	150,000,000원	200,000,000원	20,000,000원
7월	140,000,000원	160,000,000원	20,000,000원

(2) 지급이자와 관련된 자료는 다음과 같다.

이자율	지급이자	차입금 적수
연 20%	400,000원*	730,000,000원
연 12%	1,200,000원	3,650,000,000원

*이 금액 중 50%는 채권자 불분명사채의 이자이다.

① 313,823원
② 328,767원
③ 375,890원
④ 776,986원
⑤ 856,986원

10 CTA 2019

☑ 확인Check! ○ △ ✕

〈소득세법, 법인세법〉 다음은 식기류 도매업을 영위하고 있는 계속사업자인 A의 2026.1.1.~12.31.의 자료이다. A가 ㉠ 개인(복식부기의무자임)일 경우의 기부금의 필요경비 불산입액과, ㉡ 법인(사업연도는 역년과 같고, 사회적기업이 아님, 중소기업임)일 경우의 기부금의 손금불산입액을 계산하면 각각 얼마인가? (단, A에게는 다른 소득은 없으며 기부는 A가 직접하였고 모든 증빙을 갖추었다고 가정한다. 주어진 자료 이외에는 고려하지 않음)

(1) 기준소득금액(이월결손금 차감 전이며, 기부금을 필요경비 또는 손금으로 산입하기 전의 금액) : 170,000,000원
(2) 종교단체기부금 : 5,000,000원
(3) 실비로 이용가능한 「아동복지법」 제52조 제1항에 따른 아동복지시설(특수관계인 아님)에 대한 금전 외 자산 기부금 : 장부가액 20,000,000원, 시가 35,000,000원
(4) 장애인유료복지시설에 대한 기부금 : 30,000,000원
(5) 직전 과세기간(2025.1.1.~12.31.)에 발생한 세무상 이월결손금 : 20,000,000원

	㉠	㉡
①	25,000,000원	30,000,000원
②	25,000,000원	40,000,000원
③	25,000,000원	55,000,000원
④	30,000,000원	40,000,000원
⑤	30,000,000원	55,000,000원

11 CTA 2022

☑ 확인Check! ○ △ ✕

소득세법령상 사업소득의 수입시기에 관한 설명으로 옳지 않은 것은?

① 제품의 판매 : 그 제품을 인도한 날
② 제품의 위탁판매 : 수탁자가 그 위탁품을 판매한 날
③ 무인판매기에 의한 판매 : 당해 사업자가 무인판매기에서 현금을 인출하는 때
④ 한국표준산업분류상의 금융보험업에서 발생하는 이자 : 결산을 확정할 때 이자를 수익으로 계상한 날
⑤ 어음의 할인 : 그 어음의 만기일로 하되, 만기 전에 그 어음을 양도하는 때에는 그 양도일

12 CPA 2023

☑ 확인 Check! ○ △ ×

「소득세법」상 사업소득에 관한 설명이다. 옳지 않은 것은?

① 부가가치세 면세대상인 수의사가 제공한 의료보건용역에서 발생하는 사업소득은 원천징수대상이다.
② 간편장부대상자인 보험모집인에 해당하는 사업자에게 모집수당 등의 사업소득을 지급하는 원천징수의무자는 사업소득에 대한 소득세의 연말정산을 해야 한다.
③ 조림기간 5년 이상인 임지의 임목의 벌채 또는 양도로 발생하는 소득으로서 연 600만원 이하의 금액은 비과세 사업소득에 해당한다.
④ 사업자가 조직한 납세조합이 조합원에 대한 매월분의 소득세를 징수할 때에는 그 세액의 100분의 3에 해당하는 금액을 공제하여 징수하되, 공제하는 금액은 연 300만원을 한도로 한다.
⑤ 건설업을 경영하는 거주자가 자기가 생산한 물품을 자기가 도급받은 건설공사의 자재로 사용한 경우 그 사용된 부분에 상당하는 금액은 해당 과세기간의 소득금액을 계산할 때 총수입금액에 산입하지 아니한다.

13 CTA 2024

☑ 확인 Check! ○ △ ×

거주자 甲이 소유하고 있는 주택의 2026년 임대 관련 자료이다. 甲의 소득세법령상 분리과세 주택임대소득에 대한 사업소득금액은?

(1) 甲의 주택임대 현황

구 분	임대보증금	월임대료	기준시가	전용면적	임대기간
A주택	350,000,000원	1,000,000원	300,000,000원	$50m^2$	2025.1.1~2026.12.31.
B주택	300,000,000원	–	250,000,000원	$45m^2$	2026.1.1~2026.12.31.
C주택	250,000,000원	800,000원	180,000,000원	$40m^2$	2026.3.1~2026.12.31.

(2) 각 주택의 임대기간 중 A주택은 대통령령으로 정하는 등록임대주택에 해당하고, B주택과 C주택은 등록임대주택에 해당하지 않는다.
(3) 각 주택의 월임대료는 매월 말일에 수령하였다.
(4) 2026년 주택임대소득금액 외의 다른 종합소득금액은 18,000,000원이다.
(5) 기획재정부령으로 정하는 정기예금이자율은 연 3.5%이며 2026년은 366일이다.
(6) 주어진 자료 외의 다른 사항은 고려하지 않는다.

① 4,000,000원
② 5,600,000원
③ 11,465,750원
④ 20,000,000원
⑤ 31,739,340원

14 CPA 2020

☑ 확인Check! ○ △ ✕

거주자 갑의 2026년 상가부동산 임대업에 대한 자료이다. 갑의 2026년 사업소득 총수입금액으로 옳은 것은? (단, 갑은 상가부동산임대업만을 영위하고 있으며, 임대업 사업소득에 대하여 장부를 기장하여 비치하고 있다)

> (1) 임대기간 : 2025년 5월 1일~2027년 4월 30일
> (2) 월임대료 : 2,000,000원
> (3) 임대보증금 : 500,000,000원
> (4) 상가부동산 취득가액 : 토지 100,000,000원, 건물 300,000,000원
> (5) 월 관리비수입 : 500,000원
> (6) 2026년 임대보증금 운용수익 : 수입배당금 500,000원, 수입이자 300,000원, 신주인수권처분이익 200,000원
> (7) 금융회사 등의 정기예금이자율을 고려하여 기획재정부령이 정하는 이자율 : 연 2% 가정

① 33,000,000원
② 33,200,000원
③ 35,600,000원
④ 39,200,000원
⑤ 41,600,000원

제3장

15 CPA 2017

☑ 확인Check! ○ △ ✕

다음은 거주자 갑의 2026년도 부동산 임대자료이다. 다른 사업소득이 없다고 가정할 때 거주자 갑의 2026년 사업소득금액을 계산한 것으로 옳은 것은? (단, 갑은 사업소득에 대하여 장부를 비치·기장하고 있으며, 정기예금이자율은 연 3%로 가정한다)

> (1) 임대대상 자산 : 상가건물
> (2) 임대기간 : 2025.8.1.~2027.7.31.
> (3) 취득가액 : 200,000,000원(토지가액 100,000,000원 포함)
> (4) 임대보증금 : 300,000,000원
> (5) 월임대료 : 1,000,000원(매달 말일에 받기로 약정하였음)
> (6) 관리비수입 : 6,000,000원(2026년 지급받은 총액이며, 이 중 전기요금과 수도요금을 징수대행하는 명목으로 지급받은 2,000,000원이 포함되어 있음)
> (7) 상가건물의 부속토지를 임대기간 동안 상가건물 임차인의 영업에 사용하게 하는 대가로 임대기간 시작일인 2025.8.1.에 5,000,000원을 전액 수령하였다.
> (8) 임대보증금 운용수익 : 정기예금이자 2,000,000원, 수입배당금 1,000,000원, 유가증권처분이익 500,000원

① 18,500,000원
② 20,500,000원
③ 21,000,000원
④ 21,500,000원
⑤ 24,000,000원

CHAPTER

04 | 근로소득 · 연금소득 · 기타소득

01 CTA 2022 ☑ 확인Check! ○ △ ✕

다음은 중소기업인 (주)A에 경리과장으로 근무하는 거주자 甲의 2026년 근로소득 관련 자료이다. 甲의 소득세법상 총급여액은? (단, 甲은 (주)A의 발행주식총수의 20%의 주식을 소유하고 있으며, 지배주주등에 해당함. 주어진 자료 외의 다른 사항은 고려하지 않음)

(1) 기본급과 상여 : 50,000,000원
(2) 시간외근무수당 : 8,000,000원
(3) (주)A의 소유주택을 무상으로 제공받음으로써 얻은 이익 : 5,000,000원
(4) 식사대 : 3,600,000원
(월 300,000원×12개월, (주)A로부터 식사 기타 음식물을 제공받지 않음)
(5) 甲의 8세 아들의 보육과 관련하여 (주)A로부터 지급받은 보육수당 : 1,200,000원
(월 100,000원×12개월)
(6) 「발명진흥법」에 따라 (주)A로부터 직무발명보상금 : 3,000,000원

① 60,400,000원
② 62,200,000원
③ 63,400,000원
④ 64,600,000원
⑤ 68,400,000원

02 CTA 2019

☑ 확인 Check! ○ △ ✕

다음은 거주자 甲이 2026년에 (주)A에 근무하면서 지급받은 급여 등에 관련된 자료이다. 거주자 甲의 2026년 총급여액은? (단, 주어진 자료 이외에는 고려하지 않음)

(1) 연간 급여 합계액(30,000,000원)
(2) 연간 상여 합계액(10,000,000원)
(3) 상여 소득처분금액(2,000,000원) : (주)A는 2026.3.20.에 2025.1.1.~12.31. 기간의 법인세를 신고하면서 익금산입한 금액 중 2,000,000원을 甲을 귀속자로 하는 상여로 소득처분하였다.
(4) 연간 급여 및 상여 외의 甲의 주식매수선택권 행사로 인한 이익(10,000,000원) : 주식매수선택권은 (주)A의 100% 모회사인 (주)B 발행 주식을 대상으로 한 것으로서, 2026.5.5. 행사하였다. (주)A 및 (주)B는 모두 벤처기업이 아니다.
(5) 연간 급여 외의 식대(3,600,000원) : (주)A는 구내식당을 운영하고 있지 아니하여 식대를 월 300,000원씩 금전으로 지급하고 있다.

① 41,200,000원
② 48,800,000원
③ 51,200,000원
④ 53,200,000원
⑤ 54,400,000원

제4장

03 CTA 2016

☑ 확인 Check! ○ △ ✕

2026.2.1.에 생애 최초로 입사한 거주자 甲(생산직근로자임)의 다음의 자료를 이용한 2월분 급여 중 비과세 근로소득의 합계는 얼마인가? (단, 상여금 및 연장근무수당 이외에는 매월 동액이 지급되고, 근로자의 직전 과세기간의 총급여액은 3천만원 이하이며, 주어진 자료 이외에는 고려하지 않음)

〈甲의 2월 급여내역〉

항 목	금 액	비 고
(1) 급 여	1,400,000원	
(2) 상여금	500,000원	부정기적인 상여임
(3) 자가운전보조금	250,000원	甲 소유의 차량을 업무수행에 이용하고 시내출장 등에 소요된 실제여비를 받는 대신에 그 소요경비를 사규에 의한 지급기준에 따라 받는 금액임
(4) 식사대	100,000원	회사는 무상으로 중식을 제공하며 이와 별도로 지급된 식사대임
(5) 자녀보육수당	300,000원	甲의 3세 및 5세인 자녀 보육과 관련된 수당임
(6) 연장근무수당	250,000원	근로기준법에 따른 연장근무로 인한 통상임금에 더한 지급액이며 당월 외에는 연장·야간·휴일근무수당은 없음
계	2,800,000원	

① 300,000원
② 550,000원
③ 400,000원
④ 450,000원
⑤ 650,000원

04 CTA 2025

☑ 확인 Check! ○ △ ✕

소득세법령상 생산직 근로자가 연장근로 · 야간근로 또는 휴일근로를 하여 통상임금에 더하여 받는 급여에 대한 비과세 규정을 적용할 때, 다음의 비과세 급여 중 월정액급여 계산시 매월 직급별로 받는 급여의 총액에서 차감하는 항목을 모두 고른 것은?

ㄱ. 월 20만원 이내의 자기차량운전보조금
ㄴ. 식사 기타 음식물을 제공받지 아니하는 근로자가 받는 월 20만원 이하의 식사대
ㄷ. 임원이 아닌 종업원이 사택을 제공받음으로써 얻는 이익
ㄹ. 광산근로자가 받는 입갱수당 및 발파수당
ㅁ. 근로자 또는 그 배우자가 6세 이하인 자녀의 보육과 관련하여 사용자로부터 지급받는 급여로서 월 20만원 이내의 금액

① ㄱ, ㅁ
② ㄱ, ㄴ, ㄹ
③ ㄱ, ㄷ, ㄹ
④ ㄴ, ㄷ, ㅁ
⑤ ㄷ, ㄹ, ㅁ

05 CPA 2018

☑ 확인 Check! ○ △ ✕

다음은 2025년 1월 1일에 (주)A에 입사한 생산직근로자(공장에서 금속용접 업무 담당)인 거주자 갑의 2026년 급여 내역이다. 갑의 2026년 귀속 총급여액을 계산한 것으로 옳은 것은? (단, 갑의 직전 과세기간(2025년)의 총급여액은 24,000,000원이다)

(1) 급여 : 18,000,000원(월 1,500,000원×12개월)
(2) 상여금 : 4,000,000원(부정기적인 수령임)
(3) 자가운전보조금 : 3,000,000원(월 250,000원×12개월)
갑 소유의 차량을 업무수행에 이용하고 시내출장 등에 소요된 실제여비를 지급받는 대신에 그 소요경비를 회사의 사규에 의한 지급기준에 따라 받은 금액임
(4) 식사대 : 1,200,000원(월 100,000원×12개월)
회사는 무상으로 월 130,000원 상당의 중식을 제공하며 이와 별도로 지급된 식사대임
(5) 자녀보육수당 : 3,600,000원(월 300,000원×12개월)
6세인 자녀 보육과 관련된 수당임
(6) 연장근로수당 : 2,500,000원
「근로기준법」에 따른 연장근로로 인해 통상임금에 더한 지급액임

① 25,100,000원
② 26,300,000원
③ 30,500,000원
④ 31,400,000원
⑤ 31,850,000원

06 CPA 2023

☑ 확인 Check! ○ △ ×

(주)A(중소기업 아님)의 영업부서 종업원인 거주자 갑((주)A의 지배주주 및 그와 특수관계에 있는자 아님)의 2026년 근로소득 관련 자료이다. 갑의 2026년 근로소득 총급여액으로 옳은 것은?

(1) 급여 : 21,600,000원(월 1,800,000원×12개월)
(2) 잉여금 처분에 의한 상여금 : 10,000,000원
(잉여금처분결의일 : 2025.11.25., 지급일 : 2026.1.25.)
(3) 식사대 : 3,000,000원(식사대 이외에 별도로 식사를 제공받고 있음)
(4) 「발명진흥법」에 따른 직무발명보상금 : 6,000,000원
(직무와 관련된 발명으로 인해 회사로부터 지급받은 금액임)
(5) 주택의 구입에 소요되는 자금을 회사로부터 무상으로 대여받음으로써 얻은 이익 : 2,400,000원
(6) 휴일근로로 지급받은 초과근로수당 : 2,000,000원
(7) 학자금 : 8,000,000원
(회사 내부규정에 따라 자녀의 대학등록금으로 지급받은 금액임)

① 32,000,000원
② 35,000,000원
③ 37,000,000원
④ 45,000,000원
⑤ 46,000,000원

07 CPA 2021

☑ 확인Check! ○ △ ×

(주)A(중소기업)에 근무하는 영업사원인 거주자 갑(일용근로자 아님, (주)A의 지배주주등 및 그의 특수관계에 있지 않음)의 2026년 귀속 근로소득 내역이다. 비과세 합계액과 총급여액으로 옳은 것은?

(1) 급여 : 40,000,000원
(2) 식사를 제공받고 별도로 받은 식대 : 2,400,000원(월 200,000원씩 수령)
(3) 「발명진흥법」에 따라 사용자로부터 받은 직무발명보상금 : 12,000,000원
(4) 주택 취득에 소요되는 자금을 무상제공 받음으로써 얻은 이익 : 5,000,000원
(5) (주)A가 갑을 수익자로 하는 단체순수보장성보험의 보험료로 지급한 금액 : 1,000,000원
(6) 갑이 자기차량을 업무수행에 이용하고 실제여비 대신 회사의 규정에 따라 지급받은 자가운전보조금 : 2,000,000원(10개월간 월 200,000원씩 수령)
(7) 시간외 근무수당 : 2,000,000원

	비과세 합계액	총급여액
①	14,700,000원	49,700,000원
②	15,000,000원	43,000,000원
③	15,900,000원	48,500,000원
④	17,100,000원	47,300,000원
⑤	20,000,000원	43,000,000원

08 CPA 2020

☑ 확인Check! ○ △ ×

벤처기업이 아닌 중소기업 (주)A에 종업원(일용근로자 아님)으로 근무하는 거주자 갑의 2026년 근로소득 관련 자료이다. 갑의 2026년 근로소득 총급여액으로 옳은 것은?

(1) 급여 : 24,000,000원
(2) 상여금 : 10,000,000원
(3) 식사대 : 3,000,000원(월 250,000원×12개월)
- 갑은 식사대 이외에 별도로 식사를 제공받지 않음
(4) 자녀보육수당(6세) : 2,400,000원(월 200,000원×12개월)
(5) (주)A가 납부한 단체환급부보장성보험의 보험료 : 1,200,000원(월 100,000원×12개월)
- 갑의 배우자가 보험의 수익자임
(6) (주)A의 사택을 무상제공 받음으로써 얻는 이익 : 5,000,000원
(7) (주)A로부터 부여받은 주식매수선택권 행사이익(행사일 2026년 10월 5일) : 20,000,000원
(8) 자녀출산수당(2024.5.15. 출생) : 3,000,000원
- 2025년에 3,000,000원(1회차)을 지급받았으며, 2026년에 추가로 지급받음

① 43,200,000원
② 55,100,000원
③ 56,300,000원
④ 57,100,000원
⑤ 59,100,000원

09 CTA 2018

☑ 확인Check! ○ △ ✕

다음은 내국법인 (주)A에서 영업사원으로 근무하던 거주자 甲의 근로소득 관련 자료이다. 甲의 2026년 귀속 근로소득금액은 얼마인가? (단, 주어진 자료 이외에는 고려하지 않음)

(1) 근무기간 : 2026.1.1.부터 2026.10.31.(퇴직일)까지 계속 근무하였음

(2) 급여내역

구 분	금 액	비 고
기본급여 총액	50,000,000원	기본급으로 월 5,000,000원 지급 받음
휴가비	5,000,000원	(주)A로부터 보조받은 휴가비임
강연수당	4,000,000원	(주)A의 사내연수 강연수당임
인정상여	2,000,000원	(주)A의 2025년도 귀속 법인세무조정시 발생한 것임
식사대	2,200,000원	월 220,000원(회사는 현물식사를 별도 제공하지 않음)
자가운전보조금	3,000,000원	월 300,000원(시내출장 등이 있을 시 甲소유 차량을 업무에 이용하였고, 이에 소요된 실제 여비는 자가운전보조금을 받았음에도 불구하고 출장여비 규정에 의해 별도로 지급받았음)

(3) 근로소득공제액

총급여액	근로소득공제액
1,500만원 초과 4,500만원 이하	750만원 + 1,500만원을 초과하는 금액의 100분의 15
4,500만원 초과 1억원 이하	1,200만원 + 4,500만원을 초과하는 금액의 100분의 5

① 44,590,000원
② 44,840,000원
③ 48,290,000원
④ 49,340,000원
⑤ 50,090,000원

10 CPA 2019

☑ 확인 Check! ○ △ ×

거주자 갑의 2026년 근로소득 관련 자료이다. 거주자 갑은 (주)A에 회계담당자로 근무하던 중 2026년 7월 1일에 (주)B로 이직하였다. 2026년 거주자 갑의 근로소득금액은 얼마인가? (단, 거주자 갑은 (주)A에 지배주주등 및 해당 지배주주와 특수관계에 있는 자가 아니다)

(1) (주)A로부터 수령한 금액(2026.1.1.~6.30.)
- 급여 : 12,000,000원
- 상여금 : 2,000,000원
- 잉여금처분에 의한 성과배분상여금 : 5,000,000원(잉여금처분결의일 2023.12.20.)
- 식대 : 1,200,000원(월 200,000원×6개월, 식사는 제공받지 않음)
- 숙직비 : 200,000원(1일당 실비상당액 20,000원×10일)
- 자녀출산보조금 : 6,000,000원(2026.1.1. 출생한 자녀에 대해 1회 2,000,000원씩 1月, 3月, 5月 총 3회 지급받음)

(2) (주)B로부터 수령한 금액(2026.7.1.~12.31.)
- 급여 : 15,000,000원
- 식대 : 1,500,000원(월 250,000원×6개월, 식사를 제공받음)
- 회사규정에 따른 자가운전보조금 : 1,200,000원(월 200,000원×6개월, 자가차량을 업무수행에 이용하나 여비를 수령하지 않음)
- 건강검진보조금 : 500,000원
- 추석명절격려금 : 3,000,000원
- 자녀학비보조금 : 3,000,000원

(3) 근로소득공제액

총급여액	공제액
500만원 이하	총급여액×70%
500만원 초과 1,500만원 이하	350만원+(총급여액−500만원)×40%
1,500만원 초과 4,500만원 이하	750만원+(총급여액−1,500만원)×15%
4,500만원 초과 1억원 이하	1,200만원+(총급여액−4,500만원)×5%

① 20,140,000원
② 22,205,000원
③ 25,245,000원
④ 27,900,000원
⑤ 26,350,000원

11 CTA 2021

☑ 확인Check! ○ △ ✕

근로소득에 관한 설명으로 옳지 않은 것은?

① 대기업의 종업원이 주택의 구입에 소요되는 자금을 무상으로 대여 받음으로써 얻는 이익은 근로소득에 포함된다.

② 공무원이 공무수행과 관련하여 국가로부터 받는 상금과 사기업체 종업원이 법에 따라 받는 직무발명보상금은 연 500만원까지 비과세한다.

③ 일용근로자가 아닌 근로자의 경우 총급여액에서 공제하는 근로소득공제는 연간 2,000만원을 한도로 한다.

④ 법인세법에 따라 처분된 인정상여의 귀속시기는 그 법인의 결산확정일이 아닌 근로자가 해당 사업연도 중 근로를 제공한 날로 한다.

⑤ 근로를 제공하고 받은 대가라 하더라도 독립된 지위에서 근로를 제공하였다면 그 대가는 근로소득으로 보지 않는다.

12 CTA 2020

☑ 확인Check! ○ △ ✕

내국법인 (주)A에 근무하는 거주자의 소득세법령상 근로소득에 관한 설명으로 옳지 않은 것은?

① 거주자 甲(일용근로자 아님)의 근로소득금액을 계산할 때 총급여액에서 공제되는 근로소득공제액의 한도는 2천만원이다.

② 「법인세법」에 따라 상여로 처분된 금액은 근로소득으로 한다.

③ 일용근로자 乙의 근로소득은 종합소득과세표준을 계산할 때 합산하지 아니한다.

④ 「산업재해보상보험법」에 따라 수급권자가 받는 휴업급여는 비과세소득이지만, 「고용보험법」에 따라 받는 육아휴직급여는 과세대상 근로소득이다.

⑤ 퇴직함으로써 받는 소득으로서 퇴직소득에 속하지 아니하는 소득은 근로소득으로 한다.

13 CTA 2017

확인 Check! ○ △ ×

다음은 거주자 甲(62세)이 2024년도에 수령한 국민연금과 연금계좌에 대한 자료이다. 「소득세법」상 甲의 2024년도 종합과세되는 총연금액은 얼마인가? (단, 甲이 종합과세와 분리과세 중 선택할 수 있는 경우에는 종합과세를 선택한 것으로 가정함)

(1) 2024년도 국민연금 수령액은 30,000,000원이고, 국민연금 환산소득누계액과 국민연금보험료 누계액 자료는 다음과 같음

① 2002.1.1. 이후 국민연금 납입기간의 환산소득 누계액 : 450,000,000원
② 2001.12.31. 이전 국민연금 납입기간의 환산소득 누계액 : 900,000,000원
③ 2002.1.1. 이후 납입한 국민연금보험료 누계액 : 60,000,000원(소득공제 받지 않은 금액 3,000,000원)

(2) 2024년도 연금계좌(가입일 : 2016.2.10., 수령시작일 : 2024.3.10.)에서 연금으로 수령한 금액은 25,000,000원이고, 연금수령개시 신청일인 2024.3.10. 현재 연금계좌평가액 51,000,000원의 내역은 다음과 같음

① 甲이 납입한 연금보험료 합계액 : 33,000,000원(소득공제 또는 세액공제 받지 않은 금액 2,000,000원)
② 연금계좌 운용수익 : 11,000,000원
③ 이연퇴직소득 : 7,000,000원

① 7,000,000원
② 11,000,000원
③ 12,000,000원
④ 13,000,000원
⑤ 18,400,000원

14 CPA 2024

확인 Check! ○ △ ×

거주자 갑(56세)의 연금계좌에 관한 자료이다. 2026년 종합과세되는 총연금액으로 옳은 것은? (단, 갑이 종합과세와 분리과세 중 선택할 수 있는 경우에는 종합과세를 선택하는 것으로 가정한다)

(1) 연금계좌 가입일 : 2014년 1월 15일
(2) 연금수령 개시일 : 2025년 1월 1일
(3) 2026년 연금계좌에서 수령한 금액 : 45,000,000원
(4) 2026년 1월 1일 현재 연금계좌 평가액 : 100,000,000원

① 연금계좌납입액 합계 : 60,000,000원(소득공제 또는 세액공제를 받지 못한 금액 3,000,000원 포함)
② 이연퇴직소득 : 10,000,000원
③ 연금계좌 운용수익 : 30,000,000원

① 14,000,000원
② 15,000,000원
③ 16,000,000원
④ 17,000,000원
⑤ 18,000,000원

15 CPA 2022

☑ 확인Check! ○ △ ✕

거주자 갑의 2026년 연금소득 관련 자료이다. 연금소득금액으로 옳은 것은?

(1) 갑은 2026년에 「국민연금법」에 따라 연금 45,000,000원(원천징수세액을 차감하기 전 금액임)을 수령하였다.

(2) 국민연금보험료 납입 내역

구 분	연금보험료 납입 누계액	환산소득 누계액	연금보험료 납입월수
2001.12.31. 이전 납입기간	80,000,000원	100,000,000원	50개월
2002.1.1. 이후 납입기간	240,000,000원*	380,000,000원	200개월

*전액 연금보험료 소득공제를 받음

(3) 연금소득공제

총연금액	연금소득공제
1,400만원 초과	630만원 + (총연금액 − 1,400만원) × 10%

① 25,475,000원
② 27,162,500원
③ 27,500,000원
④ 33,750,000원
⑤ 35,625,000원

제4장

16 CTA 2020

☑ 확인Check! ○ △ ✕

「소득세법」상 거주자의 연금소득에 관한 설명으로 옳지 않은 것은?

① 「산업재해보상보험법」에 따라 받는 각종 연금은 비과세소득이다.
② 공적연금소득의 수입시기는 공적연금 관련법에 따라 연금을 지급받기로 한 날로 한다.
③ 연금계좌의 운용실적에 따라 증가된 금액을 연금계좌에서 연금외수령한 소득은 그 소득의 성격에 따라 이자 또는 배당소득으로 본다.
④ 연금소득금액은 「소득세법」에 정한 총연금액에서 연금소득공제를 적용한 금액으로 한다.
⑤ 공적연금소득을 지급하는 자가 연금소득의 일부 또는 전부를 지연하여 지급하면서 지연지급에 따른 이자를 함께 지급하는 경우 해당 이자는 공적연금소득으로 본다.

17 CTA 2024

☑ 확인Check! ○ △ ✕

거주자 甲(나이 60세)의 2026년 연금소득 관련 자료이다. 甲의 소득세법령상 연금소득에 대한 원천징수세액은?

(1) 2019.10.1.에 금융회사의 연금저축계좌에 가입한 후 2025.9.30.까지 6년간 매월 연금보험료를 납입하였다. 연금보험료 총납입액은 50,000,000원이며, 총납입액 중 연금계좌세액공제를 받지 아니한 금액은 5,500,000원이다.
(2) 2026.1.1.에 연금수령개시를 신청하였고, 2026년 연금저축계좌에서 연금으로 인출한 금액은 18,000,000원으로 의료목적, 천재지변이나 그 밖에 부득이한 사유등 대통령령으로 정하는 요건을 갖추어 인출한 것은 아니다.
(3) 연금수령개시 신청일 현재 연금저축계좌의 평가액은 70,000,000원이며, 평가액 중 운용수익은 20,000,000원이다.
(4) 甲의 연금저축계좌는 대통령령으로 정하는 연금계좌 등 요건을 충족하고 있으며, 종신형 연금저축계좌는 아니다.
(5) 주어진 자료 외의 다른 사항은 고려하지 않는다.

① 250,000원
② 525,000원
③ 625,000원
④ 750,000원
⑤ 1,875,000원

18 CTA 2021

☑ 확인Check! ○ △ ✕

연금소득에 관한 설명으로 옳은 것은?

① 공적연금의 경우 2002.1.1.(과세기준일) 이후부터 과세로 전환되었으므로 연금수령액 중 과세연금액은 '과세기준일 이후 기여금 납입월수'가 '총 기여금 납입월수'에서 차지하는 비율에 따라서 분할하여 계산한다.
② 연금계좌에서 인출하는 금액이 연금수령요건을 충족한 경우 퇴직연금계좌 인출액이든 연금저축계좌 인출액이든 연금소득공제를 적용한다.
③ 사망할 때까지 연금수령하는 종신계약에 따라 받는 연금소득의 경우 3%의 원천징수세율을 적용한다.
④ 연금계좌에서 일부 금액이 인출되는 경우 인출순서는 이연퇴직소득 → 과세제외금액 → 연금계좌세액공제를 받은 납입액과 운용수익 순서로 인출되는 것으로 한다.
⑤ 이연퇴직소득을 연금수령하는 경우로서 실제 수령연차가 10년을 초과하는 경우 원천징수세율은 연금외수령 원천징수세율의 60%가 된다.

19 CTA 2016

☑ 확인Check! ○ △ ✕

연금소득에 관한 설명으로 옳지 않은 것은?

① 연금소득이 있는 거주자의 해당 과세기간에 받은 총연금액(분리과세연금소득은 제외함)에서 공제하는 연금소득공제액이 900만원을 초과하는 경우에는 900만원을 공제한다.
② 공적연금소득을 받는 사람이 해당 과세기간 중에 사망한 경우 공적연금소득에 대한 원천징수의무자는 그 사망일이 속하는 달의 다음다음 달 말일까지 그 사망자의 공적연금소득에 대한 연말정산을 하여야 한다.
③ 연금계좌세액공제를 받은 연금계좌 납입액과 연금계좌의 운용실적에 따라 증가된 금액을 그 소득의 성격에 불구하고 연금계좌에서 연금수령하면 연금소득으로, 연금외수령하면 퇴직소득으로 과세한다.
④ 연금계좌에서 인출된 금액이 연금수령한도를 초과하는 경우에는 연금수령분이 먼저 인출되고 그 다음으로 연금외수령분이 인출되는 것으로 본다.
⑤ 공적연금소득의 수입시기는 공적연금 관련법에 따라 연금을 지급받기로 한 날로 한다.

20 CPA 2023

☑ 확인Check! ○ △ ✕

「소득세법」상 연금소득에 관한 설명이다. 옳지 않은 것은?

① 공적연금소득을 지급하는 자가 연금소득의 일부 또는 전부를 지연하여 지급하면서 지연지급에 따른 이자를 함께 지급하는 경우 해당 이자는 공적연금소득으로 본다.
② 연금수령이 개시되기 전에 연금저축계좌에서 퇴직연금계좌로 일부가 이체되는 경우 이를 인출로 본다.
③ 연금계좌에서 인출된 금액이 연금수령한도를 초과하는 경우에는 연금외수령분이 먼저 인출되고 그 다음으로 연금수령분이 인출되는 것으로 본다.
④ 이연퇴직소득을 연금수령하는 연금소득의 금액은 종합소득과세표준을 계산할 때 합산하지 아니한다.
⑤ 원천징수의무자가 공적연금소득을 지급할 때에는 연금소득 간이세액표에 따라 소득세를 원천징수한다.

21 CTA 2023

☑ 확인Check! ○ △ ×

소득세법령상 기타소득에 관한 설명으로 옳지 않은 것은? (서화 · 골동품의 양도로 발생하는 소득은 고려하지 아니함)

① 이자소득 · 배당소득 · 사업소득 · 근로소득 · 연금소득 · 퇴직소득 및 양도소득 외의 소득이어야 한다.

② 노동조합업무종사자로서 근로시간면제자가 「노동조합 및 노동관계 조정법」상의 근로시간면제한도를 초과하는 범위에서 지급받는 급여는 기타소득에 해당한다.

③ 특정 소득이 기타소득으로 법령에 열거된 것 중 어떤 소득에 해당하는지 여부는 기타소득금액에 영향을 미치지 아니한다.

④ 뇌물은 위법소득이지만 기타소득으로 과세된다.

⑤ 종교인소득에 대하여 근로소득으로 원천징수한 경우에는 해당소득을 근로소득으로 본다.

22 CTA 2018

☑ 확인Check! ○ △ ×

내국법인 (주)A(벤처기업 아님)는 정관에서 주식매수선택권 부여에 필요한 사항을 모두 정하고 이를 등기한 후에 2026.3.20. 주주총회 특별결의를 거쳐 주식매수선택권(부여주식수 : 30,000주, 행사가격 : 10,000원, 행사시기 : 2030.3.20.부터 2035.3.20.까지)을 부여하는 계약을 임원인 甲(거주자)과 체결하였다. 주식매수선택권 부여 계약에는 행사를 제한하는 어떠한 특약도 없었고, 행사가격은 주식매수선택권 부여 당시의 주식의 시가보다 높은 것이었으며, 미공개정보로 인하여 단기간 내에 주가가 상승할 것이라고 예상되는 특별한 사정도 없었다. 다음 중 옳은 것은?

① 甲이 (주)A에 재직하면서 2030.3.20.부터 2035.3.20.까지 사이에 주식매수선택권을 행사하여 얻은 이익은 기타소득에 해당한다.

② 甲이 2032.10.20. 퇴직한 후 다음 해에 주식매수선택권을 행사하여 얻은 이익은 기타소득에 해당한다.

③ 甲이 2028.6.20. 사망하고 2030.3.20.부터 2035.3.20.까지 사이에 그 상속인이 주식매수선택권을 행사하여 얻은 이익은 근로소득에 해당한다.

④ 甲의 주식매수선택권 행사이익은 그 주식매수선택권 부여 당시 (주)A 주식의 시가에서 실제 매수가격을 뺀 금액이다.

⑤ 甲이 주식매수선택권을 행사하여 취득한 주식을 양도하는 때, 당해 주식이 양도소득세 과세대상이 되는 경우에는 그 주식매수선택권의 행사가격을 취득가액으로 하여 양도소득을 계산한다.

23 CTA 2016

☑ 확인 Check! ○ △ ✕

「소득세법」상 과세되는 기타소득을 모두 고른 것은? (다툼이 있으면 판례에 따름)

ㄱ. 근로계약을 체결한 근로자가 퇴직 시 퇴직금지급채무의 이행지체로 인해 수령하는 지연손해금
ㄴ. 교통재해를 직접적인 원인으로 신체상의 상해를 입었음을 이유로 보험회사로부터 수령한 보험금
ㄷ. 퇴직 전에 부여받은 주식매수선택권을 퇴직 후에 행사함으로써 얻은 이익
ㄹ. 사업용 토지・건물・부동산에 관한 권리와 함께 양도하는 영업권
ㅁ. 서화・골동품을 박물관에 양도함으로써 발생하는 소득

① ㄱ, ㄷ
② ㄴ, ㄷ
③ ㄱ, ㄴ, ㄷ
④ ㄱ, ㄷ, ㅁ
⑤ ㄴ, ㄹ, ㅁ

24 CPA 2025

☑ 확인 Check! ○ △ ✕

(주)A에 근무하는 거주자 갑의 소득에 관한 자료이다. 갑의 2026년 기타소득금액에 대한 원천징수세액으로 옳은 것은? (단, 제시된 금액은 원천징수세액을 차감하기 전 금액이며, 별도의 언급이 없는 한 기타소득의 실제 필요경비는 확인되지 않았다)

(1) 업무와 관련된 사내 원고료 : 1,500,000원
(원고제공일 : 2025.12.28., 현금수령일 : 2026.1.20.)
(2) 업무와 관련된 연구활동비 : 1,200,000원
(3) 산업재산권을 양도하고 받은 금액 : 10,000,000원
(양수인 사용일* : 2025.11.25., 대금청산일 : 2026.2.1.)
*동 일자에 대금이 확정됨
(4) 「한국마사회법」에 따른 승마투표권의 환급금 : 2,000,000원**
(투표권적중일 : 2025.12.1., 현금수령일 : 2026.1.5.)
**승마투표권의 단위투표금액 10,000원을 차감한 금액임
(5) 계약금이 위약금으로 대체된 위약금 : 1,000,000원
(계약금수령일 : 2025.12.10., 계약의 위약확정일 : 2026.1.10.)
(6) 주택입주 지체상금 : 1,500,000원(현금수령일 : 2026.5.10.)

① 460,000원
② 480,000원
③ 1,260,000원
④ 1,340,000원
⑤ 1,460,000원

25 CTA 2024

확인 Check! ○ △ ×

소득세법령상 비과세소득은 모두 몇 개인가?

> ○ 사업소득 중 논을 작물 생산에 이용하게 함으로써 발생하는 소득
> ○ 기타소득 중 골동품을 미술관에 양도함으로써 발생하는 소득
> ○ 근로소득 중 사용자로부터 식사 기타 음식물을 제공받는 근로자가 받는 월 20만원의 식사대
> ○ 근로소득 중 국민건강보험법 에 따라 사용자가 부담하는 보험료

① 0개
② 1개
③ 2개
④ 3개
⑤ 4개

26 CPA 2021

확인 Check! ○ △ ×

「소득세법」상 기타소득에 관한 설명이다. 옳지 않은 것은?

① 공무원이 국가 또는 지방자치단체로부터 공무 수행과 관련하여 받는 상금과 부상은 비과세 기타소득이다.
② 「공익사업을 위한 토지 등의 취득 및 보상에 관한 법률」에 따른 공익사업 관련 지역권의 설정 대가는 기타소득이다.
③ 법령에 따른 위원회의 보수를 받지 아니하는 위원이 받는 수당은 비과세 기타소득이다.
④ 뇌물, 알선수재 및 배임수재에 의하여 받는 금품은 기타소득이다.
⑤ 퇴직 전에 부여받은 주식매수선택권을 퇴직 후에 행사함으로써 얻는 이익은 기타소득이다.

27 CTA 2023

☑ 확인Check! ○ △ ✕

다음은 거주자 甲이 2026년 귀속 기타소득으로 신고하고자 하는 소득자료이다. 甲이 기타소득의 필요경비로서 공제가능한 최대의 금액은? (단, 각 소득은 사업소득에 해당하지 아니하며, 주어진 자료 외에는 고려하지 않음)

소득 내용	실제 소요된 경비
계약의 위약으로 인하여 받는 위약금 중 주택입주지체상금 6,000,000원	4,000,000원
고용관계 없이 일시적으로 다수인에게 강연을 하고 받은 강연료 3,000,000원(「소득세법」 제21조 제1항 제15호부터 제17호까지의 규정을 적용받지 아니함)	1,000,000원
사진에 속하는 창작품에 대한 원작자로서 창작품에 대하여 받는 대가 10,000,000원	7,000,000원
회화(국내 원작자 생존 중)의 양도로 받은 가액 80,000,000원	20,000,000원

① 12,800,000원
② 13,600,000원
③ 13,900,000원
④ 14,200,000원
⑤ 85,600,000원

28 CTA 2019

☑ 확인Check! ○ △ ✕

「소득세법」상 기타소득에 관한 설명으로 옳지 않은 것은?

① 법령에 기타소득으로 열거된 항목이라 하더라도 사업소득으로 과세하는 것이 가능한 경우가 있을 수 있다.
② 10년 이상 보유한 서화의 양도로 발생하는 소득이 기타소득으로 구분되는 경우, 최소한 당해 거주자가 받은 금액의 100분의 90에 상당하는 금액을 필요경비로 인정받을 수 있다.
③ 정신적 피해를 전보하기 위하여 받는 배상금은 기타소득으로 과세되지 아니한다.
④ 퇴직 전에 부여받은 주식매수선택권을 퇴직 후에 행사함으로써 얻은 이익은 기타소득에 해당한다.
⑤ 특정한 소득이 기타소득의 어느 항목에 해당하는지 여부는 세액에 영향이 없다.

29 CTA 2020

☑ 확인 Check! ○ △ ✕

다음은 거주자 甲의 2026년 귀속 소득 관련 자료이다. 「소득세법」상 종합소득에 합산되는 소득금액에 대하여 원천징수되는 소득세액은? (단, 모두 국내에서 지급받은 것으로 일시적·우발적으로 발생하였으며, 필요경비는 확인되지 않고 주어진 자료 외의 사항은 고려하지 않음)

(1) 계약의 위약으로 인하여 받은 위약금 중 주택입주 지체상금(계약금이 위약금으로 대체되지 않음) : 10,000,000원
(2) 영업권을 기계장치와 함께 양도함에 따라 받은 대가 : 5,000,000원
(3) 「공익사업을 위한 토지 등의 취득 및 보상에 관한 법률」 제4조에 따른 공익사업과 관련하여 지상권을 설정함으로써 발생하는 소득 : 3,000,000원
(4) 부동산매매계약의 해약으로 계약금이 위약금으로 대체된 금액 : 12,000,000원

① 640,000원
② 1,040,000원
③ 1,440,000원
④ 2,640,000원
⑤ 3,202,000원

30 CPA 2022

☑ 확인 Check! ○ △ ✕

거주자 갑의 2026년 기타소득 관련 자료이다. 원천징수 대상 기타소득금액으로 옳은 것은? (단, 제시된 금액은 원천징수세액을 차감하기 전 금액이며, 기타소득의 실제 필요경비는 확인되지 않는다

(1) 계약금이 위약금으로 대체된 경우의 위약금 : 4,000,000원
(2) 고용관계 없이 받은 일시적인 외부 강연료 : 3,000,000원
(3) 배임수재로 받은 금품 : 6,000,000원
(4) 상표권을 대여하고 대가로 받은 금품 : 1,000,000원
(5) 주택입주 지체상금 : 2,000,000원
(6) 슬롯머신 당첨금품 : 1,500,000원

① 1,200,000원
② 1,600,000원
③ 2,000,000원
④ 2,400,000원
⑤ 6,000,000원

31 CTA 2021

☑ 확인 Check! ○ △ ✕

2026년도 거주자 甲의 기타소득과 관련된 자료는 다음과 같다. 종합과세할 기타소득금액은? (단, 원천징수는 적법하게 이루어졌으며 제시된 금액은 원천징수 전의 금액이다. 주어진 자료 외의 사항은 고려하지 않음)

> ○ 주택입주 지체상금 수령액 : 3,000,000원
> ○ 「공익사업을 위한 토지 등의 취득 및 보상에 관한 법률」에 따른 공익사업과 관련하여 지상권을 대여함으로써 받은 금액 : 15,000,000원
> ○ 과세대상이 되는 서화를 반복적으로 판매함으로써 얻은 소득 : 200,000,000원(단, 이와 관련하여 사업장을 갖추거나 사업자등록을 하지는 않았으며, 서화의 보유기간은 10년 미만이다)
> ○ 위 소득과 관련하여 확인된 필요경비는 없다.

① 3,600,000원
② 4,200,000원
③ 6,600,000원
④ 7,200,000원
⑤ 36,600,000원

32 CPA 2024

☑ 확인 Check! ○ △ ✕

(주)A에 근무하는 거주자 갑의 2026년 소득에 관한 자료이다. 종합과세되는 기타소득금액으로 옳은 것은? (단, 갑의 기타소득금액을 제외한 종합소득 한계세율은 24%이며, 세부담을 최소화하고자 한다)

구 분	금 액*
(1) 주택입주 지체상금	3,000,000원
(2) 복권당첨금	2,500,000원
(3) 고용관계 없이 일시적인 강연을 하고 받은 외부강연료	100,000원
(4) 계약금이 위약금으로 대체된 위약금	1,000,000원
(5) 배임수재로 받은 금품	4,000,000원

*원천징수되기 전 금액이며, 원천징수는 적법하게 이루어졌고 필요경비는 확인되지 않음

① 4,000,000원
② 4,600,000원
③ 4,640,000원
④ 5,000,000원
⑤ 5,600,000원

33 CPA 2023

☑ 확인Check! ○ △ ✕

거주자 갑의 2026년 소득내역이다. 갑의 종합과세되는 기타소득금액으로 옳은 것은?

구 분	금 액	실제 필요경비
지역권(공익사업과 관련 없음)을 대여하고 받은 대가	3,000,000원	2,000,000원
복권당첨금품	3,001,000원	1,000원
상속받은 저작권 양도로 받은 대가	10,000,000원	8,000,000원
전국요리경연대회 상금(주1)	4,000,000원	–
퇴직한 전 회사(법인)(주2)에서 받은 직무발명보상금	7,000,000원	–
일시적인 외부특강료	2,000,000원	–

주1 「공익법인의 설립·운영에 관한 법률」의 적용을 받는 공익법인이 주무관청의 승인을 받아 시상하는 상금임

주2 갑은 퇴직한 회사의 지배주주등 및 그와 친족 또는 경영지배관계에 해당하는 자가 아님

① 3,600,000원
② 4,000,000원
③ 5,200,000원
④ 5,400,000원
⑤ 6,200,000원

34 CPA 2019

☑ 확인Check! ○ △ ✕

(주)A에 근무하는 거주자 갑((주)A의 지배주주등 및 그와 특수관계에 있는 자 아님)의 2026년 소득내역의 일부이다. 거주자 갑의 종합소득금액 중 기타소득금액은 얼마인가? (단, 기타소득을 제외한 거주자 갑의 종합소득에 대한 한계세율은 15%이다)

구 분	금 액	실제 필요경비
(1) 공익사업과 관련하여 지역권을 설정하고 받은 대가	2,000,000	1,000,000
(2) 대학에 한 학기(4개월) 출강하고 받은 시간강사료	2,500,000	–
(3) B신문에 기고하고 받은 원고료	500,000	–
(4) 산업재산권의 양도로 인해 수령한 대가	3,500,000	1,500,000
(5) 퇴직한 전 회사로부터 수령한 직무발명보상금	4,000,000	–
(6) 공익법인이 주최하는 발명경진대회에서 입상하여 받은 상금	3,000,000	–
(7) 「법인세법」에 의해 기타소득으로 처분된 금액	1,000,000	–
(8) 법령에 따른 위원회의 보수를 받지 아니하는 위원이 받는 수당	1,200,000	–

① 0원
② 2,600,000원
③ 3,800,000원
④ 4,000,000원
⑤ 5,100,000원

CHAPTER

05 | 소득금액계산의 특례

01 CTA 2021

☑ 확인Check! ○ △ ×

「소득세법」상 부당행위계산 부인에 관한 설명으로 옳지 않은 것은?

① 필요경비의 크기에 대하여 입증을 요구하지 않는 소득인 근로소득과 연금소득은 부당행위계산 부인의 대상이 되는 소득으로 규정되어 있지 않다.

② 배당소득과 이자소득은 필요경비가 인정되지 않는 소득이다. 따라서 배당소득과 이자소득 전체는 부당행위계산 부인의 대상이 되는 소득으로 규정되어 있지 않다.

③ 과세표준의 계산과정이 세법의 규정대로 이루어지는 퇴직소득은 부당행위계산 부인의 대상이 되는 소득으로 규정되어 있지 않다.

④ 직계존비속에게 주택을 무상으로 사용하게 하고 직계존비속이 그 주택에 실제로 거주하는 경우는 부당행위계산 부인의 대상에서 제외된다.

⑤ 제조업 영위 개인사업자가 여유자금을 인출하여 부친에게 무상으로 대여한 경우에는 부당행위계산 부인의 대상이 되지 않으나 부친으로부터 높은 이자율(시가의 2배)로 사업자금을 차입하여 그 이자를 필요경비에 산입한 경우에는 부당행위계산 부인의 대상이 된다.

02 CTA 2015

☑ 확인 Check! ○ △ ×

「소득세법」상 부당행위계산의 부인에 관한 설명으로 옳은 것을 모두 고른 것은?

ㄱ. 대금업을 영위하지 아니하는 거주자 甲이 아버지에게 연 이자율 5%(자금대여 시 이자율의 시가는 연 10%임)의 조건으로 10억원을 대여한 경우 부당행위계산의 부인 대상이 된다.
ㄴ. 거주자 乙이 형으로부터 사업자금을 연 이자율 40%(자금대여 시 이자율의 시가는 연 10%임)의 조건으로 10억원을 차입한 경우 부당행위계산의 부인 대상이 된다.
ㄷ. 거주자 丙이 운영자금을 마련하기 위하여 사무실로 사용하고 있던 상가건물을 시가의 절반가격으로 사촌동생에게 매각하였다면 부당행위계산의 부인 대상이 된다.
ㄹ. 부당행위계산의 부인에 의하여 총수입금액에 산입하거나 필요경비에 불산입한 금액은 사기·기타 부정한 행위에 의해 조세를 포탈한 것으로 간주하여 「조세범처벌법」의 적용대상이 된다.
ㅁ. 사업소득이 있는 거주자 丁이 사업자인 형으로부터 시가 1,000만원의 재고자산을 2,000만원에 구입하여 전부 판매한 경우, 사업소득금액을 계산할 때 丁의 필요경비를 1,000만원, 형의 총수입금액은 2,000만원으로 계산한다.

① ㄱ, ㄴ
② ㄱ, ㄴ, ㄷ
③ ㄴ, ㄷ, ㄹ
④ ㄴ, ㄷ, ㅁ
⑤ ㄷ, ㄹ, ㅁ

03 CPA 2024

☑ 확인 Check! ○ △ ×

「소득세법」상 공동사업장(제조업, 복식부기의무자)의 2026년 소득에 관한 자료이다. 거주자 갑의 종합소득금액으로 옳은 것은?

(1) 공동사업자별 손익분배 비율

공동사업자	갑(대표자)	갑의 배우자*	갑의 동생
손익분배비율	50%	30%	20%

*갑과 생계를 같이 하며, 조세를 회피하기 위해 공동으로 사업을 경영한 것으로 확인됨

(2) 손익계산서 자료 일부

① 당기순이익 : 500,000,000원
② 갑의 급여 : 80,000,000원
③ 이자수익 : 50,000,000원*
④ 사업용건물 처분익 : 10,000,000원
*갑의 부친에 대한 대여금 이자로 적정이자는 100,000,000원임

① 416,000,000원
② 441,000,000원
③ 449,000,000원
④ 456,000,000원
⑤ 466,000,000원

04 CPA 2022

☑ 확인Check! ○ △ ×

「소득세법」상 납세의무에 관한 설명이다. 옳지 않은 것은?

① 수익자가 특별히 정하여지지 아니한 신탁으로서 위탁자가 신탁재산을 실질적으로 지배・통제하지 않는 신탁의 경우 그 신탁재산에 귀속되는 소득은 수탁자에게 귀속되는 것으로 본다.

② 공동으로 소유한 자산에 대한 양도소득금액을 계산하는 경우에는 해당 자산을 공동으로 소유하는 각 거주자가 납세의무를 진다.

③ 거주자가 특수관계인에게 자산을 증여한 후 그 자산을 증여받은 자가 그 증여일부터 10년(2022.12.31. 이전 증여분은 5년) 이내에 다시 타인에게 양도하여 증여자가 자산을 직접 양도한 것으로 보는 경우, 그 양도소득에 대해서는 증여자와 증여받은 자가 연대하여 납세의무를 진다.

④ 원천징수되는 소득으로서 종합소득 과세표준에 합산되지 아니하는 소득이 있는 자는 그 원천징수되는 소득세에 대해서 납세의무를 진다.

⑤ 공동사업에 대한 소득금액을 계산할 때 특수관계인의 소득금액이 주된 공동사업자에게 합산과세되는 경우, 그 합산과세되는 소득금액에 대해서는 주된 공동사업자의 특수관계인은 주된 공동사업자와 연대하여 한도 없이 납세의무를 진다.

05 CPA 2017

☑ 확인Check! ○ △ ×

「소득세법」상 소득금액계산의 특례에 관한 다음의 설명으로 옳은 것을 모두 묶은 것은?

ㄱ. 출자공동사업자의 배당소득, 사업소득, 기타소득, 양도소득은 부당행위계산 부인의 대상이 된다.

ㄴ. 사업소득금액을 계산할 때 해당 과세기간에 결손금이 발생하고 이월결손금이 있는 경우에는 이월결손금을 먼저 소득금액에서 공제한다.

ㄷ. 공동사업자가 과세표준확정신고를 할 때에는 과세표준확정신고서와 함께 당해 공동사업장에서 발생한 소득과 그 외의 소득을 구분한 계산서를 제출하여야 한다.

ㄹ. 공동사업합산과세 규정에 따라 특수관계인의 소득금액이 주된 공동사업자에게 합산과세되는 경우, 주된 공동사업자의 특수관계인은 그 합산과세되는 소득금액 전체에 대하여 주된 공동사업자와 연대하여 납세의무를 진다.

① ㄱ, ㄴ
② ㄴ, ㄷ
③ ㄱ, ㄷ
④ ㄱ, ㄴ, ㄷ
⑤ ㄱ, ㄷ, ㄹ

06 CPA 2020

☑ 확인Check! ○ △ ✕

「소득세법」상 공동사업장 및 출자공동사업자에 관한 설명이다. 옳은 것은?

① 공동사업자간 특수관계가 없는 경우 공동사업에서 발생한 소득금액은 공동사업을 경영하는 각 거주자 간에 손익분배비율에 의하여 분배되었거나 분배될 소득금액에 따라 각 공동사업자별로 분배한다.

② 공동사업에서 발생한 채무에 대하여 무한책임을 부담하기로 약정한 자는 출자공동사업자에 해당한다.

③ 공동사업장의 해당 공동사업을 경영하는 각 거주자는 자신의 주소지 관할 세무서장에게 사업자등록을 해야 한다.

④ 출자공동사업자의 배당소득 수입시기는 그 배당을 지급받는 날이다.

⑤ 출자공동사업자의 배당소득 원천징수세율은 14%이다.

07 CTA 2021

☑ 확인Check! ○ △ ✕

「소득세법」상 결손금 또는 이월결손금에 관한 설명으로 옳은 것은?

① 사업소득금액을 계산할 때 발생한 결손금은 이자소득금액・배당소득금액・근로소득금액・연금소득금액・기타소득금액에서 순서대로 공제한다.

② 부동산임대업(주거용 건물 임대업 포함)에서 발생한 결손금은 종합소득과세표준을 계산할 때 공제하지 않는다.

③ 부동산임대업을 제외한 일반업종 사업소득에서 발생한 결손금은 부동산임대업에서 발생한 소득금액이 있는 경우에도 그 부동산임대업의 소득금액에서 공제하지 않는다.

④ 소득금액을 추계신고하는 경우에는 이월결손금 공제규정을 적용하지 않는다. 다만, 천재지변으로 장부가 멸실되어 추계신고를 하는 경우라면 이월결손금 공제규정을 적용한다.

⑤ 해당 과세기간 중 발생한 결손금과 이월결손금이 모두 존재하는 경우에는 이월결손금을 먼저 소득금액에서 공제한다.

08 CTA 2016

☑ 확인Check! ○ △ ✕

「소득세법」상 결손금 및 이월결손금 공제에 관한 설명으로 옳지 않은 것은?

① 사업자(주거용 건물 임대업이 아닌 부동산임대업은 제외)가 비치·기록한 장부에 의하여 해당 과세기간의 사업소득금액을 계산할 때 발생한 결손금은 그 과세기간의 종합소득과세표준을 계산할 때 근로소득금액·연금소득금액·기타소득금액·이자소득금액·배당소득금액에서 순서대로 공제한다.

② 부동산임대업에서 발생한 결손금은 종합소득과세표준을 계산할 때 그 과세기간의 다른 종합소득금액에서 공제하지 아니하나 주거용 건물 임대업의 경우에는 그러하지 아니하다.

③ 중소기업을 경영하는 거주자가 그 사업소득금액을 계산할 때 해당 과세기간의 이월결손금(부동산임대업에서 발생한 이월결손금은 포함)이 발생한 경우에는 결손금 소급공제세액을 환급신청할 수 있다.

④ 「국세기본법」에 따른 국세부과의 제척기간이 지난 후에 그 제척기간 이전 과세기간의 이월결손금이 확인된 경우 그 이월결손금은 공제하지 아니한다.

⑤ 해당 과세기간의 소득금액에 대해서 추계신고를 하거나 추계조사결정하는 경우(천재지변이나 그 밖의 불가항력으로 장부나 그 밖의 증명서류가 멸실된 경우는 제외)에는 이월결손금을 공제하지 않는다.

09 CTA 2015

☑ 확인Check! ○ △ ✕

「소득세법」상 거주자의 소득구분 등에 관한 설명으로 옳지 않은 것은?

① 공익사업과 관련하여 지역권·지상권(지하 또는 공중에 설정된 권리를 포함한다)을 설정하거나 대여하고 받는 금품은 기타소득으로 과세한다.

② 등기된 부동산임차권과 함께 양도하는 영업권(영업권을 별도로 평가하지 아니하였으나 사회통념상 자산에 포함되어 함께 양도된 것으로 인정되는 영업권과 행정관청으로부터 인가·허가·면허 등을 받음으로써 얻은 경제적 이익을 포함한다)은 양도소득으로 과세한다.

③ 부동산임대업에서 발생한 결손금은 모두 그 발생연도의 종합소득 과세표준을 계산함에 있어서 공제하지 않는다.

④ 퇴직 전에 부여받은 주식매수선택권을 퇴직 후에 행사하거나 고용관계 없이 주식매수선택권을 부여받아 이를 행사함으로써 얻는 이익은 기타소득으로 과세한다.

⑤ 공무원이 국가·지자체로부터 공무 수행과 관련하여 받은 상금과 부상(모범공무원 수당 포함)은 근로소득으로 과세(연간 240만원 이하의 금액 비과세)한다.

10 CPA 2021

☑ 확인Check! ○ △ ×

거주자 갑의 2026년 귀속 종합소득 관련 자료이다. 사업소득에서 발생한 결손금 공제 후 갑의 종합소득금액으로 옳은 것은?

(1) 제조업에서 발생한 사업소득 자료

① 총수입금액 : 300,000,000원
② 필요경비 : 390,000,000원

(2) 사업소득 필요경비에는 대표자 갑의 인건비 30,000,000원과 사업에 종사하고 있는 갑의 딸 인건비 10,000,000원이 포함되어 있다.
(3) 사업소득 이외의 각 소득금액(결손금 공제 전)

① 근로소득금액 : 40,000,000원
② 기타소득금액 : 30,000,000원

① 0원
② 10,000,000원
③ 20,000,000원
④ 40,000,000원
⑤ 70,000,000원

11 CTA 2024

☑ 확인Check! ○ △ ×

소득세법령상 소득금액 계산의 특례에 관한 설명으로 옳은 것은?

① 피상속인의 소득금액에 대한 소득세로서 상속인에게 과세할 것과 상속인의 소득금액에 대한 소득세는 합산하여 계산하여야 한다.
② 연금계좌의 가입자가 사망하였으나 그 배우자가 연금외수령 없이 해당 연금계좌를 상속으로 승계하는 경우에는 해당 연금계좌에 있는 피상속인의 소득금액은 피상속인의 소득금액으로 보아 소득세를 계산한다.
③ 주거용 건물임대업에서 발생하는 결손금은 종합소득 과세표준을 계산할 때 공제하지 아니한다.
④ 납세지 관할 세무서장 또는 지방국세청장은 이자소득, 사업소득 또는 기타소득이 있는 거주자의 행위 또는 계산이 그 거주자와 특수관계인과의 거래로 인하여 그 소득에 대한 조세 부담을 부당하게 감소시킨 것으로 인정되는 경우에는 그 거주자의 행위 또는 계산과 관계없이 해당 과세기간의 소득금액을 계산할 수 있다.
⑤ 사업소득이 발생하는 사업을 공동으로 경영하고 그 손익을 분배하는 공동사업의 경우에는 해당 사업을 경영하는 장소를 1거주자로 보아 공동사업장별로 그 소득금액을 계산한다.

12 CTA 2020

☑ 확인Check! ○ △ ×

「소득세법」상 거주자의 소득금액계산의 특례와 납세의무의 범위에 관한 설명으로 옳지 않은 것은? (단, 출자공동사업자, 연금외수령, 사업자, 주된 공동사업자 및 손익분배비율은 소득세법령의 요건을 충족하며, 비거주자 등과의 거래에 대한 소득금액 계산의 특례는 고려하지 않음)

① 부당행위계산의 부인규정이 적용되는 종합소득은 출자공동사업자의 손익분배비율에 해당하는 배당소득, 사업소득 또는 기타소득이 해당된다.

② 사업소득이 발생하는 사업을 공동으로 경영하고 그 손익을 분배하는 공동사업(경영에 참여하지 아니하고 출자만 하는 출자공동사업자가 있는 공동사업을 포함)의 경우에는 해당 사업을 경영하는 장소인 공동사업장을 1거주자로 보아 공동사업장별로 그 소득금액을 계산한다.

③ 연금계좌의 가입자가 사망하였으나 그 배우자가 연금외수령 없이 해당 연금계좌를 상속으로 승계하는 경우에는 해당 연금계좌에 있는 피상속인의 소득금액은 상속인의 소득금액으로 보아 소득세를 계산한다.

④ 사업자가 비치·기록한 장부에 의하여 해당 과세기간의 사업소득금액을 계산할 때 발생한 결손금(주거용 건물 임대업 외의 부동산임대업에서 발생한 금액 제외)은 그 과세기간의 종합소득과세표준을 계산할 때 근로소득금액·연금소득금액·이자소득금액·기타소득금액·배당소득금액에서 순서대로 공제한다.

⑤ 주된 공동사업자에게 합산과세되는 경우 그 합산과세되는 소득금액에 대해서는 주된 공동사업자의 특수관계인은 손익분배비율에 해당하는 그의 소득금액을 한도로 주된 공동사업자와 연대하여 납세의무를 진다.

13 CTA 2018

☑ 확인Check! ○ △ ×

「소득세법」상 소득금액 계산의 특례에 관한 설명으로 옳지 않은 것은?

① 종합소득과세표준 확정신고 후 예금 또는 신탁계약의 중도 해지로 이미 지난 과세기간에 속하는 이자소득금액이 감액된 때에는, 경정청구를 하지 아니한 경우라면 그 중도 해지일이 속하는 과세기간의 종합소득금액에 포함된 이자소득금액에서 그 감액된 이자소득금액을 뺄 수 있다.

② 우리나라가 조세조약의 상대국과 그 조세조약의 상호 합의 규정에 따라 거주자가 국외에 있는 비거주자와 거래한 그 금액에 대하여 권한 있는 당국 간에 합의를 하는 경우에는 그 합의에 따라 납세지 관할 세무서장은 그 거주자의 각 과세기간의 소득금액을 조정하여 계산할 수 있다.

③ 사업소득이 발생하는 사업을 공동으로 경영하고 그 손익을 분배하는 공동사업의 경우에는 각 공동사업자별로 소득금액을 계산한다.

④ 연금계좌의 가입자가 사망하였으나 그 배우자가 연금외수령 없이 해당 연금계좌를 상속으로 승계하는 경우에는 그 연금계좌에 있는 피상속인의 소득금액은 상속인의 소득금액으로 보아 소득세를 계산한다.

⑤ 결손금 및 이월결손금을 공제할 때 해당 과세기간에 결손금이 발생하고 이월결손금이 있는 경우에는 그 과세기간의 결손금을 먼저 소득금액에서 공제한다.

14 CPA 2022

☑ 확인Check! ○ △ ×

「소득세법」상 소득금액계산의 특례에 관한 설명이다. 옳지 않은 것은?

① 직계존비속에게 주택을 무상으로 사용하게 하고 직계존비속이 그 주택에 실제 거주하는 경우는 부당행위계산부인 대상이 아니다.
② 거주자가 채권을 내국법인에게 매도하는 경우에는 당해 거주자가 자신의 보유기간 이자등 상당액을 이자소득으로 보아 소득세를 원천징수하여야 한다.
③ 피상속인의 소득금액에 대한 소득세로서 상속인에게 과세할 것과 상속인의 소득금액에 대한 소득세는 구분하여 계산하여야 한다.
④ 부동산임대업(주거용 건물 임대업은 제외)에서 발생하는 결손금은 종합소득 과세표준을 계산할 때 다른 소득금액에서 공제하지 않는다.
⑤ 종합소득 과세표준 확정신고 후 예금 또는 신탁계약의 중도 해지로 이미 지난 과세기간에 속하는 이자소득금액이 감액된 경우, 그 중도 해지일이 속하는 과세기간의 종합소득금액에 포함된 이자소득금액에서 그 감액된 이자소득금액을 뺄 수 있다.

15 CPA 2018

☑ 확인Check! ○ △ ×

「소득세법」상 소득금액계산의 특례에 관한 설명으로 옳은 것은?

① 거주자 1인과 특수관계인이 공동사업자에 포함되어 있는 경우로서 손익분배비율을 거짓으로 정하는 등의 사유가 있는 경우에는 손익분배비율에 따른 소득분배규정에 따라 소득금액을 산정한다.
② 대통령령으로 정하는 중소기업을 영위하는 거주자는 사업소득에서 결손금이 발생되는 경우 종합소득금액이 있더라도 여기에서 이를 공제하는 대신 직전 과세기간으로 소급공제하여 직전 과세기간의 사업소득에 부과된 소득세액을 한도로 환급신청할 수 있다.
③ 거주자가 채권을 내국법인에게 매도하는 경우에는 채권을 매도하는 거주자가 자신의 보유기간 이자 등 상당액을 이자소득으로 보아 소득세를 원천징수한다.
④ 사업소득에서 발생한 결손금은 그 과세기간의 종합소득과세표준을 계산할 때 이자소득금액, 배당소득금액, 근로소득금액, 연금소득금액, 기타소득금액에서 순서대로 공제한다.
⑤ 공동사업합산과세 규정에 따라 특수관계인의 소득금액이 주된 공동사업자에게 합산과세되는 경우, 그 합산과세되는 소득금액에 대하여 주된 공동사업자의 특수관계인은 자신의 손익분배비율에 해당하는 그의 소득금액을 한도로 주된 공동사업자와 연대하여 납세의무를 진다.

16 CPA 2019

☑ 확인Check! ○ △ ✕

「소득세법」상 소득금액 및 세액의 계산과 관련된 설명이다. 옳지 않은 것은?

① 공동사업자가 과세표준확정신고를 할 때에는 과세표준확정신고서와 함께 당해 공동사업장에서 발생한 소득과 그 외의 소득을 구분한 계산서를 제출하여야 한다.

② 공동사업장에서 발생한 소득금액에 대하여 원천징수된 세액은 각 공동사업자의 손익분배비율에 따라 배분한다.

③ 직계존비속에게 주택을 무상으로 사용하게 하고 직계존비속이 해당 주택에 실제 거주하는 경우, 부당행위계산부인 규정을 적용하여 임대료의 시가에 해당하는 금액에 대하여 소득세를 과세한다.

④ 결손금소급공제 환급요건을 갖춘 자가 환급을 받으려면 과세표준확정신고기한까지 납세지 관할세무서장에게 환급을 신청하여야 하며, 환급신청을 받은 납세지 관할세무서장은 지체없이 환급세액을 결정하여 「국세기본법」에 따라 환급하여야 한다.

⑤ 이월결손금을 공제할 때 종합과세되는 금융소득 중 원천징수세율을 적용받는 부분은 이월결손금의 공제대상에서 제외하며, 그 금융소득 중 기본세율을 적용받는 부분에 대해서는 사업자가 그 소득금액의 범위에서 공제 여부 및 공제금액을 결정할 수 있다.

CHAPTER

06 | 종합소득공제

01 CTA 2019

☑ 확인Check! ○ △ ✕

다음 자료를 이용하여 거주자 甲의 2026년도 종합소득공제액을 계산하면 얼마인가? (단, 소득공제의 종합한도나 「조세특례제한법」상의 소득공제는 고려하지 아니하고, 주어진 자료 이외에 종합소득공제의 배제사유는 없음)

(1) 본인 및 가족현황(소득현황란에 기재된 소득 이외의 소득은 없음)

구 분	연 령	소득현황	비 고
본 인	51세	총급여액 60,000,000원	무주택자이고 부녀자 아님
배우자	47세	총급여액 4,000,000원의 근로소득	별거중임
부 친	80세	사업소득금액 10,000,000원	
모 친	75세	양식어업에서 발생하는 소득 50,000,000원	2026.8.8. 사망
장 녀	21세	소득금액 합계액 2,000,000원	장애인
장 남	18세	소득없음	장애인

※ 가족들은 모두 甲과 생계를 같이 한다.

(2) 거주자 甲이 지출하였거나 갑이 근무하고 있는 회사가 부담한 사항은 다음과 같다.

가. 「국민건강보험법」에 따른 국민건강보험료 3,600,000원(본인 부담분 1,800,000원, 회사 부담분 1,800,000원)
나. 「고용보험법」에 따른 고용보험료 1,000,000원(본인 부담분 500,000원, 회사 부담분 500,000원)
다. 생명보험 보험료 1,000,000원

① 11,300,000원
② 12,300,000원
③ 12,348,000원
④ 13,600,000원
⑤ 14,800,000원

02 CPA 2021

☑ 확인 Check! ○ △ ×

거주자 갑의 2026년 종합소득공제 관련 자료이다. 갑의 종합소득공제 중 인적공제액으로 옳은 것은?

(1) 본인 및 부양가족 현황

구 분	나 이	소 득
본인(남성)	41세	총급여액 50,000,000원
부 친	83세	공무원연금 수령액 30,000,000원
모 친	78세	소득없음
아 들	10세	소득없음

(2) 배우자(41세, 소득없음)와 2026년 7월 1일 법적으로 이혼하였다.
(3) 부친은 연금보험료 소득공제를 받지 않았다.
(4) 모친은 항시 치료를 요하는 중증환자인 장애인이다.

① 8,500,000원
② 9,500,000원
③ 10,000,000원
④ 11,000,000원
⑤ 12,500,000원

03 CPA 2018

☑ 확인 Check! ○ △ ×

근로소득이 있는 거주자 갑(여성)의 다음 자료를 바탕으로 2026년 종합소득공제 중 인적공제액을 계산한 것으로 옳은 것은?

(1) 본인 및 부양가족 현황

관 계	연 령	소 득	비 고
본 인	40세	근로소득금액 28,000,000원	
부 친	72세	없 음	2026년 10월 31일 사망
모 친	70세	기타소득금액 4,000,000원	
남 편	44세	총급여액 4,500,000원	
아 들	6세	없 음	
동 생	38세	없 음	장애인

(2) 본인과 부양가족은 주민등록표의 동거가족으로서 해당 과세기간 동안 동일한 주소에서 생계를 같이 하고 있다.
(3) 조세부담 최소화를 가정한다.

① 9,000,000원
② 9,500,000원
③ 10,500,000원
④ 11,000,000원
⑤ 12,500,000원

04 CPA 2023

☑ 확인 Check! ○ △ ✕

거주자 갑의 2026년 종합소득공제 관련 자료이다. 갑의 인적공제액과 특별소득공제액의 합계액으로 옳은 것은?

(1) 본인 및 부양가족 현황

구 분	나 이	비 고
본인(남성)	50세	총급여액 30,000,000원
배우자	48세	은행예금이자 2,000,000원
모 친	78세	전통주 제조소득 6,000,000원
아 들	20세	소득없음
딸	10세	소득없음

(2) 모친의 전통주 제조소득은 「주세법」에 따른 전통주를 농어촌지역에서 제조함으로써 발생하는 소득이다.

(3) 딸은 항시 치료를 요하는 중증환자인 장애인이다.

(4) 「국민건강보험법」, 「노인장기요양보험법」 및 「고용보험법」에 따라 갑이 납부한 보험료는 2,500,000원이다.

(5) 무주택 세대주인 갑은 법령에 의한 국민주택규모의 주택을 임차하기 위한 주택임차자금 차입금의 원리금 5,000,000원을 상환하였다.

(6) 갑은 특별소득공제를 신청하였다.

① 12,500,000원
② 14,000,000원
③ 15,000,000원
④ 16,500,000원
⑤ 18,000,000원

05 CPA 2022

확인 Check! ○ △ ×

거주자 갑(41세 남성이며 일용근로자 아님)의 2026년 근로소득 및 소득공제 관련 자료이다. 종합소득 과세표준으로 옳은 것은?

(1) 근로소득 및 보험료 납부 내역

① 기본급 및 상여금 : 65,000,000원
② 여비(실비변상정도의 금액) : 1,200,000원
③ 국민연금보험료 본인부담분 : 3,000,000원(회사가 대신 부담)
④ 국민건강보험료 본인부담분 : 4,000,000원

(2) 부양가족 현황

① 배우자(41세) : 국내은행 예금이자 10,000,000원이 있음
② 아들(11세) : 장애인이며, 소득 없음

(3) 근로소득공제

총급여액	근로소득공제
4,500만원 초과 1억원 이하	1,200만원 + (총급여액 − 4,500만원) × 5%

① 38,500,000원
② 41,350,000원
③ 42,490,000원
④ 42,850,000원
⑤ 44,350,000원

제6장

06 CPA 2019

☑ 확인 Check! ○ △ ✕

거주자 갑의 2026년 자료이다. 갑의 종합소득공제액은 얼마인가?

(1) 본인 및 부양가족 현황은 다음과 같다.

관 계	연 령	소 득
본인(여성)	38세	총급여액 60,000,000원
배우자	40세	「고용보험법」에 따라 수령한 육아휴직급여 6,000,000원
부 친	72세	일시적 강연으로 수령한 금액 8,000,000원
모 친	67세	수도권 밖의 읍·면 지역에서 전통주를 제조함으로써 발생한 소득금액 8,000,000원
장 남	16세	소득 없음
장녀(장애인)	5세	소득 없음

(2) 국민건강보험료 및 노인장기요양보험료 본인부담분 600,000원과 국민연금보험료 본인부담분 1,500,000원을 납부하였다.

(3) 부친과 모친은 주거형편상 별거하고 있으며, 장남은 기숙사 생활로 별거하고 있다.

① 7,500,000원
② 8,100,000원
③ 10,100,000원
④ 11,600,000원
⑤ 13,100,000원

07 CPA 2016

☑ 확인 Check! ○ △ ✕

다음 자료를 이용하여 거주자 갑(남성이며 52세)의 2026년도 종합소득과세표준 계산시 공제되는 인적공제액을 계산한 것으로 옳은 것은?

구 분	나 이	비 고
배우자	45세	은행예금이자 20,000,000원
부 친	80세	2026년 5월 19일 사망함
모 친	72세	소득 없음
장 인	68세	주거형편상 별거하고 있으며, 소득 없음
장 남	23세	장애인이며, 사업소득금액 3,000,000원 있음
장 녀	18세	소득 없음

① 9,500,000원
② 11,000,000원
③ 12,500,000원
④ 13,000,000원
⑤ 14,500,000원

08 CPA 2016

확인 Check! ○ △ ✕

다음 자료에 의하여 거주자 갑의 2026년도 종합소득공제액을 계산한 것으로 옳은 것은?

(1) 본인 및 가족현황

가 족	연 령	비 고
본 인	42세	총급여액 50,000,000원
배우자	39세	총급여액 5,000,000원
부 친	72세	정기예금이자 5,000,000원, 2026년 6월 9일 사망함
모 친	68세	식량작물재배업소득 5,000,000원
장 남	10세	소득 없음, 장애인
장 녀	7세	소득 없음

(2) 국민건강보험료 및 노인장기요양보험료 본인부담분 500,000원을 납부하였다.

① 11,500,000원
② 12,000,000원
③ 12,500,000원
④ 14,000,000원
⑤ 14,500,000원

09 CPA 2025

☑ 확인 Check! ○ △ ×

근로소득이 있는 거주자 갑(남성)의 2026년 소득공제에 관한 자료이다. 갑의 인적공제와 신용카드 등 소득공제의 합계액으로 옳은 것은?

(1) 본인 및 부양가족 현황(부양가족은 갑과 생계를 같이함)

구 분	나 이	내 역
본 인	29세	총급여액 50,000,000원
부 친	72세	은행예금이자 7,000,000원
모 친	65세	소득 없음
동 생	20세	총급여액 3,000,000원

(2) 신용카드 등 사용내역

구 분	내 역
본 인	• 대중교통 이용액 : 1,500,000원 • 영화상영관 입장료 : 1,000,000원 • 외국에서 사용한 신용카드 결제액 : 700,000원 • 자동차세 신용카드 결제액 : 400,000원 • 국내 백화점 물품 구입 신용카드 결제액 : 10,000,000원
부 친	병원비 신용카드 결제액 : 3,000,000원
모 친	전통시장 사용액 : 4,000,000원
동 생	직불카드 사용액 : 2,500,000원

① 6,100,000원
② 8,575,000원
③ 9,325,000원
④ 9,575,000원
⑤ 10,325,000원

CHAPTER

07 | 종합소득세의 계산

01 CTA 2023 ☑ 확인 Check! ○ △ ✕

거주자 甲의 2026년 과세기간의 소득자료가 다음과 같을 때 종합소득산출세액은?

(1) 은행예금이자 30,000,000원
(2) 비실명이자 4,000,000원
(3) 비영업대금이익 12,000,000원(온라인투자연계금융업자를 통하여 지급받은 이자소득 아님)
(4) 외국법인 배당 5,000,000원
(5) 사업소득금액 40,000,000원

종합소득공제는 9,000,000원이라고 가정하고, 기본세율의 일부는 다음과 같다.

종합소득과세표준	기본세율
1,400만원 이하	과세표준 × 6%
1,400만원 초과 5,000만원 이하	84만원 + (과세표준 − 1,400만원) × 15%
5,000만원 초과 8,800만원 이하	624만원 + (과세표준 − 5,000만원) × 24%

① 10,960,000원
② 11,290,000원
③ 11,920,000원
④ 12,290,000원
⑤ 13,090,000원

제7장

02 CPA 2018

☑ 확인 Check! ○ △ ×

다음은 거주자 갑의 2026년 종합소득에 대한 자료이다. 갑의 2026년 비교산출세액을 계산한 것으로 옳은 것은? (단, 원천징수는 모두 적법하게 이루어졌으며, 모든 금액은 원천징수세액을 차감하기 전 금액이다)

(1) 과세대상 소득명세

가. 상장 내국법인으로부터 받은 현금배당* 20,000,000원
*법인단계에서 법인세가 과세된 이익을 재원으로 이루어진 배당임

나. 비상장 내국법인이 재평가적립금(3% 재평가세 적용)을 「자산재평가법」을 위반하고 감액하여 받은 현금배당 30,000,000원

다. 사업소득금액 20,000,000원

(2) 종합소득공제 15,000,000원

(3) 세 율

종합소득과세표준	기본세율
1,400만원 이하	과세표준 × 6%
1,400만원 초과 5,000만원 이하	84만원 + 1,400만원 초과금액 × 15%
5,000만원 초과 8,800만원 이하	624만원 + 5,000만원 초과금액 × 24%

① 8,137,500원
② 7,937,500원
③ 7,300,000원
④ 7,015,000원
⑤ 6,590,000원

03 CTA 2024

확인Check! ○ △ ×

거주자 甲이 소유하고 있는 주택의 2026년 임대 관련 자료이다. 甲의 소득세법령상 분리과세 주택임대소득에 대한 사업소득금액은?

(1) 甲의 주택임대 현황

구 분	임대보증금	월임대료	기준시가	전용면적	임대기간
A주택	350,000,000원	1,000,000원	300,000,000원	$50m^2$	2025.1.1.~2026.12.31.
B주택	300,000,000원	–	250,000,000원	$45m^2$	2026.1.1.~12.31.
C주택	250,000,000원	800,000원	180,000,000원	$40m^2$	2026.3.1.~12.31.

(2) 각 주택의 임대기간 중 A주택은 대통령령으로 정하는 등록임대주택에 해당하고, B주택과 C주택은 등록임대주택에 해당하지 않는다.

(3) 각 주택의 월임대료는 매월 말일에 수령하였다.

(4) 2026년 주택임대소득금액 외의 다른 종합소득금액은 18,000,000원이다.

(5) 기획재정부령으로 정하는 정기예금이자율은 연 3.5%이다.

(6) 주어진 자료 외의 다른 사항은 고려하지 않는다.

① 4,000,000원
② 5,600,000원
③ 11,465,750원
④ 20,000,000원
⑤ 31,739,340원

04 CTA 2021

확인Check! ○ △ ×

거주자 甲의 2026년도 종합소득에 관한 자료가 다음과 같을 경우 분리과세 주택임대소득에 대한 사업소득금액은?

(1) 甲이 임대하고 있는 주택은 「소득세법 시행령」 제122조의2에 의한 등록임대주택이 아니다.

(2) 甲의 주택임대와 관련된 자료는 다음과 같다.

구 분	A주택	B주택
임대료 수입	10,000,000원	–
간주임대료	4,000,000원	4,000,000원
합 계	14,000,000원	4,000,000원

(3) 甲의 종합소득금액은 상기의 주택임대소득을 제외하고 2천만원을 넘지 않는다.

① 3,200,000원
② 5,000,000원
③ 5,200,000원
④ 7,000,000원
⑤ 9,000,000원

05 CTA 2020

☑ 확인 Check! ○ △ ×

「소득세법」상 거주자의 주택임대소득의 과세에 관한 설명으로 옳지 않은 것은? (단, 소득세 법령에 정한 해당 요건을 모두 충족하며, 공동소유 및 공동사업자인 경우는 고려하지 않음)

① 해당 과세기간에 주거용 건물 임대업에서 발생한 총수입금액의 합계액이 2천만원 이하인 자의 주택임대소득은 주택임대소득에 대한 세액 계산의 특례가 적용된다.

② 1개의 주택을 소유하는 자(부부 합산 제외)의 주택임대소득은 소득세를 과세하지 아니하지만, 과세기간 종료일 또는 해당 주택의 양도일 현재 기준시가가 12억원을 초과하는 주택 및 국외에 소재하는 주택의 임대소득은 제외한다.

③ 주택을 대여하고 보증금 등을 받은 경우에는 3주택(법령에 정한 요건을 충족한 주택 제외) 이상을 소유하고 해당 주택의 보증금 등의 합계액이 3억원을 초과하는 경우에는 총수입금액 계산의 특례가 적용된다.

④ 임차 또는 전세받은 주택을 전대하거나 전전세하는 경우에는 당해 임차 또는 전세받은 주택을 임차인 또는 전세받은 자의 주택으로 계산한다.

⑤ 등록임대주택의 임대사업에서 발생한 사업소득금액은 총수입금액에서 필요경비(총수입금액의 100분의 60)를 차감한 금액으로 하되, 분리과세 주택임대소득을 제외한 해당 과세기간의 종합소득금액이 2천만원 이하인 경우에는 추가로 200만원을 차감한 금액으로 한다.

06 CPA 2020

☑ 확인 Check! ○ △ ×

근로소득만 있는 거주자 갑(40세)의 2026년 종합소득세 세액공제 관련 자료이다. 갑의 2026년 자녀세액공제액과 연금계좌세액공제액의 합계액으로 옳은 것은?

(1) 갑의 근로소득 총급여액 : 30,000,000원
(2) 갑의 기본공제대상자에 해당하는 자녀 나이 : 8세, 9세, 11세
- 갑은 「조세특례제한법」상 자녀장려금 적용대상자가 아니며, 2026년에 입양 신고한 자녀는 8세이다.
(3) 갑의 연금계좌 신규납입액
① 연금저축계좌 : 3,000,000원
② 퇴직연금계좌 : 2,000,000원
(4) 갑의 연금계좌 신규납입액 중 소득세가 원천징수되지 않은 퇴직소득 등 과세가 이연된 소득이나 다른 연금계좌로 계약을 이전함으로써 납입한 금액은 없다.

① 600,000원
② 750,000원
③ 1,050,000원
④ 1,700,000원
⑤ 1,150,000원

07 CTA 2018

☑ 확인Check! ○ △ ✕

다음은 거주자 甲(2026년도 중 계속 근로자임)이 기본공제대상자를 위하여 2026년에 지출한 의료비 내역이다. 2026년 귀속 의료비 세액공제액은 얼마인가? (단, 주어진 자료 이외에는 고려하지 않음)

> (1) 연 급여 : 35,000,000원(비과세급여 3,000,000원 포함)
> (2) 본인(34세)을 위한 시력보정용 안경 구입비 : 800,000원
> 본인의 국외 치료비 : 4,000,000원
> (3) 배우자(32세)를 위한 치료목적 한약비 : 1,000,000원
> 배우자를 위한 난임시술비(「모자보건법」에 따른 보조생식술에 소요된 비용) : 2,000,000원
> (4) 부친(67세)에 대한 질병 치료비 : 700,000원
> (5) 모친(장애인, 62세)을 위한 장애인 보장구 구입비 : 600,000원
> (6) 부양가족은 모두 생계를 같이 하고 있으며 소득은 없다.
> (7) 부양가족은 다른 근로자의 기본공제대상이 아니고, 본인 국외 치료비를 제외한 다른 의료비는 모두 국내 의료기관 등에 지출한 금액이며, 의료비 세액공제액 외 다른 세액공제 및 표준세액공제는 적용하지 않는다.

① 726,000원
② 831,000원
③ 876,000원
④ 1,431,000원
⑤ 1,476,000원

08 CTA 2015

☑ 확인Check! ○ △ ✕

거주자인 근로자 甲(2024년 중 계속근로자임)의 2024년도 자료를 기초로 의료비세액공제액을 계산하면 얼마인가?

> (1) 甲의 급여총액 40,000,000원(비과세소득 2,400,000원 포함)
> (2) 의료비 지출내역은 다음과 같다.
>
> ① 본인의 정밀 건강진단비 500,000원, 미용・성형수술비 1,000,000원
> ② 부친(70세)의 질병 치료비 2,000,000원
> ③ 배우자(장애인)의 장애재활치료비 5,000,000원
> ④ 대학생인 장남(22세)의 시력보정용 안경과 콘택트렌즈 구입비 1,200,000원
> ⑤ 외국 유학중인 장녀(20세)의 국외에서의 치료비 1,500,000원
> ⑥ 차녀(5세)의 질병치료를 위한 의약품 구입비 1,000,000원

① 1,180,800원
② 1,125,000원
③ 1,275,000원
④ 1,285,800원
⑤ 1,360,800원

09 CPA 2022

☑ 확인Check! ○ △ ×

거주자 갑의 2026년 의료비 관련 자료이다. 의료비세액공제액으로 옳은 것은?

(1) 기본공제대상자를 위해 지출한 의료비 내역

구 분	나 이	금 액	내 역
본 인	40세	600,000원	시력보정용 안경 구입비
배우자	38세	10,000,000원	난임시술비*
		5,000,000원	산후조리원 지급비용
모 친	63세	1,000,000원	건강증진용 보약 구입비
		1,500,000원	보청기 구입비
부 친	70세	9,000,000원	수술비 및 입원비**
자 녀	0세	1,000,000원	건강진단비

* 「모자보건법」에 따른 보조생식술에 소요된 비용임

** 보험회사로부터 실손의료보험금 5,000,000원을 지급받음

(2) 갑(일용근로자 아님)의 총급여액은 120,000,000원이다.

① 3,660,000원
② 3,675,000원
③ 3,810,000원
④ 4,410,000원
⑤ 4,425,000원

10 CPA 2019

☑ 확인Check! ○ △ ×

거주자 갑의 2026년 자료이다. 갑의 의료비 세액공제액은 얼마인가?

(1) 갑의 총급여액 : 50,000,000원

(2) 갑이 본인과 부양가족을 위하여 지출한 의료비는 다음과 같다.

① 본인(40세) : 본인 시력보정용 안경구입비 900,000원
② 배우자(36세) : 보조생식술에 소요된 난임시술비 4,000,000원
③ 부친(69세, 장애인) : 장애인 보장구 구입비 1,500,000원
④ 모친(64세) : 질병치료 목적으로 구입한 한약비 1,000,000원
⑤ 아들(0세, 미숙아) : 인큐베이터 비용 800,000원

(3) 모친은 국외은행으로부터 수령한 이자소득금액 3,000,000원이 있으며, 그 외 부양가족은 소득이 없다.

① 750,000원
② 1,025,000원
③ 1,585,000원
④ 1,625,000원
⑤ 1,700,000원

11 CTA 2022

☑ 확인 Check! ○ △ ×

다음은 근로소득이 있는 거주자 甲(일용근로자 아님)이 2026년 기본공제대상자를 위해 지출한 보험료와 교육비 관련 자료이다. 甲의 보험료 세액공제액과 교육비 세액공제액의 합계는?

(1) 기본공제대상자 현황

구 분	나 이	소득현황	지출내역
본 인	43세	총급여액 50,000,000원	국민건강보험료 2,000,000원 일반보장성보험료(피보험자 : 본인) 500,000원
배우자	40세	총급여액 4,000,000원	대학원 박사과정 등록금 12,000,000원
모 친	65세	이자소득 5,000,000원	대학교 등록금 10,000,000원
아 들	18세	소득없음	고등학교 교복구입비용 1,000,000원 사설 영어학원 수강료 3,000,000원
딸	15세	소득없음	중학교 방과후 과정 특별활동비 2,000,000원 장애인전용보장성보험료(수익자 : 딸) 3,000,000원

(2) 딸은 장애인이고, 본인 이외의 기본공제대상자는 「초・중등교육법」 또는 「고등교육법」 상 학교에 다니고 있다.
(3) 위에 주어진 자료 외의 다른 사항은 고려하지 않는다.

① 330,000원
② 585,000원
③ 645,000원
④ 660,000원
⑤ 1,935,000원

12 CTA 2020

☑ 확인 Check! ○ △ ×

다음은 「소득세법」 상 근로소득이 있는 거주자 甲이 지출한 2026년 교육비 자료이다. 이 자료에 의해 계산한 교육비 세액공제액은? (단, 甲은 일용근로자가 아니며, 가족 모두 기본공제대상자이고 학자금 대출을 받지 아니함)

(1) 甲의 2026년 귀속 총급여액 : 100,000,000원임
(2) 본인 : 대학원(4학기 교육과정) 수업료 10,000,000원을 지출하였으며, 이 중 회사에서 3,000,000원의 학자금(소득세 비과세)을 지원받음
(3) 아들(15세 중학생) : 「초・중등교육법」 제2조에 따른 학교에서 실시하는 방과 후 학교 수업료 1,500,000원 및 교복구입비용 700,000원을 지출함
(4) 딸(5세) : 「유아교육법」 제2조 제2호에 따른 유치원 수업료 2,200,000원 및 특별활동비 1,800,000원을 지출함

① 1,630,000원
② 1,750,000원
③ 1,800,000원
④ 1,950,000원
⑤ 2,105,000원

13 CPA 2021

☑ 확인 Check! ○ △ ×

근로소득만 있는 거주자 갑(일용근로자 아님)이 2026년 중 지출한 교육비 관련 자료이다. 갑의 교육비 세액공제액으로 옳은 것은?

(1) 본인(50세)의 대학원 등록금 4,000,000원을 납부하였다.
(2) 아들(22세, 소득없음)의 대학 등록금 10,000,000원을 납부하였으며, 회사로부터 아들의 대학 등록금에 대하여 학자금 2,000,000원을 지급받았다.
(3) 딸(16세, 소득없음)의 중학교 교과서 대금 100,000원과 교복구입비 300,000원을 지출하였다.
(4) 모친(75세, 소득없음)의 평생교육기관 교육비로 500,000원을 지출하였다.
(5) 아들, 딸, 모친은 갑과 생계를 같이 하고 있다.

① 1,710,000원
② 1,860,000원
③ 2,010,000원
④ 2,085,000원
⑤ 2,160,000원

14 CPA 2017

☑ 확인 Check! ○ △ ×

다음은 근로자(일용근로자 아님)인 거주자 갑의 2026년 교육비와 관련된 자료이다. 거주자 갑의 교육비 세액공제액으로 옳은 것은? (단, 갑을 제외한 다른 사람의 소득은 없으며, 세부담 최소화를 가정한다)

지출 대상	연 령	교육비 명세	금 액	비 고
본인(갑)	46세	대학 등록금	4,000,000원	총급여액 80,000,000원 (다른 종합소득은 없음)
배우자	42세	대학원 등록금	8,200,000원	
장 녀	18세	고등학교에서 구입한 교과서대금	200,000원	
		방과후 학교 수업료 및 특별활동비	1,900,000원	
		교복구입비용	650,000원	
		대학입학전형료 및 수능응시료	100,000원	
		사설 영어학원 수강료	1,400,000원	
장 남	5세	유치원 교육비	2,500,000원	주당 2회 실시하는 과정
		관련 법률에 의한 체육시설 수강료	1,200,000원	

① 1,290,000원
② 1,455,000원
③ 1,560,000원
④ 1,890,000원
⑤ 2,790,000원

15 CPA 2025

☑ 확인 Check! ○ △ ✕

근로소득이 있는 거주자 갑(일용근로자 아님)의 2026년 세액공제에 관한 자료이다. 갑의 특별세액공제 금액으로 옳은 것은?

(1) 본인 및 부양가족 현황(부양가족은 갑과 생계를 같이함)

구 분	나 이	내 역
본 인	50세	총급여액 60,000,000원
배우자	45세	소득 없음
딸	15세	장애인, 소득 없음

(2) 갑의 지출 내역(교육비는 지원금 차감 전 금액임)

구 분	내 역
본 인	• 직업능력개발훈련교육비* : 1,200,000원 *「고용보험법」에 따라 1,000,000원을 지원받음 • 시력보정용 안경 구입비 : 800,000원
배우자	생명보험료(보장성보험) : 500,000원
딸	• 장애인특수교육비* : 5,000,000원 *「장애아동복지지원법」에 따라 3,000,000원을 지원받음 • 장애인 전용 보장성 보험료 : 1,200,000원 • 장애인 보장구 구입비 : 2,000,000원

① 615,000원
② 645,000원
③ 690,000원
④ 705,000원
⑤ 885,000원

제7장

16 CPA 2022

☑ 확인Check! ○ △ ×

「소득세법」 및 「조세특례제한법」상 소득공제 및 세액공제에 관한 설명이다. 옳지 않은 것은?

① 종합소득이 있는 거주자는 해당 과세기간에 출산한 공제대상 자녀(첫째)가 있는 경우 연 30만원의 자녀세액공제를 받을 수 있다.

② 근로소득이 있는 거주자는 기본공제대상자인 직계비속의 대학원 교육비를 지출한 경우 교육비세액공제를 받을 수 없다.

③ 자녀장려금은 자녀세액공제와 중복하여 적용할 수 없다.

④ 근로소득이 있는 거주자는 형제자매의 신용카드 등 사용금액을 그 거주자의 신용카드 등 소득공제금액에 포함시킬 수 있다.

⑤ 사업소득(제조업)만 있는 거주자는 기부금세액공제를 받을 수 없다.

17 CTA 2017

☑ 확인Check! ○ △ ×

다음은 중소기업을 운영하는 거주자 甲의 2026년도 소득자료이다. 甲의 종합소득산출세액에서 공제될 배당세액공제액을 계산하면 얼마인가?

(1) 금융소득 자료

① 내국법인 A의 현금배당 70,000,000원
② 외국법인 B의 현금배당 10,000,000원
③ 국내은행 정기예금이자 5,000,000원

(2) 금융소득 외에 2026년도 사업소득금액은 28,500,000원이며, 종합소득공제액은 20,000,000원임

(3) 기본세율

과세표준	세 율
1,400만원 이하	6%
1,400만원 초과 5,000만원 이하	84만원 + 1,400만원 초과분의 15%
5,000만원 초과 8,800만원 이하	624만원 + 5,000만원 초과분의 24%
8,800만원 초과 1억5천만원 이하	1,536만원 + 8,800만원 초과분의 35%
1억5천만원 초과 3억원 이하	3,706만원 + 1억5천만원 초과분의 38%
3억원 초과 5억원 이하	9,406만원 + 3억원 초과분의 40%
5억원 초과 10억원 이하	1억 7,406만원 + 5억원 초과분의 42%
10억원 초과	3억 8,406만원 + 10억원 초과분의 45%

① 3,170,000원
② 3,830,000원
③ 5,570,000원
④ 7,111,000원
⑤ 7,700,000원

18 CTA 2018

☑ 확인Check! ○ △ ×

「소득세법」상 세액공제 등에 관한 설명으로 옳은 것은?

① 기장세액공제를 받은 간편장부대상자는 이와 관련된 장부 및 증명서류를 해당 과세표준확정신고기간 종료일부터 10년간 보관하여야 한다.

② 거주자가 외국소득세액을 종합소득산출세액에서 공제하는 경우 그 외국소득세액이 「소득세법」에서 정하는 공제한도를 초과하는 때에는 초과하는 금액은 이를 이월하여 10년 이내에 끝나는 과세연도에 공제받을 수 있고 미공제액은 소멸한다.

③ 거주자의 종합소득금액 또는 퇴직소득금액에 국외원천소득이 합산되어 있는 경우로서 그 국외원천소득에 대하여 외국에서 대통령령으로 정하는 외국소득세액을 납부하였거나 납부할 것이 있을 때에는 공제한도금액 내에서 외국소득세액을 해당 과세기간의 종합소득산출세액 또는 퇴직소득산출세액에서 공제할 수 있다.

④ 특별세액공제 규정을 적용할 때 과세기간 종료일 이전에 이혼하여 기본공제대상자에 해당되지 아니하게 되는 종전의 배우자를 위하여 과세기간 중 이미 지급한 금액에 대한 세액공제액은 해당 과세기간의 종합소득산출세액에서 공제할 수 없다.

⑤ 이월공제가 인정되는 세액공제로서 해당 과세기간 중에 발생한 세액공제액과 이전 과세기간에서 이월된 미공제액이 함께 있을 때에는 해당 과세기간 중에 발생한 세액공제액을 먼저 공제한다.

19 CPA 2024

☑ 확인Check! ○ △ ×

「소득세법」상 세액공제에 관한 설명이다. 옳은 것은?

① 간편장부대상자가 비치・기장한 장부에 의해 신고해야 할 소득금액의 10%를 누락하여 신고한 경우 기장세액공제를 적용하지 않는다.

② 재해손실세액공제와 관련하여 자산상실비율을 계산할 때, 상실한 타인소유의 자산으로서 그 상실에 대한 변상책임이 당해 사업자에게 있는 것은 상실 전 자산총액에 포함되지 않는다.

③ 종합소득에 대하여 외국정부에 납부한 외국소득세액을 이월공제기간 내에 공제받지 못할 경우 그 공제받지 못한 외국소득세액은 이월 공제기간의 종료일 다음 날이 속하는 과세기간의 소득금액을 계산할 때 필요경비에 산입할 수 있다.

④ 생계를 같이 하는 부양가족 중 소득요건을 충족하지 않아 기본공제대상자가 아닌 자에게 지출한 의료비는 의료비 세액공제대상이 될 수 없다.

⑤ 부양가족을 위하여 지급한 학자금대출 원리금 상환액은 교육비세액공제 대상이 될 수 있다.

20 CPA 2021

☑ 확인Check! ○ △ ×

「소득세법」상 세액공제에 관한 설명이다. 옳지 않은 것은?

① 비치·기록한 장부에 의하여 신고하여야 할 소득금액의 20% 이상을 누락하여 신고한 경우 기장세액공제를 적용하지 않는다.

② 외국납부세액공제의 한도를 초과하는 외국소득세액은 해당 과세기간의 다음 과세기간부터 10년 이내에 끝나는 과세기간에 이월하여 공제받을 수 있으며, 이월공제기간 내에 공제받지 못한 외국소득세액은 소멸한다.

③ 외국납부세액공제의 대상이 되는 외국소득세액에는 외국정부에 의하여 과세된 개인 소득세 및 이와 유사한 세목으로 수입금액을 과세표준으로 하여 과세된 세액이 포함된다.

④ 사업자가 해당 과세기간에 재해로 인한 자산상실비율이 20% 이상에 해당하여 납세가 곤란하다고 인정되는 경우 재해손실 세액공제를 적용할 수 있다.

⑤ 재해손실세액공제를 적용할 때 장부가 소실 또는 분실되어 장부가액을 알 수 없는 경우 재해발생의 비율은 납세지 관할 세무서장이 조사확인한 재해발생일 현재의 가액에 의하여 계산한다.

CHAPTER

08 | 퇴직소득세의 계산

01 CTA 2015

확인Check! ○ △ ×

「소득세법」상 퇴직소득이 아닌 것은?

① 공적연금 관련법에 따라 받는 일시금
② 「과학기술인공제회법」에 따라 지급받는 과학기술발전장려금
③ 「건설근로자의 고용개선 등에 관한 법률」에 따라 지급받는 퇴직공제금
④ 「한국교직원공제회법」에 따라 설립된 한국교직원공제회로부터 지급받는 초과반환금
⑤ 사용자 부담금을 기초로 하여 현실적인 퇴직을 원인으로 지급받은 소득

02 CTA 2022

확인Check! ○ △ ×

소득세법령상 퇴직소득에 관한 설명으로 옳은 것은?

① 종교관련종사자가 현실적인 퇴직을 원인으로 종교단체로부터 지급받는 소득은 퇴직소득에 해당한다.
② 「과학기술인공제회법」 제16조 제1항 제3호에 따라 지급받는 과학기술발전장려금은 퇴직소득에 해당하지 않는다.
③ 계속근로기간 중에 「근로자퇴직급여 보장법」에 따라 퇴직연금제도가 폐지되어 퇴직급여를 미리 지급받는 경우에도 그 지급받은 날에 퇴직한 것으로 보지 않는다.
④ 거주자의 퇴직소득금액에 국외원천소득이 합산되어 있는 경우로서 외국에서 납부한 외국소득세액이 퇴직소득산출세액에서 공제할 수 있는 한도금액을 초과하는 경우 그 초과하는 금액은 이월공제기간으로 이월하여 그 이월된 과세기간의 공제한도금액 내에서 공제받을 수 있다.
⑤ 「국민연금법」에 따라 받는 일시금으로써 2001년 12월 31일 이전에 납입된 연금 기여금 및 사용자부담금을 기초로 하여 받은 일시금은 퇴직소득에 해당한다.

03 CTA 2020

☑ 확인Check! ○ △ ✕

영리내국법인 (주)A의 대표이사인 거주자 甲은 2025년 12월 31일에 (주)A를 퇴사하였다. 甲이 사용자 부담금을 기초로 하여 현실적인 퇴직을 원인으로 지급받은 소득이 250,000,000원일 경우 다음 자료에 의한 甲의 「소득세법」상 퇴직소득금액은?

(1) 근무기간 : 2017.1.1.~2025.12.31.(대표이사로 근무함)
(2) 기간별로 산정한 甲의 총급여의 연평균 환산액

기 간	해당 기간 동안 총급여의 연평균 환산액
2017.1.1.~2025.12.31.	103,333,333원
2017.1.1.~2018.12.31.	80,000,000원
2017.1.1.~2019.12.31.	90,000,000원
2020.1.1.~2025.12.31.	110,000,000원
2023.1.1.~2025.12.31.	120,000,000원

① 125,000,000원
② 152,000,000원
③ 204,000,000원
④ 218,000,000원
⑤ 225,000,000원

04 CPA 2023

☑ 확인Check! ○ △ ✕

「소득세법」상 퇴직소득에 관한 설명이다. 옳지 않은 것은?

① 거주자가 출자관계에 있는 법인으로의 전출이 이루어졌으나 퇴직급여를 실제로 받지 않은 경우는 퇴직으로 보지 않을 수 있다.
② 거주자가 퇴직소득을 지급받은 날부터 90일이 되는 날에 연금계좌에 입금하는 경우, 해당 거주자는 퇴직소득의 원천징수세액에 대한 환급을 신청할 수 있다.
③ 사용자 부담금을 기초로 하여 현실적인 퇴직을 원인으로 지급받는 소득은 퇴직소득이다.
④ 거주자의 퇴직소득금액에 국외원천소득이 합산되어 있는 경우로서 그 국외원천소득에 대하여 외국에서 외국소득세액을 납부하였을 때에는 공제한도금액 내에서 외국소득세액을 해당 과세기간의 퇴직소득 산출세액에서 공제할 수 있다.
⑤ 임원인 근로소득자가 계속근로기간 중에 「근로자퇴직급여 보장법」의 퇴직금 중간정산 사유에 해당하여 퇴직급여를 미리 지급받은 경우에는 그 지급받은 날에 퇴직한 것으로 본다.

05 CPA 2016

☑ 확인Check! ○ △ ✕

「소득세법」상 퇴직소득 과세에 관한 설명으로 옳지 않은 것은?

① 법인의 상근임원이 비상근임원이 되었지만 퇴직급여를 받지 아니한 경우 퇴직으로 보지 않을 수 있다.

② 임원의 2012년 1월 1일 이후 근무기간에 대한 퇴직소득금액(공적연금 관련법에 따라 받는 일시금 제외)이 퇴직소득 한도액을 초과하는 금액은 근로소득으로 본다.

③ 거주자가 국외원천의 퇴직소득금액이 있고 그 소득에 대하여 국외에 외국소득세액을 납부한 경우에는 법정 한도 내에서 외국납부세액공제를 받을 수 있다.

④ 퇴직소득에 대하여 외국정부에 납부하였던 외국소득세액에 의한 외국납부세액공제의 한도초과액은 10년간 이월공제를 적용받을 수 있다.

⑤ 비정규직 근로자가 정규직 근로자로 전환된 경우 퇴직금을 실제로 받지 아니한 경우에는 퇴직으로 보지 아니할 수 있다.

06 CTA 2016

☑ 확인Check! ○ △ ✕

다음 자료를 이용하여 내국법인인 (주)A에서 경리과장으로 근무하던 거주자 甲의 2026년 퇴직소득산출세액을 계산하면 얼마인가? (단, 주어진 자료 이외에는 고려하지 아니하고, 원 단위 미만은 절사함)

(1) 퇴직소득금액 : 150,000,000원

(2) 근무기간 : 2020.1.1.~2026.3.31.(퇴직일)
(근무기간 중 근로기간으로 보지 않는 기간은 없음)

(3) 기본세율

과세표준	세 율
1,400만원 이하	과세표준 × 6%
1,400만원 초과 5,000만원 이하	84만원 + 1,400만원 초과금액 × 15%
5,000만원 초과 8,800만원 이하	624만원 + 5,000만원 초과금액 × 24%
8,800만원 초과 1억5천만원 이하	1,536만원 + 8,800만원 초과금액 × 35%

(4) 근속연수에 따른 공제액

근속연수	근속연수에 따른 공제액
5년 초과 10년 이하	500만원 + 200만원 × (근속연수 − 5년)

(5) 환산급여공제액

환산급여	환산급여공제액
7천만원 초과 1억원 이하	4천520만원 + (7천만원 초과분의 55%)
1억원 초과 3억원 이하	6천170만원 + (1억원 초과분의 45%)

① 11,615,000원
② 13,896,900원
③ 14,726,249원
④ 21,701,250원
⑤ 22,701,250원

제8장

07 CPA 2020

☑ 확인Check! ○ △ ✕

다음의 자료를 이용하여 내국법인 (주)A에서 경리부장으로 2022년 7월 1일부터 2026년 9월 30일까지 근무하고 퇴직한 거주자 갑의 퇴직소득산출세액을 계산한 것으로 옳은 것은?

(1) 갑은 (주)A에서 퇴직하면서 퇴직급여 30,000,000원을 수령하였으며, 퇴직공로금으로 5,000,000원을 별도 수령하였다.

(2) 근속연수공제 : 근속연수가 5년 이하인 경우 100만원×근속연수

(3) 환산급여공제

환산급여	공제액
800만원 초과 7,000만원 이하	800만원 + 800만원 초과분의 60%
7,000만원 초과 1억원 이하	4,520만원 + 7,000만원 초과분의 55%

(4) 기본세율

과세표준	세 율
1,400만원 이하	과세표준의 6%
1,400만원 초과 5,000만원 이하	84만원 + 1,400만원 초과액의 15%
5,000만원 초과 8,800만원 이하	624만원 + 5,000만원 초과액의 24%

① 775,000원
② 1,000,000원
③ 1,081,250원
④ 1,337,500원
⑤ 1,586,500원

08 CPA 2015 ☑ 확인Check! ○ △ ✕

근로자인 거주자 갑(임원 아님)은 제조업을 영위하는 내국법인 (주)A에서 근무하던 중 퇴사하면서 (주)A의 정관규정에 따라 퇴직금을 지급받았으며, 이와 관련된 자료는 다음과 같다. 근로자 갑의 2025년 퇴직소득산출세액을 계산한 것으로 옳은 것은?

(1) 퇴직급여액 : 151,000,000(비과세소득 제외)

(2) 근로자 갑의 입사일 및 퇴사일

가. 입사일 : 2017년 2월 1일

나. 퇴사일 : 2026년 3월 31일

(3) 근속연수공제표 일부

근속연수	공제액
5년 초과 10년 이하	500만원 + 200만원 × (근속연수 − 5년)
10년 초과 20년 이하	1,500만원 + 250만원 × (근속연수 − 10년)

(4) 환산급여공제표 일부

환산급여	공제액
7천만원 초과 1억원 이하	4천520만원 + (7천만원 초과분의 55%)
1억원 초과 3억원 이하	6천170만원 + (1억원 초과분의 45%)

(5) (주)A의 정관에 의한 퇴직급여지급규정을 준수하고 있으며, 근속연수기간 중 근로기간으로 보지 아니한 기간은 없음

(6) 기본세율의 일부

종합소득과세표준	세 율
1,400만원 이하	과세표준 × 6%
1,400만원 초과 5,000만원 이하	84만원 + (과세표준 − 1,400만원) × 15%
5,000만원 초과 8,800만원 이하	625만원 + (과세표준 − 5,000만원) × 24%

① 7,908,400원
② 8,496,800원
③ 9,812,000원
④ 9,875,200원
⑤ 10,890,000원

제8장

CHAPTER

09 | 종합 · 퇴직소득세 납세절차

01 CPA 2022

☑ 확인 Check! ○ △ ×

「소득세법」상 중간예납에 관한 설명이다. 옳지 않은 것은?

① 토지 등 매매차익 예정신고·납부를 한 부동산매매업자는 중간예납의무가 없다.
② 분리과세 주택임대소득만이 있는 거주자는 중간예납의무가 없다.
③ 중간예납의무가 있는 거주자는 중간예납추계액이 중간예납기준액의 30%에 미달하는 경우, 중간예납추계액을 중간예납세액으로 하여 납세지 관할 세무서장에게 신고할 수 있다.
④ 중간예납세액이 50만원 미만인 경우에는 해당 소득세를 징수하지 아니한다.
⑤ 중간예납세액이 1천만원을 초과하는 자는 그 납부할 세액의 일부를 납부기한이 지난 후 2개월 이내에 분할납부할 수 있다.

02 CPA 2017

☑ 확인 Check! ○ △ ×

거주자의 종합소득에 대한 신고, 납부 및 징수와 관련된 다음의 설명 중 옳지 않은 것은?

① 무신고가산세와 장부의 기록·보관 불성실가산세가 동시에 적용되는 경우에는 그중 가산세액이 큰 가산세만을 적용한다.
② 해당 과세기간의 개시일 현재 사업자가 아닌 자로서 그 과세기간 중 신규로 사업을 개시한 자는 해당 과세기간에 대한 중간예납 의무가 없다.
③ 납세지 관할 세무서장 또는 지방국세청장은 과세표준확정신고를 하여야 할 자가 그 신고를 하지 아니한 경우에는 해당 거주자의 해당 과세기간 과세표준과 세액을 결정한다.
④ 납세지 관할 세무서장 또는 지방국세청장은 거주자가 조세를 포탈할 우려가 있다고 인정되는 상당한 이유가 있는 경우에는 수시로 그 거주자에 대한 소득세를 부과할 수 있다.
⑤ 간편장부사업자 이외의 사업자가 복식부기에 따라 기장한 경우에는 기장세액공제를 받으며, 기장하지 않은 경우에는 장부의 기록·보관 불성실가산세가 적용된다.

03 CTA 2023

☑ 확인 Check! ○ △ ✕

소득세법령상 원천징수시기에 관한 설명으로 옳지 않은 것은?

① 무기명주식의 이익이나 배당에 대하여는 그 지급을 한 날 소득세를 원천징수한다.

② 출자공동사업자의 배당소득으로서 과세기간 종료일까지 지급하지 아니한 소득은 과세기간 종료일에 그 소득을 지급한 것으로 보아 소득세를 원천징수한다.

③ 원천징수의무자가 12월분의 근로소득을 다음 연도 2월 말일까지 지급하지 아니한 경우에는 그 근로소득을 다음 연도 2월 말일에 지급한 것으로 보아 소득세를 원천징수 한다.

④ 퇴직소득을 지급하여야 할 원천징수의무자가 1월부터 11월까지의 사이에 퇴직한 사람의 퇴직소득을 해당 과세기간의 12월 31일까지 지급하지 아니한 경우에는 그 퇴직소득을 12월 31일에 지급한 것으로 보아 소득세를 원천징수한다(공적연금 관련법에 따라 받는 일시금 아님).

⑤ 법인세 과세표준을 신고하면서 법인세법에 따라 처분되는 기타소득에 대하여는 신고일 또는 수정신고일에 그 기타소득을 지급한 것으로 보아 소득세를 원천징수한다.

04 CTA 2022

☑ 확인 Check! ○ △ ✕

소득세법령상 원천징수에 관한 설명으로 옳지 않은 것은?

① 외국인 직업운동가가 한국표준산업분류에 따른 스포츠 클럽 운영업 중 프로스포츠구단과의 5년 계약에 따라 용역을 제공하고 받는 소득에 대한 원천징수세율은 30%이다.

② 근로소득을 지급하여야 할 원천징수의무자가 1월부터 11월까지의 근로소득을 해당 과세기간의 12월 31일까지 지급하지 아니한 경우에는 그 근로소득을 12월 31일에 지급한 것으로 보아 소득세를 원천징수한다.

③ 법인이 합병한 경우에 합병으로 설립된 법인은 합병으로 소멸된 법인이 원천징수를 하여야 할 소득세를 납부하지 아니하면 그 소득세에 대한 납세의무를 진다.

④ 연말정산 사업소득을 지급하는 원천징수의무자는 연말정산일이 속하는 달의 다음 달 말일까지 원천징수영수증을 해당 사업자에게 발급하여야 한다.

⑤ 법령으로 정하는 봉사료에 대한 원천징수세율은 100분 5로 한다.

05 CTA 2017

☑ 확인 Check! ○ △ ×

「소득세법」상 원천징수에 관한 설명으로 옳지 않은 것은?

① 법인세 과세표준을 경정하는 경우 「법인세법」에 따라 처분되는 상여는 경정의 대상이 되는 사업연도 중 근로를 제공 받은 날에 근로소득을 지급한 것으로 보아 소득세를 원천징수한다.

② 원천징수의무자가 소득세가 면제되는 이자소득을 거주자에게 지급할 때는 소득세를 원천징수하지 아니한다.

③ 배당소득이 발생한 후 지급되지 않아 소득세가 원천징수되지 않고 종합소득에 합산되어 종합소득에 대한 소득세가 과세된 경우에 그 소득을 지급할 때는 소득세를 원천징수하지 아니한다.

④ 거주자의 퇴직소득이 퇴직일 현재 연금계좌에 있는 경우 해당 퇴직소득에 대한 소득세를 연금외수령하기 전까지 원천징수하지 아니한다.

⑤ 공적연금소득을 받는 사람이 해당 과세기간 중에 사망한 경우 원천징수의무자는 그 사망일이 속하는 달의 다음다음 달 말일까지 그 사망자의 공적연금소득에 대한 연말정산을 하여야 한다.

06 CPA 2024

☑ 확인 Check! ○ △ ×

「소득세법」상 원천징수에 관한 설명이다. 옳지 않은 것은?

① 반기별 납부 승인대상자가 「법인세법」에 의하여 처분된 상여에 대한 원천징수세액을 납부할 경우 그 납부기한은 징수일이 속하는 달의 다음 달 10일이다.

② 법인이 잉여금의 처분에 따라 12월 15일 상여로 처분결정하고 처분결정일부터 3개월이 되는 날까지 지급하지 아니한 경우, 그 3개월이 되는 날에 상여를 지급한 것으로 보아 소득세를 원천징수한다.

③ 7월 15일 퇴직한 직원의 퇴직소득을 해당 과세기간의 12월 31일까지 지급하지 않은 경우, 해당 과세기간의 12월 31일에 지급한 것으로 보아 소득세를 원천징수한다.

④ 소득세법령으로 정하는 봉사료는 수입금액의 5%를 원천징수한다.

⑤ 기타소득에 해당하는 소기업·소상공인 공제부금의 해지일시금은 소득금액의 15%를 원천징수한다.

07 CPA 2021

☑ 확인 Check! ○ △ ✕

「소득세법」상 원천징수에 관한 설명이다. 옳지 않은 것은?

① 외국법인이 발행한 채권에서 발생하는 이자소득을 거주자에게 지급하는 경우 국내에서 그 지급을 대리하거나 그 지급 권한을 위임 또는 위탁받은 자가 그 소득에 대한 소득세를 원천징수하여야 한다.

② 주식의 소각으로 인한 의제배당에 대해서는 주식의 소각을 결정한 날에 그 소득을 지급한 것으로 보아 소득세를 원천징수한다.

③ 근로소득을 지급하여야 할 원천징수의무자가 1월부터 11월까지의 근로소득을 해당 과세기간의 12월 31일까지 지급하지 아니한 경우 그 근로소득을 12월 31일에 지급한 것으로 보아 소득세를 원천징수한다.

④ 발생 후 지급되지 아니함으로써 소득세가 원천징수되지 아니한 근로소득이 종합소득에 합산되어 종합소득에 대한 소득세가 과세된 경우 그 근로소득을 지급할 때에는 소득세를 원천징수하지 아니한다.

⑤ 계약의 위약으로 인하여 계약금이 위약금으로 대체되는 경우 대체되는 시점에 소득세를 원천징수하여야 한다.

08 CPA 2016

☑ 확인 Check! ○ △ ✕

「소득세법」상 원천징수에 관한 설명으로 옳지 않은 것은?

① 거주자가 내국법인이 발행한 채권의 이자를 지급받기 전에 발행법인에게 매도하는 경우 그 보유기간 이자상당액에 대하여는 원천징수의무자가 해당 발행법인이다.

② 반기별 납부를 승인받지 않은 원천징수의무자는 2026년 2월 26일에 원천징수한 소득세를 2026년 3월 10일까지 원천징수 관할 세무서 등에 납부하여야 한다.

③ 반기별 납부를 승인받은 원천징수의무자는 근로소득, 「법인세법」상 소득처분된 배당 및 기타소득에 대한 원천징수세액을 그 징수일이 속하는 반기의 마지막 달의 다음 달 10일까지 납부할 수 있다.

④ 잉여금의 처분에 따른 배당을 12월 1일에 결정하였고 다음연도 2월 말일까지 배당소득을 지급하지 아니한 경우, 다음연도 2월 말일에 그 배당소득을 지급한 것으로 보아 소득세를 원천징수한다.

⑤ 매월분의 공적연금소득에 대한 원천징수세율을 적용할 때에는 법령으로 정한 연금소득 간이세액표를 적용하여 원천징수한다.

09 CTA 2023

☑ 확인 Check! ○ △ ×

B세무서장이 그 관할지역에 납세지를 두고 있는 (주)A의 법인소득금액을 경정하면서 주주인 거주자 甲을 귀속자로 하는 배당소득처분을 하고자 한다. 그에 관한 설명으로 옳지 않은 것은?

① 처분되는 배당소득은 B세무서장이 경정일로부터 15일내에 소득금액변동통지서에 따라 (주)A에 통지해야 한다.

② (주)A에게 소득금액변동통지서를 송달할 수 없는 경우에는 甲에게 통지해야 한다.

③ (주)A가 소득금액변동통지서에 따라 통지를 받은 경우 (주)A는 그 소득금액변동통지의 취소를 구하는 행정심판을 제기할 수 있다.

④ B세무서장이 (주)A에게 소득금액변동통지서를 통지한 경우 통지하였다는 사실을 甲에게 알려야 한다.

⑤ (주)A에게 소득금액변동통지서를 통지한 경우 그 통지하였다는 사실을 甲에게 알릴 때에는 알리는 내용에 소득금액 변동내용을 포함하여야 한다.

10 CTA 2019

☑ 확인 Check! ○ △ ×

법인의 대표자(등기임원)인 대주주가 법인이 보유하던 자산을 횡령하면서 그 사실을 감추기 위하여 매출을 일부 누락시켰으나, 이후 과세관청이 그 관련 법인세 등 부과처분을 한 사안과 관련하여 옳지 않은 것은?

① 해당 사안과 관련하여 법인에게 소득금액변동통지서를 통지한 경우 통지하였다는 사실을 대표자에게 알려야 하며, 당해 내용에는 소득금액 변동내용이 포함되어 있어야 한다.

② 해당 사안으로 법인에게 익금산입한 금액이 상여처분 됨으로써 소득금액에 변동이 발생함에 따라 대표자가 소득세를 추가납부하여야 하는 경우 해당 법인이 소득금액변동통지서를 받은 날이 속하는 달의 다음 다음 달 말일까지 추가신고한 때에는 추가납부하지 않아도 기한내 확정신고로 본다.

③ 법인 소재지가 분명하고, 송달할 수 있는 경우라면, 소득처분되는 배당·상여 및 기타소득은 법인소득금액의 결정 또는 경정일로부터 15일 내에 소득금액변동통지서에 의하여 당해 법인에게 통지하여야 한다.

④ 「소득세법」은 횡령에 의하여 취득하는 금품을 기타소득으로 명시하여 규정하고 있지 않다.

⑤ 해당 사안의 경우 법인은 소득금액변동통지서를 받은 날 소득을 지급한 것으로 보아, 소득세를 원천징수하여야 한다.

11 CPA 2023

☑ 확인 Check! ○ △ ✕

「소득세법」상 종합소득세의 신고 및 납부에 관한 설명이다. 옳지 않은 것은?

① 납세지 관할 세무서장 또는 지방국세청장은 거주자가 과세기간 중에 사업부진으로 장기간 휴업상태에 있는 때로서 소득세를 포탈할 우려가 있다고 인정되는 경우에는 수시로 그 거주자에 대한 소득세를 부과할 수 있다.

② 중간예납 의무가 있는 거주자가 중간예납기간의 종료일 현재 그 중간예납기간 종료일까지의 종합소득금액에 대한 소득세액이 중간예납기준액의 100분의 30에 미달하는 경우에는 중간예납추계액을 중간예납세액으로 하여 납세지 관할 세무서장에게 신고할 수 있다.

③ 해당 과세기간의 개시일 현재 사업자가 아닌 자로서 그 과세기간 중 신규로 사업을 시작한 자는 중간예납의무를 지지 않는다.

④ 원천징수대상 소득이 발생 후 지급되지 아니함으로써 소득세가 원천징수되지 아니하고 종합소득에 합산되어 종합소득세가 과세된 경우에 그 소득을 지급할 때에는 소득세를 원천징수하지 아니한다.

⑤ 부동산매매업자는 토지의 매매차익과 그 세액을 매매일이 속하는 달의 말일부터 2개월이 되는 날까지 납세지 관할 세무서장에게 신고하여야 하나, 매매차익이 없거나 매매차손이 발생하였을 때에는 그러하지 아니하다.

12 CTA 2016

☑ 확인 Check! ○ △ ✕

「소득세법」상 신고·납부절차에 관한 설명으로 옳지 않은 것은?

① 과세기간의 개시일 현재 사업자가 아닌 자로서 그 과세기간 중 신규로 사업을 시작한 거주자는 그 과세기간의 사업소득에 대하여 중간예납 의무가 없다.

② 중간예납세액이 50만원 미만인 경우에는 해당 세액을 징수하지 않는다.

③ 복식부기의무자가 아닌 농·축·수산물 판매업을 영위하는 거주자는 납세조합을 조직할 수 있다.

④ 금융업을 경영하는 사업자가 직전 과세기간의 상시고용인원의 평균인원수가 20인 이하인 원천징수의무자로서 관할 세무서장으로부터 승인을 얻은 경우에는 원천징수한 소득세를 그 징수일이 속하는 반기의 마지막 달의 다음 달 10일까지 납부할 수 있다.

⑤ 분리과세이자소득, 분리과세배당소득, 분리과세연금소득 및 분리과세기타소득(계약금이 위약금·배상금으로 대체되는 경우 제외)만 있는 거주자는 과세표준확정신고를 하지 아니할 수 있다.

13 CPA 2019

☑ 확인Check! ○ △ ×

「소득세법」상 거주자의 종합소득 및 퇴직소득에 대한 신고, 납부 및 징수에 관한 설명이다. 옳지 않은 것은?

① 국내에서 거주자에게 퇴직소득을 지급하는 내국법인은 그 거주자에 대한 소득세를 원천징수하여 그 징수일이 속하는 달의 다음 달 10일까지 납부하여야 한다.

② 근로소득 및 퇴직소득만 있는 거주자는 해당 소득에 대하여 과세표준확정신고를 하지 아니할 수 있다.

③ 원천징수대상 소득으로서 발생 후 지급되지 아니함으로써 원천징수되지 아니한 소득이 종합소득에 합산되어 종합소득에 대한 소득세가 과세된 경우에는 그 소득을 지급할 때 소득세를 원천징수하고 이미 납부된 소득세는 환급하여야 한다.

④ 복식부기의무자가 재무상태표, 손익계산서, 합계잔액시산표 및 조정계산서를 제출하지 않은 경우에는 종합소득 과세표준확정신고를 하지 않은 것으로 본다.

⑤ 종합소득 과세표준확정신고를 하여야 할 자가 그 신고를 하지 않은 경우에는 납세지 관할세무서장 또는 지방국세청장이 해당 거주자의 과세표준과 세액을 결정한다.

14 CPA 2018

☑ 확인Check! ○ △ ×

종합소득의 신고, 납부 및 징수에 관한 설명으로 옳지 않은 것은?

① 「부가가치세법」상 면세사업만을 영위하는 사업자는 사업장 현황신고를 하여야 한다.

② 과세표준확정신고를 하여야 할 거주자가 출국하는 경우에는 출국일이 속하는 과세기간의 과세표준을 출국일 전날까지 신고하여야 한다.

③ 종합소득의 납부할 세액이 1천만원을 초과하는 경우에는 납부기한이 지난 후 2개월 이내에 분할납부할 수 있다.

④ 해당 과세기간의 상시고용인원이 20명 이하인 원천징수의무자(금융·보험업자는 제외)로서 원천징수 관할세무서장의 승인을 받거나 국세청장의 지정을 받은 자는 원천징수세액을 그 징수일이 속하는 분기의 마지막 달의 다음 달 10일까지 납부할 수 있다.

⑤ 부동산매매업자는 토지 또는 건물의 매매차익과 그 세액을 매매일이 속하는 달의 말일부터 2개월이 되는 날까지 납세지 관할세무서장에게 신고하여야 한다.

15 CPA 2020

☑ 확인 Check! ○ △ ×

소득세 성실신고확인제도에 관한 설명이다. 옳지 않은 것은?

① 성실신고확인대상사업자로서 성실신고확인서를 제출한 자가 법령상 의료비를 지출한 경우 의료비세액공제를 적용받을 수 있다.
② 성실신고확인대상사업자가 성실신고확인서를 제출하는 경우에는 종합소득과세표준 확정신고를 그 과세기간의 다음 연도 5월 1일부터 6월 30일까지 하여야 한다.
③ 세무사가 성실신고확인대상사업자에 해당하는 경우에는 자신의 사업소득금액의 적정성에 대하여 해당 세무사가 성실신고확인서를 작성·제출해서는 아니 된다.
④ 납세지 관할 세무서장은 성실신고확인서에 미비한 사항이 있을 때에는 그 보정을 요구할 수 있다.
⑤ 제조업을 영위하는 사업자의 해당 과세기간의 수입금액의 합계액이 5억원인 경우 성실신고확인대상사업자에 해당한다.

16 CTA 2022

☑ 확인 Check! ○ △ ×

소득세법령상 과세표준의 확정신고와 납부에 관한 설명으로 옳은 것은?

① 공적연금소득만 있는 거주자는 해당 소득에 대해 과세표준확정신고를 해야 한다.
② 과세표준확정신고를 하여야 할 거주자가 출국하는 경우에는 출국일이 속하는 과세기간의 과세표준을 출국일 전날까지 신고하여야 한다.
③ 해당 과세기간의 종합소득금액이 있는 거주자가 종합소득과세표준이 없는 경우에는 종합소득과세표준 확정신고 의무가 없다.
④ 세무사가 성실신고확인대상사업자에 해당하는 경우에도 자신의 사업소득금액의 적정성에 대하여 해당 세무사가 성실신고확인서를 작성·제출할 수 있다.
⑤ 거주자로서 과세표준의 확정신고에 따라 납부할 세액이 1천8백만원인 자는 9백만원을 납부기한이 지난 후 90일 이내에 분납할 수 있다.

17 CTA 2025 ☑ 확인Check! ○ △ ×

소득세법령상 신고 및 납부에 관한 설명으로 옳지 않은 것은?

① 독립된 자격으로 보험가입자의 모집 및 이에 부수되는 용역을 제공하고 그 실적에 따라 모집수당 등을 받는 자는 사업장 현황신고를 하지 아니할 수 있다.

② 근로소득 중 법령으로 정하는 일용근로자의 근로소득의 경우에는 그 지급일이 속하는 달의 다음 달 말일(휴업, 폐업 또는 해산한 경우에는 휴업일, 폐업일 또는 해산일이 속하는 달의 다음 달 말일)까지 지급명세서를 제출하여야 한다.

③ 성실신고확인대상사업자가 성실신고확인서를 제출하는 경우에는 종합소득과세표준 확정신고를 그 과세기간의 다음 연도 5월 1일부터 6월 30일까지 하여야 한다.

④ 해당 과세기간에 분리과세 주택임대소득이 있는 경우에는 확정신고를 하지 아니한다.

⑤ 분할납부에 관한 규정은 종합소득 · 퇴직소득은 물론 양도소득에 대한 소득세에도 적용하며, 확정신고시 자진납부할 세액은 물론 중간예납세액이나 예정신고세액에도 적용한다.

CHAPTER

10 | 양도소득세

01 CTA 2021

☑ 확인Check! ○ △ ×

양도소득세의 과세대상이 아닌 것은?

① 지상권의 양도로 발생하는 소득
② 지역권의 양도로 발생하는 소득
③ 등기된 부동산임차권의 양도로 발생하는 소득
④ 한국토지주택공사 발행 주택상환사채의 양도로 발생하는 소득
⑤ 가액을 별도로 평가하지 않고 토지・건물과 함께 양도하는 이축권(개발제한구역 내의 건축물을 법에 따른 취락지구 등으로 이축할 수 있는 권리)의 양도로 발생하는 소득

02 CPA 2017

☑ 확인Check! ○ △ ×

다음 중 「소득세법」에 따라 양도소득세가 과세되는 경우는?

① 거주자 A는 이혼위자료로 배우자에게 본인 명의의 비상장주식을 이전하였다.
② 거주자 B(사업자)는 사업용으로 사용하던 기계장치를 처분하였다.
③ 거주자 C는 골프회원권을 채권자에게 양도담보로 제공하였다.
④ 거주자 D는 건설업을 영위하고 있으며, 주택을 신축하여 판매하였다.
⑤ 거주자 E는 자녀에게 본인 소유의 토지를 무상으로 이전하였다.

03 CTA 2019

☑ 확인Check! ○ △ ×

「소득세법」상 거주자의 양도소득에 대한 납세의무와 관련하여 양도에 관한 설명으로 옳지 않은 것은?

① 법원의 파산선고에 의한 부동산의 처분은 양도로 보지 아니한다.

② 이혼으로 인하여 혼인 중에 형성된 부부공동재산을 「민법」에 따라 재산분할하는 경우에는 양도로 보지 아니한다.

③ 공동사업을 경영할 것을 약정하는 계약에 따라 토지나 건물을 해당 공동사업체에 현물출자하는 경우 그 공동사업체에 유상으로 양도된 것으로 본다.

④ 신탁재산에 대하여는 신탁 설정시 양도로 보지 않고 신탁재산 양도시 위탁자를 양도자로 보아 과세함을 원칙으로 하되, 신탁 설정시 신탁재산이 위탁자의 지배를 벗어나는 경우에 한해 신탁 설정시에 양도로 본다.

⑤ 양도담보계약에 따라 소유권을 이전하는 경우라 하더라도 법정요건을 갖춘 경우에는 양도로 보지 아니하나, 채무불이행으로 인하여 담보 자산을 변제에 충당한 때에는 양도한 것으로 본다.

04 CTA 2018

☑ 확인Check! ○ △ ×

「소득세법」상 양도소득세가 과세되는 것은?

① 거주자 甲은 이혼하면서 법원의 판결에 따른 재산분할에 의하여 배우자에게 혼인 중에 형성된 부부공동재산인 토지의 소유권을 이전하였다.

② 사업자인 거주자 乙은 사업용으로 사용하던 기계장치를 처분하였다.

③ 거주자 丙은 본인 소유의 토지를 동생에게 증여하면서, 동생이 그 토지에 의하여 담보된 丙의 은행대출 채무를 인수하였다.

④ 건설업을 영위하는 사업자인 거주자 丁은 아파트를 신축하여 판매하였다.

⑤ 거주자 戊는 자기소유의 토지를 경매로 인하여 자기가 재취득하였다.

05 CTA 2022

☑ 확인Check! ○ △ ✕

소득세법령상 양도소득에 관한 설명으로 옳은 것은?

① 「도시개발법」에 따른 환지처분으로 지목이 변경되는 경우는 양도로 본다.

② 국가가 시행하는 사업으로 인하여 교환하는 농지로서 교환하는 쌍방 토지가액의 차액이 가액이 큰 편의 5분의 1인 농지의 교환으로 발생하는 소득은 양도소득세가 비과세된다.

③ 파산선고에 의한 처분으로 발생하는 소득은 양도소득세가 과세된다.

④ 취득에 관한 쟁송이 있는 자산에 대하여 그 소유권을 확보하기 위하여 직접 소요된 소송비용으로서 그 지출한 연도의 각 종합소득금액의 계산에 있어서 필요경비에 산입된 것은 양도차익 계산 시 공제된다.

⑤ 양도소득세 과세대상인 신탁 수익권을 양도한 경우 양도일이 속하는 반기의 말일부터 2개월 이내에 양도소득과세표준을 신고해야 한다.

06 CTA 2017

☑ 확인Check! ○ △ ✕

「소득세법」상 양도소득금액의 계산에서 양도가액과 취득가액에 관한 설명으로 옳지 않은 것은? (다툼이 있으면 판례에 따름)

① 양도소득세 과세대상이 되는 거래가 단순한 교환인 경우는 실지거래가액을 확인할 수 없는 경우에 해당한다.

② 「법인세법」에 따른 특수관계인에 해당하는 법인 외의 자에게 부동산을 시가보다 높은 가격으로 양도하는 경우로서 「상속세 및 증여세법」에 따라 해당 거주자의 증여재산가액으로 하는 금액이 있는 경우 그 부동산의 시가를 실지양도가액으로 본다.

③ 취득일로부터 3년이 지난 후에 취득 당시로 소급하여 한 감정에 의하여 평가한 가액은 취득 당시의 실지거래가액을 대체할 수 있는 감정가액에 해당하지 않는다.

④ 「법인세법」에 따른 특수관계인으로부터 부동산을 취득한 경우 거주자의 상여로 처분된 금액이 있으면 그 상여로 처분된 금액을 취득가액에 더한다.

⑤ 양도차익 계산 시 양도가액을 매매사례가액으로 하는 경우 취득가액을 실지거래가액에 따를 수 있다.

07 CPA 2019

☑ 확인Check! ○ △ ×

거주자 갑의 양도소득세 계산에 관한 설명이다. 옳지 않은 것은? (단, 각 지문은 독립적인 상황이다)

	토지 X	토지 Y
거래가액	15억원	6억원
시 가	8억원	10억원

① 거주자 갑이 임원으로 근무하는 영리내국법인 (주)A에 토지 X를 처분하고 (주)A는 부당행위계산부인 규정에 따라 7억원을 거주자 갑에게 상여 처분하였다면, 해당 토지의 양도소득 계산시 적용할 양도가액은 15억원이다.

② 거주자 갑이 특수관계가 없는 개인인 거주자 을에게 토지 X를 처분하고 거주자 갑에게 증여재산가액 4억원에 대한 증여세가 과세되었다면, 해당 토지의 양도소득 계산시 적용할 양도가액은 11억원이다.

③ 거주자 갑이 임원으로 근무하는 영리내국법인 (주)B로부터 토지 Y를 취득하고 취득 당시 (주)B가 부당행위계산부인 규정에 따라 4억원을 거주자 갑에게 상여 처분하였다면, 이후 해당 토지의 양도소득 계산시 적용할 취득가액은 10억원이다.

④ 거주자 갑이 특수관계가 없는 개인인 거주자 을로부터 토지 Y를 취득하고 취득 당시 거주자 갑에게 증여재산가액 1억원에 대한 증여세가 과세되었다면, 이후 해당 토지의 양도소득 계산시 적용할 취득가액은 7억원이다.

⑤ 거주자 갑이 4촌인 거주자 병에게 토지 Y를 양도한 경우, 양도소득 계산시 적용할 양도가액은 10억원이다.

08 CTA 2023

확인 Check! ○ △ ×

거주자 甲이 양도한 자산에 관한 다음 자료에 따른 자산별 양도차익은? (단, 주어진 자료 외의 다른 사항은 고려하지 않음)

(단위 : 원)

구 분		주택(미등기)	토 지
취득일		2017.5.30.	2022.4.19.
양도일		2026.7.20.	2026.9.10.
취득당시	실지거래가액	–	–
	매매사례가액	287,000,000	–
	감정가액	280,000,000	–
	기준시가	180,000,000	30,000,000
양도당시	실지거래가액	500,000,000	–
	매매사례가액	410,000,000	50,000,000
	감정가액	400,000,000	–
	기준시가	300,000,000	60,000,000
자본적지출·양도비		8,000,000	3,000,000

	주 택	토 지
①	149,460,000원	22,000,000원
②	199,460,000원	22,000,000원
③	199,460,000원	24,100,000원
④	207,600,000원	24,100,000원
⑤	212,460,000원	24,100,000원

제10장

09 CTA 2019

☑ 확인Check! ○ △ ×

거주자 甲은 2026.6.30. 국내에 보유하고 있는 건물과 토지를, 건물은 300,000천원, 토지는 200,000천원으로 하여 특수관계인이 아닌 乙에게 일괄 양도하였다. 이 경우 건물의 양도차익은 얼마인가?

(1) 실지거래금액 및 감정평가가액(아래 기재된 가액 이외의 매매사례가액, 감정평가가액 등은 없다고 가정함)

(단위 : 천원)

구 분	건 물	토 지	비 고
계약서상 양도금액	300,000	200,000	
취득시 취득가액	120,000	180,000	2023.1.1. 취득
양도시 감정평가가액	150,000	250,000	

(2) 건물은 정액법(내용연수 10년, 잔존가치 없음)으로 월할 상각하여 사업소득금액 계산 시 필요경비에 산입하였다.

(3) 甲은 취득 시 건물과 토지 모두를 자신의 명의로 등기하였으며, 기준시가는 다음과 같다.

(단위 : 천원)

구 분	건 물	토 지	비 고
양도시점	120,000	200,000	
취득시점	80,000	120,000	

(4) 양도 시 양도계약서 작성비용 : 4,000천원

(5) 건물 취득일에 완료한 외벽의 도색 비용 : 5,000천원

① 104,750천원
② 105,500천원
③ 108,000천원
④ 164,250천원
⑤ 220,500천원

10 CPA 2022

☑ 확인Check! ○ △ ✕

거주자 갑이 양도한 주택(등기된 국내 소재 주택임) 관련 자료이다. 주택 양도로 인한 양도차익으로 옳은 것은?

(1) 주택의 취득 및 양도 관련 자료

구 분	거래일자	실지거래가액	기준시가
양 도	2026.8.8.	500,000,000원	400,000,000원
취 득	1991.7.7.	불분명*	100,000,000원

*취득 당시의 매매사례가액과 감정가액도 확인되지 않음

(2) 거래 증명서류로 확인되는 추가 지출 내역

내 역	금 액
자본적 지출*	120,000,000원
양도 시 부동산 중개수수료	10,000,000원

*주택의 리모델링을 위해 지출한 비용임

(3) 주택의 필요경비 개산공제 : 취득 당시 기준시가의 3%

① 170,000,000원
② 270,000,000원
③ 297,000,000원
④ 370,000,000원
⑤ 372,000,000원

11 CPA 2020

☑ 확인Check! ○ △ ✕

다음의 자료를 이용하여 거주자 갑의 2026년 양도소득세 양도차익을 계산한 것으로 옳은 것은?

(1) 갑은 2026년 9월 15일 보유하고 있던 주택을 1,600,000,000원에 특수관계인이 아닌 자에게 양도하였다.
(2) 갑은 해당 주택을 2021년 6월 15일에 특수관계인이 아닌 자로부터 1,000,000,000원에 취득하였다.
(3) 갑은 해당 주택에 대한 자본적 지출로 100,000,000원, 부동산 중개수수료로 5,000,000원을 지출하였으며, 지출 사실은 금융거래 증명서류에 의하여 확인된다.
(4) 갑은 해당 주택의 양도 시 1세대 1주택 비과세 요건을 충족하였다.

① 120,000,000원
② 123,750,000원
③ 133,750,000원
④ 495,000,000원
⑤ 535,000,000원

12 CPA 2023

☑ 확인 Check! ○ △ ✕

거주자 갑의 2024년 토지(미등기 아님) 양도 관련 자료이다. 양도소득금액으로 옳은 것은?

> (1) 갑은 2024년 9월 8일 토지를 800,000,000원에 특수관계인이 아닌 자에게 양도하였다.
> (2) 갑은 해당 토지를 2018년 6월 5일 특수관계인이 아닌 자로부터 취득하였으나, 실지거래가액을 확인할 수 없다.
> (3) 갑은 해당 토지에 대한 자본적지출로 40,000,000원, 양도시 부동산 중개수수료로 5,000,000원을 지출하였으며, 지출 사실은 금융거래 증명서류에 의하여 확인된다.
> (4) 토지 취득시 매매사례가액 및 감정가액은 확인되지 않으며, 토지 양도시 기준시가는 600,000,000원이고 취득시 기준시가는 420,000,000원이다.
> (5) 6년 이상 7년 미만 보유한 토지의 장기보유특별공제율은 12%이며, 토지의 기타 필요경비에 대한 개산공제율은 3%이다.

① 200,112,000원
② 211,200,000원
③ 227,400,000원
④ 294,800,000원
⑤ 323,312,000원

13 CPA 2018

☑ 확인 Check! ○ △ ✕

거주자 갑은 2023년 6월 5일에 국내 토지를 시가 800,000,000원에 취득하고 즉시 등기를 하였다. 이후 갑은 A은행에서 해당 토지를 담보로 300,000,000원을 차입하였다. 2026년 9월 8일에 거주자 을(갑과 특수관계 없음)은 A은행 차입금 300,000,000원을 인수하는 조건으로 갑으로부터 해당 토지를 증여받았다. 다음의 추가적인 자료를 바탕으로 갑의 2026년 양도소득금액을 계산한 것으로 옳은 것은?

> (1) 갑의 증여당시 토지의 시가 : 1,500,000,000원
> (2) 토지와 관련한 자본적지출액 : 24,000,000원(적격 증명서류 수취·보관함)
> (3) 장기보유특별공제율 : 6%
> (4) 2026년 갑의 양도소득 과세거래는 상기 토지 외에는 없었다.
> (5) 을의 차입금 인수사실은 객관적으로 입증되고 을이 차입금 및 이자를 상환할 능력이 있다고 가정한다.

① 42,500,000원
② 114,500,000원
③ 116,500,000원
④ 119,180,000원
⑤ 127,088,000원

14 CTA 2022

☑ 확인Check! ○ △ ✕

다음은 거주자 甲의 2026년 주식양도 관련 자료이다. 甲의 양도소득세 산출세액은?

(1) 甲의 주식양도 및 취득현황

구 분	실지양도가액	실지취득가액	양도일자	취득일자
주식 a	500,000,000원	100,000,000원	2026.12.5.	2021.5.7.
주식 b	100,000,000원	148,000,000원	2026.10.3.	2022.8.2.

(2) 주식 a는 제조업을 영위하는 중소기업인 국내 주권비상장법인 (주)A가 발행한 주식이며, 甲은 (주)A의 발행주식총수의 10%를 취득한 후 양도 전까지 계속 보유하였다.

(3) 주식 b는 중소기업이 아닌 미국법인 (주)B가 발행하여 뉴욕증권거래소에 상장되어 있는 주식이다.

(4) 주식 a를 양도하기 위해 증권거래세 2,150,000원과 양도소득과세표준 신고서 작성비용 3,350,000원, 주식 b를 양도하기 위해 증권회사 위탁매매수수료 3,000,000원을 직접 지출하였다(법정 증명서류를 수취・보관하거나 실제 지출사실이 금융거래 증명서류에 의해 확인됨).

(5) 甲은 주식 a와 주식 b를 특수관계 없는 제3자에게 양도하였고 (주)A와 (주)B는 부동산을 보유하고 있지 않다.

(6) 위에 주어진 자료 외의 다른 사항은 고려하지 않는다.

① 68,200,000원
② 70,250,000원
③ 83,000,000원
④ 85,250,000원
⑤ 98,000,000원

15 CTA 2018

☑ 확인 Check! ○ △ ×

다음은 개인사업자인 거주자 甲이 사업에 사용하던 상가건물을 2026.7.1.에 특수관계자인 乙에게 양도한 내역이다. 양도소득과세표준은 얼마인가? (단, 주어진 자료 이외에는 고려하지 않음)

(1) 건물과 관련된 정보

① 양도가액은 600,000,000원, 취득가액은 400,000,000원이며, 모두 실지거래가액이다.

② 양도 당시 건물의 감가상각누계액은 15,000,000원이며, 감가상각비는 사업소득금액 계산 시 필요경비에 반영되었다.

③ 건물에 대한 취득세로 납부한 금액은 13,000,000원이며, 취득 시 국민주택채권을 8,000,000원에 매입하여 즉시 사채업자에게 3,000,000원에 매각한 것이 확인되었다. 이를 동일한 날 금융회사에 매각한다면 2,000,000원의 매각차손이 발생한다.

④ 양도 당시 건물의 시가는 620,000,000원이고, 건물의 보유기간은 5년 2개월이며 등기되었다.

(2) 양도 시 중개수수료 9,000,000원을 부담하였고, 지출한 양도비의 적격증명서류를 수취하였다.

(3) 보유 중 납부한 재산세 합계액은 8,000,000원이다.

(4) 당해 건물은 비사업용이 아니며, 장기보유특별공제율은 3년 이상 4년 미만 보유 시 6%, 4년 이상 5년 미만 보유 시 8%, 5년 이상 6년 미만 보유 시 10%를 적용한다.

(5) 양도소득 기본공제를 적용하며, 동 건물 외에 다른 양도소득세 과세대상은 없다.

① 169,400,000원

② 172,350,000원

③ 182,850,000원

④ 188,500,000원

⑤ 191,000,000원

16 CTA 2016

☑ 확인 Check! ○ △ ✕

다음 자료를 이용하여 거주자 甲이 양도한 A토지의 양도소득세 과세표준을 계산하면 얼마인가? (단, 주어진 자료 이외에는 고려하지 않음)

(1) 양도자산의 자료

양도자산	A토지(甲소유로 등기된 토지임)
비사업용 토지 여부	비사업용 토지에 해당되지 않음
면 적	$90m^2$
양도일자	2026.4.25.
취득일자	2003.5.20.

(2) A토지의 양도 당시 실거래가액은 100,000,000원이며, 취득 당시 실거래가액은 60,000,000원이다. 매매사례가액 및 감정가액은 없다.

(3) 개별공시지가에 대한 자료는 다음과 같다.

고시일	2002.5.30.	2003.5.30.	2025.5.30.	2026.5.29.
m^2당 개별공시지가	500,000원	600,000원	950,000원	1,000,000원

(4) 토지의 소유권을 확보하기 위하여 직접 소요된 소송비용(그 지출한 연도의 각 소득금액의 계산에 있어서 필요경비에 산입하지 않았음)으로 10,000,000원을 지출하였으며, A토지 양도를 위해 직접 지출한 소개비 2,000,000원이 있다. 이상의 경비는 모두 법정증빙을 수취하였다.

(5) 2026년에 A토지 이외에 다른 양도는 없다.

① 17,100,000원
② 21,300,000원
③ 25,500,000원
④ 27,600,000원
⑤ 31,555,000원

17 CTA 2015

☑ 확인 Check! ○ △ ✕

거주자 甲은 2022.5.10.에 사업용 토지(실지거래가액 : 1,000,000,000원, 취득당시 개별공시지가 : 700,000,000원)를 취득하여 등기를 마친 다음, S은행에서 해당 토지를 담보로 400,000,000원을 차입하였다. 2026.10.5.에 甲의 아들인 乙은 S은행 차입금 400,000,000원을 인수하는 조건으로 甲으로부터 해당 토지를 증여받았다. 증여재산의 가액은 증여 당시 시가가 확인되지 않으므로 「상속세 및 증여세법」에 의한 개별공시지가인 1,400,000,000원으로 평가되었다. 거주자 甲의 양도소득과세표준을 계산하면 얼마인가? (단, 토지와 관련한 자본적 지출액은 20,000,000원이고, 장기보유 특별공제율은 8%로 적용하며, 2026년도 甲의 양도소득 과세거래는 상기 토지 외에는 없었음)

① 93,042,800원
② 163,191,430원
③ 175,980,000원
④ 186,720,000원
⑤ 194,000,000원

제10장

18 CPA 2024

☑ 확인Check! ○ △ ×

거주자 갑의 2026년 양도소득에 관한 자료이다. 양도소득세 확정신고시 창고건물의 과세표준으로 옳은 것은?

(1) 양도 내역(△는 차손)*

구 분	종 류	양도차익	보유기간	등기여부
A	창고건물	50,000,000원	5년	미등기
B	상가건물	62,000,000원	1년 8개월	등 기
C	토 지	△100,000,000원	1년 10개월	등 기
D	토 지	50,000,000원	5년 6개월	등 기
E	비상장주식**	△30,000,000원	3년	-

*양도순서는 A, B, C, D, E이며, 토지는 비사업용 토지가 아님

**중소기업주식이며, 갑은 대주주에 해당하지 않음

(2) 장기보유특별공제율 : 10%(보유기간 5년 이상 6년 미만)

① 26,000,000원
② 27,500,000원
③ 30,000,000원
④ 42,500,000원
⑤ 45,000,000원

19 CTA 2023

☑ 확인Check! ○ △ ×

소득세법령상 거주자 甲이 배우자 및 직계존비속이 아닌 특수관계인에게 2026.3.1.에 자산을 증여한 후 그 자산을 증여받은 자가 그 증여일부터 10년 이내에 다시 타인에게 양도한 경우에 관한 설명으로 옳은 것은?

① 甲이 그 자산을 직접 양도한 것으로 보되, 특수관계인이 증여세를 납부한다는 점을 고려하여 양도차익 계산시 취득가액은 증여시의 가액으로 한다.
② 甲이 자산을 직접 양도한 것으로 보는 경우 그 양도소득에 대해서는 甲과 증여받은 자가 연대하여 납세의무를 진다.
③ 甲에게 양도소득세가 과세되는 경우에는 수증자가 당초 증여받은 자산에 대하여 납부한 증여세는 필요경비에 산입한다.
④ 양도소득이 수증자에게 실질적으로 귀속된 경우에도 甲이 그 자산을 직접 양도한 것으로 본다.
⑤ 특수관계인이 그 자산을 양도한 것으로 보되 양도차익 계산시 취득가액은 甲의 취득 당시 가액으로 한다.

20 CTA 2020

☑ 확인Check! ○ △ ×

2026년 6월 1일 거주자 甲은 국내소재 주택(1세대 1주택으로 등기자산임)을 15억원에 양도하였다. 양도 시점에 양도비용은 10,000,000원이 발생하였다. 해당 주택의 취득 당시 기준시가는 2억원이며 양도 당시 기준시가는 8억원이다. 취득 당시 실지거래가액, 매매사례가액과 감정가액은 확인되지 않는다. 甲이 해당 주택의 취득 당시 소유권 확보를 위하여 직접 소요된 소송비용 등은 20,000,000원이고 자본적 지출액은 10,000,000원이며, 모두 소득세법령이 정한 필요경비의 요건을 충족한다. 甲의 해당 주택의 보유기간은 11년 1개월이고 거주기간은 8년 3개월인 경우 해당 주택의 양도소득금액은? (단, 장기보유 특별공제액의 적용요건을 충족하고, 양도소득의 필요경비 계산특례 및 부당행위계산의 대상이 아니며, 주어진 자료 외의 사항은 고려하지 않음)

① 44,760,000원
② 62,664,000원
③ 84,648,000원
④ 100,850,000원
⑤ 187,992,000원

21 CPA 2021

☑ 확인Check! ○ △ ×

거주자 갑이 양도한 주택 관련 자료이다. 갑의 양도소득금액으로 옳은 것은?

(1) 거래 증명서류로 확인되는 취득 및 양도에 관한 자료

구 분	계약금(계약일자)	잔금(잔금일자)	취득 및 양도가액
취 득	50,000,000원 (2018.2.2.)	450,000,000원 (2018.5.5.)	1,000,000,000원
양 도	100,000,000원 (2025.3.3.)	900,000,000원 (2025.4.4.)	1,500,000,000원

(2) 거래 증명서류로 확인되는 추가 지출 자료

내 역	금 액
취득 시 부동산중개수수료	2,000,000원
취득세	5,000,000원
보유 중 납부한 재산세	1,000,000원
양도시 부동산중개수수료	3,000,000원

(3) 갑은 2020년 6월 6일부터 양도 시까지 양도한 주택에서 거주하였다.

(4) 갑과 세대원은 양도한 주택의 취득 시부터 양도 시까지 다른 주택을 보유하지 않았으며, 1세대 1주택 비과세 요건을 충족한다.

(5) 1세대 1주택의 장기보유특별공제율은 3년 이상 보유한 주택의 보유기간에 대하여 연간 4%(40% 한도)와 2년 이상 거주한 주택의 거주기간에 대하여 연간 4%(40% 한도)이다.

① 50,960,000원
② 58,680,000원
③ 58,800,000원
④ 59,040,000원
⑤ 59,640,000원

22 CPA 2017

☑ 확인Check! ○ △ ✕

다음은 거주자 갑이 양도한 1세대 1주택에 해당하는 주택에 관한 자료이다. 거주자 갑이 양도한 주택의 양도소득금액으로 옳은 것은? (단, 세부담을 최소화하는 방향으로 필요경비를 선택한다)

(1) 확인되는 취득 및 양도에 관한 자료

구 분	일 자	실지거래가액(시가)	기준시가
취 득	2021.6.5.	미확인	600,000,000원
양 도	2026.9.8.	1,600,000,000원	1,200,000,000원

(2) 2023.11.9.에 위 주택에 대해 자본적 지출 50,000,000원을 지급하였다.

(3) 양도당시 계약서 작성, 부동산 중개수수료 등으로 11,000,000원을 지출하였다.

(4) 동 주택에 대한 장기보유특별공제율은 보유기간별 공제율과 거주기간별 공제율 각각 20%씩 적용한다.

(5) 위의 주택은 등기된 자산이며, 해당 과세기간에 동 주택 외의 다른 양도소득세 과세거래는 없었다.

① 87,300,000원　② 95,500,000원

③ 107,250,000원　④ 117,300,000원

⑤ 195,500,000원

23 CTA 2016

☑ 확인Check! ○ △ ✕

양도소득세에 관한 설명으로 옳은 것은?

① 1세대 1주택 비과세요건 판정 시 상속받은 일반주택과 그 밖의 주택을 국내에 각각 1개씩 소유하고 있는 1세대가 상속받은 주택을 양도하는 경우 국내에 1개의 주택을 소유한 것으로 본다.

② 1세대가 1주택을 취득 후 1년 이상 거주하고 세대원 중 일부가 사업상 형편으로 다른 시・군으로 이전하면서 해당 주택을 양도하는 경우에는 2년 미만 보유한 때에도 1세대 1주택 비과세한다.

③ 3년 이상 보유한 비사업용 토지(법적절차에 따라 등기된 것임)를 양도하는 경우 장기보유특별공제를 적용한다.

④ 주택과 주택외부분이 복합된 겸용주택으로서 그 전부를 주택으로 보는 경우에는 그 전부의 실지거래가액에서 주택외부분의 실지거래가액을 제외한 금액으로 고가주택(실지거래가액 12억원 초과)에 해당여부를 판단한다.

⑤ 파산선고에 의한 처분과 강제경매로 인하여 발생하는 소득에는 양도소득세를 과세하지 아니한다.

24 CTA 2024

☑ 확인 Check! ○ △ ✕

소득세법령상 국외자산 양도에 대한 양도소득세에 관한 설명으로 옳은 것은?

① 국외자산 양도에 대한 양도소득세 납세의무자는 해당 자산의 양도일까지 계속 10년 이상 국내에 주소를 둔 거주자만 해당한다.

② 외국법인이 발행한 주식의 양도로 발생하는 소득은 국외자산 양도소득의 범위에 포함된다.

③ 국외자산 양도소득이 국외에서 외화를 차입하여 취득한 자산을 양도하여 발생하는 소득으로서 환율변동으로 인하여 외화차입금으로부터 발생하는 환차익을 포함하고 있는 경우에는 해당 환차익을 양도소득의 범위에 포함한다.

④ 국외자산 양도차익을 계산함에 있어서는 양도가액 및 필요경비를 수령하거나 지출한 날 현재 「외국환거래법」에 의한 기준환율 또는 재정환율에 의하여 계산한다.

⑤ 국외소재 토지로서 보유기간이 3년 이상인 경우 국외자산 양도소득금액 계산시 장기보유특별공제액을 공제한다.

25 CTA 2023

☑ 확인 Check! ○ △ ✕

소득세법령상 양도소득과세표준 예정신고 및 결정·경정에 관한 설명으로 옳지 않은 것은?

① 건물을 양도(부담부증여 아님)한 경우에는 그 양도일이 속하는 달의 말일부터 2개월 내에 예정신고를 하여야 한다.

② 법령상의 토지거래계약에 관한 허가구역에 있는 토지를 양도할 때 토지거래계약허가(허가를 받은 후 허가구역 지정이 해제됨)를 받기 전에 대금을 청산한 경우에는 그 허가일이 속하는 달의 말일부터 2개월 내에 예정신고를 하여야 한다.

③ 해당 과세기간에 누진세율의 적용대상 자산에 대한 예정신고를 2회 이상 하는 경우에는 이미 신고한 양도소득금액과 합산하여 신고하여야 한다.

④ 납세지 관할 세무서장 또는 지방국세청장은 예정신고를 하여야 할 자가 그 신고를 하지 아니한 경우에는 해당 거주자의 양도소득과세표준과 세액을 결정한다.

⑤ 건물을 부담부증여하는 경우 부담부증여의 채무액에 해당하는 부분으로서 양도로 보는 경우에는 그 양도일이 속하는 달의 말일부터 3개월 내에 예정신고를 하여야 한다.

26 CTA 2017

☑ 확인Check! ○ △ ×

거주자 甲은 배우자인 거주자 乙이 2016.3.1.에 300,000,000원에 취득한 토지를 2022.4.1.에 乙로부터 증여(증여 당시 시가 700,000,000원) 받아 소유권이전등기를 마쳤다. 이후 甲은 2026.6.1.에 토지를 甲 또는 乙과 특수관계 없는 거주자 丙에게 1,000,000,000원에 양도하였다. 甲 또는 乙의 양도소득 납세의무에 관한 설명으로 옳은 것은? (단, 양도소득은 실질적으로 甲에게 귀속되지 아니하고, 토지는 법령상 협의매수 또는 수용된 적이 없으며, 양도 당시 甲과 乙은 혼인관계를 유지하고 있음)

① 토지의 양도차익 계산 시 양도가액에서 공제할 취득가액은 700,000,000원이다.

② 토지의 양도차익 계산 시 취득시기는 2016.3.1.이다.

③ 토지의 양도차익 계산 시 甲의 증여세 산출세액은 양도가액에서 공제할 수 없다.

④ 甲과 乙은 연대하여 토지의 양도소득세 납세의무를 진다.

⑤ 토지의 양도소득세 납세의무자는 乙이다.

27 CTA 2017

☑ 확인Check! ○ △ ×

거주자 甲은 2023.3.10.에 (주)A의 총발행주식 10,000주 중 6,000주를 취득한 이후 계속 보유하고 있다가 2026.6.15.에 (주)A의 주식 5,200주를 특수관계 없는 거주자 乙에게 양도하였다. 2026.6.15. 현재 (주)A의 재무상태표가 다음과 같을 경우, 甲의 (주)A의 주식 양도로 발생하는 「소득세법」상 양도소득세 납세의무에 관한 설명으로 옳은 것은? (단, (주)A는 제조업을 영위하는 중소기업이 아닌 비상장 내국법인이며, 재무상태표상 토지 및 건물의 장부가액은 기준시가와 일치한다고 가정함)

(주)A의 재무상태표 (단위 : 원)

현 금	20,000,000	부 채	50,000,000
토 지	200,000,000	자본금	200,000,000
건 물	150,000,000	이익잉여금	250,000,000
기계장치	130,000,000		
계	500,000,000	계	500,000,000

① 甲은 2026.8.31.까지 양도소득 과세표준을 예정신고해야 한다.

② 甲은 양도차익에서 장기보유특별공제액을 차감할 수 있다.

③ 甲은 양도소득 과세표준에 20%의 세율을 적용하여 계산한 금액을 양도소득 산출세액으로 한다.

④ 甲은 (주)A의 주식 양도 이외에 다른 양도소득이 없더라도 양도소득기본공제를 받을 수 없다.

⑤ 甲이 (주)A의 주식을 양도할 때 명의개서하지 않으면 양도로 보지 아니한다.

28 CPA 2020

☑ 확인 Check! ○ △ ✕

「소득세법」상 납세의무에 관한 설명이다. 옳지 않은 것은?

① 비거주자는 원천징수한 소득세를 납부할 의무를 진다.

② 「국세기본법」상 법인으로 보는 단체 외의 법인 아닌 단체가 국내에 주사무소를 둔 경우 구성원 간 이익의 분배비율이 정하여져 있지 않고 사실상 구성원별로 이익이 분배되지 않는 것으로 확인되면 1거주자로 본다.

③ 거주자가 특수관계인에게 자산을 증여한 후 그 자산을 증여받은 자가 그 증여일부터 10년(2022.12.31. 이전 증여분은 5년) 이내에 다시 타인에게 양도하여 증여자가 그 자산을 직접 양도한 것으로 보는 경우 그 양도소득에 대해서는 증여자가 납세의무를 지며 증여받은 자는 납세의무를 지지 아니한다.

④ 위탁자가 신탁재산을 실질적으로 통제하는 등 법소정 요건(신탁재산 원본을 받을 권리에 대한 수익자는 위탁자로, 수익을 받을 권리에 대한 수익자는 그 배우자 또는 생계를 같이 하는 직계존비속으로 설정함)을 충족하는 신탁의 경우 신탁재산에 귀속되는 소득은 그 위탁자에게 귀속되는 것으로 본다.

⑤ 공동으로 소유한 자산에 대한 양도소득금액을 계산하는 경우 해당 자산을 공동으로 소유하는 각 거주자가 납세의무를 진다.

인생은 자전거를 타는 것과 같다.

균형을 잡으려면 움직여야 한다.

– 알버트 아인슈타인 –

Ⅲ 부가가치세법

CHAPTER 01

부가가치세법 총론

01 CTA 2024

☑ 확인 Check! ○ △ ×

부가가치세법령상 사업자등록 정정사유에 해당하지 않는 것은?

① 상호를 변경하는 경우
② 새로운 사업의 종류를 추가하거나 사업의 종류 중 일부를 폐지한 경우
③ 사업장(사업자단위과세 사업자의 경우에는 사업자단위과세 적용 사업장을 말함)을 이전하는 경우
④ 사업의 포괄양도에 따라 사업자의 명의가 변경되는 경우
⑤ 공동사업자의 구성원 또는 출자지분이 변경되는 경우

02 CTA 2021

☑ 확인 Check! ○ △ ×

「부가가치세법」상 사업장에 관한 설명으로 옳지 않은 것은?

① 기획재정부령으로 정하는 이동통신역무를 제공하는 전기통신사업의 사업장은 사업자가 법인인 경우에는 그 법인의 본점소재지이다.
② 사업자가 사업장을 설치하지 아니하고 사업자등록도 하지 아니한 경우에는 과세표준 및 세액을 결정하거나 경정할 당시의 사업자의 주소 또는 거소를 사업장으로 한다.
③ 운수업의 사업장은 개인의 명의로 등록된 차량을 다른 개인이 운용하는 경우 그 등록된 개인이 업무를 총괄하는 장소이다.
④ 무인자동판매기를 통하여 재화·용역을 공급하는 사업의 경우에는 사업에 관한 업무를 총괄하는 장소 외의 장소를 추가로 사업장으로 등록할 수 있다.
⑤ 사업자가 자기의 사업과 관련하여 생산하거나 취득한 재화를 직접 판매하기 위하여 특별히 판매시설을 갖춘 장소는 사업장으로 본다.

03 CTA 2019

☑ 확인 Check! ○ △ ✕

「부가가치세법」상 사업장에 관한 설명으로 옳지 않은 것은?

① 사업장은 사업자가 사업을 하기 위하여 거래의 전부 또는 일부를 하는 고정된 장소로 한다.

② 사업장을 설치하지 아니하고 사업자등록도 하지 아니한 경우에는 과세표준 및 세액을 결정하거나 경정할 당시의 사업자의 주소 또는 거소를 사업장으로 한다.

③ 광업의 경우 광업사무소의 소재지로 하되, 광업사무소가 광구(鑛區) 밖에 있을 때에는 그 광업사무소에서 가장 가까운 광구에 대하여 작성한 광업 원부의 맨 처음에 등록된 광구 소재지에 광업사무소가 있는 것으로 본다.

④ 제조업의 경우 따로 제품 포장만을 하거나 용기에 충전만을 하는 장소와 「개별소비세법」 제10조의5에 따른 저유소(貯油所)는 사업장에서 제외한다.

⑤ 부동산상의 권리만 대여하는 부동산임대업의 경우에는 부동산의 등기부상 소재지를 사업장으로 하여야 한다.

04 CTA 2015

☑ 확인 Check! ○ △ ✕

「부가가치세법」상 납세지와 사업장에 관한 설명으로 옳지 않은 것은?

① 부동산매매업을 영위하는 사업자가 개인인 경우 사업에 관한 업무를 총괄하는 장소를 사업장으로 한다.

② 재화를 수입하는 자의 부가가치세 납세지는 수입재화를 보관하는 장소로서 신고된 장소로 한다.

③ 사업자가 사업장을 두지 아니하면 사업자의 주소 또는 거소를 사업장으로 한다.

④ 사업자단위 과세사업자는 각 사업장을 대신하여 그 사업자의 본점 또는 주사무소의 소재지를 납세지로 한다.

⑤ 사업장은 사업자가 사업을 하기 위하여 거래의 전부 또는 일부를 하는 고정된 장소로 한다.

05 CPA 2024

☑ 확인Check! ○ △ ×

「부가가치세법」상 납세지와 사업자등록에 관한 설명이다. 옳은 것은?

① 「방문판매 등에 관한 법률」에 따른 다단계판매원이 상시 주재하여 거래의 전부 또는 일부를 하는 별도의 장소가 있는 경우에는 그 장소를 사업장으로 한다.

② 건설업을 영위하는 법인은 건설 대상 부동산의 등기부상 소재지를 사업장으로 한다.

③ 둘 이상의 사업장이 있는 사업자가 사업자 단위로 사업자등록을 신청한 경우에는 사업장 단위로 부가가치세를 신고하고 사업자단위로 부가가치세를 납부할 수 있다.

④ 사업자등록을 신청하기 전의 매입세액은 매출세액에서 공제하지 않는다. 다만, 공급시기가 속하는 과세기간의 신고기간 내에 등록을 신청한 경우 등록신청일부터 공급시기가 속하는 과세기간 기산일까지 역산한 기간 내의 것은 제외한다.

⑤ 신규로 사업을 시작하려는 자는 사업개시일 이전이라도 사업자등록을 신청할 수 있다. 다만, 해당 법인의 설립등기 전 또는 사업의 허가·등록이나 신고 전에는 사업자등록을 신청할 수 없다.

06 CTA 2022

☑ 확인Check! ○ △ ×

부가가치세법령상 사업자등록에 관한 설명으로 옳지 않은 것은?

① 사업장이 둘 이상인 사업자는 사업자 단위로 해당 사업자의 본점 또는 주사무소 관할 세무서장에게 등록을 신청할 수 있다.

② 신규로 제조업을 시작하려는 자는 제조장별로 재화의 제조를 시작하는 날 이전이라도 사업자등록을 신청할 수 있다.

③ 사업장 단위로 등록한 사업자가 사업자 단위 과세 사업자로 변경하려면 사업자 단위 과세 사업자로 적용받으려는 과세기간 개시 20일 전까지 사업장 관할 세무서장에게 변경등록을 신청하여야 한다.

④ 사업자 단위로 등록신청을 한 사업자에게는 사업자 단위 과세 적용 사업장에 한 개의 등록번호를 부여한다.

⑤ 사업자가 상호를 변경하는 경우에는 지체 없이 사업자의 인적사항, 사업자등록의 변경사항 및 그 밖의 필요한 사항을 적은 사업자등록 정정신고서를 관할 세무서장이나 그 밖에 신고인의 편의에 따라 선택한 세무서장에게 제출해야 한다.

07 CTA 2018

☑ 확인Check! ○ △ ×

「부가가치세법」의 총칙에 관한 설명으로 옳지 않은 것은?

① 사업자 단위 과세 사업자는 각 사업장을 대신하여 그 사업자의 본점 또는 주사무소의 소재지를 부가가치세 납세지로 한다.
② 신규로 사업을 시작하는 자가 사업개시일 이전에 사업자등록을 신청한 경우의 최초의 과세기간은 사업개시일로부터 신청일이 속하는 과세기간의 종료일까지로 한다.
③ 사업장 단위로 등록한 사업자가 사업자 단위 과세 사업자로 변경하려면 사업자 단위 과세 사업자로 적용받으려는 과세기간 개시 20일 전까지 사업자의 본점 또는 주사무소 관할 세무서장에게 변경등록을 신청하여야 한다.
④ 사업자등록증을 발급받은 사업자는 휴업 또는 폐업을 하거나 등록사항이 변경되면 지체 없이 사업장 관할 세무서장에게 신고하여야 한다.
⑤ 재화를 수입하는 자의 부가가치세 납세지는 「관세법」에 따라 수입을 신고하는 세관의 소재지로 한다.

08 CPA 2023

☑ 확인Check! ○ △ ×

「부가가치세법」상 주사업장총괄납부와 사업자단위과세에 관한 설명이다. 옳은 것은?

① 주된 사업장에서 총괄하여 납부하는 사업자가 되려는 자는 그 납부하려는 과세기간 개시 후 20일 이내에 주사업장총괄납부 신청서를 주된 사업장의 관할 세무서장에게 제출하여야 한다.
② 주사업장총괄납부 사업자가 종된 사업장을 신설하는 경우 주된 사업장 관할 세무서장에게 주사업장총괄납부 변경신청서를 제출하여야 한다.
③ 주사업장총괄납부 사업자가 세금계산서 발급 없이 재화를 판매목적으로 자기의 다른 사업장에 반출한 경우 재화의 공급으로 본다.
④ 사업자단위과세 사업자가 법인인 경우 지점소재지를 납세지로 할 수 있다.
⑤ 사업자단위과세 사업자가 사업자단위과세를 적법하게 포기한 경우 그 포기한 날이 속하는 과세기간의 다음 과세기간부터 각 사업장별로 신고·납부하거나 주사업장총괄납부를 해야 한다.

09 CPA 2022

☑ 확인 Check! ○ △ ×

「부가가치세법」상 사업장 및 사업자등록에 관한 설명이다. 옳지 않은 것은?

① 무인자동판매기를 통하여 재화・용역을 공급하는 사업의 경우에는 그 사업에 관한 업무를 총괄하는 장소 외의 장소를 추가로 사업장으로 등록할 수 없다.

② 법인의 경우에는 지점을 주된 사업장으로 하여 주사업장 총괄납부를 신청할 수 있다.

③ 공급시기가 속하는 과세기간이 끝난 후 20일 이내에 사업자등록을 신청한 경우에는 사업개시일 이전 기간의 매입세액은 공제하지 않는다.

④ 사업자가 사업장을 설치하지 않고 사업자등록도 하지 아니한 경우에는 과세표준 및 세액을 결정하거나 경정할 당시 사업자의 주소 또는 거소를 사업장으로 한다.

⑤ 사업자 단위 과세 사업자는 각 사업장을 대신하여 그 사업자의 본점 또는 주사무소의 소재지를 부가가치세의 납세지로 한다.

10 CPA 2019

☑ 확인 Check! ○ △ ×

「부가가치세법」상 납세지와 사업자등록에 관한 설명이다. 옳지 않은 것은?

① 사업장이 둘 이상인 사업자가 사업자 단위로 사업자등록을 한 경우에는 각 사업장을 대신하여 그 사업자의 본점 또는 주사무소 소재지를 부가가치세 납세지로 한다.

② 사업자 단위로 등록한 사업자의 세금계산서 발급・수취 의무와 부가가치세 신고・납부 의무는 본점 또는 주사무소에서 사업자단위로 이행한다.

③ 국내사업장이 없어 사업자등록을 하지 아니한 비거주자가 국내에 전자적 용역을 공급하는 경우에는 간편사업자등록을 하여야 한다.

④ 주사업장 총괄납부 사업자의 세금계산서 발급・수취 의무는 각 사업장 단위로 이행하지만, 부가가치세 신고・납부 의무는 주사업장에서만 이행한다.

⑤ 법인의 경우에는 지점을 주된 사업장으로 하여 주사업장 총괄 납부를 신청할 수 있다.

CHAPTER

02 | 과세거래

01 CTA 2019

확인Check! ○ △ ×

「부가가치세법」상 재화의 공급으로 보는 경우에 해당하는 것은?

① 질권, 저당권 또는 양도담보의 목적으로 동산, 부동산 및 부동산상의 권리를 제공하는 것
② 사업장별로 그 사업에 관한 모든 권리와 의무를 포괄적으로 승계시키는 사업의 양도
③ 사업에 관한 모든 권리와 의무를 포괄적으로 승계시키는 사업의 양도로서 양수자가 승계받은 사업의 종류를 변경한 경우
④ 「신탁법」 제10조에 따라 위탁자의 지위가 이전되는 경우
⑤ 사업용 자산을 「상속세 및 증여세법」에 따라 물납하는 경우

02 CPA 2018

확인Check! ○ △ ×

「부가가치세법」상 과세대상으로 옳은 것은?

① 사업자가 상속재산인 사업용 건물을 「상속세 및 증여세법」에 따라 물납한 경우
② 소매업을 운영하는 사업자가 외국의 소매업자로부터 구입한 운동화를 우리나라의 보세구역으로 반입한 경우
③ 골프장 경영자가 골프장 이용자로부터 일정기간 거치 후 반환하지 아니하는 입회금을 받은 경우
④ 선주와 화주와의 계약에 따라 화주가 조기선적을 하고 선주로부터 조출료를 받은 경우
⑤ 장난감대여업을 운영하는 사업자가 대여한 장난감의 망실에 대하여 변상금을 받은 경우

03 CTA 2024

☑ 확인 Check! ○ △ ×

부가가치세의 과세대상인 것을 모두 고른 것은?

ㄱ. 협회 등 단체가 재화의 공급 또는 용역의 제공에 따른 대가관계 없이 회원으로부터 협회비 및 찬조비를 받은 경우
ㄴ. 사업자가 면세재화를 운반하는 용역을 제공하고 그 대가를 받는 경우
ㄷ. 골프장 경영자가 골프장이용자로부터 받는 입회금으로 일정기간 거치 후 반환하지 않는 입회금인 경우
ㄹ. 부동산임대업을 영위하는 사업자가 부동산임대차 계약기간이 만료되었음에도 불구하고 임차인으로부터 임대한 부동산을 반환받지 못하여 소송을 제기한 경우로서 그 소송이 종료될 때까지 실질적으로 계속하여 임대용역을 제공하고 해당 소송에서 승소하여 임차인으로부터 임대료 상당액을 받은 경우

① ㄴ, ㄹ
② ㄱ, ㄴ, ㄷ
③ ㄱ, ㄴ, ㄹ
④ ㄱ, ㄷ, ㄹ
⑤ ㄴ, ㄷ, ㄹ

04 CTA 2019

☑ 확인 Check! ○ △ ×

「부가가치세법」상 부가가치세 과세대상에 해당하는 것은 모두 몇 개인가?

ㄱ. 소유재화의 파손, 훼손, 도난 등으로 인하여 가해자로부터 받는 손해배상금
ㄴ. 외상매출채권의 양도
ㄷ. 공동사업자 구성원이 각각 독립적으로 사업을 영위하기 위하여 공동사업용 건물의 분할등기(출자지분의 현물반환)로 소유권이 이전되는 건축물
ㄹ. 수표·어음 등의 화폐대용증권
ㅁ. 온라인 게임에 필요한 사이버 화폐인 게임머니를 계속적·반복적으로 판매하는 것
ㅂ. 재화 또는 용역에 대한 대가 관계가 없이 잔여 임대기간에 대한 보상으로서 받는 이주보상비

① 1개
② 2개
③ 3개
④ 4개
⑤ 5개

05 CPA 2022

확인 Check! ○ △ ✕

「부가가치세법」상 과세대상에 관한 설명이다. 옳은 것은?

① 외국 선박에 의하여 공해(公海)에서 잡힌 수산물을 국내로 반입하는 거래는 과세대상이 아니다.

② 사업자가 아닌 개인이 중고자동차를 사업자에게 판매하는 거래는 과세대상이지만, 사업자가 아닌 개인이 소형승용차를 외국으로부터 수입하는 거래는 과세대상이 아니다.

③ 사업자가 사업을 위하여 「재난 및 안전관리 기본법」의 적용을 받아 특별재난지역에 물품을 증여하는 경우는 과세대상이 아니다.

④ 사업자가 「민사집행법」에 따른 경매로 재화를 공급하는 경우는 과세대상이지만, 「국세징수법」에 따른 공매로 재화를 공급하는 경우는 과세대상이 아니다.

⑤ 사업자가 주요자재를 전혀 부담하지 아니하고 인도받은 재화를 단순히 가공만 해 주는 경우는 과세대상이 아니다.

06 CTA 2023

확인 Check! ○ △ ✕

부가가치세법상 부가가치세 과세대상에 해당하는 것은?

① 사업자가 자기의 사업과 관련하여 사업장 내에서 그 사용인에게 음식용역을 무상으로 제공하는 경우

② 공급받을 자의 해약으로 인하여 공급할 자가 재화 또는 용역의 공급없이 위약금 또는 이와 유사한 손해배상금을 받는 경우

③ 선주와 하역회사 간의 계약으로 하역회사의 선적지연으로 인하여 선주가 하역회사로부터 체선료를 받는 경우

④ 사업자가 자기의 사업과 관련하여 생산하거나 취득한 재화를 자기의 과세사업과 관련한 사후 무료서비스를 제공하기 위하여 사용·소비하는 경우

⑤ 사업자가 자기의 고객 중 추첨을 통하여 당첨된 자에게 자기생산·취득재화를 경품으로 제공하는 경우

07 CTA 2023

☑ 확인 Check! ○ △ ×

부가가치세법상 부가가치세 납세의무가 없는 것은?

① 농민이 자기농지의 확장 또는 농지개량작업에서 생긴 토사석을 일시적으로 판매하는 경우
② 청산 중에 있는 내국법인이 「상법」에 따른 계속등기 여부에 불구하고 사실상 사업을 계속하는 경우
③ 「새마을금고법」에 따라 설립된 새마을금고가 사업상 독립적으로 부가가치세가 과세되는 재화를 공급하는 경우
④ 사업자가 아닌 자가 개인적으로 사용하기 위해 부가가치세가 과세되는 재화를 수입하는 경우
⑤ 농・어민이 부업으로 소득세가 과세되지 아니하는 민박, 음식물 판매, 특산물 제조, 전통차 제조 및 그 밖에 이와 유사한 활동을 하는 경우

08 CTA 2022

☑ 확인 Check! ○ △ ×

부가가치세법령상 과세대상 거래가 아닌 것은?

① 사업자가 자기의 과세사업과 관련하여 취득하여 매입세액이 공제된 재화를 자기의 면세사업을 위하여 직접 사용하는 것
② 사업자가 외국으로부터 국내에 도착한 물품으로서 수입신고가 수리되기 전의 것을 국내에 반입하는 것
③ 사업자가 특수관계인에게 사업용 부동산의 임대용역을 시가보다 낮은 대가를 받고 공급하는 것
④ 사업자가 양도담보의 목적으로 부동산상의 권리를 제공하는 것
⑤ 사업자가 현물출자에 따라 재화를 인도하는 것

09 CTA 2021

☑ 확인Check! ○ △ ×

「부가가치세법」상 재화의 공급에 해당하지 않는 것은?

① 공동사업자 구성원이 각각 독립적으로 사업을 영위하기 위하여 공동사업의 사업용 고정자산인 건축물을 분할등기하는 경우 해당 건축물의 이전

② 사업자간에 상품 · 제품 등의 재화를 차용하여 사용하거나 소비하고 동종 또는 이종의 재화를 반환하는 소비대차의 경우의 해당 재화의 차용 또는 반환

③ 사업자가 폐업할 시 자기생산 · 취득재화(매입세액공제 받음) 중 남아 있는 재화

④ 재화의 인도 대가로서 다른 재화를 인도받거나 용역을 제공받는 교환계약에 따른 재화의 인도 · 양도

⑤ 출자자가 자기의 출자지분을 타인에게 양도 · 상속 · 증여하거나 법인 또는 공동사업자가 출자지분을 현금으로 반환하는 경우

10 CTA 2020

☑ 확인Check! ○ △ ×

「부가가치세법」상 부가가치세가 과세되는 경우는 모두 몇 개인가?

○ 사업자가 자기생산 · 취득재화를 고객에게 증여하는 경우로서 자기적립마일리지등으로만 전부를 결제받고 공급하는 경우
○ 「도시 및 주거환경정비법」등에 따른 수용절차에서 수용대상 재화의 소유자가 수용된 재화에 대한 대가를 받는 경우
○ 사업자가 자기생산 · 취득재화를 경조사(설날, 추석, 창립기념일 및 생일 등을 포함)와 관련된 재화로서 사용인 1명당 연간 10만원 이하의 재화를 제공하는 경우
○ 사업자가 자기의 과세사업과 관련하여 취득한 재화(내국신용장에 의해 공급받아 영세율을 적용받음)를 자기의 면세사업을 위하여 직접 사용하는 경우
○ 사업자가 자기생산 · 취득재화를 매입세액이 불공제되는 「개별소비세법」 제1조 제2항 제3호에 따른 자동차로 사용 · 소비하거나 그 자동차의 유지를 위하여 사용 · 소비하는 경우

① 1개
② 2개
③ 3개
④ 4개
⑤ 5개

11 CTA 2017

☑ 확인 Check! ○ △ ×

「부가가치세법」상 재화 또는 용역의 공급에 관한 설명으로 옳지 않은 것은?

① 사업자가 거래상대방으로부터 인도 받은 재화에 주요 자재를 전혀 부담하지 않고 단순가공만 하여 대가를 받는 것은 용역의 공급으로 본다.

② 대학이 사업용 부동산을 그 대학의 산학협력단에 대가를 받지 않고 임대하는 것은 용역의 공급으로 보지 않는다.

③ 건설업의 경우 건설업자가 건설자재의 전부 또는 일부를 부담하고 대가를 받는 것은 용역의 공급으로 본다.

④ 사업자가 가공계약에 따라 거래상대방으로부터 인도받은 재화에 주요자재의 일부를 부담하고 새로운 재화를 만들어 인도하면 재화의 공급으로 본다.

⑤ 사업자가 자기가 생산한 재화를 자기의 고객에게 사업을 위하여 증여한 것으로서 법령에 따른 자기적립마일리지로만 전부를 결제받은 경우 재화의 공급으로 본다.

12 CTA 2016

☑ 확인 Check! ○ △ ×

「부가가치세법」상 과세대상 거래에 관한 설명으로 옳지 않은 것은?

① 사업자가 취득한 재화(매입세액공제 받음)를 사업과 직접적인 관계없이 자기의 개인적인 목적으로 사용・소비하는 경우에는 재화의 공급으로 본다.

② 사업자가 취득한 재화를 견본품으로서 사업을 위하여 대가를 받지 아니하고 다른 사업자에게 인도하는 경우, 당해 견본품의 인도는 재화의 공급으로 보지 아니한다.

③ 사업자가 폐업할 때 자기생산・취득재화(매입세액공제 받음) 중 남아 있는 재화는 자기에게 공급하는 것으로 본다.

④ 위탁매매에 의한 매매를 하는 해당 거래의 특성상 위탁자를 알 수 없는 경우에는 수탁자에게 재화를 공급하거나 수탁자로부터 재화를 공급받은 것으로 본다.

⑤ 사업용 자산을 「상속세 및 증여세법」에 따라 물납(物納)하는 것은 재화의 공급으로 본다.

13 CPA 2021

☑ 확인 Check! ○ △ ×

「부가가치세법」상 과세거래에 관한 설명이다. 옳지 않은 것은?

① 신탁의 종료로 인하여 수탁자로부터 위탁자에게 신탁재산을 이전하는 경우 재화의 공급으로 보지 아니한다.
② 사업자가 자기의 사업과 관련하여 사업장 내에서 사용인에게 음식을 무상으로 제공하는 경우 용역의 공급으로 보지 아니한다.
③ 사업자가 대가의 전부를 자기적립마일리지로만 결제받고 재화를 인도하는 경우 재화의 공급으로 본다.
④ 사업자단위 과세사업자가 자기의 사업과 관련하여 생산 또는 취득한 재화를 판매할 목적으로 자기의 다른 사업장에 반출하는 경우 재화의 공급으로 보지 아니한다.
⑤ 사업자가 내국신용장에 의해 재화를 공급받아 영세율을 적용받은 재화를 자기의 면세사업을 위하여 직접 사용하거나 소비하는 경우 재화의 공급으로 본다.

14 CPA 2017

☑ 확인 Check! ○ △ ×

「부가가치세법」상 재화와 용역의 공급에 관한 설명으로 옳은 것은?

① 사업장이 둘 이상인 사업자 단위 과세사업자가 자기의 사업과 관련하여 생산 또는 취득한 재화를 판매할 목적으로 자기의 다른 사업장에 반출하는 것은 재화의 공급으로 본다.
② 사업자가 매입세액공제를 받은 취득재화를 사업과 직접적인 관계없이 자기의 개인적인 목적으로 사용・소비한 것으로서 사업자가 그 대가를 받지 아니한 경우 재화의 공급으로 본다.
③ 전기, 가스, 열 등 관리할 수 있는 자연력은 재화로 보지 아니한다.
④ 주된 사업에 부수된 거래로 주된 사업과 관련하여 우연히 또는 일시적으로 공급되는 재화 또는 용역의 공급은 별도의 공급으로 보며, 과세 및 면세 여부 등도 주된 사업과 별도로 판단하여야 한다.
⑤ 질권, 저당권 또는 양도담보의 목적이라고 하더라도 동산, 부동산 및 부동산상의 권리를 제공하는 것은 재화의 공급으로 본다.

15 CPA 2016

☑ 확인Check! ○ △ ×

다음 경우 중 부가가치세 과세대상이 아닌 것은?

① 유류판매업을 운영하는 사업자가 매입세액이 공제된 판매용 휘발유를 영업활동을 위해 사용하는 개별소비세 과세대상 소형승용자동차에 주유한 경우
② 운전학원업을 운영하는 사업자가 매입세액이 공제되었으며 개별소비세 과세대상인 운전교습용 소형승용자동차를 임직원의 업무출장용으로 전용한 경우
③ 컴퓨터판매업을 운영하는 사업자가 폐업할 때, 자기의 과세사업과 관련하여 취득하였고 매입세액이 공제된 상품이 남아 있는 경우
④ 부동산임대업을 운영하는 사업자가 사용인에게 대가를 받지 아니하고 사업용 부동산의 일부에 대하여 임대용역을 제공하는 경우
⑤ 기계제조업을 운영하는 사업자가 대가를 받지 아니하고 상대방으로부터 인도받은 재화를 자재 부담 없이 단순히 가공만 해주는 경우

16 CTA 2018

☑ 확인Check! ○ △ ×

「부가가치세법」상 재화의 공급으로 보는 것은?

① 사업자가 자기의 과세사업과 관련하여 생산한 재화로서 매입세액이 공제되지 않은 재화를 자기의 면세사업을 위하여 직접 사용하는 경우
② 사업장이 둘 이상인 사업자가 사업자 단위 과세 사업자로 적용을 받는 과세기간에 자기의 사업과 관련하여 생산한 재화를 판매할 목적으로 자기의 다른 사업장에 반출하는 경우
③ 「신탁법」상 위탁자의 지위가 새로운 위탁자에게 이전되는 경우로서 실질적인 소유권의 변동이 있다고 보기 어려운 경우
④ 신탁의 종료로 인하여 수탁자로부터 위탁자에게 신탁재산을 이전하는 경우
⑤ 사업자가 자기의 과세사업과 관련하여 생산·취득한 재화로서 매입세액이 공제된 재화를 사업과 직접적인 관계없이 자기의 개인적인 목적을 위하여 사용·소비하는 경우

17 CPA 2024

☑ 확인 Check! ○ △ ✕

「부가가치세법」상 공급시기에 관한 설명이다. 옳지 않은 것은?

① 반환조건부 판매의 경우 그 조건이 성취되거나 기한이 지나 판매가 확정되는 때를 공급시기로 본다.
② 완성도기준지급조건부로 재화를 공급하는 경우에 재화가 인도되거나 이용가능하게 되는 날 이후에 받기로 한 대가의 부분에 대해서는 재화가 인도되거나 이용가능하게 되는 날을 공급시기로 본다.
③ 공급단위를 구획할 수 없는 재화를 계속적으로 공급하는 경우에는 대가의 각 부분을 받기로 한 때를 재화의 공급시기로 본다.
④ 사업자가 보세구역 안에서 보세구역 밖의 국내에 재화를 공급하는 경우가 재화의 수입에 해당할 때에는 수입신고 수리일을 재화의 공급시기로 본다.
⑤ 재화의 공급으로 보는 가공의 경우 가공이 완료되었을 때를 공급시기로 본다.

18 CPA 2017

☑ 확인 Check! ○ △ ✕

「부가가치세법」상 공급시기에 관한 설명으로 옳지 않은 것은?

① 반환조건부 판매, 동의조건부 판매, 그 밖의 조건부 판매 및 기한부 판매의 경우에는 그 조건이 성취되거나 기한이 지나 판매가 확정되는 때를 공급시기로 본다.
② 현금판매의 경우 재화가 인도되거나 이용가능하게 되는 때를 공급시기로 본다.
③ 무인판매기를 이용하여 재화를 공급하는 경우 해당 사업자가 무인판매기에서 현금을 꺼내는 때를 재화의 공급시기로 본다.
④ 기획재정부령이 정하는 장기할부판매의 경우에는 대가의 각 부분을 받기로 한 때를 공급시기로 본다.
⑤ 재화의 수입시기는 당해 재화가 보세창고에 입고된 때로 한다.

19 CTA 2022

☑ 확인Check! ○ △ ×

다음은 부가가치세 과세사업을 영위하는 (주)A에 관한 자료이다. 2026년 제1기 예정신고기간(2026.1.1.~3.31.)의 부가가치세 과세표준에 포함될 금액은? (단, 다음 자료의 금액에는 부가가치세가 포함되어 있지 않으며, 주어진 자료 이외에는 고려하지 않음)

(1) 공급단위를 구획할 수 없는 용역을 계속적으로 공급하고 2026.1.5.에 계약금으로 2,000,000원, 2026.2.20.에 중도금으로 4,000,000원, 2026.4.30.에 잔금으로 3,000,000원을 받기로 하고, 세금계산서는 대금을 받기로 한 날 발행하기로 하였다.
(2) 특허권을 2026.4.2.부터 2년간 대여하기로 하고, 2026.3.30.에 대가의 일부로 받은 1,000,000원에 대하여 전자세금계산서를 발행하였다.
(3) 2026.2.20.에 세금계산서를 발행하는 시기(2026.2.20.)와 대금의 지급시기(2026.4.5.)를 명시한 약정서를 작성하고 이에 따라 용역의 공급가액을 5,000,000원으로 하는 전자세금계산서를 발행하였다(용역제공을 완료한 때는 2026.7.10.임).
(4) 2026.3.25.에 특수관계인에게 산업상의 지식에 관한 정보를 무상으로 제공하였으며, 그 시가는 3,000,000원이다.

① 4,000,000원
② 6,000,000원
③ 7,000,000원
④ 9,000,000원
⑤ 12,000,000원

20 CTA 2016

☑ 확인Check! ○ △ ×

「부가가치세법」상 재화 또는 용역의 공급시기에 관한 설명으로 옳지 않은 것은?

① 기한부판매의 경우에는 기한이 지나 판매가 확정되는 때를 재화의 공급시기로 본다.
② 완성도기준지급조건부로 재화를 공급하는 경우 대가의 각 부분을 받기로 한 때를 재화의 공급시기로 보지만, 재화가 인도되거나 이용가능하게 되는 날 이후에 받기로 한 대가의 부분에 대해서는 재화가 인도되거나 이용가능하게 되는 날을 그 재화의 공급시기로 본다.
③ 무인판매기를 이용하여 재화를 공급하는 경우 해당 사업자가 무인판매기에서 현금을 꺼내는 때를 재화의 공급시기로 본다.
④ 사업자가 둘 이상의 과세기간에 걸쳐 부동산 임대용역을 공급하고 그 대가를 선불 또는 후불로 받는 경우 예정신고기간 또는 과세기간의 종료일을 용역의 공급시기로 본다.
⑤ 전력이나 그 밖에 공급단위를 구획할 수 없는 재화를 계속적으로 공급하는 경우에는 예정신고기간 또는 과세기간의 종료일을 재화의 공급시기로 본다.

21 CTA 2015

☑ 확인Check! ○ △ ✕

「부가가치세법」상 재화 또는 용역의 공급시기에 관한 설명으로 옳지 않은 것은?

① 재화의 공급으로 보는 가공의 경우에는 가공된 재화를 인도하는 때를 재화의 공급시기로 본다.

② 납세의무가 있는 사업자가 「여신전문금융업법」에 따라 등록한 시설대여업자로부터 시설 등을 임차하고 그 시설 등을 공급자 또는 세관장으로부터 직접 인도받은 경우에는 시설대여업자가 공급자로부터 재화를 공급받거나 외국으로부터 재화를 수입한 것으로 보아 공급시기에 관한 규정을 적용한다.

③ 사업자가 부동산 임대용역을 공급하고 전세금 또는 임대보증금을 받는 경우의 간주임대료는 예정신고기간 또는 과세기간의 종료일을 용역의 공급시기로 본다.

④ 완성도기준지급조건부로 용역을 공급하는 경우 대가의 각 부분을 받기로 한 때를 용역의 공급시기로 본다. 다만, 역무의 제공이 완료되는 날 이후 받기로 한 대가의 부분에 대해서는 역무의 제공이 완료되는 날을 그 용역의 공급시기로 본다.

⑤ 무인판매기를 이용하여 재화를 공급하는 경우 해당 사업자가 무인판매기에서 현금을 꺼내는 때를 재화의 공급시기로 본다.

22 CPA 2020

☑ 확인Check! ○ △ ✕

「부가가치세법」상 공급시기에 관한 설명이다. 옳지 않은 것은?

① 사업자가 재화의 공급시기가 되기 전에 세금계산서를 발급하고, 그 세금계산서 발급일로부터 7일 이내에 대가를 받으면 해당 대가를 받은 때를 재화의 공급시기로 본다.

② 사업자가 재화의 공급시기가 되기 전에 재화에 대한 대가의 전부 또는 일부를 받고, 그 받은 대가에 대하여 세금계산서를 발급하면 그 세금계산서를 발급하는 때를 그 재화의 공급시기로 본다.

③ 사업자가 폐업 전에 공급한 재화의 공급시기가 폐업일 이후에 도래하는 경우에는 그 폐업일을 공급시기로 본다.

④ 사업자가 장기할부판매로 재화를 공급하는 경우 공급시기가 되기 전에 세금계산서를 발급하면 그 발급한 때를 그 재화의 공급시기로 본다.

⑤ 재화의 공급으로 보는 가공의 경우 가공된 재화를 인도하는 때를 공급시기로 본다.

23 CTA 2025

☑ 확인 Check! ○ △ ✕

부가가치세법령상 재화와 용역의 공급시기에 관한 설명으로 옳지 않은 것은?

① 사업자가 보세구역 안에서 보세구역 밖의 국내에 재화를 공급하는 경우가 재화의 수입에 해당할 때에는 수입신고 수리일을 재화의 공급시기로 본다.

② 완성도기준지급조건부로 재화를 공급하는 경우 재화가 인도되거나 이용가능하게 되는날 이후에 받기로 한 대가의 부분에 대해서는 재화가 인도되거나 이용가능하게 되는날을 그 재화의 공급시기로 본다.

③ 위탁판매수출의 경우 수출재화의 공급가액이 확정되는 때를 재화의 공급시기로 본다.

④ 장기할부조건부로 용역을 공급하는 경우 역무의 제공이 완료되는 날 이후 받기로 한 대가의 부분에 대해서는 역무의 제공이 완료되는 날을 그 용역의 공급시기로 본다.

⑤ 사업자가 다른 사업자와 상표권 사용계약을 할 때 사용대가 전액을 일시불로 받고 상표권을 사용하게 하는 것에 해당하는 용역을 둘 이상의 과세기간에 걸쳐 계속적으로 제공하고 그 대가를 선불로 받는 경우 공급시기는 예정신고기간 또는 과세기간의 종료일로 한다.

CHAPTER 03

영세율과 면세

01 CTA 2020

☑ 확인 Check! ○ △ ×

「부가가치세법」상 재화의 수출에 포함되지 않는 것은?

① 내국신용장 또는 구매확인서에 의하여 금지금(金地金)을 공급하는 것
② 원료를 대가 없이 국외의 수탁가공 사업자에게 반출하여 가공한 재화를 양도하는 경우에 그 원료의 반출
③ 수출대금은 국내에서 영수(領收)하지만 국내에서 통관되지 아니한 수출물품 등을 외국으로 인도하거나 제공하는 수출
④ 「관세법」에 따른 수입신고 수리 전의 물품으로서 보세구역에 보관하는 물품의 외국으로의 반출
⑤ 물품 등을 무환(無換)으로 수출하여 해당 물품이 판매된 범위에서 대금을 결제하는 계약에 의한 수출

02 CPA 2024

☑ 확인 Check! ○ △ ×

「부가가치세법」상 영세율에 관한 설명이다. 옳지 않은 것은?

① 외국을 항행하는 선박 및 항공기에 부가가치세를 별도로 적은 세금계산서를 발급하지 않고 공급하는 재화는 영세율을 적용한다.
② 국내에서 국내사업장이 없는 비거주자가 지정하는 국내 과세사업자에게 인도되고 해당 사업자의 과세사업에 사용되는 재화로서 그 대금을 해당 비거주자에게 지급할 금액에서 빼는 방법으로 결제하는 경우 영세율을 적용한다.
③ 기획재정부령으로 정하는 구매확인서에 의하여 금지금이 아닌 재화를 공급하는 경우에는 영세율을 적용한다.
④ 사업자가 원료를 대가 없이 국외의 수탁가공 사업자에게 반출하여 가공한 재화를 양도하는 경우 그 원료의 반출은 영세율을 적용한다.
⑤ 수출업자(A)에게 내국신용장으로 재화를 공급하는 사업자(B)와 직접 도급계약에 의하여 수출재화임가공용역을 제공하는 사업자(C)의 수출재화임가공용역은 영세율을 적용한다.

03 CTA 2024

☑ 확인Check! ○ △ ×

부가가치세법령상 영세율에 관한 설명으로 옳은 것은?

① 사업자가 국외에서 건설용역을 제공하는 경우 해당 용역을 제공받는 자로부터 그 대가를 외국환은행에서 원화로 받는 경우에 한하여 영세율이 적용된다.

② 영세율을 적용할 때 사업자가 비거주자 또는 외국법인이면 그 해당 국가에서 대한민국 거주자 또는 내국법인에 대하여 동일하게 면세하는 경우가 아니라도 영세율을 적용한다.

③ 선박 또는 항공기에 의한 외국항행용역의 공급에 부수하여 외국항행사업자가 자기의 승객전용 여부에 관계없이 호텔에 투숙하는 것에 대하여 영세율을 적용한다.

④ 간이과세자는 간이과세를 포기하지 않는 한 영세율을 적용받을 수 없다.

⑤ 상품중개업을 영위하고 있는 내국법인이 국내에서 국내사업장이 없는 비거주자 또는 외국법인에게 상품중개용역을 제공하고 그 대가를 외국환은행에서 원화로 받는 경우에는 영세율을 적용한다.

04 CTA 2023

☑ 확인Check! ○ △ ×

부가가치세법상 영세율이 적용되지 않는 것은?

① 「관세법」에 따른 수입신고 수리 전의 물품으로서 보세구역에 보관하고 있는 물품을 외국으로 반출하는 것으로서 국내사업장에서 계약과 대가수령 등 거래가 이루어지는 것

② 대한민국 선박에 의하여 채집되거나 잡힌 수산물을 외국으로 반출하는 것

③ 사업자가 국내에서 국내사업장이 없는 비거주자에게 직접 재화를 공급하고 그 대가를 외국환은행에서 원화로 받는 경우

④ 사업자가 국외에서 건설공사를 도급받은 국내사업자로부터 해당 건설공사를 재도급받아 국외에서 건설용역을 제공하고 그 대가를 원도급자로부터 원화로 받는 경우

⑤ 「항공사업법」에 따른 상업서류 송달용역

05 CPA 2023

☑ 확인Check! ○ △ ✕

「부가가치세법」상 영세율에 관한 설명이다. 옳지 않은 것은?

① 「관세법」에 따른 수입신고 수리 전의 물품으로서 보세구역에 보관하는 물품을 외국으로 반출하는 경우 영세율을 적용한다.

② 수출업자와 직접 도급계약에 따라 수출재화를 임가공하고 부가가치세를 별도로 적은 세금계산서를 발급한 경우 영세율을 적용하지 않는다.

③ 외국을 항행하는 원양어선에 재화를 공급하고 부가가치세를 별도로 적은 세금계산서를 발급한 경우 영세율을 적용하지 않는다.

④ 사업자가 대한적십자사에 공급하는 재화(대한적십자사가 그 목적사업을 위하여 당해 재화를 외국으로 무상 반출하는 경우에 한함)는 영세율을 적용한다.

⑤ 「관광진흥법」에 따른 종합여행업자가 외국인 관광객에게 공급하는 관광알선용역은 대가수령방법과 관계없이 영세율을 적용한다.

06 CPA 2022

☑ 확인Check! ○ △ ✕

「부가가치세법」상 영세율에 관한 설명이다. 옳지 않은 것은?

① 사업자가 국내사업장이 없는 외국법인에게 공급한 컨테이너 수리용역은 대금수취 방법에 관계없이 영세율 대상이다.

② 사업자가 내국신용장에 의해 공급하는 재화(금지금은 제외)는 영세율 대상이며 세금계산서를 발급할 의무가 있다.

③ 사업자가 자기의 명의와 계산으로 내국물품을 외국으로 유상반출 하는 경우는 영세율 대상이며 세금계산서를 발급할 의무가 없다.

④ 사업자가 국외에서 공급하는 용역은 대금수취 방법에 관계없이 영세율 대상이다.

⑤ 사업자가 항공기에 의하여 여객이나 화물을 국내에서 국외로 수송하는 외국항행용역은 영세율 대상이다.

07 CPA 2020

☑ 확인 Check! ○ △ ✕

부가가치세 영세율에 관한 설명이다. 옳지 않은 것은?

① 사업자가 부가가치세를 별도로 적은 세금계산서를 발급하여 수출업자와 직접도급계약에 의한 수출재화 임가공용역을 제공한 경우 영세율을 적용한다.

② 간이과세자는 과세사업자에 해당하므로 영세율을 적용받을 수 있다.

③ 외국항행사업자가 자기의 사업에 부수하여 자기의 승객만이 전용하는 호텔에 투숙하게 하는 용역을 제공하는 것은 영세율 적용대상이다.

④ 사업자가 한국철도공사에 직접 공급하는 도시철도건설용역은 영세율 적용대상이다.

⑤ 영세율을 적용할 때 사업자가 비거주자 또는 외국법인이면 그 해당 국가에서 대한민국의 거주자 또는 내국법인에 대하여 동일하게 면세하는 경우에만 영세율을 적용한다.

08 CTA 2019

☑ 확인 Check! ○ △ ✕

「부가가치세법」상 영세율에 관한 설명으로 옳지 않은 것은?

① 「관세법」에 따른 수입신고 수리 전의 물품으로서 보세구역에 보관하는 물품을 외국으로 반출할 경우(국내사업장에서 계약과 대가 수령 등 거래가 이루어짐) 영세율 적용이 된다.

② 수출용 완제품을 공급한 후라도 내국신용장이 그 공급시기가 속하는 과세기간이 끝난 후 25일 이내에 개설된 경우에는 영세율이 적용된다.

③ 국내사업장을 둔 사업자가 해외에서 도로건설 용역을 제공하는 경우 외화로 대금을 수령할 경우에만 영세율을 적용받는다.

④ 선박 또는 항공기에 의한 외국항행용역의 공급은 영세율을 적용한다. 이때 외국항행용역에는 선박 또는 항공기에 의하여 여객이나 화물을 국내에서 국외로, 국외에서 국내로 또는 국외에서 국외로 수송하는 것을 포함한다.

⑤ 「관광진흥법」 시행령에 따른 일반여행업자가 외국인 관광객에게 공급하는 관광알선용역(그 대가를 외국환은행에서 원화로 받았다)에는 영세율을 적용한다.

09 CTA 2016

☑ 확인Check! ○ △ ✕

「부가가치세법」상 영세율 적용에 관한 설명으로 옳은 것은?

① 금지금을 내국신용장 또는 구매확인서에 의하여 공급하는 것은 영세율이 적용되는 수출로 본다.
② 계약과 대가 수령 등 거래가 국외사업장에서 이루어지는 중계무역 방식의 수출은 영세율이 적용되는 수출에 속하는 것으로 본다.
③ 「항공사업법」에 따른 상업서류 송달용역의 공급에는 영세율이 적용되지 아니한다.
④ 대한민국 선박에 의하여 공해에서 잡힌 수산물을 외국으로 반출하는 것은 영세율이 적용되는 수출에 해당한다.
⑤ 비거주자인 사업자가 재화를 수출하는 경우, 비거주자의 해당 국가에서 대한민국의 거주자에 대하여 면세하는지 여부와 관계없이 영세율을 적용한다.

제3장

10 CTA 2021

☑ 확인Check! ○ △ ✕

「부가가치세법」상 면세대상에 관한 설명으로 옳은 것은?

① 「항공사업법」에 따른 항공기에 의한 여객운송 용역은 면세한다.
② 면세되는 도서 · 신문 · 잡지 등의 인쇄 · 제본 등을 위탁받아 인쇄 · 제본 등의 용역을 제공하는 것에 대하여는 면세한다.
③ 피부과의원에 부설된 피부관리실에서 제공하는 피부관리용역은 면세한다.
④ 우리나라에서 생산되어 식용으로 제공되지 아니하는 관상용의 새에 대하여는 면세하지 아니한다.
⑤ 김치를 거래단위로서 포장하여 최종소비자에게 그 포장의 상태로 직접 공급하는 것에 대하여는 면세하지 아니한다.

11 CTA 2015

☑ 확인 Check! ○ △ ×

「부가가치세법」상 영세율과 면세에 대한 설명으로 옳지 않은 것은?

① 내국신용장의 개설을 전제로 하여 재화나 용역이 공급된 후 그 공급시기가 속하는 과세기간이 끝난 후 25일(그날이 공휴일 또는 토요일인 경우에는 바로 다음 영업일을 말한다) 이내에 내국신용장이 개설된 경우에도 영세율이 적용된다.
② 「약사법」에 따른 약사가 제공하는 의약품의 조제용역은 면세이다.
③ 「도로교통법」에서 규정하는 자동차운전학원에서 가르치는 것은 면세되는 교육용역에서 제외된다.
④ 도서관이나 과학관에 입장하는 것에는 면세가 적용된다.
⑤ 집합투자업자가 투자자로부터 자금 등을 모아서 실물자산에 운용하는 경우에는 면세가 적용된다.

12 CPA 2024

☑ 확인 Check! ○ △ ×

「부가가치세법」상 재화 또는 용역의 공급 중 부가가치세 면세가 적용되는 것만을 모두 고른 것은?

ㄱ. 저가항공기에 의한 국내 여객운송 용역
ㄴ. 미가공된 다이아몬드 원석
ㄷ. 「의료법」에 따른 안마사가 제공하는 용역
ㄹ. 금융·보험용역 중 기업합병 중개용역
ㅁ. 「모자보건법」에 따른 산후조리원에서 분만 직후의 임산부에게 제공하는 급식 용역
ㅂ. 주무관청에 등록된 학원에서 제공하는 교육 용역

① ㄱ, ㄴ
② ㄴ, ㅁ
③ ㄱ, ㄹ, ㅂ
④ ㄷ, ㅁ, ㅂ
⑤ ㄷ, ㄹ, ㅁ, ㅂ

13 CPA 2023

☑ 확인 Check! ○ △ ×

「부가가치세법」상 면세에 관한 설명이다. 옳은 것만을 모두 고른 것은?

ㄱ. 상시주거용(사업을 위한 주거용 제외)으로 사용하는 건물의 임대용역에 대해서는 부가가치세를 면제한다.
ㄴ. 도서, 신문, 잡지, 관보, 「뉴스통신 진흥에 관한 법률」에 따른 뉴스통신, 방송 및 광고에 대해서는 부가가치세를 면제한다.
ㄷ. 은행업에 관련된 전산시스템과 소프트웨어의 판매·대여 용역에 대해서는 부가가치세를 면제한다.
ㄹ. 공익사업을 위하여 주무관청의 승인을 받아 금품을 모집하는 단체에 무상 또는 유상으로 공급하는 재화 또는 용역에 대해서는 부가가치세를 면제한다.
ㅁ. 수입신고한 물품으로서 수입신고 수리 전에 변질된 것에 대해서는 관세가 경감되는 비율만큼 부가가치세를 면제한다.

① ㄱ, ㄴ
② ㄱ, ㅁ
③ ㄴ, ㄹ
④ ㄱ, ㄷ, ㅁ
⑤ ㄴ, ㄷ, ㄹ

제3장

14 CPA 2019

☑ 확인 Check! ○ △ ×

「부가가치세법」상 면세에 관한 설명이다. 옳지 않은 것은?

① 시내버스에 의한 여객운송용역은 면세대상이지만, 시외우등고속버스에 의한 여객운송용역은 과세대상이다.
② 국민주택규모 이하 주택의 임대용역은 면세대상이지만, 국민주택규모를 초과하는 주택의 임대용역은 과세대상이다.
③ 약사가 제공하는 의약품의 조제용역은 면세대상이지만, 약사가 조제하지 않고 단순히 판매하는 의약품은 과세대상이다.
④ 도서의 공급은 면세대상이지만, 도서에 게재되는 광고의 공급은 과세대상이다.
⑤ 면세재화의 공급이 영세율 적용 대상인 경우에는 면세의 포기를 신고하고 과세 사업자등록을 하여 영세율을 적용받을 수 있다.

15 CTA 2017

☑ 확인Check! ○ △ ×

「부가가치세법」상 면세에 관한 설명으로 옳지 않은 것은?

① 「음악산업진흥에 관한 법률」의 적용을 받는 전자출판물의 공급에 대해서는 부가가치세를 과세한다.
② 미술창작품의 공급에 대해서는 부가가치세를 면제한다.
③ 금융회사가 국가・지방자치단체에 제공하는 금고대행용역에 대해서는 부가가치세를 면제한다.
④ 면세 농산물을 수출하는 사업자가 면세포기를 하여 해당 농산물에 대하여 영세율이 적용되는 경우 수출을 위하여 당초 매입한 면세 농산물에 대하여 의제매입세액공제가 가능하다.
⑤ 면세재화의 공급이 영세율 적용의 대상이 되는 경우 면세포기가 가능하나 면세포기를 신고한 날부터 3년간 부가가치세를 면제받지 못한다.

16 CPA 2018

☑ 확인Check! ○ △ ×

「부가가치세법」상 면세와 영세율에 관한 설명으로 옳은 것은?

① 국내사업장에서 계약하고 대가를 수령한 위탁판매수출(물품 등을 무환으로 수출하여 해당 물품이 판매된 범위에서 대금을 결제하는 계약에 의한 수출)을 하고 판매대금을 외화로 수령하는 경우에는 영세율을 적용하지 아니한다.
② 내국신용장에 의해 공급되는 재화(금지금은 제외)는 공급받는 자인 비거주자가 지정하는 사업자에게 인도하는 경우에만 영세율을 적용한다.
③ 외국에서 수입한 관상용 거북이는 면세대상 재화이다.
④ 법인이 물적 시설 없이 근로자를 고용하여 작곡용역을 공급한 후 대가를 받는 용역은 면세대상이다.
⑤ 국내에서 국내사업장이 없는 외국법인에게 전자상거래 소매 중개를 하고 용역대금을 외국환은행에서 원화로 받은 경우에는 영세율을 적용한다.

17 CTA 2022

☑ 확인Check! ○ △ ×

부가가치세법령상 영세율과 면세에 관한 설명으로 옳지 않은 것은?

① 외국인도수출로서 국내 사업장에서 계약과 대가 수령 등 거래가 이루어지는 것은 영세율을 적용한다.
② 사업자가 비거주자 또는 외국법인이면 그 해당 국가에서 대한민국의 거주자 또는 내국법인에 대하여 동일하게 면세하는 경우에만 영세율을 적용한다.
③ 외국에서 생산되어 식용으로 제공되지 아니하는 수산물로서 원생산물의 수입에 대해서는 면세를 적용한다.
④ 수입하는 상품의 견본과 광고용 물품으로서 관세가 면제되는 재화의 수입에 대해서는 면세를 적용한다.
⑤ 부가가치세가 면제되는 재화 또는 용역의 공급이 영세율의 적용 대상이 되는 것인 경우 면세의 포기를 신고하여 부가가치세의 면제를 받지 아니할 수 있다.

18 CPA 2017

☑ 확인Check! ○ △ ×

「부가가치세법」상 면세와 영세율에 관한 설명으로 옳지 않은 것은?

① 외국인도수출(수출대금을 국내에서 영수하지만 국내에서 통관되지 아니한 수출물품 등을 외국으로 인도하거나 제공하는 수출)로서 국내사업장에서 계약과 대가수령 등 거래가 이루어지는 것은 영세율을 적용하지 아니한다.
② 국내에 주소를 둔 거주자 갑이 국내 사업장이 없는 비거주자에게 법률자문(전문서비스)용역을 제공하는 경우 거래상대방의 해당 국가에서 우리나라의 거주자 또는 내국법인에 대하여 동일하게 면세하는 경우에만 영세율을 적용한다.
③ 면세의 포기를 신고한 사업자는 신고한 날부터 3년간 부가가치세를 면제받지 못한다.
④ 면세사업 등에 관련된 매입세액은 매출세액에서 공제하지 아니한다.
⑤ 규격단위로 포장하지 않고 판매하는 두부는 면세대상 재화이다.

19 CTA 2025

☑ 확인Check! ○ △ ×

부가가치세법령상 영세율과 면세에 관한 설명으로 옳지 않은 것은?

① 외국인도수출로 국내 사업장에서 계약과 대가 수령 등 거래가 이루어지는 것에 대해서는 영세율을 적용한다.

② 교육지원 서비스업을 영위하고 있는 내국법인이 국내에서 국내사업장이 없는 외국법인에 교육지원 서비스 용역을 제공하고 그 대가를 외국환은행에서 원화로 받는 경우에는 영세율을 적용한다.

③ 기획재정부령으로 정하는 차도선형여객선에 의한 여객운송 용역에 대해서는 부가가치세를 면제한다.

④ 집합투자업자가 투자자로부터 자금 등을 모아서 어업권에 운용하는 용역의 공급에 대해서는 부가가치세를 면제한다.

⑤ 간이과세자가 수입하는 상품의 견본과 광고용 물품으로서 관세가 면제되는 재화의 수입에 대해서는 부가가치세를 면제한다.

20 CPA 2025

☑ 확인Check! ○ △ ×

「부가가치세법」상 영세율이 적용되는 거래에 해당하는 것만을 모두 고른 것은?

ㄱ. 「철도의 건설 및 철도시설 유지관리에 관한 법률」에 따른 고속철도에 의한 여객운송용역
ㄴ. 「사회기반시설에 대한 민간투자법」에 따른 사업시행자에게 직접 공급하는 도시철도건설용역
ㄷ. 외국을 항행하는 항공기에 재화를 공급하고 부가가치세를 별도로 적은 세금계산서를 발급한 경우
ㄹ. 학술 등 연구단체가 면세를 포기하고 그 연구와 관련하여 실비 또는 무상으로 국내에서 용역을 제공하는 경우
ㅁ. 「개별소비세법」에 따른 지정을 받아 외국인전용판매장을 경영하는 자가 국내에서 재화를 공급하고 그 대가를 외화로 받아 외국환은행에서 원화로 환전하는 경우

① ㄱ, ㅁ
② ㄴ, ㅁ
③ ㄷ, ㄹ
④ ㄱ, ㄷ, ㄹ
⑤ ㄴ, ㄹ, ㅁ

CHAPTER

04 | 과세표준 및 매출세액의 계산

01 CTA 2024

☑ 확인Check! ○ △ ✕

부동산임대업을 운영하는 일반과세자인 거주자 甲의 2026년 제2기 과세기간(7월~12월)에 대한 부가가치세 과세표준은?

(1) K빌딩 임대현황(소재지 : 서울특별시 강남구, 임대건물 건설비 상당액 : 183,000,000원)

구 분	임차인 (업종)	임대차기간	과세기간 중 임대일수	임대료 수령일	보증금	월세 (VAT 별도)
1층	(주)A (소매업)	2026.5.1. ~2027.4.30.	184일	매월 말일	91,500,000원	5,000,000원
2층	거주자 乙 (의료업)	2026.1.15. ~2027.1.14.	184일	매월 14일	45,750,000원	3,000,000원
3층	거주자 丙 (창고업)	2025.8.16. ~2026.8.15.	45일	매월 15일	30,500,000원	1,000,000원

(2) 월세는 매월 후불로 지급받는 방식임

(3) 제2기 과세기간 종료일 현재 기획재정부령으로 정하는 정기예금이자율은 연 3.5%이며 2026년은 365일임

(4) 간주임대료 계산 시 적수계산은 위 자료의 임대일수로 적용하며, 원 단위 미만은 절사하며 위 자료 외에 다른 사항은 고려하지 않음

① 33,741,250원
② 33,746,021원
③ 50,000,000원
④ 52,546,250원
⑤ 52,553,226원

02 CTA 2023

☑ 확인Check! ○ △ ×

부가가치세법상 세금계산서에 관한 설명으로 옳은 것은?

① 처음 공급한 재화가 환입된 경우 수정세금계산서 또는 수정전자세금계산서의 작성일에는 처음 세금계산서 작성일을 적고 붉은색 글씨를 쓰거나 음(陰)의 표시를 하여 수정세금계산서 또는 수정전자세금계산서를 발급할 수 있다.

② 관할 세무서장은 개인사업자가 전자세금계산서 의무발급 개인사업자에 해당하는 경우에는 전자세금계산서를 발급하여야 하는 기간이 시작되기 전까지 그 사실을 해당 개인사업자에게 통지하여야 한다.

③ 자동차운전학원 사업을 하는 일반과세자가 감가상각자산을 공급하는 경우에 그 공급받는 사업자가 사업자등록증을 제시하고 세금계산서의 발급을 요구하면 세금계산서를 발급해야 한다.

④ 법인사업자가 전자세금계산서를 발급하였을 때에는 전자세금계산서 발급일의 다음 달 10일까지 전자세금계산서 발급명세를 국세청장에게 전송하여야 한다.

⑤ 매입자발행세금계산서를 발행하려는 자는 해당 재화 또는 용역의 공급시기가 속하는 과세기간의 종료일부터 6개월 이내에 거래사실확인신청서에 거래사실을 객관적으로 입증할 수 있는 서류를 첨부하여 신청인 관할 세무서장에게 거래사실의 확인을 신청하여야 한다.

03 CTA 2023

☑ 확인Check! ○ △ ×

제조업을 영위하는 일반과세자인 (주)A의 다음 자료를 이용하여 계산한 2026년 제1기 예정신고기간 (2026.1.1.~3.31.)의 부가가치세 과세표준은? (단, 다음 자료의 금액에는 부가가치세가 포함되어 있지 않음)

2026.1.10.	제품B를 120,000,000원에 판매하고 그 대금은 1월 말일부터 매월 말일에 10,000,000원씩 12회로 나누어 받기로 하였다.
2026.2.10.	제품C를 100,000,000원에 주문제작판매하기로 하고 거래처와 계약을 맺었다. 계약상 그 대금은 ① 계약시 10%, ② 40% 완성시 40%, ③ 70% 완성시 30%, ④ 인도시 20%를 받기로 하였다. 2026.3.31. 현재 거래처가 확인한 완성도는 40%이다.
2026.3.10.	제품D를 제작하여 100,000,000원에 판매하기로 하고 거래처와 계약을 맺었다. 계약상 대금은 계약시 20,000,000원을 받고 잔금 80,000,000원은 2026.9.30.에 제품D를 인도하면서 받기로 하였다.

① 50,000,000원
② 80,000,000원
③ 100,000,000원
④ 170,000,000원
⑤ 190,000,000원

04 CTA 2022

☑ 확인 Check! ○ △ ✕

부가가치세법령상 세금계산서에 관한 설명으로 옳은 것은?

① 공급하는 자의 주소, 공급품목, 단가와 수량, 작성 연월일이 기재되지 않은 세금계산서라도 그 매입세액은 매출세액에서 공제한다.

② 전자세금계산서를 발급하여야 하는 사업자가 아닌 사업자는 전자세금계산서를 발급하거나 전자세금계산서 발급명세를 전송할 수 없다.

③ 처음 공급한 재화가 환입된 경우 재화가 환입된 날을 작성일로 적고 비고란에 처음 공급일을 덧붙여 적은 후 감소된 금액을 검정색 글씨로 쓰거나 음(陰)의 표시를 하여 수정세금계산서 또는 수정전자세금계산서를 발급한다.

④ 직전 연도의 공급대가의 합계액이 4천800만원 미만인 간이과세자가 부가가치세가 과세되는 재화를 공급하는 경우에는 재화의 공급시기에 그 공급을 받은 자에게 영수증 또는 세금계산서를 발급할 수 있다.

⑤ 세관장은 수입되는 재화에 대하여 부가가치세를 징수할 때(「부가가치세법」 제50조의2에 따라 부가가치세의 납부가 유예되는 때를 포함)에는 수입된 재화에 대한 세금계산서를 법령으로 정하는 바에 따라 수입하는 자에게 발급하여야 한다.

05 CTA 2022

☑ 확인 Check! ○ △ ✕

다음은 일반사업자 (주)A가 (주)B에게 임대하고 있는 3층 건물(「국토의 계획 및 이용에 관한 법률」에 따른 도시지역 내에 소재)에 관한 자료이다. 2026년 제1기 과세기간의 부가가치세 과세표준은? (단, 주어진 자료 이외에는 고려하지 않으며 1년은 365일로 가정함)

(1) 임대현황(주택에 부가가치세가 과세되는 사업용 건물이 함께 설치되어 있음)
: 건물 1층 상가 $100m^2$, 건물 2층 주택 $100m^2$, 건물 3층 주택 $100m^2$, 부수토지 $1,500m^2$

(2) 2026년 제1기 과세기간의 임대료로 30,000,000원(부가가치세 제외)을 수령하였으며 임대보증금은 438,000,000원이다(임대기간은 2025.1.1.~2026.12.31.이며, 임대료와 임대보증금의 건물과 부수토지에 대한 실지귀속은 불분명함).

(3) 2026년 제1기 과세기간 종료일 현재 소득세법에 따른 기준시가 : 건물 300,000,000원, 토지 500,000,000원

(4) 2026년 제1기 과세기간 종료일 현재 계약기간 1년의 정기예금이자율은 3%로 가정한다.

① 15,215,000원
② 17,516,500원
③ 19,455,000원
④ 20,322,000원
⑤ 22,822,500원

06 CTA 2021

☑ 확인Check! ○ △ ✕

자동차용 배터리 소재 제조업을 영위하는 일반과세자인 (주)세무의 2026년 제1기 예정신고기간 자료이다. (주)세무의 2026년 제1기 예정신고기간의 부가가치세 과세표준금액은? (단, 다음 자료의 금액에는 부가가치세가 포함되어 있지 않음)

(1)	1월 30일	재화의 공급으로 인하여 거래처로부터 매출할인과 에누리액 200,000원 차감 후, 연체이자 100,000원을 포함한 현금 5,000,000원을 받았다.
(2)	2월 15일	미국의 U사와 신용장(L/C)방식에 의한 수출계약을 하고 2월 15일에 선적하였으며, 수출계약금액은 $5,000이다. 2월 10일에 선수금 $2,000를 수령하여 2월 12일에 2,000,000원으로 환가하였으며, 나머지 금액인 $3,000은 2월 15일에 수령하여 2월 20일에 환가하였다(기준환율 2월 10일 1,100원/$; 2월 15일 1,200원/$; 2월 20일 1,300원/$).
(3)	3월 5일	시가 4,000,000원의 제품을 판매하여 현금 3,800,000원과 자기적립마일리지 200,000원으로 결제받았다.
(4)		사업을 위하여 대가를 받지 않고 거래처 A사에게 제품(시가 1,000,000원, 원가 500,000원)을 견본품으로 제공하였다.

① 14,000,000원
② 14,300,000원
③ 14,500,000원
④ 14,800,000원
⑤ 15,300,000원

07 CTA 2021

☑ 확인Check! ○ △ ✕

일반과세자인 (주)세무는 건물, 기계장치 및 토지를 69,480,000원(부가가치세 제외)에 일괄양도하였으며, 건물, 기계장치 및 토지 각각의 실거래가액은 불분명하다. 인도시점에 매각대금을 전액 수령하였고, 각 자산의 관련 자료는 다음과 같으며, 감정평가가액은 불분명하다. 이 경우 (주)세무의 건물에 대한 부가가치세 과세표준금액은?

구 분	건 물	기계장치	토 지
취득가액	55,000,000	11,000,000원	15,000,000원
장부가액	33,000,000	9,900,000원	15,000,000원
기준시가	22,000,000	–	14,000,000원

① 35,200,000원
② 36,000,000원
③ 36,800,000원
④ 38,600,000원
⑤ 39,600,000원

08 CTA 2020

☑ 확인 Check! ○ △ ✕

「부가가치세법」상 세금계산서에 관한 설명으로 옳은 것은?

① 법인사업자와 직전 연도의 사업장별 재화 및 용역의 공급가액(면세공급가액 포함)의 합계액이 5천만원 이상인 개인사업자는 세금계산서를 발급하려면 전자세금계산서를 발급하여야 한다.

② 계약의 해제로 재화 또는 용역이 공급되지 아니한 경우 수정세금계산서의 작성일은 처음 세금계산서 작성일로 적고, 비고란에 계약해제일을 덧붙여 적은 후 붉은색 글씨로 쓰거나 음(陰)의 표시를 하여 발급할 수 있다.

③ 처음 공급한 재화가 환입된 경우에는 재화가 환입된 날을 작성일로 적고 비고란에 처음 세금계산서 작성일을 덧붙여 적은 후 붉은색 글씨로 쓰거나 음(陰)의 표시를 하여 발급할 수 있다.

④ 전자세금계산서 발급명세 전송기한이 지난 후 재화 또는 용역의 공급시기가 속하는 과세기간에 대한 확정신고기한까지 국세청장에게 전자세금계산서 발급명세를 전송하는 경우 그 공급가액의 0.5%를 납부세액에 더하거나 환급세액에서 뺀다.

⑤ 매입자발행세금계산서를 발행하려는 자는 거래건당 공급가액이 10만원 이상인 거래에 한하여 해당 재화 또는 용역의 공급시기가 속하는 과세기간의 종료일부터 6개월 이내에 신청인 관할 세무서장에게 거래사실의 확인을 신청하여야 한다.

09 CTA 2020

☑ 확인 Check! ○ △ ✕

과세사업(신발제조업)을 영위하던 일반과세자인 甲은 2026년 6월 20일에 해당 사업을 폐업하였다. 폐업 시점에 남아있는 재화의 현황이 다음과 같은 경우 부가가치세 과세표준금액은? (단, 건물과 원재료의 취득가액은 매입세액공제를 받은 금액이며, 주어진 자료 이외에는 고려하지 않음)

폐업시점에 남은 재화	취득일	취득가액	시 가
토 지(주1)	2021.1.1.	100,000,000	200,000,000
건 물(주1)	2024.2.10.	100,000,000	150,000,000
차 량(주2)	2025.7.2.	60,000,000	50,000,000
원재료	2025.12.1.	70,000,000	80,000,000

주1 건물과 토지는 신발 제조를 위한 건물 및 그 부속토지임
주2 차량은 「개별소비세법」 제1조 제2항 제3호에 따른 자동차로서 취득 시 매입세액을 공제받지 아니하였음

① 150,000,000원
② 160,000,000원
③ 205,000,000원
④ 210,000,000원
⑤ 260,000,000원

10 CTA 2020

☑ 확인 Check! ○ △ ✕

과세사업과 면세사업을 겸영하는 일반과세자 甲이 두 사업에 공통으로 사용되는 차량운반구(화물운반용 트럭)를 매각하였다. 다음 자료에 의하여 차량운반구의 매각과 관련된 부가가치세 과세표준금액은?

(1) 2026년 제1기와 제2기 과세기간의 공급가액 내역

구 분	제1기	제2기
과세사업	50,000,000원	80,000,000원
면세사업	150,000,000원	120,000,000원

(2) 차량운반구의 취득일은 2025년 7월 30일이고 취득가액은 30,000,000원이다(단, 취득가액은 매입세액을 공제받은 가액임).

(3) 차량운반구의 매각일은 2026년 8월 8일이고 매각금액은 22,000,000원(부가가치세가 포함되지 않음)이다.

① 3,750,000원
② 4,000,000원
③ 5,000,000원
④ 5,500,000원
⑤ 8,800,000원

11 CTA 2020

☑ 확인 Check! ○ △ ✕

다음은 반도체용 기계장치 및 소재 제조업을 영위하는 일반과세자인 (주)A의 2026년 제2기 과세기간 (2026.7.1.~12.31.)에 대한 자료이다. (주)A의 2026년 제2기 과세기간의 부가가치세 과세표준금액은? (단, 다음 자료의 금액에는 부가가치세가 포함되지 않음)

(1) 8월 20일 미국에 있는 거래처 B사에 (주)A의 제품을 직수출하기 위해 선적하였다. 해당 제품의 총공급가액은 $10,000로 선적일의 기준환율은 1,000원/$이다. 대금지급조건은 다음과 같다.

① 계약금 $1,000 : 2026년 8월 20일 지급(기준환율 1,000원/$)
② 중도금 $5,000 : 2026년 12월 20일 지급(기준환율 1,000원/$)
③ 잔금 $4,000 : 2027년 9월 30일 지급

(2) 11월 10일 (주)A의 제품을 거래처 C사에 판매장려 목적으로 무상 제공하였다. 해당 제품의 제조원가(적법하게 매입세액공제 받았음)는 1,000,000원이고, 시가는 2,000,000원이다.

(3) 12월 15일 (주)A는 D사의 해약으로 인하여 제품의 공급없이 받은 손해배상금 3,000,000원을 수령하였다.

(4) 12월 20일 (주)A는 국내에서 수출물품의 원자재(공급가액 4,000,000원)를 수출업자인 E사에 공급하였는데 그 구매확인서가 2027년 1월 31일에 발급되었다.

① 7,000,000원
② 8,000,000원
③ 11,000,000원
④ 12,000,000원
⑤ 16,000,000원

12 CTA 2019

☑ 확인 Check! ○ △ ✕

다음 자료에 의하여 제조업을 영위하는 일반과세자인 甲의 2026년 제1기 과세기간(2026.1.1.~6.30.)의 과세표준은 얼마인가? (단, 모두 국내거래이고, 금액에는 부가가치세가 포함되지 않았으며, 아래의 자료를 제외한 세무상 처리는 모두 적정하였음)

거래일자	거래내용	금 액
4.11	A제품을 乙에게 외상으로 공급함(대금은 2026.7.10.에 수령함)	10,000,000원
5.20.	대가를 받지 않고 丙에게 A제품을 견본품으로 제공함	시가 100,000원 원가 60,000원
6.17.	A제품을 직원의 생일축하선물로 제공함	시가 150,000원 원가 80,000원
6.26.	일주일 안으로 서면이나 구두로 매입동의 여부를 알려주기로 하고 시제품을 丁에게 인도함(2026.7.1. 상대방이 구두로 매입의사를 밝힘)	700,000원
6.27.	A제품을 戊에게 공급하기로 계약을 체결하였으나 戊가 일방적으로 이를 해제함에 따라 위약금으로 받은 금액	200,000원

① 10,000,000원
② 10,020,000원
③ 10,050,000원
④ 10,350,000원
⑤ 10,990,000원

13 CTA 2019

☑ 확인 Check! ○ △ ×

2026년도에 발생한 다음 자료를 이용하여 (주)A(제조 및 수출영위)의 2026년 제1기 과세기간(2026.1.1.~6.30.)의 부가가치세 과세표준을 계산하면 얼마인가? (단, 금액은 특별한 언급이 없는 한 부가가치세가 포함되지 않은 금액이며, 영세율 적용대상 거래의 경우 적용요건을 충족하고 있고, 주어진 자료 이외에는 고려하지 않음)

(1) 1월 1일 국내거래처에 AA제품을 20,000,000원에 장기할부로 매출하고 대금회수는 매년 말 10,000,000원씩 2년 동안 회수하기로 하였다. 회사는 현재가치로 매출 17,355,400원과 현재가치할인차금 2,644,600원을 인식하였다. 1월 1일부터 6월 30일까지의 현재가치할인차금상각액은 867,770원이다. 부가가치세법상 공급시기에 세금계산서는 발행된다.

(2) 2월 2일 국내거래처에 그 동안 실적에 따라 장려금 300,000원과 BB제품(원가 1,000,000원, 시가 1,500,000원)을 장려품으로 지급하였다.

(3) 2025년 8월 10일에 국내거래처에 대하여 발생했던 매출채권을 2026년 3월 3일에 조기에 전액 회수하면서 매출채권의 10%에 해당하는 200,000원에 대해 매출할인을 실시하였다.

(4) 4월 4일 미국거래처에 CC제품을 수출하고 대금 $1,000는 4월 10일에 수령하였으며 환전은 4월 12일에 하였다. 일자별 1달러당 환율은 다음과 같다.

구 분	4월 4일	4월 10일	4월 12일
기준환율	1,000원	1,010원	1,020원

① 1,800,000원
② 2,000,000원
③ 2,300,000원
④ 2,320,000원
⑤ 2,500,000원

14 CTA 2018

☑ 확인 Check! ○ △ ×

「부가가치세법」상 세금계산서 등에 관한 설명으로 옳은 것을 모두 고른 것은?

ㄱ. 착오로 전자세금계산서를 이중으로 발급한 경우에는 처음에 발급한 세금계산서의 내용대로 음(陰)의 표시를 하여 수정전자세금계산서를 발급한다.

ㄴ. 세금계산서를 발급한 후 처음 공급한 재화가 환입된 경우, 재화를 처음 공급한 날을 작성일로 적고 비고란에 환입일을 덧붙여 적은 후 붉은색 글씨로 쓰거나 음(陰)의 표시를 하여 수정세금계산서를 발급한다.

ㄷ. 관할 세무서장은 개인사업자가 전자세금계산서 의무발급 개인사업자에 해당하는 경우에는 전자세금계산서를 발급하여야 하는 날이 시작되기 1개월 전까지 그 사실을 해당 개인사업자에게 통지하여야 한다.

① ㄱ
② ㄴ
③ ㄱ, ㄷ
④ ㄴ, ㄷ
⑤ ㄱ, ㄴ, ㄷ

15 CTA 2018

☑ 확인Check! ○ △ ×

과세사업을 영위하는 일반과세자 (주)A(제조업)의 공급에 대한 다음 자료에서 2026년 제2기 과세기간 (2026.7.1.~12.31.) 공급가액의 합계는 얼마인가? (단, 주어진 자료 이외에는 고려하지 않음)

> (1) 2027.1.31.에 인도 예정인 재화(공급가액 1,000,000원)에 대한 대가를 2026.12.20.에 모두 받고, 그 받은 대가에 대한 세금계산서를 즉시 발급하였다.
> (2) 2026.9.1.에 할부판매 조건으로 재화를 인도하고, 공급가액 1,000,000원은 10월 말부터 2개월마다 4번에 걸쳐 받기로 하였다.
> (3) 2026.5.1.에 인도를 완료한 재화의 공급에 대하여 그 대가의 지급이 지체되었음을 이유로 2026.10.31.에 연체이자 1,000,000원을 수취하였다.
> (4) 2026.12.1.에 상품권 1,000,000원을 현금판매하였고, 그 후 당해 상품권은 2027.1.10.에 현물과 교환되었다.

① 0원
② 1,000,000원
③ 2,000,000원
④ 3,000,000원
⑤ 4,000,000원

제4장

16 CTA 2017

☑ 확인Check! ○ △ ×

「부가가치세법」상 과세표준에 관한 설명으로 옳지 않은 것은?

① 사업자가 법령에 따른 특수관계인에게 대가를 받지 않고 과세되는 사업용 부동산임대용역을 공급하는 경우 공급가액에 포함되지 아니한다.
② 완성도기준지급조건부로 용역을 공급하는 경우 계약에 따라 받기로 한 대가의 각 부분을 과세표준으로 한다.
③ 위탁가공무역 방식으로 수출하는 경우 완성된 제품의 인도가액을 과세표준으로 한다.
④ 기부채납의 경우 해당 기부채납의 근거가 되는 법률에 따라 기부채납된 가액을 과세표준으로 하되 기부채납된 가액에 부가가치세가 포함된 경우 그 부가가치세는 제외한다.
⑤ 재화의 공급과 직접 관련된 국고보조금과 공공보조금은 과세표준에 포함된다.

17 CTA 2017

☑ 확인 Check! ○ △ ✕

「부가가치세법」상 수정세금계산서를 발급할 수 있는 경우를 모두 고른 것은?

ㄱ. 세율을 잘못 적용하여 세금계산서를 발급하였으나 세무조사의 통지를 받은 경우로서 과세표준을 경정할 것을 미리 알고 있는 경우
ㄴ. 재화를 공급한 후 공급시기가 속하는 과세기간 종료 후 25일(25일이 되는 날은 영업일임) 이내에 내국신용장이 개설된 경우
ㄷ. 계약의 해지에 따라 공급가액에 추가되는 금액이 발생한 경우
ㄹ. 면세 등 발급대상이 아닌 거래에 대하여 발급한 경우
ㅁ. 계약의 해제로 재화 또는 용역이 공급되지 아니한 경우

① ㄱ
② ㄴ, ㄷ
③ ㄱ, ㄹ, ㅁ
④ ㄴ, ㄷ, ㄹ, ㅁ
⑤ ㄱ, ㄴ, ㄷ, ㄹ, ㅁ

18 CTA 2017

☑ 확인 Check! ○ △ ✕

다음은 도시지역 내에 소재하는 1층 건물을 임대하고 있는 (주)A의 2026년 제1기 예정신고기간(2026.1.1.~3.31.)에 대한 자료이다. (주)A의 2026년 제1기 예정신고기간의 부가가치세 과세표준은 얼마인가? (단, 1년은 365일로 가정한다)

(1) 임대기간 : 2025.7.1.~2026.6.30.
(2) 임대보증금 : 365,000,000원
(3) 임대료 및 관리비 : 임대료 1년분 4,800,000원은 2025.7.1.에 모두 수령, 관리비 월 100,000원(청소비 30,000원 포함)은 매월 말일 수령
(4) 임대현황(주택면적에는 지하층 · 지상주차장 · 주민공동시설면적 제외)

구 분		면 적
건 물	상 가	$300m^2$
	주 택	$100m^2$
토 지		$1,200m^2$

(5) 2026년 제1기 예정신고기간 종료일 현재 「소득세법」상 기준시가

구 분	기준시가
건 물	400,000,000원
토 지	100,000,000원

(6) 과세되는 상가임대용역과 면세되는 주택임대용역에 대한 임대료 등의 구분이 불분명함
(7) 예정신고기간 종료일 현재 계약기간 1년의 정기예금이자율 : 4.6%

① 846,000원
② 3,384,000원
③ 4,140,000원
④ 4,230,000원
⑤ 8,494,500원

19 CTA 2017

☑ 확인Check! ○ △ ✕

다음은 제조업을 영위하는 일반과세자인 (주)A의 2026년 제2기 과세기간(2026.7.1.~12.31.)에 대한 자료이다. (주)A의 2026년 제2기 과세기간의 부가가치세 과세표준은 얼마인가? (단, 다음 자료의 금액에는 부가가치세가 포함되지 않음)

(1)	7월 20일	기계를 15,000,000원에 판매하고 7월 20일부터 15개월간 매달 20일에 1,000,000원씩 받기로 하였다.
(2)	7월 25일	기계유지보수 계약을 맺고 7월 25일부터 10개월간 매달 25일에 200,000원씩 받기로하였다.
(3)	9월 25일	증여세 20,000,000원을 사업용 건물로 물납하였다.
(4)	10월 14일	당사가 생산한 제품(매입세액공제분)을 거래처에 판매장려물품(제조원가 : 800,000원, 시가 : 1,000,000원)으로 기증하였다.
(5)	11월 11일	사업용으로 사용하던 화물자동차를 500,000원에 매각하였다.
(6)	12월 5일	공급에 대한 대가의 지급이 지체되어 거래처로부터 연체이자 800,000원을 수령하였다.

① 7,700,000원
② 8,500,000원
③ 8,700,000원
④ 9,500,000원
⑤ 28,700,000원

제4장

20 CTA 2016

☑ 확인Check! ○ △ ✕

다음 자료를 기초로 일반과세자인 개인사업자 甲의 2026년 제1기 과세기간(2026.1.1.~6.30.)의 부가가치세 과세표준을 계산하면 얼마인가? (단, 주어진 자료의 금액은 부가가치세가 포함되지 아니한 금액이며, 주어진 자료 이외에는 고려하지 않음)

(1) 甲은 2026.4.20. 제품을 공급하고 대금은 4월 말일부터 매월 1,000,000원씩 7개월 동안 받기로 하였다.

(2) 甲은 2026.5.1. 미국의 X법인과 $20,000의 제품수출계약을 체결하였다.

○ 수출계약 금액 중 $10,000은 계약체결일에 선수금으로 수령하여 동일자에 12,000,000원으로 환가하였다.

○ 수출신고필증상 신고수리일은 2026.5.10.이며, 선적일은 2026.5.15.이다.

○ 잔금은 2026.5.30.에 수령하여 동일자에 기준환율로 환가하였다.

○ 기준환율은 다음과 같다.

비 고	2026.5.1.	2026.5.10.	2026.5.15.	2026.5.30.
기준환율(원/$)	1,200	1,100	1,050	1,000

(3) 甲은 2025.12.1. 다음과 같이 대금회수를 하기로 하고 잔금수령일에 기계설비를 인도하는 계약을 하였다. 실제 인도 시기는 2026.6.30.이었다.

비 고	대금회수 약정일	금액(원)
계약금	2025.12.1.	10,000,000
중도금	2026.3.1.	10,000,000
잔 금	2026.7.1.	10,000,000

① 27,000,000원

② 39,500,000원

③ 45,500,000원

④ 49,000,000원

⑤ 49,500,000원

21 CTA 2016

☑ 확인Check! ○ △ ✕

다음 자료를 이용하여 제조업과 부동산 임대업을 같은 장소에서 겸영하는 일반과세자인 개인사업자 甲의 2026년 1기 과세기간(2026.1.1.~6.30.)의 부가가치세 과세표준을 계산하면 얼마인가? (단, 자료금액은 부가가치세가 포함되지 아니한 금액이며, 주어진 자료 이외에는 고려하지 아니함. 원 단위 미만은 절사하며, 1년은 365일로 함)

(1) 甲은 보유상가를 2026.4.1.부터 2028.3.31.까지의 기간 동안 임대하기로 하는 계약을 임차인과 체결하였다. 이하는 그 관련 자료이다.

- ○ 2026.4.1.에 임대보증금 100,000,000원을 수령하였다.
- ○ 월 임대료는 10,000,000원이며, 매월 초에 선불로 받기로 하였는바, 4.1.과 5.1.에는 각각 수령하였으나, 6.1.에 수령할 임대료는 6.30.이 경과할 때까지 수령하지 못하였다.
- ○ 계약기간 1년의 정기예금이자율은 1.8%이다.

(2) 甲은 2026.5.30. 제조업에 사용하는 기계장치A(시가 10,000,000원, 감정가액 11,000,000원)를 거래처의 기계장치B(시가 8,000,000원, 감정가액 9,000,000원)와 교환하였다.

(3) 甲은 2025년 제2기 과세기간(2025.7.1.~12.31.)에 거래처 설 명절 선물로 사용할 과세물품을 구입하였으나 매입세액공제를 받지 아니하였다. 2026.3.1. 당해 물품 중 사용하고 남은 물품(구입액 2,000,000원, 시가 1,500,000원)을 종업원에게 선물로 증여하였다.

① 30,448,767원
② 38,448,767원
③ 40,448,767원
④ 41,948,767원
⑤ 42,448,767원

22 CTA 2015

☑ 확인Check! ○ △ ✕

보세구역 내에서 제조업을 영위하고 있는 일반과세자인 甲은 외국에서 수입한 원재료로 생산한 제품을 보세구역 밖에서 사업을 하고 있는 乙에게 80,000,000원(공급가액)에 공급하였다. 수입한 원재료의 관세의 과세가격은 40,000,000원이고, 관세 10,000,000원, 개별소비세 8,000,000원, 교육세 1,000,000원, 농어촌특별세 1,000,000원이 과세된다고 가정할 때 세관장이 징수할 부가가치세와 甲이 거래징수할 부가가치세는 각각 얼마인가?

	세관장이 징수할 부가가치세	甲이 거래징수할 부가가치세
①	5,000,000원	3,000,000원
②	4,000,000원	8,000,000원
③	6,000,000원	2,000,000원
④	6,000,000원	8,000,000원
⑤	4,000,000원	4,000,000원

23 CPA 2024

☑ 확인Check! ○ △ ×

일반과세자인 개인사업자 갑의 2026년 제2기 확정신고에 관한 자료이다. 면세전용과 관련한 부가가치세 과세표준으로 옳은 것은?

(1) 과일음료를 제조·판매하던 갑은 2026년 10월 1일부터 과일 판매를 병행하면서 기존에 사용하던 재화를 과일판매에도 공통으로 사용하게 되었다.

(2) 2026년 10월 1일 현재 보유하고 있는 자산 관련 자료

구 분	취득일	취득가액	시 가	장부가액
토 지	2024.10.5.	50,000,000원	57,000,000원	50,000,000원
건 물	2024.10.5.	40,000,000원	44,000,000원	38,000,000원
기계장치	2025.12.9.	10,000,000원	7,000,000원	5,600,000원

① 상기 취득가액은 매입세액을 포함하지 않은 가액이다.

② 자산 취득시 매입세액 공제를 받았으며, 감가상각비를 사업소득금액 계산시 필요경비로 인정받았다.

(3) 갑의 공급가액 내역

과세기간	과세사업	면세사업	합 계
2026년 제1기	200,000,000원	-	200,000,000원
2026년 제2기	180,000,000원	60,000,000원	240,000,000원

① 9,250,000원
② 10,900,000원
③ 12,750,000원
④ 25,250,000원
⑤ 27,000,000원

24 CPA 2022

확인Check! ○ △ ✕

(주)A의 부가가치세 관련 자료이다. 2026년 제1기 예정신고 시 부가가치세 과세표준으로 옳은 것은? (단, (주)A는 주사업장 총괄 납부 사업자나 사업자 단위 과세 사업자가 아니며, 제시된 금액은 부가가치세를 포함하지 않은 금액이다)

(1) 2026년 1월 5일에 상품을 거래처에 인도하였다. 판매대금 중 10,000,000원은 인도일에 수령하였고, 나머지는 2월 5일부터 매월 5일에 5,000,000원씩 8회에 걸쳐 분할하여 수령하기로 약정하였다. 판매대금 50,000,000원에는 할부이자 상당액인 500,000원이 포함되어 있다.
(2) 2026년 2월 8일에 상품(취득가액 10,000,000원)을 판매하기 위하여 직매장으로 반출(반출가액 12,000,000원)하였다.
(3) 2026년 4월 8일에 거래처에 인도할 예정인 상품의 판매대금 3,000,000원에 대한 세금계산서를 2026년 3월 27일에 발급하고, 2026년 4월 1일에 당해 판매대금 전액을 회수하였다.

① 20,000,000원
② 39,500,000원
③ 62,500,000원
④ 63,000,000원
⑤ 65,000,000원

25 CPA 2022

확인Check! ○ △ ✕

부동산임대업을 영위하는 (주)A의 자료이다. 2026년 제1기 확정신고 시 부가가치세 과세표준으로 옳은 것은? (단, 제시된 금액은 부가가치세를 포함하지 않은 금액이며, 1년은 365일이라고 가정한다)

(1) (주)A의 임대건물(단층임)은 도시지역 안에 위치하고 있으며, 갑과 을에게 모두 2026년 4월 1일부터 3년간 다음과 같이 임대하고 있다.

구 분	월임대료*	임대보증금	용 도	면 적	
				건 물	부수토지
갑	1,000,000원	21,900,000원	주 택	$30m^2$	$750m^2$
을	2,000,000원	43,800,000원	상 가	$30m^2$	

*월임대료는 매월말 수령하기로 약정함

(2) 2026년 제1기 과세기간 종료일 현재 계약기간 1년의 정기예금 이자율은 1.5%로 가정한다.
(3) 2026년 제1기 과세기간 종료일 현재 건물의 기준시가는 100,000,000원, 토지의 기준시가는 400,000,000원이다.

① 4,437,936원
② 4,622,850원
③ 5,362,506원
④ 6,533,628원
⑤ 7,643,112원

26 CPA 2020

☑ 확인Check! ○ △ ×

일반과세자로 제조업을 영위하는 개인사업자 갑은 2026년 10월 30일 폐업하였다. 폐업 시 사업장의 잔존 재화가 다음과 같을 때 2026년 제2기 동 재화에 대한 부가가치세 과세표준으로 옳은 것은? (단, 제시된 금액은 부가가치세를 포함하지 아니한 금액이다)

(1) 잔존 재화 내역

구 분	취득일	취득원가	시 가
제 품	2026년 9월 1일	10,000,000원	9,000,000원
건 물	2024년 12월 1일	85,000,000원	88,000,000원
소형승용차	2026년 1월 1일	30,000,000원	25,000,000원

(2) 추가자료

- 제품은 취득 시 매입세액공제를 받았으며, 폐업일 현재 일부가 파손되어 시가가 취득원가에 미달한다.
- 건물은 취득 시 매입세액공제를 받았으며, 다음과 같이 회계처리하였다.

(차) 건 물	85,000,000	(대) 장기미지급금	100,000,000
현재가치할인차금	15,000,000		

- 소형승용차의 취득원가는 매입가액을 의미하며 취득 시 매입세액공제는 받지 못하였다.

① 77,000,000원
② 78,000,000원
③ 89,000,000원
④ 90,000,000원
⑤ 112,400,000원

27 CPA 2020 ☑ 확인Check! ○ △ ✕

부동산 임대업을 영위하는 (주)갑은 겸용주택A(도시지역 내 소재)를 을에게 일괄 임대하고 있으며, 그 내역은 다음과 같다. (주)갑의 2026년 제2기 예정신고기간의 겸용주택A에 대한 부가가치세 과세표준으로 옳은 것은? (단, 제시된 금액은 부가가치세를 포함하지 아니한 금액이다)

(1) 건물(단층) 및 토지 면적

구 분	건 물	토 지
주 택	200m^2	2,500m^2
상 가	200m^2	

(2) 임대기간 : 2026년 9월 1일~2028년 8월 31일

(3) 임대조건 : 월임대료 3,000,000원(매월 말 지급), 임대보증금 없음

(4) 2026년 9월 30일 현재 감정가액 및 기준시가

구 분	감정가액	기준시가
토 지	480,000,000원	200,000,000원
건 물	320,000,000원	200,000,000원

① 1,320,000원
② 1,350,000원
③ 1,500,000원
④ 1,650,000원
⑤ 1,680,000원

28 CPA 2019

☑ 확인Check! ○ △ ✕

공기정화기 임대 및 판매 사업을 영위하는 (주)M의 2026년 제1기 예정신고기간 자료이다. 2026년 제1기 예정신고시 부가가치세 과세표준은 얼마인가? (단, 제시된 자료의 금액에는 부가가치세가 포함되지 아니하였다)

(1) 2026년 1월 5일 : 시가 50,000,000원의 재화를 공급하고, 대금은 매출할인 1,000,000원을 차감한 현금 49,000,000원을 받았으며, 1개월 뒤 판매실적에 따라 시가 2,000,000원의 판매용 상품을 판매장려금품으로 지급하였다.

(2) 2026년 2월 16일 : 특수관계인이 아닌 자에게 사무실 일부를 6개월간 임대해 주고 현금 6,000,000원을 받았다. 이 임대용역의 시가는 9,000,000원이다.

(3) 2026년 2월 25일 : 시가 10,000,000원의 재화를 공급하고 현금 6,000,000원, 과거에 (주)M이 적립해 준 마일리지 1,000,000원 및 Y통신사 마일리지 3,000,000원을 받았다. 회사는 이 거래에 대하여 Y통신사로부터 현금 2,000,000원을 1개월 후에 보전받았으며, 회사와 Y통신사는 특수관계인이 아니다.

(4) 2026년 3월 23일 : 특수관계인에게 공기정화기 임대용역을 12개월간 무상으로 공급하였다. 이 용역의 시가는 12,000,000원이다.

(5) 2026년 3월 25일 : 시가 40,000,000원인 회사 사무실 건물 및 시가 30,000,000원인 부수토지를 양도하고, 그 대가로 시가 73,000,000원의 공기정화기를 받았다.

① 99,000,000원
② 101,000,000원
③ 102,000,000원
④ 103,000,000원
⑤ 133,000,000원

29 CPA 2019

☑ 확인 Check! ○ △ ✕

양계 후 생닭으로 판매하는 축산회사 (주)H의 2026년 3월 3일 회사 사옥 및 부수토지 양도 관련 자료이다. 2026년 제1기 예정신고시 부동산 양도에 따른 부가가치세 과세표준은 얼마인가? (단, 제시된 자료의 금액에는 부가가치세가 포함되지 아니하였다)

(1) 건물의 구입시부터 1층(100m²)은 K은행 점포 임대에 사용하고 있으며, 2층부터 5층(총 400m²)은 (주)H가 사무실로 사용하고 있다. 부수토지의 면적은 300m²이다.

(2) 건물과 부수토지를 100,000,000원에 양도하였다. 양도가액 중 건물가액과 토지가액의 구분은 불분명하다.

(3) 양도한 부동산의 가액

구 분	취득가액	기준시가	감정평가액
건 물	30,000,000원	35,000,000원	40,000,000원
부수토지	20,000,000원	35,000,000원	60,000,000원
계	50,000,000원	70,000,000원	100,000,000원

(4) 건물 취득시 발생한 매입세액 중 공제가능액은 사용면적비율에 따라 계산되었으며, 감정평가는 2026년 2월 2일에 감정평가업자에 의해 시행되었다.

(5) 회사 공급가액의 비율

구 분	2025년 제2기	2026년 제1기
생닭판매	60%	70%
부동산 임대수익	40%	30%

① 8,000,000원　　② 10,000,000원

③ 16,000,000원　　④ 40,000,000원

⑤ 0원

제4장

30 CPA 2018

☑ 확인 Check! ○ △ ✕

다음 자료를 이용하여 컴퓨터부품 제조업을 영위하는 일반과세자인 (주)K가 2026년 제1기 예정신고를 할 때 부가가치세 과세표준을 계산한 것으로 옳은 것은? (단, (주)K는 주사업장총괄납부 및 사업자단위 과세제도를 적용받는 사업자가 아니고 제시된 자료의 금액에는 부가가치세가 포함되지 아니하였다)

(1) 2026년 1월 4일 : (주)B에게 제품을 인도하고 판매대금 2,000,000원은 (주)K의 상품권(2025년 12월 25일에 판매한 것임)으로 받았다.

(2) 2026년 1월 25일 : 업무에 사용하던 승용차(매입시 매입세액불공제)를 임원에게 무상으로 이전하였다(2025년 2월 15일 취득시 취득가액 20,000,000원, 이전 당시 장부가액 8,000,000원).

(3) 2026년 2월 5일 : 미국의 거래처인 (주)C와 2026년 1월 20일에 제품 수출 계약을 체결하였고, 2026년 2월 5일에 선적하였다. 수출대금 50,000달러 중 계약금으로 수령한 30,000달러를 2026년 1월 25일에 환가하였고, 잔금 20,000달러는 2026년 4월 10일에 회수하였다.

일 자	구 분	기준환율
2026년 1월 20일	수출계약체결일	900원/달러
2026년 1월 25일	환가일	950원/달러
2026년 2월 5일	선적일	1,000원/달러
2026년 3월 31일	예정신고기간	종료일 1,100원/달러
2026년 4월 10일	잔금회수일	1,050원/달러

(4) 2026년 2월 15일 : (주)D에게 제품을 17,000,000원에 판매하고 인도하였으며, 대금은 2026년 5월 15일에 받기로 하였다.

(5) 2026년 3월 3일 : 제품을 판매할 목적으로 직매장으로 반출하였다(취득가액은 5,000,000원, 취득가액에 일정액을 가산하는 내부규정에 의한 반출가액은 6,000,000원, 반출시 시가는 7,000,000원).

(6) 2026년 3월 20일 : 지방자치단체에 무상으로 제품을 협찬하였다(원가 2,000,000원, 시가 2,500,000원).

① 73,500,000원
② 74,500,000원
③ 75,000,000원
④ 83,500,000원
⑤ 86,000,000원

31 CPA 2018

☑ 확인 Check! ○ △ ✕

건물 1채를 소유하고 부동산임대업을 영위하는 일반과세자인 개인사업자 갑이 2026년 제1기 확정신고를 할 때 부가가치세 과세표준을 계산한 것으로 옳은 것은? (단, 아래에 제시된 금액들은 부가가치세를 포함하지 아니한 금액이며, 원 단위 미만은 절사한다. 또한 1년은 365일이라고 가정한다)

(1) 갑은 보유건물을 2026년 4월 1일부터 2027년 3월 31일까지 을에게 임대하는 계약을 체결하였고, 임대건물은 단층이며 도시지역 내에 있다.

가. 상가의 임대면적은 $40m^2$이고, 주택의 임대면적은 $50m^2$이며, 건물의 부수토지는 $750m^2$이다.
나. 보증금은 91,250,000원, 월임대료는 1,500,000원, 월관리비는 300,000원이며 월임대료 및 월관리비(공공요금 등의 징수대행이 아님)는 매월말에 수령하기로 약정되어 있다.
다. 2026년 제1기 확정신고기간 종료일 현재 계약기간 1년의 정기예금이자율은 1.8%로 가정한다.

(2) 2026년 제1기 확정신고기간 종료일 현재 건물의 기준시가는 100,000,000원이며 토지의 기준시가는 400,000,000원이다.

① 1,571,040원
② 1,859,040원
③ 2,478,720원
④ 3,098,400원
⑤ 3,614,800원

32 CPA 2017

☑ 확인 Check! ○ △ ✕

다음 자료를 이용하여 자동차 부품 제조업을 영위하고 있는 일반과세자인 (주)K의 제2기 예정신고기간 (2026.7.1.~9.30.)에 대한 부가가치세 과세표준을 계산한 것으로 옳은 것은? (단, (주)K는 주사업장총괄납부 및 사업자 단위 과세제도를 적용받는 사업자가 아니다. 관련 매입세액은 모두 공제받았으며, 제시된 자료의 금액에는 부가가치세가 포함되지 아니하였다)

(1) (주)K의 2026년 제2기 예정신고기간(2026.7.1.~9.30.)의 공급가액은 470,000,000원이다. 이 금액에는 매출에누리와 환입액 20,000,000원이 차감되지 아니하였다.

(2) 다음 거래는 (1)의 공급가액에는 포함되어 있지 아니하다.

① 재고자산 중 일부가 진부화 되어 하치장에 반출하였다(시가 : 3,000,000원, 원가 : 1,700,000원).
② 대표이사가 업무용으로 사용하고 있는 승용차(개별소비세 과세대상)의 수리를 위해 재고자산을 사용하였다(시가 : 5,000,000원, 원가 : 2,000,000원).
③ 회사가 보유하고 있던 자기주식 200주(주당 취득원가 1,000원)를 주당 1,200원에 양도하였다.
④ 2026.8.6. 하청업체와의 협업을 위하여 하청업체에 기계장치를 무상으로 이전하였다(취득일 : 2025.9.5., 매입가액 : 12,000,000원, 이전 당시 장부가액 : 4,000,000원).
⑤ 주된 거래처에 신제품을 무상 제공하였다(시가 : 7,000,000원, 원가 : 4,000,000원).

(3) 상기 제시된 매출 및 기타거래 이외에 부가가치세 과세표준에 영향을 미치는 다른 거래는 없었다.

① 461,000,000원
② 462,000,000원
③ 463,000,000원
④ 468,000,000원
⑤ 471,000,000원

33 CPA 2016

☑ 확인 Check! ○ △ ✕

2026년 2분기(2026.4.1.~6.30.) 손익계산서에서 발췌한 다음 자료를 이용하여 과세사업만을 운영하는 (주)C의 2024년 제1기 확정신고기간(2026.4.1.~6.30.)의 부가가치세 과세표준을 계산한 것으로 옳은 것은? (단, 제시된 금액은 부가가치세를 포함하지 아니한 것이며, 상품, 기계 및 비품에 대해서는 매입세액공제를 받았다)

(1) 상품 매출은 100,000,000원이며, 이 금액은 매출에누리 1,000,000원, 매출할인 2,000,000원, 매출환입 3,000,000원이 차감된 금액이다.
(2) 매출시 일정비율로 적립한 마일리지로 결제되어 대금 유입이 없는 상품 판매 4,000,000원은 매출로 계상하지 않았다.
(3) 용역 매출은 5,000,000원이며, 이 금액에는 임원에게 제공한 운송용역 500,000원(시가 1,000,000원)이 포함되어 있고, 주주에게 무상으로 제공한 시가 2,000,000원의 운송용역은 포함되어 있지 않다.
(4) 사용하던 기계의 처분으로 인한 유형자산처분손실 500,000원이 계상되어 있다. 동 기계(2025년 3월 3일에 5,000,000원에 취득)는 장부가액 4,000,000원인 상태에서 3,500,000원에 처분하였다.
(5) 사용하던 비품을 임원의 향우회에 기부하고 장부가액 1,600,000원을 기부금으로 처리하였다. 동 비품은 2025년 8월 8일에 2,000,000원에 구입하였다.

① 116,500,000원
② 110,500,000원
③ 114,600,000원
④ 114,500,000원
⑤ 106,500,000원

제4장

34 CPA 2016

☑ 확인 Check! ○ △ ✕

부동산임대사업자 (주)B는 다음의 임대용 부동산을 양도하였다. 부동산 양도에 따른 부가가치세 과세표준을 계산한 것으로 옳은 것은? (단, 아래에 제시된 금액들은 부가가치세를 포함하지 아니한 것이다)

(1) 건물의 1층은 상가, 2층은 사무실, 3층은 주택이며, 각 층의 면적은 각각 40m²이다. 부수토지의 면적은 400m²이며, 도시지역에 있다.
(2) 건물과 부수토지는 2026년 6월 6일에 200,000,000원을 받고 양도하였다. 양도가액 중 건물가액과 토지가액의 구분은 불분명하다.
(3) 양도한 부동산의 가액

구 분	취득가액	장부가액	기준시가	감정평가액*
건 물	60,000,000원	40,000,000원	64,000,000원	54,000,000원
부수토지	40,000,000원	40,000,000원	96,000,000원	126,000,000원
계	100,000,000원	80,000,000원	160,000,000원	180,000,000원

*감정평가는 2025년 9월 9일에 감정평가업자에 의해 시행되었다.

① 40,000,000원
② 60,000,000원
③ 80,000,000원
④ 53,333,333원
⑤ 156,666,666원

35 CPA 2023

☑ 확인 Check! ○ △ ×

「부가가치세법」상 세금계산서에 관한 설명이다. 옳지 않은 것은?

① 전자세금계산서 의무발행 사업자가 전자세금계산서를 공급시기인 10월 25일 발행하고, 전자세금계산서 발급명세를 다음 달 25일 국세청장에게 전송한 경우에도 매출처별세금계산서합계표를 제출하여야 한다.

② 위탁판매에 있어서 위탁판매자가 직접 재화를 인도하는 때에는 위탁자가 세금계산서를 발급할 수 있다. 이 경우 수탁자의 등록번호를 덧붙여 적어야 한다.

③ 공급대가 20만원인 거래에 대하여 매입자발행세금계산서를 발행하려는 자는 해당 재화 또는 용역의 공급시기가 속하는 과세기간의 종료일부터 1년 이내에 자기의 관할 세무서장에게 거래사실 확인을 신청해야 한다.

④ 처음 공급한 재화가 환입된 경우 재화가 환입된 날을 작성일로 적고 비고란에 처음 세금계산서 작성일을 덧붙여 적은 후 붉은색 글씨로 쓰거나 음(陰)의 표시를 하여 수정세금계산서를 발급할 수 있다.

⑤ 수입되는 재화에 대하여는 세관장이 수입세금계산서를 수입하는 자에게 교부한다.

36 CPA 2021

☑ 확인 Check! ○ △ ×

부가가치세 공급가액에 관한 설명이다. 옳지 않은 것은? (단, 아래 재화는 모두 부가가치세 과세대상이다)

① 사업자가 시가 1,000,000원인 재화A를 판매하고 제3자 적립마일리지 300,000원(제3자와 마일리지 결제액을 보전받지 않기로 약정함에 따라 제3자로부터 보전받은 금액은 없음)과 현금 700,000원을 결제받았다. 이 경우 재화A의 공급가액은 700,000원이다.

② 사업자가 특수관계인이 아닌 자에게 재화B(시가 1,000,000원)를 공급하고 재화C(시가 900,000원)를 대가로 받았다. 이 경우 재화 B의 공급가액은 1,000,000원이다.

③ 사업자가 재화D를 3월 20일(기준환율 : 1,100원/$)에 인도하고 4월 20일(기준환율 : 1,050원/$)에 $1,000를 대금으로 수령하였다. 이 경우 재화D의 공급가액은 1,100,000원이다.

④ 사업자가 재화E를 시가인 1,000,000원에 외상으로 판매하고 거래 상대방에 대한 판매장려금 지급액 300,000원을 차감한 나머지 금액 700,000원을 약정된 상환일에 수령하였다. 이 경우 재화E의 공급가액은 1,000,000원이다.

⑤ 사업자가 시가 1,000,000원인 재화F를 매출에누리 100,000원을 차감한 900,000원에 외상판매하였다. 이 경우 재화F의 공급가액은 900,000원이다.

37 CPA 2021

☑ 확인 Check! ○ △ ✕

다음의 거래에 대한 각 사업자의 「부가가치세법」상 처리를 설명한 것으로 옳은 것은?

> (1) (주)A는 2025년 11월 1일에 (주)B에게 제품을 11,000,000원(부가가치세 포함)에 판매하고 약속어음을 받았다.
> (2) (주)B가 발행한 약속어음이 부도가 발생함에 따라 (주)A는 2026년 1월 20일에 금융회사에서 부도확인을 받았다. (주)A는 (주)B의 재산에 대하여 저당권을 설정하고 있지 않다.
> (3) (주)A는 대손처리한 (주)B에 대한 채권 중 5,500,000원(부가가치세 포함)을 2027년 3월 10일에 (주)B로부터 회수하였다.

① (주)A는 2026년 제1기 부가가치세 확정신고시 1,000,000원을 대손세액공제 받을 수 있다.
② (주)A는 2026년 제2기 부가가치세 예정신고시 1,000,000원을 대손세액공제 받을 수 있다.
③ (주)A는 2027년 제1기 부가가치세 예정신고시 과세표준에 5,000,000원을 더한다.
④ (주)B는 2026년 제1기 부가가치세 확정신고시 1,000,000원을 매입세액에서 뺀다.
⑤ (주)B는 2027년 제1기 부가가치세 확정신고시 500,000원을 매입세액에 더한다.

38 CPA 2020

☑ 확인 Check! ○ △ ✕

「부가가치세법」상 세금계산서에 관한 설명이다. 옳지 않은 것은?

① 자기생산·취득재화가 공급의제되는 경우 세금계산서 발급의무가 없으나, 판매목적 타사업장 반출로서 공급의제되는 경우에는 세금계산서를 발급하여야 한다.
② 부동산임대용역 중 간주임대료에 해당하는 부분에 대하여는 세금계산서를 발급하지 않는다.
③ 내국신용장에 의하여 영세율이 적용되는 재화의 공급은 세금계산서 발급의무가 있다.
④ 2026년도 공급가액이 과세 5천만원, 면세 4천만원이며 사업장이 하나인 개인사업자가 2027년 제2기 과세기간에 세금계산서를 발급하려면 전자세금계산서를 발급하여야 한다.
⑤ 세금계산서를 발급한 후 계약의 해제로 재화가 공급되지 않아 수정세금계산서를 작성하고자 하는 경우 그 작성일에는 처음 세금계산서 작성일을 기입한다.

39 CPA 2019

☑ 확인 Check! ○ △ ✕

「부가가치세법」상 전자세금계산서 및 가산세에 관한 설명이다. 옳지 않은 것은?

① 관할세무서장은 개인사업자가 전자세금계산서 의무발급자에 해당하는 경우, 전자세금계산서를 발급하여야 하는 기간 1개월 전까지 그 사실을 해당 개인사업자에게 통지하여야 한다.

② 전자세금계산서 의무발급 사업자가 전자세금계산서를 발급하였을 때에는 전자세금계산서 발급일의 다음 날까지 전자세금계산서 발급명세를 국세청장에게 전송하여야 한다.

③ 전자세금계산서를 발급하고 전자세금계산서 발급명세를 해당 재화의 공급시기가 속하는 과세기간 마지막 날의 다음 달 11일까지 국세청장에게 전송한 경우에는 해당 확정신고시 매출처별 세금계산서합계표를 제출하지 아니할 수 있다.

④ 전자세금계산서 의무발급 사업자가 세금계산서의 발급시기가 지난 후 해당 재화 또는 용역의 공급시기가 속하는 과세기간에 대한 확정신고 기한까지 세금계산서를 발급하지 아니한 경우에는 그 공급가액의 1%의 가산세가 적용된다.

⑤ 전자세금계산서를 발급한 사업자가 국세청장에게 전자세금계산서 발급명세를 전송한 경우에는 세금계산서를 5년간 보존해야 하는 의무가 면제된다.

40 CPA 2018

☑ 확인 Check! ○ △ ✕

「부가가치세법」상 세금계산서에 관한 설명으로 옳은 것은?

① 위탁에 의하여 재화를 공급하는 위탁판매의 경우에는 수탁자가 수탁자의 명의로 세금계산서를 발급하며, 이 경우 위탁자의 등록번호를 덧붙여 적어야 한다.

② 공급시기가 2026년 8월 25일인 재화의 공급대가를 2026년 7월 25일에 수령한 경우 2026년 7월 20일자로 세금계산서를 발급할 수 있다.

③ 세금계산서 발급의무가 있는 일반과세자로부터 재화를 공급받은 간이과세자는 공급하는 자가 세금계산서를 발급하지 아니한 경우 매입자발행세금계산서를 발급할 수 없다.

④ 사업자는 15일 단위로 거래처별 공급가액을 합하여 그 기간이 속하는 달의 말일을 작성 연월일로 하여 세금계산서를 발급할 수 있다.

⑤ 미용업을 영위하는 일반과세자가 미용용역을 제공하는 경우에 세금계산서 발급의무가 면제되지만 공급받은 자가 사업자등록증을 제시하고 세금계산서 발급을 요구하는 경우에는 세금계산서를 발급할 수 있다.

CHAPTER

05 | 납부세액의 계산

01 CTA 2024

확인Check! ○ △ ×

과세사업인 음식점업과 면세사업인 정육점업을 같은 사업장에서 겸영하고 있는 (주)A의 2026년 제1기 과세기간 최종 3개월(4월~6월)의 매입세액으로 공제할 수 있는 금액은?

(1) 매입세금계산서 수취 내역(기간 : 2026년 4월~6월)

매입 내역	매입가액(VAT 별도)	사용처
상품 포장지 구입	7,000,000원	음식점업만 사용
냉장고 구입	8,000,000원	정육점업만 사용
임차료	10,000,000원	음식점업과 정육점업에 공통 사용하며 실지 귀속을 구분할 수 없음
전기료	2,000,000원	
배송료	1,000,000원 [= 10,000원(회당) × 100회]	음식점업 : 70회 정육점업 : 30회
합 계	28,000,000원	

(2) (주)A의 공급가액은 다음과 같으며 2026년 제1기 예정신고기간(1월~3월)에 공통매입세액인 1,000,000원(공급가액 10,000,000원) 중 불공제된 매입세액은 600,000원이다.

기 간	음식점업(과세)	정육점업(면세)	합 계
2026년 1월~3월	4억원	6억원	10억원
2026년 4월~6월	2억원	8억원	10억원

(3) 세금계산서는 적법하게 교부받았으며, 위 자료 외에 다른 사항은 고려하지 않는다.

① 810,000원
② 1,010,000원
③ 1,030,000원
④ 1,370,000원
⑤ 2,200,000원

02 CTA 2023

☑ 확인Check! ○ △ ✕

다음 자료는 제조업을 영위하는 일반과세자인 (주)A가 2026년 제2기 확정신고기간(2026.10.1.~12.31.) 중에 공급받은 재화의 거래내역이다. (주)A의 2026년 제2기 확정신고시 부가가치세 매출세액에서 공제하는 매입세액은?

(1) 국내거래처로부터 10.1.에 원자재를 구입하였으나 그에 대한 세금계산서(공급가액 60,000,000원, 부가가치세 6,000,000원)는 2027.1.10.에 발급받았다.
(2) 기념품을 구입하여 거래처의 창사기념일에 증정하였다. 기념품 구입 시 세금계산서(공급가액 3,000,000원, 부가가치세 300,000원)를 발급받았다.
(3) 생산직 직원들의 작업복을 구입하고 세금계산서(공급가액 5,000,000원, 부가가치세 500,000원)를 발급받았다.
(4) 종업원 명절선물을 구입하고 세금계산서(공급가액 4,000,000원, 부가가치세 400,000원)를 발급받았다.

① 900,000원
② 1,200,000원
③ 6,500,000원
④ 6,900,000원
⑤ 7,200,000원

03 CTA 2023

☑ 확인Check! ○ △ ✕

다음은 2026.10.1.에 신규로 사업을 개시하여 과세사업과 면세사업을 겸영하는 (주)A의 2026년 제2기 확정신고기간(2026.10.1.~12.31.)의 거래내역이다. (주)A의 2026년 제2기 확정신고 시 납부하여야 할 부가가치세액(지방소비세 포함)은? (단, (주)A는 사업개시일에 사업자등록을 신청하였으며, 모든 거래에는 세금계산서 또는 계산서를 적법하게 수취하였거나 발급함)

(1) 공급가액

과세사업분	면세사업분	공통사용재화(기계C)	계
200,000,000원	100,000,000원	12,000,000원	312,000,000원

(2) 매입세액

구 분	매입세액	비 고
과세사업	6,000,000원	기업업무추진비 관련 매입세액 500,000원 포함
면세사업	4,000,000원	
공통사용재화	7,500,000원	기계 B 4,500,000원 기계 C 3,000,000원(2026년 제2기 과세기간 중 처분)
계	17,500,000원	

① 9,700,000원
② 9,800,000원
③ 10,200,000원
④ 10,300,000원
⑤ 10,700,000원

04 CTA 2022

☑ 확인Check! ○ △ ✕

다음은 과세사업과 면세사업을 겸영하는 (주)A의 2026년 제1기 확정신고기간 (2026.4.1.~6.30.)의 거래내역이다. 2026년 제1기 확정신고 시 매출세액에서 공제되는 매입세액은? (단, 주어진 자료 이외에는 고려하지 않음)

(1) 2026.4.20.에 법인사업자로부터 과세사업에 사용되는 재화를 매입하고 전자세금계산서 외의 세금계산서를 2026.7.5.에 발급받았고, 그 거래사실이 확인되는 것의 부가가치세 매입세액은 2,000,000원이다.

(2) 2026.5.10.에 법인사업자로부터 매입한 면세사업에 사용되는 재화의 매입세액은 1,000,000원이다.

(3) 2026.5.25.에 매입한 과세사업과 면세사업에 공통으로 사용될 기계설비의 매입세액은 5,000,000원이며, 과세사업과 면세사업의 공급가액(부가가치세 제외금액)은 다음과 같다.

과세기간	과세사업 공급가액	면세사업 공급가액
2026.1.1.~3.31.	160,000,000원	100,000,000원
2026.4.1~6.30.	330,000,000원	110,000,000원

① 2,500,000원
② 4,500,000원
③ 4,750,000원
④ 5,500,000원
⑤ 5,750,000원

제5장

05 CTA 2022

☑ 확인Check! ○ △ ✕

부가가치세 과세사업을 영위하는 (주)A에 관한 다음 자료에 따라 2026년 제1기 확정신고기간(2026.4.1.~6.30.)의 매입처별 세금계산서합계표상 부가가치세 매입세액에 가감할 금액은? (단, 법령상 신고 등의 절차는 적법하게 이행되었으며, 주어진 자료 이외에는 고려하지 않음)

(1) 2024.1.1.에 공급한 재화에 대한 매출채권 17,600,000원(부가가치세 포함)이 2026.4.5.에 부가가치세법에 따른 대손으로 확정되었다.

(2) 2025.3.1.에 부가가치세법에 따른 대손으로 확정된 매출채권 27,500,000원(부가가치세 포함)을 2024.5.10.에 회수하였다.

(3) 2025년 제1기 부가가치세 확정신고 시 매입세액에서 차감한 대손세액은 1,980,000원이었고, 2024.6.15.에 해당 대손 금액 전부를 변제하였다.

① 520,000원 차감
② 1,080,000원 차감
③ 1,800,000원 가산
④ 1,980,000원 가산
⑤ 3,580,000원 가산

06 CTA 2021

☑ 확인Check! ○ △ ✕

과세사업과 면세사업을 겸영하고 있는 (주)세무는 다음의 재화(기계장치, 건물, 원재료)를 취득하여 면세사업에만 사용하였다. (주)세무가 면세사업에만 사용하던 아래의 모든 재화를 2026.4.5.부터 과세사업과 면세사업에 공통사용하는 경우, 2026년 제1기 부가가치세 확정신고 시 매입세액으로 공제할 수 있는 금액은? (단, 취득 당시 면세사업과 관련한 매입세액을 불공제하였음)

구 분	취득일자	취득가액(VAT 불포함)
기계장치	2025.7.5.	40,000,000원
건 물	2023.4.15.	300,000,000원
원재료	2025.9.9.	100,000,000원

또한, (주)세무의 공급가액은 다음과 같다.

과세기간	과세사업	면세사업	합 계
2026년 제1기(1.1.~3.31.)	15억원	5억원	20억원
2026년 제1기(4.1~6.30.)	15억원	15억원	30억원

① 12,000,000원
② 14,400,000원
③ 15,750,000원
④ 18,900,000원
⑤ 24,000,000원

07 CTA 2021

☑ 확인Check! ○ △ ✕

통조림판매(과세)와 과일판매(면세)를 겸영하고 있는 (주)세무는 2024.10.1. 공통사용하는 사업용건물을 110,000,000원(부가가치세 포함)에 매입하였다. 각 과세기간의 수입금액이 다음과 같을 때 2026년 제1기의 납부 및 환급세액 재계산으로 인하여 가산하거나 차감할 세액은? (단, 통조림 판매부문과 과일판매부문의 건물사용면적은 구분되지 않음)

과세기간	과일공급가액	통조림공급가액 (VAT 제외)	합 계
2024년 제2기	40,000,000원	60,000,000원	100,000,000원
2025년 제1기	50,000,000원	50,000,000원	100,000,000원
2025년 제2기	54,000,000원	46,000,000원	100,000,000원
2026년 제1기	47,000,000원	53,000,000원	100,000,000원

① 없음
② 340,000원 납부세액에서 가산
③ 595,000원 납부세액에서 가산
④ 630,000원 납부세액에서 차감
⑤ 700,000원 납부세액에서 차감

08 CTA 2020 ☑ 확인Check! ○ △ ×

다음 자료에 의하여 수산물(고등어) 도매업과 통조림 제조업을 겸영하고 있는 (주)대한(「조세특례제한법」상 중소기업이 아님)의 2026년 제1기 과세기간의 의제매입세액공제액은? (단, 제시된 금액은 부가가치세를 포함하지 않는 금액이며, 의제매입세액공제를 받기 위한 요건은 충족하였고, 원 단위 미만은 절사함)

(1) 2025년 제2기와 2026년 제1기 과세기간의 공급가액(국내매출)은 다음과 같다.

구 분	2025년 제2기	2026년 제1기
수산물 도매업	20,000,000원	50,000,000원
통조림 제조업	180,000,000원	200,000,000원

(2) 2026년 제1기분 수산물 매입명세

① 국내수산물 매입액 : 80,000,000원(매입부대비용 6,000,000원을 포함함)
② 국외수산물 수입액 : 30,000,000원(관세의 과세가격은 28,000,000원이며, 관세는 2,000,000원으로 함)

(3) 2026년 제1기분 수산물 사용명세(2026년 1월 1일 현재 수산물 기초재고는 없음)

수산물 판매분	3,000kg
통조림 제조 사용분	9,000kg
기말재고	3,000kg
합 계	15,000kg

① 1,520,000원
② 1,560,000원
③ 1,568,627원
④ 1,600,000원
⑤ 1,960,784원

09 CTA 2018

☑ 확인 Check! ○ △ ×

「부가가치세법」상 납부세액의 계산 및 신고에 관한 설명으로 옳지 않은 것은?

① 사업자가 자기의 사업을 위하여 사용할 목적으로 공급받은 재화에 대한 매입세액은 매출세액에서 공제할 수 있다.

② 신용카드매출전표등 수령명세서를 「국세기본법 시행령」에 따른 기한후과세표준신고서와 함께 제출하여 관할 세무서장이 결정하는 경우의 해당 매입세액은 매출세액에서 공제한다.

③ 사업장이 둘 이상인 사업자가 주된 사업장의 관할 세무서장에게 주사업장 총괄 납부를 신청한 경우에는 납부할 세액을 주된 사업장에서 총괄하여 신고하여야 한다.

④ 사업자는 매입세액이 공제되지 아니한 면세사업등을 위한 감가상각자산을 과세사업에 사용하거나 소비하는 경우 대통령령으로 정하는 바에 따라 계산한 금액을 그 과세사업에 사용하거나 소비하는 날이 속하는 과세기간의 매입세액으로 공제할 수 있다.

⑤ 간이과세자가 일반과세자로 변경되면 그 변경 당시의 재고품, 건설 중인 자산 및 감가상각자산에 대하여 대통령령으로 정하는 바에 따라 계산한 금액을 매입세액으로 공제할 수 있다.

10 CTA 2017

☑ 확인 Check! ○ △ ×

다음은 소시지 제조업을 영위하는 일반과세자인 개인사업자 甲의 2026년 제1기 과세기간(2026.1.1.~6.30.)에 대한 거래내역이다. 2026년 제1기 확정신고 시 공제가능한 매입세액은 얼마인가? (단, 다음 거래는 세법상 요구되는 의무를 모두 이행하였으며, 의제매입세액공제 대상액은 공제한도 내 금액인 것으로 가정함)

(1) 외국산 미가공식료품을 31,200,000원에 매입하여 소시지 제조에 전부 사용하였다.
(2) 소시지 배달을 위해 개별소비세가 과세되는 5인승 승용차를 22,000,000원(공급대가)에 구입하였다.
(3) 세금계산서 발급이 금지되지 않은 일반과세자로부터 사업용 냉장고를 2,200,000원(공급대가)에 구입하고 부가가치세가 별도로 구분되는 신용카드매출전표를 수령하였다.
(4) 2026년 제1기 예정신고 시 매입세액 500,000원이 신고누락되었다.
(5) 2024년 제1기 부가가치세 확정신고 시 매입세액에서 차감한 대손세액은 300,000원이었고 2026.3.10.에 관련 대손금액 전부를 변제하였다.

① 1,000,000원
② 1,900,000원
③ 2,200,000원
④ 3,200,000원
⑤ 4,200,000원

11 CTA 2017

☑ 확인 Check! ○ △ ✕

부가가치세 겸영사업자인 신문사 (주)A의 2026년 제1기 과세기간 확정신고 시 ㉠ 공제받지 못할 매입세액과 2026년 제2기 과세기간 확정신고 시 납부·환급세액을 재계산하여 ㉡ 납부세액에 가산(또는 공제)하거나 환급세액에 가산(또는 공제)할 금액은 얼마인가? (단, 다음 자료의 금액은 부가가치세가 포함되지 아니한 금액이고, 건물의 과세 및 면세사용면적은 구분되지 않으며, 세금계산서 등의 증명서류는 회사설립 이후 현재까지 적법하게 수령 및 발급되었다고 가정함. ㉡의 경우 납부세액에 가산하거나 환급세액에 공제하는 것은 (+)로, 납부세액에 공제하거나 환급세액에 가산하는 것은 (−)로 표시함)

(1) (주)A는 2026.2.1.에 사업용 건물을 3,000,000,000원에 구입하였다.

(2) 광고료 및 신문판매 공급가액 자료

구 분	2025년 제2기	2026년 제1기	2026년 제2기
광고료 수입	2,000,000,000원	3,000,000,000원	3,000,000,000원
신문판매 수입	2,000,000,000원	2,000,000,000원	1,000,000,000원

	㉠	㉡
①	120,000,000원	(−)42,750,000원
②	120,000,000원	(−)33,750,000원
③	120,000,000원	(+)42,750,000원
④	150,000,000원	(−)40,500,000원
⑤	150,000,000원	(−)33,750,000원

12 CTA 2016

☑ 확인 Check! ○ △ ✕

「부가가치세법」상 매입세액에 관한 설명으로 옳지 않은 것은?

① 건축물이 있는 토지를 취득하여 그 건축물을 철거하고 토지만 사용하는 경우에는 철거한 건축물의 취득 및 철거 비용과 관련된 매입세액은 매출세액에서 공제한다.

② 재화 또는 용역의 공급시기 이전에 세금계산서를 발급받았더라도 그 세금계산서의 발급일로부터 재화 또는 용역의 공급시기가 6개월 이내에 도래하고 거래사실이 확인되어 납세지 관할세무서장 등이 결정 또는 경정하는 경우 매입세액공제가 허용된다.

③ 사업자가 그 업무와 관련 없는 자산을 취득 시 부담한 매입세액은 매출세액에서 공제하지 아니한다.

④ 면세사업을 위한 투자에 관련된 매입세액은 매출세액에서 공제하지 아니한다.

⑤ 공급시기가 속하는 과세기간이 끝난 후 20일 이내에 사업자등록을 신청한 경우 등록신청일부터 공급시기가 속하는 과세기간 기산일까지 역산한 기간 내의 매입세액은 매출세액에서 공제할 수 있다.

13 CTA 2016

☑ 확인Check! ○ △ ×

다음은 과세유흥장소가 아닌 음식점업을 경영하는 (주)A(사업개시일 : 2026.4.10.)의 2026년 제1기 과세기간의 매입내역이다. 이를 근거로 제1기 부가가치세 확정신고 시 공제받을 수 있는 의제매입세액공제액은 얼마인가? (단, 의제매입세액공제 한도는 고려하지 아니하고 의제매입세액을 공제받기 위한 모든 요건은 충족되었다고 가정함. 또한, 주어진 자료 이외에는 고려하지 아니하고, 원 단위 미만은 절사함)

(1) 쌀과 활어를 각각 15,000,000원과 28,000,000원에 구입하였다.
(2) 미국에서 가공하지 않은 바닷가재를 직수입하였으며 그 가액은 12,000,000원으로 관세가 2,000,000원 포함되어 있다.
(3) 사업자인 영덕수산으로부터 가공하지 않은 대게를 인터넷으로 직접 구입하고 그 대금으로 21,000,000원을 신용카드로 결제하였다.
(4) 위 매입액 중 6월말 기준 재고액 37,100,000원을 제외하고는 모두 음식재료로 사용되었다.

① 2,088,679원
② 3,000,000원
③ 4,188,678원
④ 4,301,886원
⑤ 4,313,207원

14 CTA 2015

☑ 확인Check! ○ △ ×

다음은 복숭아도매업과 복숭아통조림제조업을 겸영하고 있는 (주)A(중소기업이 아니라고 가정함)의 공급 및 매입내역이다. 이 자료를 이용하여 (주)A의 2026년 제1기 과세기간의 의제매입세액공제액을 계산하면 얼마인가? (단, 의제매입세액을 공제받기 위한 제반 요건은 충족되었다고 가정함)

(1) 2025년 제2기와 2026년 제1기 과세기간의 공급가액(전액 국내매출)은 다음과 같다.

구 분	2025년 제2기분	2026년 제1기분
복숭아도매업	30,000,000원	61,200,000원
복숭아통조림제조업	120,000,000원	102,000,000원
합 계	150,000,000원	163,200,000원

(2) 2026년 제1기 과세기간의 복숭아 매입가액은 80,000,000원으로 과세기간 중 사용내역은 다음과 같다. (단, 2026.1.1. 현재 복숭아의 기초재고는 없다고 가정함)

① 판매한 복숭아(원가상당액) : 18,800,000원
② 통조림제조에 소비한 금액 : 51,000,000원
③ 과세기간 종료일 현재 복숭아 재고액 : 10,200,000원

① 750,000원
② 875,000원
③ 1,000,000원
④ 1,125,000원
⑤ 1,160,000원

15 CTA 2015

☑ 확인 Check! ○ △ ×

도서출판업(면세)을 하고 있는 (주)A는 도서출판업에만 사용하던 재화를 2026.4.1. 광고사업용에도 공통으로 사용하게 되었다. 과세사업 전용과 관련하여 (주)A가 2026년 제1기 부가가치세 확정신고시 매입세액으로 공제받을 수 있는 금액은 얼마인가?

(1) 광고사업용으로 전용한 도서출판용 재화

구 분	취득일	매입가액	당초매입세액 불공제액	비 고
건 물	2024.8.10.	30,000,000원	3,000,000원	일부전용
기계장치	2025.6.11.	15,000,000원	1,500,000원	일부전용
원재료	2025.6.11.	600,000원	60,000원	일부전용

(2) 공급가액

구 분	2025년 제2기	2026년 제1기	2026년 제2기
도서출판업	600,000,000원	400,000,000원	300,000,000원
광고사업	–	100,000,000원	200,000,000원
합 계	600,000,000원	500,000,000원	500,000,000원

① 660,000원
② 690,000원
③ 720,000원
④ 735,000원
⑤ 810,000원

제5장

16 CPA 2024

☑ 확인Check! ○ △ ×

어묵을 제조하는 일반과세자인 개인사업자 갑의 2026년 제1기 과세기간(2026.1.1.~6.30.)에 관한 거래내역이다. 2026년 제1기 확정신고시 공제가능한 매입세액으로 옳은 것은? (단, 특별한 언급이 없는 한 제시된 금액은 부가가치세가 포함되지 아니한 금액이며, 적격증명서류를 발급 및 수취하였다)

(1) 미가공된 냉동명태를 130,000,000원에 매입하여 어묵 제조에 전부 사용하였다.

(2) 어묵 배달에 사용하기 위하여 업무용승용차(개별소비세 과세대상)를 30,000,000원에 매입하였다.

(3) 2026년 1월 7일 어묵포장 용기를 700,000원에 구입하였으나 당해 거래의 세금계산서를 2026년 6월 5일 발급받았다.

(4) 생산직 직원들의 작업복으로 사용할 목적으로 의류를 일반과세자로부터 330,000원(공급대가)에 구입하고 부가가치세가 별도로 구분되는 신용카드매출전표를 수령하였다.

(5) 거래처에 판매촉진 목적으로 물품을 500,000원에 구입하여 제공하였다.

(6) 공장건물의 임대인에게 4월부터 6월까지의 임차료 총액 4,000,000원을 지급하였다.

(7) 의제매입세액 공제율은 $\frac{4}{104}$이며, 공제한도는 고려하지 않는다.

① 3,430,000원
② 3,500,000원
③ 5,430,000원
④ 5,480,000원
⑤ 5,500,000원

17 CPA 2023

☑ 확인Check! ○ △ ✕

일반과세자 (주)A의 2026년 제2기 예정신고기간(2026.7.1.~9.30.) 세금계산서 및 신용카드매출전표 수취내역이다. 2026년 제2기 예정 신고기간의 매입세액공제액으로 옳은 것은?

(1) 세금계산서 수취내역

일 자	내 역	공급가액	부가가치세
7.10.	원재료 구입	110,000,000원*	11,000,000원
7.12.	거래처 접대용 물품 구입	10,000,000원	1,000,000원
7.15.	생산직 직원들의 작업복 구입	20,000,000원	2,000,000원
8.10.	건물 구입**	500,000,000원	50,000,000원
	건물 철거비용**	30,000,000원	3,000,000원

*실제 공급가액은 100,000,000원이나 착오로 110,000,000원으로 기재됨

**토지와 건물을 일괄 구입 후 토지만 사용하기 위해 건물을 철거함

(2) 신용카드매출전표(부가가치세 구분표시) 수취내역

일 자	내 역	공급대가
9.10.	직원 추석선물(과세재화) 구입*	2,200,000원

*2026년 신규로 사업을 시작한 간이과세자로부터 구입함

① 12,000,000원
② 12,200,000원
③ 63,000,000원
④ 63,200,000원
⑤ 65,200,000원

18 CPA 2023

☑ 확인Check! ○ △ ✕

과세사업과 면세사업을 겸영하는 거주자 갑은 건물을 신축(공사기간 : 2026.4.1.~11.30.)하여 과세사업과 면세사업에 공통으로 사용할 예정이다. 2026년 제2기 과세기간 신축건물의 매입세액공제액으로 옳은 것은?

(1) 건물 신축 관련 공통매입세액은 2026년 제1기 10,000,000원이고, 2026년 제2기 20,000,000원이다.

(2) 사업별 공급가액 및 사용면적 비율은 다음과 같다.

구 분	공급가액		사용면적	
	과세	면적	과세	면세
2026년 제1기(예정비율)	40%	60%	50%	50%
2026년 제2기(실제비율)	45%	55%	53%	47%

(3) 2026년 제1기의 공통매입세액 안분은 정확하게 이루어졌다.

① 8,500,000원
② 9,500,000원
③ 10,900,000원
④ 13,500,000원
⑤ 15,900,000원

19 CPA 2022

☑ 확인 Check! ○ △ ✕

과세사업과 면세사업을 겸영하는 (주)A의 자료이다. 2026년 제1기 부가가치세 확정신고 시 납부세액 재계산으로 인하여 납부세액에 가산할 금액으로 옳은 것은? (단, 제시된 금액은 부가가치세를 포함하지 않은 금액이다)

(1) (주)A는 2023년 4월 15일에 과세사업과 면세사업에 공통으로 사용하기 위하여 건물을 300,000,000원에 구입하고, 매입세액은 공급가액 비율로 안분하여 공제하였다.

(2) 과세사업과 면세사업의 공급가액비율

구 분	과세사업	면세사업
2025년 제1기	60%	40%
2025년 제2기	56%	44%
2026년 제1기	50%	50%

① 1,500,000원
② 1,530,000원
③ 1,620,000원
④ 2,550,000원
⑤ 2,700,000원

20 CPA 2021

☑ 확인 Check! ○ △ ✕

돈가스제조업(과세사업)을 영위하는 (주)A(중소기업)의 2026년 제1기 예정신고기간(2026.1.1.~3.31.)의 부가가치세 관련 자료이다. 2026년 제1기 예정신고시 의제매입세액 공제액으로 옳은 것은? (단, 제시된 금액은 부가가치세를 포함하지 않은 금액이며, 모든 거래에 대한 세금계산서 및 계산서는 적법하게 발급받았다)

(1) 매입내역

구 분	취득가액	비 고
돼지고기	26,000,000원	–
밀가루	22,100,000원	수입산으로 관세의 과세가격은 20,800,000원, 관세는 1,300,000원임
소 금	10,920,000원	운송사업자에게 지급한 매입운임 520,000원이 포함된 금액임
치 즈	5,200,000원	–
김 치	3,900,000원	–

(2) 매입한 돼지고기 중 30%는 다른 사업자에게 그대로 판매하였으며, 60%는 돈가스제조에 사용하였고, 10%는 예정신고기간 종료일 현재 재고로 남아 있다.

(3) 매입한 밀가루, 소금 및 치즈는 모두 돈가스제조에 사용하였으며, 김치는 모두 종업원에게 사내식당 반찬으로 제공하였다.

(4) 중소기업의 의제매입세액 공제율은 $\frac{4}{104}$ 이며, 의제매입세액 공제한도는 고려하지 않는다.

① 1,800,000원
② 1,900,000원
③ 1,950,000원
④ 2,000,000원
⑤ 2,100,000원

21 CPA 2021

☑ 확인Check! ○ △ ×

과세사업과 면세사업을 겸영하는 (주)A의 자료이다. 2026년 제1기 부가가치세 확정신고시 매입세액공제액으로 옳은 것은? (단, 모든 거래에 대한 세금계산서 및 계산서는 적법하게 발급받았다)

(1) 2026년 4월 1일부터 6월 30일까지의 매입세액

구 분	과세사업분	면세사업분	공통매입분
원재료	50,000,000원	30,000,000원	–
비 품	10,000,000원	5,000,000원	2,000,000원*
기계장치	–	–	10,000,000원**

*2026년 4월 20일 과세사업과 면세사업에 공통으로 사용하기 위하여 비품을 구입하였으며, 실지 귀속을 구분할 수 없다. 비품을 사업에 사용하던 중 2026년 6월 30일 16,500,000원(부가가치세 포함)에 매각하였다.

**2026년 5월 20일 과세사업과 면세사업에 공통으로 사용하기 위하여 기계장치를 구입하였으며, 실지 귀속을 구분할 수 없다.

(2) 면세사업에만 사용하던 차량(트럭)을 2026년 4월 15일부터 과세사업과 면세사업에 함께 사용하기 시작하였다. 동 차량은 2024년 12월 10일에 44,000,000원(부가가치세 포함)에 구입하였다.

(3) 과세사업과 면세사업의 공급가액비율

구 분	2025년 제2기	2026년 제1기
과세사업	70%	80%
면세사업	30%	20%

① 67,200,000원
② 67,400,000원
③ 70,100,000원
④ 70,200,000원
⑤ 70,400,000원

22 CPA 2020

☑ 확인Check! ○ △ ×

일반과세자로 제조업을 영위하는 (주)갑의 2026년 제2기 매입거래이다. (주)갑의 2026년 제2기 매입세액공제액으로 옳은 것은?

(1) 공급가액 9,000,000원의 원재료를 구입하고 착오로 공급가액 10,000,000원의 세금계산서를 수령하였으나 기타의 기재사항으로 보아 그 거래사실과 금액이 동일 과세기간에 확인되었다.

(2) 업무용소형승용차의 대여료를 지급하고 공급가액 2,000,000원의 세금계산서를 수령하였다.

(3) 종업원 식대를 지급하고 간이과세자(직전연도 공급대가 합계액이 40,000,000원임)로부터 공급대가 1,320,000원의 신용카드매출전표를 수령하였다.

(4) 직원 사택의 수리비를 지급하고 공급가액 4,000,000원의 세금계산서를 수령하였다.

(5) 관세의 과세가격이 10,000,000원인 원재료를 수입하였는데, 이에 대한 관세는 800,000원이며 세관장이 발행한 수입세금계산서를 수령하였다. 관세와 부가가치세를 제외한 세금은 없다.

① 2,100,000원
② 2,280,000원
③ 2,300,000원
④ 2,380,000원
⑤ 2,500,000원

23 CPA 2020

확인Check! ○ △ ×

과세사업과 면세사업을 겸영하는 제조업자 (주)갑의 2026년 자료이다. 공통매입세액 정산과 납부·환급세액 재계산 규정을 고려한 (주)갑의 2026년 제2기 확정신고시 부가가치세 납부세액으로 옳은 것은? (단, 제시된 금액은 부가가치세를 포함하지 아니한 금액이며, 2026년 제2기 예정신고까지의 부가가치세 신고·납부는 정확하게 이루어졌다)

(1) 공급가액의 내역

기 간	과 세	면 세
1월~3월	50,000,000원	50,000,000원
4월~6월	30,000,000원	70,000,000원
7월~9월	49,000,000원	51,000,000원
10월~12월	51,000,000원	49,000,000원

(2) 매입세액의 내역

기 간	과 세	면 세	공 통
1월~3월	2,500,000원	3,000,000원	2,000,000원*
4월~6월	2,200,000원	3,300,000원	–
7월~9월	2,500,000원	3,500,000원	1,000,000원**
10월~12월	3,500,000원	2,500,000원	–

*2026년 2월 1일에 과세사업과 면세사업에 공통으로 사용하기 위하여 기계장치를 20,000,000원에 구입하였으며 실지귀속은 알 수 없다.

**2026년 9월 1일에 과세사업과 면세사업에 공통으로 사용하기 위하여 운반용 트럭을 10,000,000원에 구입하였으며 실지귀속은 알 수 없다.

① 1,430,000원 ② 1,435,000원

③ 1,440,000원 ④ 1,442,500원

⑤ 1,450,000원

제5장

24 CPA 2019

☑ 확인 Check! ○ △ ×

다음은 과세사업과 면세사업을 겸영하는 (주)L의 2026년 제1기 부가가치세 과세기간의 매입세액 및 관련 거래내역이다. 2026년 제1기 부가가치세 매입세액공제액을 계산하면 얼마인가?

(1) 매입세액 내역

구 분	과세사업분	면세사업분	공통분
원자재구입	60,000,000원	50,000,000원	40,000,000원
사무용 비품구입	30,000,000원	20,000,000원	10,000,000원

(2) 2026년 6월 20일에 면세사업에 사용하던 기계를 과세사업으로 옮겨서 과세사업에만 사용하였다. 이 기계는 2025년 7월 7일에 700,000,000원(매입세액 70,000,000원)에 구입하였다.

(3) 회사 공급가액의 비율

구 분	2025년 제2기	2026년 제1기
과세사업	60%	70%
면세사업	40%	30%

① 125,000,000원
② 140,500,000원
③ 156,500,000원
④ 161,750,000원
⑤ 177,500,000원

25 CPA 2018

확인Check! ○ △ ✕

과세재화와 면세재화를 모두 판매하는 일반과세자인 소매업자 (주)D의 2026년 4월 1일부터 6월 30일에 대한 제1기 확정신고시 납부세액 및 환급세액 재계산 규정을 고려한 부가가치세 납부세액을 계산한 것으로 옳은 것은? (단, 제시된 금액은 부가가치세를 포함하지 아니한 것이며, 2026년 제1기 확정신고 이전의 모든 신고·납부는 적법하게 이루어졌다)

(1) 2025년 7월 10일에 과세사업과 면세사업에 공통으로 사용하기 위한 비품(A)를 30,000,000원에 구입하였고 실지귀속을 알 수 없다.

(2) 2026년 5월 20일에 과세사업과 면세사업에 공통으로 사용하기 위한 비품(B)를 10,000,000원에 구입하였고 실지귀속을 알 수 없다.

(3) 공급가액의 내역

구 분	과 세	면 세
2025년 7월~9월	30,000,000원	70,000,000원
2025년 10월~12월	45,000,000원	55,000,000원
2026년 1월~3월	30,000,000원	50,000,000원
2026년 4월~6월	60,000,000원	40,000,000원

(4) 매입세액의 내역

구 분	과 세	면 세	공 통
2025년 7월~9월	3,000,000원	4,000,000원	3,000,000원*
2025년 10월~12월	1,500,000원	2,000,000원	−
2026년 1월~3월	1,800,000원	1,200,000원	−
2026년 4월~6월	4,000,000원	3,000,000원	1,000,000원**

*비품(A)에 대한 공통매입세액임

**비품(B)에 대한 공통매입세액임

① 1,625,000원

② 1,493,750원

③ 1,218,750원

④ 1,108,750원

⑤ 1,050,000원

제5장

26 CPA 2021

☑ 확인 Check! ○ △ ×

「부가가치세법」상 매입세액공제에 관한 설명이다. 옳지 않은 것은?

① 법인사업자로부터 전자세금계산서를 발급받았으나 그 전자세금계산서가 국세청장에게 전송되지 아니한 경우 발급한 사실이 확인되더라도 매입세액을 공제할 수 없다.

② 재화의 공급시기 이후에 발급받은 세금계산서로서 해당 공급시기가 속하는 과세기간에 대한 확정신고기한까지 발급받은 경우 매입세액을 공제할 수 있다.

③ 사업자가 일반과세자로부터 재화를 공급받고 부가가치세액이 별도로 구분되는 신용카드매출전표를 발급받은 경우 법정요건을 모두 갖추면 매입세액을 공제할 수 있다.

④ 재화의 공급시기 전에 세금계산서를 발급받았더라도 재화의 공급시기가 그 세금계산서의 발급일부터 6개월 이내에 도래하고 해당 거래사실이 확인되어 납세지 관할 세무서장이 경정하는 경우 매입세액을 공제할 수 있다.

⑤ 재화의 공급시기가 속하는 과세기간에 대한 확정신고기한이 지난 후 세금계산서를 발급받았더라도 그 세금계산서의 발급일이 확정신고기한 다음 날부터 1년 이내이고 과세표준수정신고서와 함께 세금계산서를 제출하는 경우 매입세액을 공제할 수 있다.

27 CPA 2018

☑ 확인 Check! ○ △ ×

「부가가치세법」상 매입세액공제 및 납부세액에 관한 설명으로 옳은 것은?

① 건축물이 있는 토지를 취득하여 그 건축물을 철거하고 토지만 사용하는 경우에 철거한 건축물의 취득 및 철거 비용과 관련된 매입세액은 공제하지 아니한다.

② 면세농산물을 공급받아 과세재화와 면세재화를 공급하는 사업자가 당기중에 매입하였으나 사용하지 않은 면세농산물은 의제매입세액공제를 적용하지 아니한다.

③ 일반과세자가 간이과세를 적용받게 되면 일반과세자인 경우에 공제받지 못한 매입세액을 추가적으로 공제하기 위하여 간이과세자의 납부세액에서 차감한다.

④ 2026년 6월 25일에 사업을 개시하고 2026년 7월 15일 사업자등록 신청을 한 도매업자가 2026년 6월 28일에 매입한 상품에 대한 매입세액은 공제받을 수 없다.

⑤ 과세사업에만 사용하던 감가상각대상 재화를 면세사업에만 사용하게 된 경우에는 불공제되는 매입세액을 계산하여 납부세액에 가산한다.

CHAPTER

06 | 차가감납부세액의 계산 및 납세절차

01 CTA 2024

확인 Check! ○ △ ×

음식점업(과세유흥장소 아님)을 운영하는 거주자 甲(일반과세자)의 부가가치세 관련 자료이다. 2026년 제1기 과세기간(1월~6월)에 대한 부가가치세 신고시 차가감 납부(환급)할 세액(지방소비세 포함)은?

(1) 공급내역 : 1월~6월분 공급대가 합계액은 133,760,000원이며 이에 대한 구성은 다음과 같다.

① 신용카드매출전표 발급분 공급대가 : 132,000,000원
② 현금영수증 발급분 공급대가 : 1,650,000원
③ 영수증 발급분 공급대가 : 110,000원

(2) 구입내역 : 1월~6월분 매입가액(부가가치세 별도) 합계액은 89,248,476원이며 이에 대한 구성은 다음과 같다.

① 세금계산서 수취분 식재료 매입가액 : 30,000,000원
② 계산서 수취분 식재료 매입가액 : 58,860,000원
③ 계산서 수취분 음식폐기물 배출 수수료 : 388,476원

(3) 2025년 1월~12월의 공급가액 합계액은 3억원이며, 2026년 제1기 과세기간의 예정고지세액은 0원이고, 전자신고세액공제는 고려하지 않는다.
(4) 세금계산서 및 계산서는 적법하게 교부받았으며 의제매입세액 공제요건을 충족하고, 세부담의 최소화를 가정한다.
(5) 위 거래는 모두 국내거래이며, 위 자료 외에 다른 사항은 고려하지 않는다.

① 2,530,474원
② 2,562,550원
③ 2,584,000원
④ 3,033,774원
⑤ 3,062,550원

02 CTA 2021

☑ 확인Check! ○ △ ×

「부가가치세법」상 신고와 납부에 관한 설명으로 옳지 않은 것은?

① 예정신고를 하는 사업자가 예정신고와 함께 매출・매입처별 세금계산서합계표를 제출하지 못하는 경우 해당 예정신고기간이 속하는 과세기간의 확정신고를 할 때 함께 제출할 수 있다.
② 재화를 수입하는 자(납세의무자)가 재화의 수입에 대하여 「관세법」에 따라 관세를 세관장에게 신고하고 납부하는 경우에는 재화의 수입에 대한 부가가치세를 함께 신고납부해야 한다.
③ 개인사업자의 경우 관할세무서장은 제1기 예정신고기간분 예정고지세액에 대해서 4월 1일부터 4월 25일까지의 기간 이내에 납부고지서를 발부해야 한다.
④ 간이과세자에서 해당 과세기간 개시일 현재 일반과세자로 변경된 경우에는 「부가가치세법」 제48조 제3항에 의한 예정고지세액을 징수하지 않는다.
⑤ 개인사업자의 경우 각 예정신고기간분에 대해 조기환급을 받으려는 자는 예정신고할 수 있다.

03 CTA 2020

☑ 확인Check! ○ △ ×

외국법인 A로부터 용역을 공급받는 자인 B의 대리납부에 관한 설명으로 옳은 것을 모두 고른 것은? (단, 각 지문은 상호 독립적이며, 대리납부에 관한 특례 규정은 고려하지 않음)

ㄱ. 국내사업장이 없는 A로부터 용역의 공급을 받는 B는 공급받는 용역(매입세액공제 대상임)을 과세사업에 사용한 경우에는 대리납부의무가 있다.
ㄴ. 국내사업장이 없는 A로부터 부가가치세 과세대상 용역을 공급받는 면세사업을 영위하는 사업자 B는 대리납부 의무가 있다.
ㄷ. 국내사업장이 없는 A로부터 부가가치세법상 매입세액이 공제되지 아니하는 용역을 공급받는 과세사업자 B는 대리납부의무가 있다.
ㄹ. 대리납부 적용 요건을 충족하는 용역을 공급받는 사업자 B는 용역의 공급시기에 관계없이 그 대가를 지급하는 때에 부가가치세액을 징수한다.

① ㄱ, ㄴ
② ㄱ, ㄷ
③ ㄴ, ㄷ
④ ㄴ, ㄹ
⑤ ㄴ, ㄷ, ㄹ

04 CTA 2019

확인 Check! ○ △ ×

「부가가치세법」상 환급에 관한 설명으로 옳지 않은 것은?

① 조기환급의 경우 환급세액은 조기환급 관련 신고기한이 지난 후 15일 이내에 환급하여야 한다.

② 일반과세자이든 간이과세자이든 환급규정이 적용된다.

③ 납세지 관할 세무서장은 사업자가 「부가가치세법」상 영세율을 적용받는 경우에 해당하여 환급을 신고한 때에는 대통령령으로 정하는 바에 따라 사업자에게 환급세액을 조기환급할 수 있다.

④ 사업자가 사업 설비를 신설·취득·확장 또는 증축하는 경우 조기환급은 세법상 감가상각자산에 한해 받을 수 있다.

⑤ 조기환급이 아닌 경우의 환급세액은 확정신고한 사업자에게 확정신고기한이 지난 후 30일 이내에 환급하여야 한다.

05 CTA 2018

확인 Check! ○ △ ×

다음은 2026.10.1.에 과세사업을 개시한 일반과세자(제조업) 甲의 2026년 제2기 과세기간에 대한 매출 및 매입 내역이다. 甲이 2026.12.1.에 사업자등록을 신청하였을 때, 사업자미등록에 대한 가산세는 얼마인가? (단, 자료의 금액에는 부가가치세가 포함되어 있지 않고, 「국세기본법」상 가산세 감면규정은 적용하지 않으며 주어진 자료 이외에는 고려하지 않음)

구 분	10.1.~10.31.	11.1~11.30.	12.1.~12.31.	합 계
매 출	75,000,000원	60,000,000원	55,000,000원	190,000,000원
매 입	40,000,000원	20,000,000원	25,000,000원	85,000,000원

① 0원
② 750,000원
③ 1,050,000원
④ 1,350,000원
⑤ 1,900,000원

06 CTA 2016

☑ 확인 Check! ○ △ ✕

「부가가치세법」상 신고 및 납부에 관한 설명으로 옳은 것은?

① 예정신고를 한 사업자는 확정신고 및 납부시 예정신고한 과세표준과 납부한 납부세액 또는 환급받은 환급세액도 포함하여 신고하여야 한다.

② 일반과세자인 개인사업자가 사업 부진으로 인하여 예정신고기간의 공급가액이 직전 과세기간 공급가액의 3분의 1에 미달하여 예정신고납부를 한 경우에는 예정고지세액의 결정은 없었던 것으로 본다.

③ 사업자가 물품을 제조하기 위한 원재료를 수입하면서 부가가치세의 납부유예를 미리 신청하는 경우에는 관할세무서장은 해당 재화를 수입할 때 부가가치세의 납부를 유예할 수 있다.

④ 간이과세자는 사업부진으로 인하여 예정부과기간의 공급대가의 합계액이 직전 과세기간의 공급대가 합계액의 3분의 1에 미달하여도 예정부과기간의 과세표준과 납부세액을 예정부과기한까지 사업장 관할 세무서장에 신고할 수 없다.

⑤ 대리납부의무자는 사업자이어야 한다.

07 CTA 2015

☑ 확인 Check! ○ △ ✕

다음 자료에 의하여 (주)A의 2026년 제1기 부가가치세 확정신고 시 차가감 납부할 세액(지방소비세 포함)을 계산하면 얼마인가?

(1) 2026.4.6. 현재 보유하고 있는 토지와 건물을 346,500,000원(부가가치세 포함)을 받고 함께 처분하였다. 토지와 건물의 실지거래가액의 구분은 불분명하며, 장부가액과 「소득세법」 제99조에 따른 기준시가는 다음과 같다.

구 분	장부가액	기준시가
건 물	200,000,000원	150,000,000원
토 지	275,000,000원	220,000,000원

(2) 2026.4.10. 건축물이 있는 토지를 취득하여 토지만 사용하기 위하여 건묵물을 철거하였다. 철거한 건축물의 취득과 관련된 매입세액은 1,000,000원이고, 철거비용에 관련된 매입세액은 300,000원이다.

(3) 2024년 제2기 부가가치세 확정신고 시 매입세액에서 차감한 대손세액은 200,000원이었다. 동 대손세액과 관련하여 2026.2.1. 대손금액 전부를 변제하였으며, 2026년 제1기 확정신고 시 변제사실을 증명하는 서류를 첨부하여 대손세액변제신고서를 제출하였다.

(4) 위 자료 외에 「부가가치세법」 및 다른 법률에서 정하는 공제세액 등은 고려하지 않는다.

① 12,000,000원
② 12,200,000원
③ 12,300,000원
④ 13,300,000원
⑤ 13,500,000원

08 CPA 2022

✓ 확인 Check! ○ △ ✕

「부가가치세법」상 납세절차에 관한 설명이다. 옳은 것은?

① 비거주자 또는 외국법인으로부터 국내에서 용역 또는 권리를 공급받아 매입세액을 공제받고 과세사업에 사용하는 자는 대리납부 의무가 있다.

② 사업자가 조기환급신고를 한 경우에 관할 세무서장은 조기환급기간에 대한 환급세액을 조기환급기간이 끝난 날부터 15일 이내에 사업자에게 환급하여야 한다.

③ 과세표준과 납부세액을 추계결정하는 경우에는 그 기재내용이 분명한 세금계산서를 발급받아 관할 세무서장에게 제출하더라도 매입세액을 공제할 수 없다.

④ 예정신고・납부 시 신용카드매출전표 발급등에 대한 세액공제 및 전자세금계산서 발급・전송에 대한 세액공제는 적용하고 가산세는 적용하지 않는다.

⑤ 일반과세자인 개인사업자는 예정신고기간에 대하여 예정신고함을 원칙으로 하지만, 해당 과세기간 개시일 현재 일반과세자로 변경된 경우에는 관할 세무서장이 납부고지한다.

09 CPA 2021

✓ 확인 Check! ○ △ ✕

「부가가치세법」상 과세사업자에 관한 설명이다. 옳은 것은?

① 일반과세자 중 모든 법인사업자는 예정신고기간이 끝난 후 25일 이내에 각 예정신고기간에 대한 과세표준과 납부세액 또는 환급세액을 납세지 관할 세무서장에게 신고하여야 한다.

② 모든 일반과세자는 세금계산서를 발급하여야 하며, 영수증을 발급할 수 없다.

③ 일반과세자만 영세율을 적용받을 수 있으며, 간이과세자는 영세율을 적용받을 수 없다.

④ 납세지 관할 세무서장은 일반과세자가 예정신고기간에 대한 환급세액을 예정신고기한까지 신고하면 조기환급 대상이 아닌 경우에도 예정신고기한이 지난 후 15일 이내에 부가가치세를 환급하여야 한다.

⑤ 일반과세자만 대손세액공제를 적용받을 수 있으며, 간이과세자는 대손세액공제를 적용받을 수 없다.

10 CPA 2017

✓ 확인 Check! ○ △ ✕

「부가가치세법」상 납세의무에 관한 설명으로 옳은 것은?

① 과세사업자인 내국법인이 국내사업장이 없는 외국법인으로부터 매입세액공제대상인 용역을 국내에서 제공받아 과세사업에 사용하는 경우 용역을 제공받은 내국법인은 대리납부의무를 부담하지 아니한다.

② 영세율적용대상 거래만 있는 사업자는 「부가가치세법」상 신고의무가 없다.

③ 과세의 대상이 되는 행위 또는 거래의 귀속이 명의일 뿐이고 사실상 귀속되는 자가 따로 있는 경우라 하더라도 명의자에 대하여 「부가가치세법」을 적용한다.

④ 국가 및 지방자치단체는 부가가치세 납세의무자가 될 수 없다.

⑤ 「여객자동차 운수사업법」에 따른 여객자동차 운수사업 중 관광용 전세버스 운송사업을 영위하는 내국법인은 부가가치세 납세의무를 부담하지 아니한다.

CHAPTER

07 | 간이과세

01 CTA 2024

확인 Check! ○ △ ✕

부가가치세법령상 간이과세에 관한 설명으로 옳은 것은?

① 「중소기업기본법」상 중소기업 중 소비성서비스업 이외의 법인사업자의 경우 직전 연도의 공급대가의 합계액이 대통령령으로 정하는 금액(이하 "간이과세 기준금액"이라 한다)에 미달하면 간이과세 대상이다.

② 부동산임대업 또는 「개별소비세법」에 따른 과세유흥장소를 경영하는 사업자로서 해당 업종의 직전 연도의 공급대가의 합계액이 4천만원인 사업자는 간이과세 대상이 아니다.

③ 일반과세를 적용받는 식료품판매업 사업장을 단독명의로 보유하는 개인사업자가 다른 장소에 의류판매업 사업장을 단독명의로 추가 개설하는 경우 그 신규사업장에 대하여 1역년의 공급대가의 합계액이 간이과세 기준금액에 미달할 것으로 예상되는 경우에는 간이과세가 적용된다.

④ 화장품소매업을 운영하는 간이과세자의 1역년의 공급대가의 합계액이 간이과세 기준금액 이상이 되는 해의 다음 해의 1월 1일부터 12월 31일까지는 일반과세를 적용받는다.

⑤ 음식업을 운영하는 간이과세자에 대한 결정 또는 경정한 공급대가의 합계액이 간이과세 기준금액 이상이 되는 경우 그 결정 또는 경정한 날이 속하는 과세기간까지 간이과세자로 본다.

02 CTA 2023

확인 Check! ○ △ ✕

다음은 음식점업(과세유흥장소 아님)을 영위하는 간이과세자 甲의 2026년 과세기간(2026.1.1.~12.31.)의 부가가치세 관련 자료이다. 2026년 과세기간의 부가가치세 차감 납부할 세액(지방소비세 포함)은? (단, 세액공제를 적용받기 위한 모든 요건을 충족함)

(1) 음식점업의 공급대가는 70,000,000원이며, 이 중 신용카드매출전표 발급금액은 30,000,000원이다.
(2) 면세농수산물 구입액은 4,360,000원이며, 모두 계산서 수취분이다.
(3) 식기 등 조리용품 구입액은 22,000,000원(부가가치세 2,000,000원 포함)이며, 세금계산서를 교부받았다.
(4) 주방 설비 11,000,000원(부가가치세 1,000,000원 포함)을 공급받았으며, 세금계산서를 교부받았다.
(5) 음식점업의 업종별 부가가치율은 15%이며, 2026년 예정부과기간의 고지납부세액은 없다.
(6) 전자신고세액공제는 고려하지 않는다.

① 135,000원
② 150,000원
③ 300,000원
④ 495,000원
⑤ 510,000원

03 CTA 2019

☑ 확인 Check! ○ △ ×

문구 소매업과 의류 제조업을 겸영하고 있는 간이과세자인 甲의 2026년 과세기간(2026.1.1~12.31.)의 거래내역이다. 신고서를 서면으로 제출할 경우 차가감납부세액(지방소비세 포함)은 얼마인가? (단, 모두 국내거래이며, 주어진 자료 이외에는 고려하지 않음)

(1) 공급 내역

① 소매업분 : 공급대가 20,000,000원
② 제조업분 : 공급대가 30,000,000원
③ 비품 : 공급대가 10,000,000원(업종별 실지귀속을 구분할 수 없음)

(2) 매입내역

① 소매업분 : 공급가액 15,000,000원, 매입세액 1,500,000원
② 제조업분 : 공급가액 5,000,000원, 매입세액 500,000원
③ 업종별 실지 귀속을 구분할 수 없는 매입분 : 공급가액 3,000,000원, 매입세액 300,000원

(3) 업종별 부가가치율

① 업종별 15%~40%를 적용함
② 소매업의 경우 15%, 제조업의 경우 20%

(4) 세금계산서는 적법하게 수취하였다.

① 648,500원
② 695,000원
③ 815,000원
④ 953,500원
⑤ 972,500원

04 CTA 2018

☑ 확인Check! ○ △ ✕

소매업을 영위하는 개인사업자 甲은 2026.1.1.부터 간이과세자에서 일반과세자로 과세유형이 전환되었다. 전환일 현재의 재고품 및 감가상각자산이 다음과 같으며 모두 매입세액공제대상일 경우 재고매입세액은 얼마인가? (단, 甲은 일반과세자 전환시 보유자산에 대한 '재고품 등 신고서'를 적법하게 신고한 것으로 가정하고 자산의 취득은 적격증명서류를 갖추고 있음)

(1) 2026.1.1. 현재 보유자산 현황(취득가액은 모두 부가가치세 포함)

구 분	취득일자	취득가액	장부가액	시 가
건 물	2022.6.5.	220,000,000원	120,000,000원	230,000,000원
비 품	2024.4.25.	44,000,000원	18,000,000원	24,000,000원
상 품	2025.12.20.	22,000,000원	22,000,000원	26,000,000원

※ 건물과 비품은 타인으로부터 매입한 자산이다.

(2) 해당업종의 부가가치율은 10%로 가정한다.

① 7,200,000원
② 12,690,000원
③ 13,230,000원
④ 15,690,000원
⑤ 16,200,000원

05 CTA 2018

☑ 확인Check! ○ △ ✕

다음은 음식점업(영수증 발급대상사업이며 과세유흥장소 아님)을 영위하는 간이과세자 甲의 부가가치세 관련 자료이다. 2026년 과세기간에 대한 부가가치세 신고시 차감 납부세액(지방소비세 포함)은 얼마인가? (단, 주어진 자료 이외에는 고려하지 않음)

(1) 공급내역

기 간	업 종	공급대가
2026.1.1.~6.30.	음식점업	42,000,000원
2026.7.1.~12.31.	음식점업	23,000,000원
합 계		65,000,000원

(2) 공급대가 중 신용카드매출전표 발급금액은 8,000,000원이다.

(3) 농산물 구입은 계산서 수취분이며 농산물 가액은 1,090,000원이다.

(4) 대형마트를 통한 조미료 등의 구입은 세금계산서 수취분이며 매입세액은 1,000,000원이다.

(5) 음식점업의 업종 부가가치율은 15%이다. 2026년 예정부과기간의 고지세액은 없으며, 전자신고세액공제는 고려하지 않는다.

(6) 매입세액은 공제받기 위한 다른 요건을 모두 충족하였고, 세액공제 등에 대해 적법하게 신고한 것으로 가정하며, 甲은 복식부기의무자가 아니다.

① 0원
② 523,000원
③ 582,300원
④ 623,000원
⑤ 816,000원

06 CTA 2015

☑ 확인Check! ○ △ ✕

간이과세자인 甲은 화장품을 도매로 구입하여 소비자에게 직접 판매하는 소매업을 영위하고 있다. 다음 자료에 의하여 2026년 부가가치세 신고시 차가감 납부할 세액(지방소비세 포함)을 계산하면 얼마인가?

(1) 거래내용

기 간	품 목	공급대가
2026.1.1.~6.30.	화장품	27,500,000원(주1)
2026.7.1.~12.31.	화장품	37,000,000원(주2)
합 계		64,500,000원

주1 견본품으로 제공한 금액 2,200,000원이 포함되어 있다.

주2 매장 직원에게 무상으로 제공(경조사 등과 관련 없음)한 판매용 화장품[공급대가 3,300,000원(시가에 부가가치세가 포함된 금액임), 원가 2,500,000원]은 포함되어 있지 않다.

(2) 신용카드매출전표 발행금액은 소비자에게 판매한 금액의 30%이다.

(3) 화장품 구입대금은 모두 세금계산서 수취분이며 세금계산서상 매입세액은 2,000,000원이다.

(4) 2026년 예정부과기간의 납부세액은 없다.

(5) 소매업의 업종별 부가가치율은 15%로 가정하며, 전자신고세액공제는 고려하지 않는다.

① 358,160원
② 469,580원
③ 481,280원
④ 517,030원
⑤ 631,030원

07 CPA 2023

☑ 확인Check! ○ △ ✕

거주자 갑은 2026년 7월 1일 간이과세자에서 일반과세자로 전환되었다. 2026년 제2기 과세기간 재고매입세액으로 옳은 것은?

(1) 2026년 7월 1일 현재 보유자산 현황

구 분	취득일	취득가액(공급대가)	시 가
상 품	2026.6.1.	1,100,000원	2,000,000원
기계장치	2026.1.1.	확인안됨	55,000,000원
화물자동차	2025.9.1.	22,000,000원	11,000,000원
건 물	2023.3.1.	110,000,000원	88,000,000원

(2) 업종별 부가가치율 : 20%

① 4,894,500원
② 6,709,500원
③ 7,039,500원
④ 8,057,000원
⑤ 16,894,500원

08 CPA 2022 ☑ 확인Check! ○ △ ×

음식점업(과세유흥장소 아님)을 영위하는 개인사업자 갑의 부가가치세 관련 자료이다. ㉠ 간이과세자로 보는 경우 2026년 차가감납부세액과 ㉡ 일반과세자로 보는 경우 2026년 제2기 납부(환급)세액으로 옳은 것은? (단, 세액은 지방소비세를 포함한 것으로 한다)

(1) 2026년 7월 1일부터 2026년 12월 31일까지의 공급대가는 63,800,000원이며, 이는 신용카드매출전표 발급분 55,000,000원을 포함한 것이다.

(2) 매입 내역

구 분	내 역	금 액*
계산서수취분	면세농산물 구입	5,450,000원
세금계산서수취분	기타 조리용품 구입	11,000,000원
	식당 인테리어 공사	41,800,000원

*부가가치세가 포함된 금액임

(3) 음식점업의 업종별 부가가치율은 15%이고, 의제매입세액 공제율은 $\frac{9}{109}$ 이며, 의제매입세액 공제한도는 고려하지 않는다.

(4) 2026년 예정부과기간의 고지세액은 없었고, 전자신고방법에 의하여 신고하지 않았다.

	㉠ 간이과세자 차가감납부세액	㉡ 일반과세자 납부(환급)세액
①	0원	550,000원
②	0원	1,000,000원
③	70,000원	(−)550,000원
④	(−)475,000원	1,000,000원
⑤	(−)925,000원	(−)165,000원

09 CPA 2019

☑ 확인Check! ○ △ ×

맞춤양복 제조업을 경영하는 간이과세자(직전연도 공급대가의 합계액이 4,800만원 미만임) 갑의 2026년 과세기간 부가가치세 관련 자료이다. 부가가치세 차가감납부세액(지방소비세 포함)은 얼마인가?

(1) 양복 매출액

내 역	공급대가	합 계
신용카드매출전표 발행분	12,000,000원	60,000,000원
현금영수증 발행분	10,000,000원	
금전등록기 계산서 발행분	38,000,000원	

(2) 일반과세자로부터 원자재 매입액

내 역	공급가액	매입세액
세금계산서 수취분	20,000,000원	2,000,000원
신용카드매출전표 수취분	10,000,000원	1,000,000원

(3) 양복 제조에 사용하던 재봉틀을 1,000,000원(부가가치세 포함)에 매각하고 금전등록기 계산서를 발급하였으며, 새 재봉틀을 2,200,000원(부가가치세 포함)에 구입하고 세금계산서를 수취하였다.

(4) 2026년 예정부과기간의 납부세액은 없으며, 모든 매입거래에 대하여 매입처별세금계산서합계표 또는 신용카드매출전표등 수령명세서를 제출하였다.

(5) 제조업의 업종별 부가가치율은 20%이며, 전자신고세액공제는 고려하지 않는다.

① 468,000원
② 758,000원
③ 914,000원
④ 1,424,000원
⑤ 0원

제7장

10 CTA 2025

☑ 확인Check! ○ △ ×

음식점업(과세유흥장소 아님)을 운영하는 간이과세자 甲의 부가가치세 관련 자료이다. 2026년 과세기간 (2026.1.1.~12.31.)에 대한 부가가치세 신고시 차가감 납부(환급) 세액(지방소비세 포함)은?

(1) 공급내역 : 2026.1.1.~12.31.의 공급대가 합계액은 99,500,000원이며 이에 대한 구성은 다음과 같다.
① 신용카드매출전표 발급분 공급대가 : 55,000,000원
② 현금영수증 발급분 공급대가 : 25,000,000원
③ 영수증 발급분 공급대가 : 18,500,000원
④ 자기적립마일리지 결제분 공급대가 : 1,000,000원

(2) 구입내역 : 2026.1.1.~12.31.의 매입가액 합계액은 47,700,000원이며 이에 대한 구성은 다음과 같다.
① 세금계산서 수취분 식재료 매입가액(부가가치세 포함) : 16,500,000원
② 계산서 수취분 식재료 매입가액 : 29,000,000원
③ 세금계산서 미수취분 식재료 매입가액(부가가치세 포함) : 2,200,000원(세금계산서를 발급하여야 하는 사업자로부터 매입한 것임)

(3) 수취한 세금계산서 및 계산서는 적법하게 교부받은 것이며, 세부담의 최소화를 가정한다.

(4) 2025.1.1.~12.31.의 공급대가 합계액은 75,000,000원이며, 2026년 예정부과기간의 고지납부세액과 수시부과세액은 없으며, 전자신고세액공제는 고려하지 않는다.

(5) 음식점업의 업종별 부가가치율은 15%이며, 위 자료 외에 다른 사항은 고려하지 않는다.

① 355,000원
② 366,000원
③ 377,000원
④ 381,000원
⑤ 392,000원

11 CPA 2017

☑ 확인Check! ○ △ ×

「부가가치세법」상 간이과세에 관한 설명으로 옳지 않은 것은?

① 2026년 1월 음식점을 개업한 개인사업자 A(타사업장 없음)는 사업자등록을 하면서 간이과세 적용신고서를 제출하였다. A는 매출금액에 관계없이 2026년은 간이과세자 규정을 적용받는다.

② 사업개시일부터 간이과세를 적용받고 있는 간이과세자 B는 2026년 과세기간에 대한 공급대가의 합계액이 4,500만원인 경우 2026년 부가가치세 납부세액의 납부의무를 면제받는다.

③ 2026년 납부의무가 면제되는 간이과세자 C는 2026년 부가가치세 23,000원을 납부하였다. 이 경우 관할 세무서장은 납부금액에 대한 환급의무를 지지 아니한다.

④ 과세사업만을 영위하는 간이과세자 D는 매입세액공제 대상 재화를 매입하면서 정상적인 세금계산서를 발급받아 당해 과세기간 신고를 하면서 매입처별 세금계산서합계표를 제출하였다. 이 경우 세금계산서 등을 발급받은 재화의 공급대가에 0.5%를 곱한 금액을 납부세액에서 공제한다.

⑤ 간이과세자 E의 2026년도 부가가치세 신고 과세표준은 해당 과세기간(2026.1.1.~12.31.)의 공급대가의 합계액으로 한다.

12 CPA 2016

☑ 확인Check! ○ △ ×

「부가가치세법」상 간이과세의 포기에 관한 설명이다. 옳지 않은 것은?

① 간이과세자가 간이과세를 포기하고 일반과세자에 관한 규정을 적용받으려는 경우 간이과세포기신고서를 납세지 관할 세무서장에게 제출하면 된다.

② 간이과세자가 간이과세포기신고서를 제출한 경우 제출일이 속하는 달의 다음 달 1일부터 일반과세자에 관한 규정을 적용받게 된다.

③ 간이과세자는 간이과세를 포기하지 않으면 수출에 대하여 영세율을 적용받을 수 없다.

④ 간이과세포기신고서를 제출한 개인사업자는 일반과세자에 관한 규정을 적용받으려는 달의 1일부터 3년이 되는 날이 속하는 과세기간까지는 간이과세자에 관한 규정을 적용받지 못한다.

⑤ 간이과세포기신고서를 제출한 개인사업자가 다시 간이과세를 적용받으려면 그 적용받으려는 과세기간 개시 10일 전까지 간이과세적용신고서를 관할 세무서장에게 제출하여야 한다.

잊지 마세요.

당신이 버티고 버텨
가려던 곳을

– 작자 미상 –

제3편

정답 및 해설

I
법인세법

CHAPTER 01

법인세법 총론

01

답 ②

▌해설▌

비영리내국법인은 청산소득에 대한 법인세를 납부할 의무가 없다.

02

답 ③

▌해설▌

사업연도를 변경하려는 법인은 그 법인의 직전 사업연도 종료일부터 3개월 이내에 법령으로 정하는 바에 따라 납세지 관할 세무서장에게 이를 신고하여야 한다. 사업연도가 변경된 경우에는 종전의 사업연도 개시일부터 변경된 사업연도 개시일 전날까지의 기간을 1사업연도로 한다. 다만, 그 기간이 1개월 미만인 경우에는 변경된 사업연도에 그 기간을 포함한다.

03

답 ④

▌해설▌

국내사업장이 있는 외국법인이 사업연도 중에 그 국내사업장을 가지지 아니하게 된 경우에는 사업연도 개시일부터 그 사업장을 가지지 아니하게 된 날까지의 기간을 그 법인의 1사업연도로 본다. 다만, 국내에 다른 사업장을 계속하여 가지고 있는 경우에는 그러하지 아니하다.

04

답 ②

▌해설▌

출자지분의 양도로 인하여 생기는 수입은 비영리내국법인의 각 사업연도의 소득에 포함된다.

05

답 ③

▌해설▌

내국법인이 사업연도 중에 조직변경을 한 경우에는 조직변경 전의 사업연도가 계속되는 것으로 본다.

06

답 ⑤

해설

내국법인이 사업연도 중에 조직변경을 한 경우에는 조직변경 전의 사업연도가 계속되는 것으로 본다.

07

답 ②

해설

납세지가 변경된 법인이 「부가가치세법」에 따라 그 변경된 사실을 신고한 경우에는 그 변경된 날부터 15일 이내에 변경 후의 납세지 관할세무서장에게 납세지 변경신고를 하지 않아도 된다. 「법인세법」에 따라 변경된 날부터 15일 이내에 변경 후의 납세지 관할 세무서장에게 이를 신고하여야 하는 게 맞지만, 이 경우 납세지가 변경된 법인이 「부가가치세법」에 따라 그 변경된 사실을 신고한 경우에는 납세지 변경신고를 한 것으로 본다.

08

답 ⑤

해설

대표자상여 처분 시 사업연도 중에 대표자가 변경된 경우 대표자 각인에게 귀속된 것이 분명한 금액은 이를 대표자 각인에게 구분하여 처분하고, 귀속이 분명하지 아니한 경우에는 재직기간의 일수에 따라 구분계산하여 이를 대표자 각인에게 상여로 처분한다.

09

답 ③

해설

내국법인이 국세기본법상 수정신고기한 내에 매출누락, 가공경비 등 부당하게 사외유출된 금액을 회수하고 세무조정으로 익금에 산입하여 신고하는 경우 유보로 처분한다.

10

답 ④

해설

ㅁ. 감가상각비의 손금산액은 원칙적으로 결산조정사항이다. 다만, 신고조정사항으로서 강제조정해야 하는 항목이 있다(감가상각의제액, 2016.1.1. 이후 개시 사업연도에 취득한 업무용승용차 등).

11

답 ④

해설

제26기 사업연도 중에 보유하던 토지 B의 50%를 양도했으므로, 토지와 관련된 유보잔액을 처분비율만큼 추인한다.
∴ 〈익금불산입〉 토지 3,500,000 (△유보)

12

답 ②

해설

과 목	사내유보	사외유출
토 지	〈익금산입〉 4,200,000 (유보)	-
건 물	-	〈손금불산입〉 2,000,000 (기타사외유출)
업무용승용차	-	〈손금불산입〉 3,500,000 (기타사외유출)
합 계	4,200,000원	5,500,000원

※ 기계장치의 경우 현재가치할인차금은 유효이자율법에 의해 상각을 해야 하나, 문제에서 주어진 자료 외에는 고려하지 않는다고 하였으므로 세무조정을 생략한다.
※ 업무용승용차의 처분손실은 800만원까지 손금산입이 가능하다.

13

답 ②

해설

(1) 〈익금산입〉 현금매출누락 100,000,000 (대표자에 대한 상여)

(2) 〈손금불산입〉 채권자가 불분명한 사채이자 7,575,000 (대표자 대한 상여)
〈손금불산입〉 원천징수세액 7,425,000 (기타사외유출)

(3) 〈손금불산입〉 증빙불비 기업업무추진비 4,000,000 (대표자에 대한 상여)

(4) 〈손금불산입〉 업무 관련 교통사고 벌과금 1,000,000 (기타사외유출)
※ 업무와 관련하여 발생한 교통사고라 할지라도 벌금, 과료(통고처분에 따른 벌금 또는 과료에 상당하는 금액을 포함), 과태료는 손금불산입대상이다.

(5) 〈손금불산입〉 소득세 대납액 2,500,000 (기타사외유출)

∴ 대표자에 대한 상여 : 100,000,000 + 7,575,000 + 4,000,000 = 111,575,000
기타사외유출 : 7,425,000 + 1,000,000 + 2,500,000 = 10,925,000

14

답 ③

해설

사업연도	2026.1.1.~12.31.	자본금과 적립금조정명세서(을)		(단위 : 원)
① 과목 또는 사항	② 기초잔액	당기중 증감		⑤ 기말잔액
		③ 감소	④ 증가	
토 지			△1,000,000	△1,000,000
매출채권	△3,000,000	△1,000,000		△2,000,000
상 품	400,000	400,000		
합 계	△2,600,000	△600,000	△1,000,000	△3,000,000

(1) 토지 T/A
〈손금산입〉 토지 1,000,000 (△유보)
〈손금불산입〉 가산세 1,000,000 (기타사외유출)

(2) 매출채권 T/A
제25기 〈손금산입〉 매출채권 3,000,000 (△유보)
제26기 〈손금불산입〉 매출채권 1,000,000 (유보)

(3) 재고자산 T/A
제25기 〈손금불산입〉 재고자산 400,000 (유보)
제26기 〈손금산입〉 재고자산 400,000 (△유보)

15

답 ④

해설

① 퇴직한 임원에게 정관에 정해진 금액을 초과하여 퇴직금을 지급한 경우 : 손금불산입, 상여
② 채권자불분명사채이자 : 손금불산입, 상여
원천징수하는 경우 그 해당 금액 : 손금불산입, 기타사외유출
③ 개인주주가 업무무관하게 사용하고 있는 건물에 대한 임차료 : 손금불산입, 배당
⑤ 임원에게 손금한도를 초과하여 지급하는 상여금 : 손금불산입, 상여

16

답 ⑤

해설

B

채 무	6,000,000	자본금	3,500,000
		채무조정이익	2,500,000

T

채 무	6,000,000	자본금	3,500,000
		주발초	500,000
		채무조정이익	2,000,000

T/A

	〈익不〉 주발초 500,000 (기타)

17

답 ①

해설

(1) 자본거래에 의해서 더 많이 받은 금액인 주식발행초과금은 자본거래이기 때문에 추가적으로 수익으로 계상하지 않는다.
(2) 자산수증이익 15,000,000원은 익금 항목이며, 회계처리를 누락하였으므로 익금 처리한다.
(3) 25기에 이미 과세를 했기 때문에 추가적으로 과세되면 안되는 이월익금에 해당한다. 따라서 26기에 해당 외상매출금 7,000,000원을 회수하여 잡이익으로 계상한 것은 익금불산입 처리해야 한다.
(4) 회사가 회계처리한 (차변) 유형자산 (대변) 재평가이익은 법률에 의한 평가증이 아니면 인정되지 않기 때문에 자산과 재평가이익을 없애주는 세무조정을 한다. 익금불산입과 익금산입의 이중세무조정이 나오므로 순액은 0이 된다.

∴ (2) (+)15,000,000 + (3) (−)7,000,000 = (+)8,000,000

18

답 ④

▌해설▌

내 용	세무조정
(1) 손익계산서상 당기순이익	1,500,000
(2) 비용으로 처리된 업무무관자산 관리비	〈손금불산입〉 700,000 (사외유출)
(3) 비용으로 처리된 원재료 연지급수입이자	–
(4) 수익으로 처리된 법인세환급액(전기 납부분)	〈익금불산입〉 500,000 (기타)
(5) 수익으로 처리된 법인세환급액에 대한 환급금이자	〈익금불산입〉 10,000 (기타)
(6) 자산으로 처리된 특수관계인으로부터 고가매입한 토지의 시가초과 상당액	〈손금산입〉 200,000 (△유보) 〈손금불산입〉 200,000 (사외유출)
(7) 기부금 한도초과이월액 중 당기 손금산입액	〈손금산입〉 100,000 (기타)
(8) 이월공제가능 기간 이내의 이월결손금	–

∴ (1) 1,500,000 + (2) (+)700,000 + (4) (−)500,000 + (5) (−)10,000 + (6) 0 + (7) (−)100,000 = 1,590,000

CHAPTER 02 | 익금

01

답 ②

▌해설▌

채무의 출자전환에 따른 채무면제이익으로서 법 소정 요건을 충족하는 법인에 해당하는 경우에만 향후에 발생할 결손금의 보전에 충당할 금액을 익금불산입할 수 있다. 이 외의 채무면제이익과 자산수증이익은 적용받을 수 없다.

[법 소정 요건을 충족하는 법인]

① 「기업구조조정 촉진법」에 따라 기업개선계획의 이행을 위한 약정을 체결한 부실징후기업인 법인
② 채권보유금융회사와 경영정상화계획 이행을 위한 협약을 체결한 법인
③ 「채무자 회생 및 파산에 관한 법률」에 따라 회생계획인가결정을 받은 법인
④ 「기업 활력 제고를 위한 특별법」에 따른 사업재편계획승인을 받은 법인

02

답 ④

▌해설▌

① 부가가치세의 매출세액은 정부에 납부할 금액이므로 익금불산입이다.
②, ⑤ 주식발행액면초과액과 무액면주식의 주식발행초과금은 자본거래 성격으로서 익금불산입이다.
③ 이미 과세된 소득을 해당 사업연도에 수익으로 계상한 경우 이중과세 방지를 위해 익금불산입한다.

03

답 ③

▌해설▌

법인세차감전순이익 210,000 + 매출액 300,000 − 매출원가 220,000 + 선급비용 25,000 − 채무면제이익 150,000 + 자기주식처분이익 10,000 = 각사업연도 소득금액 175,000

04

답 ②

해설

(1) 보증금적수
200,000,000 × 184일 = 36,800,000,000

(2) 건설비적수
건물취득원가(300,000,000 − 150,000,000 − 46,000,000) × 184일(2026.7.1~12.31) + 자본적지출 46,000,000 × 92일(2026.10.1.~12.31) = 23,368,000,000

∴ 간주임대료 : $(36,800,000,000 - 23,368,000,000) \times \frac{1}{365} \times 10\% = 3,680,000$

05

답 ③

해설

(1) 추계하지 않는 경우(장부를 기장하는 경우)

$(600,000,000 - 200,000,000 \times \frac{600m^2}{750m^2}) \times 5\% = 22,000,000$

(2) 추계결정하는 경우
(주택보증금 60,000,000 + 상가보증금 600,000,000) × 5% = 33,000,000

06

답 ④

해설

(1) 보증금적수 : ① + ② = 226,300,000,000
① 상가 1 : 500,000,000 × 365일
② 상가 2 : 300,000,000 × 146일

(2) 건설비 적수 : ① + ② = 116,800,000,000

① 상가 1 : $(600,000,000 - 200,000,000) \times \frac{600m^2}{900m^2} \times 365$일

② 상가 2 : $(600,000,000 - 200,000,000) \times \frac{300m^2}{900m^2} \times 146$일

∴ 간주임대료 : $(226,300,000,000 - 116,800,000,000) \times \frac{1}{365} \times 3\% - (2,500,000 + 500,000) = 6,000,000$

07

답 ②

해설

(50,000,000 − 100,000,000 × 20%*) × 5% − 100,000 = 1,400,000

*사무실 전체 면적 중 임대면적의 비율

08

답 ①

해설

채무의 출자전환으로 주식등을 발행하는 경우로서 시가로 발행된 금액 중 액면금액을 초과한 금액을 자본에 전입하여 주주가 받은 주식가액은 의제배당에 해당하지 않는다. 채무의 출자전환으로 주식등을 발행하는 경우로서 시가로 발행된 금액 중 액면금액을 초과한 금액은 주식발행초과금을 의미한다.

09

답 ⑤

해설

(1) 의제배당대상
의제상환주식 관련 주식발행초과금 8,000,000(주1) + 자기주식처분이익 14,000,000 + 자기주식소각이익 10,000,000 × 60%(주2) + 이익준비금 15,000,000 = 43,000,000

주1 주식발행초과금 24,000,000원 중 8,000,000원은 겉으로는 주식발행초과금이어도 이익잉여금의 성격을 가지고 있으므로 의제배당대상이다.
주2 자기주식 소각 당시 자기주식의 시가가 취득가액을 초과하지 아니하였지만, 60%를 2년 이내 자본전입하였으므로 60%는 의제배당대상이며 나머지 40%는 의제배당대상이 아니다.

(2) 의제배당금액
43,000,000 × 10%(지분비율) = 4,300,000

10

답 ④

해설

〈상황 1〉

방법 1. 지분율 방식 : $150,000,000 \times 20\% \times \frac{20\%}{80\%} = 7,500,000$

방법 2. 주식수 방식 : $300,000주 \times 20\% \times \frac{20\%((주)B지분율)}{80\%(자기주식\ 외)} \times 500 = 7,500,000$

〈상황 2〉

방법 1. 지분율 방식 : $120,000,000 \times 20\% \times \frac{20\%}{80\%} = 6,000,000$

방법 2. 주식수 방식 : $240,000주 \times 20\% \times \frac{20\%}{80\%} \times 500 = 6,000,000$

11

답 ②

해설

채무의 출자전환으로 인한 채무면제이익 1,000,000 + 자기주식소각이익 5,000,000 + 자기주식처분이익 1,500,000 + 토지분(재평가세 1% 과세분) 400,000 + 이월이익잉여금 10,000,000 = 17,900,000

∴ $17,900,000 \times 15\% = 2,685,000$

12

답 ④

해설

(1) (주)B : $(200,000,000 - 160,000,000) \times 20\% \times \frac{30,000주}{80,000주} = 3,000,000$

(2) (주)C : $(200,000,000 - 160,000,000) \times 20\% \times \frac{40,000주}{80,000주} = 4,000,000$

(3) (주)D : $(200,000,000 - 160,000,000) \times 20\% \times \frac{10,000주}{80,000주} = 1,000,000$

13

답 ④

해설

(1) 의제배당금액 : 45,000,000

① 본래의 의제배당소득 : $20,000주 \times \frac{100,000,000}{500,000,000} \times 5,000 = 20,000,000$

② 지분율 증가에 의한 의제배당소득

㉠ 의제배당 재원의 자본전입으로 인한 이익 : $(25,000주 - 20,000주) \times \frac{100,000,000}{500,000,000} \times 5,000 = 5,000,000$

㉡ 의제배당 재원이 아닌 자본잉여금의 자본전입으로 인한 이익 : $(25,000주 - 20,000주) \times \frac{400,000,000}{500,000,000} \times 5,000$
$= 20,000,000$

(2) 일반법인의 배당소득에 대한 익금불산입
(45,000,000 − 20,000,000) × 80%* = 20,000,000

*수입배당금 익금불산입 적용 시 출자비율을 산정함에 있어 발행주식총수에는 우선주는 포함하고 피출자법인이 보유한 자기주식은 제외한다.

∴ 익금산입 45,000,000원, 익금불산입 20,000,000원

14

답 ②

해설

(1) 감자대가 : 400주 × 1,500 = 600,000

(2) 소멸주식의 세무상 취득가액 : ① + ② = 350,000
① 단기소각주식 : 120주 × 0(단기소각주식특례) = 0
② 일반주식 : 280주 × 1,250* = 350,000

$* \frac{(400주 \times 1,500) + (400주 \times 1,000)}{800주} = 1,250주$

(3) 감자시 의제배당 : (1) − (2) = 600,000 − 350,000 = 250,000

일 자	구 분	처분전 주식수	취득단가	취득가액	처 분	처분후 주식수
2023.4.1.	유상취득	400주	1,500	600,000	(160주)	240주
2024.5.2.	무상증자	200주	−	−	(80주)	120주
2024.7.1.	무상증자	400주	1,000	400,000	(160주)	240주
2024.9.15	처 분	−	−	−	(400주)	600주

15

답 ⑤

▌해설▌

(1) 대가 : (5,000주 × 20%) × 20,000 = 20,000,000

(2) 소멸주식의 세무상 취득가액 : 500주 × 0(단기소각주식특례) + 500주 × 7,000* = 3,500,000

$$* \frac{(2{,}000주 \times 9{,}500) + (2{,}500주 \times 5{,}000)}{4{,}500주} = 7{,}000주$$

(3) 의제배당금액 : 20,000,000 − 3,500,000 = 16,500,000

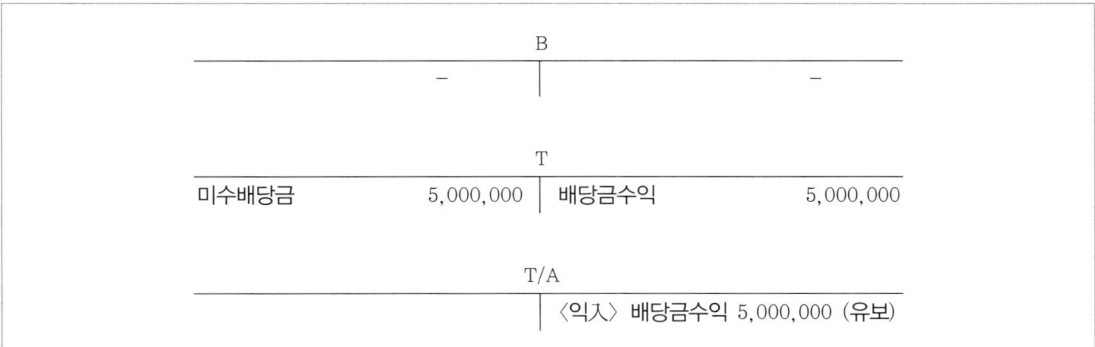

16

답 ⑤

▌해설▌

〈제25기〉

B

	−		−

T

미수배당금	5,000,000	배당금수익	5,000,000

T/A

	〈익入〉 배당금수익 5,000,000 (유보)

〈제26기〉

B

현 금	5,000,000	배당금수익	5,000,000

T

	−		−

T/A

	〈익不〉 배당금수익 5,000,000 (△유보)

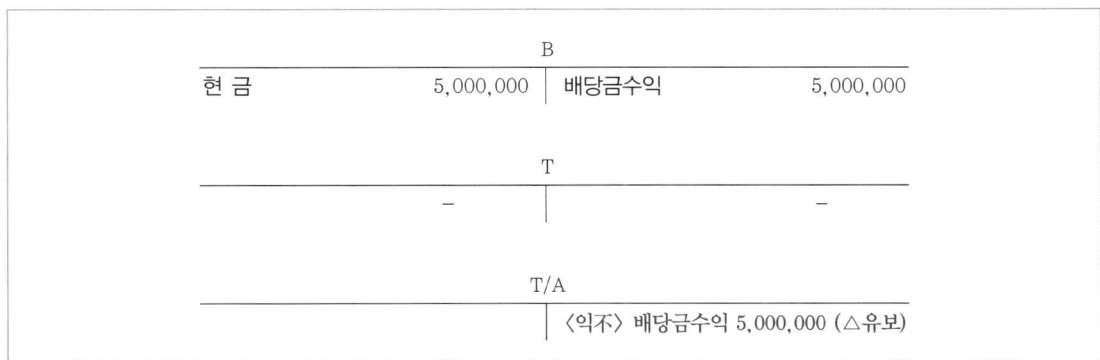

17

답 ④

해설

피출자법인에 대한 출자비율	익금불산입률
50퍼센트 이상	100퍼센트
20퍼센트 이상 50퍼센트 미만	80퍼센트
20퍼센트 미만	30퍼센트

18

답 ④

해설

① 내국법인(법령에 따른 간접투자회사등을 제외한다)이 해당 법인이 출자한 외국자회사로부터 받은 수입배당금액의 100분의 95에 해당하는 금액은 각 사업연도의 소득금액을 계산할 때 익금에 산입하지 아니한다.
② 내국법인이 수입배당금을 익금불산입할 수 있는 외국자회사란 내국법인이 의결권 있는 발행주식총수의 100분의 10 이상을 출자하고 있는 외국법인을 말한다.
③ 「국제조세조정에 관한 법률」에 따라 특정외국법인의 유보소득에 대하여 내국법인이 배당받은 것으로 보는 금액에 대해서는 외국자회사 등 수입배당금 익금불산입 규정을 적용하지 않는다.
⑤ 혼성금융상품의 거래에 따라 내국법인이 지급받는 수입배당금액은 각 사업연도의 소득금액을 계산할 때 익금에 산입한다.

19

답 ③

해설

$$(20,000,000 \times \frac{(35,000주 - 5,000주)^{(주1)}}{40,000주} - (30,000,000 - 10,000,000) \times \frac{6억원^{(주2)} \times 365일}{20억원 \times 365일}) \times 80\% = 7,200,000$$

주1 주식 등의 일부를 양도한 경우에는 먼저 취득한 주식 등을 먼저 양도한 것으로 본다.

주2 $7억원 \times \frac{30,000주}{35,000주} = 6억원$

20

답 ②

▌해설▌

(1) (주)B : $(35,000,000 - 50,000,000 \times \frac{3.5억원}{50억원}) \times 80\% = 25,200,000$

(2) (주)C : 수입배당금 익금불산입 규정 적용 × (∵ 배당기준일 전 3개월 이내에 취득)

21

답 ④

▌해설▌

(1) 의제배당소득

① 의제배당 : 이익잉여금으로 상환된 상환주식의 주식발행초과금 1,200,000 + 자기주식처분이익 1,000,000 + 재평가적립금(1%) 1,200,000 = 3,400,000

② 의제배당소득 : 3,400,000 × 10% = 340,000

(2) 수입배당금 익금불산입

340,000 × 30% = 102,000

(3) 각 사업연도 소득금액에 미치는 순영향 : 340,000 − 102,000 = 238,000

22

답 ③

▌해설▌

(1) (주)B : $(6,000,000 - 15,000,000 \times \frac{300,000,000}{5,000,000,000}) \times 100\% = 5,100,000$

(2) (주)C : $(3,000,000 - 15,000,000 \times \frac{600,000,000}{5,000,000,000}) \times 80\% = 960,000$

∴ 수입배당금 익금불산입 : 5,100,000 + 960,000 = 6,060,000

CHAPTER

03 | 손금

01

답 ③

▌해설▌

법인이 영리내국법인으로부터 건당 3만원(부가가치세 포함)을 초과하는 용역을 공급받고 그 대가를 지급하는 경우 법정증명서류 이외의 증명서류를 수취하면 손금에 산입한다.

※ 손금에 산입하되 증명서류 수취 불성실가산세를 부과한다. - 법정증명서류 미수취 금액 × 2%

02

답 ②

▌해설▌

손금에 산입하는 항목은 다음과 같다.

○ 산업재해보상보험료의 연체금

(cf) 산업재해보상보험료의 가산금의 경우 손금불산입에 해당한다.

○ 전기요금의 납부지연으로 인한 연체가산금

○ 보세구역에 보관되어 있는 수출용 원자재가 관세법 상의 장치기간 경과로 국고귀속이 확정된 자산의 가액

※ 이외의 항목들은 손금불산입 항목으로 기타사외유출로 소득처분한다.

03

답 ③

▌해설▌

○ 업무와 관련하여 발생한 교통사고 벌과금 : 1,500,000원

○ 「국민건강보험법」에 따라 징수하는 연체금 : 4,000,000원

○ 외국의 법률에 따라 국외에서 납부한 벌금 : 6,000,000원

∴ 익금산입 및 손금불산입 : 11,500,000

※ 이외에는 벌과금이 아니므로 손금이 인정된다.

04

답 ③

해설

손비로 볼 수 있는 항목은 다음과 같다.

○ 특수관계인으로부터 감가상각대상자산을 양수하면서 기업회계기준에 따라 장부에 계상한 자산의 가액이 시가에 미달하는 경우에 실제취득가액과 장부에 계상한 가액과의 차이에 대한 감가상각비 상당액

○ 광업의 탐광을 위한 개발비

○ 우리사주조합에 출연하는 자사주의 장부가액

05

답 ②

해설

(1) 〈손금산입〉 소멸시효 완성 매출채권 2,000,000 (△유보)

(2) 〈익금불산입〉 토지 1,000,000 (△유보)

※ 취득세에 관한 가산세 1,000,000은 손금불산입에 해당하므로, 토지의 취득가액은 104,000,000만 인정된다.

(3) 〈익금불산입〉 관계기업투자주식 2,000,000 (△유보)

※ 5.18일자 회계처리는 세법상 배당금수익으로 인정하며, 12.31일자 회계처리는 세법상 인정하지 않으므로 익금불산입 처리한다.

∴ 손금산입 및 익금불산입 항목의 합계금액 : 2,000,000 + 1,000,000 + 2,000,000 = 5,000,000

06

답 ①

해설

ㄱ. 「채무자 회생 및 파산에 관한 법률」에 따른 회생계획인가의 결정에 따라 회수불능으로 확정된 채권은 확정된 사업연도의 손금으로 한다.

ㄴ. 내국법인이 임원 및 사용인에게 지급하는 성과배분상여금은 잉여금의 처분을 손비로 계상한 것이라도 각 사업연도의 소득금액을 계산할 때 손금에 산입하지 않는다.

ㄹ. 내국법인이 해당 법인 이외의 자와 출자에 의하여 특정사업을 공동으로 영위함에 따라 발생된 손비에 대한 분담금액은 출자총액 중 당해 법인이 출자한 금액의 비율을 적용한다.

07

답 ③

해설

성과산정지표 등을 기준으로 하여 직원에게 성과배분상여금을 지급하기로 하는 노사협약을 체결하고 그에 따라 지급하는 성과배분상여금에 대하여 법인이 사업연도종료일을 기준으로 성과배분상여금을 산정한 경우 해당 성과배분상여금은 그 성과배분의 기준일이 속하는 사업연도의 손금에 산입한다(기본통칙 40-71…26 [성과배분 상여금의 손금 귀속시기]).

08

답 ③

▌해설▌

① 무상 기증하면 보통 기부금으로 분류되는데, 예외적으로 「식품등 기부 활성화에 관한 법률」에 따라 기증한 경우 기부금에 포함시키지 않고, 전액 손비처리할 수 있다.
② 환경미화를 위해 미술품을 전시하는 경우 1,000만원 이하는 비용처리 시 손금인정이 된다.
③ 법인세법상 지분법이익과 지분법손실은 인정되지 않는다. 따라서 〈손금불산입〉 2,000만원(유보)로 세무조정이 필요하다.
④ 「파견근로자보호 등에 관한 법률」에 따른 파견근로자를 위하여 지출한 직장체육비는 복리후생비로 분류하며, 전액 손금으로 인정된다.
⑤ 유족에게 학자금을 내부기준에 의하여 일시적으로 지급하는 경우 유족의 생활권 보호를 위해 전액 손금으로 인정한다.

09

답 ②

▌해설▌

(1) B 기업업무추진비
I/S상 기업업무추진비 120,000,000 − 복리후생비 10,000,000 = 110,000,000

(2) T 기업업무추진비(한도액) : ① + ② + ③ + ④ = 92,240,000
① 기본한도 : $36,000,000 \times \frac{12}{12} = 36,000,000$
② 수입금액한도 : 30,000,000 + 60억 × 0.2% + 20억 × 0.2% × 10% = 42,400,000
③ 문화한도 : Min(6,000,000, 78,400,000 × 20%) = 6,000,000
④ 전통시장한도 : Min(9,000,000, 78,400,000 × 10%) = 7,840,000

(3) 한도초과액 : 〈손금불산입〉 기업업무추진비 17,760,000 (기타사외유출)

10

답 ④

▌해설▌

내국법인이 한 차례의 접대에 지출한 기업업무추진비 중 3만원(경조금은 20만원)을 초과하는 기업업무추진비로서 증명서류를 수취하지 않은 것은 전액 손금불산입하고 대표자에 대한 상여로 처분한다.
(cf) 법정증명서류를 수취하지 않고 영수증을 수취한 경우에는 전액 손금불산입하고 기타사외유출로 처분한다.

11

답 ①

해설

(1) B 기업업무추진비

총 지출액 56,000,000 − 증빙이 없는 지출 8,000,000 − 적격증빙서류 미수취(건당 3만원) 6,000,000 = 42,000,000

(2) T 기업업무추진비 : ① + ② = 35,650,000

① 기본 : $12{,}000{,}000 \times \frac{12}{12} = 12{,}000{,}000$

② 수입금액 : (7,500,000,000 × 0.3%) + (2,500,000,000 × 0.3% + 2,000,000,000 × 0.2%) × 10% = 23,650,000

(3) 한도초과액 : 〈손금불산입〉 6,350,000 (기타사외유출)

∴ 〈손금불산입〉 8,000,000 (대표자 상여), 〈손금불산입〉 6,000,000 (기타사외유출)

12

답 ①

해설

(1) B 기업업무추진비

I/S상 기업업무추진비 225,000,000 + 복리후생비 3,000,000 + 대손상각비 10,000,000 − 대표이사 자녀 결혼식 하객 식사비 15,000,000[주1] − 증빙누락 5,000,000[주1] − 영수증수취분(건당 3만원 초과분) 4,000,000[주2] = 214,000,000

주1 〈손금불산입〉 (상여)
주2 〈손금불산입〉 영수증 수취분(건당 3만원 초과) 4,000,000 (기타사외유출)

(2) T 기업업무추진비 : ① + ② = 142,070,000

① 기본 : $36{,}000{,}000 \times \frac{10}{12} = 30{,}000{,}000$

② 수입금액 : (100억원 × 0.3% + 400억원 × 0.2% + 60억원 × 0.03%)[주1] + (90억원 × 0.03% × 10%)[주2] = 112,070,000

주1 일반수입금액 650억원 − 90억원 = 560억원
주2 특정수입금액 90억원

(3) 한도초과액 : 〈손금불산입〉 기업업무추진비 71,930,000 (기타사외유출)

13

답 ①

해설

(1) T 기업업무추진비 : 59,000,000 − 5,400,000(한도초과액) = 53,600,000

(2) 수입금액한도

$12,000,000 \times \frac{9}{12}$ + (100억원 × 0.3%) + (200억원 − x − 100억원) × 0.2% + (x × 0.2% × 10%) = 53,600,000

→ 5,400,000 = $0.0018x$

∴ 특수관계인과의 거래에서 발생한 수입금액(x) : 30억원

14

답 ⑤

해설

(1) B 기업업무추진비 : I/S상 기업업무추진비 40,000,000 − 증빙누락 기업업무추진비 700,000(주1) − 건당 3만원 초과 영수증 300,000(주2) + 기업업무추진비 관련 부가가치세 매입세액 1,000,000 + 복리시설비 3,000,000 = 43,000,000

주1 〈손금불산입〉 증빙누락 700,000 (대표자상여)
주2 〈손금불산입〉 영수증수취분(건당 3만원 초과) 300,000 (기타사외유출)

(2) T 기업업무추진비 : ① + ② = 40,600,000

① 기본 : $12,000,000 \times \frac{6}{12}$ = 6,000,000

② 수입금액 : (100억원 × 0.3%) + (20억원 × 0.2%) + (30억원 × 0.2% × 10%) = 34,600,000

(3) 한도초과액 : 〈손금불산입〉 기업업무추진비 2,400,000 (기타사외유출)

15

답 ①

해설

(1) B 기업업무추진비 : I/S상 기업업무추진비 60,000,000 − 영수증 수취분(건당 3만원 초과분) 10,000,000* + 복리시설비 계상 기업업무추진비 5,000,000 + 광고선전비 계상 기업업무추진비 5,000,000 = 60,000,000

*〈손금불산입〉 영수증수취분(건당 3만원 초과분) 10,000,000 (기타사외유출)

(2) T 기업업무추진비 : ① + ② = 30,900,000

① 기본 : $12,000,000 \times \frac{12}{12}$ = 12,000,000

② 수입금액 : (6,000,000,000 × 0.3%) + (3,000,000,000 × 0.3% × 10%) = 18,900,000

(3) 한도초과액 : 〈손금불산입〉 기업업무추진비 29,100,000 (기타사외유출)

16

답 ③

▌해설▌

(1) B 기업업무추진비 : I/S상 기업업무추진비 67,500,000 − 영수증 수취분(건당 3만원 초과분) 1,500,000* + 현물 기업업무추진비 1,000,000 + 기업업무추진비 관련 매입세액 4,000,000 = 71,000,000

*〈손금불산입〉 영수증 수취분(건당 3만원 초과) 1,500,000 (기타사외유출)

(2) T 기업업무추진비 : ① + ② = 48,000,000

① $36,000,000 \times \frac{6}{12} = 18,000,000$

② 100억원 × 0.3% = 30,000,000

(3) 한도초과액 : 〈손금불산입〉 기업업무추진비 23,000,000 (기타사외유출)

17

답 ④

▌해설▌

(1) B 기업업무추진비

I/S 기업업무추진비 70,000,000 − 영수증 수취분(건당 3만원 초과분) 500,000(주1) + 복리후생비 5,000,000 − 대표이사 업무무관 1,000,000(주2) = 73,500,000

주1 〈손금불산입〉 영수증 수취분(건당 3만원 초과) 500,000 (기타사외유출)
주2 〈손금불산입〉 대표이사 업무무관 1,000,000 (상여)

(2) T 기업업무추진비

$$12,000,000 \times \frac{12}{12} + 10,000,000,000 \times 0.3\% + 5,000,000,000 \times 0.2\% = 52,000,000$$

(3) 한도초과액 : 〈손금불산입〉 기업업무추진비 21,500,000 (기타사외유출)

18

답 ①

▌해설▌

(1) B 기업업무추진비

I/S 기업업무추진비 90,000,000 + 전기 기업업무추진비 5,000,000* + 현물기업업무추진비 차액 2,000,000 = 87,000,000

*〈손금불산입〉 전기 기업업무추진비 5,000,000 (유보)

(2) T 기업업무추진비 : ① + ② + ③ = 84,720,000

① 기초금액 : $36,000,000 \times \frac{12}{12} = 36,000,000$

② 수입금액 : (10,000,000,000 × 0.3%) + (2,000,000,000 × 0.2%) + (3,000,000,000 × 0.2% × 10%) = 34,600,000

③ 문화비로 지출한 기업업무추진비 : Min[20,000,000, (① + ②) × 20%] = 14,120,000

(3) 한도초과액 : 〈손금불산입〉 기업업무추진비 2,280,000 (기타사외유출)

19

답 ③

▌해설▌

(1) B 기업업무추진비

I/S 기업업무추진비 54,000,000 + 현물접대한 제품의 시가와 기업업무추진비 관련 매출세액 11,000,000 = 65,000,000

(2) T 기업업무추진비 : ① + ② = 43,000,000

① 기초 : $36,000,000 \times \frac{6}{12} = 18,000,000$

② 수입금액 : (80억 × 0.3%) + (20억 × 0.3% × 10%) + (20억 × 0.2% × 10%) = 25,000,000

(3) 한도초과액 : 〈손금불산입〉 기업업무추진비 22,000,000 (기타사외유출)

20

답 ②

▌해설▌

(1) B 기업업무추진비

I/S상 기업업무추진비 70,000,000 − 전기 기업업무추진비 4,000,000 + 타계정대체 6,000,000 = 72,000,000

(2) T 기업업무추진비 : ① + ② + ③ = 68,030,000

① 기초 : $36,000,000 \times \frac{12}{12} = 36,000,000$

② 수입금액 : (6,700,000,000 × 0.3%) + (3,300,000,000 × 0.3% × 10%) + (4,700,000,000 × 0.2% × 10%)
= 22,030,000

③ 문화비로 지출한 기업업무추진비 : Min[10,000,000, (① + ②) × 20%] = 10,000,000

21

답 ③

해설

①, ②, ④, ⑤는 특례기부금으로 한도가 50% 적용되고, ③은 일반기부금으로 한도가 10%(사회적기업은 20%) 적용된다.

22

답 ②

해설

법인이 기부금을 금전 외의 자산으로 제공한 경우 특수관계인이 아닌 자에게 기부한 일반기부금은 기부했을 때의 장부가액으로 평가한다.

23

답 ③

해설

(1) 각 기부금의 구분

① 특례기부금 : 천재지변 13,000,000 + 병원 기부금(사립학교법) 5,000,000 = 18,000,000

② 일반기부금 : 종교단체에 지출한 기부금 10,000,000

③ 비지정기부금 : 새마을금고에 지출한 기부금 3,000,000

(2) 기준소득금액 : 97,000,000 + 3,000,000 + 18,000,000 + 10,000,000 = 128,000,000

(3) 각 기부금 한도시부인

① 특례기부금

㉠ B : 18,000,000

㉡ T : (128,000,000 − 7,000,000) × 50% = 60,500,000

⇒ 60,500,000 − 2,000,000(이월손금산입) = 58,500,000

㉢ T/A : 한도초과 없음, 〈손入〉 이월손금산입 2,000,000 (기타)

② 일반기부금

㉠ B : 10,000,000

㉡ T : (121,000,000 − 2,000,000 − 18,000,000) × 10% = 10,100,000

⇒ 10,100,000 − 3,000,000(이월손금산입) = 7,100,000

㉢ T/A : 〈손不〉 일반기부금 한도초과 2,900,000 (기타사외유출)

〈손入〉 이월손금산입 3,000,000 (기타)

(4) 각 사업연도 소득금액 : 97,000,000 + 3,000,000 − 2,000,000 − 3,000,000 + 2,900,000 = 97,900,000

24

답 ③

해설

(1) 각 기부금의 구분

① 특례기부금 : 2,000,000원

㉠ 이재민 구호금품 : 2,000,000원

㉡ 사회복지공동모금회에 지급한 기부금 : 1,000,000원

〈손금불산입〉 2026년 특례기부금 1,000,000원 (유보)

※ 법인세법상 기부금의 귀속시기는 실제 지출된 날로 정하고 있다. 사회복지공동모금회에 지급한 어음의 결제일이 2027.1.5.이므로, 2027년의 손금으로 산입하여야 한다.

② 일반기부금 : 불우이웃돕기성금 5,000,000원

③ 비지정기부금 : 새마을금고 3,000,000원

※ 비지정기부금으로 손금불산입 세무조정이 필요하나 문제에서 이미 세무조정이 이루어진 것으로 제세되었다.

(2) 차가감 소득금액

포괄손익계산서상 당기순이익 6,000,000원 + 가산조정 (7,000,000원 + 1,000,000원) − 차감조정 17,000,000원 = △3,000,000원

(3) 특례기부금 한도시부인

① B : 2,000,000

② T : (△3,000,000 + 7,000,000 − 1,500,000*) × 50% = 1,250,000원

*Min(1,500,000, 4,000,000 × 60%) = 1,500,000

③ T/A : 〈손금불산입〉 특례기부금 한도초과액 750,000원 (기타사외유출)

(4) 일반기부금 한도시부인

① B : 5,000,000

② T : (△3,000,000 + 7,000,000 − 1,500,000 − 1,250,000) × 10% = 125,000원

③ T/A : 〈손금불산입〉 일반기부금 한도초과액 4,875,000 (기타사외유출)

∴ 각 사업연도 소득금액 : △3,000,000 + 750,000 + 4,875,000 = 2,625,000

25

답 ②

▌해설▌

결산서에 반영된 사항	귀속시기	세무조정
배당금수익 1,000,000원 (해산한 법인 (주)B의 잔여재산 분배로 인한 의제배당)	2027년 (잔여재산가액 확정일)	〈익금불산입〉 1,000,000
선급비용 1,000,000원 (지출 후 이연 처리한 기업업무추진비)	2026년 (기업업무추진비 지출일)	〈손금산입〉 1,000,000
영업외비용 1,000,000원 (어음을 발행하여 지출한 기부금)	2027년 (어음 결제일)	〈손금불산입〉 1,000,000
영업외수익 1,000,000원 (유형자산 양도로 인한 처분이익)	2026년 (대금청산일, 소유권이전등기일, 사용수익일 중 빠른 날)	–
계		(–)1,000,000

26

답 ④

▌해설▌

(1) 각 기부금의 구분

① 특례기부금 : 국가로부터 정당한 사유 없이 토지 구입 12,000,000*

*90,000,000 – 60,000,000 × 130% = 12,000,000

〈손금산입〉 토지 12,000,000 (△유보)

② 일반기부금 : 아동복지시설 5,000,000

(2) 기준금액

① 차가감소득금액 : 100,000,000 + 20,000,000 – 10,000,000 – 12,000,000 = 98,000,000

② 기준소득금액 : 98,000,000 + 12,000,000 + 5,000,000 = 115,000,000

③ 기준금액 : 115,000,000 – Min[100,000,000, 115,000,000 × 80%*] = 23,000,000

*각사업연도소득의 80%를 한도로 이월결손금공제를 적용받는 법인은 기준금액 계산시 기준소득금액(115,000,000)의 80%인 92,000,000을 한도로 이월결손금을 차감한다.

(3) 특례기부금 한도시부인

① B : 12,000,000

② T : 23,000,000 × 50% = 11,500,000

③ T/A : 〈손금불산입〉 특례기부금 한도초과액 500,000 (기타사외유출)

(4) 일반기부금 한도시부인

① B : 5,000,000

② T : 23,000,000 – 11,500,000 × 10% = 1,150,000

→ 1,150,000 – 1,000,000(이월손금산입) = 150,000

③ T/A : 〈손금불산입〉 일반기부금 한도초과액 4,850,000 (기타사외유출)

〈손금산입〉 이월손금산입 1,000,000 (기타)

27

답 ④

해설

(1) 기부금의 구분

① 특례기부금 : 천재지변 3,000,000

② 일반기부금 : 아동복지시설 2,000,000 + 의제기부금 6,000,000(80,000,000 × 70% − 50,000,000) = 8,000,000

(2) 기준금액

① 차가감소득금액 : 19,000,000 + 10,000,000 − 12,000,000 = 17,000,000

② 기준소득금액 : 17,000,000 + 특례기부금 3,000,000 + 일반기부금 8,000,000 = 28,000,000

③ 기준금액 : 28,000,000 − Min[25,000,000, 28,000,000 × 80%] = 5,600,000

(3) 특례기부금 한도시부인

① B : 3,000,000

② T : 5,600,000 × 50% = 2,800,000

③ T/A : 〈손금불산입〉 특례기부금 한도초과액 200,000 (기타사외유출)

(4) 일반기부금 한도시부인

① B : 8,000,000

② T : (5,600,000 − 2,800,000) × 10% = 280,000

③ T/A : 〈손금불산입〉 일반기부금 한도초과액 7,720,000 (기타사외유출)

28

답 ④

해설

(1) 기부금 해당액

특례기부금 : 3,000,000 + 의제기부금 5,000,000(70,000,000 − 50,000,000 × 30%) = 8,000,000

B

토 지	70,000,000	현 금	70,000,000

T

토 지	65,000,000	현 금	70,000,000
의제기부금	5,000,000		

T/A

	〈손금산입〉 토지 5,000,000 (△유보)

(2) 차가감소득금액 : 52,000,000

① 법인세비용차감전순이익 : 58,000,000

② 가산조정 : 12,000,000 + 2,000,000(비지정기부금 → 손不(기타사외유출)) = 14,000,000

③ 차감조정 : 15,000,000 + 5,000,000(토지) = 20,000,000

(3) 기부금한도시부인

① 기준소득금액 : 52,000,000(차가감소득금액) + 8,000,000(특례기부금 해당액) = 60,000,000

② 기준금액 : 60,000,000 − Min[50,000,000(이월결손금), 60,000,000 × 80%*] = 12,000,000

*각사업연도소득의 80%를 한도로 이월결손금공제를 적용받는 법인은 기준소득금액(60,000,000)의 80%인 48,000,000을 한도로 차감한다.

③ 특례기부금 시부인 계산

㉠ B : 8,000,000

㉡ T : 12,000,000 × 50% = 6,000,000

㉢ T/A : 〈손금불산입〉 특례기부금 한도초과액 2,000,000 (기타사외유출)

29

답 ①

해설

법인이 기부금의 지출을 위하여 어음을 발행(배서를 포함한다)한 경우에는 그 어음이 실제로 결제된 날에 지출한 것으로 본다.
(cf) 수표를 발행한 경우에는 당해 수표를 교부한 날에 지출한 것으로 본다.

30

답 ④

해설

법인이 기부금의 지출을 위하여 선일자수표를 발행한 경우에는 해당 선일자수표를 실제로 결제된 날에 지출한 것으로 본다.

31

답 ②

해설

(1) 업무무관자산관련 지급이자 손금불산입을 이용한 지급이자 D의 지급이자 금액

① 지급이자 C, 지급이자 D의 내역

구 분	지급이자	연이자율	차입금
지급이자 C	9,600,000	12%	80,000,000
지급이자 D	x	?	60,000,000
합 계	9,600,000 + x		140,000,000

② 지급이자 D의 지급이자 금액(x)

$$7,000,000 \times \frac{9,600,000 + x}{140,000,000} = 9,300,000 \rightarrow x = 9,000,000$$

(2) 지급이자 B의 지급이자 금액

26,600,000 − 3,000,000 − 9,600,000 − 9,000,000 = 5,000,000

(3) 자본금과 적립금 조정명세서(을)의 기말잔액 영향을 미친 금액 : 5,000,000

특정차입금에 대한 건설자금이자인 5,000,000이 손금불산입(유보) 처분되어 자본금과 적립금 조정명세서(을)의 기말잔액에 영향을 미친다.

32

답 ③

▌해설▐

특정차입금에 대한 지급이자 등은 건설 등이 준공된 날까지 이를 자본적지출로 하여 그 원본에 가산한다.

33

답 ①

▌해설▐

업무무관자산등에 대한 지급이자 손금불산입액을 계산할 때 중소기업에 근무하는 지배주주등인 직원에 대한 주택구입 또는 전세자금의 대여액은 특수관계인 가지급금에 포함한다.

34

답 ⑤

▌해설▐

지급이자가 손금부인되는 채권자가 불분명한 사채의 이자에는 거래일 현재 주민등록표에 의하여 그 거주사실 등이 확인된 채권자가 차입금을 변제받은 후 소재불명이 된 경우의 차입금에 대한 이자는 제외한다.

35

답 ①

▌해설▐

〈손금불산입〉 채권자불분명사채이자 3,000,000 (상여)
〈손금불산입〉 채권자불분명사채이자 원천징수액 1,000,000 (기타사외유출)
〈손금불산입〉 업무무관자산 관련이자 250,000* (기타사외유출)

$$^{*}5,000,000 \times \frac{5,000,000 \times 365\text{일}}{36,500,000,000} = 250,000$$

∴ 기타사외유출로 소득처분되는 금액 : 1,000,000 + 250,000 = 1,250,000

36

답 ⑤

▌해설▌

사업용 유형자산의 건설에 소요된 것이 분명한 특정차입금의 연체로 인하여 생긴 이자를 원본에 가산한 경우 그 가산한 금액은 사업연도의 자본적지출로 하고, 그 원본에 가산한 금액에 대한 지급이자는 손금으로 한다.

37

답 ④

▌해설▌

〈손금불산입〉 채권자불분명사채이자 1,740,000 (상여)
〈손금불산입〉 채권자불분명사채이자 원천징수분 1,260,000 (기타사외유출)
〈손금불산입〉 업무무관자산관련 지급이자 2,500,000* (기타사외유출)

$$^{*}10{,}000{,}000 \times \frac{20{,}000{,}000 \times 365\text{일} + 1{,}825{,}000{,}000}{36{,}500{,}000{,}000} = 2{,}500{,}000$$

∴ 기타사외유출과 상여로 소득처분되는 금액 : 1,740,000 + 1,260,000 + 2,500,000 = 5,500,000

CHAPTER 04

손익 귀속사업연도와 자산 · 부채의 평가

01

답 ⑤

▌해설▌

법인이 사채를 발행하는 경우에 상환할 사채금액의 합계액에서 사채발행가액(사채발행수수료와 사채발행을 위하여 직접 필수적으로 지출된 비용을 차감한 후의 가액을 말한다)의 합계액을 공제한 금액을 기업회계기준에 의한 사채할인발행차금의 상각방법에 따라 상각한 금액은 각 사업연도의 손금에 산입할 수 있다.

02

답 ④

▌해설▌

중소기업이 아닌 법인이 장기할부조건으로 자산을 판매하고 인도기준으로 회계처리한 경우, 그 장기할부조건에 따라 각 사업연도에 회수하였거나 회수할 금액과 이에 대응하는 비용을 회사가 결산에 반영한 경우에 한하여 해당 사업연도의 익금과 손금에 산입할 수 있다.

03

답 ⑤

▌해설▌

(1) 각사업연도소득금액

오류수정 전 각사업연도소득금액 304,000,000원 − 유형자산처분손실 4,000,000원(주1) + 미수금 0원(주2) − 이자비용 300,000원(주3) + 장기할부매출채권 2,000,000원(주4) + 임대수익 1,500,000원(주5) = 오류수정 후 각사업연도소득금액 303,200,000원

주1 재고자산 이외의 자산의 손익귀속사업연도는 대금청산일, 소유권이전등기(등록)일, 인도일, 사용수익일 중 가장 빠른 날이다. 당기에 소유권이전등기를 완료하였으므로 당기 손금에 해당하기 때문에 손금불산입을 취소한다.

주2 부도발생일(2026.11.1.)로부터 6개월이 지나지 않았으므로 당기에 대손금으로 처리할 수가 없다. 따라서 손금불산입한 세무조정은 옳다.

주3 전기요금 납부지연 연체가산금은 손금으로 인정하므로, 손금불산입한 세무조정을 취소한다.

주4 현재가치할인평가는 회사가 결산상 반영한 경우에 인정하므로 익금불산입 세무조정을 취소한다.

주5 임대료 지급기간이 1년을 초과하는 경우 발생주의에 의하여 익금으로 처리하여야 한다. 따라서 익금불산입 세무조정을 취소한다.

(2) 법인세 산출세액(사업연도 1년 미만인 경우)

$$(303,200,000원 \times \frac{12월}{10월^*} \times 세율) \times \frac{10월}{12월} = 40,941,333원$$

*1개월 미만은 1년으로 본다.

04

답 ②

▌해설▌

납품계약 또는 수탁가공계약에 따라 검사를 거쳐 인수 및 인도가 확정되는 물품의 경우에는 당해 검사가 완료된 날이 속하는 사업연도의 손익으로 한다. 납품계약 또는 수탁가공계약에 의하여 물품을 납품하거나 가공하는 경우에는 당해물품을 계약상 인도하여야 할 장소에 보관한 날이 속하는 사업연도의 손익으로 한다.

05

답 ①

▌해설▌

ㄴ. 법인이 결산을 확정함에 있어서 차입일부터 이자지급일이 1년을 초과하는 특수관계인과의 거래에 따른 기간경과분 미지급이자를 해당 사업연도의 손비로 계상한 경우에는 손금으로 인정하지 않는다.

ㄷ. 중소기업이 아닌 법인이 장기할부조건으로 자산을 판매하고 인도기준으로 회계처리한 경우, 그 장기할부조건에 따라 각 사업연도에 회수하였거나 회수할 금액과 이에 대응하는 비용을 결산조정에 의하여 해당 사업연도의 익금과 손금에 산입할 수 있다.

ㄹ. 자산을 장기할부조건으로 취득하면서 발생한 채무를 기업회계기준이 정하는 바에 따라 현재가치로 평가하여 현재가치할인차금으로 계상한 경우 당해 현재가치할인차금은 취득가액에 포함하지 않는다.

06

답 ③

▌해설▌

법인이 결산을 확정함에 있어서 차입일부터 이자지급일이 1년을 초과하는 특수관계인과의 거래에 따른 기간경과분 미지급이자를 해당 사업연도의 손비로 계상한 경우에는 손금으로 인정하지 않는다.

07

답 ③

▌해설▌

「은행법」에 따른 은행 등의 금융회사가 금융채무등 불이행자의 신용회복 지원과 채권의 공동추심을 위하여 공동으로 출자하여 설립한 「자산유동화에 관한 법률」에 따른 유동화전문회사로부터 수입하는 배당금은 실제수령일(현금주의)이 속하는 사업연도의 익금에 산입한다.

08

답 ②

해설

「특정 금융거래정보의 보고 및 이용 등에 관한 법률」 제2조 제3호에 따른 가상자산은 선입선출법에 따라 평가해야 한다.

09

답 ④

해설

① 건설 등의 제공으로 인한 익금과 손금의 귀속시기는 진행기준이 원칙이다. 단, 다음에 해당하는 경우에는 인도기준으로 할 수 있다.
   ㉠ 중소기업이 수행하는 계약기간이 1년 미만인 단기건설 등의 경우
   ㉡ 기업회계기준에 따라 그 목적물의 인도일이 속하는 사업연도의 수익과 비용으로 계상한 경우

② 상품 등 외의 자산의 양도로 인한 익금 및 손금의 귀속사업연도는 대금청산일, 소유권이전등기(등록)일, 인도일, 사용수익일 중 가장 빠른날이 속하는 사업연도로 한다.

③ 「자본시장과 금융투자업에 관한 법률」에 따른 증권시장에서 증권시장업무규정에 따라 보통거래방식으로 한 유가증권의 매매로 인한 익금과 손금의 귀속사업연도는 매매계약을 체결한 날이 속하는 사업연도로 한다.

⑤ 재고자산을 평가할 때 해당 자산을 제품 및 상품, 재공품, 원재료로 구분하여 재고자산의 종류별・영업장별로 각각 다른 방법으로 평가할 수 있다.

10

답 ⑤

해설

동종자산과 교환으로 취득하는 유형자산의 취득가액은 취득 당시의 시가를 자산의 취득가액으로 한다.

11

답 ①

해설

「보험업법」이나 그 밖의 법률에 따른 유형자산 및 무형자산 등의 평가로 장부가액을 증액한 경우만 허용한다.

12

답 ②

해설

보험업법이나 그 밖의 법률에 따른 유형자산 및 무형자산 등의 평가손실은 평가일이 속하는 사업연도의 손금에 산입할 수 없다. 장부가액을 증액하는 평가차익에 한하여 익금으로 인정한다.

13

답 ⑤

❚ 해설 ❚

특수관계여부 불문하고 법인이 파산한 경우 내국법인이 보유한 해당 파산법인 주식의 장부가액은 사업연도 종료일 현재 시가(1,000원 이하인 경우는 1,000원으로 함)로 감액할 수 있다.

14

답 ②

❚ 해설 ❚

법인이 신고한 화폐성외화자산·부채의 평가방법은 그 후의 사업연도에도 계속하여 적용하여야 한다. 다만, 법 소정의 금융회사 등이 아닌 일반법인의 경우 신고한 평가방법을 적용한 사업연도를 포함하여 5개 사업연도가 지난 후에는 다른 방법으로 신고하여 변경된 평가방법을 적용할 수 있다.

15

답 ④

❚ 해설 ❚

재고자산 평가방법을 적법하게 신고한 법인이 그 평가방법을 변경하고자 하는 경우, 변경할 평가방법을 적용하고자 하는 사업연도 종료일 이전 3월이 되는 날까지 변경신고하여야 한다.

16

답 ②

❚ 해설 ❚

(1) 제품 : Max(총평균법 8,700,000, FIFO 10,000,000) = 10,000,000

(2) 재공품 : Max(총평균법 4,800,000, FIFO 5,000,000) = 5,000,000

(3) 원재료 : 무신고이므로 FIFO 3,500,000 적용

(4) 저장품 : 계산착오이므로 총평균법 1,200,000 적용

∴ 10,000,000 + 5,000,000 + 3,500,000 + 1,200,000 = 19,700,000

17

답 ⑤

해설

구 분	B	T	T/A
원재료	150,000	250,000(주1)	〈익入〉 100,000 (유보)
재공품	350,000	370,000(주2)	〈익入〉 20,000 (유보)
제 품	250,000	200,000(주3)	〈손入〉 50,000 (△유보)

주1 임의변경 : Max(총평균법 200,000, FIFO 250,000)
주2 임의변경 : Max(총평균법 360,000, FIFO 370,000)
주3 계산착오는 임의변경으로 보지 않는다. 따라서 당초 신고한 방법인 총평균법으로 한다.

18

답 ③

해설

구 분	B	T	T/A
제 품	3,000,000	3,200,000(주1)	〈익入〉 200,000 (유보)
재공품	3,600,000	3,900,000(주2)	〈익入〉 300,000 (유보)
원재료	4,250,000	4,500,000(주3)	〈익入〉 250,000 (유보)

주1 임의변경 : Max(FIFO 3,200,000, FIFO 3,200,000)
주2 계산착오는 임의변경으로 보지 않는다.
주3 무신고시 평가방법은 FIFO이다.

∴ △100,000(추인 : 전기 원재료 평가감) + 200,000 + 300,000 + 250,000 = (+)650,000

19

답 ⑤

해설

(1) (주)B주식 : 금융자산의 기말평가를 인정하지 않는다.
〈손入〉 FVOCI 금융자산 5,000 (△유보)
〈익入〉 FVOCI 금융자산평가이익 5,000 (기타)

(2) (주)C의 회사채 : 원가법으로 평가한다.
〈익不〉 상각후원가측정금융자산 200 (△유보)

∴ 세무조정 소득처분별 합계 : 〈익入・손不〉 5,000원 (기타), 〈손入・익不〉 5,200원 (△유보)

20

답 ⑤

해설

(1) 외화차입금

구 분	B	T	T/A
제25기 기말	12,500,000	$10,000 × 1,300	〈손入〉 외화차입금 500,000 (△유보)
제26기 기초(추인)			〈익금산입〉 외화차입금 500,000 (유보)

(2) 외화예금

구 분	B	T	T/A
제26기 기말	$20,000 × 1,280	$20,000 × 1,320	〈익入〉 외화예금 800,000 (유보)

∴ 500,000 + 800,000 = 1,300,000

제4장

CHAPTER

05 | 감가상각비

01

답 ②

▌해설▐

광업용 유형자산은 감가상각방법을 무신고한 경우, 생산량비례법을 적용한다.

02

답 ②

▌해설▐

ㄴ. 즉시상각특례에 해당하므로 자본적 지출에 포함하지 않는다.

ㄱ. 개별자산별로 수선비로 지출한 금액이 600만원 미만인 경우에 소액수선비에 해당한다. 해당 지문은 600만원 이상이므로 자본적 지출에 포함한다.

ㄷ. 3년 미만의 기간마다 주기적인 수선을 하는 경우에 소액수선비에 해당한다. 해당 지문은 3년이므로 자본적 지출에 포함한다.

03

답 ③

▌해설▐

시설개체 또는 기술의 낙후로 인하여 생산설비의 일부를 폐기한 경우 당해 자산의 장부가액에서 1천원 공제한 금액을 폐기일이 속하는 사업연도의 손금에 산입할 수 있다.

04

답 ①

▌해설▐

(1) B : 당기 감가상각비 15,000,000원 + 즉시상각의제 7,500,000원 = 22,500,000원

(2) T : {(취득가액 100,000,000원 + 즉시상각의제 7,500,000원) − (제9기말 감가상각누계액 60,000,000원 − 제9기말 상각부인누계액 4,500,000원)} × 0.451(주1) = 23,452,000원

주1 기계장치 무신고시 정률법 적용

(3) T/A : 〈손入〉 952,000원 (△유보)(주2)

주2 Min(952,000원, 4,500,000원)

05

답 ②

▌해설▌

(1) 제24기 세무조정
① B : 25,000,000원
② T : 50,000,000원 × 0.45 = 22,500,000원
③ T/A : 〈손不〉 상각부인액 2,500,000원 (유보)

(2) 제25기 세무조정
① B : 10,000,000원
② T : (50,000,000원 − 22,500,000원) × 0.45 = 12,375,000원
③ T/A : 〈손入〉 2,375,000원 (△유보)

(3) 제26기 세무조정
① B : 6,500,000원
② T : {50,000,000원 − (22,500,000원 + 12,375,000원)} × 0.45 = 6,806,250원
③ T/A : 〈손入〉 125,000원 (△유보)*

*Min(당기 시인부족액 306,250, 전기이월 상각부인액 125,000) = 125,000

06

답 ①

▌해설▌

(1) 건물 A : 「보험업법」에 따라 평가하는 유・무형자산의 평가이익은 익금으로 인정되므로 세무조정은 없다.

(2) 건물 B : 법인세법상 감가상각의 특성은 결산조정사항이다. 감가상각비를 계상하지 않았으므로 세무조정은 없다.

(3) 건물 C
① B : 3,000,000원
② T : 30,000,000원 × 10% = 3,000,000원
③ T/A : −

(4) 건물 D
① B : 0원*

*수선비 20,000,000원은 전기말 B/S상 미상각잔액의 22,500,000원(450,000,000원 × 5%) 미만이므로 즉시상각 특례규정에 해당한다.

② T : 500,000,000원 × 10% = 50,000,000원
③ T/A : −

∴ ㉠ 익금산입・손금불산입 0원, ㉡ 손금산입・익금불산입 0원

07

답 ⑤

▌해설▌

(1) B : 감가상각비 x + 당기즉시상각의제 25,000,000원*

*수선비 25,000,000는 전기말 B/S상 미상각잔액 12,500,000원(250,000,000원 × 5%) 이상이므로 즉시상각의제규정에 해당한다.

(2) T : {(취득원가 300,000,000원 − 감가상각누계액 50,000,000원) + 유보잔액 15,000,000원 + 당기즉시상각의제 25,000,000원} × 0.3 = 87,000,000원

(3) T/A : 27,000,000원 미달
(감가상각비 x + 25,000,000원) − 87,000,000원 = △27,000,000원

∴ x = 35,000,000원

08

답 ③

▌해설▌

(1) B : 감가상각비 0 + 즉시상각의제(취득세) 10,000,000 = 10,000,000

(2) T : $(350,000,000 + 10,000,000) \times \frac{1}{15}^{(주1)} \times \frac{4}{12}^{(주2)} = 8,000,000$

주1 건물의 신고내용연수는 세부담 최소화의 가정에 따라 기준내용연수 20년의 75%인 15년으로 한다.
주2 사업에 사용한 월수는 4개월이다.

(3) T/A : 〈손금불산입〉 상각부인액 2,000,000 (유보)

09

답 ④

해설

(1) 제23기 세무조정

① B : 12,500,000

② T : 13,500,000

③ T/A : 〈손금산입〉 상각부인액 1,000,000 (△유보)

(2) 제24기 세무조정

① B : 15,000,000

② T : (100,000,000 − 72,500,000 + 4,000,000) × 0.3 = 9,450,000

③ T/A : 〈손금불산입〉 상각부인액 5,550,000 (유보)

※ 수선비 1,000,000은 전기말 B/S 장부가액의 5%(27,500,000 × 5%)에 미달하므로 장부에 비용으로 계상한 경우 즉시상각의제가 아닌 즉시 손금으로 인정하는 특례가 인정된다.

10

답 ③

해설

개별자산별로 수선비로 지출한 금액이 직전 사업연도종료일 현재 재무상태표상의 자산가액의(취득가액에서 감가상각누계액 상당액을 차감한 금액) 100분의 5에 미달하는 경우로서 그 수선비를 해당 사업연도의 손비로 계상한 경우에는 손금에 산입한다.

11

답 ④

해설

(1) 건 물

① B : 37,500,000

② T : 300,000,000 × 0.1 = 30,000,000

③ T/A : 〈손금불산입〉 상각부인액 7,500,000 (유보)

(2) 기계장치

① B : 27,450,000

② T : (200,000,000 − 90,200,000) × 0.2* = 21,960,000

> *당초 신고내용연수(5년)에 따른 정액법 상각률이다.

③ T/A : 〈손금불산입〉 상각부인액 5,490,000 (유보)

∴ 제25기 각 사업연도 소득금액에 미치는 영향 : 7,500,000 + 5,490,000 = 12,990,000

12

답 ①

해설

(1) 제24기 세무조정

① B : 20,000,000원

② T : 50,000,000원 × 0.259(주1) = 12,950,000원

주1 기계장치 무신고시 감가상각방법은 정률법이며, 기준내용연수를 적용한다.

③ T/A : 〈손不〉 상각부인액 7,050,000원 (유보)

(2) 제25기 세무조정

① B : 0원

② T : (50,000,000원 − 12,950,000원) × 0.259 = 9,595,950원

③ T/A : 〈손入〉 상각부인액 추인 7,050,000원 (△유보)

〈손入〉 감가상각의제 2,545,950 (△유보)(주2)

주2 법인세 감면시 감가상각의제 적용 : 감가상각비가 상각범위액이 되도록 손금산입한다.

(3) 제26기 세무조정

① B : 8,000,000원

② T : (50,000,000원 − 12,950,000원 − 9,595,950원) × 0.259 = 7,110,598원

③ T/A : 〈손不〉 상각부인액 889,402원 (유보)

13

답 ③

해설

(1) 제2기 세무조정

① B : 25,000,000

※ 제3기말 감가상각누계액 75,000,000에서 제3기 감가상각비 50,000,000을 차감한 금액이 제2기의 회사계상 감가상각비이다.

② T : $500,000,000 \times 0.259 \times \frac{6}{12} = 64,750,000$

③ T/A : 〈손금산입〉 감가상각의제 39,750,000 (△유보)

(2) 제3기 세무조정

① B : 50,000,000

※ 즉시상각특례 : 수선비로 계상한 자본적 지출액 22,000,000이 직전 사업연도 종료일 현재 B/S상 미상각잔액의 5%[(500,000,000 − 25,000,000) × 5% = 23,750,000] 미만이므로 전액 손금으로 인정된다.

② T : (500,000,000 − 64,750,000) × 0.259 = 112,729,750

③ T/A : 〈손금산입〉 감가상각의제 62,729,750 (△유보)

(3) 제3기말 기계장치의 세무상 미상각잔액

500,000,000 − 64,750,000 − 112,729,750 = 322,520,250

14

답 ②

해설

(1) 회계변경누적효과에 대한 세무조정
〈손금산입〉 이익잉여금 25,100,000 (기타)

(2) 감가상각 한도시부인
① B : 24,759,000 + 25,100,000 = 49,859,900
② T : (100,000,000 − 20,000,000) × 0.451 = 36,080,000
③ T/A : 〈손금불산입〉 13,779,900 (유보)

15

답 ③

해설

(1) 감가상각비 상당액 : ① − ② = 23,250,000
① 리스료 : 30,000,000
② 리스료에 포함되어 있는 보험료·자동차세·수선유지비 : 3,000,000 + 2,000,000 + 1,750,000 = 6,750,000

(2) 사적사용비용
① 업무용승용차 관련비용 : 30,000,000 + 3,000,000 = 33,000,000
② 업무사용비율 : 75%$\left(= \frac{15,000\text{km}}{20,000\text{km}}\right)$
③ 사적사용비용 : 33,000,000 × (1 − 75%) = 8,250,000 → 〈손금불산입〉 사적사용비용 8,250,000 (상여)

(3) 감가상각비 800만원 초과분
업무사용금액 중 감가상각비 : 23,250,000 × 75% = 17,437,500 → 〈손금불산입〉 감가상각비 9,437,500 (기타사외유출)

∴ 손금불산입금액 : 8,250,000 + 9,437,500 = 17,687,500

제5장

CHAPTER 06

충당금과 준비금

01

답 ②

해설

(1) T 퇴직급여충당금

T 퇴직급여충당금

감 소	30,000,000(주2)	기 초	30,000,000(주1)
기 말	0(주3)	증 가	0(주4)

주1 50,000,000 − 20,000,000 = 30,000,000

주2 퇴직금을 퇴직연금운용자산에서 10,000,000 지급하였으므로 퇴직급여충당금의 감소액은 30,000,000이다.

주3 95,000,000 × 0% = 0

주4 퇴직전환금 기말잔액이 없으므로 세법상 퇴직급여충당금 설정한도액은 0원이다.

(2) T 퇴직연금충당금

T 퇴직연금충당금

감 소	10,000,000(주2)	기 초	40,000,000(주1)
기 말	95,000,000(주3)	증 가	65,000,000

주1 Book상 퇴직연금충당금 기초잔액에 △유보잔액을 가산한다.

주2 퇴직연금운용자산(외부적립액)의 감소액으로 한다.

주3 Min(①, ②) = 95,000,000

① Max(90,000,000, 95,000,000) − 0 = 95,000,000

② 97,000,000

(3) 각 사업연도 소득금액에 미치는 순영향

10,000,000 + (−)10,000,000 + (−)65,000,000 = (−)65,000,000

02

답 ①

해설

(1) 퇴직급여충당금

B

감 소	100,000,000	기 초	100,000,000
기 말	0	증 가	0

T

감 소	0	기 초	80,000,000
기 말	80,000,000	증 가	0

(2) 퇴직연금충당금

B

감 소	150,000,000	기 초	750,000,000
기 말	800,000,000	증 가	200,000,000

T

감 소	250,000,000	기 초	600,000,000
기 말	910,000,000*	증 가	560,000,000

*Min(①, ②) = 910,000,000
① 990,000,000 − 80,000,000 = 910,000,000
② 930,000,000

∴ 〈익入〉 퇴직연금충당금 100,000,000 (유보)
〈손入〉 퇴직급여충당금 100,000,000 (△유보)
〈손入〉 퇴직연금충당금 360,000,000 (△유보)

03

답 ①

▌해설▌

「민사집행법」 제102조에 따라 채무자의 재산에 대한 경매가 취소된 압류채권은 '신고조정사항'에 해당하고, 이외에는 '결산조정사항'에 해당한다.

04

답 ①

▌해설▌

(1) 대손금 T/A

〈손不〉 외상매출금 15,000,000 (유보)

〈손不〉 받을어음 1,000 (유보)

(2) 대손충당금 T/A

① 기초 : 〈손不〉 전기 외상매출금 40,000,000 (유보)

② 기 말

㉠ B : 220,000,000

㉡ T : ⓐ×ⓑ = 2,515,001,000 × 5.5% = 138,325,055

ⓐ 2,500,000,000 + 15,001,000* = 2,515,001,000

*기말 유보잔액 : 기초 △40,000,000 + 당기 유보 55,001,000 = 15,001,000

ⓑ Max(1%, 대손실적률 5.5%*) = 5.5%

$$* \frac{130,000,000 - 55,001,000}{1,400,000,000 - 40,000,000}$$

㉢ T/A : 〈손不〉 대손충당금 한도초과 81,674,945 (유보)

05

답 ①

▌해설▌

「채무자 회생 및 파산에 관한 법률」에 따른 회생계획인가의 결정에 따라 회수불능으로 확정된 채권은 신고조정 대손사유에 해당한다.

06

답 ③

해설

(1) 대손금 T/A
〈손不〉 미수금 6,000원 (유보)

(2) 대손충당금 T/A
① 기초 : 〈손入〉 전기 대손충당금 한도초과 3,000 (△유보)
② 기 말
㉠ B : 26,000원
㉡ T : ⓐ × ⓑ = 406,000원 × 2% = 8,120원
ⓐ (장부상 기말채권 406,000원 − 구상채권 6,000원) + 기말 유보잔액 6,000원 = 406,000원
ⓑ Max(1%, 대손실적률 2%*) = 2%

$$* \frac{10{,}000원 - 6{,}000원}{160{,}000원 + 40{,}000원}$$

㉢ T/A : 〈손不〉 대손충당금 한도초과 17,880 (유보)

∴ 세무조정 시 각사업연도소득금액에 미치는 영향금액 : 6,000원 − 3,000원 + 17,880원 = 20,880원

07

답 ③

해설

(1) 대손금 T/A
〈손不〉 외상매출금 10,000,000 (유보)

(2) 대손충당금 T/A
① 기초 : −
② 기 말
㉠ B : 13,000,000원
㉡ T : ⓐ × ⓑ = 400,000,000원 × 1% = 4,000,000원
ⓐ (장부상 기말채권 430,000,000원 − 업무무관 가지급금 50,000,000원) + (채권 관련 기초 유보 10,000,000원 + 당기 유보 10,000,000원) = 400,000,000원
ⓑ Max(1%, 0.9%) = 1%
㉢ T/A : 〈손不〉 대손충당금 한도초과액 9,000,000 (유보)

∴ 각 사업연도 소득금액에 미치는 영향 : 10,000,000원 + 9,000,000원 = 19,000,000원

08

답 ③

해설

대손충당금을 손금에 산입한 내국법인이 합병하는 경우 그 법인의 합병등기일 현재 해당 대손충당금 중 합병법인이 승계받은 금액은 그 합병법인이 합병등기일에 가지고 있는 대손충당금으로 본다.

09

답 ③

해설

(1) 대손금 T/A

〈손금산입〉 외상매출금(전기 대손금부인액 추인) 10,000,000 (△유보)

〈손금불산입〉 업무무관가지급금(대손불능채권) 8,000,000 (기타사외유출)

〈손금불산입〉 외상매출금(당기 대손금 부인액) 20,000,000 (유보)

(2) 대손충당금 T/A

① 기초 : 〈손금산입〉 전기 대손충당금 한도초과액 추인 6,000,000 (△유보)

② 기 말

㉠ B : 대손충당금 기말잔액 : 50,000,000

㉡ T : 설정한도액 ⓐ×ⓑ = 37,500,000

ⓐ T 기말 대손충당금 설정대산 채권 : 2,500,000,000

ⓑ Max(1%, 1.5%*) = 1.5%

$$* \frac{48,000,000 + 10,000,000 - 28,000,000}{200,000,000} = 1.5\%$$

㉢ T/A : 〈손不〉 대손충당금 한도초과액 12,500,000 (유보)

(3) 각 사업연도 소득금액에 미치는 순영향

(−)10,000,000 + 8,000,000 + 20,000,000 − 6,000,000 + 12,500,000 = 24,500,000

10

답 ③

▌해설▌

(1) 대손금 T/A

〈손금산입〉 외상매출금 7,000,000 (△유보)

〈손금불산입〉 외상매출금 2,000,000 (유보)

(2) 대손충당금 T/A

① 기초 : 〈손금산입〉 3,000,000 (△유보)

② 기 말

㉠ B : 30,000,000

㉡ T : ⓐ×ⓑ = 12,930,000

ⓐ T 기말 대손충당금 설정대산 채권 : 850,000,000 + 12,000,000* = 862,000,000

*채권관련 기말 유보잔액 : 기초 10,000,000 + 당기 2,000,000

ⓑ Max(1%, 1.5%) = 1.5%

㉢ T/A : 〈손금불산입〉 대손충당금 한도초과액 17,070,000 (유보)

11

답 ④

▌해설▌

(1) 건 물

① 취득 시 : 〈손금산입〉 일시상각충당금 50,000,000 (△유보)

② 감가상각 시 : 〈익금산입〉 일시상각충당금 5,000,000 (유보)

(2) 기계장치

① 취득 시 : 〈익금산입〉 국고보조금(기계) 20,000,000 (유보)

〈손금산입〉 일시상각충당금 20,000,000 (△유보)

② 감가상각 시 : 〈손금산입〉 국고보조금(기계) 3,000,000 (△유보)

〈익금산입〉 일시상각충당금 3,000,000* (유보)

*$20,000,000 \times \frac{1}{5} \times \frac{9}{12} = 3,000,000$

(3) 각 사업연도 소득금액에 미치는 순영향

(−)50,000,000 + 5,000,000 + 20,000,000 + (−)20,000,000 + (−)3,000,000 + 3,000,000 = (−)45,000,000

12

답 ④

▌해설▌

ㄷ. (주)C가 아파트 건설과 관련하여 기업회계기준에 따라 공사손실충당부채를 손금으로 계상한 때에는 세법에서는 공사손실충당부채 인식을 인정하지 않는다.

13

답 ①

▌해설▌

② 손금에 산입한 고유목적사업준비금의 잔액이 있는 비영리내국법인이 고유목적사업을 전부 폐지한 경우 그 잔액은 해당사유가 발생한 날이 속하는 사업연도의 소득금액을 계산할 때 익금에 산입한다.

③ 고유목적사업준비금을 손금에 산입한 사업연도의 종료일 이후 5년이 되는 날까지 고유목적사업에 일부만 사용한 경우 미사용 잔액을 익금에 산입한다.

④ 법인으로 보는 단체가 거주자로 변경된 경우 손금에 산입한 고유목적사업준비금 잔액을 익금에 산입하는 경우에는 이자상당액 추가납부규정이 적용되지 않는다.

⑤ 고유목적사업준비금은 「소득세법」상 이자소득금액 및 배당소득금액에 100%를 곱하여 산출한 금액과 (수익사업소득금액 − 특정소득금액 − 이월결손금 − 특례기부금) × 50%(80%, 100%)을 더한 금액을 한도로 손금에 산입한다.

CHAPTER

07 | 부당행위계산의 부인

01

답 ⑤

▎해설▎

당해 법인 기준으로 상대방 법인이 특수관계인의 요건에 해당하지 않는 경우에도 상대방 법인을 기준으로 당해 법인이 특수관계인의 요건에 해당하는 경우, 상대방 법인도 당해 법인의 특수관계인에 해당한다.

02

답 ④

▎해설▎

특수관계인에 대한 금전 대여의 경우 대여기간이 5년을 초과하는 대여금이 있으면 해당 대여금에 한정하여 당좌대출이자율을 시가로 한다.

03

답 ⑤

▎해설▎

부당행위계산에 해당하는 경우 시가와의 차액 등을 익금에 산입하여 당해 법인의 각 사업연도의 소득금액을 계산하고, 귀속자의 구분에 따라 배당 · 상여 · 기타사외유출 또는 기타소득으로 소득처분 하므로 귀속자에게는 배당소득, 근로소득, 기타소득으로 소득세가 과세된다.

04

답 ③

▎해설▎

기계를 임대하고 임대료를 계산할 때 당해 자산의 시가×50%에서 그 자산의 제공과 관련하여 받은 보증금을 차감한 금액에 정기예금이자율을 곱하여 산출한 금액을 시가로 한다.

05

답 ②

해설

(1) 사택 임대

① 적정임대료 : (400,000,000 × 50% − 100,000,000) × 3% = 3,000,000

② 임대료수익 : 2,000,000

③ ① − ② : 1,000,000 ≥ ① × 5%(= 150,000)

∴ 〈익금산입〉 사택제공이익 1,000,000 (상여)

(2) 건설용역 제공

① 적정대가 : $200,000,000 \times (1 + \frac{100,000,000}{400,000,000}) = 250,000,000$

② 용역대가 : 240,000,000

③ ① − ② : 10,000,000 < ① × 5%(= 12,500,000)

∴ 부당행위계산부인 규정을 적용하지 않으므로 세무조정은 없다.

(3) 각 사업연도 소득금액에 미치는 순영향 : 1,000,000

06

답 ①

해설

(1) 출자임원 B

① 적정임대료 : (200,000,000 × 50% − 40,000,000) × 5% = 3,000,000

② 임대료수익 : 200,000 × 12개월 = 2,400,000

③ ① − ② : 600,000 ≥ ① × 5%(= 150,000), 요건 충족 O

∴ 〈익금산입〉 사택제공이익 600,000 (상여)

(2) 출자임원 C

① 적정임대료 : (120,000,000 × 50%) × 5% = 3,000,000

② 임대료수익 : 200,000 × 12개월 = 2,400,000

③ ① − ② : 600,000 ≥ ① × 5%(= 150,000), 요건 충족 O

∴ 〈익금산입〉 사택제공이익 600,000 (상여)

07

답 ⑤

해설

(1) 제4기

〈익금불산입〉 토지 취득원가 300,000,000 (△유보)

〈손금불산입〉 특수관계인에게 토지지급한 금액 100,000,000 (상여)

〈손금불산입〉 미지급금 200,000,000 (유보)

(2) 제5기

〈손금불산입〉 특수관계인에게 지급한 토지대금 200,000,000 (상여)

〈손금산입〉 미지급금 200,000,000 (△유보)

(3) 제6기

〈익금산입〉 토지 취득원가 300,000,000 (유보)

08

답 ①

해설

(1) 대표이사 : 인정이자 (50,000,000원 × 184일 × $\frac{1}{365}$ × 3%) − 이자수익 500,000원 = 256,164원

(≥ 756,164원 × 5%)

(2) 전무이사 : 인정이자 (40,000,000원 × 245일 × $\frac{1}{365}$ × 3%) − 이자수익 800,000원 = 5,479원

(< 805,479원 × 5% = 40,274원으로 조건 충족 ×)

(3) 상무이사 : 인정이자 (30,000,000원 × 275일 × $\frac{1}{365}$ × 3%) − 이자수익 0원 = 678,802원

∴ 익금산입 세무조정 금액 : (1) 256,164원 + (3) 678,802원 = 934,246원

09

답 ①

▌해설▐

(1) 지급이자

가지급금 (ㄱ) × 292일 × $\frac{1}{365}$ × 5% = 4,000,000원

∴ ㄱ : 100,000,000원

(2) 재고자산

① B : 총평균법 평가액 (ㄴ)

② T : Max(후입선출법 250,000원, FIFO 500,000원) = 500,000원

③ T/A : 〈손不〉 100,000원 (유보)

∴ ㄴ : 400,000원

(3) 임대료

① 적정 임대료 : (480,000,000원 × 50% − 123,200,000원) × 5% × $\frac{245일}{365일}$ = 3,920,000원

② 시가미달 임대료 : 매월 (ㄷ) × 8개월

③ T/A : 〈익入〉 2,320,000원

∴ (ㄷ) × 8개월 = 1,600,000원 → ㄷ : 200,000원

10

답 ④

▌해설▐

(1) 지급이자

① 차입금 적수 : 900,000,000 ÷ 10% × 365 = 3,285,000,000,000

② 업무무관가지급금 관련이자 : 90,000,000* × $\frac{70,000,000 \times 365}{3,285,000,000,000}$ = 7,000,000

*기업구매자금 대출이자는 지급이자 손금불산입 계산시 지급이자에 포함되지 않는다.

∴ 〈손금불산입〉 지급이자 7,000,000 (기타사외유출)

(2) 가지급금 인정이자

① 갑 : 30,000,000 × 9.2%* = 2,760,000

* $\frac{48,000,000 + 90,000,000}{600,000,000 + 900,000,000}$ = 9.2%

② 을 : 40,000,000 × 9.2% − 3,200,000 = 480,000*

*현저한 이익분여요건 충족 : 480,000 ≥ 3,680,000 × 5%

∴ 〈익금산입〉 가지급금인정이자 3,240,000 (사외유출)

(3) 각 사업연도의 소득금액에 미치는 영향

7,000,000 + 3,240,000 = 10,240,000

11

답 ②

해설

(1) 토지 취득

B

토 지	4.5억원	현 금	3.5억원
		미지급금	1억원

T

토 지*	3억원	현 금	3.5억원
사외유출	0.5억원		

$* \frac{270,000,000 + 330,000,000}{2} = 300,000,000$

〈손금산입〉 토지 150,000,000 (△유보)
〈손금불산입〉 미지급금 100,000,000 (유보)
〈손금불산입〉 부당행위계산부인 50,000,000 (기타사외유출)

(2) 가지급금 인정이자

① 갑(대표이사)

ⓐ 인정이자 : (70,000,000 − 10,000,000) × 4.6% = 2,760,000
ⓑ 이자수익 : 2,700,000
→ ⓐ − ⓑ : 60,000 < 2,760,000 × 5%(= 138,000), 충족 ×

② 을(전무이사)

ⓐ 인정이자 : 30,000,000 × 4.6% = 1,380,000
ⓑ 이자수익 : 700,000
→ ⓐ − ⓑ : 680,000 ≥ 1,380,000 × 5%(= 69,000), 충족 ○
〈익금산입〉 을(전무이사) 680,000 (유보)

③ 병 : 중소기업의 직원(지배주주등에 해당하지 않는 경우)에게 주택전세자금을 대여한 경우에는 업무무관가지급금으로 보지 않는다.

∴ 익금산입·손금불산입 합계 : 100,000,000 + 50,000,000 + 680,000 = 150,680,000
손금산입·익금불산입 합계 : 150,000,000

12

답 ②

해설

(1) 토지 T/A

① 전 기

B

토 지	30,000,000	현 금	15,000,000
		미지급금	15,000,000

T

토 지	20,000,000	현 금	15,000,000
		미지급금	5,000,000

T/A : 〈손금산입〉 토지 10,000,000 (△유보)
〈손금불산입〉 미지급금 10,000,000 (유보)

② 당 기

B

미지급금	15,000,000	현 금	15,000,000

T

미지급금	5,000,000	현 금	15,000,000
사외유출	10,000,000		

T/A : 〈손금산입〉 미지급금 10,000,000 (△유보)
〈손금불산입〉 부당행위계산부인 10,000,000 (사외유출)

(2) 가지급금인정이자

〈익금산입〉 가지급금인정이자 1,600,000* (사외유출)

$$^{*}20,000,000 \times \frac{10,000,000 + 30,000,000}{200,000,000 + 300,000,000} = 1,600,000$$

(3) 각 사업연도 소득금액에 미치는 순영향

(−)10,000,000 + 10,000,000 + 1,600,000 = 1,600,000

13

답 ④

해설

법인이 과세표준 신고와 함께 기획재정부령으로 정하는 바에 따라 당좌대출이자율을 시가로 선택하는 경우 선택한 사업연도와 이후 2개 사업연도는 기획재정부령으로 정하는 당좌대출이자율을 시가로 하여 가지급금 인정이자를 계산한다.

14

답 ①

해설

② 내국법인이 특수관계인의 출연금을 대신 부담하는 것은 조세의 부담을 부당하게 감소시킨 것으로 인정한다.
③ 내국법인B에 과반수 이상을 출자하고 있는 내국법인C에 40%를 출자하고 있는 내국법인이나 개인은 내국법인B의 특수관계인에 해당한다.
④ 부당행위계산의 부인규정을 적용할 때 토지의 시가가 불분명한 경우에는 감정평가법인 등이 감정한 가액이 있는 경우 그 가액(감정가액이 2 이상인 경우에는 그 감정한 가액의 평균액)을 우선적으로 적용하며, 이 경우 주식·출자지분 등 및 가상자산은 제외한다.
⑤ 특수관계가 있는 내국법인간의 합병(분할합병은 포함함)에 있어서 주식을 시가보다 높거나 낮게 평가하여 불공정한 비율로 합병한 경우 조세의 부담을 부당하게 감소시킨 것으로 인정된다.

CHAPTER 08

과세표준 및 세액의 계산

01

답 ②

▌해설▌

(1) 제26기 소급공제 결손금(x)

전기 산출세액 18,000,000원* − (전기 과세표준 200,000,000 − x) × 9% = 1,080,000원

*전기 법인세 산출세액 33,000,000원 − 토지등 양도소득에 대한 법인세액 15,000,000원

∴ 제26기 소급공제 결손금(x) : 12,000,000원

※ 제26기 발생한 결손금 전액에 대하여 소급공제를 신청하였으므로, 소급공제 결손금은 제24기 결손금 전액이다.

(2) 법인세 과세표준 및 세액조정계산서

결산서상 당기순이익 4,000,000원 + 〈익入〉 14,000,000원 − 〈손入〉 45,000,000원 + 기부금 한도초과액(y) − 기부금 한도초과이월액 〈손入〉 0 = 각사업연도소득금액(x) 12,000,000원

∴ 기부금 한도초과액(y) : 15,000,000원

02

답 ③

▌해설▌

(1) 건물 취득 시 세무조정

〈손入〉 건물 50,000,000원 (△유보)

〈손不〉 부당행위계산부인 50,000,000원 (상여)

(2) 제24기 건물 세무조정

① 건물감액분 추인 : 〈손不〉 2,500,000원 (유보)(주1)

주1 $50,000,000원 \times \dfrac{20,000,000원}{400,000,000원} = 2,500,000원$

② 감가상각시부인

㉠ B : 20,000,000원 − 2,500,000원 = 17,500,000원

㉡ T : (400,000,000원 − 50,000,000원) × 0.05 = 17,500,000원

㉢ T/A : −

(3) 대손 불가능한 채권 : 〈손不〉 5,000,000원 (기타소득)

(4) 감자에 따른 의제배당
〈익入〉 8,000,000원 (유보)(주2)

주2 대가 20,000,000원 − 소멸주식의 Tax상 취득가액 2,000주 × 6,000원 = 8,000,000원

(5) 각사업연도금액 : 당기순이익 300,000,000원 + 2,500,000원 + 5,000,000원 + 8,000,000원 = 315,500,000원

(6) 과세표준 : 315,500,000원 − Min(315,500,000 × 80%, 200,000,000원) = 115,500,000원

03

답 ②

해설

15,000,000원 − 10,000,000원(주1) − 4,000,000원(주2) = 1,000,000원

주1 채무면제이익은 이월결손금을 보전하는 데에 충당한 금액은 익금불산입하며, 이월결손금 보전액은 제9기 발생분 5,000,000원과 제24기 발생분 5,000,000원이다.

주2 Min(5,000,000원 × 80%, 제25기 발생분 5,000,000원) = 4,000,000원

04

답 ②

해설

중소기업은 결손금이 발생한 사업연도와 직전 사업연도의 소득에 대한 법인세 과세표준 및 세액을 각각의 과세표준 신고기한 내에 적법하게 신고하고 환급신청을 한 경우에만 결손금 소급공제를 적용할 수 있으나 발생한 결손금의 일부만을 소급공제 신청할 수는 있다.

05

답 ①

해설

환급세액 = Min(①, ②) = 16,000,000원

① 산출세액의 차액 : 전기 산출세액 37,000,000원 − (전기 과세표준 300,000,000원 − 소급공제 결손금 100,000,000원) × 전기 세율 9% = 19,000,000원

② 한도액 : 전기 산출세액 37,000,000원 − 전기 감면·공제세액 21,000,000원 = 16,000,000원

06

답 ⑤

▌해설▐

① 내국법인의 각 사업연도 소득에 대한 법인세의 과세표준을 계산할 때 공제되지 아니한 소득공제액은 해당 사업연도의 다음 사업연도 이후로 이월하여 공제할 수 없다.
② 「자산유동화에 관한 법률」에 따른 유동화전문회사가 배당가능이익의 90% 이상을 배당한 경우 그 금액은 해당 배당을 결의한 잉여금 처분의 대상이 되는 사업연도의 소득금액에서 공제한다.
③ 내국법인의 각 사업연도 소득에 대한 법인세의 과세표준은 각 사업연도 소득의 범위에서 이월결손금, 비과세소득 및 소득공제액을 차례로 공제한 금액으로 한다.
④ 법인세의 과세표준과 세액을 추계결정하는 경우에는 이월결손금 공제규정을 적용하지 아니하며, 과세표준과 세액을 추계결정함에 따라 공제되지 못한 이월결손금은 공제기한이 경과되지 않았다면 그 후의 사업연도 과세표준을 계산할 때 공제할 수 있다.

07

답 ②

▌해설▐

① 각사업연도소득금액에서 이월결손금, 비과세소득, 소득공제의 순서로 차감하여 과세표준을 계산한다.
③ 법인은 합병시 승계한 이월결손금을 자산수증이익 및 채무면제이익으로 보전할 수 없다.
④ 중소기업이 당기 사업연도와 전기 사업연도에 대한 법인세 과세표준과 세액을 신고기한 내에 신고하는 경우, 결손금소급공제를 받을 수 있다.
⑤ 결손금소급공제 한도인 직전 사업연도 법인세액에는 가산세를 포함하지 않고, 토지 등 양도소득에 대한 법인세는 제외한다.

08

답 ①

▌해설▐

$$\text{환급취소세액} = \text{당초환급세액} \times \frac{\text{감소된 결손금} - \text{소급공제 받지 아니한 결손금}}{\text{소급공제결손금}}$$

$$= 15,200,000^{(\text{주1})} \times \frac{30,000,000 - 20,000,000^{(\text{주3})}}{80,000,000} = 1,900,000$$

주1 직전 사업연도 법인세 산출세액 − (직전 사업연도 과세표준 − 소급공제 결손금) × 직전 사업연도 법인세율
= 46,500,000(주2) − (350,000,000 − 80,000,000) × 직전 사업연도 법인세율
= 15,200,000

주2 18,000,000 + (350,000,000 − 200,000,000) × 19% = 46,500,000

주3 결손금 중 일부 금액만을 소급공제 받은 경우에는 소급공제 받지 아니한 결손금이 먼저 감소된 것으로 본다.

09

답 ②

▌해설▌

② 유동화전문회사가 대통령령으로 정하는 배당가능이익의 100분의 90 이상을 배당한 경우에서 "대통령령으로 정하는 배당가능이익"이란 기업회계기준에 따라 작성한 재무제표상의 법인세비용 차감 후 당기순이익에 이월이익잉여금을 가산하거나 이월결손금을 공제하고, 상법에 따라 적립한 이익준비금을 차감한 금액을 말한다.

10

답 ④

▌해설▌

(1) 각사업연도소득금액
150,000,000원 − 1,900,000원* = 148,100,000원

*외국자회사 수입배당금 익금불산입 : 2,000,000원 × 95% = 1,900,000원(의결권 있는 주식의 10% 이상을 배당기준일 현재 6개월 이상 계속 보유하고 있으므로 외국자회사의 요건을 충족한다. 외국자회사가 미국에 있으므로 외국자회사 수입배당금 익금불산입 규정을 적용하며, 간접외국납부세액은 계산하지 않는다)

(2) 법인세 산출세액
148,100,000원 × 9% = 13,329,000원

11

답 ①

▌해설▌

내국법인의 각 사업연도의 소득에 대한 과세표준에 국외원천소득이 포함되어 있는 경우로서 법령에 따라 외국법인세액을 해당 사업연도의 산출세액에서 공제하고자 할 때, 그 국외원천소득에 대하여 외국정부에 납부하였거나 납부할 외국법인세액이 해당 사업연도의 공제한도금액을 초과하는 경우 그 초과하는 금액은 해당 사업연도의 다음 사업연도 개시일부터 10년 이내에 끝나는 각 사업연도로 이월하여 그 이월된 사업연도의 공제한도금액 내에서 공제받을 수 있다.

12

답 ②

▌해설▌

(1) 간접외국납부세액

$$2,000,000 \times \frac{4,500,000 + 500,000}{10,000,000 - 2,000,000} = 1,250,000$$

(2) 외국납부세액공제액 : Min(①, ②) = 562,500
① 외국납부세액 : 직접 500,000 + 간접 1,250,000 = 1,750,000

② 한도 : $10,957,500^{(주2)} \times \frac{4,500,000 + 500,000 + 1,250,000}{121,750,000^{(주1)}} = 562,500$

주1 과세표준 : 법인세비용차감전순이익 120,000,000 + 직접 500,000 + 간접 1,250,000 = 121,750,000
주2 법인세 산출세액 : 121,750,000 × 9% = 10,957,500

13

답 ①

해설

B국에 소재하는 외국법인은 지분율 10% 이상이고 배당기준일 현재 6개월 이상 보유하고 있으므로 외국자회사에 해당한다. 동 외국자회사로부터 받은 배당은 특정외국법인으로부터의 배당도 아니고, 혼성금융상품의 거래에 따라 받은 배당도 아니므로 외국납부세액공제가 아닌 외국자회사 수입배당금액의 익금불산입이 적용된다.

14

답 ③

해설

(1) 감면후세액

27,500,000* − 0(최저한세 적용대상 공제감면세액) = 27,500,000

*산출세액 : 250,000,000 × 세율 = 27,500,000

(2) 최저한세액 : (250,000,000 + 20,000,000) × 7% = 18,900,000

(3) 차감납부할 법인세액(= 총부담세액)

27,500,000(주1) − 303,875(주2) = 27,196,125

주1 Max((1), (2))

주2 외국납부세액공제액 : Min(①, ②) = 303,875

① 외국납부세액 : 262,500(직접) + 500,000(간접) = 762,500

② $27,500,000 \times \frac{2,000,000 + 262,500 + 500,000}{250,000,000} = 303,875$

15

답 ②

해설

(1) 외국자회사 충족 여부

의결권 있는 주식의 10% 이상을 배당기준일 현재 6개월 이상 계속 보유하고 있지 않으므로 외국자회사의 요건을 충족하지 않는다. 따라서 답은 0원이다. 만약 외국자회사의 요건을 충족한다고 가정한다면 아래와 같이 풀이한다. 외국자회사가 「국제조세조정에 관한 법률」에 따른 조세회피처에 있지 않으므로 외국자회사 수입배당금 익금불산입 규정을 적용하며, 간접외국납부세액은 계산하지 않는다.

(2) 각사업연도소득금액(= 과세표준)

100,000,000(국내원천소득) − 950,000(주1) + 100,000(주2) = 99,150,000

주1 외국자회사 수입배당금 익금불산입 : 1,000,000 × 95% = 950,000

주2 외국자회사 수입배당금 익금불산입이 적용되는 수입배당금에 대해 외국에서 납부한 세액은 손금불산입함

(3) 법인세 산출세액

99,150,000 × 9% = 8,923,500

16

답 ④

해설

(1) 재해상실비율 : $\frac{140,000,000원 + 70,000,000원}{200,000,000원 + 100,000,000원} = 70\%(\geq 20\%)$

(2) 재해손실세액공제액 : Min(①, ②) = 210,000,000원

① (280,000,000원 + 40,000,000원) × 70% = 224,000,000원

② 상실된 재산가액 210,000,000원

17

답 ②

해설

「조세특례제한법」에 의한 비과세소득을 적용받고자 하는 법인은 납세지 관할 세무서장에게 신청하지 않아도 된다.

※ 단, 소득공제나 세액공제의 경우에는 납세지 관할 세무서장에게 신청하여야 한다.

18

답 ④

해설

(1) 재해상실비율

$\frac{재고\ 40,000,000 + 차량\ 50,000,000 + 건물\ 100,000,000 + 30,000,000}{50,000,000 + 120,000,000 + 200,000,000 + 30,000,000} = 55\%(\geq 20\%)$

(2) 재해손실세액공제액 : Min(①, ②) = 15,950,000

① {미납법인세 11,000,000 + 당해법인세(20,000,000 − 2,000,000)} × 55% = 15,950,000

② 상실된 자산가액 220,000,000

19

답 ①

해설

② 재해손실세액공제 대상이 되는 법인세에는 재해발생일이 속하는 사업연도의 소득에 대한 법인세와 재해발생일 현재 부과된 법인세로서 미납된 법인세가 포함되며, 재해발생일 현재 부과되지 아니한 법인세는 공제대상에 포함될 수 있다.

③ 국외사업장이 2개 이상의 국가에 있는 경우, 외국납부세액공제의 한도액은 국가별로 구분하고 계산한다.

④ 외국정부에 납부하였거나 납부할 외국법인세액이 외국납부세액공제 한도를 초과하는 경우 그 초과하는 금액은 해당 사업연도의 다음 사업연도 개시일부터 10년 이내에 끝나는 각 사업연도에 이월하여 그 이월된 사업연도의 공제한도 범위에서 공제받을 수 있으며, 공제기간 내에 공제되지 아니한 외국납부세액 이월액은 공제기간의 종료일 다음 날이 속하는 사업연도의 소득금액을 계산할 때 손금에 산입할 수 있다.

⑤ 내국법인이 사실과 다른 회계처리로 인하여 경정을 받음으로써 각 사업연도의 법인세에서 과다 납부한 세액을 공제하는 경우 그 공제하는 금액은 과다 납부한 세액의 100분의 20을 한도로 하며, 공제 후 남아있는 과다 납부한 세액은 이후 사업연도에 이월하여 공제한다.

20

답 ③

▌해설▌

(1) 재해손실세액공제 : Min(①, ②) = 110,400,000

① 공제대상세액 × 재해상실비율 : (300,000,000 − 30,000,000 + 6,000,000) × 40%* = 110,400,000

$$^*\text{재해상실비율} = \frac{\text{상실된 자산가액}}{\text{상실전 자산총액}} = \frac{100,000,000+40,000,000+100,000,000}{400,000,000+100,000,000+100,000,000} = 40\%(\geq 20\%)$$

② 상실된 자산가액 : 240,000,000

(2) 사실과 다른 회계처리로 인한 경정에 따른 세액공제

Min(40,000,000 × 20%, 50,000,000) = 8,000,000

(3) 세액공제액의 합계액 : (1) + (2) = 118,400,000

21

답 ④

▌해설▌

(1) 감면후세액

17,820,000* − 5,820,000(근로소득증대 세액공제) = 12,000,000

*산출세액 : 198,000,000 × 9% = 17,820,000

(2) 최저한세액

(198,000,000 + 5,000,000) × 7% = 14,210,000

(3) 감면배제 세액 : (1) − (2) = 2,210,000

(4) 조세감면 배제내역(경정시 배제순서) : 2,210,000

① 「조세특례제한법」상 손금산입 750,000*

*과세표준이 198,000,000이고 「조세특례제한법」상 손금산입액이 5,000,000이므로 2,000,000은 9%, 3,000,000은 19%의 세율을 적용하여 배제세액을 계산한다.

② 근로소득을 증대시킨 기업에 대한 세액공제 1,460,000

(5) 산출세액에서 차감되는 「조세특례제한법」상 세액공제액 : ① + ② = 6,360,000

① 근로소득을 증대시킨 기업에 대한 세액공제 : 5,820,000 − 1,460,000 = 4,360,000

② 연구·인력개발비 세액공제 : 2,000,000

*최저한세 적용 후 산출세액에서 차감되는 「조세특례제한법」상 세액공제는 감면배제내역을 차감한 최저한세 대상 세액공제와 중소기업이 적용받는 연구 및 인력개발비 세액공제이다. 외국납부세액공제와 재해손실세액공제는 법인세법상 세액공제에 해당하므로 포함하지 않는다.

CHAPTER

09 법인세 납세절차 및 그 밖의 법인세

01

답 ③

해설

「소득세법」에 따른 성실신고확인대상사업자가 사업용자산을 현물출자하여 내국법인으로 전환한 경우 그 내국법인은 법인으로 전환한 후 3년 동안 성실신고확인서를 제출해야 한다.

02

답 ⑤

해설

(1) 간접외국납부세액

$$100,000,000 \times \frac{10,000,000}{300,000,000 - 100,000,000} = 5,000,000$$

(2) 비영업대금이익 원천징수세액

$20,000,000 \times 0.25 = 5,000,000$

(3) 분납가능세액

자진납부세액 18,000,000에서 가산세 3,000,000을 제외한 금액인 15,000,000원은 2천만원 이하이므로, 1천만원을 초과한 5,000,000원을 분납할 수 있다.

∴ 5,000,000 + 5,000,000 + 5,000,000 = **15,000,000**

03

답 ①

해설

② 내국법인의 납부할 세액이 2천만원을 초과하는 경우에는 납부할 세액에서 납부할 세액의 50% 이하의 금액을 납부기한이 지난 날부터 1개월 이내에 분납할 수 있다.

③ 내국법인이 직전 사업연도의 법인세로서 확정된 산출세액을 직전 사업연도의 월수로 나눈 금액에 6을 곱하여 중간예납세액을 계산하는 경우, 직전 사업연도의 법인세로서 확정된 산출세액에는 가산세를 포함한다.

④ 내국법인은 각 사업연도의 소득에 대한 법인세 산출세액에 해당 사업연도에 원천징수된 세액을 차감한 금액을 각 사업연도의 소득에 대한 법인세로서 납부하여야 한다.

⑤ 법인세가 수시부과된 사업연도에 대해서는 당해 수시부과로써 그 신고의무가 완료된 것이므로 해당 각 사업연도의 소득에 대한 별도의 법인세 과세표준 등의 신고 의무는 있다.

04

답 ③

해설

① 해당 중간예납기간의 법인세액을 기준으로 중간예납세액을 계산할 경우 중간예납기간의 수시부과세액은 차감한다.
② 내국법인이 납부하여야 할 중간예납세액의 일부를 납부하지 아니한 경우 납부지연가산세만 적용된다.
④ 합병이나 분할에 의한 신설 내국법인은 최초사업연도의 기간이 6개월을 초과하더라도 최초사업연도에 대한 중간예납의무가 있다.
⑤ 법인과세 수탁자는 법인과세 신탁재산은 중간예납의무규정을 적용하지 않는다.

05

답 ⑤

해설

직전 사업연도의 산출세액을 기준으로 하는 방법을 적용하여 중간예납세액을 계산할 경우 직전 사업연도에 대한 법인세로서 확정된 산출세액에는 토지등 양도소득에 대한 법인세액은 포함하지 않고 가산세는 포함한다.

06

답 ⑤

해설

직전 사업연도 종료일 현재 「독점규제 및 공정거래에 관한 법률」에 따른 공시대상기업집단에 속하는 내국법인(업종별 매출액 등을 고려하여 법령으로 정하는 법인은 제외)은 해당 중간예납기간의 법인세액을 기준으로 하는 방법을 선택한다.

	당기순이익	…	400,000,000
(+)	익금산입 및 손금불산입	…	150,000,000
(−)	손금산입 및 익금불산입	…	(50,000,000)
(=)	각 사업연도 소득금액(= 과세표준)	…	500,000,000
(×)	세율	…	$\times \frac{12}{6} \times$ 세율 $\times \frac{6}{12}$
(=)	산출세액	…	85,000,000
(−)	외국납부세액공제	…	(2,000,000)
(=)	감면후세액	…	83,000,000
(−)	원천징수세액	…	(13,000,000)
(−)	수시부과세액	…	(10,000,000)
(=)	중간예납세액	…	60,000,000

07

답 ①

해설

납세지 관할 세무서장은 납세의무가 있는 내국법인이 신고를 하지 아니한 경우에는 그 법인의 각 사업연도의 소득에 대한 법인세의 과세표준과 세액을 결정한다. 동 결정은 신고기한부터 1년 내에 완료해야 한다. 다만, 국세청장이 조사기간을 따로 정하거나 부득이한 사유로 인하여 국세청장의 승인을 받은 경우에는 그러하지 아니하다.

08

답 ⑤

해설

납세지 관할 세무서장은 법인세의 과세표준과 세액을 결정한 후 그 결정에 오류가 있는 것을 발견한 경우에는 즉시 이를 경정한다.

09

답 ①

해설

투자신탁의 이익을 포함한 원천징수된 이자소득(비영업대금의 이익은 제외)에 대하여 과세표준신고를 하지 아니할 수 있다. 이 경우 과세표준 신고를 하지 아니한 이자소득은 각 사업연도의 소득금액을 계산할 때 포함하지 아니한다.

10

답 ④

해설

① 비영리내국법인의 각 사업연도의 소득에는 고유목적사업에 직접 사용하는 자산의 처분으로 인한 수입 중에서 해당 유형자산 및 무형자산의 처분일 현재 3년 이상 계속하여 법령 또는 정관에 규정된 고유목적사업에 직접 사용한 유형자산 및 무형자산의 처분으로 인하여 생기는 수입을 제외하고 포함한다.
② 비영리내국법인의 고유목적사업준비금을 손비로 계상한 경우에는 그 계상한 고유목적사업준비금을 해당 사업연도의 소득금액을 계산할 때 손금에 산입한다. 만약 고유목적사업준비금을 손금으로 계상한 사업연도의 종료일 이후 5년이 되는 날까지 고유목적사업 등에 사용하지 않은 때에는 그 잔액을 전액 환입한다.
③ 수익사업을 하는 비영리내국법인은 유형자산인 토지의 양도로 인하여 발생하는 소득이 있는 경우에 과세표준 신고를 해야 한다.
⑤ 비영리법인이 수익사업을 하는 경우에는 자산·부채 및 손익을 그 수익사업에 속하는 것과 수익사업이 아닌 그 밖의 사업에 속하는 것을 각각 다른 회계로 구분하여 기록하여야 한다.

제9장

11

답 ③

해설

① 비영리내국법인이 수익사업을 영위하는 경우 구분경리하는 것을 원칙으로 한다.
② 비영리내국법인의 청산소득에 대하여는 법인세가 과세되지 않는다.
④ 비영리내국법인은 고유목적사업준비금을 손금에 산입한 날이 속하는 사업연도 종료일 이후 5년이 되는 날까지 고유목적사업에 사용하여야 한다.
⑤ 축산업을 영위하는 비영리내국법인은 지상권의 양도로 인하여 발생하는 소득은 법인세가 과세되지 않는다.

12

답 ⑤

해설

(1) 토지 등 양도소득에 대한 법인세

150,000,000 × 20% = 30,000,000 (㉠)

(2) 장부의 기록·보관 불성실 가산세 : Max(①, ②) = 7,000,000 (㉡)

① 30,000,000 × 20% = 6,000,000

② $10,000,000 \times \frac{7}{10,000} = 7,000,000$

(3) 비영업대금이자의 원천징수세액

5,000,000 × 25% = 1,250,000 (㉢)

∴ ㉠ 30,000,000 + ㉡ 7,000,000 + ㉢ 1,250,000 = 38,250,000

13

답 ②

해설

(1) 잔여재산가액 : 100,000,000

(2) 자기자본 총액

자본금 80,000,000 + 세무상 잉여금 (30,000,000 + 10,000,000) − 세무상 이월결손금 Min(50,000,000, 40,000,000) = 80,000,000

(3) 청산소득금액 : 100,000,000 − 80,000,000 = 20,000,000

14

답 ②

해설

청산소득에 대한 법인세의 납부의무가 있는 법인은 과세표준과 세액을 납세지 관할 세무서장에게 신고하여야 하고, 청산소득의 금액이 없는 경우에도 신고하여야 한다.

15

답 ②

해설

(1) 잔여재산가액 : ① − ② = 360,000,000
① 자산총액 : 재고 60,000,000 + 건물 150,000,000 + 토지 300,000,000 = 510,000,000
② 부채총액 : 150,000,000

(2) 자기자본총액 : ① − ② = 80,000,000
① 자본금 : 100,000,000 − 20,000,000 = 80,000,000
② 잉여금 : (80,000,000 + 20,000,000 + 70,000,000) − 170,000,000 = 0

(3) 청산소득금액 : (1) − (2) = 280,000,000

16

답 ①

해설

② 비영리내국법인이 주식 또는 출자지분을 양도함에 따라 생기는 수입에 대하여는 각 사업연도 소득에 대한 법인세가 과세된다.
③ 청산소득에 대한 법인세의 납부의무가 있는 내국법인은 잔여재산가액확정일(사업을 계속하는 경우 계속등기일)이 속하는 달의 말일부터 3개월 이내에 청산소득에 대한 법인세의 과세표준과 세액을 신고하여야 한다.
④ 비영리내국법인은 원천징수된 이자소득에 대해 분리과세 선택 시 과세표준신고를 하지 않을 수 있으나, 비영업대금의 이익은 분리과세를 선택할 수 없다.
⑤ 6개월을 초과하여 존속하는 건축 장소, 건설・조립・설치공사의 현장 또는 이와 관련된 감독을 하는 장소는 외국법인의 국내사업장에 해당한다.

17

답 ③

해설

수탁자의 변경에 따라 수탁자가 그 법인과세 신탁재산에 대한 자산과 부채를 변경되는 수탁자에게 이전하는 경우 수탁자 변경일 현재의 장부가액을 그 자산과 부채의 이전가액으로 보고 이전에 따른 손익은 없는 것으로 한다.

제9장

18

답 ②

해설

ㄴ. 연결납세방식을 적용받으려는 내국법인과 해당 내국법인의 완전자법인은 최초의 사업연도 개시일부터 10일 이내에 연결납세방식 적용신청서를 해당 내국법인의 납세지 관할세무서장을 경유하여 관할지방국세청장에게 제출하여야 한다.
ㄷ. 연결모법인의 연결지배를 받지 않게 되거나 해산한 연결자법인에 귀속하는 결손금 상당액은 공제대상 연결사업연도의 결손금에서 차감한다. 이 경우 같은 사업연도에 2 이상의 연결법인에서 발생한 결손금이 있는 경우에는 연결사업연도의 과세표준을 계산할 때 해당 연결법인에서 발생한 결손금부터 연결소득개별귀속액을 한도로 먼저 공제하고, 해당 연결법인에서 발생하지 아니한 2 이상의 다른 연결법인의 결손금은 해당 결손금의 크기에 비례하여 각각 공제된 것으로 본다.

CHAPTER 10

합병 및 분할에 대한 특례

01

답 ②

▌해설▌

① 적격합병을 한 합병법인이 승계한 피합병법인의 결손금은 피합병법인으로부터 승계받은 사업에서 발생한 소득금액의 범위에서 합병법인의 각 사업연도의 과세표준을 계산할 때 공제한다.

③ 피합병법인의 합병등기일 현재 기부금한도초과액으로서 합병법인이 승계한 금액은 합병법인의 각 사업연도의 소득금액을 계산할 때 피합병법인으로부터 승계받은 사업에서 발생한 소득금액을 기준으로 기부금 각각의 손금산입한도액의 범위에서 손금에 산입한다.

④ 합병법인의 합병등기일 현재 세무상 결손금 중 적격합병에 따라 합병법인이 승계한 결손금을 제외한 금액은 합병법인의 각 사업연도의 과세표준을 계산할 때 피합병법인으로부터 승계받은 사업에서 발생한 소득금액의 범위에서는 공제하지 아니한다.

⑤ 적격합병을 한 합병법인은 3년 이내 합병법인이 피합병법인으로부터 승계받은 사업을 폐지하는 경우에는 그 사유가 발생한 날이 속하는 사업연도의 소득금액을 계산할 때 양도받은 자산의 장부가액과 시가와의 차액(시가가 장부가액보다 큰 경우만 해당), 승계받은 결손금 중 공제한 금액 등을 익금에 산입하고, 피합병법인으로부터 승계받아 공제한 감면·세액공제액 등을 해당 사업연도의 법인세에 더하여 납부한 후 해당 사업연도부터 감면 또는 세액공제를 적용하지 아니한다.

02

답 ①

▌해설▌

대통령령으로 정하는 근로자 중 근로계약기간이 6개월 미만인 근로자는 제외한다. 다만, 근로계약의 연속된 갱신으로 인하여 합병등기일 1개월 전 당시 그 근로계약의 총 기간이 1년 이상인 근로자는 포함한다.

03

답 ④

▌해설▌

합병 시 피합병법인의 대손충당금 관련 세무조정사항의 승계는 적격합병·비적격합병 여부를 불문하고, 대손충당금에 대응하는 채권이 합병법인에게 함께 승계되는 경우에만 가능하다.

04

답 ③

▌해설▌

㉠ 비적격합병 시 (주)B의 양도손익
양도가액 150,000원(현금 15,000원 + 주식 135,000원) – 순자산 장부가액 50,000원(총자산 150,000원 – 총부채 100,000원) = 100,000원

㉡ 적격합병 시 (주)B의 양도손익
0원(피합병법인이 합병법인으로부터 받은 양도가액은 피합병법인의 합병등기일 현재 순자산 장부가액으로 보아 양도손익이 없는 것으로 할 수 있다)

∴ ㉠ – ㉡ : 100,000원 – 0원 = 100,000원

05

답 ②

▌해설▌

피합병법인의 주주등이 합병으로 인하여 받은 합병대가의 총합계액 중 합병법인의 주식가액이 80% 이상이거나 합병법인의 모회사의 주식가액이 80% 이상인 경우로서 피합병법인의 일정한 지배주주 등에게는 법 소정의 배정기준에 따라 주식을 배정해야 한다는 것은 적격합병의 요건 중 하나이다.

06

답 ④

▌해설▌

적격합병을 한 합병법인은 피합병법인의 자산을 장부가액으로 양도받은 것으로 하고, 양도받은 자산 및 부채의 가액을 합병등기일 현재의 시가로 계상하되 시가에서 피합병법인의 장부상 장부가액을 뺀 금액은 자산조정계정으로 계상해야 한다.

07

답 ①

▌해설▌

피합병법인의 자산을 시가로 양도받은 것으로 보는 경우(즉, 비적격합병인 경우)에 피합병법인에 지급한 양도가액이 합병등기일 현재의 순자산의 시가를 초과하는 경우(합병매수차손)로서 합병법인이 피합병법인의 상호・거래관계・기타 영업상의 비밀 등으로 사업상 가치가 있어 대가를 지급한 경우에는 그 합병매수차손을 임시자산으로 세무조정계산서에 계상하고 합병등기일부터 5년간 균등분할(초월산입, 말월불산입)하여 손금에 산입한다. 단, 이외의 합병매수차손은 자산으로서 가치가 없는 것에 대하여 대가를 지급한 것이므로 손금(즉시손금 또는 자산)으로 인정하지 않는다. 즉, 사외유출로 처리한다.

08

답 ②

해설

① 「법인세법」상 요건을 모두 갖춘 적격합병에 해당하여 피합병법인이 합병으로 인한 양도손익이 없는 것으로 한 경우 합병법인은 피합병법인의 자산을 장부가액으로 양도받은 것으로 한다.

③ 「법인세법」상 요건을 모두 갖춘 적격합병의 경우에는 합병법인의 합병등기일 현재 이월결손금 중 합병법인이 승계한 이월결손금을 제외한 금액은 합병법인의 각 사업연도의 과세표준을 계산할 때 피합병법인으로부터 승계받은 사업에서 발생한 소득금액의 범위에서 공제하지 않는다.

④ 「법인세법」상 적격합병여부와 관계없이 합병법인이 피합병법인의 대손충당금 관련 세무조정사항을 승계할 수 있다.

⑤ 적격합병에 해당하기 위해서는 합병법인이 합병등기일이 속하는 사업연도의 종료일까지 피합병법인으로부터 승계받은 사업을 계속해야 한다. 또한, 합병등기일이 속하는 사업연도의 다음 사업연도 개시일부터 2년 이내에 승계받은 사업을 폐지하는 경우에는 과세이연이 중단된다.

Ⅱ 소득세법

CHAPTER

01 | 소득세법 총론

01

답 ⑤

해설

국내에 거소를 둔 기간은 입국하는 날의 다음 날부터 출국하는 날까지로 한다.

02

답 ⑤

해설

비거주자는 인적공제 중 비거주자 본인 외의 자에 대한 공제, 특별소득공제, 자녀세액공제, 특별세액공제는 적용되지 않는다.

03

답 ③

해설

미국국적인 A는 내국법인 (주)한국IT에 네트워크관련 기술자로 근무하고 있으며, 해당 과세기간 종료일 10년 전부터 서울에 주소나 거소를 둔 기간의 합계는 3년이다. 이 경우 국외에서 발생한 소득의 경우 국내에서 지급되거나 국내로 송금된 소득에 대해서만 과세한다.

04

답 ④

해설

거주자에서 비거주자가 되는 시기는 거주자가 주소 또는 거소의 국외이전을 위하여 출국하는 날의 다음 날이다. 따라서 2026년 5월 8일부터 국내원천소득에 대해서만 소득세 납세의무를 진다.

05

답 ⑤

해설

거주자는 납세지가 변경된 경우 변경된 날부터 15일 이내에 그 변경 후의 납세지 관할 세무서장에게 신고하여야 한다.

06

답 ③

해설

거주자의 소득세 납세지는 그 주소지로 한다. 다만, 주소지가 없는 경우에는 그 거소지로 한다.

07

답 ①

해설

거소지가 2 이상인 때에는 생활관계가 보다 밀접한 곳을 납세지로 한다. 주소지가 2 이상인 때에는 「주민등록법」에 의하여 등록된 곳을 납세지로 한다.

08

답 ①

해설

② 거주자는 거소의 국외 이전을 위하여 출국하는 날의 다음 날부터 비거주자가 된다.
③ 내국법인이 발행주식총수의 100분의 100을 직접 출자한 해외현지법인에 파견된 직원은 거주자로 본다.
④ 비거주자는 국내에 거소를 둔 기간이 183일이 되는 날부터 거주자가 된다.
⑤ 「소득세법」에 따른 주소는 국내에 생계를 같이 하는 가족 및 국내에 소재하는 자산의 유무 등 생활관계의 객관적 사실에 따라 판정한다.

09

답 ④

해설

ㄱ. 내국법인인 (주)서울의 직원인 한국국적의 甲은 (주)서울이 100% 출자한 미국 현지법인 Seoul Ltd.에 파견되어 근무하고 있으며, 甲은 미국에서 1년 이상 거소를 두고 있다. 이러한 경우 甲은 거주자에 해당하므로 국내·외 원천소득 모두에 대해서 납세의무를 진다.
ㄷ. 내국법인인 (주)한국항공(외국항행 항공기)에서 승무원으로 근무하기 위하여 입국한 미국국적인 Smith는 가족이 없는 미혼이고, 근무시간 외에는 (주)한국항공에서 제공한 서울시 마포구 소재 기숙사에서 통상 생활하고 있다. 이 경우 Smith는 거주자로 본다.

10

답 ⑤

해설

① 거주자는 납세지가 변경된 경우 변경된 날부터 15일 이내에 그 변경 후의 납세지 관할세무서장에게 신고하여야 한다.
② 거주자의 납세지가 불분명한 경우로서 주소지가 2 이상인 때에는 「주민등록법」에 의하여 등록된 곳을 납세지로 한다.
③ 납세지 지정신청을 하려는 자는 해당 과세기간의 10월 1일부터 12월 31일까지 납세지 지정신청서를 사업장 관할세무서장에게 제출(국세정보통신망에 의한 제출을 포함)하여야 한다.
④ 비거주자의 납세지는 국내사업장(국내사업장이 둘 이상 있는 경우에는 주된 국내사업장)의 소재지로 하되, 국내사업장이 없는 경우에는 국내원천소득이 발생하는 장소로 한다.

11

답 ④

해설

납세지 지정사유가 소멸한 경우 국세청장 또는 관할 지방국세청장은 납세자의 요청을 불문하고 납세지의 지정을 취소하여야 한다.

CHAPTER

02 | 이자소득과 배당소득

01

답 ④

▌해설▐

국채를 공개시장에서 통합발행하는 경우 해당 채권의 매각가액과 액면가액과의 차액은 이자 및 할인액에 포함되지 아니하는 것으로 한다.

02

답 ⑤

▌해설▐

"반환금 추가이익"에 대한 산출세액은 해당 추가이익에 납입금 초과이익 산출세액을 납입금 초과이익으로 나누어 계산한다.

$$\text{반환금 추가이익} \times \frac{\text{납입금 초과이익 산출세액}}{\text{납입금 초과이익}}$$

03

답 ③

▌해설▐

(1) 환매조건부 채권매매거래시 매도인이 지급받는 보상액 5,000,000 + (2) 저축성보험의 보험차익 3,000,000(주1) + (3) 비영업대금의 이익 2,000,000 + (4) 계약의 위약에 따른 손해배상금 법정이자 0(주2) + (5) 공익신탁의 이익 0(주3) = 10,000,000

주1 보험금 10,000,000 − (납입보험료 8,000,000 − 배당금 1,000,000) = 3,000,000
→ 배당금을 받아 보험료를 납입한 것으로 본다.

주2 기타소득에 해당한다.

주3 비과세 금융소득에 해당한다.

04

답 ①

해설

(1) 단기저축성보험의 보험차익 12,000,000(주1) + (2) 계약금의 배상금 대체 0(주2) + (3) 보유기간의 이자상당액 10,000,000(주3) + (4) 비영업대금의 이익 2,000,000(주5) = 24,000,000

주1 100,000,000 − 88,000,000 = 12,000,000

주2 기타소득에 해당한다.

주3 채권의 매매차익은 과세되지 않으며, 보유기간의 이자상당액만 이자소득으로 과세된다.

주4 과세표준 확정신고 전에 회수불능사유가 발생하여 회수할 수 없는 것으로 확정되었으므로 원금 40,000,000원부터 회수한 것으로 본다. 42,000,000 − 40,000,000 = 2,000,000

제2장

05

답 ⑤

해설

① 법인으로 보는 단체로부터 받는 분배금은 배당소득에 해당한다.

② 자본의 감소 등으로 인한 의제배당금액(자본감소로 주주가 취득하는 금전·재산의 가액 − 그 주식을 취득하기 위하여 사용한 금액)에서 해당 주식을 취득하기 위하여 사용한 금액을 계산할 때 해당 주식이 '벤처기업 주식매수선택권 행사이익 비과세 특례' 규정이 적용되는 주식매수선택권 행사에 따라 취득한 벤처기업 주식인 경우 주식매수선택권을 행사하는 당시의 시가를 해당 주식의 취득에 사용한 금액으로 본다.

③ 합병으로 소멸한 법인의 주주가 합병 후 존속하는 법인으로부터 그 합병으로 취득한 주식의 가액과 금전의 합계액이 그 합병으로 소멸한 법인의 주식을 취득하기 위하여 사용한 금액을 초과하는 금액은 배당소득에 해당한다.

④ 거주자가 일정기간 후에 같은 종류로서 같은 양의 주식을 반환받는 조건으로 주식을 대여하고 해당 주식의 차입자로부터 지급받는 해당 주식에서 발생하는 배당에 상당하는 금액은 배당소득에 해당한다.

06

답 ②

해설

직장공제회 초과반환금 13,000,000원 + 비영업대금의 이익 2,000,000원* + 보유기간의 이자상당액 15,000,000원 = 30,000,000원

*32,000,000원 − 30,000,000원 = 2,000,000원

07

답 ②

해설

구 분	금 액	세 율
공익신탁의 이익	5,000,000원	-(비과세)
회사채의 이자	10,000,000원	14%
보증금 및 경락대금에서 발생한 이자소득	10,000,000원	14%
정기예금의 이자	10,000,000원	14%
비영업대금의 이익	5,000,000원	25%
내국법인으로부터 받은 현금배당	10,000,000원	14%
합 계	50,000,000원	6,850,000원

08

답 ③

해설

(1) 금융소득 : 38,000,000원

① 이자소득

은행예금이자 5,000,000원 + 저축성 보험차익 10,000,000원 = 15,000,000원

② 배당소득

집합투자기구 이익 2,000,000원 + 파생결합사채의 이익 6,000,000원 + 현금배당 15,000,000원 = 23,000,000원

※ 코스피200 선물・옵션, 코스닥 150 선물・옵션 등과 코스피200 주식워런트증권 등의 거래로 인한 이익은 양도소득으로 과세한다.

(2) 배당가산액

Min{15,000,000원*, (38,000,000원 − 20,000,000원)} × 10% = 1,500,000원

*Gross-up 대상 배당소득의 합계액

∴ 38,000,000원 + 1,500,000원 = 39,500,000원

09

답 ③

▌해설▌

(1) 금융소득 : 26,000,000원

① 이자소득

정기예금이자 3,000,000원 + 외국법인 채권이자 7,000,000원 + 비영업대금 이익 5,000,000원 = 15,000,000원

② 배당소득

8,000,000원 + 3,000,000원 = 11,000,000원

(2) 배당가산액

Min{8,000,000*, (26,000,000원 − 20,000,000원) × 10%} = 600,000원

*Gross-up 대상 배당소득의 합계액

∴ 15,000,000원 + 11,000,000원 + 600,000원 = 26,600,000원

10

답 ②

▌해설▌

(1) 금융소득 : 22,000,000원

① 이자소득

은행이자 12,000,000원

② 배당소득

A법인 무상주 배당 5,000,000원 + B법인 무상주 배당 2,000,000원 + 집합투자기구 이익 3,000,000* = 10,000,000원

*5,000,000원 − 2,000,000원 = 3,000,000원

(2) 배당가산액

Min{5,000,000*, (22,000,000원 − 20,000,000원)} × 10% = 200,000원

*Gross-up 대상 배당소득의 합계액

∴ 22,000,000원 + 200,000원 − 12,000,000원(이자소득금액) = 10,200,000원

11

답 ②

▌해설▐

(1) 금융소득 : 21,000,000원

① 이자소득 : -

② 배당소득 : 비영업대금이익 13,000,000원 + 현금배당금 5,000,000원 + 의제배당 3,000,000원 = 21,000,000원

(2) 배당가산액

Min{5,000,000원*, (21,000,000원 − 20,000,000원)} × 10% = 100,000원

*Gross-up 대상 배당소득의 합계액

∴ 21,000,000원 + 100,000원 = 21,100,000원

12

답 ④

▌해설▐

(1) 금융소득 : 43,000,000원

① 이자소득

비영업대금이익 5,000,000원

② 배당소득

법인과세 신탁재산 배당금 3,000,000원 + 상장법인배당((주)대한) 5,000,000원* + 무상주배당((주)민국) 15,000,000원* + 집합투자기구로부터의 이익 15,000,000원 = 38,000,000원

(2) 배당가산액

Min{20,000,000원, (43,000,000원 − 20,000,000원)} × 10% = 200,000원

(3) 금융소득금액

43,000,000원 + 200,000원 = 43,200,000원

13

답 ③

▌해설▐

(1) 금융소득 : 38,500,000원

① 이자소득

소비대차로 전환된 외상매출금 이자 3,000,000원

② 배당소득

파생결합사채의 수익 4,500,000원 + 무상주 의제배당(지분비율 상승분) 3,500,000원 + 무상주 의제배당(자기주식처분이익) 10,000,000 + 인정배당 17,500,000원 = 35,500,000원

(2) 배당가산액
Min{27,500,000원*, (38,500,000원 − 20,000,000원)} × 10% = 1,850,000원

*Gross-up 대상 배당소득의 합계액 : 10,000,000원 + 17,500,000원 = 27,500,000원

(3) 금융소득금액
38,500,000원 + 1,850,000원 = 40,350,000원

14

답 ①

해설

(1) 배당소득
15,000,000원(ㄱ) + 4,000,000원(ㄴ) + 8,000,000원(ㄷ) + 3,000,000원(ㄹ) + 6,000,000원(ㅁ) = 36,000,000원

(2) 배당가산액
Min{19,000,000원*, (36,000,000원 − 20,000,000원)} × 10% = 1,600,000원

*Gross-up대상 배당소득의 합계액 : 15,000,000원 + 4,000,000원 = 19,000,000원

∴ 36,000,000원 + 1,600,000원 + 2,000,000원(ㅂ) = 39,600,000원

15

답 ①

해설

(1) 금융소득 : 27,000,000원
① 이자소득
비영업대금이익 5,000,000원 + 정기예금이자 3,000,000원 + 환매조건부 매매차익 7,000,000원 = 15,000,000원
② 배당소득
현금배당 12,000,000원

(2) 배당가산액
Min{12,000,000원*, (27,000,000원 − 20,000,000원)} × 10% = 700,000원

*Gross-up 대상 배당소득의 합계액

∴ 27,000,000원 + 700,000원 + 9,000,000원(출자공동자사업자 배당) = 36,700,000원

16

답 ⑤

▌해설▌

(1) 금융소득 : 25,000,000

① 이자소득 : 0

※ 직장공제회 초과반환금, 법원보증금 이자는 무조건 분리과세에 해당한다.

② 배당소득

3% 재평가적립금을 감액하여 받은 배당 10,000,000* + 현금배당 7,000,000* + 법인으로 보는 단체 현금배당 8,000,000* = 25,000,000

*Gross-up 대상 배당소득의 합계액 : 7,000,000 + 8,000,000 = 15,000,000

(2) 배당가산액

Min{15,000,000, (25,000,000 − 20,000,000)} × 10% = 500,000

(3) 금융소득금액

25,000,000 + 500,000 + 6,000,000* = 31,500,000

*출자공동사업자 배당은 마지막에 추후 합산한다.

17

답 ③

▌해설▌

(1) 금융소득 : 45,000,000

① 이자소득

정기예금이자 10,000,000

※ 직장공제회 초과반환금, 투융자 집합투자기구로부터 받은 배당소득은 무조건 분리과세이다.

② 배당소득

외국법인 배당 15,000,000 + 현금배당 20,000,000 = 35,000,000

(2) 배당가산액

Min{(20,000,000, (45,000,000 − 20,000,000)} × 10% = 2,000,000

(3) 금융소득금액

45,000,000 + 2,000,000 + 5,000,000* = 52,000,000

*출자공동사업자 배당은 마지막에 추후 합산한다.

CHAPTER

03 | 사업소득

01

답 ③

해설

ㄱ. 논・밭을 작물 생산에 이용하게 함으로써 발생하는 소득 : 비과세

ㄴ. 한국표준산업분류에 따른 연근해어업에서 발생한 소득 : 해당 과세기간의 소득금액의 합계액 5천만원 이하까지 비과세

ㄷ. 조림기간 5년 이상인 임지(林地)의 임목(林木)의 벌채 또는 양도로 발생하는 소득 : 연 600만원 이하의 금액까지 비과세

ㄹ. 「수도권정비계획법」 제2조 제1호에 따른 수도권 지역에서 전통주를 제조함으로써 발생하는 소득금액 : 연 1천200만원까지 비과세

ㅁ. 농가부업규모의 축산에서 발생하는 소득 외의 소득 : 소득금액의 합계액이 연 3천만원 이하까지 비과세

02

답 ①

해설

사업소득 중 전통주의 제조에서 발생하는 소득으로서 연 1,200만원 이하의 금액

03

답 ④

해설

당기순이익 122,000,000원 + 대표자급여 10,000,000원 + 기업업무추진비 한도초과액 25,000,000원(주1) + 소득세비용 40,000,000원 – 예금이자 수입 7,000,000원 = 190,000,000원

주1 기업업무추진비 세무조정

① B : 63,400,000원

② T : 36,000,000원 + (800,000,000원 × 0.3%) = 38,400,000원

③ T/A : 필요경비 불산입 25,000,000원

04

답 ④

해설

당기순이익 100,000,000원 + 대표자 인건비 48,000,000원(주1) + 자가소비 8,000,000원(주2) – 예금이자수익 300,000원(주3) – 현금배당수익 3,000,000원(주4) – 유가증권 처분이익 1,000,000원(주5) = 151,700,000원

주1 대표자 인건비는 필요경비 인정하지 않는다.
주2 제품의 원가를 잡비로 계상하였으므로 시가를 총수입금액에 산입한다.
주3 이자소득에 해당한다.
주4 배당소득에 해당한다.
주5 채권매매차익은 과세대상이 아니다.

05

답 ②

해설

지급일 현재 주민등록표등본에 의하여 그 거주사실이 확인된 채권자가 차입금을 변제받은 후 소재불명이 된 경우 그 차입금의 이자는 사업소득금액을 계산할 때 필요경비에 산입한다(채권자불분명 사채이자 ×).

06

답 ⑤

해설

구 분		금 액
소득세비용차감전순이익		51,000,000
총수입금액산입·필요경비불산입	건물감가상각부인액	200,000
필요경비산입·총수입금액불산입	위탁상품매출	(2,000,000)
	건물처분이익 부인	(5,000,000)
	기계장치 A 상각부인액 추인	(300,000)
사업소득금액		43,900,000

07

답 ③

▌해설▌

구 분		금 액
소득세비용차감전순이익		124,500,000
총수입금액산입·필요경비불산입	대표자급여	20,000,000
	기업업무추진비 한도초과	2,200,000*
	소득세비용	15,000,000
필요경비산입·총수입금액불산입	배당금수익	(6,000,000)
사업소득금액		155,700,000

*기업업무추진비 한도시부인

① B : 40,000,000

② T : 36,000,000 + (600,000,000 × 0.3%) = 37,800,000

③ T/A : 2,200,000

08

답 ⑤

▌해설▌

부가가치세법 시행령에 따른 조제용역의 공급으로 발생하는 사업소득 중 기획재정부령으로 정하는 바에 따라 계산한 의약품가격이 차지하는 비율에 상당하는 소득은 원천징수배제 사업소득이다.

09

답 ③

▌해설▌

(1) 채권자불분명사채이자 : 〈필요경비불산입〉 200,000원

(2) 초과인출금 관련 이자 : 〈필요경비불산입〉 375,890원

① 6월 초과인출금 적수 : {(200,000,000원 − 20,000,000원) − 150,000,000원} × 30일 = 900,000,000원

② 선순위 필요경비 산입 후

이자율	지급이자	차입금 적수
연 20%	200,000	365,000,000
연 12%	1,200,000	3,650,000,000

③ 초과인출금 관련 이자 : a + b = 375,890원

서로 다른 이자율이 적용되는 이자가 함께 있는 경우 높은 이자율이 적용되는 것부터 먼저 필요경비불산입한다.

a. 20% : 200,000원

b. 12% : (900,000,000원 − 365,000,000원) × $\frac{1}{365}$ × 12% = 175,890원

10

답 ④

해설

(1) 소득세법

① 기부금의 구분

a. 일반기부금 : 5,000,000원(종교단체기부금) + 35,000,000원(주1)(아동복지시설) = 40,000,000원

주1 소득세법상 현물일반기부금의 평가 : Max(시가, 장부가액)

b. 비지정기부금 : 30,000,000원(장애인유료복지시설)

② 일반기부금의 한도

150,000,000원(주2) × 10% + Min(35,000,000원, 150,000,000원 × 20%) = 45,000,000원

주2 170,000,000원 – 20,000,000원

③ 한도초과(미달)액 : △5,000,000원으로 세무조정 없음

∴ ㉠ 필不 비지정기부금 30,000,000원

(2) 법인세법

① 기부금의 구분

a. 일반기부금 : 5,000,000원(종교단체기부금) + 20,000,000원(주3)(아동복지시설) = 25,000,000원

주3 법인세법상 특수관계가 아닌 경우 현물일반기부금의 평가 : 장부가액

b. 비지정기부금 : 30,000,000원(장애인유료복지시설)

② 일반기부금의 한도

150,000,000원 × 10% = 15,000,000원

③ 한도초과(미달)액 : 〈손不〉 10,000,000원 (기타사외유출)

∴ ㉡ 〈손不〉 비지정기부금 30,000,000원 + 〈손不〉 한도초과 10,000,000원 = 40,000,000원

11

답 ④

해설

한국표준산업분류상의 금융보험업에서 발생하는 이자는 실제로 수입된 날이 수입시기다.

12

답 ④

해설

사업자가 조직한 납세조합이 조합원에 대한 매월분의 소득세를 징수할 때에는 그 세액의 100분의 3에 해당하는 금액을 공제하여 징수하되, 공제하는 금액은 1인당 100만원을 한도로 한다.

13

답 ②

해설

(1) A주택

① 총수입금액 12,000,000

② 필요경비 12,000,000 × 60% = 7,200,000

③ 추가공제 $4,000,000 \times \frac{12}{20} = 2,400,000$

(2) B주택

① 총수입금액 8,000,000

② 필요경비 8,000,000 × 50% = 4,000,000

③ 추가공제 $2,000,000 \times \frac{8}{20} = 800,000$

※ 40m^2 이하인 주택으로서 해당 과세기간의 기준시가가 2억원 이하인 소형주택(C주택)은 2026년 12월 31일까지 주택 간주임대료 과세시 주택 수에 포함하지 않는다. 따라서 갑은 2주택자로서 간주임대료를 계산하지 않는다.

∴ 총수입금액 20,000,000 − 필요경비 11,200,000 − 추가공제 3,200,000 = 5,600,000

14

답 ②

해설

(1) 임대료 : 2,000,000 × 12月 = 24,000,000

(2) 간주임대료 : (500,000,000 − 300,000,000) × 2% − (500,000 + 300,000) = 3,200,000

(3) 관리비 : 500,000 × 12月 = 6,000,000

(4) 총수입금액 : 24,000,000 + 3,200,000 + 6,000,000 = 33,200,000

15

답 ④

▌해설▌

(1) 임대료

① 상가건물 : 1,000,000 × 12월 = 12,000,000

② 토지임대료 : $5,000,000 \times \frac{12월}{24월} = 2,500,000$

∴ ① + ② = 14,500,000

(2) 간주임대료

(300,000,000 − 100,000,000) × 3% − (2,000,000 + 1,000,000) = 3,000,000

(3) 관리비

6,000,000 − 2,000,000* = 4,000,000

*징수대행하는 명목으로 지급받은 금액은 총수입금액에 산입하지 않는다.

(4) 사업소득금액

① 총수입금액 : 14,500,000 + 3,000,000 + 4,000,000 = 21,500,000

② 필요경비 0 (문제에서 제시된 필요경비 없음)

∴ 21,500,000 − 0 = 21,500,000

CHAPTER

04 | 근로소득 · 연금소득 · 기타소득

01

답 ③

▌해설▌

기본급과 상여 50,000,000원 + 시간외근무수당 8,000,000원 + 사택제공이익 0(주1) + 식사대 1,200,000원(주2) + 자녀보육수당 1,200,000원(주3) + 직무발명보상금 3,000,000(주4) = 63,400,000원

주1 종업원의 사택제공이익은 비과세
주2 월 200,000원 × 12月 = 2,400,000원은 비과세
주3 6세 이하인 경우에만 월 20만원까지 비과세
주4 해당 종업원이 법인의 지배주주등이거나 그 지배주주등과 특수관계에 있는 자인 경우에는 비과세 적용대상에서 제외

제4장

02

답 ③

▌해설▌

급여 30,000,000원 + 상여 10,000,000원 + 인정상여 0(주1) + 주식매수선택권 행사이익 10,000,000원(주2) + 식대 1,200,000원(주3) = 51,200,000원

주1 인정상여의 수입시기는 근로를 제공한 날이므로 2025년 귀속이다.
주2 주식매수선택권을 행사한 날이 수입시기이므로 2026년 귀속이다.
주3 월 200,000원까지 비과세이므로, 나머지 금액인 100,000원 × 12月 = 1,200,000원만 과세한다.

03

답 ⑤

해설

(1) 월정액급여 풀이
매월 정기급여(급여 1,400,000원 + 자가운전보조금 250,000원 + 식대 100,000원 + 자녀보육수당 300,000원) − 실비변상급여(자가운전보조금 200,000원) = 1,850,000원(≤ 2,100,000원)

(2) 비과세 근로소득
자가운전보조금 200,000원 + 자녀보육수당 200,000원 + 연장근무수당 250,000원(주1) = 650,000원

주1 직전연도 총급여액이 30,000,000원 이하이며, 월정액급여가 2,100,000원 이하인 생산직근로자로서 초과근무수당은 연간 2,400,000원까지 비과세한다.

04

답 ③

해설

[월정액급여 계산시 차감하는 항목]

ㄱ. 실비변상적 급여
ㄷ. 복리후생적 급여
ㄹ. 실비변상적 급여

05

답 ①

해설

급여 18,000,000 + 상여금 4,000,000 + 자가운전보조금(250,000 − 200,000) × 12개월 + 식사대 1,200,000 + 자녀보육수당(300,000 − 200,000) × 12개월 + 연장근로수당(2,500,000 − 2,400,000*) = 25,100,000

*월정액급여 : 급여 1,500,000 + 자가운전보조금(250,000 − 200,000) + 식대 100,000 + 중식 130,000 + 자녀보육수당 300,000 = 2,080,000(≤ 2,100,000)

06

답 ③

해설

(1) 급여 21,600,000 + (2) 잉여금처분 상여 0(주1) + (3) 식사대 3,000,000(주2) + (4) 직무발명보상금 0 + (5) 주택자금 무상대여이익 2,400,000(주3) + (6) 초과근로수당 2,000,000(주4) + 학자금 8,000,000 = 37,000,000

주1 잉여금처분 결의일인 2025년에 귀속한다.
주2 식사대 이외에 별도로 식사제공을 받았으므로 전액 과세한다.
주3 중소기업이 아니므로 과세한다.
주4 생산직근로자가 아니므로 과세한다.

07

답 ①

해설

구 분	비과세	과세(총급여액)
(1) 급 여	–	40,000,000
(2) 식 대	–	2,400,000(주1)
(3) 직무발명보상금	7,000,000(주2)	5,000,000
(4) 주택취득자금 대여이익	5,000,000(주3)	–
(5) 단체순수보장성보험의 보험료	700,000(주4)	300,000
(6) 자가운전보조금	2,000,000(주5)	–
(7) 시간외 근무수당	–	2,000,000
계	14,700,000	49,700,000

주1 식사를 제공받았으므로 전액 과세
주2 직무발명보상금은 연 700만원까지 비과세
주3 중소기업 직원의 주택자금대여이익은 비과세
주4 단체순수보장성보험은 연 70만원 비과세
주5 자가운전보조금은 월 20만원까지 비과세

08

답 ②

해설

구 분	총급여액
(1) 급 여	24,000,000
(2) 상여금	10,000,000
(3) 식사대	600,000(주1)
(4) 자녀보육수당	–(주2)
(5) 단체환급부보장성보험료	500,000(주3)
(6) 사택제공이익	–(주4)
(7) 주식매수선택권 행사이익	20,000,000
(8) 자녀출산수당	–(주5)
계	55,100,000

주1 월 200,000원 × 12개월 = 2,400,000원은 비과세
주2 월 200,000원 × 12개월 = 2,400,000원은 비과세
주3 연 70만원 이하의 금액은 비과세
주4 종업원의 사택제공이익은 비과세
주5 근로자(특수관계 있는 자 제외) 및 그 배우자의 출산과 관련하여 자녀의 출생일 이후 2년 이내에 사용자로부터 최대 2회에 걸쳐 지급받는 급여는 전액 비과세이다.

09

답 ④

해설

(1) 총급여액

기본급여 50,000,000원 + 휴가비 5,000,000원 + 강연수당 4,000,000원 + 인정상여 0(주1) + 식사대 200,000(주2) + 자가운전보조금 3,000,000원(주3) = 62,200,000원

주1 2025년도 귀속 소득이다.
주2 월 200,000원까지 비과세이므로, 나머지 금액인 20,000원 × 10月 = 200,000원만 과세한다.
주3 실제 여비를 별도로 지급받았으므로 과세한다.

(2) 근로소득공제

12,000,000원 + (62,200,000원 − 45,000,000원) × 5% = 12,860,000원

(3) 근로소득금액

(1) − (2) = 62,200,000원 − 12,860,000원 = 49,340,000원

10

답 ④

해설

(1) 총급여액 : 37,000,000

(주)A		(주)B	
급 여	12,000,000	급 여	15,000,000
상여금	2,000,000	식 대	1,500,000
잉여금처분에 의한 상여금	_(주1)	자가운전보조금	_(주4)
식 대	_(주2)	건강검진보조금	500,000
숙직비	_(주3)	추석명절격려금	3,000,000
자녀출산보조금	2,000,000	자녀학비보조금	3,000,000
계	16,000,000	계	23,000,000

주1 잉여금처분결의일이 수입시기이므로, 2023년 귀속
주2 200,000 × 6개월 = 1,200,000 비과세
주3 비과세에 해당
주4 200,000 × 6개월 = 1,200,000 비과세

(2) 근로소득공제액

750만원 + (3,900만원 − 1,500만원) × 15% = 11,100,000

(3) 근로소득금액

(1) 39,000,000 − (2) 11,100,000 = 27,900,000

11

답 ②

해설

공무원이 공무수행과 관련하여 국가로부터 받는 상금은 연 240만원, 종업원이 법에 따라 받는 직무발명보상금은 연 700만원까지 비과세한다.

12

답 ④

해설

「고용보험법」에 따라 받는 육아휴직급여도 비과세대상 근로소득이다.

13

답 ⑤

해설

(1) 공적연금 : $30,000,000원 \times \frac{450,000,000원}{450,000,000원 + 900,000,000원} - 3,000,000원 = 7,000,000원$

(2) 사적연금 : 11,400,000

		인출액 25,000,000원	
		연금수령 20,400,000원(주1)	연금외수령 4,600,000원
이연퇴직소득 ②	7,000,000원	7,000,000원 (연금소득, 분리과세)	–
자기불입분 중 미공제액 ①	2,000,000원	2,000,000원 (과세제외)	–
자기불입분 중 공제액 ③	31,000,000원	11,400,000원 (연금소득, 종합과세 선택)	4,600,000원 (기타소득)
운용수익 ③	11,000,000원		

주1 $연금수령한도 = \frac{연금계좌평가액}{11년 - 연금수령연차} \times 120\% = \frac{51,000,000원}{11년 - 8년} \times 120\% = 20,400,000원$

(3) 총연금액 : (1) + (2) = 7,000,000원 + 11,400,000원 = 18,400,000원

14

답 ④

해설

(1) 공적연금 : 제시안됨

(2) 사적연금 : 17,000,000

		인출액 45,000,000원	
		연금수령 30,000,000원(주1)	연금외수령 15,000,000원
이연퇴직소득 ②	10,000,000원	10,000,000원 (연금소득, 분리과세)	–
자기불입분 중 미공제액 ①	3,000,000원	3,000,000원 (과세제외)	–
자기불입분 중 공제액 ③ 운용수익 ④	87,000,000원	17,000,000원 (연금소득, 종합과세 선택)	15,000,000원

주1 연금수령한도 = $\frac{\text{연금계좌평가액}}{\text{11년 - 연금수령연차}} \times 120\% = \frac{\text{100,000,000원}}{\text{11년 - 7년}} \times 120\% = \text{30,000,000원}$

(3) 총연금액 : (1) + (2) = 0원 + 17,000,000원 = 17,000,000원

15

답 ②

해설

(1) 총연금액

$45,000,000 \times \frac{380,000,000}{480,000,000} = 35,625,000$

(2) 연금소득공제 : Min(①, ②) = 8,462,500

① 6,300,000 + (35,625,000 − 14,000,000) × 10% = 8,462,500

② 9,000,000(한도)

(3) 연금소득금액

(1) − (2) = 35,625,000 − 8,462,500 = 27,162,500

16

답 ③

해설

연금계좌의 운용실적에 따라 증가된 금액을 연금계좌에서 연금외수령한 소득은 기타소득으로 본다.

17

답 ①

해설

		연금수령 10,500,000원(주1)
이연퇴직소득 ②	0원	0원 (연금소득, 분리과세)
자기불입분 중 미공제액 ①	5,500,000원	5,500,000원 (과세제외)
자기불입분 중 공제액 ③ 운용수익 ④	64,500,000원	5,000,000원 (연금소득, 종합과세 선택)

주1 연금수령한도 $= \dfrac{\text{연금계좌평가액}}{\text{11년} - \text{연금수령연차}} \times 120\% = \dfrac{70{,}000{,}000\text{원}}{\text{11년} - \text{3년}} \times 120\% = 10{,}500{,}000\text{원}$

∴ 5,000,000원 × 5% = 250,000원

18

답 ⑤

해설

① 공적연금의 경우 2002.1.1.(과세기준일) 이후부터 과세로 전환되었으므로 연금수령액 중 과세연금액은 '과세기준일 이후 납입기간의 환산소득누계액'이 '총 납입기간의 환산소득누계액'에서 차지하는 비율에 따라서 분할하여 계산한다.
② 연금계좌에서 인출하는 금액이 연금수령요건을 충족한 경우 연금계좌에 입금한 이연퇴직소득의 경우 분리과세되며, 분리과세되는 연금소득은 연금소득공제를 적용하지 아니한다.
③ 사망할 때까지 연금수령하는 종신계약에 따라 받는 연금소득의 경우 4%의 원천징수세율을 적용한다.
④ 연금계좌에서 일부 금액이 인출되는 경우 인출순서는 과세제외금액 → 이연퇴직소득 → 연금계좌세액공제를 받은 납입액과 운용수익 순서로 인출되는 것으로 한다.

19

답 ③

해설

연금계좌세액공제를 받은 연금계좌 납입액과 연금계좌의 운용실적에 따라 증가된 금액을 그 소득의 성격에 불구하고 연금계좌에서 연금수령하면 연금소득으로, 연금외수령하면 기타소득으로 과세한다.

20

답 ③

해설

연금계좌에서 인출된 금액이 연금수령한도를 초과하는 경우에는 연금수령분이 먼저 인출되고 그 다음으로 연금외수령분이 인출되는 것으로 본다.

21

답 ③

해설

특정 소득이 기타소득으로 법령에 열거된 것 중 어떤 소득에 해당하는지에 따라 기타소득금액에 영향을 미친다.
(∵ 어떤 소득에 해당하는지에 따라 필요경비의제 규정이 다르게 적용)

22

답 ②

해설

① 甲이 (주)A에 재직하면서 2030.3.20.부터 2035.3.20.까지 사이에 주식매수선택권을 행사하여 얻은 이익은 근로소득에 해당한다.
(∵ 법인의 임원 또는 종업원이 당해 법인으로부터 주식매수선택권을 부여받아 근무하는 기간 중 행사)

③ 甲이 2028.6.20. 사망하고 2030.3.20.부터 2035.3.20.까지 사이에 그 상속인이 주식매수선택권을 행사하여 얻은 이익은 기타소득에 해당한다.
(∵ 퇴직 전 부여받은 주식매수선택권을 퇴직 후에 행사하거나, 고용관계없이 주식매수선택권을 부여받아 행사함으로써 얻은 이익은 기타소득)

④ 甲의 주식매수선택권 행사이익은 그 주식매수선택권 행사 당시 (주)A 주식의 시가에서 실제 매수가격을 뺀 금액이다.

⑤ 甲이 주식매수선택권을 행사하여 취득한 주식을 양도하는 때, 당해 주식이 양도소득세 과세대상이 되는 경우에는 그 주식매수선택권의 행사 당시의 시가를 취득가액으로 하여 양도소득을 계산한다.

23

답 ①

해설

ㄴ. 교통재해를 직접적인 원인으로 신체상의 상해를 입었음을 이유로 보험회사로부터 수령한 보험 : 비열거소득
ㄹ. 사업용 토지 · 건물 · 부동산에 관한 권리와 함께 양도하는 영업권 : 양도소득
ㅁ. 서화 · 골동품을 박물관에 양도함으로써 발생하는 소득 : 비과세 기타소득

24

답 ①

해설

(1) 업무와 관련된 사내 원고료 : 근로소득에 해당한다.

(2) 업무와 관련된 연구활동비 : 근로소득에 해당한다.

(3) 산업재산권을 양도하고 받은 금액 : 양수인의 사용일이 대금청산일보다 빠르므로 2025년 소득에 해당한다.

(4) 승마투표권 환급금(100배 초과) : $(2,010,000 - 10,000) \times 20\% = 400,000$

(5) 계약금이 위약금으로 대체된 위약금 : 원천징수 대상에 해당하지 않는다.

(6) 주택입주지체상금 : $1,500,000 \times (1 - 80\%) \times 20\% = 60,000$

∴ 기타소득금액에 대한 원천징수세액 : $(4) + (6) = 460,000$

25

답 ④

해설

근로소득 중 사용자로부터 식사 기타 음식물을 제공받는 근로자가 받는 월 20만원의 식사대는 식사를 별도로 제공받고 있으므로 식사대 20만원은 전액 과세된다. 나머지 소득은 비과세 소득에 해당한다.

26

답 ①

해설

공무원이 국가 또는 지방자치단체로부터 공무 수행과 관련하여 받는 상금과 부상은 근로소득이며, 연 240만원 이내의 금액까지 비과세된다.

27

답 ②

▌해설▌

(1) 주택입주 지체상금 : Max(필요경비의제 6,000,000원 × 80%, 실제소요경비 4,000,000원) = 4,800,000원

(2) 고용관계없는 강연료 : Max(필요경비의제 3,000,000원 × 60%, 실제소요경비 1,000,000원) = 1,800,000원

(3) 사진 등 창작품 소득 : Max(필요경비의제 10,000,000원 × 60%, 실제소요경비 7,000,000원) = 7,000,000원

(4) 기타소득으로 과세되는 서화·골동품의 양도로 발생하는 소득에는 양도일 현재 생존해 있는 국내 원작자의 작품은 제외한다.

∴ 4,800,000원 + 1,800,000원 + 7,000,000원 = 13,600,000원

28

답 ⑤

▌해설▌

특정한 소득이 기타소득의 어느 항목에 해당하는지의 여부는 세액에 영향이 있다. 특정한 소득이 기타소득의 어느 항목에 해당하는지에 따라 필요경비의제규정이 다르게 적용되기 때문이다.

29

답 ②

▌해설▌

구 분	종합과세되는 소득금액	원천징수세액
주택입주 지체상금	10,000,000원 × (1 − 80%) = 2,000,000원	400,000원(20%)
영업권 양도	5,000,000원 × (1 − 60%) = 2,000,000원	400,000원(20%)
공익사업관련 지상권 설정대가	3,000,000원 × (1 − 60%) = 1,200,000원	240,000원(20%)
계약금이 위약금으로 대체된 금액	12,000,000원	원천징수 ×
계	17,200,000원	1,040,000원

30

답 ③

해설

구 분	원천징수 대상 기타소득금액
(1) 계약금이 위약금으로 대체된 경우의 위약금	× (∵ 원천징수 대상이 아님)
(2) 고용관계 없이 받은 일시적인 외부 강연료	3,000,000 × (1 – 60%) = 1,200,000
(3) 배임수재로 받은 금품	× (∵ 무조건종합과세)
(4) 상표권을 대여하고 대가로 받은 금품	1,000,000 × (1 – 60%) = 400,000
(5) 주택입주 지체상금	2,000,000 × (1 – 80%) = 400,000
(6) 슬롯머신 당첨금품	– (∵ 과세최저한)
계	2,000,000

31

답 ③

해설

주택입주지체상금 3,000,000원 × (1 – 80%) + 공익목적 지상권 대여 15,000,000원 × (1 – 60%) = 6,600,000원

※ 과세대상이 되는 서화를 반복적으로 판매함으로써 얻은 소득은 분리과세에 해당한다.

32

답 ①

해설

(1) 기타소득금액

구 분	금 액
(1) 주택입주 지체상금	3,000,000 × (1 – 80%) = 600,000
(2) 복권당첨금	무조건 분리과세
(3) 고용관계 없이 일시적인 강연을 하고 받은 외부강연료	과세최저한
(4) 계약금이 위약금으로 대체된 위약금	1,000,000
(5) 배임수재로 받은 금품	4,000,000(무조건 종합과세)
계	5,600,000

(2) 세부담 최소화

기타소득금액이 1,600,000[(1)~(4)의 합계]으로 연 300만원 이하이면서 종합소득 한계세율이 24%이므로 원천징수된 것에 대하여 분리과세(20%)를 선택하는 것이 세부담을 최소화한다.

∴ 종합과세되는 기타소득금액 : 4,000,000원

33

답 ①

해설

지역권(공익사업과 관련 없음)을 대여하고 받은 대가) 0(주1) + 복권당첨금품 0(주2) + 저작권 양도대가(10,000,000 − 8,000,000) + 공익법인이 주무관청의 승인을 받아 시상하는 상금 4,000,000 × (1 − 80%) + 퇴직후 직무발명보상금 0(주3) + 특강료 2,000,000 × (1 − 60%) = 3,600,000

주1 사업소득에 해당한다.
주2 무조건 분리과세 대상이다.
주3 연 700만원까지 비과세이다.

34

답 ④

해설

(1) 기타소득금액

구 분	기타소득금액
공익사업 관련 지역권 설정대가	2,000,000 × (1 − 60%) = 800,000
시간강사료	–(주1)
신문 원고료	500,000 × (1 − 60%) = 200,000
산업재산권 양도대가	3,500,000 × (1 − 60%) = 1,400,000
퇴직후 직무발명보상금	–(주2)
공익법인 주최 발명경진대회 상금	3,000,000 × (1 − 80%) = 600,000
인정기타소득	1,000,000
위원회 위원 수당	–(주3)
계	4,000,000

주1 근로소득에 해당한다.
주2 연 700만원까지 비과세이다.
주3 비과세 해당한다.

(2) 종합과세되는 기타소득금액 : 4,000,000 (∵ 연 3백만원을 초과하는 경우 종합과세)

05 | 소득금액계산의 특례

01

답 ②

▌해설▐

배당소득과 이자소득은 필요경비가 인정되지 않는 소득이다. 따라서 배당소득(출자공동사업자에 대한 배당소득 제외)과 이자소득 전체는 부당행위계산 부인의 대상이 되는 소득으로 규정되어 있지 않다.

02

답 ④

▌해설▐

ㄱ. 비영업대금의 이익(이자소득)은 부당행위계산의 부인 대상이 아니다.
ㄹ. 부당행위계산의 부인에 의하여 총수입금액에 산입하거나 필요경비에 불산입한 금액은 사기·기타 부정한 행위에 의해 조세를 포탈한 것으로 간주하지 않는다.

03

답 ②

▌해설▐

(1) 공동사업장의 사업소득금액
500,000,000 + 80,000,000(갑의 급여) − 50,000,000(이자수익) − 10,000,000(사업용건물 처분익) = 520,000,000

(2) 갑의 종합소득금액 : ① + ② = 441,000,000
① 사업소득금액 : 520,000,000 × 80% = 416,000,000
② 금융소득금액 : 50,000,000 × 50% = 25,000,000

04

답 ⑤

▌해설▐

공동사업에 대한 소득금액을 계산할 때 특수관계인의 소득금액이 주된 공동사업자에게 합산과세되는 경우, 그 합산과세되는 소득금액에 대해서는 주된 공동사업자의 특수관계인은 그의 손익분배비율에 해당하는 소득금액을 한도로 주된 공동사업자와 연대하여 납세의무를 진다.

05

답 ③

해설

ㄴ. 사업소득금액을 계산할 때 해당 과세기간에 결손금이 발생하고 이월결손금이 있는 경우에는 해당 과세기간에 발생한 결손금을 먼저 소득금액에서 공제한다.

ㄹ. 공동사업합산과세 규정에 따라 특수관계인의 소득금액이 주된 공동사업자에게 합산과세되는 경우, 주된 공동사업자의 특수관계인은 그 합산과세되는 소득금액에 대하여 그의 손익분배비율에 해당하는 소득금액을 한도로 주된 공동사업자와 연대하여 납세의무를 진다.

06

답 ①

해설

② 공동사업에서 발생한 채무에 대하여 무한책임을 부담하기로 약정한 자는 출자공동사업자에 해당하지 않는다.

③ 공동사업장을 1사업자로 보아 대표공동사업자가 해당 사업장 관할세무서장에게 사업자등록을 하여야 한다.

④ 출자공동사업자의 배당소득 수입시기는 총수입금액과 필요경비가 확정된 날이 속하는 과세기간 종료일이다.

⑤ 출자공동사업자의 배당소득 원천징수세율은 25%이다.

07

답 ④

해설

① 사업소득금액을 계산할 때 발생한 결손금(부동산임대업에서 발생한 결손금은 제외)은 근로소득금액·연금소득금액·기타소득금액·이자소득금액·배당소득금액에서 순서대로 공제한다.

② 부동산임대업(주거용 건물 임대업 제외)에서 발생한 결손금은 종합소득과세표준을 계산할 때 공제하지 않는다.

③ 부동산임대업을 제외한 일반업종 사업소득에서 발생한 결손금은 부동산임대업에서 발생한 소득금액이 있는 경우 그 부동산임대업의 소득금액에서 공제한다.

⑤ 해당 과세기간 중 발생한 결손금과 이월결손금이 모두 존재하는 경우에는 결손금을 먼저 소득금액에서 공제한다.

08

답 ③

해설

중소기업을 경영하는 거주자가 그 사업소득금액을 계산할 때 해당 과세기간의 이월결손금(부동산임대업에서 발생한 이월결손금은 제외)이 발생한 경우에는 결손금 소급공제세액을 환급신청할 수 있다.

09

답 ③

해설

부동산임대업에서 발생한 결손금 중 주거용 건물임대업의 결손금은 일반 사업소득의 결손금처럼 종합소득 과세표준을 계산함에 있어서 다른 소득에서 공제한다.

10

답 ②

해설

(1) 결손금 공제 전 사업소득 결손금

총수입금액 300,000,000 − 필요경비 390,000,000 + 대표자 인건비 30,000,000 = △60,000,000

(2) 결손금 공제 후 종합소득금액

결손금 공제 전 (사업소득 이외의 각 소득금액)	결손금공제* (△60,000,000)	결손금 공제 후 종합소득금액
근로소득금액 40,000,000	① △40,000,000	-
기타소득금액 30,000,000	② △20,000,000	10,000,000

*사업소득 결손금을 공제순서에 따라 근로소득금액에서 먼저 공제하고, 기타소득금액에서 공제한다.

11

답 ⑤

해설

① 피상속인의 소득금액에 대한 소득세로서 상속인에게 과세할 것과 상속인의 소득금액에 대한 소득세는 구분하여 계산하여야 한다.

② 연금계좌의 가입자가 사망하였으나 그 배우자가 연금외수령 없이 해당 연금계좌를 상속으로 승계하는 경우에는 해당 연금계좌에 있는 피상속인의 소득금액은 상속인의 소득금액으로 보아 소득세를 계산한다.

③ 주거용 건물 임대업에서 발생한 결손금은 일반 사업소득의 결손금으로 보아 해당연도 종합소득금액을 계산할 때 다른 소득금액에서 공제한다.

④ 「소득세법」상 부당행위계산부인 규정은 사업소득, 배당소득(출자공동사업자에 대한 배당소득에 한함), 기타소득 및 양도소득이 있는 거주자에 대해서 적용된다.

12

답 ④

해설

사업자가 비치·기록한 장부에 의하여 해당 과세기간의 사업소득금액을 계산할 때 발생한 결손금(주거용 건물 임대업 외의 부동산임대업에서 발생한 금액 제외)은 그 과세기간의 종합소득과세표준을 계산할 때 근로소득금액·연금소득금액·기타소득금액·이자소득금액·배당소득금액에서 순서대로 공제한다.

13

답 ③

해설

사업소득이 발생하는 사업을 공동으로 경영하고 그 손익을 분배하는 공동사업의 경우에는 해당 사업을 경영하는 공동사업장을 1거주자로 보아 공동사업장별로 그 소득금액을 계산한다.

14

답 ②

해설

거주자가 채권을 내국법인에게 매도하는 경우에는 채권을 매수하는 법인이 거주자의 보유기간 이자등 상당액을 이자소득으로 보아 소득세를 원천징수하여야 한다.

15

답 ⑤

해설

① 거주자 1인과 특수관계인이 공동사업자에 포함되어 있는 경우로서 손익분배비율을 거짓으로 정하는 등의 사유가 있는 경우에는 그 특수관계인의 소득금액은 주된 공동사업자의 소득금액으로 본다.
② 대통령령으로 정하는 중소기업을 영위하는 거주자는 사업소득에서 결손금이 발생되는 경우 해당 연도의 종합소득금액에 있는 경우에는 해당 연도의 종합소득금액에서 사업소득의 결손금을 공제한 후, 남은 결손금에 대해 소급공제를 신청할 수 있다.
③ 거주자가 채권을 내국법인에게 매도하는 경우에는 보유기간 이자 상당액에 대한 원천징수의무자는 채권을 매수하는 법인이다.
④ 사업소득(부동산 임대업 제외) 및 주거용 건물 임대업에서 발생한 결손금은 그 과세기간의 종합소득과세표준을 계산할 때 근로소득금액, 연금소득금액, 기타소득금액, 이자소득금액, 배당소득금액의 순서대로 공제한다.

16

답 ③

해설

직계존비속에게 주택을 무상으로 사용하게 하고 직계존비속이 해당 주택에 실제 거주하는 경우, 부당행위계산부인 규정을 적용하지 않는다.

CHAPTER

06 | 종합소득공제

01

답 ①

▌해설▐

(1) 인적공제 : ① + ② = 9,000,000원

① 기본공제 : 1,500,000원 × 4명(본인, 배우자(주1), 모친(주2), 장남) = 6,000,000원

> 주1 별거 중인 경우에도 인적공제가 가능하다.
> 주2 양식어업소득은 5,000만원까지 비과세이며, 해당과세기간에 사망한 경우 사망일 전날의 상황에 의하므로 기본공제 대상이다.

② 추가공제 : 모친 1,000,000원(경로우대공제) + 장남 2,000,000원(장애인공제) = 3,000,000원

(2) 특별소득공제 : 건강보험료(본인) 부담분 1,800,000원 + 고용보험료(본인) 부담분 500,000원 = 2,300,000원

(3) 종합소득공제 : (1) + (2) = 11,300,000원

02

답 ④

▌해설▐

인적공제 : ① + ② = 11,000,000

① 기본공제 : 4명(본인, 부친, 모친, 아들) × 150만원 = 6,000,000

※ 부친의 공무원연금 수령액은 연금보험료 소득공제를 받지 않았으므로 과세되지 않는다.

② 추가공제 : 5,000,000

- 경로우대자공제 : 2명(부친, 모친) × 1,000,000 = 2,000,000
- 장애인공제 : 1명(모친) × 2,000,000 = 2,000,000
- 한부모공제 : 1,000,000

03

답 ④

▌해설▌

인적공제 : ① + ② = 11,000,000

① 기본공제 : 5명(본인, 부친, 남편, 아들, 동생) × 150만원 = 7,500,000

※ 근로소득만 있는 남편의 총급여액은 500만원 이하에 해당하므로 기본공제대상자이다.

② 추가공제 500,000(본인 : 부녀자공제) + 1,000,000(부친 : 경로우대자공제) + 2,000,000(동생 : 장애인) = 3,500,000

※ 본인의 종합소득금액이 3천만원 이하이고, 배우자가 있는 여성이므로 부녀자공제 대상이다.

04

답 ③

▌해설▌

(1) 인적공제 : ① + ② = 10,500,000

① 기본공제 5명(본인, 배우자(주1), 모친(주2), 아들, 딸) × 150만원 = 7,500,000

> 주1 배우자의 은행예금이자는 분리과세되므로 기본공제대상에 해당
>
> 주2 모친은 농어촌지역에서 전통주를 제조하여 발생한 소득금액이 1,200만원 이하이므로 기본공제 대상에 해당

② 추가공제 : 1,000,000(모친 : 경로우대) + 2,000,000(딸 : 장애인) = 3,000,000

(2) 특별소득공제 : 4,500,000

① 건강보험료 본인부담분 : 2,500,000

② 주택자금공제 : Min{5,000,000(주택임차차입금 원리금 상환액) × 40%, 한도 400만원} = 2,000,000

(3) 합계 : (1) + (2) = 15,000,000

05

답 ②

▌해설▌

(1) 근로소득금액 : ① − ② = 54,850,000

① 총급여액 : 65,000,000 + 3,000,000 = 68,000,000

※ 여비(실비변상정도의 금액)는 비과세 근로소득이다.

※ 국민연금보험료 본인부담분(회사가 대신 부담)은 근로소득에 포함한다.

② 근로소득공제 : 12,000,000 + (68,000,000 − 45,000,000) × 5% = 13,150,000

(2) 종합소득공제 : ① + ② + ③ = 13,500,000

① 인적공제 : a + b = 6,500,000

a. 기본공제 : 3명(본인, 배우자, 아들) × 150만원 = 4,500,000

※ 배우자는 금융소득금액이 2천만원 이하로 분리과세되므로 기본공제 대상에 해당

b. 추가공제 : 2,000,000(아들 : 장애인)

② 특별소득공제 : 보험료공제 4,000,000

③ 연금보험료공제 : 3,000,000

(3) 종합소득과세표준 : (1) − (2) = 41,350,000

06

답 ④

해설

(1) 인적공제 : ① + ② = 9,500,000

① 기본공제 : 5명(본인, 배우자, 모친, 장남, 장녀) × 150만원 = 7,500,000

※ 배우자의 육아휴직급여는 비과세대상이므로 기본공제 대상에 해당한다.

※ 부친의 기타소득금액 : 8,000,000 × (1 − 60%) = 3,200,000이므로 기본공제 대상자가 아니다.

※ 모친은 농어촌지역에서 전통주를 제조하여 발생한 소득금액이 1,200만원 이하이므로 기본공제대상이다.

② 추가공제 : 2,000,000(자녀 : 장애인)

※ 본인이 배우자가 있는 여성이지만, 종합소득금액이 3천만원 초과이므로 부녀자공제를 적용하지 않는다.

→ 60,000,000 − (12,000,000 + 15,000,000 × 5%) = 47,250,000(> 3천만원)

(2) 특별소득공제(보험료공제) : 600,000

(3) 연금보험료공제 : 1,500,000

(4) 종합소득공제 : (1) + (2) + (3) = 11,600,000

07

답 ②

해설

인적공제 : ① + ② = 11,000,000

① 기본공제 : 6명(본인, 배우자, 부친, 모친, 장인(주1), 장녀/장남(주2)은 해당안됨) × 150만원 = 9,000,000

주1 주거형편상 별거하고 있는 경우 생계를 같이 하는 것으로 보며 나이·소득금액 요건을 충족하므로 기본공제대상에 해당한다.

주2 장애인에 해당하므로 나이요건 충족여부를 불문하지만 소득금액 요건을 충족하지 못하므로 기본공제대상이 아니다.

② 추가공제 : 2명(부친, 모친) × 100만원 = 2,000,000

※ 장애인이지만 기본공제를 적용받지 못하므로 추가공제 대상이 아니다.

08

답 ③

| 해설 |

(1) 인적공제 : ① + ② = 12,000,000

① 기본공제 : 6명(본인, 배우자*, 부친, 모친, 장남, 장녀) × 150만원 = 9,000,000

*배우자의 총급여액이 5천만원 이하에 해당하므로 기본공제대상자에 해당한다.

② 추가공제 : 1,000,000(부친 : 경로우대) + 2,000,000(장남, 장애인) = 3,000,000

(2) 특별소득공제 : 500,000(보험료 소득공제)

(3) 종합소득공제액 : (1) + (2) = 12,500,000

09

답 ④

| 해설 |

(1) 인적공제 : ① + ② = 7,000,000

① 기본공제 : 4명(본인, 부친, 모친, 동생) × 150만원 = 6,000,000

② 추가공제 : 1,000,000(경로자)

※ 한부모공제는 기본공제대상자 자녀가 없으므로 적용하지 않는다.

(2) 신용카드 등 소득공제 : 2,575,000(기본한도 3,000,000 이내에 해당)

구 분	사용금액	최저사용금액*	공제율	공제액
전통시장	4,000,000	–	40%	1,600,000
대중교통	1,500,000	–	40%	600,000
도서 · 공연	1,000,000	–	30%	300,000
직불카드등	0	–	30%	0
신용카드	13,000,000	(12,500,000)	15%	75,000
합 계	19,500,000	(12,500,000)		2,575,000

*최저사용금액 : 총급여액 50,000,000 × 20% = 12,500,000

※ 의료비 지출액을 신용카드 등으로 결제하는 경우 신용카드소득공제와 의료비세액공제를 중복 적용받을 수 있다.

※ 국외사용액과 자동차세, 형제자매의 사용액은 공제대상에서 제외한다.

(3) 인적공제와 신용카드 등 소득공제의 합계액 : (1) + (2) = 9,575,000

CHAPTER 07 | 종합소득세의 계산

01

답 ②

해설

(1) 종합소득금액 : ① + ② + ③ = 87,000,000원

① 이자소득금액 : 은행예금이자 30,000,000원 + 비실명이자 0 + 비영업대금이익 12,000,000원 = 42,000,000원

② 배당소득금액 : 외국법인 배당 5,000,000원(내국법인으로부터 받은 배당이 아니기 때문에 Gross-up 대상 소득이 아니다)

③ 사업소득금액 : 40,000,000원

(2) 종합소득과세표준 : 종합소득금액 87,000,000원 - 종합소득공제 9,000,000원 = 78,000,000원

(3) 종합소득산출세액 : Max(①, ②) = 11,290,000원

① 일반 : (78,000,000원 - 20,000,000원) × 기본세율 + 20,000,000원 × 14% = 10,960,000원

② 비교 : (78,000,000원 - 47,000,000원) × 기본세율 + 12,000,000원 × 25% + 35,000,000원 × 14% = 11,290,000원

02

답 ③

해설

(1) 금융소득의 구분

구 분	조건부 종합과세	비 고
현금배당	20,000,000	Gross-up대상
자본준비금 감액 배당	30,000,000	
계	50,000,000	

(2) 종합소득금액 : ① + ② = 71,500,000

① 금융소득금액 : 50,000,000 + Min(30,000,000, 15,000,000) × 10% = 51,500,000

② 사업소득금액 : 20,000,000

(3) 종합소득과세표준 : 71,500,000 - 15,000,000 = 56,500,000

(4) 비교산출세액

(56,500,000 - 51,500,000) × 기본세율 + 50,000,000 × 14% = 7,300,000

제7장

03

답 ②

해설

(1) 총수입금액 × (1 − 필요경비율) : ① + ② = 8,800,000

① A주택 : (1,000,000 × 12월) × (1 − 60%) = 4,800,000

② B주택 : (800,000 × 10월) × (1 − 50%) = 4,000,000

③ C주택 : 전용면적 $40m^2$ 이하이며 기준시가 2억원 이하에 해당한다. 따라서 소형주택에 해당하여 주택수 계산에 포함하지 않는다.

(2) 기본공제

$$4,000,000 \times \frac{12,000,000}{20,000,000} + 2,000,000 \times \frac{8,000,000}{20,000,000} = 3,200,000$$

(3) 분리과세 주택임대소득에 대한 사업소득금액 : (1) − (2) = 5,600,000

04

답 ④

해설

미등록 임대주택의 분리과세 주택임대소득에 대한 사업소득금액
= 총수입금액 − 필요경비(총수입금액 × 50%) − 공제액
= (14,000,000원 + 4,000,000원) − 18,000,000원 × 50% − 2,000,000원* = 7,000,000원

*분리과세 주택임대소득을 제외한 해당 과세기간의 종합소득금액이 2천만원 이하이므로 공제액 200만원을 적용한다.

05

답 ⑤

해설

등록임대주택의 임대사업에서 발생한 사업소득금액은 총수입금액에서 필요경비(총수입금액의 100분의 60)를 차감한 금액으로 하되, 분리과세 주택임대소득을 제외한 해당 과세기간의 종합소득금액이 2천만원 이하인 경우에는 추가로 400만원을 차감한 금액으로 한다.

06

답 ④

해설

(1) 자녀세액공제*

950,000(3명 : 8세, 9세, 11세)

> *종합소득이 있는 거주자의 기본공제대상자에 해당하는 자녀(입양자 및 위탁아동을 포함) 및 손자녀로서 8세 이상의 사람에 대해서는 1명인 경우 250,000, 2명인 경우 550,000, 3명 이상인 경우 550,000 + 400,000 × (자녀수 – 2명)의 금액을 종합소득산출세액에서 공제한다.

(2) 연금계좌세액공제

Min{Min(3,000,000, 6,000,000) + 2,000,000, 9,000,000} × 15%* = 750,000

> *종합소득금액 4,500만원 이하(근로소득만 있는 경우에는 총급여액 5,500만원 이하)인 거주자의 경우에는 15%

(3) 합계액

(1) + (2) = 950,000 + 750,000 = 1,700,000

07

답 ③

해설

(1) 의료비의 구분

① 난임시술비 : 2,000,000원

② 특정의료비 : 1,800,000원

- 본인 : Min(800,000원, 500,000원) = 500,000원
- 부친, 65세 이상 : 700,000원
- 모친, 장애인 : 600,000원

③ 일반의료비 : Min(1,000,000원 – 32,000,000원* × 3%, 7,000,000원) = 40,000원

> *총급여액 = 연 급여 35,000,000원 – 3,000,000원(비과세소득)

(2) 의료비세액공제액

난임시술비 2,000,000원 × 30% + (특정의료비 1,800,000원 + 일반의료비 40,000원) × 15% = 876,000원

08

답 ①

해설

(1) 의료비의 구분

① 특정의료비 : 본인 500,000원 + 부친, 65세 이상 2,000,000원 + 장애인 5,000,000원 + 6세 이하 8,500,000원 = 8,500,000원

※ 미용·성형수술비는 공제대상 의료비에 해당하지 않는다.

② 일반의료비 : Min(500,000원(주1) − 37,600,000(주2) × 3%, 7,000,000원) = △628,000원

주1 안경과 콘택트렌즈 구입비는 1인당 연 50만원 한도이다.
주2 급여총액 40,000,000원 − 비과세소득 2,400,000원

(2) 의료비세액공제액 : (특정의료비 8,500,000원 + 일반의료비 △628,000원) × 15% = 1,180,800원

09

답 ③

해설

(1) 의료비의 구분

① 난임시술비 : 10,000,000

② 특정의료비 : 본인 500,000(주1) + 부친 4,000,000(주2) + 6세 이하 1,000,000 = 5,500,000

주1 시력보정용안경·콘택트렌즈 구입비용은 1명당 연 50만원 한도이다.
주2 보험회사 등으로부터 지급받은 실손의료보험금은 제외한다.

③ 일반의료비 : Min{(2,000,000(주1) + 1,500,000 − 120,000,000 × 3%), 7,000,000} = △100,000

주1 산후조리원에 산후조리 및 요양의 대가로 지급하는 비용으로서 출산 1회당 200만원 이내의 금액을 한도로 한다.

※ 건강증진을 위한 의약품구입비용은 공제불능 의료비이다.

(2) 의료비세액공제액

(난임시술비 10,000,000 × 30%) + (특정의료비 5,500,000 + 일반의료비 △100,000) × 15% = 3,810,000

10

답 ③

해설

(1) 의료비의 구분

① 난임시술비 : 4,000,000

② 미숙아 의료비 : 800,000

③ 특정의료비 : 500,000(본인) + 1,500,000(65세 이상, 장애인) = 2,000,000

④ 일반의료비 : Min(1,000,000(모친) − 50,000,000 × 3%, 7,000,000) = △500,000

(2) 의료비세액공제

① × 30% + ② × 20% + (③ + ④) × 15% = 1,585,000

11

답 ②

해설

(1) 보험료세액공제액 : 210,000원

① 장애인보장성보험료 : Min(3,000,000원(딸), 1,000,000원) × 15% = 150,000원

② 일반보장성보험료 : Min(500,000원(본인), 1,000,000원) × 12% = 60,000원

(2) 교육비세액공제액 : (① + ②) × 15% = 375,000원

① 아들 : Min(500,000원, 3,000,000원) = 500,000원

② 딸 : Min(2,000,000원, 3,000,000원) = 2,000,000원

(3) 보험료세액공제액과 교육비세액공제액의 합계 : 210,000원 + 375,000원 = 585,000원

12

답 ③

해설

(1) 본인 : 대학원 수업료 10,000,000원 − 3,000,000원(주1) = 7,000,000원

주1 소득세가 비과세되는 학자금은 공제하지 아니한다.

(2) 배우자 : 0 (배우자에 대한 대학원 수업료는 공제대상이 아니다)

(3) 아들 : 방과 후 학교 수업료 1,500,000원 + 교복 500,000원(주2) = 2,000,000원

주2 교복구입비용 한도는 50만원이다.

(4) 딸 : Min{(2,200,000원 + 1,800,000원), 3,000,000원(주3)} = 3,000,000원

주3 대학생인 경우에는 1명당 연 900만원, 초등학교 취학 전 아동과 초·중·고등학생인 경우에는 1명당 연 300만원을 한도로 한다.

∴ 교육비 세액공제액 : (7,000,000원 + 2,000,000원 + 3,000,000원) × 15% = 1,800,000원

13

답 ③

▌해설▐

(1) 본인 : 대학원 등록금 4,000,000

(2) 아들 : Min(대학 등록금 10,000,000*, 9,000,000) = 9,000,000

*자녀학자금은 모두 과세되므로 아들의 대학등록금은 전액 공제대상 교육비이다.

(3) 딸 : 교과서 대금 100,000 + 교복구입비 300,000 = 400,000

∴ 교육비세액공제 : {(1) + (2) + (3)} × 15% = 2,010,000

14

답 ②

▌해설▐

(1) 본인 교육비 : 4,000,000

(2) 장녀 교육비 : Min(2,700,000*, 3,000,000) = 2,700,000

*200,000 + 1,900,000 + 500,000(교복구입비) + 100,000(대학입학전형료 · 수능응시료) = 2,700,000

(3) 장남 교육비 : Min(3,700,000*, 3,000,000) = 3,000,000

*취학전 아동이므로 학원수강료도 교육비세액공제대상 교육비에 포함된다.

(4) 교육비세액공제액 : (4,000,000 + 2,700,000 + 3,000,000) × 15% = 1,455,000

※ 배우자의 대학원등록금은 교육비세액공제대상 교육비에서 제외된다.

15

답 ②

해설

(1) 보험료세액공제 : ① + ② = 210,000
① 일반 : Min(500,000, 1,000,000) × 12% = 60,000
② 장애인 : Min(1,200,000, 1,000,000) × 15% = 150,000

(2) 교육비세액공제
본인(1,200,000 − 1,000,000) + 딸(5,000,000 − 3,000,000) = 2,200,000 × 15% = 330,000

(3) 의료비세액공제
(2,500,000* − 60,000,000 × 3%) × 15% = 105,000

*특정의료비 : 500,000(본인, 안경) + 2,000,000(딸, 장애인) = 2,500,000

∴ 특별세액공제 : 210,000 + 330,000 + 105,000 = 645,000

16

답 ④

해설

근로소득이 있는 거주자는 형제자매의 신용카드 등 사용금액을 그 거주자의 신용카드 등 소득공제 금액에 포함시킬 수 <u>없다</u>.

※ 본인과 연간소득금액의 합계액이 100만원 이하(근로소득만 있는 경우는 총급여액 500만원 이하)인 배우자 및 생계를 같이 하는 직계존비속에 한한다.

17

답 ②

해설

(1) 종합소득금액 : ① + ② = 120,000,000원
① 금융소득금액 : 85,000,000원* + Min(70,000,000원, 85,000,000원 − 20,000,000원) × 10% = 91,500,000원

*내국법인 A의 현금배당 70,000,000원(Gross-up ○) + 외국법인 B의 현금배당 10,000,000원(Gross-up ×) + 국내은행 정기예금이자 5,000,000원 = 85,000,000원

② 사업소득금액 : 28,500,000원

(2) 과세표준 : 종합소득금액 120,000,000원 − 종합소득공제 20,000,000원 = 100,000,000원

(3) 산출세액 : Max(①, ②) = 16,240,000원
① 일반산출세액 : (100,000,000원 − 20,000,000원) × 기본세율 + 20,000,000 × 14% = 16,240,000원
② 비교산출세액 : (100,000,000원 − 91,500,000원) × 기본세율 + 85,000,000원 × 14% = 12,410,000원

(4) 배당세액공제 : Min(①, ②) = 3,830,000원
① 배당가산액 : Min(70,000,000원, 85,000,000원 − 20,000,000원) × 10% = 6,500,000원
② 한도 : 일반산출세액 16,240,000원 − 비교산출세액 12,410,000원 = 3,830,000원

18

답 ③

▌해설▌

① 기장세액공제를 받은 간편장부대상자는 이와 관련된 장부 및 증명서류를 해당 과세표준확정신고기간 종료일부터 5년간 보관하여야 한다.

② 거주자가 외국소득세액을 종합소득산출세액에서 공제하는 경우 그 외국소득세액이 「소득세법」에서 정하는 공제한도를 초과하는 때에는 초과하는 금액은 해당 과세기간의 다음 과세기간 개시일부터 10년 이내에 끝나는 과세기간(이월공제기간)으로 이월하여 그 이월된 과세기간의 공제한도금액 내에서 공제받을 수 있다. 다만, 외국정부에 납부하였거나 납부할 외국소득세액을 이월공제기간 내에 공제받지 못한 경우 그 공제받지 못한 외국소득세액은 이월공제기간의 종료일 다음 날이 속하는 과세기간의 소득금액을 계산할 때 필요경비에 산입할 수 있다.

④ 특별세액공제 규정을 적용할 때 과세기간 종료일 이전에 이혼하여 기본공제대상자에 해당되지 아니하게 되는 종전의 배우자를 위하여 과세기간 중 이미 지급한 금액이 있는 경우 해당 사유가 발생한 날까지 지급한 금액에 대한 세액공제액은 종합소득산출세액에서 공제한다.

⑤ 이월공제가 인정되는 세액공제로서 해당 과세기간 중에 발생한 세액공제액과 이전 과세기간에서 이월된 미공제액이 함께 있을 때에는 이월된 미공제액을 먼저 공제한다.

19

답 ③

▌해설▌

① 복식부기에 따라 기장한 장부에 의해 신고해야 할 소득금액의 20% 이상을 누락한 경우 기장세액공제를 적용하지 않는다.

② 상실한 타인소유의 자산으로서 그 상실에 대한 변상책임이 당해 사업자에게 있는 경우 상실 전 자산총액에 포함한다.

④ 기본공제대상자 중 생계요건만 충족하면 의료비세액공제대상에 해당한다. 즉, 나이 및 소득의 제한을 받지 않는다.

⑤ 본인의 학자금 대출 원리금 상환액만 교육비세액공제대상에 해당한다.

20

답 ②

▌해설▌

외국납부세액공제의 한도를 초과하는 외국소득세액은 해당 과세기간의 다음 과세기간부터 10년 이내에 끝나는 과세기간에 이월하여 공제받을 수 있으며, 이월공제기간 내에 공제받지 못한 외국소득세액은 이월공제기간의 종료일 다음 날이 속하는 과세기간의 소득금액을 계산할 때 필요경비에 산입할 수 있다.

CHAPTER

08 | 퇴직소득세의 계산

01

답 ④

해설

「한국교직원공제회법」에 따라 설립된 한국교직원공제회로부터 지급받는 초과반환금은 직장공제회 초과반환금으로 이자소득에 해당한다.

02

답 ①

해설

② 「과학기술인공제회법」 제16조 제1항 제3호에 따라 지급받는 과학기술발전장려금은 퇴직소득에 해당한다.
③ 계속근로기간 중에 「근로자퇴직급여 보장법」에 따라 퇴직연금제도가 폐지되어 퇴직급여를 미리 지급받는 경우에도 그 지급받은 날에 퇴직한 것으로 본다.
④ 거주자의 퇴직소득금액에 국외원천소득이 합산되어 있는 경우로서 외국에서 납부한 외국소득세액이 퇴직소득산출세액에서 공제할 수 있는 한도금액을 초과하는 경우 그 초과하는 금액은 이월공제기간으로 이월하여 그 이월된 과세기간의 공제한도금액 내에서 공제받을 수 없다(이월공제를 적용하지 않는다).
⑤ 「국민연금법」에 따라 받는 일시금으로써 2001년 12월 31일 이전에 납입된 연금 기여금 및 사용자부담금을 기초로 하여 받은 일시금은 퇴직소득에 해당하지 않는다.

03

답 ⑤

해설

(90,000,000원(주1) × 10% × 3년(주2) × 3배) + (120,000,000원(주3) × 10% × 6년(주4) × 2배) = 225,000,000원

주1 2019.12.31.부터 소급하여 3년 동안 지급받은 총급여액의 연평균 환산액이다.
주2 2012.1.1.부터 2019.12.31.까지의 근무기간에 해당한다.
주3 퇴직전 3년 동안 지급받은 총급여액의 연평균환산액이다.
주4 2020.1.1.이후의 근무기간이다.

04

답 ②

해설

거주자의 퇴직소득이 퇴직하여 지급받은 날부터 60일 이내에 연금계좌에 입금되는 경우, 퇴직소득에 대한 소득세를 연금외수령하기 전까지 원천징수하지 아니한다. 이 경우 소득세가 이미 원천징수된 경우 해당 거주자는 원천징수세액에 대한 환급을 신청할 수 있다.

05

답 ④

▌해설▌

퇴직소득에 대하여 외국정부에 납부하였던 외국소득세액에 의한 외국납부세액공제의 한도초과액은 10년간 이월공제를 적용 받을 수 없다.

※ 퇴직소득에 대한 외국납부세액은 이월공제를 적용하지 않는다.

06

답 ③

▌해설▌

(1) 퇴직소득금액 : 150,000,000원

(2) 퇴직소득과세표준 : ① − ② = 116,242,857

① 환산급여 : (150,000,000원 − 9,000,000원*) × $\frac{12}{7}$ = 241,714,285원

*근속연수공제 : 5,000,000원 + 2,000,000원) × (7년 − 5년) = 9,000,000원

② 환산급여공제 : 61,700,000원 + (241,714,285원 − 100,000,000원) × 45% = 124,471,428원

(3) 퇴직소득산출세액 : (116,242,857원 × 기본세율) × $\frac{7}{12}$ = 14,726,249

07

답 ③

▌해설▌

(1) 퇴직소득 과세표준 : ① − ② = 25,700,000

① 환산급여 : (35,000,000 − 100만원 × 5년) × $\frac{12}{5년}$ = 72,000,000

② 환산급여공제 : 45,200,000 + 2,000,000 × 55% = 46,300,000

(2) 퇴직소득 산출세액 : (25,700,000 × 기본세율) × $\frac{5년}{12}$ = 1,081,250

08

답 ③

▌해설▌

(1) 퇴직소득 과세표준 : ① − ② = 73,060,000

① 환산급여 : (151,000,000 − 15,000,000*) × $\frac{12}{10년}$ = 163,200,000

*근속연수가 9년 2개월 → 10년이므로 근속연수공제는 15,000,000원이다.

② 환산급여공제 : 61,700,000 + 63,200,000 × 45% = 90,140,000

(2) 퇴직소득 산출세액 : (73,060,000 × 기본세율) × $\frac{10년}{12}$ = 9,812,000

CHAPTER

09 | 종합 · 퇴직소득세 납세절차

01

답 ①

해설

토지 등 매매차익 예정신고 · 납부를 한 부동산매매업자는 중간예납의무가 있다.

※ 사업소득자 중 중간예납의무가 없는 경우는 ① 신규사업자, ② 사업소득 중 일부 사업에서 발생한 소득만 있는 자(한국표준산업분류상 사무지원 서비스업, 사회 및 개인서비스업 중 자영예술가와 자영경기업, 보험모집인, 방문판매원), ③ 사업소득 중 수시부과하는 소득만 있는 자, ④ 분리과세 주택임대소득만 있는 자이다.

02

답 ⑤

해설

간편장부사업자가 복식부기에 따라 기장한 경우에만 기장세액공제를 적용한다.

03

답 ②

해설

출자공동사업자의 배당소득으로서 과세기간 종료 후 3개월이 되는 날까지 지급하지 아니한 소득은 과세기간 종료 후 3개월이 되는 날에 그 소득을 지급한 것으로 보아 소득세를 원천징수한다.

04

답 ①

해설

외국인 직업운동가가 프로스포츠구단과 계약에 따라 용역을 제공하고 받는 소득에 대한 원천징수세율은 계약기간과 관계없이 20%이다.

05

답 ①

| 해설 |

법인세 과세표준을 경정하는 경우 「법인세법」에 따라 처분되는 상여는 소득금액변동통지서를 받은 날에 근로소득을 지급한 것으로 보아 소득세를 원천징수한다.

06

답 ②

| 해설 |

법인의 잉여금의 처분에 의한 현금배당의 지급시기는 원칙적으로 실제 지급일이다. 다만, 잉여금처분결의일부터 3개월이 되는 날까지 지급하지 않은 때에는 그 3개월이 되는 날에 지급한 것으로 본다. 만약 11월 1일부터 12월 31일 사이에 결정된 처분에 따라 다음연도 2월 말일까지 배당소득을 지급하지 아니한 경우에는 다음연도 2월 말일에 지급한 것으로 본다.

07

답 ⑤

| 해설 |

계약의 위약으로 인하여 계약금이 위약금으로 대체되는 경우 대체되는 시점에 소득세를 원천징수하지 않는다.

08

답 ③

| 해설 |

반기별 납부를 승인받은 원천징수의무자라고 할지라도 법인세법에 따라 처분된 상여・배당 및 기타소득에 대한 원천징수세액은 그 징수일이 속하는 달의 다음 달 10일까지 납부하여야 한다.

09

답 ⑤

| 해설 |

(주)A에게 소득금액변동통지서를 통지한 경우 그 통지하였다는 사실을 甲에게 알릴 때에는 알리는 내용에 소득금액 변동내용을 포함하지 아니한다.

10

답 ①

해설

해당 사안과 관련하여 법인에게 소득금액변동통지서를 통지한 경우 통지하였다는 사실을 해당 주주 및 해당 상여나 기타소득의 처분을 받은 거주자에게 알려야 하며, 당해 내용에는 소득금액 변동내용은 포함하지 아니한다.

※ [소득세법 시행령 제192조]

법인세법에 의하여 세무서장 또는 지방국세청장이 법인소득금액을 결정 또는 경정함에 있어서 처분되는 배당・상여 및 기타소득은 법인소득금액을 결정 또는 경정하는 세무서장 또는 지방국세청장이 그 결정일 또는 경정일부터 15일 내에 소득금액변동통지서에 의하여 당해 법인에게 통지하여야 한다. 다만, 당해 법인의 소재지가 분명하지 아니하거나 그 통지서를 송달할 수 없는 경우에는 당해 주주 및 당해 상여나 기타소득의 처분을 받은 거주자에게 통지하여야 한다.

11

답 ⑤

해설

부동산매매업자는 토지등의 매매차익과 그 세액을 매매일이 속하는 달의 말일부터 2개월이 되는 날까지 납세지 관할 세무서장에게 신고하여야 한다. 토지등의 매매차익이 없거나 매매차손이 발생하였을 때에도 또한 같다.

12

답 ④

해설

금융・보험업을 경영하는 사업자를 제외한 사업자가 직전 과세기간의 상시고용인원의 평균인원수가 20인 이하인 원천징수의무자로서 관할 세무서장으로부터 승인을 얻은 경우에는 원천징수한 소득세를 그 징수일이 속하는 반기의 마지막 달의 다음 달 10일까지 납부할 수 있다.

13

답 ③

해설

원천징수대상 소득으로서 발생 후 지급되지 아니함으로써 원천징수되지 아니한 소득이 종합소득에 합산되어 종합소득에 대한 소득세가 과세된 경우에는 그 소득을 지급할 때 소득세를 원천징수하지 않는다.

14

답 ④

▌해설▌

직전 과세기간(신규사업자의 경우 신청일이 속하는 반기)의 상시고용인원이 20명 이하인 원천징수의무자(금융·보험업자는 제외)로서 원천징수 관할세무서장의 승인을 받거나 국세청장의 지정을 받은 자는 원천징수세액을 그 징수일이 속하는 반기의 마지막 달의 다음 달 10일까지 납부할 수 있다.

15

답 ⑤

▌해설▌

제조업을 영위하는 사업자의 해당 과세기간의 수입금액의 합계액이 7억5천만원 이상인 경우 성실신고확인대상사업자에 해당한다.

16

답 ②

▌해설▌

① 공적연금소득만 있는 거주자는 해당 소득에 대해 과세표준확정신고를 하지 않아도 된다.
③ 해당 과세기간의 종합소득금액이 있는 거주자가 종합소득과세표준이 없는 경우에는 종합소득과세표준 확정신고 의무가 있다.
④ 세무사가 성실신고확인대상사업자에 해당하는 경우에는 자신의 사업소득금액의 적정성에 대하여 해당 세무사가 성실신고확인서를 작성·제출해서는 아니 된다.
⑤ 거주자로서 과세표준의 확정신고에 따라 납부할 세액이 1천8백만원인 자는 8백만원을 납부기한이 지난 후 2개월 이내에 분납할 수 있다.

※ 확정신고납부할 세액이 1천만원을 초과하는 경우로서 2천만원 이하인 자는 그 납부할 세액의 1천만원을 초과하는 금액을 납부기한이 지난 후 2개월 이내에 분할납부할 수 있다.

17

답 ④

▌해설▌

해당 과세기간에 분리과세 주택임대소득이 있는 경우에는 원천징수대상이 아니므로 확정신고를 하여야 한다.

CHAPTER

10 | 양도소득세

01

답 ②

해설

지역권의 양도로 발생하는 소득은 양도소득이 아니다.

02

답 ①

해설

② 복식부기의무자가 기계장치를 처분한 경우 사업소득으로 본다.
③ 양도담보는 양도로 보지 않는다. (∵ 실질이 채권담보)
④ 건설업 영위 사업자가 주택을 신축하여 판매한 경우 사업소득에 해당한다.
⑤ 자산의 무상이전은 증여에 해당하므로 증여세에 해당한다.

03

답 ①

해설

법원의 파산선고에 의한 부동산의 처분은 양도로 본다. 단, 비과세 양도소득으로 열거되어 있기 때문에 과세되지 않는다.

04

답 ③

해설

① 이혼하면서 법원의 판결에 따른 재산분할은 양도로 보지 않는다.
② 기계장치는 양도소득세 과세대상 자산이 아니다.
④ 건설업을 영위하는 사업자의 아파트 신축 판매대금은 사업소득의 총수입금액으로서 종합소득세가 과세된다.
⑤ 소유자산을 경매로 재취득하는 것은 양도로 보지 않는다.

05

답 ②

▌해설▌

① 「도시개발법」에 따른 환지처분으로 지목이 변경되는 경우는 양도로 보지 아니한다.

③ 파산선고에 의한 처분으로 발생하는 소득은 양도소득세가 과세되지 않는다.

④ 취득에 관한 쟁송이 있는 자산에 대하여 그 소유권을 확보하기 위하여 직접 소요된 소송비용으로서 그 지출한 연도의 각 종합소득금액의 계산에 있어서 필요경비에 산입된 것을 제외한 금액은 양도차익 계산 시 공제된다.

⑤ 양도소득세 과세대상인 신탁 수익권을 양도한 경우 양도일이 속하는 달의 말일부터 2개월 이내에 양도소득과세표준을 신고해야 한다.

06

답 ②

▌해설▌

「법인세법」에 따른 특수관계인에 해당하는 법인 외의 자에게 부동산을 시가보다 높은 가격으로 양도하는 경우로서 「상속세 및 증여세법」에 따라 해당 거주자의 증여재산가액으로 하는 금액이 있는 경우 양도가액에서 증여재산가액을 뺀 금액을 실지양도가액으로 본다.

07

답 ①

▌해설▌

거주자 갑이 임원으로 근무하는 영리내국법인 (주)A에 토지 X를 처분하고 (주)A는 「법인세법」상 부당행위계산부인 규정에 따라 시가 초과액 7억원을 거주자 갑에게 상여 처분하였다면, 해당 토지의 양도소득 계산시 적용할 양도가액은 시가 8억원이다.

08

답 ⑤

▌해설▌

(1) 주택(미등기)

양도가액 500,000,000원 − 취득가액 287,000,000원(주1) − 필요경비 540,000원(주2) = 212,460,000원

주1 취득 당시의 실지거래가액을 확인할 수 없는 경우에는 매매사례가액 → 감정가액 → 환산취득가액을 순차로 한다.

주2 180,000,000원 × 0.3%(미등기) = 540,000원(취득가액으로 실지거래가액을 적용하지 않은 경우에는 기준시가를 기준으로 필요경비개산공제를 적용)

(2) 토 지

양도가액 50,000,000원(주3) − 취득가액 25,000,000원(주4) − 필요경비 900,000원(주5) = 24,100,000원

주3 양도 당시의 실지거래가액을 확인할 수 없는 경우에는 매매사례가액 → 감정가액 → 기준시가를 순차로 적용한다.

주4 토지의 환산취득가액 : $50,000,000원 \times \frac{30,000,000원}{60,000,000원} = 25,000,000원$

주5 30,000,000원 × 3% = 900,000원(취득가액으로 실지거래가액을 적용하지 않은 경우에는 기준시가를 기준으로 필요경비개산공제를 적용)

09

답 ③

해설

(1) 양도가액

① 감정가액으로 안분 : $500,000 \times \frac{150,000}{150,000 + 250,000} = 187,500$

② 30% 이상 차이가 있는지 검토(현저한 차이) : $\frac{300,000 - 187,500}{187,500} = 60\%(\geq 30\%)$

(2) 취득가액

$120,000 - (120,000 \times \frac{3.5년}{10년})^{*} = 78,000$

*보유기간 동안 감가상각비로 사업소득금액 계산시 필요경비로 인정된 금액은 취득가액에서 제외한다.

(3) 필요경비

$4,000 \times \frac{150,000}{400,000} = 1,500$

∴ 양도차익 : (1) − (2) − (3) = 187,500 − 78,000 − 1,500 = 108,000천원

10

답 ④

해설

양도가액	500,000,000
취득가액 및 필요경비	(−)130,000,000*
양도차익	370,000,000

*취득가액이 환산취득가액으로 결정된 경우이다.

Max(①, ②) = 130,000,000

① 환산취득가액 $500,000,000 \times \frac{100,000,000}{400,000,000}$ + 필요경비개산공제 100,000,000 × 3% = 128,000,000

② 자본적지출액 120,000,000 + 양도비용 10,000,000 = 130,000,000

11

답 ②

▌해설▌

(1) 일반적인 양도차익

양도가액	1,600,000,000
취득가액	(−)1,000,000,000
필요경비	(−)105,000,000
양도차익	495,000,000

(2) 고가주택의 양도차익

$$495,000,000 \times \frac{16억원 - 12억원}{16억원} = 123,750,000$$

12

답 ①

▌해설▌

양도가액	800,000,000
취득가액	(−)560,000,000(주1), (주3)
필요경비	(−)12,600,000(주2), (주3)
양도차익	227,400,000
장기보유특별공제	(−)27,288,000(주4)
양도소득금액	200,112,000

주1 환산취득가액 : $800,000,000 \times \frac{420,000,000}{600,000,000} = 560,000,000$

주2 필요경비개산공제 : 600,000,000 × 3% = 12,600,000

주3 환산취득가액과 필요경비개산공제 금액을 취득가액과 필요경비로 한다.
(∵ 환산취득가액 560,000,000 + 필요경비개산공제의 12,600,000 > 자본적지출액 등 40,000,000 + 양도비용 5,000,000)

주4 277,400,000 × 12%(6년 이상 7년 미만) = 27,288,000

13

답 ⑤

해설

양도가액	300,000,000(주1)
취득가액 등	(−)164,800,000(주2)
양도차익	135,200,000
장기보유특별공제	(−)8,112,000(주3)
양도소득금액	127,088,000

주1 $1,500,000,000 \times \frac{300,000,000}{1,500,000,000} = 300,000,000$

주2 $824,000,000 \times \frac{300,000,000}{1,500,000,000} = 164,800,000$

주3 $135,200,000 \times 6\% = 8,112,000$

14

답 ②

해설

(1) 양도소득과세표준

	주식 a	주식 b
양도가액	500,000,000	100,000,000
취득가액	(−)100,000,000	(−)148,000,000
양도비용	(−)5,500,000*	(−)3,000,000
양도소득금액	394,500,000	51,000,000
양도차손공제	(−)51,000,000	(−)51,000,000
양도소득기본공제	(−)2,500,000	
양도소득과세표준	341,000,000	−

*2,150,000 + 3,350,000 = 5,500,000

(2) 양도소득산출세액

$300,000,000 \times 20\% + 41,000,000 \times 25\% = 70,250,000$

제10장

15

답 ①

해설

양도가액	600,000,000
취득가액	(−)398,000,000(주1)
필요경비	(−)11,000,000(주2)
양도차익	191,000,000
장기보유특별공제(10%)	(−)19,100,000
양도소득금액	171,900,000
양도소득기본공제	(−)2,500,000
양도소득과세표준	169,400,000

주1 결산상 취득가액 400,000,000 + 취득세 13,000,000 − 사업소득금액 계산시 필요경비에 반영된 감가상각비 15,000,000 = 398,000,000

주2 Min(8,000,000 − 사채업자에게 매각함에 따른 매각차손 3,000,000, 금융회사에 매각할 경우 매각차손 2,000,000) + 양도시 중개수수료 9,000,000 = 11,000,000

16

답 ①

해설

양도가액	100,000,000
취득가액	(−)60,000,000
필요경비	(−)12,000,000*
양도차익	28,000,000
장기보유특별공제(30%)	(−)8,400,000
양도소득금액	19,600,000
양도소득기본공제	(−)2,500,000
양도소득과세표준	17,100,000

*소유권 확보를 위한 직접 소요된 소송비용 10,000,000 + 양도를 위한 직접 지출한 소개비 2,000,000 = 12,000,000

17

답 ③

해설

양도가액	400,000,000(주1)
취득가액	(−)200,000,000(주2)
기타 필요경비	(−)6,000,000(주3)
양도차익	194,000,000
장기보유특별공제(8%)	(−)15,520,000
양도소득금액	178,480,000
양도소득기본공제	(−)2,500,000
양도소득과세표준	175,980,000

주1 $1,400,000,000 \times \frac{400,000,000}{1,400,000,000} = 400,000,000$

주2 $700,000,000^{*} \times \frac{400,000,000}{1,400,000,000} = 200,000,000$

*양도당시의 자산가액을 개별공시지가로 하였으므로, 취득당시의 자산가액도 개별공시지가로 한다.

주3 $700,000,000 \times \frac{400,000,000}{1,400,000,000} \times 3\% = 6,000,000$

18

답 ③

해설

구 분	1그룹				2그룹
	70%	40%		기본세율	10%
	창고건물A	상가건물B	토지C	토지D	비상장주식E
양도차익(차손) 장기보유특별공제	50,000,000 –(주1)	62,000,000 –	△100,000,000 –	50,000,000 △5,000,000	△30,000,000 –
양도소득금액	50,000,000	62,000,000	△100,000,000	45,000,000	△30,000,000
양도차손의 1차 공제		△62,000,000	62,000,000		–
양도차손의 2차 공제	△20,000,000		38,000,000	△18,000,000	–
공제후 양도소득금액 양도소득기본공제(주2)	30,000,000 –	– –	– –	27,000,000 △25,000,000	– –
양도소득 과세표준	30,000,000	–	–	24,500,000	△30,000,000

※ 양도자산별 양도차손이 발생한 경우 공제순서

① 동일 그룹 내에서 동일한 세율을 적용받는 자산의 양도소득금액에서 공제

② ①에서 잔액이 남을 경우 동일그룹 내의 다른 세율을 적용받는 자산의 양도소득금액의 비율로 안분하여 공제

주1 미등기자산에 대해서는 장기보유특별공제가 적용되지 않음

주2 양도소득기본공제는 그룹별로 250만원을 공제하며, 먼저 양도한 자산의 양도소득금액에서 순차적으로 공제(미등기 자산은 양도소득기본공제 미적용)

19

답 ②

해설

① 甲이 그 자산을 직접 양도한 것으로 보므로, 甲이 증여세를 납부한다는 점을 고려하여 양도차익 계산시 취득가액은 甲의 취득 당시 가액으로 한다.
③ 甲에게 양도소득세가 과세되는 경우에는 수증자가 당초 증여받은 자산에 대하여 증여세를 부과하지 않는다.
④ 양도소득이 수증자에게 실질적으로 귀속된 경우에도 甲이 그 자산을 직접 양도한 것으로 보지 않는다.
⑤ 甲이 그 자산을 양도한 것으로 보므로 양도차익 계산시 취득가액은 甲의 취득 당시 가액으로 한다. (①과 유사한 내용)

20

답 ②

해설

(1) 일반적인 양도차익

양도가액 1,500,000,000 × 취득가액$(1,500,000,000 \times \frac{200,000,000}{800,000,000})$ − 필요경비(취득시 기준시가 200,000,000 × 공제율 3%)* = 1,119,000,000

*취득가액이 실제취득가액으로 결정되는 경우가 아니라면 필요경비개산공제를 적용한다.

(2) 고가주택의 양도소득금액

양도차익$(1,119,000,000 \times \frac{15억원 - 12억원}{15억원})$ − 장기보유특별공제(223,800,000 × 72%*) = 62,664,000

*보유기간 40% + 거주기간 32% = 72%

21

답 ③

해설

(1) 일반적인 양도차익

양도가액	1,500,000,000
취득가액	(−)1,007,000,000(주1)
필요경비	(−)3,000,000(주2)
양도차익	490,000,000

주1 취득가액 1,000,000,000 + 중개수수료 2,000,000 + 취득세 5,000,000 = 1,007,000,000
주2 양도시 부동산중개수수료를 의미하며, 보유 중 납부한 재산세는 필요경비에 해당하지 않는다.

(2) 고가주택의 양도소득금액

양도차익	98,000,000(주1)
장기보유특별공제	(−)39,200,000(주2)
양도소득금액	58,800,000

주1 $490,000,000 \times \frac{15억 - 12억}{15억} = 98,000,000$

주2 98,000,000 × 40%(보유기간 24% + 거주기간 16%) = 39,200,000

22

답 ④

해설

(1) 일반적인 양도차익

양도가액	1,600,000,000
취득가액 및 필요경비	(−)818,000,000(주1)
양도차익	782,000,000

주1 취득가액이 환산취득가액으로 결정된 경우이다.
Max(①, ②) = 818,000,000

① 환산취득가액 $1,600,000,000 \times \frac{600,000,000}{1,200,000,000}$ + 필요경비개산공제 600,000,000 × 3% = 818,000,000

② 자본적지출액 50,000,000 + 양도비용 11,000,000 = 61,000,000

(2) 고가주택의 양도소득금액

양도차익	195,500,000(주1)
장기보유특별공제	(−)78,200,000(주2)
양도소득금액	117,300,000

주1 $782,000,000 \times \frac{16억 - 12억}{16억} = 195,500,000$

주2 195,500,000 × 40%(보유기간 20% + 거주기간 20%) = 78,200,000

23

답 ③

❙ 해설 ❙

① 1세대 1주택 비과세요건 판정 시 상속받은 일반주택과 그 밖의 주택을 국내에 각각 1개씩 소유하고 있는 1세대가 일반주택을 양도하는 경우 국내에 1개의 주택을 소유한 것으로 본다.
② 1세대가 1주택을 취득 후 1년 이상 거주하고 세대원 중 전부가 사업상 형편으로 다른 시・군으로 이전하면서 해당 주택을 양도하는 경우에는 2년 미만 보유한 때에도 1세대 1주택 비과세한다.
④ 주택과 주택외부분이 복합된 겸용주택으로서 그 전부를 주택으로 보는 경우에는 그 전부의 실지거래가액으로 고가주택(실지거래가액 12억원 초과)에 해당여부를 판단한다.
⑤ 파산선고에 의한 처분으로 인하여 발생하는 소득은 비과세 양도소득이고, 강제경매로 인하여 발생하는 소득은 양도소득으로 과세된다.

24

답 ④

❙ 해설 ❙

① 국외자산 양도에 대한 양도소득세 납세의무자는 해당 자산의 양도일까지 계속 5년 이상 국내에 주소 또는 거소를 둔 거주자만 해당한다.
② 외국법인이 발행한 주식의 양도로 발생하는 소득은 국외자산 양도소득의 범위에 포함되지 않는다.
③ 국외자산 양도소득이 국외에서 외화를 차입하여 취득한 자산을 양도하여 발생하는 소득으로서 환율변동으로 인하여 외화차입금으로부터 발생하는 환차익을 포함하고 있는 경우에는 해당 환차익을 양도소득의 범위에서 제외한다.
⑤ 국외소재 토지로서 보유기간이 3년 이상인 경우 국외자산 양도소득금액 계산시 장기보유특별공제는 적용하지 않는다.

25

답 ③

❙ 해설 ❙

해당 과세기간에 누진세율의 적용대상 자산에 대한 예정신고를 2회 이상 하는 경우에는 이미 신고한 양도소득금액과 합산하여 신고할 수 있다(의무사항이 아니라는 것).

26

답 ②

❙ 해설 ❙

① 토지의 양도차익 계산 시 양도가액에서 공제할 취득가액은 300,000,000원이다.
③ 토지의 양도차익 계산 시 甲의 증여세 산출세액은 양도가액에서 필요경비로 공제된다. 배우자 간 증여재산에 대한 이월과세 규정이 적용되기 때문에 甲의 증여세 산출세액은 양도소득금액 계산시 필요경비로 공제된다.
④ 甲과 乙은 연대납세의무를 지지 않는다.
⑤ 토지의 양도소득세 납세의무자는 甲이다.

27

답 ①

해설

② 甲은 양도차익에서 장기보유특별공제액을 차감할 수 없다.
③ 甲은 양도소득 과세표준에 기본세율을 적용하여 계산한 금액을 양도소득 산출세액으로 한다.
④ 甲은 (주)A의 주식 양도 이외에 다른 양도소득이 없더라도 양도소득기본공제를 받을 수 있다.
⑤ 甲이 (주)A의 주식을 양도할 때 명의개서와 관계없이 양도로 본다.

28

답 ③

해설

거주자가 특수관계인에게 자산을 증여한 후 그 자산을 증여받은 자가 그 증여일부터 10년(2022.12.31. 이전 증여분은 5년) 이내에 다시 타인에게 양도하여 증여자가 그 자산을 직접 양도한 것으로 보는 경우 그 양도소득에 대해서는 증여자와 증여받은 자가 연대하여 납세의무를 진다.

제10장

모든 일에 있어서, 시간이 부족하지 않을까를 걱정하지 말고,

다만 내가 마음을 바쳐 최선을 다할 수 있을지, 그것을 걱정하라.

– 정조 –

Ⅲ
부가가치세법

CHAPTER 01 | 부가가치세법 총론

01

답 ④

▌해설▌

상속으로 인하여 사업자의 명의가 변경되는 경우에 사업자등록 정정사유에 해당한다.

02

답 ④

▌해설▌

무인자동판매기를 통하여 재화·용역을 공급하는 사업의 경우에는 사업에 관한 업무를 총괄하는 장소 외의 장소를 추가로 사업장으로 등록할 수 없다.

03

답 ⑤

▌해설▌

부동산상의 권리만 대여하는 부동산임대업의 경우에는 업무를 총괄하는 장소를 사업장으로 하여야 한다.

04

답 ②

▌해설▌

재화를 수입하는 자의 부가가치세 납세지는 「관세법」에 따라 수입을 신고하는 세관의 소재지로 한다.

05

답 ①

▌해설▌

② 건설업을 영위하는 법인은 법인의 등기부상 소재지를 사업장으로 한다.
③ 둘 이상의 사업장이 있는 사업자가 사업자 단위로 사업자등록을 신청한 경우에는 사업자 단위로 부가가치세를 신고·납부할 수 있다.
④ 사업자등록을 신청하기 전의 매입세액은 매출세액에서 공제하지 않는다. 다만, 공급시기가 속하는 과세기간이 지난 후 20일 이내에 등록을 신청한 경우 등록신청일부터 공급시기가 속하는 과세기간 기산일까지 역산한 기간 내의 것은 제외한다.
⑤ 신규로 사업을 시작하려는 자는 사업개시일 이전이라도 사업자등록을 신청할 수 있다. 다만, 해당 법인의 설립등기 전 또는 사업의 허가·등록이나 신고 전에는 사업자등록을 신청할 수 있다.

06

답 ③

해설

사업장 단위로 등록한 사업자가 사업자 단위 과세 사업자로 변경하려면 사업자 단위 과세 사업자로 적용받으려는 과세기간 개시 20일 전까지 사업자의 본점 또는 주사무소 관할 세무서장에게 변경등록을 신청하여야 한다.

07

답 ②

해설

신규로 사업을 시작하는 자가 사업개시일 이전에 사업자등록을 신청한 경우의 최초의 과세기간은 신청한 날부터 신청일이 속하는 과세기간의 종료일까지로 한다.

08

답 ⑤

해설

① 사업자를 다음 구분에 따른 기한까지 주사업장총괄납부 신청서를 주된 사업장의 관할 세무서장에게 제출하여야 한다.
  a. 사업장이 둘 이상인 자 : 납부하려는 과세기간 개시 후 20일 전에
  b. 신규로 사업을 시작하는 자 : 주된 사업장의 사업자등록증을 받은 날부터 20일 이내
  c. 사업장이 하나이나 추가로 사업장을 개설하는 자 : 추가 사업장의 사업 개시일부터 20일(추가 사업장의 사업장의 사업 개시일이 속하는 과세기간 이내로 한정)

② 주사업장총괄납부 사업자가 종된 사업장을 신설하는 경우 그 신설하는 종된 사업장 관할세무서장에게 주사업장총괄납부 변경신청서를 제출하여야 한다.

③ 주사업장총괄납부 사업자가 세금계산서를 발급하고 재화를 판매목적으로 자기의 다른 사업장에 반출한 경우 재화의 공급으로 본다.

④ 사업자단위과세 사업자가 법인인 경우 본점만 납세지로 할 수 있다.

09

답 ③

해설

공급시기가 속하는 과세기간이 끝난 후 20일 이내에 사업자등록신청을 한 경우 등록시기부터 공급시기가 속하는 과세기간의 기산일까지 역산한 기간 이내의 매입세액은 공제가능하다.

10

답 ④

해설

주사업장 총괄납부 사업자는 납부(환급)만 총괄하고, 세금계산서 발급·수취, 부가가치세 신고·납부 등의 다른 의무는 각 사업장별로 이행한다.

CHAPTER

02 | 과세거래

01

답 ④

해설

위탁자의 지위가 이전되는 경우에는 기존 위탁자가 새로운 위탁자에게 신탁재산을 공급한 것으로 본다.
다만, 신탁재산에 대한 실질적인 소유권의 변동이 있다고 보기 어려운 경우로서 다음과 같이 대통령령으로 정하는 경우에는 신탁재산의 공급으로 보지 아니한다.

1. 「자본시장과 금융투자업에 관한 법률」에 따른 집합투자기구의 집합투자업자가 다른 집합투자업자에게 위탁자의 지위를 이전하는 경우
2. 신탁재산의 실질적인 소유권이 위탁자가 아닌 제3자에게 있는 경우 등 위탁자의 지위 이전에도 불구하고 신탁재산에 대한 실질적인 소유권의 변동이 있다고 보기 어려운 경우

02

답 ③

해설

① 조세의 물납은 과세대상이 아니다.
② 외국에서 보세구역으로 반입한 경우는 재화의 수입에 해당하지 않는다.
④ 선주와 화주와의 계약에 따라 화주가 조기선적을 하고 선주로부터 받는 조출료는 과세대상이 아니다.
⑤ 계약상 또는 법률상 원인 외에 수재·도난 등으로 인하여 재화가 망실되는 경우에는 재화의 공급이 아니다.

03

답 ⑤

해설

ㄱ. 협회 등 단체가 재화의 공급 또는 용역의 제공에 따른 대가 관계없이 회원으로부터 받는 협회비·찬조비 및 특별회비는 부가가치세법상 과세대상이 아니다.

04

답 ②

해설

ㄷ. 공동사업자 구성원이 각각 독립적으로 사업을 영위하기 위하여 공동사업용 건물의 분할등기(출자지분의 현물반환)로 소유권이 이전되는 건축물
ㅁ. 온라인 게임에 필요한 사이버 화폐인 게임머니를 계속적·반복적으로 판매하는 것

05

답 ③

해설

① 외국 선박에 의하여 공해(公海)에서 잡힌 수산물을 국내로 반입하는 거래는 과세대상이다.
② 사업자가 아닌 개인이 중고자동차를 사업자에게 판매하는 거래는 과세대상이 아니고, 사업자가 아닌 개인이 소형승용차를 외국으로부터 수입하는 거래는 과세대상이다.
④ 사업자가 「민사집행법」에 따른 경매로 재화를 공급하는 경우와 「국세징수법」에 따른 공매로 재화를 공급하는 경우는 모두 과세대상이 아니다.
⑤ 사업자가 주요자재를 전혀 부담하지 아니하고 인도받은 재화를 단순히 가공만 해 주는 경우는 용역의 공급으로서 과세대상이다.

06

답 ⑤

해설

① 용역의 무상공급에 해당하는 것으로 과세대상이 아니다.
※ 용역의 무상공급이 과세대상이 되는 경우 : 특수관계인에게 + 사업용 부동산 임대용역 + 무상으로 공급
② 손해배상금은 재화 또는 용역의 공급에 대한 대가가 아니므로 과세대상이 아니다.
③ 체선료는 하역용역의 제공에 따른 대가가 아니므로 과세대상이 아니다.
④ 사업자가 자기의 사업과 관련하여 생산하거나 취득한 재화를 자기의 과세사업과 관련한 사후 무료서비스를 제공하기 위하여 사용・소비하는 경우는 재화의 공급으로 보지 아니한다.

07

답 ①

해설

농민이 자기농지의 확장 또는 농지개량작업에서 생긴 토사석을 일시적으로 판매하는 경우에는 납세의무가 없다(부가가치세법 기본통칙 3-0…6).

08

답 ④

해설

양도담보 목적으로 부동산상의 권리를 제공하는 것은 재화의 공급이 아니다.

09

답 ⑤

해설

출자자가 자기의 출자지분을 타인에게 양도・상속・증여하거나 법인 또는 공동사업자가 출자지분을 현금으로 반환하는 경우는 재화의 공급으로 보지 않는다.

10

답 ②

▌해설▌

○ 사업자가 자기의 과세사업과 관련하여 취득한 재화(내국신용장에 의해 공급받아 영세율을 적용받음)를 자기의 면세사업을 위하여 직접 사용하는 경우
○ 사업자가 자기생산・취득재화를 매입세액이 불공제되는 「개별소비세법」 제1조 제2항 제3호에 따른 자동차로 사용・소비하거나 그 자동차의 유지를 위하여 사용・소비하는 경우

11

답 ⑤

▌해설▌

사업자가 자기가 생산한 재화를 자기의 고객에게 사업을 위하여 증여한 것으로서 법령에 따른 자기적립마일리지로만 전부를 결제받은 경우 재화의 공급으로 보지 않는다.

12

답 ⑤

▌해설▌

사업용 자산을 「상속세 및 증여세법」에 따라 물납(物納)하는 것은 재화의 공급으로 보지 않는다.

13

답 ③

▌해설▌

사업자가 대가의 전부를 자기적립마일리지로만 결제받고 재화를 인도하는 경우 재화의 공급으로 보지 않는다.

14

답 ②

▌해설▌

① 사업장이 둘 이상인 사업자 단위 과세사업자가 자기의 사업과 관련하여 생산 또는 취득한 재화를 판매할 목적으로 자기의 다른 사업장에 반출하는 것은 재화의 공급으로 보지 않는다.
③ 전기, 가스, 열 등 관리할 수 있는 자연력은 재화로 본다.
④ 주된 사업에 부수된 거래로 주된 사업과 관련하여 우연히 또는 일시적으로 공급되는 재화 또는 용역의 공급은 별도의 공급으로 보며, 과세 및 면세 여부 등은 주된 사업의 과세 및 면세 여부 등을 따른다.
※ 그러나 주된 사업과 관련하여 우연히 또는 일시적으로 공급되는 재화・용역의 경우 해당 재화・용역이 면세대상인 경우에는 주된 사업과 무관하게 면세된다.
⑤ 질권, 저당권 또는 양도담보의 목적이라고 하더라도 동산, 부동산 및 부동산상의 권리를 제공하는 것은 재화의 공급으로 보지 않는다.

15

답 ⑤

해설

기계제조업을 운영하는 사업자가 대가를 받지 아니하고 상대방으로부터 인도받은 재화를 자재 부담 없이 단순히 가공만 해주는 경우는 용역의 무상공급에 해당하므로 과세대상이 아니다.

16

답 ⑤

해설

① 사업자가 자기의 과세사업과 관련하여 생산한 재화로서 매입세액이 공제된 재화를 자기의 면세사업을 위하여 직접 사용하는 경우 재화의 공급으로 본다.
② 사업자단위과세를 적용받는 과세기간에 판매목적으로 다른 사업장에 반출하는 경우에는 재화의 공급으로 보지 않는다.
③ 「신탁법」상 위탁자의 지위가 이전되는 경우에는 기존 위탁자가 새로운 위탁자에게 신탁재산을 공급한 것으로 본다.
④ 신탁재산의 소유권 이전으로서 위탁자로부터 수탁자에게 신탁재산을 이전하는 경우 뿐만 아니라 신탁의 종료로 수탁자로부터 위탁자에게 신탁재산을 이전하는 경우, 수탁자가 변경되어 새로운 수탁자에게 신탁재산을 이전하는 경우도 재화의 공급으로 보지 않는다.

17

답 ⑤

해설

재화의 공급으로 보는 가공의 경우 가공이 가공된 재화를 인도하는 때를 공급시기로 본다.

18

답 ⑤

해설

재화의 수입시기는 수입신고수리일로 한다.

19

답 ③

해설

구 분	공급시기	금 액
(1) 용역의 공급시기가 되게 전에 대가의 일부를 받고, 그 대가에 대하여 T/I를 발급하는 경우	대가의 각 부분을 받기로 한 때	2,000,000(2026.1.5.) + 4,000,000(2026.2.20.)
(2) 선발급 T/I	T/I를 발급하는 때	1,000,000
(3) 선발급 T/I – 청구시기와 지급시기를 따로 적는 경우	역무의 제공이 완료되는 때	–*
(4) 용역의 무상공급	–	–
		7,000,000

*청구시기와 지급시기 사이의 기간이 30일 이내인 경우 공급시기는 T/I를 발급한 때이고, 30일을 초과하는 경우에는 용역제공은 완료한 때가 공급시기이다.

20

답 ⑤

해설

전력이나 그 밖에 공급단위를 구획할 수 없는 재화를 계속적으로 공급하는 경우에는 대가의 각 부분을 받기로 한 때를 재화의 공급시기로 본다.

21

답 ②

해설

납세의무가 있는 사업자가 여신전문금융업법에 따라 등록한 시설대여업자로부터 시설 등을 임차하고 그 시설 등을 공급자 또는 세관장으로부터 직접 인도받은 경우에는 해당 사업자가 공급자로부터 재화를 공급받거나 외국으로부터 재화를 수입한 것으로 보아 공급시기에 관한 규정을 적용한다.

22

답 ①

해설

사업자가 재화의 공급시기가 되기 전에 세금계산서를 발급하고, 그 세금계산서 발급일로부터 7일 이내에 대가를 받으면 해당 세금계산서를 발급한 때를 재화의 공급시기로 본다.

23

답 ④

해설

중간지급조건부로 용역을 공급하는 경우 역무의 제공이 완료되는 날 이후 받기로 한 대가의 부분에 대해서는 역무의 제공이 완료되는 날을 그 용역의 공급시기로 본다.

CHAPTER

03 | 영세율과 면세

01

답 ①

해설

내국신용장 또는 구매확인서에 의하여 공급하는 것은 재화의 수출에 해당한다. 단, 금지금(金地金)은 제외한다.

제3장

02

답 ⑤

해설

수출업자(A)에게 내국신용장으로 재화를 공급하는 사업자(B)와 직접 도급계약에 의하여 수출재화임가공용역을 제공하는 사업자(C)의 수출재화임가공용역은 영세율을 적용하지 않는다.

03

답 ⑤

해설

① 용역의 장소가 국외인 경우에는 거래상대방 및 대금결제방법에 상관없이 영세율 적용된다.
② 영세율을 적용할 때 사업자가 비거주자 또는 외국법인이면 그 해당 국가에서 대한민국 거주자 또는 내국법인에 대하여 동일하게 면세하는 경우에만 영세율을 적용한다.
③ 선박 또는 항공기에 의한 외국항행용역의 공급에 부수하여 외국항행사업자가 자기의 승객만이 호텔에 투숙하는 것에 대하여 영세율을 적용한다.
④ 간이과세자는 간이과세 포기여부와 상관없이 영세율을 적용받을 수 있다.

04

답 ③

해설

사업자가 국내에서 비거주자 등이 지정하는 국내사업자에게 재화를 공급하고, 그 국내사업자가 그 재화를 과세사업에 사용해야 하며 그 대가를 비거주자등으로부터 외국환은행에서 원화로 받는 경우

05

답 ⑤

해설

「관광진흥법」에 따른 종합여행업자가 외국인 관광객에게 공급하는 관광알선용역은 그 대가를 외국환은행에서 원화로 받는 것이거나 외화 현금으로 받은 것 중 국세청장이 정하는 증빙에 의하여 외국인 관광객과의 거래임이 확인되는 것에 한하여 영세율을 적용한다.

06

답 ①

해설

사업자가 국내사업장이 없는 외국법인에게 공급한 컨테이너 수리용역은 대금수취방법을 외국환은행에서 원화로 받은 경우 영세율 대상이다.

07

답 ①

해설

수출업자와 직접 도급계약에 의하여 수출재화를 임가공하는 수출재화임가공용역은 영세율을 적용한다. 다만, 사업자가 부가가치세를 별도로 적은 세금계산서를 발급한 경우에는 영세율을 적용하지 않는다.

08

답 ③

해설

국내사업장을 둔 사업자가 해외에서 도로건설 용역을 제공하는 경우(국외에서 공급하는 용역) 대금의 결제방법에 관계없이 영세율을 적용받는다.

09

답 ④

해설

① 내국신용장 또는 구매확인서에 의하여 공급하는 것은 영세율이 적용되는 수출로 본다. 다만, 금지금은 제외한다.
② 계약과 대가 수령 등 거래가 국내사업장에서 이루어지는 중계무역 방식의 수출은 영세율이 적용되는 수출에 속하는 것으로 본다.
③ 「항공사업법」에 따른 상업서류 송달용역의 공급에는 영세율이 적용된다.
⑤ 비거주자인 사업자가 재화를 수출하는 경우, 비거주자의 해당 국가에서 대한민국의 거주자에 대하여 상호면세주의가 적용된다.

10

답 ⑤

해설

① 「항공사업법」에 따른 항공기에 의한 여객운송 용역은 과세한다.
② 면세되는 도서·신문·잡지 등의 인쇄·제본 등을 위탁받아 인쇄·제본 등의 용역을 제공하는 것에 대하여는 과세한다.
③ 피부과의원에 부설된 피부관리실에서 제공하는 피부관리용역은 과세한다.
④ 우리나라에서 생산되어 식용으로 제공되지 아니하는 관상용의 새에 대하여는 면세한다.

11

답 ⑤

해설

집합투자업자가 투자자로부터 자금 등을 모아서 실물자산에 운용하는 경우에는 면세가 적용되지 않는다.

12

답 ④

해설

ㄱ. 항공기(저가 포함)에 의한 여객운송용역은 고급운송수단으로서 부가가치세가 과세된다.
ㄴ. 미가공 보석·광물은 부가가치세 과세대상이다.
ㄹ. 기업합병 또는 기업매수의 중개·주선·대리용역은 면세하는 금융·보험용역으로 보지 않는다.

13

답 ②

해설

ㄴ. 광고는 부가가치세 과세대상이다.
ㄷ. 은행업에 관련된 전산시스템과 소프트웨어의 판매·대여 용역은 성질상 본질적인 금융·보험용역에 해당하지 않으므로 부가가치세를 과세한다.
ㄹ. 공익사업을 위하여 주무관청의 승인을 받아 금품을 모집하는 단체에 무상으로 공급하는 재화 또는 용역에 대해서는 부가가치세를 면제한다. 유상으로 공급하는 재화 또는 용역에 대해서는 부가가치세를 과세한다.

14

답 ②

해설

국민주택규모 이하 주택의 임대용역과 국민주택규모를 초과하는 주택의 임대용역은 모두 면세이다.

15

답 ④

해설

면세 농산물을 수출하는 사업자가 면세포기를 하여 해당 농산물에 대하여 영세율이 적용되는 경우 수출을 위하여 당초 매입한 면세 농산물에 대하여 의제매입세액공제를 받을 수 없다.

16

답 ⑤

해설

① 위탁판매수출(물품 등을 무환으로 수출하여 해당 물품이 판매된 범위에서 대금을 결제하는 계약에 의한 수출)은 대가의 수령방법과 상관없이 영세율 적용대상이다.
② 내국신용장에 의해 공급되는 재화(금지금은 제외)는 공급받는 자인 비거주자가 지정하는 사업자에게 인도하는 경우를 불문하고 과세기간 종료 후 25일 이내에 내국신용장을 개설하는 등의 요건을 갖추면 영세율을 적용한다.
③ 외국에서 수입한 관상용 거북이는 과세대상 재화이다.
※ 비식용 미가공 농・축・수・임산물은 국내 생산한 경우에 면세이다. 외국산은 과세이다.
④ 개인이 물적 시설 없이 근로자를 고용(고용 외의 형태로 해당 용역의 주된 업무에 대해 타인으로부터 노무 등을 제공받는 경우를 포함한다)하지 아니하고 독립된 자격으로 용역을 공급하고 대가를 받는 용역은 면세대상이다.

17

답 ③

해설

국내에서 생산되어 식용으로 제공되지 아니하는 수산물로서 원생산물의 수입에 대해서는 면세를 적용한다.
※ 비식용 미가공 농・축・수・임산물은 국내 생산한 경우에 면세이다. 외국산은 과세이다.

18

답 ①

해설

외국인도수출(수출대금을 국내에서 영수하지만 국내에서 통관되지 아니한 수출물품 등을 외국으로 인도하거나 제공하는 수출)로서 국내사업장에서 계약과 대가수령 등 거래가 이루어지는 것은 영세율을 적용한다.

19

답 ④

해설

집합투자업자가 투자자로부터 자금 등을 모아서 부동산, 실물자산 및 그 밖에 기획재정부령으로 정하는 자산*에 운용하는 용역의 공급에 대해서는 부가가치세를 면제하지 아니한다.

*기획재정부령으로 정하는 자산이란 다음 중 어느 하나에 해당하는 자산을 말한다.
- 지상권・전세권・임차권 등 부동산 관련 권리
- 어업권
- 광업권
- 그 밖에 유사한 재산 가치가 있는 자산

20

답 ②

해설

(1) 영세율이 적용되는 거래

ㄴ. 「사회기반시설에 대한 민간투자법」에 따른 사업시행자에게 직접 공급하는 도시철도건설용역

ㅁ. 「개별소비세법」에 따른 지정을 받아 외국인전용판매장을 경영하는 자가 국내에서 재화를 공급하고 그 대가를 외화로 받아 외국환은행에서 원화로 환전하는 경우

(2) 과세가 적용되는 거래

ㄱ. 「철도의 건설 및 철도시설 유지관리에 관한 법률」에 따른 고속철도에 의한 여객운송용역

ㄷ. 외국을 항행하는 항공기에 재화를 공급하고 부가가치세를 별도로 적은 세금계산서를 발급한 경우

ㄹ. 학술 등 연구단체가 면세를 포기하고 그 연구와 관련하여 실비 또는 무상으로 국내에서 용역을 제공하는 경우

CHAPTER 04

과세표준 및 매출세액의 계산

01

답 ④

▌해설▌

(1) (주)A : ① + ② = 31,610,000

① 임대료 : 5,000,000 × 6개월 = 30,000,000

② 간주임대료 : 91,250,000 × 184일 × 3.5% × $\frac{1}{365}$ = 1,610,000

(2) 거주자 乙 : ① + ② = 18,805,000

① 임대료 : 3,000,000 × 6개월 = 18,000,000

② 간주임대료 : 45,625,000 × 184일 × 3.5% × $\frac{1}{365}$ = 805,000

(3) 거주자 丙 : ① + ② = 2,131,250

① 임대료 : 1,000,000 × 2개월 = 2,000,000

② 간주임대료 : 27,375,000 × 50일 × 3.5% × $\frac{1}{365}$ = 131,250

∴ 2기 과세기간 부가가치세 과세표준 : (1) + (2) + (3) = 52,546,250

02

답 ③

▌해설▌

① 처음 공급한 재화가 환입된 경우 재화가 환입된 날을 작성일로 적고 비고란에 처음 세금계산서 작성일을 덧붙여 적은 후 감소된 금액을 붉은색 글씨를 쓰거나 음(陰)의 표시를 하여 수정세금계산서 또는 수정전자세금계산서를 발급할 수 있다.

② 관할 세무서장은 개인사업자가 전자세금계산서 의무발급 개인사업자에 해당하는 경우에는 전자세금계산서를 발급하여야 하는 날이 시작되기 1개월 전까지 그 사실을 해당 개인사업자에게 통지하여야 한다.

④ 법인사업자가 전자세금계산서를 발급하였을 때에는 전자세금계산서 발급일의 다음 날까지 전자세금계산서 발급명세를 국세청장에게 전송하여야 한다.

⑤ 매입자발행세금계산서를 발행하려는 자는 해당 재화 또는 용역의 공급시기가 속하는 과세기간의 종료일부터 1년 이내에 거래사실확인신청서에 거래사실을 객관적으로 입증할 수 있는 서류를 첨부하여 신청인 관할 세무서장에게 거래사실의 확인을 신청하여야 한다.

03

답 ④

해설

구 분	금 액	비 고
2026.1.10.	120,000,000	할부기간 1년 미만인 단기할부판매에 해당하므로 인도시기를 공급시기로 한다.
2026.2.10.	100,000,000 × (10% + 40%)	완성도 기준 조건의 경우 대가의 각 부분을 받기로 한 때를 재화의 공급시기로 본다.
2026.3.10.	–	일반 판매는 재화를 인도하는 때를 공급시기로 하므로, 전액을 2026년 2기 예정신고기간의 과세표준으로 본다.

∴ 2026년 제1기 예정신고기간의 부가가치세 과세표준 : 120,000,000 + 50,000,000 = 170,000,000

04

답 ⑤

해설

① 공급하는 자의 주소, 공급품목, 단가와 수량, 작성 연월일이 기재되지 않은 세금계산서라도 그 매입세액은 매출세액에서 공제하지 아니한다.

② 전자세금계산서를 발급하여야 하는 사업자가 아닌 사업자는 전자세금계산서를 발급하거나 전자세금계산서 발급명세를 전송할 수 있다.

③ 처음 공급한 재화가 환입된 경우 재화가 환입된 날을 작성일로 적고 비고란에 처음 공급일을 덧붙여 적은 후 감소된 금액을 붉은색 글씨로 쓰거나 음(陰)의 표시를 하여 수정세금계산서 또는 수정전자세금계산서를 발급한다.

④ 직전 연도의 공급대가의 합계액이 4천800만원 미만인 간이과세자가 부가가치세가 과세되는 재화를 공급하는 경우에는 재화의 공급시기에 그 공급을 받은 자에게 세금계산서를 발급할 수 없고, 영수증을 발급하여야 한다.

05

답 ①

해설

(1) 과세와 면세 구분

구 분	과세면적	면세면적
토 지	$1,000m^2$	$500m^{2*}$
건 물	–	$300m^2$

*$\text{Min}\{1,500m^2,\ \text{Max}(100m^2 \times 5,\ 300m^2)\} = 500m^2$

(2) 임대용역 관련 : ① + ② = 36,516,000

① 임대료 : 30,000,000

② 간주임대료 : $438,000,000 \times 181일 \times \frac{1}{365} \times 3\% = 6,516,000$

(3) 과세표준(토지) : $36,516,000 \times \frac{500,000,000}{800,000,000} \times \frac{1,000m^2}{1,500m^2} = 15,215,000$

※ 건물 : 주택에 부가가치세가 과세되는 사업용 건물이 함께 설치되어 있고, (주)B에게 임대를 모두 주고 있기 때문에, 주택 부분의 면적이 $200m^2$으로 사업용 부분의 면적 $100m^2$보다 크므로 부가가치세가 면제된다.

06

답 ②

해설

(1) 1월 30일 : 5,000,000 − 100,000 = 4,900,000

(2) 2월 15일 : 2,000,000 + ($3,000 × 1,200) = 5,600,000

(3) 3월 5일 : 3,800,000(자기적립마일리지는 과세표준에 미포함)

(4) 견본품 무상제공은 재화의 공급이 아니다.

∴ 2026년 제1기 예정신고기간의 부가가치세 과세표준 : 4,900,000 + 5,600,000 + 3,800,000 = 14,300,000

07

답 ①

해설

(1) 장부가액으로 1차 배분(건물, 토지)

$$69,480,000 \times \frac{33,000,000 + 15,000,000}{57,900,000} = 57,600,000$$

(2) 기준시가로 2차 배분(건물)

$$57,600,000 \times \frac{22,000,000}{36,000,000} = 35,200,000$$

08

답 ③

해설

① 법인사업자와 직전 연도의 사업장별 재화 및 용역의 공급가액(면세공급가액 포함)의 합계액이 8천만원 이상인 개인사업자는 세금계산서를 발급하려면 전자세금계산서를 발급하여야 한다.

② 계약의 해제로 재화 또는 용역이 공급되지 아니한 경우 수정세금계산서의 작성일은 계약해제일로 적고, 비고란에 처음 세금계산서 작성일을 덧붙여 적은 후 붉은색 글씨로 쓰거나 음(陰)의 표시를 하여 발급할 수 있다.

④ 전자세금계산서 발급명세 전송기한이 지난 후 재화 또는 용역의 공급시기가 속하는 과세기간에 대한 확정신고기한까지 국세청장에게 전자세금계산서 발급명세를 전송하지 아니하는 경우 그 공급가액의 0.5%를 납부세액에 더하거나 환급세액에서 뺀다.

⑤ 매입자발행세금계산서를 발행하려는 자는 거래건당 공급대가가 5만원 이상인 거래에 한하여 해당 재화 또는 용역의 공급시기가 속하는 과세기간의 종료일부터 1년 이내에 신청인 관할 세무서장에게 거래사실의 확인을 신청하여야 한다.

09

답 ②

해설

(1) 토지 : 면세대상

(2) 건물 : 100,000,000 × (1 − 5% × 4기) = 80,000,000

(3) 차량 : 비영업용 소형승용차로서 매입세액 공제를 받지 않은 것으로 공급의제 미적용

(4) 원재료 : 80,000,000

∴ 폐업시 잔존재화의 과세표준 : 80,000,000 + 80,000,000 = 160,000,000

10

답 ④

해설

$22,000,000 \times \frac{50,000,000}{200,000,000}^{*} = 5,500,000$

*직전 과세기간의 과세공급가액 비율

11

답 ⑤

해설

(1) 8월 20일 : $10,000 × 1,000 = 10,000,000(직수출은 선적일이 공급시기이다)

(2) 11월 10일 : 2,000,000(판매장려금품은 시가로 한다)

(3) 12월 15일 : 손해배상금은 과세대상이 아니다.

(4) 12월 20일 : 4,000,000(구매확인서가 25일 이내에 발급된 것이 아니므로 영세율 적용 대상이 아니지만, 재화의 공급에 해당하므로 과세표준에 합산한다)

∴ 2024년 제2기 부가가치세 과세표준금액 : 10,000,000 + 2,000,000 + 4,000,000 = 16,000,000

12

답 ③

해설

외상매출 10,000,000(주1) + 견본품 무상 제공 0(주2) + 개인적 공급 50,000(주3) + 시용판매 0(주4) + 위약금 0(주5) = 10,050,000

주1 외상판매의 공급시기는 재화가 인도되거나 이용 가능하게 되는 때이므로, 제1기 과세기간의 과세표준에 포함된다.
주2 재화의 공급으로 보지 않는다.
주3 직원의 경조사(설날 · 추석, 창립기념일 및 생일 등을 포함한다)와 관련된 재화로서 사용인 1명당 연간 10만원 이하의 재화를 제공하는 경우에는 재화의 공급으로 보지 않으나, 10만원을 초과하는 경우 초과액은 과세로 본다.
주4 매입의사를 표시한 2026.7.1(제2기 과세기간)이 공급시기이다.
주5 공급받을 자의 해약으로 인하여 공급할 자가 재화 또는 용역의 공급없이 받는 위약금 또는 이와 유사한 손해배상금은 과세되지 아니한다.

13

답 ③

해설

장기할부판매 0(주1) + 사업상증여 1,500,000(주2) + 매출할인 (200,000)(주3) + 수출 1,000,000(주4) = 2,300,000

주1 대가의 각 부분을 받기로 한 때 과세된다.
주2 비상각자산은 시가를 과세표준으로 한다.
주3 과세표준에 포함하지 않는다(증감사유가 발생한 날인 2026.3.3. 기준).
주4 $1,000 × 1,000(영세율 과세표준)

14

답 ③

해설

ㄴ. 세금계산서를 발급한 후 처음 공급한 재화가 환입된 경우, 재화가 환입된 날을 작성일로 적고, 비고란에 처음 세금계산서 작성일을 덧붙여 적은 후 붉은색 글씨로 쓰거나 음(陰)의 표시를 하여 수정세금계산서를 발급한다.

15

답 ③

해설

(1) 1,000,000(주1) + (2) 1,000,000(주2) + 0(주3) + 0(주4) = 2,000,000

주1 공급시기 전에 대가의 전부를 받고 T/I를 발급한 경우, T/I를 발급한 때를 공급시기로 본다.
주2 단기할부판매이므로 인도일에 공급가액 전체를 과세표준에 포함한다.
주3 연체이자는 과세표준에 포함하지 않는다.
주4 상품권의 경우 현물과 교환되는 시점이 공급시기이다.

16

답 ①

해설

사업자가 법령에 따른 특수관계인에게 대가를 받지 않고 과세되는 사업용 부동산임대용역을 공급하는 경우 공급가액에 포함한다.

17

답 ④

해설

필요적 기재사항 등이 착오로 잘못 적힌 경우라 할지라도 다음 중 어느 하나에 해당하는 경우로서 과세표준 또는 세액을 경정할 것을 미리 알고 있는 경우에는 수정세금계산서를 발급할 수 없다.

1. 세무조사의 통지를 받은 경우
2. 세무공무원이 과세자료의 수집 또는 민원 등을 처리하기 위하여 현지출장이나 확인업무에 착수한 경우
3. 세무서장으로부터 과세자료 해명안내 통지를 받은 경우
4. 그 밖에 1~3까지의 규정에 따른 사항과 유사한 경우

18

답 ④

해설

(1) 과세와 면세의 구분

① 건물 : 과세 $300m^2$, 면세 $100m^2$

② 토지 : 과세 $900m^2$, 면세 $300m^{2*}$

$$^{*}\text{Min}\{1,200m^2 \times \frac{100m^2}{400m^2},\ \text{Max}(100m^2 \times 5,\ 100m^2)\} = 300m^2$$

(2) 총임대료 : ① + ② + ③ = 5,640,000

① 임대료 : $4,800,000 \times \frac{3}{12} = 1,200,000$

② 간주임대료 : $365,000,000 \times 90\text{일} \times 4.6\% \times \frac{1}{365} = 4,140,000$

③ 관리비 : $100,000 \times 3\text{월} = 300,000$

(3) 과세표준 : ① + ② = 4,230,000

① 건물분 : $5,640,000 \times \frac{400,000,000}{500,000,000} \times \frac{300m^2}{400m^2} = 3,384,000$

② 토지분 : $5,640,000 \times \frac{100,000,000}{500,000,000} \times \frac{900m^2}{1,200m^2} = 846,000$

19

답 ③

해설

(1) 1,000,000 × 6월 + (2) 200,000 × 6월 + (3) 0(주1) + (4) 1,000,000(주2) + (5) 500,000(주3) + (6) 0(주4) = 8,700,000

주1 조세의 물납은 재화의 공급으로 보지 않는다.
주2 사업상 증여는 공급의제로 본다.
주3 실질공급에 해당한다.
주4 연체이자는 과세표준에 포함하지 않는다.

20

답 ⑤

해설

(1) 단기할부판매 7,000,000(주1) + (2) 제품수출 22,500,000(주2) + (3) 중간지급조건부 20,000,000(주3) = 49,500,000

주1 1,000,000 × 7개월
주2 12,000,000 + ($10,000 × 1,050/$)
주3 중도금 10,000,000(2026.3.1.) + 잔금 10,000,000(2026.7.1.)

※ 중간지급조건부 판매의 경우 각 대가를 지급받기로 한 날을 공급시기로 보지만, 그 대가를 지급받기로 한 날 이전에 재화가 인도된 경우에는 그 인도일을 공급시기로 본다.

21

답 ③

해설

(1) 임대료 10,000,000 × 3개월 + 간주임대료 100,000,000 × 91일 × $\frac{1}{365}$ × 1.8% + (2) 교환 10,000,000(주1) + (3) 종업원 증여 0(주2) = 40,448,767

주1 공급한 기계장치 A의 시가
주2 매입세액공제를 받지 아니하였으므로 개인적공급이 아니다.

22

답 ③

해설

(1) 세관장이 징수할 부가가치세 : {40,000,000 + 10,000,000 + (8,000,000 + 1,000,000 + 1,000,000)} × 10% = 6,000,000

(2) 甲이 거래징수할 부가가치세 : {80,000,000 − 60,000,000(세관장의 과세표준)} × 10% = 2,000,000

23

답 ①

해설

(1) 건 물

$$40{,}000{,}000 \times (1 - 5\% \times 4\text{기}) \times \frac{60{,}000{,}000}{240{,}000{,}000} = 8{,}000{,}000$$

(2) 기계장치

$$10{,}000{,}000 \times (1 - 25\% \times 2\text{기}) \times \frac{60{,}000{,}000}{240{,}000{,}000} = 1{,}250{,}000$$

※ 면세일부전용인 경우 과세표준 안분계산은 해당 과세기간의 공급가액 비율로 안분한다.

∴ 면세전용 관련한 부가가치세 과세표준 : (1) + (2) = 9,250,000

24

답 ⑤

해설

단기할부판매 50,000,000 + 판매목적 타사업장반출 12,000,000(주1) + 선발급세금계산서 3,000,000(주2) = 65,000,000

주1 판매목적 타사업장반출은 취득가액을 공급가액으로 하는 것을 원칙으로 하나 반출가액이 있는 경우에는 그 금액으로 한다.

주2 공급시기 전에 세금계산서를 발급받은 후 7일 이내에 대가를 받은 경우 그 발급한 때를 공급시기로 본다.

제4장

25

답 ⑤

해설

(1) 갑 임대

① 총임대료 : 3,081,900

a. 임대료 : 1,000,000 × 3개월 = 3,000,000

b. 간주임대료 21,900,000 × 91일 × 1.5% × $\frac{1}{365}$ = 81,900

② 면적구분

구 분	면 세	과 세
부수토지	$750m^2 \times \frac{30m^2}{60m^2} = 375m^2$	
	Min($375m^2$, Max($30m^2$, $30m^2$ × 5배) = $150m^2$	$225m^2$

③ 과세표준

총임대료 3,081,900 × $\frac{토지\ 기준시가\ 4억}{총\ 기준시가\ 5억}$ × $\frac{225m^2}{375m^2}$ = 1,479,312

(2) 을 임대

① 총임대료 : 6,163,800

a. 임대료 : 2,000,000 × 3개월 = 6,000,000

b. 간주임대료 : 43,800,000 × 91일 × 1.5% × $\frac{1}{365}$ = 163,800

(3) 제1기 확정신고 시 부가가치세 과세표준

1,479,312 + 6,163,800 = 7,643,112

26

답 ③

해설

(1) 제품 : 9,000,000(시가)

(2) 건물 : 100,000,000 × (1 − 5% × 4기) = 80,000,000

(3) 소형승용차 : 매입세액이 공제되지 않은 재화는 폐업시 잔존재화에 대한 공급의제를 적용하지 않는다.

∴ 폐업시 잔존재화 과세표준 : (1) + (2) = 89,000,000

27

답 ④

▌해설▌

(1) 임대료 : 3,000,000 × 1개월 = 3,000,000

(2) 과세표준 : ① + ② = 1,650,000

① 건물분 : $3,000,000 \times \frac{200,000,000}{400,000,000} \times \frac{200m^2}{400m^2} = 750,000$

② 토지분 : $3,000,000 \times \frac{200,000,000}{400,000,000} \times \frac{1,500m^{2*}}{2,500m^2} = 900,000$

*토지 중 면세와 과세면적

– 면세 : $\text{Min}\{(2,500m^2 \times \frac{200m^2}{400m^2}$, Max$(200m^2 \times$ 5배, $200m^2)\} = 1,000m^2$

– 과세 : $(2,500m^2 - 1,000m^2) = 1,500m^2$

제4장

28

답 ②

▌해설▌

(1) 매출액 : 49,000,000
판매장려금품 : 2,000,000(시가)

(2) 용역의 저가공급 : $6,000,000 \times \frac{2}{6} = 2,000,000$

(3) 마일리지 결제 : 6,000,000 + 2,000,000 = 8,000,000

(4) 용역의 무상공급 : –*

*특수관계인에게 사업용 부동산을 무상으로 임대한 경우가 아니므로 과세대상에서 제외한다.

(5) 건물 · 부수토지 양도 : 40,000,000

∴ (1) + (2) + (3) + (4) + (5) = 101,000,000

29

답 ①

▌해설▌

(1) 건물의 공급가액(주1) : $100,000,000 \times \frac{40,000,000}{100,000,000} = 40,000,000$

주1 건물과 부수토지의 가액 구분이 불분명하고, 감정평가액이 주어져있으므로 감정평가액 비율로 안분계산하여 건물의 공급가액을 구한다.

(2) 과세표준(주2)

$$40,000,000 \times \frac{100m^2}{500m^2} = 8,000,000$$

주2 건물 취득시 공통매입세액을 사용면적비율로 안분계산하였으므로 공급시에도 직전 과세기간의 사용면적비율로 안분계산하여 과세표준을 구한다.

30

답 ①

▌해설▌

(1) 1월 4일 외상판매 : 2,000,000

(2) 1월 25일 개인적 공급 : － (∵ 매입세액불공제이므로 공급의제에 미해당)

(3) 2월 5일 수출 : 48,500,000*

*30,000$ × 950/$(환가일 기준환율) + 20,000$ × 1,000/$(선적일 기준환율) = 48,500,000

(4) 2월 15일 외상판매 : 17,000,000

(5) 3월 3일 판매목적 타사업장 반출 : 6,000,000

(6) 3월 20일 지자체에 무상공급 : － (∵ 면세)

∴ (1) + (3) + (4) + (5) = 73,500,000

31

답 ②

해설

(1) 총임대료 : ① + ② + ③ = 5,809,500
  ① 임대료 : 1,500,000 × 3개월 = 4,500,000
  ② 간주임대료 : 91,250,000 × 91일 × 1.8% × $\frac{1}{365}$ = 409,500
  ③ 관리비 : 300,000원 × 3개월 = 900,000

(2) 과세표준
  ① 과세와 면세 구분
    - 건물 : 면세 $90m^2$, 과세 $0m^2$ (∵ 주택 면적 > 사업용 건물 면적 → 전체를 주택으로 봄)
    - 토지 : 면세 $450m^2${= Min($750m^2$, Max($90m^2$ × 5배, $90m^2$)}, 과세 $300m^2$
  ② 과세표준(토지분)

$$5,809,500 \times \frac{400,000,000}{500,000,000} \times \frac{300m^2}{750m^2} = 1,859,040$$

32

답 ④

해설

(1) 공급가액 : 470,000,000 − 매출에누리와 환입액 20,000,000 = 450,000,000

(2) ① 하치장 반출 : − (∵ 재화의 공급이 아니다)
  ② 비영업용 소형승용차 전용 : 5,000,000 (시가)
  ③ 주식 : − (∵ 주식은 재화가 아니다)
  ④ 기계장치(사업상증여) : 12,000,000 × (1 − 25% × 2기) = 6,000,000
  ⑤ 제품(사업상증여) : 7,000,000 (시가)

∴ 제2기 예정신고기간 부가가치세 과세표준 : 468,000,000

33

답 ⑤

해설

구 분	계 산	금 액
(1) 상품매출		100,000,000
(2) 자기적립마일리지 결제		(4,000,000)
(3) 용역매출*	5,000,000 + (1,000,000 − 500,000)	5,500,000
(4) 기계처분		3,500,000
(5) 비품(사업상증여)	2,000,000 × (1 − 25% × 1기)	1,500,000
		106,500,000

*특수관계인에게 용역을 공급하고 부당하게 낮은 대가를 받은 경우, 공급한 용역의 시가를 과세표준으로 한다. 또한 용역의 무상공급은 특수관계인에게 사업용부동산을 임대하고 대가를 받지 않은 경우를 제외하고는 과세되지 않는다.

34

답 ①

해설

(1) 토지, 건물의 안분계산

① 토지(면세) : $200,000,000 \times \frac{126,000,000}{180,000,000} = 140,000,000$

② 건물(과세) : $200,000,000 \times \frac{54,000,000}{180,000,000} = 60,000,000$

(2) 건물(공통사용재화) 공급시 과세표준 안분계산

① 주택임대(면세) : $60,000,000 \times \frac{40m^2}{120m^2} = 20,000,000$

② 상가 · 사무실 임대(과세) : $60,000,000 \times \frac{80m^2}{120m^2} = 40,000,000$

35

답 ①

해설

전자세금계산서 의무발행 사업자가 전자세금계산서를 공급시기인 10월 25일 발행하고, 전자세금계산서 발급명세를 다음 달 25일 국세청장에게 전송한 경우에도 매출처별세금계산서합계표를 제출하지 아니할 수 있다.

※ 전자세금계산서를 발급하고 전자세금계산서 발급명세를 해당 재화(또는 용역)의 공급시기가 속하는 과세기간 마지막 날의 다음 달 11일까지 국세청장에게 전송한 경우에는 매출처별세금계산서합계표를 제출하지 아니할 수 있다.

36

답 ①

해설

사업자가 시가 1,000,000원인 재화A를 판매하고 제3자 적립마일리지 300,000원(제3자와 마일리지 결제액을 보전받지 않기로 약정함에 따라 제3자로부터 보전받은 금액은 없음)과 현금 700,000원을 결제받았다. 이 경우 재화A의 공급가액은 1,000,000원이다.

※ 제3자 적립마일리지 결제액을 보전하지 아니하고 자기생산 · 취득재화를 공급한 경우에는 공급한 재화의 시가를 공급가액으로 한다.

37

답 ⑤

해설

(1) (주)A

① 부도발생일부터 6개월 이상 지난 날(2026.7.21.)이 속하는 과세기간인 2026년 제2기 확정신고시 1,000,000을 매출세액에서 뺀다.

② 회수일이 속하는 과세기간인 2027년 제1기 확정신고시 500,000을 매출세액에 더한다.

(2) (주)B

① 부도발생일부터 6개월 이상 지난 날(2026.7.21.)이 속하는 과세기간인 2026년 제2기 확정신고시 1,000,000을 매입세액에서 뺀다.

② 변제일이 속하는 과세기간인 2027년 제1기 확정신고 시 500,000을 매입세액에 더한다.

38

답 ⑤

해설

세금계산서를 발급한 후 계약의 해제로 재화가 공급되지 않아 수정세금계산서를 작성하고자 하는 경우 그 작성일에는 계약의 해제일을 기입하고, 비고란에 처음 세금계산서 작성일을 덧붙여 적은 후 붉은 색 글씨로 쓰거나 음의 표시를 한다.

39

답 ④

해설

전자세금계산서 의무발급 사업자가 세금계산서의 발급시기가 지난 후 해당 재화 또는 용역의 공급시기가 속하는 과세기간에 대한 확정신고 기한까지 세금계산서를 발급하지 아니한 경우에는 그 공급가액의 2%의 가산세가 적용된다.

40

답 ②

해설

① 위탁에 의하여 재화를 공급하는 위탁판매의 경우에는 수탁자가 위탁자의 명의로 세금계산서를 발급하며, 이 경우 수탁자의 등록번호를 덧붙여 적어야 한다.

② 공급시기(2026년 8월 25일)가 도래하기 전에 세금계산서를 발급(2026년 7월 20일)한 후 7일 이내 대가를 받았으므로(2026년 7월 25일) 선발급특례에 해당한다.

③ 사업자가 재화 또는 용역을 공급하고 세금계산서를 발급하지 아니한 경우 그 재화 또는 용역을 공급받은 모든 사업자는 매입자발행세금계산서를 발행할 수 있다.

④ 사업자가 달의 1일부터 말일까지의 기간 이내의 일정기간 단위로 거래처별 공급가액을 합하여 세금계산서를 발행하는 경우 그 기간의 종료일자를 발행일자로 하여야 한다.

⑤ 미용업의 경우 세금계산서 발급금지 업종이므로 상대방이 사업자등록증을 제시하고 세금계산서 발급을 요구하더라도 세금계산서를 발급할 수 없다.

CHAPTER 05

납부세액의 계산

01

답 ③

해설

(1) 매입세금계산서 수취분 : ① + ② + ③ + ④ = 1,130,000

① 상품 포장지 구입 : 7,000,000 × 10% = 700,000

② 냉장고 구입 : 0(면세사업 관련)

③ 임차료 및 전기료 : $12,000,000 \times \frac{6억원}{20억원} \times 10\% = 360,000$

④ 배송료 : 10,000 × 70회 × 10% = 70,000

(2) 공통매입세액 중 면세사업분(정산)

$$10,000,000 \times \frac{14억원}{20억원} \times 10\% - 600,000 = 100,000$$

∴ 매입세액공제액 : (1) − (2) = 1,030,000

02

답 ④

해설

(1) 세금계산서 지연수취 6,000,000(주1) + (2) 기업업무추진비 0(주2) + (3) 작업복 500,000 + (4) 복리후생비 400,000
= 6,900,000

주1 재화 또는 용역의 공급시기 이후에 발급받은 세금계산서로서 해당 공급시기가 속하는 과세기간에 대한 확정신고기한까지 발급받은 경우에는 매입세액공제가 허용된다.

주2 기업업무추진비는 매입세액불공제대상이다.

03

답 ①

해설

(1) 매출세액 : (200,000,000 + 12,000,000[주1]) × 10% = 21,200,000

> 주1 안분계산 생략 : 재화를 공급하는 날이 속하는 과세기간에 신규로 사업을 시작하여 직전 과세기간이 없는 경우

(2) 매입세액 : ① + ② = 11,500,000

① 과세사업관련 매입세액 : 6,000,000 − 500,000 = 5,500,000

② 공통매입세액 : (기계 B $4,500,000 \times \frac{200,000,000}{300,000,000}$ + 기계 C 3,000,000[주2]) = 6,000,000

> 주2 안분계산 생략 : 해당 과세기간에 신규로 사업을 시작한 사업자가 해당 과세기간에 공급한 공통사용재화인 경우

(3) 납부세액 : (1) − (2) = 21,200,000 − 11,500,000 = 9,700,000원

04

답 ④

해설

(1) 세금계산서 지연수취 2,000,000[주1] + (2) 면세사업 관련 매입세액 0[주2] + (3) 공통매입세액 5,000,000 × 70%[주3] = 5,500,000

> 주1 법인사업자 등으로부터 전자세금계산서 이외의 세금계산서를 발급받았더라도 재화 또는 용역의 공급시기가 속하는 과세기간에 대한 확정신고기한까지 발급받았고, 그 거래사실이 확인되는 경우에는 매입세액공제가 허용된다.
>
> 주2 매입세액불공제 대상이다.
>
> 주3 $\frac{160,000,000 + 330,000,000}{160,000,000 + 100,000,000 + 330,000,000 + 110,000,000} = 70\%$

05

답 ④

해설

(1) 대손이 확정된 2026년 1기 확정신고시 대손세액 1,600,000
→ 매출세액에서 차감

(2) 회수일이 속하는 과세기간인 2026년 제1기 확정신고시 대손세액 2,500,000
→ 매출세액에 가산

(3) 변제일이 속하는 과세기간인 2026년 제1기 확정신고시 대손세액 1,980,000원을 매입세액에 가산한다.

06

답 ②

해설

(1) 기계장치 : $4,000,000 \times (1 - 25\% \times 1기) \times \frac{30억}{50억} = 1,800,000$

(2) 건물 : $30,000,000 \times (1 - 5\% \times 6기) \times \frac{30억}{50억} = 12,600,000$

(3) 원재료 : – (비감가상각자산은 과세사업전환 계산 대상이 아니다)

∴ 1,800,000 + 12,600,000 = 14,400,000

07

답 ①

해설

구 분	2024년 제2기	2025년 제1기	2025년 제2기	2026년 제1기
면세공급가액 비율	40%	50%	54%	47%
증감내역	–	+10%	+4%	–3%
납부세액	최초계산	재계산 ○	재계산 ×	재계산 ×

※ 2026년 제1기의 변동율 계산 시, 2025년 제1기를 기준으로 판단함에 주의하자(2025년 제2기에 재계산된 금액이 없기 때문).

08

답 ①

해설

(1) 의제매입세액의 매입액
국내 수산물 80,000,000 – 6,000,000(매입부대비용) + 국외 수산물 28,000,000(관세는 제외) = 102,000,000

(2) 의제매입세액공제 : Min(①, ②) = 1,520,000

① 통조림 제조 사용분 : $102,000,000 \times \frac{9,000kg}{15,000kg} \times \frac{2}{102}$

\+ 기말재고 : $102,000,000 \times \frac{3,000kg}{15,000kg} \times \frac{200,000,000}{250,000,000} \times \frac{2}{102} = 1,520,000$

② 한도 : $102,000,000 \times 50\% \times \frac{2}{102} = 1,960,784$

※ 한도에서 50% 적용률은 20261.1 이후 30% 개정이므로 추후 재확인 필요

09

답 ③

해설

사업장이 둘 이상인 사업자가 주된 사업장의 관할 세무서장에게 주사업장 총괄 납부를 신청한 경우에는 납부할 세액을 주된 사업장에서 총괄하여 납부할 수 있다(사업자등록, 세금계산서 작성 및 발급, 신고 등은 각 사업장별로 하여야 한다).

10

답 ③

해설

(1) $31,200,000 \times \frac{4}{104}$ + (2) 0^* + (3) $2,200,000 \times \frac{10}{110}$ + (4) 500,000 + (5) 300,000 = 2,200,000

*비영업용승용차 매입세액은 불공제대상이다.

11

답 ①

해설

㉠ 공제받지 못할 매입세액 : $300,000,000 \times \frac{20억원}{50억원}$(당기비율) = 120,000,000

㉡ 재계산하여 납부세액에 가산할 금액 : 300,000,000 × (1 − 5% × 1기) × (25% − 40%) = △42,750,000

12

답 ①

해설

건축물이 있는 토지를 취득하여 그 건축물을 철거하고 토지만 사용하는 경우에는 철거한 건축물의 취득 및 철거 비용과 관련된 매입세액은 매출세액에서 공제하지 않는다.

13

답 ③

해설

(1) 43,000,000 + (2) $10,000,000^*$ + (3) $21,000,000 \times \frac{6}{106}$ = 4,188,678

*의제매입세액공제대상인 수입분 면세농산물 등 매입가액은 관세를 포함하지 않는다.

14

답 ③

해설

의제매입세액공제액 : Min(①, ②) = 1,000,000

① $(51,000,000 + 10,200,000 \times \frac{102,000,000}{163,200,000}) \times \frac{2}{102} = 1,125,000$

② 한도 : $102,000,000 \times 50\% \times \frac{2}{102} = 1,000,000$

※ 법인의 한도 적용률은 2026.1.1부터 30%이다.

15

답 ①

해설

(1) 건물 : 3,000,000 × (1 − 5% × 3기) × 20% = 510,000

(2) 기계장치 : 1,500,000 × (1 − 25% × 2기) × 20% = 150,000

(3) 원재료 : − (비감가상각자산은 과세사업전환 매입세액 계산 대상이 아님)

∴ 510,000 + 150,000 = 660,000

16

답 ⑤

해설

(1) 의제매입세액 : $130,000,000 \times \frac{4}{104} = 5,000,000$

(2) 비영업용승용차 매입세액 : − (∵ 매입세액불공제)

(3) 세금계산서 지연수취 : 700,000 × 10% = 70,000

(4) 작업복 구입 관련 매입세액 : $330,000 \times \frac{10}{110} = 30,000$

(5) 기업업무추진비 목적 재화구입 매입세액 : − (∵ 매입세액불공제)

(6) 임차료 : 4,000,000 × 10% = 400,000

∴ 공제가능한 매입세액 : (1) + (3) + (4) + (6) = 5,500,000

17

답 ①

▌해설▌

세금계산서 수령분 67,000,000 + 신용카드매출전표 수령분 0(주1) − 공제받지 못할 매입세액 55,000,000(주2) = 12,000,000

주1 신규로 사업을 시작한 간이과세자가 영수증 대신 발행한 신용카드매출전표이므로 매입세액불공제에 해당한다.

주2 7/10 세금계산서 부실기재분 매입세액 1,000,000 + 7/12 기업업무추진비 관련 매입세액 1,000,000 + 8/10 토지조성 관련 매입세액 53,000,000 = 55,000,000

18

답 ③

▌해설▌

(1) 2026년 제2기 공통매입세액

20,000,000 × 53% = 10,600,000

(2) 2026년 제1기 공통매입세액 정산

10,000,000 × (53% − 50%) = 300,000

(3) 2026년 제2기 매입세액공제액

(1) + (2) = 10,900,000

19

답 ⑤

▌해설▌

300,000,000 × 10% × (1 − 5% × 2기) × (50% − 40%) = 2,700,000

※ 2025년 제2기에는 면세비율의 증감이 5% 이상이 아니므로 납부세액 재계산을 하지 않는다.

20

답 ②

해설

(1) 의제매입세액 공제 대상 매입액
돼지고기 26,000,000 × (60% + 10%(주1)) + 밀가루 20,800,000(주2) + 소금 10,400,000(주3) + 치즈 0(주4) + 김치 0(주5)
= 49,400,000

주1 기말재고는 과세사업에 사용될 것으로 본다.
주2 수입산은 관세의 과세가격을 매입액으로 한다.
주3 운송사업자에게 지급한 매입운임은 제외한다.
주4 치즈는 과세대상이다.
주5 김치는 과세사업에 사용되지 않았다.

(2) 의제매입세액

$49,400,000 \times \frac{4}{104} = 1,900,000$

21

답 ④

해설

(1) 과세사업분
원재료 50,000,000 + 비품 10,000,000 = 60,000,000

(2) 공통매입분 : ① + ② = 9,400,000
① 비품 : 2,000,000 × 70%(전기 과세공급가액 비율) = 1,400,000
② 기계 : 10,000,000 × 80%(당기 과세공급가액 비율) = 8,000,000

(3) 과세사업전환 매입세액
4,000,000 × (1 − 25% × 3기) × 80% = 800,000

(4) 2026년 제1기 부가가치세 확정신고시 매입세액공제액
60,000,000 + 9,400,000 + 800,000 = 70,200,000

22

답 ④

해설

(1) 세금계산서 부실기재분 매입세액 900,000(주1) + (2) 비영업용승용차 매입세액 0(매입세액 불공제) + (3) 간이과세자로부터 신용카드매출전표 수령 0(주2) + (4) 직원 사택의 수리비 매입세액 400,000 + 수입원재료 1,080,000 = 2,380,000

주1 세금계산서의 필요적 기재사항 중 일부가 착오로 사실과 다르게 적혔으나 그 세금계산서에 적힌 나머지 필요적 기재사항 또는 임의적 기재사항으로 보아 거래사실이 확인되는 경우에는 매입세액공제가 허용된다.
주2 간이과세자 중 신규사업자 및 직전연도 공급대가 합계액이 4,800만원 미만인 사업자가 발급한 신용카드매출전표 등은 매입세액공제를 적용하지 않는다.

23

답 ③

해설

(1) 매출세액

51,000,000 × 10% = 5,100,000

(2) 매입세액

① 과세사업 관련 : 3,500,000

② 공통매입세액 : 1,000,000 × (50%(주1) − 49%(주2)) = 10,000

주1 2026년 제2기 과세공급가액비율 : $\frac{49,000,000 + 51,000,000}{200,000,000}$ = 50%

주2 2026년 제2기 예정신고기간 과세공급가액비율 : $\frac{49,000,000}{100,000,000}$ = 49%

(3) 납부・환급세액 재계산

2,000,000 × (1 − 25% × 1기) × (50% − 60%*) = △150,000

*2026년 제1기 면세공급가액비율 : $\frac{50,000,000 + 70,000,000}{200,000,000}$ = 60%

(4) 납부세액

5,100,000 − 3,500,000 − 10,000 − 150,000 = 1,440,000

24

답 ⑤

해설

(1) 과세사업관련 매입세액 : 90,000,000

(2) 공통매입세액 : 50,000,000 × 70% = 35,000,000

(3) 과세전환 매입세액 : 70,000,000 × (1 − 25% × 1기) = 52,500,000

(4) 2026년 제1기 부가가치세 매입세액공제액 : (1) + (2) + (3) = 177,500,000

25

답 ③

▌해설▌

(1) 매출세액

60,000,000 × 10% = 6,000,000

(2) 매입세액 : ① + ② = 4,500,000

① 과세사업관련 매입세액 : 4,000,000

② 공통매입세액 : $1,000,000 \times \frac{90,000,000}{180,000,000} = 500,000$

(3) 납부(환급)세액의 재계산

3,000,000 × (1 − 25% × 1기) × (50%(주1) − 62.5%(주2)) = △281,250

주1 2026년 1기 면세비율 : $\frac{50,000,000 + 40,000,000}{180,000,000}$

주2 2026년 2기 면세비율 : $\frac{70,000,000 + 55,000,000}{200,000,000}$

(4) 차가감납부세액 : 6,000,000 − 4,000,000 − 500,000 − 281,250 = 1,218,750

26

답 ①

▌해설▌

법인사업자로부터 전자세금계산서를 발급받았으나 그 전자세금계산서가 국세청장에게 전송되지 아니하였으나 발급한 사실이 확인되는 경우 매입세액을 공제할 수 있다.

27

답 ①

▌해설▌

② 면세농산물 등은 사용여부와 관계없이 공급받거나 수입한 날이 속하는 예정신고기간 또는 확정신고기간의 매출세액에서 공제한다.

③ 일반과세자가 간이과세자로 변경되는 경우에는 재고납부세액을 납부세액에 가산하여야 한다.

④ 공급시기가 속하는 과세기간이 끝난 후 20일인 7월 20일 이내에 등록신청을 하였으므로 등록신청일부터 공급시기가 속하는 과세기간 기산일인 2026년 1월 1일까지 역산한 기간 이내의 것은 매입세액으로 공제한다.

⑤ 감가상각대상 재화를 면세사업으로 완전전용한 경우에는 매입세액을 공제받은 해당 재화의 취득가액에 체감율을 고려한 금액을 공급가액으로 하고 그 공급가액으로 매출세액을 계산하여 납부한다.

CHAPTER

06 | 차가감납부세액의 계산 및 납세절차

01

답 ②

해설

(1) 매출세액

$$133,760,000 \times \frac{10}{110} = 12,160,000$$

(2) 매입세액 : ① + ② = 7,860,000

① 세금계산서 수취분 매입세액 : 30,000,000 × 10% = 3,000,000

② 의제매입세액 : Min(a, b) = 4,860,000

a. $58,860,000 \times \frac{9}{109} = 4,860,000$

b. $121,600,000 \times 70\% \times \frac{9}{109} = 7,028,256$

(3) 납부세액 : (1) − (2) = 4,300,000

(4) 신용카드매출전표 등 발행세액공제

Min[(132,000,000 + 1,650,000) × 1.3%, 10,000,000] = 1,737,450

∴ 차가감납부세액 : (3) − (4) = 2,562,550

02

답 ③

해설

개인사업자의 경우 관할세무서장은 제1기 예정신고기간분 예정고지세액에 대해서 4월 1일부터 4월 10일까지의 기간 이내에 납부고지서를 발부해야 한다.

03

답 ⑤

▌해설▌

ㄱ. 국내사업장이 없는 A로부터 용역의 공급을 받는 B는 공급받는 용역(매입세액공제 대상임)을 과세사업에 사용한 경우에는 대리납부의무가 없다.

04

답 ②

▌해설▌

간이과세자는 환급규정이 적용되지 않는다.

05

답 ④

▌해설▌

사업개시일부터 20일 이내에 사업자등록을 신청하지 아니한 경우에는 사업개시일(2026.10.1.)부터 등록을 신청한 날(2026.12.1.)의 직전일(2026.11.30.)까지의 공급가액 합계액(75,000,000 + 60,000,000)에 대해 1%의 가산세를 적용한다.

∴ 사업자미등록 가산세 : (75,000,000 + 60,000,000) × 1% = 1,350,000

06

답 ②

▌해설▌

① 예정신고를 한 사업자는 확정신고 및 납부 시 예정신고한 과세표준과 납부한 납부세액 또는 환급받은 환급세액은 신고하지 아니한다.

③ 사업자가 물품을 제조하기 위한 원재료를 수입하면서 부가가치세의 납부유예를 미리 신청하는 경우에는 세관장은 해당 재화를 수입할 때 부가가치세의 납부를 유예할 수 있다.

④ 간이과세자는 사업부진으로 인하여 예정부과기간의 공급대가의 합계액이 직전 과세기간의 공급대가 합계액의 3분의 1에 미달한 경우 예정부과기간의 과세표준과 납부세액을 예정부과기한까지 사업장 관할 세무서장에 신고할 수 있다.

⑤ 사업자가 아닌 경우에도 대리납부의무가 있다.

07

답 ④

▌해설▌

(1) 매출세액 : $346,500,000 \times \frac{150,000,000}{220,000,000 + 150,000,000 \times 1.1} \times 10\% = 13,500,000$

(2) 매입세액 : 200,000 (대손세액)

∴ 13,500,000 − 200,000 = 13,300,000

08

답 ④

해설

① 비거주자 또는 외국법인으로부터 국내에서 용역 또는 권리를 공급받아 매입세액을 공제받고 과세사업에 사용하는 자는 대리납부 의무가 없다.
② 조기환급을 받고자 하는 자는 조기환급기간이 끝난 날부터 25일 이내에 환급세액을 신고하여야 하고, 세무서장은 조기환급 신고기한이 지난 후 15일 이내에 환급하여야 한다.
③ 과세표준과 납부세액을 추계결정하는 경우에는 그 기재내용이 분명한 세금계산서를 발급받아 관할 세무서장에게 제출하는 경우에는 매입세액을 공제받을 수 있다.
⑤ 개인사업자와 직전 과세기간 공급가액의 합계액이 1억5천만원 미만인 법인사업자의 경우에는 사업장 관할세무서장이 예정고지납부하는 것이 원칙이며, 해당 과세기간 개시일 현재 간이과세자에서 일반과세자로 변경된 경우에는 예정신고・납부를 적용배제한다.

09

답 ⑤

해설

① 개인사업자와 직전 과세기간 공급가액의 합계액이 1억5천만원 미만인 법인사업자의 경우에는 사업장 관할 세무서장이 각 예정신고기간마다 직전 과세기간에 대한 납부세액의 50%에 해당하는 금액을 결정하여 징수하는 것이 원칙이다(즉, 예정고지한다).
② 일반과세자의 경우에도 주로 사업자가 아닌 자에게 재화 또는 용역을 공급하는 사업자로서 대통령령으로 정하는 사업자는 세금계산서를 발급하는 대신에 영수증을 발급하여야 한다.
③ 일반과세자와 간이과세자 모두 영세율을 적용받을 수 있다.
④ 조기환급 대상이 아닌 경우에는 확정신고기한이 지난 후 30일 이내에 부가가치세를 환급하여야 한다.

제6장

10

답 ①

해설

② 영세율적용대상 거래만 있는 사업자는 「부가가치세법」상 신고의무가 있다.
③ 과세의 대상이 되는 행위 또는 거래의 귀속이 명의일 뿐이고 사실상 귀속되는 자가 따로 있는 경우에는 사실상 귀속되는 자에 대하여 「부가가치세법」을 적용한다.
④ 국가 및 지방자치단체는 부가가치세 납세의무자가 될 수 있다.
⑤ 「여객자동차 운수사업법」에 따른 여객자동차 운수사업 중 관광용 전세버스 운송사업을 영위하는 내국법인은 부가가치세 납세의무를 부담한다.

CHAPTER

07 | 간이과세

01

답 ⑤

해설

① 「중소기업기본법」상 중소기업 중 소비성서비스업 이외의 법인사업자의 경우 직전 연도의 공급대가의 합계액이 대통령령으로 정하는 금액(이하 "간이과세 기준금액"이라함)에 미달하면 간이과세 대상이 아니다.

② 부동산임대업 또는 「개별소비세법」에 따른 과세유흥장소를 경영하는 사업자로서 해당 업종의 직전 연도의 공급대가의 합계액이 4천800만원 이상인 사업자는 간이과세 대상이 아니다.

③ 간이과세자가 적용되지 아니하는 다른 사업장을 보유하고 있는 사업자는 간이과세를 적용받을 수 없다.

④ 간이과세자의 1역년 공급대가의 합계액이 간이과세 기준금액 이상이 되는 해의 다음 해의 7월 1일부터 그 다음 해의 6월 30일까지 일반과세를 적용받는다.

02

답 ④

해설

(1) 납부세액 : 70,000,000 × 15% × 10% = 1,050,000

(2) 공제세액

① 매입세금계산서 등 수취세액공제 : 33,000,000* × 0.5% = 165,000

*식기 등 조리용품 구입 22,000,000 + 주방설비 11,000,000

② 신용카드매출전표 등 발행세액공제 : 30,000,000 × 1.3% = 390,000 (한도 : 1,000만원)

(3) 차가감납부세액 : 1,050,000 − 165,000 − 390,000 = 495,000

03

답 ④

해설

(1) 납부세액 : 1,080,000

① 소매업분 : 20,000,000 × 15% × 10% = 300,000

② 제조업 : 30,000,000 × 20% × 10% = 600,000

③ 공통사용재화 : 10,000,000 × 18%* × 10% = 180,000

$$^{*}15\% \times \frac{20,000,000}{50,000,000} + 20\% \times \frac{30,000,000}{50,000,000} = 18\%$$

(2) 공제세액 : 126,500

① 소매업분 : (15,000,000 + 1,500,000) × 0.5% = 82,500

② 제조업분 : (5,000,000 + 500,000) × 0.5% = 27,500

③ 공통매입세액 : 3,300,000 × 0.5% = 16,500

(3) 차가감납부세액 : 1,080,000 − 126,500 = 953,500

04

답 ②

해설

(1) 건물 : $220,000,000 \times \frac{10}{110} \times (1 - 10\% \times 4\text{기}) \times (1 - 10\%) = 10,800,000$

(2) 비품 : $44,000,000 \times \frac{10}{110} \times (1 - 0.5\% \times 2\text{기}) \times (1 - 0.5\% \times \frac{110}{10}) = 0$

(3) 상품 : $22,000,000 \times \frac{10}{110} \times (1 - 0.5\% \times \frac{110}{10}) = 1,890,000$

∴ 재고매입세액 : 10,800,000 + 1,890,000 = 12,690,000

05

답 ⑤

해설

(1) 납부세액 : 65,000,000 × 15% × 10% = 975,000

(2) 공제세액

① 매입세금계산서 등 수취세액공제 : 11,000,000 × 0.5% = 55,000

② 신용카드매출전표 등 발행세액공제 : 8,000,000 × 1.3% = 104,000

(3) 차감납부세액 : 975,000 − 55,000 − 104,000 = 816,000

06

답 ⑤

해설

(1) 납부세액 : (64,500,000 − 견본품 2,200,000 + 개인적공급 3,300,000) × 15% × 10% = 984,000

(2) 공제세액
① 매입세금계산서 등 수취세액공제 : 22,000,000 × 0.5% = 110,000
② 신용카드매출전표 등 발행세액공제 : 18,690,000* × 1.3% = 242,970 (한도 1,000만원)

*(65,600,000 − 3,300,000) × 30% = 18,690,000

(3) 차가감납부세액 : 984,000 − 110,000 − 242,970 = 631,030

07

답 ①

해설

(1) 상품 : $1,100,000 \times \frac{10}{110} \times (1 - 0.5\% \times \frac{110}{10}) = 94,500$

(2) 화물자동차 : $22,000,000 \times \frac{10}{110} \times (1 - 50\% \times 2\text{기}) \times (1 - 0.5\% \times \frac{110}{10}) = 0$

(3) 건물 : $110,000,000 \times \frac{10}{110} \times (1 - 10\% \times 4\text{기}) \times (1 - 20\%) = 4,800,000$

∴ 2026년 제2기 과세기간 재고매입세액 : (1) + (2) + (3) = 4,894,500

08

답 ①

해설

(1) 간이과세자
① 납부세액 : 63,800,000 × 15% × 10% = 957,000
② 공제세액
a. 매입세금계산서 등 수취세액공제 : 52,800,000 × 0.5% = 264,000
b. 신용카드매출전표 등 발행세액공제 : 55,000,000 × 1.3% = 715,000
③ 차가감납부세액 : ① − ② = △22,000 → 0
※ 간이과세자는 의제매입세액공제 적용을 배제한다.

(2) 일반과세자
① 매출세액 : $63,800,000 \times \frac{10}{110} = 5,800,000$
② 매입세액 : $52,800,000 \times \frac{10}{110} + 5,450,000 \times \frac{9}{109} = 5,250,000$
③ 납부세액 : ① − ② = 550,000

09

답 ②

해설

(1) 납부세액 : ① + ② = 1,220,000
① 양복매출액 : 60,000,000 × 20% × 10% = 1,200,000
② 재봉틀매각 : 1,000,000 × 20% × 10% = 20,000

(2) 공제세액 : ① + ② = 462,000
① 매입세금계산서 등 수취세액공제 : (33,000,000 + 2,200,000) × 0.5% = 176,000
② 신용카드매출전표 등 발행세액공제 : 22,000,000 × 1.3% = 286,000 (한도 1,000만원)

(3) 차가감납부세액 : (1) − (2) = 758,000

10

답 ②

해설

(1) 납부세액
(55,000,000 + 25,000,000 + 18,500,000) × 1.5% = 1,477,500

(2) 공제세액 : ① + ② = 1,122,500
① 세금계산서 등 수취 : 16,500,000 × 0.5% = 82,500
② 신용카드 발급 : (55,000,000 + 25,000,000) × 1.3% = 1,040,000

(3) 가산세
2,200,000 × 0.5% = 11,000

∴ 차가감납부세액 : (1) − (2) + (3) = 366,000

11

답 ③

해설

2026년 납부의무가 면제되는 간이과세자 C는 2026년 부가가치세 23,000원을 납부하였다. 이 경우 관할 세무서장은 납부금액에 대한 환급의무를 진다.

12

답 ③

해설

간이과세자는 과세사업자이므로 간이과세 포기 여부와 상관없이 수출에 대하여 영세율을 적용받을 수 있다.

합격의 공식
시대에듀

스스로의 힘으로

실천하지 않는 것은

자포자기와 같다.

– 퇴계 이황 –

2026 시대에듀 세무사 1차 객관식 세법학개론

초 판 발 행	2025년 07월 10일(인쇄 2025년 06월 04일)
발 행 인	박영일
책 임 편 집	이해욱
편 저	시대세무회계연구회
편 집 진 행	최수란
표지디자인	김도연
편집디자인	표미영 · 고현준
발 행 처	(주)시대고시기획
출 판 등 록	제10-1521호
주 소	서울시 마포구 큰우물로 75 [도화동 538 성지 B/D] 9F
전 화	1600-3600
팩 스	02-701-8823
홈 페 이 지	www.sdedu.co.kr
I S B N	979-11-383-9281-5 (13320)
정 가	30,000원